[제13판]

상법총칙·상행위법

최 준 선

三 英 社

Commercial Law

by

JUNESUN CHOI
Professor Emeritus at the Law School
Sungkyunkwan University

13th Ed.

SAM YOUNG SA
SEOUL, KOREA
2025

제13판 서 문

독자 여러분의 성원에 힘입어 제13판을 내게 되었다. 제13판에서는 2024년 지점등기 폐지부분을 개정한 개정상법의 내용을 반영하였고, 2024년 말까지의 주요판례를 소개하였다.

본서는 본래 2005년 필자의 교직생활 21년을 기념하기 위하여 상법총칙·상행위법 초판을 출간하였다. 그로부터 다시 13년이 지나니 공부를 시작한지 34년이 되었다. 34년의 기간은 결코 짧은 시간이 아니로되, 돌이켜보니 아무 것도 뚜렷이 남긴 것이 없다. 퇴장하기 전에 반드시 무언가 남겨야 할 것은 아니기에, 마음은 깃털처럼 가볍다. 恩師이신 李範燦 교수님의 화갑기념논문 봉정식 때 松泉 鄭夏建 先生께서 쓰신 귀중한 揮毫를 선물로 받았다. 勤能補拙. 근면성실하면 拙劣함을 보완할 수 있다는 뜻이리라. 自他가 공히 인정하는 바보인 필자에게 참으로 的確하게 들어맞는 교훈인지라 서재에 걸어두고 매일 吟味하여 보건만, 조금도 나아짐이 없이 年輪만 쌓인다.

필자가 대학에서 수업을 받을 때 徐燉珏 교수님의 저서 商法槪論을 가지고 공부하였다. 당시에 유명한 자습서는 徐燉珏 교수님과 필자의 恩師이신 李範燦 교수님이 共著하신 商法例解였다. 상법예해는 당시 사법시험 준비생의 必讀書였는데, 이 책을 보지 않고는 합격 자체가 불가능하였던 반면, 이 책만 숙지하였다면 상법에서의 高得點은 보장되었다는 이야기가 전해진다. 지금은 아쉽게도 절판되었다.

다음, 필자가 처음 강단에 섰을 때 교재로 사용한 것은 李範燦 교수님의 商法講義라는 책이다. 이 책은 국민서관에서 출판되었는데, 530쪽의 분량에 상법 전체를 수록하고 있다. 李範燦 교수님께서는 아둔한 소생에게 商法講義를 보완하되, 共著로 하면 어떻겠는가하는 고마운 제안을 해 주셨고, 학문적으로 일천하였던 필자가 감히 그 뜻을 받들어서 商法講義는 商法槪論이라는 책으로 재편되었다. 그 후 商法槪論을 계속 보완해 가면서 이를 '商法' 上과 下 두 권으로 분리하였다.

이와 같이 은사님들의 상법 저서를 일별해 본 것은 本書의 학문적 전통을 밝히려는 데 있다. 本書의 始原은 徐燉珏교수님의 商法槪論, 徐燉珏·李範燦 공저 商法例解, 李範燦 저 商法講義, 李範燦·崔埈璿 공저 商法槪論, 李範燦·崔埈璿 공저 商法(上), (下)로 이어져 온 商法시리즈의 종착점이다. 徐燉珏 교수님은 그 후 鄭完溶 교수님과 공저로 商法講義(上), (下)를 집필하셨으며, 李範燦 교수님도 두 제자인 任忠熙·金知煥 博士들과 공저로 2000년에 會社法을 집필하셨다. 이와 같이 徐燉珏 교수님을 시작으로 이어져 온 상법 교과서들은 여러 갈래로 分枝되었으므로, 본서만이 商法시리즈의 종착점이라 할 수 없을 지도 모른다. 그럼에도 불구하고, 필자로서는 이 저서의 기원은 저 멀리 徐燉珏 교수님으로부터 李範燦 교수님을 거쳐 필자에 이르기까지 면면히 이어온 전통의 일부라는 데 대하여 무한한 영광과 자부심을 느끼면서 徐燉珏·李範燦 두 스승님께 존경과 감사를 드린다. 한편 본서로 말미암아 존경하는 두 분 스승님의 명성에 陋가 되지 않을지 걱정이 앞선다.

徐燉珏 교수님으로부터 시작된 originality를 이어받은 이 책은 위에서 언급한 책들의 문맥을 유지하려 애썼다. 徐燉珏 교수님과 李範燦 교수님의 문체의 특징은 간결, 명료하다는 것이다. 眞理는 單純하고, 單純한 것은 아름답다. "아름다움은 곧 敵을 이기는 힘이다."[1] 또 Pulitzer는 "짧게 써라. 그러면 읽힐 것이다. 명료하게 써라. 그러면 이해될 것이다. 그림같이 써라. 그러면 기억 속에 머물 것이다" 라고 했다. 필자도 이를 좇으려 애를 써 보았지만, 근본이 不敏하여 그저 흉내만 내었을 따름이다. 한편으로 방대한 상법교과서로 인하여 학생들이 공부에 엄청난 부담을 느끼는 것도 사실이다. 따라서 본서에서는 필수적으로 알아야 할 것들만 정리하였다.

본서를 집필함에 있어 많은 제자들의 도움을 받았다. 초판을 집필함에 성균관대학교 법과대학 4학년 재학 중에 좋은 성적으로 사법시험에 합격한 申一秀 군이 큰 도움을 주었기에, 申군에게 특별한 감사를 드린다. 제2판에서는 판례를 up-date 하는데 많은 노력을 기울여 완벽을 기해 준 성균관대학교 대학원 석사과정에 재학 중이던 金暎住 군에게 특별한 감사를 드린다. 제3판과 제4판의 판례를 up-date 해 준 석사과정의 林玟奎 군, 張元九 군 및 李叙沇 양에게 특별한 감사를 드린다. 아울러 본서의 출간을 허락해 주신 삼영사의 고성익 사장님과 아름다운 책자로 만들어 주신 편집부 여러분께 깊이 감사드린다.

2025 1. 10.
저자 씀

---

1) "성곽의 꽃"이라고 불리는 수원화성. 고도의 수학과 과학이 결집되었으면서도 미적으로는 도형 반복의 아름다움이 돋보인다. 조선시대 正祖가 수원화성을 축조하면서 지나치게 아름다움을 강조하자 신하들이 물었다. "군사들이 싸움을 할 성인데 튼튼하게 만들어 적을 이기면 그만이지, 왜 그처럼 모양을 내라 하십니까?" 그러자 정조가 말했다. "아름다움이 곧 적을 이기는 힘이니라.": http://www.hd-gd.net/frame2.html

차 례

제1편 상 법 총 칙

제1장 서 론

제2장 상법의 기본개념

제3장 영업의 설비

제4장 영업의 공시 및 양도

제2편 상 행 위 법

제1장 상행위법 총론

약 어 표

1. 인용법령 약어

국세 ………………… 국세기본법
김지 ………………… 금융지주회사법
대령 ………………… 대통령령
독규 ………………… 독점규제 및 공정거래에 관한 법률
독규시 ……………… 독점규제 및 공정거래에 관한 법률시행령
독상 ………………… 독일상법
독주 ………………… 독일주식법
민 …………………… 민법
민소 ………………… 민사소송법
민집 ………………… 민사집행법
법조 ………………… 법원조직법
보업 ………………… 보험업법
보업시 ……………… 보험업법시행령
불경 ………………… 부정경쟁방지 및 영업비밀보호에 관한 법률
불민 ………………… 프랑스민법
불상 ………………… 프랑스상법
비송 ………………… 비송사건절차법
상등 ………………… 상업등기법
상등규 ……………… 상업등기규칙
상시 ………………… 상법시행법
상시규 ……………… 상법의 일부규정의 시행에 관한 규정
상표 ………………… 상표법
서채 ………………… 스위스채무법
국사 ………………… 국제사법
수 …………………… 수표법
어 …………………… 어음법
영어 ………………… 영국어음법
영해보 ……………… 영국해상보험법
외감 ………………… 주식회사의 외부감사에 관한 법률
외투 ………………… 외국인투자촉진법
은행 ………………… 은행법
의민 ………………… 의용민법

의상 ………………… 의용상법
인세 ………………… 인지세법
일상 ………………… 일본상법
이민 ………………… 이탈리아 민법
자금 ………………… 자본시장과 금융투자업에 관한 법률
조문만 표시 ……… 상법
지세 ………………… 지방세법
채회 ………………… 채무자 회생 및 파산에 관한 법률
특허 ………………… 특허법
포상 ………………… 포르투갈 상법
형 …………………… 형법

2. 참고문헌 약어

강위두(총) …………………… 강위두 저 상법총칙 · 상행위법, 1998
김병연(총) …………………… 김병연 · 박세화 · 권재열 저 상법총칙 · 상행위, 2012
김성태(총) …………………… 김성태 저 상법총칙 · 상행위법강론, 1998
김정호(상) …………………… 김정호 저 제2판 상법강의(상), 2000
박원선(상) …………………… 박원선 저 새상법(상), 1982
박헌목(상) …………………… 박헌목 저 상법강의(상), 2005.
서돈각 · 정완용(상) ………… 서돈각 · 정완용 저 제사전정 상법강의(상), 1999
서정갑(상) …………………… 서정갑 저 상법(상), 1984
서헌제(상) …………………… 서헌제 저 상법강의(상), 2003
손주찬(상) …………………… 손주찬 저 제15보정판 상법(상), 2004
양승규 · 박길준 …………… 양승규 · 박길준 공저 제사판 상법요론, 1997
이기수(총) …………………… 이기수 저 상법(총칙 · 상행위), 1999
이범찬 예해(상) …………… 이범찬 저 예해상법 상권, 1988
이병태(상) …………………… 이병태 저 전정 상법(상), 1995
이원석(상) …………………… 이원석 저 신상법(상), 1985
이철송(총) …………………… 이철송 저 제11전정판 상법총칙 · 상행위, 2012
임홍근(총) …………………… 임홍근 저 상법총칙 · 상행위, 2001
정동윤(상) …………………… 정동윤 저 제6판 상법(상), 2012
정찬형(상) …………………… 정찬형 저 제15판 상법강의(상), 2012
정희철(상) …………………… 정희철 저 상법학원론(상), 1989
채이식(상) …………………… 채이식 저 개정판 상법강의(상), 1996
최기원(상) …………………… 최기원 저 제십사대정판 상법학신론(상), 2003

西原寬一, 商法總則, 1957
石井照久, 商法總則, 1972
田中誠二, 商法總則論, 1976
大隅健一郎, 商法總則, 1981
服部榮三, 商法總則, 1983
鴻常夫, 商法總則, 1986
田中誠二, 商行爲法, 1983
平出慶道, 商行爲法, 1980
江頭憲治郎, 商取引法(上), 1990

Baumbach/Duden/Hoft, Handelsgesetzbuch, 28. Aufl., 1989
Capelle/Canaris, Handelsrecht, 21. Aufl., 1989
Schmidt, K., Handelsrecht, 4 Aufl., 1994
White & Summers, Uniform Commercial Code, 4th ed., 1995

제1편 상법총칙

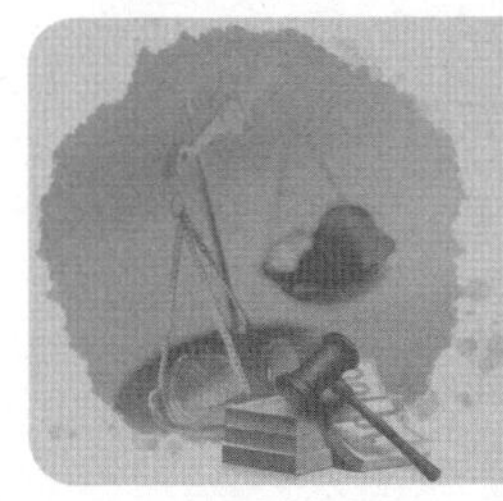

제1장 서　론

제1절 상법의 개념

Ⅰ. 서　설

상법(commercial law, mercantile law, business law, Handelsrecht, droit commercial)의 개념은 실질적 의의의 상법과 형식적 의의의 상법으로 나누어 생각할 수 있다. 실질적 의의의 상법이란 상법의 존재형식과는 관계없이 그 규제대상인 생활관계의 실질, 즉 생활관계의 내용과 특성에 따라 통일적·체계적으로 파악할 수 있는 특수한 법역을 말한다. 이에 대하여 형식적 의의의 상법은 상법이라는 형식으로 존재하는 법, 즉 '상법전'을 의미한다. 형식적 의의의 상법은 나라에 따라 존재하지 않기도 하고, 또 존재하더라도 시대에 따라 내용이 변화하지만, 그러한 변화 가운데에서 그 핵심에 자리잡고 있는 동일성·공통성·본질성이 있으니, 이것이 실질적 의의의 상법을 이루는 바탕이 된다.

Ⅱ. 형식적 의의의 상법

1) 형식적 의의의 상법이란 '상법'이라는 명칭을 가진 제정 성문법규, 즉 상법전을 말한다. 나라에 따라서는 제정성문상법전을 가진 국가도 있지만(우리나라, 독일, 프랑스, 일본 등) 일부 국가(영국·미국[1] 등 영미법계 국가와 대륙법계 국가 중

---

1) 미국에서는 모든 주가 매매, 상업증권, 은행거래 등 일부 상사거래에 관한 규정을 통일하는 통일상법전(Uniform Commercial Code: UCC)을 각 주의 상법전으로 채택하고

에서도 노르웨이, 스웨덴 등 스칸디나비아 여러 나라 등)에서는 그 연혁적 사정 및 입법정책에 따라 상법전을 가지지 않는다. 우리나라의 상법전은 1962년 1월 20일에 법률 제1000호로 공포되어 1963년 1월 1일부터 시행되었다. 상법전은 제1편 '총칙', 제2편 '상행위', 제3편 '회사', 제4편 '보험', 제5편 '해상', 제6편 '항공운송'으로 이루어져 있는 대법전이다.

2) 상법전은 대부분 사법적 규정으로 되어 있으나, 이 가운데는 공법적 규정도 적지 않게 포함되어 있다. 그리고 실질적으로는 상법전에 속할 법규정들이 상법전 외에 채무자 회생 및 파산에 관한 법률, 은행법, 보험업법, 자본시장과 금융투자업에 관한 법률, 주식회사의 외부감사에 관한 법률 등 특별법의 형식으로 되어 있는 것이 적지 않다.

Ⅲ. 실질적 의의의 상법

1. '상' 개념의 확장

1) 형식적 의미의 상법전은 때와 곳에 따라 그 내용이 다를 수 있고, 또 상법이란 제정법을 갖지 않는 나라도 있으며, 상법전을 가지고 있더라도 상법전이 다루는 범위가 각기 다르기 때문에 상법학의 연구대상은 형식적 의의의 상법에 머물러서는 안된다. 상법을 이론적·체계적·통일적으로 파악하여 체계화할 필요가 있다. 그렇게 하여야만 상법의 자주성을 파악할 수 있게 된다. 이와 같이 형식적 의의의 상법에 구애받지 않고, 실질적 의미에서의 상법이라는 이름으로 공통적 속성을 갖는 법규범을 실질적 의미의 상법이라 한다.

2) 실질적 의의의 상법이란 그 규제대상인 생활관계의 실질, 즉 생활관계의 내용과 특성에 따라 이론적·통일적·체계적으로 파악할 수 있는 법규범이므로,

---

있다. 이 법전은 미국법률협회(American Law Institute)와 통일주법전국회의(National Conference of Commissioners on Uniform State Laws)가 공동으로 마련한 것인데, 연혁적인 이유로 인하여 종래 통일상법전의 채택을 거부하던 루이지애나주도 1993년 프랑스 민법전을 UCC에 맞추어 개정하여, 매매편은 1995년 1월 1일부터 시행하고 있다. 영국의 경우에는 1929년의 회사법(Companies Consolidation Act)(이 법은 1949년, 1967년, 1985년에 각각 개정되었다), 1893년의 동산매매법(Sale of Goods Act)(이 법은 1979년에 개정되었다) 등 많은 상사단행법이 있으나, 대륙법계에서와 같은 종합적이고 포괄적인 상법전은 없다. 한편 스위스는 채무법(Obligationenrecht)에서 민법과 상법을 같이 다루고 있다.

실질적 의의의 상법이 무엇인가를 이해하려면 먼저 상법의 규제대상인 생활관계가 무엇인가를 밝혀야 한다.

3) 소박하게 말하면 상법은 장사(商: Handel)에 관한 법이다. 본래 경제학상의 '商' 개념은 생산자와 소비자의 중간에 개입하여 재화의[1] 유통전환을 매개하는 행위(고유의 商)를 의미한다.

역사 속의 상 · 상인

상(商)은 본래 중국 고대의 왕조(B.C. 1600 ~ 1046)이고 그 수도는 은(殷)이다. 따라서 殷을 商이라고도 하였고, 商나라의 사람을 商人 또는 은인(殷人)이라 하였다. 잘 알려져 있는 바와 같이 상은 달기(妲己)라는 미녀에 정신을 빼앗긴 주왕(紂王)이 주(周)의 무왕(武王)과의 전쟁에서 패하여 죽자, 나라를 잃은 商나라 사람들이 물재(物財)를 거래하는 것으로 생업을 일삼은 데서 오늘의 상업 및 상인이라는 말이 생겼다고도 한다.

4) 상법의 요람기에 있어서는 법률학상의 '상'(商) 개념은 경제학상의 '상' 개념과 일치하여 상법은 商을 규제하는 법(상인법, 계급법)이었다(예컨대, 1212년 이탈리아 파루마의 상인조례와 중세의 교회법).[2] 근대경제의 발전에 따라 오늘날 경제학상의 '商' 개념은 고유한 의미의 商 이외에 훨씬 광범한 생활영역을 포함하고 있다. 따라서 상법이 규제하여 온 대상으로서의 '商', 즉 법률학상의 '商' 개념도 점차 확장되어 왔으니, 고유의 商뿐만 아니라, 이를 보조하고 이와 밀접한 관계가 있는 물건운송업 · 운송주선업 · 은행업 · 손해보험업 · 창고업 · 중개업(보조상)까지도 포함하였다. 나아가 고유의 상과 직접적인 관계는 없지만 보조상과 그 내용이나 형태가 유사한 여객운송업 · 생명보험업(유형상)을 포함하고, 제조가공업이나 광업 · 수산업과 같은 원시산업의 일부까지도 그 경영방법이나 설비의 동일성을 근거로 상법의 지배하에 넣게 되었다(형식상).[3]

이것은 결국 고유의 商을 지배하던 합리주의적 · 경제적 정신과 그 활동형식이 점차로 보편화되고, 자본주의 경제조직이 고도로 발달함에 따라서 '공업의

1) 財貨라는 두 글자 모두 '조개 貝'가 들어 있는데, 이는 고대의 화폐인 '子安貝'를 의미하는 것으로, '조개 貝'변을 쓰는 한자들은 대부분 돈과 관계된 의미를 지닌다. 살 買, 팔 賣, 귀할 貴, 쌓을 貯, 재물 財, 쓸 費, 재물 資, 도둑 賊, 재화 貨, 가난할 貧, 어질 賢, 하례할 賀, 도울 贊, 품팔이 賃, 손 賓, 천할 賤, 줄 賜, 보낼 贈, 상줄 賞, 바꿀 貿, 빌릴 貸, 낼 貰, 값 賈, 뇌물 賄(회), 속바칠 贖, 부의 賻, 뇌물 줄 賂, 보배 寶, 장물 贓 등이 그렇다.

2) 최기원(상) 4면.

3) 예컨대, 1897년의 독일 신상법과 1911년의 스위스 채무법(Obligationenrecht)은 업무의 내용에 구애됨이 없이 영업의 형식과 그 규모만을 참작하여 상업(Handelsgewerbe)과 상인(Kaufmann)의 의의를 정하는 기준으로 삼았다. 손주찬(상) 4면; 이철송(총) 5면.

상화'로부터 비롯하여 일반 '경제활동의 상화'를 가져오고, 이러한 경제생활의 상화(商化) 내지 변천에 상법이 신속하게 순응하게 된 것을 의미한다. 따라서 일부 소수의 (고유의) 상인의 계급법(Standesrecht)이었던 상법은 고도 자본주의를 형성하는 다수의 경제인의 法으로 변질·발전되고 있다.

5) 이러한 상법의 규제대상의 확대화 경향에 따라 법률상의 상 개념은 경제상의 상 개념보다 그 범위가 훨씬 넓어지게 되었고, 실질적 의의의 상법 개념을 확립하기가 어렵게 되었다. 이에 상법의 대상에 관한 많은 학설이 나타나게 되었는데, 이를 상법의 대상론이라 하고, 상법의 대상론은 상법의 자주성의 문제와 더불어 한때 크게 논쟁을 벌이었다.

2. 상법의 대상론

실질적 의의의 상법이 규율대상으로 삼고 있는 생활관계(법률상의 상)의 실질과 공통된 특성은 무엇인가에 관한 논의를 상법의 대상론이라 한다. 오늘날 법률적 의미의 '商'의 범위는 크게 확대되었기 때문에 이와 같이 확대된 법률상의 '商'의 실질을 하나의 단일 개념, 즉 통일적으로 파악할 수 있는가조차 의문이다. 또한 이를 파악할 수 있다고 하더라도 그 특성은 어떻게 보아야 하는가에 대하여 학설이 대립하고 있다.

1) 통일적 파악을 부정하는 견해

(1) 대상파악불요설

대상파악불요설은 오늘날 확대된 법률상의 '상'의 내용(실질)을 하나의 단일 개념으로 설명하려는 노력은 불필요한 낭비이고, 이에 관한 모든 학설은 불투명하다고 하여 상법의 대상파악 자체를 부정하는 견해(v. Gierke)이다.[1]

그러나 상법의 대상이 파악되어야만 ① 상법의 개념을 비교법적·법사학적으로 연구할 수 있는 근거를 얻게 되고, ② 그 범위를 확정할 수 있으며, ③ 상법의 핵심을 발견할 수 있게 될 것이기 때문에 상법의 대상론이 불필요한 낭비라고만은 할 수 없을 것이다.

---

1) v. Gierke, *Handelsrecht und Schiffahrtsrecht*, 8. Aufl., 1958, S. 3.

(2) 실증설

실증설은 대상파악의 필요성은 인정하면서도 상법의 대상인 생활관계가 복잡하므로 그 이론적·통일적 파악을 단념하는 소극적인 입장이다. 이 입장에 따르면 상법이란 商에 관한 여러 가지의 법률제도 및 법률규정을 법전형식으로 집적(集積)해 놓은 것이라고 한다(Karl Lehmann).[1)]

이 견해는 상법의 존재를 편의적인 존재로 보므로, 결국 상법의 자주성을 부정하게 되며, '민상2법통일론'과 같은 입장이 된다.

2) 통일적 파악을 긍정하는 견해

상법이 규제하는 생활관계를 통일적으로 파악하려는 적극적인 견해가 있다. 이것은 법률상의 '商'은 외견적인 단편성에도 불구하고 이를 통일적으로 인식할 수 있는 중심개념이 있다는 견해로서, 그 중심개념이 무엇이냐에 따라 크게 세 가지 부류로 나뉜다.

(1) 생활관계의 내용에 따른 학설

(가) 사적 발생적 관련설

사적(史的) 발생적 관련설은 발생사적 관점에서, 법률학상의 상이란 고유의 상인 재화전환의 매개에서 차례로 역사적으로 분기·발전한 영업활동의 총체라는 견해이다(Lastig).[2)] 이 학설은 법률상의 '商'이란 고유의 '商'(경제적 의미의 商)인 재화이전의 매개와 관계가 있거나 역사적으로 이로부터 전문화되거나 분화된 형태로 발전한 영업활동의 총체를 말한다고 한다. 즉, '고유의 商(경제적 의미의 商)'을 출발점으로 차례로 이를 보조하는 대리상·위탁매매인 등과 같은 보조상이 생겼고, 같은 경로로 보험업·운송업 등 사적 관련성을 가지고 분화·발전되면서 발생한 모든 영업활동이 상법의 대상이 된다는 것이다.

(나) 매개행위본질설

매개행위본질설은 법률학상의 상은 모두 본질적으로 매개행위에 지나지 않는다고 보는 견해이다(Goldschmidt).[3)] 즉, 상법의 대상이 되는 생활관계의 공통적

---

1) Lehmann-Hoeniger, *Lehrbuch des Handelsrechts*, 1921, S. 2; 松本烝治, 「商法總論」, 1923, 10면.

2) Lastig, Die gewerbetreibende Eintragungspflicht zum Handelsregister und Beitragspflicht zur Handelskammer und Handelswerkskammer, Sonderabzug aus *Festgabe für H. Fitting*, 1903, S. 35ff.

3) Goldschmidt, *Handbuch des Handelsrechts* I, 2. Aufl., 1874, S. 398ff.

인 특징을 매개행위라고 보고, 생산자로부터 소비자에게 상품의 유통을 매개하는 모든 영업활동을 상법의 대상으로 인정하려는 견해이다.

(2) 생활관계의 성격에 따른 학설

(가) 집단거래본질설

집단거래본질설은 '동일행위의 누차의 반복의 필요성'을 상법의 결정적 형성원인으로 보고 상법이란 곧 집단거래의 법이라고 보는 학설이다(Heck).[1)]

(나) 상적 색채설

상적(商的) 색채설은 일반사법의 법률사실 가운데 상적 색채를 지닌 것이 상법상의 법률사실인데, 이러한 '상적 색채'를 띠고 있는 법률사실을 규제하는 법이 상법이라고 하는 학설이다. 여기서 '상적 색채'란 '전문화된 영리활동인 투기매매로부터 연역할 수 있는 특성'인 집단성 및 개성상실을 주내용으로 한다(田中耕太郎).[2)]

(3) 생활관계의 내용과 성격을 종합적으로 고려하는 학설

(가) 기업법설

기업법설은 근대의 기업(Unternehmen)활동에 주목하여 경제학에서 형성된 기업개념을 중심으로, 상법은 기업생활의 특수한 수요에 응하기 위하여 형성된 '기업에 관한 법'이라고 하는 견해이다(Wieland).[3)] Schäffle는 기업을 불확정한 재산증식을 목적으로 하는 경제적 조직체라고 정의하였는데,[4)] 이 기업의 개념을 법률학에 도입한 것이다.

(나) 상인법설

상인법설은 상법의 대상을 법적으로 파악하여 기업은 경제적 단일체(Wirthaftseinheit)이기는 하지만 권리 · 의무의 주체가 될 수 없으므로, 실질적 의의의 상법이란 상인의 특별사법(Sonderprivatrecht der Kaufleute)이라는 학설이다(Capelle-Canaris).[5)]

---

1) Heck, Weshalb besteht ein von dem bürgerlichen Recht gesonderte Handelsprivatrecht, *Archiv für die civilistische Praxis*, 1902, S. 456ff.

2) 田中耕太郎, 「改正商法總則概論」, 1938. 7. 36., 45면 이하.

3) Wieland, *Handelsrecht* I, 1921, S. 143ff.

4) Schäffle, "Die Anwendbarkeit der verschiedenen Unternehmungsformen", Zeitschrift für die gesamte Staatswissenschaft, 25 (1912), S. 262.

5) Capelle-Canaris, *Handelsrecht*, 19. Aufl., 1980, §1; Gierke-Sandrock, *Handels- und Wirtschaftsrecht* I, 9. Aufl., 1975, §1; Gross, *Handelsrecht*, 1980, S. 18; Hofmann, *Handelsrecht,* 2. Aufl., 1978, S. 19; Karsten Schmidt, *Handelsrecht*, 2. Aufl., 1982, S. 3. 그리고 "상인에 관한 특별법"(Sonderrecht der Kaufleute)이라는 주

3) 각 학설에 대한 비판

사적 발생적 관련설, 매개행위본질설, 기업법설 그리고 상인법설은 상법의 규제를 받는 생활관계를 능동적·내용적으로 파악하려고 시도한 것이다. 그러나 사적 발생적 관련설과 매개행위본질설은 공통적으로 고유의 '商' 개념과의 관련에 집착하였거나 상법의 대상인 생활관계의 특징적 일면만을 지적하였을 뿐, 이것을 전면적으로 파악한 것은 아니다. 특히 사적 발생적 관련설은 오늘날의 법률학상의 商이 반드시 고유의 商에서 역사적으로 분기·발전되었다는 증명이 곤란한 경우가 많고, 양자 사이의 근사성이 뚜렷하지 못한 경우도 많아 취할 수 없다. 매개행위본질설 역시 오늘날 매개행위와 본질적으로 관련이 없는 출판·인쇄·촬영·흥행·광고업 등도 상법의 규율대상이 되고 있는 점(제46조 제5호~제7호)을 설명할 수 없는 난점이 있다.

상인법설은 독일, 오스트리아의 다수설로서 상법의 대상을 법적으로 간명하게 처리할 수 있다는 장점을 가지고 있다. 그러나 일방적 상행위인 경우에는 비상인에 대하여도 상법이 적용되고(제3조), 상법 제5편(해상)의 규정은 상인이 아닌 선박에도 적용되며(제740조, 제741조), 상법의 규정 중에는 상인이 아닌 기업주에 대하여도 확대적용될 규정이 있는 점 등을 설명할 수 없는 난점이 있다.[1] 또한 현대의 경제발전에 따라 당연상인(제46조, 제4조) 외에도 원시생산업도 의제상인(제5조)으로서 상법의 규제대상에 포함시켜야 할 필요가 있는 경우를 고려한다면, 상법의 규제대상의 확대에 부응할 수 없는 학설이라고 생각된다.

한편 집단거래본질설은 법률사실의 성격에 착안하여 대상의 통일성을 논증하려고 시도한 것이다. 그러나 집단거래는 소송법의 규율대상인 집단소송과 노동법의 규율대상인 노동계약 등에서도 나타나는 것이며, 이것이 전적으로 상법만의 징표가 될 수는 없을 것이므로 집단거래본질설은 타당하지 않다.

끝으로 상적 색채설도 상적 색채라는 특성의 근거인 생활관계 자체의 내용을 적극적으로 확정하지 못하고 그 외면적 특징을 파악하는 데 그쳤다는 비판을 받고 있다.

장도 있다(Wiedemann, *Handelsrecht*, 5. Aufl., 1979, S. 3.).

1) 정동윤(상) 8면.

상법의 대상에 관한 학설

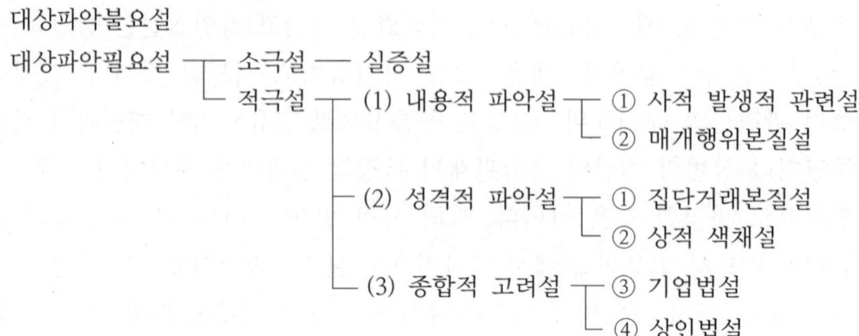

4) 사 견

(1) 기업법설이 근대상법의 대상인 생활관계를 이론적으로 가장 명확히 파악하였다는 점에서 가장 나은 학설이라고 생각한다. 이것이 우리나라와[1] 일본의[2] 다수설이다.

(2) 종래 상법에서 '기업'이라는 용어를 사용하지 아니하다가 2007년 개정상법 해상편에서 '해상기업'이라는 용어를 처음 사용하였다(상법 제5편 제1장 해상기업). 기업법설은 경제학상의 개념인 '기업'(Unternehmung, enterprise)이라는 개념을 보조로 사용하여, 상법의 대상인 생활관계를 내용과 성격 양자에서 파악하려는 견해이다. 상법은 생활과 관계있는 것 중 기업과 관련이 있는 것을 규율하고 있는 점에서 기업법설이 타당하다고 본다.

(3) 이 학설에 대한 비판으로는, 이 학설에 따르게 되면 기업에 관한 법칙을 무제한 상법 속에 편입하지 않을 수 없어 상법의 성격을 애매하게 한다는 것,[3] 상법을 기업법이라고 하는 것은 자명한 일면을 지적한 것일 뿐 문제의 해결에는 도움이 되지 않는다는 것, 그리고 일반적 생활관계와 기업적 생활관계를 구별하는 것은 이론적으로 곤란하다는 것[4] 등이지만, 상법의 자주성을 인정하는 한 이것은 기우(杞憂)가 아닌가 한다.

---

1) 강위두(총) 6면; 손주찬(상) 6면; 이병태(상) 3면; 이철송(총) 7면; 정찬형(상) 6면; 정동윤(상) 8면; 김정호(상) 7면.
2) 西原寛一, 「日本商法論」 제1권, 1943, 19면 이하; 大隅健一郎, 「商法總則」, 1984, 37면; 田中誠二, 「商法總則詳論」, 1972, 15면 이하; 服部榮三, 「商法總則」, 1975, 6면 이하; 蓮井良亮(編), 「商法總則・商行爲法」, 1980, 5면.
3) 田中耕太郎, '方法としての商的色彩', 「商法の諸問題」(竹田先生古稀記念), 1952, 25면.
4) 田中耕太郎, 상게논문, 15면 및 26면 이하 참조.

3. 기업법으로서의 상법

상법의 대상을 기업을 중심으로 한 생활관계라고 보는 입장에서 실질적 의의의 상법을 정의한다면, 상법은 '기업적 생활관계에 관한 특별사법'이라고 할 수 있다. 이를 분설하면 다음과 같다.

1) 상법은 '기업적 생활관계'에 관한 법이다. 상법에서 기업이란 "일정한 계획하에 계속적 의도로써 자본적 계산방법에 의하여 영리행위를 실현하는 독립된 경제적 조직체"로 정의될 수 있다. 물론 상법이 기업적 생활관계에 관한 법이라고 하여 기업 또는 기업주만을 규율하는 것은 아니다. 즉, 상법은 기업과 거래한 일반인도 규율하며(제3조), 명시적으로 상인성이 인정된 기업(당연상인) 외에도 원시생산업도 그 영업의 형식에 의하여 상인으로 취급하여(의제상인) 규율대상으로 삼는다(제5조).

상법상 기업개념의 특성

기업이라는 개념은 다양하다. 그러나 상법상 기업의 개념은 경제학상 기업의 개념을 바탕으로 하여 상법의 규율대상인 생활관계를 통일적으로 파악하기 위하여 독자적으로 정립되는 개념으로서 다음과 같은 특색을 가진다.

(i) 계획성·계속성: 기업은 계획성·계속성을 가져야 한다. 따라서 1회성의 우연한 업무를 종료하고 소멸하는 것은 기업이 아니다.

(ii) 영리성: 기업은 영리를 목적(Gewinnabsicht)으로 자본과 노력을 투입하는 영리경제단위인데, 일정한 금액(자본)을 가지고 경제활동을 하되 그 금액을 기초로 해서 수익계산을 하는 이른바 자본적 계산방법에 의하여 영리를 추구한다.

(iii) 시장성: 기업은 시장에 등장하여 시장참가자들에게 재화와 서비스를 공급하는 영업행위를 하여야 한다. 따라서 자가소비를 목적으로 하는 사업은 기업이 아니다.

(iv) 독립성: 기업은 그 주체가 독립성을 가져야 한다. 이 점에서 기업은 소비경제단위인 가계로부터 분리·독립되어야 한다.

(v) 경제적 단위체: 기업은 하나의 경제적 단위체이다.

2) 상법은 기업적 생활관계에 관한 사법(私法)이다.[1] 상법은 권리주체간의 비권력적이고 평등한 생활관계를 규율하기 때문이다. 한편 상법은 사법이지만 사법적 규정만으로는 그 기능을 다할 수 없다. 기업생활관계는 사법기관 또는 행정기관을 통한 국가의 후견적 조정·감독이 필요하므로, 상법이 절차법적(예컨대 주주총회와 관련한 4종의 소)·행정법적(예컨대 상업등기제도)·형법적 규정(예컨대 상

---

1) 이에 대하여 상법은 기업에 특유한 법규의 '전체'라고 하면서, 이에는 '사법법규'만이 아니라 '공법법규'도 포함한다는 견해도 있다: 정동윤(상) 10면.

법 제622조 이하의 벌칙)까지도 유기적 일체로서 포용함으로써 비로소 사법질서의 실현이 보장될 수 있다. 그러나 이 때문에 상법의 사법으로서의 성격이 부정되는 것은 아니다.

3) 상법은 기업적 생활관계에 관한 특별사법이다. 민법이 경제생활 일반을 규제하는 일반사법인 데 대하여, 상법은 기업적 생활관계의 특수한 수요를 충족·규제하기 위한 특별사법이다.

Ⅳ. 실질적 의의의 상법과 형식적 의의의 상법의 관계

1) 실질적 의의의 상법과 형식적 의의의 상법은 그 범위가 반드시 일치하는 것은 아니다. 실질적 의의의 상법에는 상법전뿐만 아니라 상관습법이나 많은 상사특별법령·조약 등이 포함된다. 한편 형식적 의의의 상법에는 그 기업성이 인정되어 실질적으로 상법에 속하여야 할 많은 것(예컨대 원시산업·자유직업 등)이 제외되기도 하는 반면, 실질적으로 기업생활과 관계가 없는 사항이 포함될 수도 있다.

2) 이러한 불일치는 실질적 의의의 상법이 학문적 입장에서 통일성·체계성을 중요시하여 파악된 것인 데 대하여, 형식적 의의의 상법은 법률정책적 입장에서 실제성·편의성을 본위로 하여 제정된 것이기 때문이다. 그러나 양자는 전연 관계가 없는 것도 아니다. 형식적 의의의 상법의 제정·개정은 실질적 의의의 상법의 연구를 자극하고, 후자의 연구는 전자의 해석과 진보에 공헌하는 바가 크기 때문이다.

제 2 절 상법의 지위

Ⅰ. 서 설

상법은 기업적 생활관계에 관한 법이므로 민법, 경제법, 노동법, 어음법, 수표법 등 많은 법들과 관련된다. 따라서 상법의 지위는 이러한 법들과의 관계에서 결정될 수 있다. 상법의 지위에서는 상법이 독자적인 규율대상을 가져 법률학의 한 분과로서 성립되고 독자적으로 편찬될 수 있는가 하는 자주성이 문제된다.

Ⅱ. 민법과 상법의 관계

1. 특별법으로서의 상법

1) 상법은 기업생활관계를 규제대상으로 하므로, 사법생활관계 일반을 규제하는 민법에 대하여 특별법의 지위에 있다. 상법은 중세까지만 해도 상인들 사이의 자족법이던 계급법(Standesrecht)이었으나, 이것이 특별법으로서 민법에서 분리되기 시작한 것은 프랑스에서 1804년 민법전(Code civil)과 1807년 상법전(Code de commerce)이 분리된 것이 그 효시이다.[1] 프랑스 상법전은 그 후 1861년의 보통독일상법전(Das Allgemeine Deutsche Handelsgesetzbuch, ADHGB)의 모범이 되었고, 1897년의 독일신상법전은 내용적으로도 독일민법전(BGB)에서 완전히 분리되었다. 이러한 입법주의는 대륙법계 국가에 지대한 영향을 미쳤다.

이와 같은 연혁적 바탕 위에 탄생한 상법은 자연 민법의 규정만으로는 불충분하거나 부적당한 면만을 규율하게 되었다. 그러므로 상법은 그 자체가 통일적 체계를 갖지 못하는 듯한 모양을 갖게 되었다. 즉, 상법은 민법과는 무관한 자족적인 법률이 아니다. 따라서 민법과의 통일적 시각에서 상법을 이해하는 것이 중요하다고 하겠다.

2) 상법은 민법의 특별법이기 때문에, ① 상법에 아무런 규정이 없는 사항에 대하여는 당연히 민법이 적용되고(제1조)(예컨대, 민법 제3조 이하의 능력・민법 제103조 이하의 법률행위・민법 제98조 이하의 물건・민법 제155조 이하의 기간, 민법 제734조 이하의 사무관리, 민법 제741조 이하의 부당이득, 민법 제750조 이하의 불법행위 등), ② 민법의 원칙규정을 변경하여 예외규정을 두거나[예컨대, 법정이율(민 제379조, 상 제54조)・유질계약(流質契約)(민 제339조, 상 제59조)・소멸시효(민 제162조, 상 제64조)・상업사용인(민 제114조 이하, 상 제10조 이하 등)], ③ 혹은 독자적 입장에서 전혀 특수한 제도[예컨대, 상업등기(제34조 이하)・상호(제18조 이하)・상업장부(제29조 이하)・상호계산(제72조 이하), 보험(제638조 이하), 공동해손(제865조 이하), 해난구조(제882조 이하), 항공기운항자의 배상책임(제930조) 등]를 창설하여 적용하기도 한다.

---

1) 임홍근(총) 16면.

2. 상법의 자주성에 대한 회의

상법은 민법의 특별법으로서, 민법과 무관한 자족적 법률이 아니다. 여기서 과연 상법이 민법과 분리되어 독립하여 존재할 수 있는가 하는 상법의 자주성이 문제된다.

상법의 자주성(Autonomie des Handelsrechts)은 (i) 실질적 자주성, (ii) 과학적 자주성, (iii) 형식적 자주성의 세 가지로 나누어 생각해 볼 수 있다.

(i) 실질적 자주성은 형식적 법전의 존부와 관계없이 상법의 독자적이고 실질적인 대상이 있느냐 하는 문제이다. 이 문제는 앞서 '상법의 대상론'에서 충분히 언급하였다. 다만 여기서는 민법의 상화현상이 상법의 자주성, 특히 실질적 자주성에 반하는 것은 아닌지 살펴본다.

(ii) 과학적 자주성이란 상법은 법학의 1분과로서 성립할 수 있는가 하는 문제이다. 상법의 실질적 대상이 존재하는 한 학문적 영역으로서 성립할 수 있음은 부정할 수 없다.

(iii) 형식적 자주성이란 형식적 의미의 상법의 독자적인 편찬이 과연 필요한가의 문제이다. 즉, 법전편찬상의 문제이다. 이에 관하여는 민상2법통일론이 문제되고 있다.

1) 민법의 상화

(1) 민법의 상화현상

상법과 민법은 밀접한 관계를 갖고 있기 때문에 민법과 상법의 한계가 명확하고 고정적인 것은 아니다. 예컨대, 장기적으로 실질적 고찰을 할 때, (i) 처음에 민법에 속해 있던 제도나 법률관계가 후에 상법의 제도하에 들어오기도 하고(예컨대, 민사회사), (ii) 상법상의 원칙 또는 제도가 보편화하여 민법에 흡수되기도 한다(예컨대, 계약자유의 원칙 · 동산의 선의취득). 특히 (ii)의 경향을 '민법의 상화(商化)'(Kommerzialisierung des bürgerlichen Rechts)라고 하며, 1894년 야콥 리이써(Jakob Riesser)에 의해서 지적된 이래[1] 논의되어 왔다. 우리 민법상의 예로는, 구민법상 증권적 채권의 양도에 있어 의사표시만으로 양도의 효력이 생기고, 증권의 배서 · 교부는 대항요건이었으나(구민 제469조 · 제86조 제3항), 현행 민법에서는

---

1) Riesser, Der Einfluß Handelsrechtlicher Ideen auf den Entwurf eines bürgerlichen Gesetzbuches für das Deutsche Reich, 1894, S. 14 Anm. 3.

어음·수표의 양도방식을 받아들여 배서·교부를 증권적 채권의 양도방식으로 한 것(민 제508조·제510조, 어 제11조 제1항, 수 제14조 제1항)을 들 수 있다.[1)]

(2) 상법의 실질적 자주성

민법이 상화하는 현상이 생기는 원인은 민·상 2법이 대상으로 하는 생활관계가 경제생활 내지 거래생활이라고 하는 공통점이 있기 때문이다. 다만 상법은 기업생활을, 민법은 일반경제생활을 대상으로 하는 점에서 차이는 있으나, 양법이 규율하는 것은 자본주의경제하에서 영위되는 경제생활이므로, 일반인의 사유재산과 관련되는 모든 경제생활도 고도의 합리주의를 바탕으로 하는 상인의 경제적 정신과 생활태도를 따르지 않을 수 없게 된다.

이런 의미에서 위의 (i)의 경우에 관하여는 민법에 속하던 것이 상법의 규제하에 들어온 것이 아니라 오히려 원래 상법에 속했어야 할 법률관계라고 할 수 있으니, 이것은 민법의 순화현상이라고 할 수 있다. 또 아무리 민법이 상화된다고 하더라도 그것에는 한계가 있으니, 민법의 신분법적 규정이나 고용관계에 관한 규정은 상화될 수 없다. (ii)의 경우에 관하여는 상법이 그 원리의 일부를 민법에 넘겨준다 해도, 비약적으로 발전하는 상사관계에 적용될 새로운 기술이나 제도를 끊임없이 창조할 것이다. 그리고 민법의 상화현상에 힘입어 이를 널리 보급하는 것은 합리적 제도의 보편화에 따른 당연한 추세일 것이다. 그러므로 민법의 상화현상을 근거로 상법의 실질적 자주성에 대한 회의론이 제기될 수는 없을 것이다.

2) 민·상2법통일론

(1) 민·상2법통일론의 의의

민·상2법통일론이란 상법을 민법과 독립하여 제정할 필요가 없다는 주장으로서, 1847년에 몬타네리(Montanelli), 1888년에 비반테(Vivante)에 의해서 역설된 이래 격론을 일으켰다.[2)] 민·상2법통일론은 상법이 민법에 대하여 독자적인 존재이유를 가질 수 없다고 하는 생각을 배경으로 하고 있다. 민·상2법통일론에 따라 제정된 입법례로는 1919년의 스위스 채무법, 1925년의 태국 민법, 1925

---

1) 김성태(총) 30면.

2) Vivante는 1892년 세계 최초의 대학으로 알려져 있는 이탈리아의 블로냐대학 Antrittsvortrag(교수취임특강)에서도 이를 주장하였으나, 그 후 민법과 상법은 그 입법의 방법이 서로 다르고, 상법의 세계적 성질·신용증권에 관한 규정·격지거래 및 대량거래 등에서 볼 때 민·상2법의 통일은 부적당하다는 것을 지적하여 그의 주장을 포기하였다(Vivante, *Trattato di diritto commerciale*, Vol. 1, 1934, p. 1 e segg.).

년의 중국 민법, 1942년의 이탈리아 민법 등을 들 수 있다. 이러한 주장은 상법의 형식적 자주성을 부정하는 것이다.

(2) 민・상2법통일론의 근거

민・상2법통일론의 중요한 논거는 (ⅰ) 상법이 계급법이 아니라 일반인의 일상생활에 적용되므로 민법과 구분할 필요가 없다든가, (ⅱ) 입법과정에서 상인계층의 이익만이 옹호된다든가, (ⅲ) 양법을 구별할 학리상(學理上)의 정확한 표준이 없는데다가 법률상의 '商' 및 '商人'의 개념이 불명확하므로 양법 중 어느 것을 적용하여야 할 것인지 분명하지 않을 때에는 재판상의 능률을 저해한다든가, (ⅳ) 법률생활의 불안정 또는 사법이론의 통일적 발전의 저해를 초래한다는 것 등이다.

(3) 민・상2법통일론에 대한 비판

생각건대, (ⅰ)의 주장은 상법의 대상의 독립성을 부정하고 실질적 의의의 상법을 부정하는 것이라고 생각된다. 상법의 대상은 기업생활관계이고, 이것은 일반사법적 생활관계에 대하여 여러 가지 특수성을 가지는 이상 이와 모순되는 입장은 타당하지 않다고 본다. (ⅱ)의 논거는 법전의 통일여부와는 관계가 없는 문제이기 때문에 상법의 자주성과 직접적인 관련이 없을 뿐 아니라, 상법전의 제정과정에 있어서도 일반시민의 이익의 희생 위에 상인계급의 이익만을 옹호한다고 하기보다는 당사자 간의 이해관계조정 및 국민경제 전체의 이익이라는 측면에서 확정되므로 타당하지 못하다. (ⅲ)의 논거는 상법과 민법이 교차하는 일부규정에 한하는 문제일 뿐 상법 전체의 문제가 아니고, 이러한 문제는 기업적 생활관계의 통찰과 입법기술의 활용으로써 어느 정도 해결할 수 있을 것이다. 마지막으로 (ⅳ)의 논거도 정당하지 못하다. 법률체계는 생활관계와 일치하여야만 하는 것이므로 기업적 생활관계라는 상법의 대상이 있고, 그것에는 독특한 이념과 성격이 있는 이상 이를 별도로 분리하는 것이 자연스럽다. 단순히 외형의 유사성을 들어 이를 획일화한다는 것은 그 자체가 무리이다. 양자의 분리가 사법(私法)이론의 발전을 저해한다고 하나, 이는 법학자의 연구태도와 방법상의 문제라고 본다. 오히려 양법의 관련성과 한계를 통일적으로 인식할 때에만 사법학의 진정한 발전이 이루어질 수 있을 것이다.[1)2)]

---

1) 서돈각・정완용(상) 40면 이하; 최기원(상) 10면; 김성태 28면 이하.

2) 김성태 교수에 의하면 법제사적 관점에서도 상법은 민법과는 그 성격을 달리한다고 한다. 그 예로서, ① 발달형식에 있어서 상법은 관습기원성이 뚜렷한 점, ② 민법이 로마

(4) 결 언

(가) 이상과 같이 민·상2법통일론은 그 논거가 희박한 것이다. 본래 민법학은 일반개념체계가 요구되며 논리적·연역적 정신이 우월함에 비하여, 상법에서는 기술적 현상에 대한 경험적 사고가 요구되며 관찰적·귀납적 정신이 우월하여 그 접근방법부터 서로 다르다. 양법을 형식적으로 통일하고 있는 입법례에서도 상법상의 여러 제도(회사·상업등기·상업장부 등)에 관한 특별법을 두고 있는 점을 본다면 이러한 주장은 더욱 더 근거를 잃게 된다. 법전의 체제상 민·상 두 법전을 통합하면 편리하다고 하겠으나, 그렇게 할 경우 상사에 적용될 특수한 규정들이 민법의 일반규정과 혼합되어 오히려 법전의 편제를 복잡하게 하고 통람을 곤란하게 한다. 그리하여 오늘날은 양법분리론이 지배적인 견해이다.[1)]

(나) 다만 필자의 견해로는 회사법, 보험법, 해상법, 항공운송법 등은 각각 독특한 원리하에 독특한 규정들로 구성되어 있으므로 이들 법률을 단행법으로 독립시켜 나가야 한다고 본다.

Ⅲ. 노동법·경제법과 상법의 관계

1. 상법과 노동법과의 관계

1) 기업은 인적·물적 설비를 기초로 하여 성립한다. 기업의 인적 설비에서 가장 중요한 것은 기업주의 노력을 보충해 주는 기업보조자이다. 현대기업에 있어서는 업무의 복잡성과 고도의 분업화로 기업보조자의 사용은 불가결한 것이다. 그런데 기업주와 기업보조자의 법률관계는 기업주를 위하여 기업상의 노무를 제공하는 면(고용관계)과 기업주를 갈음하여 제3자와 거래관계를 맺는 면(주로 기업자와 기업보조자 사이의 대리관계)으로 구분된다. 전자의 법률관계가 기업보조자의 생활이익의 보호란 사회정책적 이념에 의해 규제되는 노동법(labour law, Arbeitsrecht, droit du travail)의 영역인 데 대하여, 후자의 법률관계는 거래의 안

법이나 교회법의 영향을 절대적으로 받았음에 비하여, 상법은 이들 법체계의 영향을 거의 받지 아니한 사실, ③ 분쟁해결절차상으로도 상사에 관하여는 통상의 민사법원 관할에 속하지 않는 별개의 법원('상사법원'; tribunal de commerce, Handelskammer)관할 하에 재판이 진행되어 절차법적 특성이 있는 점 등을 든다(김성태 28면 이하).

1) 강위두(총) 13면; 서돈각·정완용(상) 42면; 손주찬(상) 14면; 이철송(총) 11면; 정찬형(상) 13~14면; 최기원(상) 10면; 채이식(상) 28면; 김정호(상) 11면.

전과 원활이라는 이념에 의해 규제되는 상법의 영역이다.

2) 이와 같이 노동법과 상법은 각각 그 규제대상과 이념이 다르지만 근래의 많은 입법례에서 근로자의 후생복지와 지위향상의 일환으로 회사의 기관구성 및 이익분배에 종업원의 참여를 의무화하는 경우가 늘어나고,[1] 이것이 상법상의 여러 제도에 영향을 미치게 된다. 따라서 노동관계도 상법의 대상이 되고 있음을 주목할 필요가 있다.[2] 특히 노동법과 상법은 모두 기업적 생활관계를 규율하는 것이므로 양자를 합하여 광의의 기업법이라고 할 수 있다.[3]

2. 상법과 경제법과의 관계

1) 19세기 후반 이래 기업의 집중과 독점화 경향이 심하여지고, 특히 제1차 세계대전을 계기로 경제적 위기에 직면하게 되자, 독일을 위시하여 여러 나라에서 경제생활에 대한 국가적 통제·간섭의 입법이 속출하였는데, 이 통제경제법을 일반적으로 경제법(economic law, Wirtschaftsrecht)이라고 부른다. 따라서 경제법의 개념에 관하여 아직 정설은 없지만, 대체로 경제법을 국가가 후견적 입장에서 경제일반을 통제하기 위한 일련의 법규로 본다. 경제법에 속하는 법률로는 독점규제 및 공정거래에 관한 법률, 방문판매 등에 관한 법률, 부정경쟁 방지 및 영업비밀보호에 관한 법률, 소비자 보호법, 할부거래에 관한 법률 등이 있다. 대표적인 경제법인 독점규제 및 공정거래에 관한 법률은 경쟁제한행위의 금지와 경제력집중 억제에 초점이 맞추어져 있다.

2) 한편 상법과 경제법의 관계에 관하여도 경제법의 독자적 지위를 인정하는 입장과(분리론)[4] 경제법을 상법의 발전영역으로 보아 상법의 발전에 의한 경제

1) 예컨대, 프랑스의 1917년의 노동자참가주식회사법 및 뉴질랜드의 1924년의 회사수권법(Companies Empowering Act)에 의한 노동주(action de travail)제도, 스위스 채무법상의 종업원 복지시설의 설치를 위한 임의준비금의 적립제도 및 실업사태의 대책을 위한 법정준비금의 사용(동법 제673조·제671조 제3항), 독일의 1952년의 경영조직법(Betriebsverfassungsgesetz)과 1976년의 공동결정법(Mitbestimmungsgesetz), 스웨덴의 공동결정법 등에 의한 주식회사의 자본관계와 기관구성에의 종업원의 참여, 우리나라의 자본시장과 금융투자업에 관한 법률에 의한 종업원지주제도(employee stock ownership)에 의한 노동자의 자본관계에의 참여, 1980년의 영국회사법에 있어서 회사의 업무집행기관의 직무수행에 있어서의 종업원의 이익고려의무(동법 제46조) 등이 그것이다(정희철, 주식회사법리의 사회화경향, 「기업법의 전개」, 36면 이하 참조).

2) 노동법은 기업의 대내관계법(Innenrecht der Unternehmen), 상법은 기업의 대외관계법(Außenrecht der Unternehmen)이라고 할 수 있다.

3) 최기원(상) 14면 이하 참조; 김병연(총) 10면.

4) 강위두(총) 19면; 이병태(상) 43면; 이철송(총) 15면; 정찬형(상) 20면; 박상조(총) 30

법의 섭취를 주장하는 입장(합일론)으로[1] 나누어진다. 분리론에 의하면 상법은 개개의 경제주체의 이익을 기초로 하여 그 상호간의 이익의 조정을 목적으로 하는 것이지만, 경제법은 국민경제의 이익을 기초로 하여 개개 경제주체의 이익을 초월하여 전체적인 조정을 목적으로 하는 것이므로 양자는 서로 다른 법역을 구성하는 것이다. 그러나 합일론에 의하면 상법의 본질인 기업관계의 합목적적인 규제는 결국 국민경제의 입장에서 기업관계를 합목적적으로 규제하는 경제법의 통제를 받지 않을 수 없으므로 상법의 본질도 경제법의 본질과 전혀 이질적인 것은 아니라는 것이다.

3) 생각건대, 상법과 경제법은 그 대상과 이념에 있어 근본적인 차이가 있다. 상법은 상기업만을 대상으로 하면서 주로 사인간의 이해관계를 조정하는 기업사법이다. 이에 비하여, 경제법은 기업생활은 물론 농업, 임업, 어업과 개인의 소비생활 등 생산·유통·소비에 걸친 시장경제 전반을 통제하여 국민경제의 조화를 이룩하려는 법규로서 기업공법이라고 할 수 있다. 이와 같이 양법의 이념은 명백히 구별할 수 있으므로 분리론이 타당하다. 비록 경제주체 상호간의 이익조정이 국민경제 전체의 이익을 고려하지 않고는 존재할 수 없다는 것은 사실이지만, 그렇다고 하여 실질적 의의의 상법이 부정되지는 않을 것이다. 이것은 마치 민법에 있어 공공복리의 원칙이 민법의 최고원리가 되어 있다고 하여 민법의 존재의의가 부정되지 않는 것과 같은 것이다.

Ⅳ. 어음법·수표법과 상법의 관계

1) 어음법·수표법은 의용상법 하에서는 실질적 의의의 상법에 속한다고도 생각되었다.[2] 현재 어음법·수표법은 독립된 단행법으로 존재하고 있고, 기업과 무관한 일반인들 상호간에도 어음·수표가 널리 이용되고 있기 때문에 형식적으로는 물론 실질적으로도 어음법·수표법은 민법·상법과 더불어 사법체계 중에 특수한 1법역을 이루는 것이라고 보는 것이 지배적인 견해이다.[3]

면; 김정호(상) 13면.

1) 서돈각·정완용(상) 47면; 서정갑(상) 36면; 손주찬(상) 20면; 최기원(상) 12면.

2) 의용상법 제501조 제4호에는 어음 기타의 상업증권에 관한 행위를 절대적 상행위로 규정하였었다.

3) 강위두(총) 7면; 서돈각·정완용(상) 38면; 손주찬(상) 9면; 정찬형(상) 21면. 반대: 김정호(상) 13면.

2) 그런데 원래 어음과 수표는 상거래에서 발생한 기술적 제도로서 현재에도 기업을 통하여 가장 많이 이용되는 지급 및 신용수단이라고 할 수 있다. 뿐만 아니라 오늘날 우리나라에서 일반인 사이에 널리 이용되고 있는 자기앞수표도 지급인은 반드시 상인인 은행인 점, 어음법 · 수표법의 성격이 상법과 유사한 점에서 어음법 · 수표법은 상법과 밀접한 연관성이 있다는 것을 부인할 수 없다.[1)]

제 3 절 상법의 특성

I. 상법의 기본이념

1. 서 설

기업법으로서의 상법이 지니고 있는 특성은 여러 가지를 들 수 있겠으나, 그것은 결국 기업생활의 건전한 발전을 도모하기 위한 기본이념의 제도적 표현이라고 할 수 있다. 기업생활의 중심활동인 영리행위는 독립된 조직을 기반으로 계획적이며 계속적으로 추구되어야 하는 것이므로, 상법의 기본이념은 기업의 조직과 활동 두 가지 면으로 표출된다. 즉, 기업조직 면에서의 기업의 유지강화와 기업활동 면에서의 거래의 동적 안전보호의 요청이 그것이다. 후술하는 상법의 경향(진보적 경향 · 세계적 경향)을 상법의 외면적 특성이라고 하는 데 대하여, 이것을 상법의 내면적 특성이라고도 한다.

---

1) 최기원 교수도 이와 같은 이유에서 어음법 · 수표법도 광의의 상법에 속한다고 할 수 있다고 한다[최기원(상) 13면]. 어음법 · 수표법을 상법전에 포함시킨 예로는 프랑스 상법전, 미국통일상법전 및 네덜란드 상법전 등이 있다.

상법의 특성

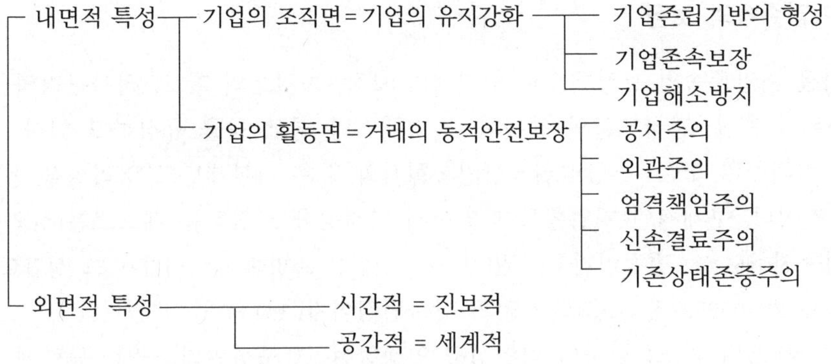

2. 기업의 유지강화

기업의 유지강화를 위하여 상법은 적극적으로 기업의 존립기반이 쉽게 형성되고, 성립된 기업이 항구적으로 존속·발전하도록 보장하여 주며, 소극적으로 쉽게 해체하지 않도록 방지책을 여러 가지로 마련하여 주고 있다.

1) 기업존립기반의 형성

상법은 영업자유의 보장, 자본집중의 촉진, 노력의 보충 등을 통하여 기업이 존립할 수 있는 기반형성이 용이하도록 하고 있다.

(i) 영업의 자유: 상호선정의 자유(제18조), 회사설립에 있어 준칙주의를 취하고 있는 것을 들 수 있다.

(ii) 자본집중: 익명조합(제78조 이하), 각종 회사제도(제169조 이하), 선박공유(제756조 이하) 등이 있다[그 밖에 가장 강력한 자본집중제도로서 영업양도(제41조 이하), 회사합병(제174조)이 있으나, 이것은 기업성립 후의 기업합동에 이바지하는 것으로서 그 의미가 다르다고 본다].

(iii) 노력보충: ① 동업자인 합명회사 사원(제178조 이하), 선박공유자(제756조 이하), ② 독립적 기업보조자인 대리상(제87조 이하), 중개인(제93조 이하), 위탁매매인(제101조 이하), 운송주선인(제114조 이하), 운송인(제125조), 공중접객업자(제151조 이하), 창고업자(제155조 이하), 경영수임인(제374조 제2호), ③ 종속적 기업보조자인 상업사용인(제10조 이하. 다만 노무자·기술자의 고용은 상법이 직접 규제하는 바는 아니다),

선원(제745조 이하), 선박관리인(제764조 이하) 등이 있다.

2) 기업존속의 보장

상법은 기업존속의 보장책으로 영리성의 보장, 독립성의 확보, 적자관리의 실현, 자본의 충실, 자금조달의 원활화, 기업책임의 경감 등을 규정하고 있다.

(ⅰ) 영리성의 보장: 상행위·상인·회사와 같은 기본개념도 영리성을 전제로 한 것이나, 구체적인 기업활동에 있어서 영리성을 보장하는 제도로는 상인의 보수청구권(제61조), 법정이자청구권[제55조. 민법상 소비대차는 이자가 그 성립요건이 아니다(민 제598조)], 고율(연 6푼)의 상사법정이자(제54조) 등이 있다.

(ⅱ) 독립성의 확보: 회사의 법인성을 인정하여 그 구성원의 사망·능력에 의하여 영향을 받지 않도록 한 것, 개인기업에서도 상호(제18조 이하), 상업장부(제29조 이하)[영업재산을 사용(私用)재산과 분리하고(제29조 제1항) 별도로 양도할 수도 있다], 상사대리권의 존속(제50조)에 관하여 특별규정을 두고 있는 것 등이 있다.

(ⅲ) 적자(適者)관리의 실현: 주식회사에서 기업의 소유와 경영의 분리로 인한 기관자격과 사원자격이 분리(제3자기관), 이사회제도(제390조 이하)의 채택을 들 수 있다. 소유와 경영이 일치하고 있는 인적 회사에 있어서도 업무집행사원의 권한상실선고제도(제205조, 제269조)가 있다. 지배인(제10조 이하), 익명조합(제78조 이하), 경영위임(제374조 제2호), 선박관리인(제764조 이하) 등의 제도도 그 예이다.

(ⅳ) 자본의 충실: 주식회사에서 자본확정의 원칙(회사의 설립시 일정한 자본액과 그에 대한 인수가 확정되어야 한다), 자본유지의 원칙(회사는 자본액 상당의 재산을 현실적으로 보유하여야 한다), 자본불변의 원칙(확정된 자본은 임의로 변경할 수 없다)이 확립되어 있고, 준비금제도를 비롯해서 회계에 관한 엄격한 규제를 하고 있으며, 유한회사에서는 사원 등의 특수한 전보책임(제550조, 제551조, 제593조, 제594조)이 인정된다.

(ⅴ) 자금조달의 원활화: 주식회사에서 수권자본제도의 채택(제289조), 투자자들의 수요에 따른 특수한 주식(우선주·상환주·전환주 등)의 발행(제344조~제346조), 대중으로부터 집단적·대량적으로 자금을 조달할 수 있는 각종 사채제도(제486조, 제513조, 제516조의 2)의 허용, 대부자본을 보호하기 위하여 각종 회사채권자 보호제도(제42조 제1항, 제232조, 제462조 제2항, 제530조 제2항, 제535조 등)를 두고 있다. 이 밖에 각종 상사유치권제도(제58조, 제91조, 제111조, 제120조, 제147조, 제807조 제2항, 민 제320조 참조)와 선박우선특권제도(제777조), 선박저당권제도(제787조) 등이 있다.

(vi) 기업책임의 경감: 기업책임의 경감은 위험의 분산제도와 유한책임제도로 나타나는데, ① 위험의 분산제도로는 회사제도(제169조 이하), 보험제도(제638조 이하), 공동해손제도(제865조 이하), 선박공유자의 손실분담제도(제758조), 익명조합원의 손실분담제도(제82조) 등을 들 수 있고, ② 유한책임제도로는 주주 · 유한책임사원(합자회사 · 유한회사)의 유한책임(제279조, 제331조, 제553조), 선박소유자의 유한책임(제769조 이하), 적하이해관계인의 유한책임(제752조 제2항), 공동해손분담자의 유한책임(제868조), (해난)구조료지급의무자의 유한책임(제884조), 운송인 등의 책임감면(제898조), 항공운송인의 책임제한(제905조, 제907조, 제910조, 제915조), 항공기운항자의 유한책임(제932조) 등을 들 수 있다(이상의 유한책임은 채무자의 재산이 채무의 일정액을 한도로 담보가 되는 인적 유한책임제도이고, 채무자의 재산 중에서 특정 재산만이 채무의 담보가 되는 이른바 물적 유한책임제도는 상법에는 없다).

3) 기업해소의 방지

상법은 일단 성립한 기업의 해소를 방지하기 위하여 회사의 계속제도, 1인회사의 인정, 회사의 조직변경제도, 회사의 합병 · 영업양도제도, 회사해체절차의 신중, 채무자 회생 및 파산에 관한 법률상 회사회생제도 등의 장치를 마련해 두고 있다.

(i) 회사의 계속: 회사가 존립기간의 만료 기타 정관 소정사유의 발생, 총사원의 동의나 주주총회의 결의 등에 의해 해산한 경우에는 일정한 조건하에 회사의 계속을 인정한다(제229조 제1항, 제269조, 제519조, 제610조 제1항). 사원이 1인으로 되거나 무한책임사원 또는 유한책임사원의 전원이 퇴사하여 해산한 때에는 신입사원의 가입으로 회사를 계속할 수 있으며(제229조 제2항, 제285조 제2항), 인적 회사의 설립무효 또는 설립취소의 판결이 확정된 경우에도 일정한 조건하에 회사를 계속할 수 있도록 하고 있다(제194조, 제269조).

(ii) 회사는 그 조직을 변경하여도 동일성을 유지하면서 존속할 수 있다(제242조, 제286조, 제604조, 제607조).

(iii) 회사가 다른 회사와 합일하는 경우 소멸회사의 기업이 해체되지 않고 포괄적으로 승계된다(제174조, 제235조, 제522조, 제598조). 또 영업양도(제41조 이하, 제374조 제1호 · 제3호, 제576조 제1항)는 영업의 조직적 일체성을 유지함으로써 기업해체의 불이익을 배제하는 제도이다.

(iv) 회사의 해산결의는 총사원의 동의(제227조 제2호, 제269조) 또는 총회의 특별

결의(제518조, 제609조 제2항)를 요하게 하여 신중을 기하고, 회사설립무효·취소의 주장을 제한한다(제184조, 제269조, 제328조, 제552조). 회사설립무효·취소의 소(訴)의 심리 중 하자의 보완을 인정하고 법원에 청구기각의 재량권을 인정하고 있다(제189조). 또 주식회사에서는 주식인수의 무효주장·취소를 제한하는 규정(제320조, 제427조)을 두고 있을 뿐만 아니라, 발기인·이사에게는 주식의 인수·납입담보책임을 지움으로써(제321조, 제428조) 일단 설립한 회사의 해체를 가급적 방지하고 있다.

(v) 파탄에 직면하였으나 갱생의 가치가 있는 회사의 재건을 도모하는 회사회생제도가 특별법인 채무자 회생 및 파산에 관한 법률상 인정되고 있다.

3. 거래안전의 보호

기업활동의 원활·확실화를 도모하려면 거래의 동적 안전이 철저하게 보호되어야 한다. 거래의 안전보호는 거래관계자로 하여금 자신의 자유의사에 의하지 않고는 손실을 부담하는 일이 없도록 하려는 거래의 '정적 안전'은 물론이고, 상당한 주의의무를 다하여 거래한 선의의 제3자를 보호하려는 거래의 '동적 안전'까지 확보되어야 한다. 비개성적인 거래가 집단적으로 계속·반복되는 기업생활관계에 있어서는 거래의 (동적) 안전보호의 요청이 한층 더 절실하다.

거래안전보호의 요청이 구현된 상법상의 제도로는 공시주의·외관주의를 비롯해서 엄격책임주의·신속결료주의·기존상태존중주의에 입각한 많은 제도를 찾아볼 수 있다. 그 중요한 것을 들어보면 다음과 같다.

1) 공시주의에 의한 보호

상법은 거래관계상 중요한 사항을 일반에게 공시(알리는)하는 절차를 마련하고 기업자에게 그 이행 및 실천을 요구하고 있으며, 그 이행·실천에 특수한 법적 효력을 인정한다. 이를 공시주의(Publizitätsprinzip)라고 한다. 이것은 구체적으로 상업등기제도, 선박등기제도, 공고제도, 수동적 공시제도, 요식성 등으로 나타난다.

(i) 상업등기제도: ① 기업일반에 관한 것으로 상호의 선정·폐지·변경(제22조, 제25조 제2항, 제27조), 지배인의 선임·해임(제13조), ② 개인기업에 관한 것으로 미성년자·법정대리인의 영업(제6조, 제8조 제1항), ③ 회사기업에 관한 것으로 각종 회사의 설립(제180조, 제271조, 제317조, 제549조)·해산(제228조, 제269조, 제530조 제1

항, 제613조 제1항) · 회사대표(제317조 제2항 제9호 · 제10호, 제549조 제2항 제3호~제5호) · 주식회사의 자본증감(제317조 제2항 제2호 · 제3호) 등 대외관계상 중요한 사항은 모두 등기하여야 한다.

(ii) 선박등기제도: 총톤수 20톤 이상의 선박은 선적항을 관할하는 등기소에 등기를 한 다음, 선적항을 관할하는 해운관청에 비치한 선박원부에 등록을 하고 선박국적증서의 교부를 받아야 한다(선 제8조). 따라서 선박소유권(제743조) · 선박저당권(제787조, 제790조) · 선체용선(제849조)에 관하여는 공시방법이 인정되고 있다.

(iii) 공고제도(일반적 · 능동적 공시제도): 주식회사에서는 정관으로 회사가 공고하는 방법을 정해야 하고(제289조 제1항 제7호 · 제3항), 정기적으로 대차대조표를 공고하여야 한다(제449조 제3항). 그 밖에 공고를 할 사항으로서 주주총회소집의 경우(제363조 제3항), 합병의 경우(제232조 제1항), 청산의 경우(제535조 제1항) 등이 있다.

(iv) 개별적 · 수동적 공시제도: 이사는 정관 · 주주총회의 의사록 · 재무제표 등을 본점과 지점에, 주주명부 · 사채원부와 이사회의 의사록을 본점에 비치하여 사원이나 회사채권자에게 열람시켜야 하며(제396조, 제448조, 제565조), 특히 사원의 회계장부열람권도 인정되고 있다(제466조, 제581조).

(v) 요식성: 주식청약서(제302조) · 사채청약서(제474조, 제514조 제1항, 제516조의 4) · 주권(제356조) · 신주인수권증서(제420조의 2) · 신주인수권증권(제516조의 5) · 채권(제478조 제2항, 제514조 제1항) · 화물상환증(제128조 제2항) · 창고증권(제156조 제2항) · 선하증권(제853조) · 여객항공권(제921조) · 수하물표(제922조) · 항공화물운송장(제923조) · 전자항공화물운송장(제924조) · 어음(어 제1조 · 제75조) · 수표(수 제1조) 등의 기재사항은 거래관계자에게 알려야 할 사항으로서 상세히 법정되어 요식성을 강조하고 있는데, 이것도 공시주의의 구현이라고 볼 수 있다.

2) 외관주의에 의한 보호

외관주의란 외관과 진실이 합치하지 아니할 때에 외관을 신뢰하고 거래한 일반공중을 보호하는 입법주의를 말하며, 대체로 영미의 '금반언(禁反言)의 법리' 및 독일의 '외관이론'과 그 취지를 같이 한다. 다수인 간에 계속적 · 집단적 · 반복적으로 행해지는 상사거래에 있어서는 그 거래행위의 개성은 상실되고, 오로지 거래의 안전 · 신속만이 요청되므로, 상법에서는 외관주의가 기본원리로서 확립되어 각 편에 구체적으로 표현되고 있다.

영미의 금반언의 법리

영미의 금반언의 법리란 자기가 어떤 표시(진술 또는 행동)를 하고 그것에 의하여 상대방이 어떤 사실의 존재를 믿고 행동하였을 때에는 표시자가 이후 표시와 모순되는 주장을 할 수 없다는 것으로서, 이를 '표시에 의한 금반언'(estoppel by representation)이라고 한다. 처음에는 표시자의 고의가 요구되었으나 후에는 선의의 부진정표시를 한 경우에도 적용되기에 이르렀다. 금반언의 법리는 진실한 표시를 장려하고 배덕행위에 대한 법적 보호를 거절하여야 한다는 공서양속의 관념에서 발현된 윤리적 규범이 그 根柢를 이룬다.

한편 독일의 외관이론(外觀理論)(Rechtsscheintheorie)은 경제적 합리성을 요구하는 법률행위 또는 의사표시에 관한 이론으로서, 일정한 외견적 사실을 신뢰하고 법률행위를 한 자는 그 신뢰를 보호받아야 한다는 사상으로서 거래안전보호의 요청을 기초로 하고 있다. 이와 같이 두 법리는 입론의 기초를 달리하고 있으나, 실제의 적용에 있어서는 큰 차이가 없다.

(i) 총칙편의 규정: 상업사용인의 대리권 제한의 효력(제11조 제3항, 제15조 제2항), 표현지배인이나 물건판매점포사용인의 권한의제(제14조, 제16조), 명의대여자의 변제책임(제24조), 부실등기의 효력(제39조), 상호를 계속 사용하는 영업양수인의 변제책임(제42조 제1항), 상호를 계속 사용하는 영업양수인에 대한 변제의 효력(제43조), 채무인수를 광고한 영업양수인의 변제책임(제44조) 등은 모두 외관주의의 표현이다.

(ii) 상행위편의 규정: 자기명의의 사용을 허락한 익명조합원의 변제책임(제81조), 고가물임을 명시하지 아니한 송하인(수하인)·임치인의 손해배상청구권의 제한(제124조, 제136조, 제153조) 등을 들 수 있다.

(iii) 회사편의 규정: 사실상의 회사를 인정하고(제190조 단서, 제269조, 제328조 제2항, 제552조 제2항), 자칭사원(제215조)·자칭무한책임사원(제281조 제1항)·유한책임 한도의 오인을 야기한 사원(제281조 제2항)·퇴사원(제225조, 제269조)·책임변경사원(제282조)의 책임, 유사발기인의 책임(제327조), 가장주주의 배후인의 책임(제332조)을 인정하며, 회사대표기관의 권한제한(제209조 제2항, 제269조, 제389조 제3항, 제567조), 표현대표이사의 행위에 대한 회사의 책임(제395조, 제567조), 주금납입 취급기관의 항변배척(제318조 제2항) 등이 있다.

(iv) 해상·보험편의 규정: 선장·선박관리인의 대리권제한의 효력(제765조 제2항, 제751조), 적하가격의 부실기재의 효력(제873조), 고가물임을 명시하지 아니한 송하인(수하인)의 손해배상청구권의 제한(제815조, 제841조, 제136조), 보험자의 위부(委付)승인의 효력(제716조) 등을 들 수 있다.

(v) 항공운송편의 규정: 운송물에 대한 책임한도액(제915조), 항공운송증서 등

의 기재사항에 관한 책임(제928조), 항공운송증서 기재의 효력(제929조) 등을 들 수 있다.

(vi) 어음 기타 유가증권에 관한 규정: 각종 지시증권의 문언증권성(제131조 제2항, 제157조, 제854조 제2항), 증권의 선의취득(제65조 · 제395조, 민 제514조, 어 제16조 제2항, 수 제21조), 인적 항변의 절단(제65조, 민 제515조, 어 제17조, 수 제22조), 배서의 자격수여적 효력(제65조 · 제336조 제2항, 민 제513조, 어 제16조 제1항, 수 제19조), 지급인의 조사의무의 면제(제65조, 민 제518조, 어 제40조 제3항, 수 제35조), 어음행위독립의 원칙(어 제7조, 수 제10조), 무권대리인의 책임(어 제8조, 수 제11조) 등이 있다.

3) 엄격책임주의에 의한 보호

기업주측의 의무 · 책임을 엄격히 하는 것은 거래안전을 보호하는 가장 효과적인 방책이며, 또 그 전문적 지식과 경험에 비추어 보면 당연한 결과이기도 하다. 상법의 엄격책임주의는 구체적으로 책임의 연대성, 주의의무의 가중, 기업주의 특별책임, 경영담당자의 특별책임 등으로 나타난다.

(i) 책임의 연대성: 일반상사채무의 연대성(제57조), 각종 상사책임의 연대성에 관한 규정[인적 회사의 무한책임사원 · 자칭사원의 책임(제212조, 제215조, 제269조, 제281조), 주식회사의 발기인(제321조~제323조, 제326조 제1항) · 유사발기인(제327조) · 이사(제323조, 제399조, 제401조, 제428조) · 감사(제323조, 제414조)의 책임, 유한회사의 이사(제551조, 제594조, 제567조, 제210조, 제399조, 제401조) · 감사(제551조, 제594조, 제570조, 제414조)의 책임, 합자회사의 유한책임사원의 책임(제279조, 제269조, 제212조), 타인명의에 의한 주식인수인의 책임(제332조 제2항), 유한회사 사원의 책임(제350조, 제551조, 제593조), 자기성명 · 상호의 사용을 허락한 명의대여자의 책임(제24조), 익명조합원의 책임(제81조), 순차운송인의 책임(제815조, 제138조)] 등을 들 수 있다.

(ii) 주의의무의 가중: 수치인의 선관주의의무(제62조), 매수인의 목적물검사 · 하자통지의무(제69조), 매수인의 목적물보관 · 공탁 · 경매의무(제70조) 등을 들 수 있다.

(iii) 기업주의 특별책임: 사용자의 특별책임(제115조, 제135조, 제160조, 제794조, 제795조), 공중접객업자의 특별책임(제152조), 면책약관의 제한(제799조, 제839조, 제855조 제5항, 제152조 제3항), 항공운송인의 엄격책임(제905조), 항공기 운항자의 유한책임의 배제(제933조) 등이 있다.

(iv) 경영담당자의 특별책임: 회사기관의 특별책임[인적 회사의 사원 · 자칭사원의 무한책임(제212조, 제215조, 제269조, 제281조 제1항), 물적 회사의 이사 · 감사의 손해배상책임(제399조 제1항, 제410조, 제414조 제2항, 제567조, 제570조) · 주식인수담보책임(제428조

제1항) · 자본충실책임(제551조, 제594조)], 회사설립관여자의 특별책임[발기인의 책임(제321조, 제322조 제2항, 제326조), 유사발기인의 책임(제327조, 제321조, 제326조), 주금액보관자의 책임(제318조 제2항)], 사원 · 사용인의 특별책임[유한책임한도의 오인을 야기한 사원의 책임(제281조 제2항), 가장주주의 배후인의 책임(제332조 제1항), 유한회사사원의 자본충실책임(제550조, 제551조, 제593조)], 이사들에 대한 제재(형벌 · 과태료)(제622조 이하) 등을 들 수 있다.

4) 신속결료주의에 의한 보호

각종 거래행위의 효과가 오랫동안 불확정되어서 그 유효성이 다투어지게 된다면 거래의 안전은 크게 위협을 받게 된다. 따라서 상법은 법률관계를 신속하게 확정 · 결료시킴으로써 거래의 안전을 도모하고 있다.

(1) 거래방법의 신속화[보험약관 · 운송약관 · 창고약관 등에 의한 부합계약, 계약의 성립 · 불성립의 신속확정(제51조 ~ 제53조)], 거래(상인간의 매매)효과의 신속확정(제68조, 제69조), 거래관계처리의 신속결료에 관한 규정[운송물 · 임치물의 인도효과의 신속확정(제146조, 제168조, 제814조), 매도인 · 매수인 · 위탁매매인 · 운송주선인 · 운송인 · 창고업자 · 선박소유자의 공탁 · 경매권(제67조, 제70조, 제109조, 제110조, 제123조, 제142조 ~ 제145조, 제149조 제2항, 제165조, 제803조, 제808조)] 등은 모두 거래의 신속결료를 위한 제도이다.

(2) 일반상사채권의 단기소멸시효(제64조)와 특수상사채권의 단기소멸시효(제121조, 제122조, 제147조, 제154조, 제166조, 제167조, 제662조, 제736조 제2항, 제814조, 제875조, 제881조, 제895조, 제902조, 제919조, 제937조)는 단기시효제도를 이용한 신속결료주의의 표현이다.

(3) 고도의 유통성이 요구되는 유가증권에 관하여 단기간 내의 권리보전절차(어 제44조, 수 제39조 · 제40조), 증권상실의 경우의 구제수단에 관한 특별규정을 둔 것(제65조, 민 제522조) 등은 유가증권에 관한 신속결료주의의 표현이다.

5) 기존상태존중주의에 의한 보호

이미 형성된 법률관계를 가급적 존중 · 유지하려는 요청이 표현된 것으로서 사실상의 회사제도(제184조 이하, 제269조, 제328조, 제552조), 주주총회 · 사원총회의 결의하자주장의 제한(제376조 이하, 제578조), 회사의 설립 · 합병 · 신주발행 · 자본감소 등의 무효주장의 제한 내지 그 무효판결의 효과의 불소급(제184조 이하, 제236조 이하, 제429조 이하, 제445조) 등이 있다.

Ⅱ. 상법의 경향

1. 서 설

상법은 그 내면적 특성 때문에 민법과 같은 다른 법분야와 비교할 때 시간적으로 보면 유동적·진보적 경향을, 공간적으로 보면 세계적·통일적 경향을 띤다. 이것을 상법의 외면적 특성 또는 제2차적 특성이라고도 한다.

2. 상법의 진보적 경향

1) 상법은 기업적 생활관계를 규율대상으로 삼기 때문에 그 근본적 지배원리는 최소의 희생으로 최대의 효과를 거둔다는 경제적 합리주의이다. 그러므로 상법에 있어서는 윤리적 색채는 희박한 반면에 기술법적인 성격이 강하게 지배한다. 인간의 욕망은 무한하여 항상 새로운 수요를 창출하는데, 이러한 수요를 만족시키기 위하여 기업은 늘 새로운 생산기법과 경영방법을 개발함으로써 발전하고 있다. 이와 같이 나날이 발전해 가는 기업의 생활관계를 규율의 대상으로 삼는 상법도 끊임없이 진보·발전하지 않을 수 없게 된다. 이 점에서 상법은 역사·종교·풍속·관습 등 전통적인 요소가 강하게 지배하고 고정적인 경향이 강한 민법의 신분법이나 부동산법과는 대조적이라고 할 수 있다.

2) 상법은 민법의 채권법과 비교해 보아도 진보적이다. 즉, 경제관계에 관한 민법의 규정은 일반적이고 추상적이며 포괄적인 기본원리에 관한 것으로서 경제의 변동에 민감하지 않으나, 상법의 규정은 이러한 민법의 기본원리에 대한 특수화되고 구체적인 규정으로 되어 있어서 경제의 변동에 예민하다. 만약 상법이 현실경제를 무시한다면 법과 현실의 괴리는 민법에서의 경우보다 더욱 심해진다. 이러한 상법의 진보적인 성격 때문에 상법전은 민법전에 비해 자주 개정되는 경향이 있다. 그러나 상법전은 모든 성문법이 그러하듯이 그 개정에는 스스로의 한계가 있다. 그것은 성문법의 고정성 때문이다. 이와 같이 고정되어 있는 성문법과 끊임없는 경제생활의 변동과의 간격을 메워주는 것이 상관습법이나 보통거래약관 등 이른바 '살아있는 法'(lebendes Recht)이다. 독일의 상법학자 골트쉬미트(Goldschmidt)는 이러한 민법과 상법의 관계를, 하류(민법)에서는 끊임없이 만년설이 녹지만, 상류(상법)에서는 새로운 만년설이 형성되는 빙하에 비

유하였다.

3) 이와 같이 상법의 진보적 경향은 일반사법인 민법에 대하여도 영향을 미칠 수밖에 없는데, 이것이 상법을 '법률발전의 개척자'(Vorreiter der Entwicklung des Gesetzes)라고 하는 이유이다. 즉, 합리적이고 진보적인 경향을 가진 상법의 원칙이나 제도가 일반사법에 편입되는 예가 적지 아니한 것이니, 이것을 가리켜 '민법의 상화'라고 하는 것은 앞서 설명한 바와 같다.

3. 상법의 세계적 경향

1) 상법은 경제적 합리주의를 기조로 하는 기술법으로서 각국의 전통적인 요소에 구애받는 면이 적기 때문에 모든 국가에 있어 상법의 내용이 공통되는 경향이 있다. 또한 국제거래가 양적으로 확대되고 질적으로 복잡하게 된 오늘날에 와서는 국제사법에 의존하는 우회적인 접근방법에 의하여 국제거래상의 법률문제를 해결하기에는 너무도 부적합하고 불편하기 때문에 각국 상법의 통일이 절실하게 요청된다. 근래에 세계적 차원에서 국제상관습과 상사조약이 성립되는 것은 이러한 요청에 부응하기 위한 것이다.

2) 상사조약으로서는 어음법통일조약(1930년), 수표법통일조약(1931년), 선박충돌조약(1910년), 해난구조조약(1910년), 선주유한책임조약(1924년 성립, 1957년·1976년 개정), 선하증권에 관한 통일조약[즉, 1924년의 헤이그규칙(Hague Rules)과 이를 개정한 1968년의 비스비규칙(Visby Rules) 및 1978년의 함부르크규칙(Hamburg Rules)], 해상우선특권과 저당권에 관한 조약(1926년), 국제항공운송에 관한 일부 규정의 통일에 관한 조약(1929년 성립, 1955년 개정, 1999년 몬트리올 협약), 국제물품매매상의 출소기간제한에 관한 조약(1974년), 국제중재규칙(1976년), 국제물품매매계약에 관한 U.N.협약(1980년) 등이 있다.

3) 국제상관습이 성문화된 예로는 공동해손에 관한 '요크-앤트워프규칙'(York-Antwerp Rules) 및 C.I.F.계약에 관한 '바르샤바-옥스포드규칙'(Warsaw-Oxford Rules) 등이 있다.

4) 상법의 국제적 통일화를 주도하는 주요 기관으로는 정부간 조직으로서 국제연합 국제거래법위원회(The United Nations Commission on International Trade Law: UNCITRAL), 사법통일국제협회(The International Institute for Unification of Private Law: UNIDROIT) 등과, 비정부간 조직으로서 국제상업회의소(The International Chamber of Commerce: ICC), 국제해사위원회(Comité Maritime

International: CMI), 국제법학협회(The International Association of Legal Science), 국제법협회(The International Law Association: ILA), 국제법학회(The Institute of International Law) 등이 있으나, UNCITRAL이 가장 활발한 활동을 하고 있다.[1)]

제4절 상법의 역사

I. 서 설

상법의 역사(Geschichte des Handelsrechts, l'histoire du droit commercial)를 고찰하는 것은 일종의 문화사적 의의에서, 그리고 상법의 개념에 대한 명확한 이해와 상법의 해석에 있어 중요한 의미가 있다. 상법사의 연구는 마땅히 일반문화사·정치사·경제사 등의 연구와 관련하여서 이루어져야 완전할 것이지만, 여기서는 직접 상법과 관련되는 것을 중심으로 간략히 고찰한다.

Ⅱ. 외국상법의 발전

1. 고 대

1) 고대에도 상법적인 제도가 없었던 것은 아니지만, 그것은 개별적이고 단편적인 것이었을 뿐 상법 또는 상거래에 관한 일반적인 법규는 발생하지 아니하였으므로, 상법은 미분화의 상태에 있었고, 당시에는 민법만으로도 상거래까지 충분히 규율할 수 있었다. 그러나 기원 전 20세기경 세계 최초의 법전인 바빌로니아(Babilonia)의 함무라비왕(B.C. 1947~1905년)의 법전(Code of Hammurabi)에 있어서는 매매·임치·운송·중개·지급지시·소지인출급식채무증서·추상적 채무증서·콤멘다계약·내수항행에 관한 규정 등 상(商)에 관한 단편적인 규정들이 포함되어 있었다.

1) 최준선, 「국제거래법」, 2004, 48면.

2) 고대 그리스(Greece)에 있어서도 동방제국의 영향을 받아 은행제도와 해상에 관한 특별한 법규가 있었다. 특히 로오드(Rhodos) 해법은 기원 전 3세기경 지중해 무역에 있어서 중요한 지위를 차지하였으니, 이것은 그리스의 보통해법을 계수한 것이라고 한다.

3) 고대 로마 역시 그리스의 법규를 계수하였는데,[1] 제정시대에는 상업경제가 융성했기 때문에 은행거래에 있어서의 은행인수어음(receptum argentarii)과 상호계산(argentarii cum compensatione)제도, 기타 상거래에 관하여는 상사대리 · 공동해손(lex Rhodia de jacta) · 선주 또는 수치인의 수치물보관에 관한 결과책임(receptum nautarum cauponum) 등 오늘날과 유사한 제도가 인정되었다. 그러나 고대 로마에 있어서는 상인계급의 미발달과 만민법(ius gentium)의 포괄성으로 말미암아 '商'에 관한 이러한 특별규정은 매우 단편적이고 소량에 불과하였다. 그리고 고대 게르만제국은 농본국가이었기 때문에 상법은 없었다고 한다.[2]

2. 중 세

1) 상법이 일반사법에서 독립하여 상인계급을 위한 계급법(Standesrecht)으로 성립된 것은 중세에 와서의 일이다. 즉, 9세기 이탈리아와 독일에서 자유상업도시가 발달하고, 이 자유상업도시가 횡적으로 연결됨으로써 당시의 상거래는 전 유럽을 통하여 통일적인 성격을 가졌다. 이는 자유상업도시에서 열리는 정기 시장의 발달 때문이라 볼 수 있다. 정기시가 열리는 자유상업도시에서는 상인들의 동업조합인 길드(guild, Innung)가 조직되고, 길드가 자치권과 재판권을 가짐으로써 길드에 의한 상인단체(Collegia mercatorium)의 특별법(Sonderrecht)이 형성된 것이다. 상인들은 정기시를 매개로 하여 여행을 하다보니, 전 유럽에 걸쳐 통일적인 규범을 가지게 되었다.

2) 길드가 정한 자치규약은 조합원인 상인에게 적용되는 상인법으로서 특별법이었다. 또 길드가 갖는 재판의 관할권은 처음에는 조합원에 관한 징계적 사항 및 영업경찰적 사항과 함께 조합원과 그 사용인과의 사적 관계에 한하였던 것이었으나, 차츰 조합원 이외의 자에게도 관할권을 확장함으로써 도시의 재판권과 충돌하기에 이르렀다. 양자의 알력의 결과, 길드의 재판권은 일정가액을 한도로 하는 사

---

1) 최기원(상) 23면; Gierke-Sandrock, *Handels-und Wirtschaftsrecht* I, 9. Aufl., 1975, S. 10.
2) 서돈각 · 정완용(상) 55면.

법적 사항에 한정하고, 형벌권을 박탈하는 한편 길드의 문제(Innungssache)에 관하여는 비조합원의 조합원에 대한 소송으로까지 확장되었다. 여기서 길드의 재판의 대상이 될 사항인지 여부를 판단할 객관적 기준으로서 '상사'의 개념이 생겼다. 그리하여 길드의 재판권은 조합원에 대한 관할권에서 상사에 관한 관할권으로 발전해 간 것과 같이, 상법도 상인의 신분적 계급법에서 상사에 관한 사항적 특별법으로 성립될 지반이 마련되었다.

3) 이와 같이 중세의 도시국가에 있어서 일반사법에서 독립된 상법이 성립되었는데, 상호, 상업장부, 합명회사, 합자회사, 상호계산, 어음, 선하증권 등, 오늘날의 상법상의 많은 제도가 이 시대에 만들어졌거나 발달을 본 것이다.[1] 당시의 상법의 특색은 다음과 같다.

(i) 주로 관습법으로 형성된 것이 조합의 자치규약 또는 도시법에 흡수되었다는 것, 즉 생성과정에 있어서의 관습기원성이다.

(ii) 후에 점차 상사법으로 발전·이행해 가는 지반이 마련되었다는 것은 본질적으로는 상인단체의 자치법으로서의 계급법이라고 하는 계급법성이다.

(iii) 일면에 있어서는 개개의 길드 또는 도시의 법이라고 하는 지방법성을 갖고 있으면서, 타면에서는 각지의 상인계급에 공통적인 수요에 기하여 발전한 법률로서 상호간의 거래에 의해 영향을 주고 받았기 때문에 유럽에 있어서 국제적 보편성을 갖게 되었다는 점이다.[2]

중세 유럽의 일반사법

중세 유럽의 일반사법은 로마법·게르만법·교회법이었는데, 로마법은 고전 로마법이 갖고 있었던 탄력성을 잃어버리고 거래에 관한 많은 제한적 규정을 포함하고 있었을 뿐 아니라, 로마제국에 갈음하여 지배자가 된 게르만의 법도 그 농민적 성질 때문에 상거래의 수요를 만족시킬 만큼의 탄력성이 없었다. 즉, 동산과 노동은 토지소유자에게 봉사하는 것으로서 이들은 토지소유자의 철저한 구속을 받았으며, 당시의 엄격한 형식주의와 계약자유의 제한은 상거래계에서는 극복하기 어려운 장애가 되었다. 또 교회법은 이자금지의 교리로 인하여 상거래를 적대시하였다.[3] 따라서 당시의 어떠한 법도 상거래의 수요를 충족시켜 줄 수 없었기 때문에 자연 새로운 법을 요구하게 되었던 것이다. 이와 같은 일반사법의 사정이 상인법이 탄생하게 된 간접적인 원인이 되었다.

---

1) 大隅健一郎, 「商法總則」, 1984, 6면; Gierke-Sandrock, *a.a.O.*, S. 12~13.
2) 竹內昭夫·龍田節, 「現代企業法講座(1)」, 東京大學出版會, 1985, 8면.
3) Gierke-Sandrock, *a.a.O.*, S. 11.

3. 근세 이후

근세 초에 봉건제도가 붕괴되고 강력한 중앙집권국가가 성립한 것과 더불어 도시경제는 국민경제로 발전하게 되었다. 당시의 국가는 주권의 절대성을 주장하였기 때문에 그 내부에 독자적인 입법권이나 재판권을 갖는 단체의 존재를 인정하지 아니하였다. 이 때문에 상법은 16세기경부터 차차 자치법으로서의 성질을 잃고 국가법 내에 흡수되기에 이르렀다. 16세기 말엽 이후 프랑스가 크게 번영을 누림으로써 이것이 프랑스 내에서 상업을 발달시키는 계기가 되었고, 이와 같은 배경 아래 국가에 의한 최초의 통일적 상사입법으로서 루이 14세의 2대법전인 1673년의 상사조례(Ordonnance sur le commerce)와 1681년의 해사조례(Ordonnance de la marine)가 성립하였다. 또 1794년에는 독일에서 보통프로이센주법(Das Allgemeine Preußische Landrecht)이 편찬되었다. 이것은 상법에만 관한 것이 아니라, 사법 전체는 물론 교회법과 형법까지도 포함하는 것이었지만, 어음법, 보험법, 해법을 포함한 상사관계에 관하여도 2,000조에 가까운 상세한 규정을 둔 법전이었다.

1) 프랑스법계

(1) 프랑스에서는 그 후 프랑스대혁명으로 계급제도가 폐지되고 영업의 자유가 확립되었는데, 이를 배경으로 1807년에 나폴레옹에 의해 제정된 프랑스상법전(Code de commerce)은 상법만을 수록한 최초의 법전으로서 진정한 의미에 있어서의 근대적 상법전이라고 할 수 있다. 상법사에 있어서 이 법전이 갖는 의의는 첫째, 이미 1804년에 성립된 민법전(Code civil)이 국민의 전계층을 포괄적으로 규정하고 있음에도 불구하고, 상에 관한 특별법전이 제정된 점, 둘째, 그 내용에 있어서 당시의 평등사상을 기초로 상인계급을 위한 계급법이라는 입장에서 벗어나 상인이 아닌 자도 법정의 행위(상행위: les actes de commerce)를 하면 상법의 적용을 받는다고 하여 이른바 상사법주의(객관주의)를 취하면서, 이와 같은 상행위를 업으로 하는 자를 상인(commerçant)이라고 정하고 그 상인에게 특별한 권리의무를 결부시키는 것을 입법의 원칙으로 삼은 점이다.

(2) 이 법전은 그 후 여러 나라의 입법에 큰 영향을 끼쳤는데, 그 이유는 나폴레옹이 여러 나라를 정복하였다는 정치적 이유도 있지만, 주로 그 내용의 우수성 때문이었다. 프랑스에서는 아직도 이 법전이 시행되고 있으나, 현재는 이를

보충·변경하는 수많은 특별법이 제정되었다. 현재 프랑스법계의 나라는 벨기에, 네덜란드, 스페인, 포르투갈, 그리스, 브라질, 아르헨티나 등이다.

2) 독일법계

(1) 독일에서는 1794년에 보통프로이센주법이 성립되었으나,[1] 연방 전체의 공통적인 상법은 없었고, 란트(Land)마다 법률이 달라서 상거래에 불편이 많았다. 여기서 독일관세동맹의 성립이 계기가 되어 점차 법률통일운동이 확산되어, 먼저 1848년에 보통독일어음조례(Die Allgemeine Deutsche Wechselordnung)가 성립하였고, 1861년에는 보통독일상법전(Das Allgemeine Deutsche Handelsgesetzbuch: ADHGB)이 성립하였으며, 1871년에 독일제국이 성립하면서 이들은 제국법(Reichsgesetz)이 되었다. '보통법'이라 하는 것은 입법권을 갖는 각 주가 공통의 법률안을 각각 자기 주의 법률로 채택함으로써 결과적으로 각 주 간에 공통적으로 시행되는 법률이 된다고 하는 방식의 입법이다. 미국의 통일상법전도 이와 같은 방식을 취하였다. 보통독일상법전의 내용은 어음, 파산 및 상사소송법을 제외하고 사법적 규정에 한정하고, 법의 적용범위에 관하여는 상인법주의와 상사법주의를 절충하는 입장을[2] 취하고 있다.

(2) 이 법전은 우수한 입법이긴 하지만 그 후 독일에서는 법률통일운동이 사법 전체에까지 파급되어 민법전의 편찬이 기획되고, 이와 관련하여 상법전의 개정이 이루어져 1897년에 독일제국상법전(Das Handelsgesetzbuch für das Deutsche Reich: HGB)이 성립되었고, 이것이 민법전과 함께 1900년 1월 1일부터 시행되었다. 신법에서는 절대적 상행위를 폐지하고 상인의 영업만을 규율의 대상으로 하면서(상인법주의, 주관주의), 대규모의 경영을 하는 자는 이른바 영업을 하지 아니하더라도 상인으로 규정하여 경제발전에 맞추어 상법의 적용대상이 확대되도록 해 놓았다. 독일에서는 현재에도 이 법전이 시행되고 있으나, 1937년의 주식법(Aktiengesetz)의 제정과 함께 주식회사와 주식합자회사에 관한 상법의 규정이 폐지되는 등 빈번한 개정이 이루어졌다.

(3) 또 하나 주목할 만한 입법으로는 1881년의 스위스 채무법(Obligation-

1) 大隅健一郎, 「商法總則」, 1984, 7면.

2) 이 입장에 따르면 비상인의 단 한번의 행위에 대하여도 상법이 적용되는 '절대적 상행위'와 영업으로서 행하는 경우에만 상법이 적용되는 '영업적 상행위'를 정하고, 이러한 행위를 '업'으로 하는 자를 '상인'이라 하며, 상인이 어떤 행위를 '영업을 위하여' 하는 때에 그 행위를 '부속적 상행위'라고 한다. 현행 일본상법도 이러한 입장을 따르고 있다.

enrecht)이 있다. 이것은 스위스의 각 주가 각각 다른 법률을 갖고 있었기 때문에 일어나는 불편을 제거하기 위하여 각 주의 민법과 상법을 통일하는 방편으로 민·상 2법을 통일한 법전이다. 뿐만 아니라 스위스 채무법은 상행위 개념과 (엄밀히 말하면) 상인 개념까지도 폐지하고 '상업, 제조업 또는 기타 상인적 방법으로 영업을 행하는 자'에게 그 상호를 등기할 의무를 부과함으로써 상법의 적용범위를 대규모경영의 영업에까지 확대하였다. 이것은 독일의 상법전보다도 시간적으로 앞선 입법이다.

(4) 한편 일본에서는 1890년 최초의 포괄적인 상법전이 만들어졌으니, 이것이 독일인 뢰슬러(Hermann Rösler)가 기초한 이른바 일본 구상법이다. 그러나 이 법전은 외국법을 지나치게 모방한 것이라는 심한 비판을 받았기 때문에 일본정부는 상법전을 수정한다는 명목으로 실제로는 신법전의 편찬을 계획하여, 1899년에 이른바 신상법을 공포, 동년부터 이를 시행하였다. 그러나 이 법전도 내용면에서는 보통독일상법전(독일구상법)을 모방한 것이다. 그 후 회사편을 중심으로 한 1911년의 개정과, 어음법(1932년) 및 수표법(1933년)의 제정과 함께 상법 제4편의 어음법을 삭제하였다. 1938년에는 총칙·회사편을 크게 개정하는 등, 특히 회사편의 개정을 수차례 거듭하다가 2005년에는 회사법을 상법전에서 분리하여 단행법화하였다. 그 밖에 1957년에는 국제해상물품운송법을 제정하였고, 1975년에는 선박 소유자 등의 책임의 제한에 관한 법률을 제정하는 등 상거래계의 발전에 따라 많은 변천을 거치면서 오늘에 이르고 있다.

(5) 독일법계에 속하는 국가로는 오스트리아, 헝가리, 스위스, 폴란드, 터키, 일본 및 우리나라가 있으며, 이 밖에도 독일상법은 이탈리아, 덴마크, 노르웨이, 스웨덴, 핀란드 등에 영향을 미쳤다. 1942년의 이탈리아 민법전(Codice civile)[1]은 스위스와 같이 민·상2법통일론을 채택하여 민법과 상법을 통합한 법전인데, 여기에 노동법까지도 통합한 점이 특색이다.

3) 영미법계

(1) 영미법계에 속하는 국가들은 일반적으로 판례법국가로 알려져 있으나, 상사법 분야에서는 많은 제정법을 갖고 있다.

(2) 영국에서는 어음법(Bills of Exchange Act, 1882), 위탁매매법(Factor's Act,

1) 이탈리아에서는 프랑스 상법전을 기초로 1865년 제정한 상법에 독일 상법을 가미하여 1882년 상법전(Codice di commercio)을 제정하였다. 그러나 1942년 민·상2법통일론을 채택하여 동 상법전과 1865년 민법을 통합한 민법전(Codice civile)을 제정하였다.

1889), 합명회사법(Partnership Act, 1890), 상선법(Merchant Shipping Act, 1894), 해상보험법(Marine Insurance Act, 1906), 합자회사법(Limited Partnership Act, 1907), 물품매매법(Sale of Goods Act, 1893), 해상보험법(Marine Insurance Act, 1906), 해상물건운송법(Carriage of Goods by Sea Act, 1924), 항공운송법(Carriage by Air Act, 1932, 1961), 회사법(Companies Act, 1948, 1967, 1985, 2006), 물품매매법(Sale of Goods Act, 1893, 1979) 등의 제정법이 있다.

(3) 또 미국에서는 상사에 관한 입법권이 각 주에 있기 때문에 주마다 법률이 달라 주간(州間)거래에 불편이 많았다. 그리하여 19세기 말부터 주법을 통일하려는 노력이 진행되어 통일유통증권법(Uniform Negotiable Instrument Act, 1896), 통일매매법(Uniform Sales Act, 1906), 통일창고증권법(Uniform Warehouse Receipts Act, 1906), 통일선하증권법(Uniform Bills of Lading Act, 1909) 등 여러 가지 통일법이 성립되었다. 이들은 1952년에 모두 통합되어 통일상법전(Uniform Commercial Code: UCC)으로 발전하여 현재 루이지애나주를 제외한 모든 주에서 채택되고 있다. 회사법 분야에 있어서도 통일주법위원회 전국회의가 1928년에 통일사업회사법(Uniform Business Corporation Act)을 발표하여 각 주로 하여금 이를 채택할 것을 권고하고 있고, 증권법(Securities Act, 1933), 증권거래소법(Securities Exchange Act, 1934), 독점규제법(Antitrust Act, 1890) 등이 제정되었다. 1950년에는 미국법조협회가 모범사업회사법(Model Business Corporation Act)을 만들어 많은 주들이 이들 법률을 주법으로 채택함으로써 주법의 통일이 진행되고 있다.

(4) 이와 같이 적어도 상사법 분야에서는 영국과 미국도 대성문법전을 갖고 있고, 또 부단히 이를 개정하고 있으므로 이들 국가도 성문법국이라고 할 수 있다.

Ⅲ. 한국상법의 발전

1) 우리나라에 있어서는 이미 기원 전 2세기경에 화폐제도의 수립과 더불어 교환경제가 이루어지고 있었으므로 이 시대에 시장도 있었던 것으로 추측된다. 그러나 문헌에 시장이 처음 나타난 것은 삼국시대의 일이고, 삼국시대에 와서 신라는 국가경제의 하나로 시장정책을 써서 炤智王 12년에 수도 경주에 京師市, 智證王 10년에는 東市, 孝昭王 4년에는 西市와 南市 2개 市를 설치하고 市典이라는 감독관청을 두었다고 한다. 統一新羅 이후에는 이 외에도 426개의 州邑市와

街路市가 있었다고 하며, 고려조에도 대체로 이러한 시장이 계속되었고, 각종의 화폐가 만들어져 상업이 장려되었다.[1)]

2) 그러나 시장을 중심으로 하는 상업이 본격적으로 발달하고 상인계급이 형성되게 된 것은 조선시대에 와서의 일이다. 즉, 太祖 원년에는 京市署를 두어 시장에 관한 일반행정을 관장케 하였고, 定宗 元年에는 鐘路街에 시장시설을 公設하였다. 그 후 京鄕을 통하여 시장의 수도 크게 늘어났지만 開市日에 차이를 둔 3日市 · 5日市 · 10日市 · 15日市 등과, 대구 · 전주 · 원주에 설치된 藥令市, 국제교역을 위한 倭館開市 · 中江開市 · 柵門後市 · 北關開市 등의 특수한 시장도 있었다.

3) 조선시대에 발생한 상인계급으로는 京에 있어서는 市廛(시전), 지방에 있어서는 褓負商(보부상) 및 旅客 · 客主 등이 있었다. 市廛은 나라의 廛案錄(전안록)에 등록된 특권계급으로서 주로 官衙(관아)의 御用物品調達商이었다. 등록되지 않은 시전은 亂廛(난전)이라 하였다.

4) 보부상은 상업집산지 또는 직접 생산자로부터 구입한 布木 · 冠具 · 油類 등을 보자기에 싸가지고 다니면서(褓商) 또는 鹽 · 漆器 · 陶器 등을 짊어지고 다니면서(負商) 행상을 하는 자들을 말한다. 보부상은 이미 상고시대부터 존재하였던 것으로 추측되지만, 조선시대에 와서 크게 발달하였으며, 때로는 정치적으로 이용되는 경우도 있었다. 보부상은 松都(開城)를 중심으로 하여 어음(換間) · 時邊(금융) · 差入制度 · 四開簿記 등 상사에 관한 많은 제도를 안출 · 발전시켰다. 그리고 客主 또는 旅閣이라 함은 시장 상인이 매매하는 물건의 위탁매매 또는 居間(중개) · 주선을 본업으로 하면서 이 상인들에 대하여 숙박영업 및 금전대부 · 예금 · 어음발행 등에 관한 업무를 겸하는 영업자를 말한다. 이들은 상인의 주인이라는 뜻에서 客主, 상인들의 여관숙박을 영업으로 한다는 뜻에서 旅閣이라 불렀다.

5) 우리나라에서 법령이 제정되기 시작한 것은 甲午更張 이후의 일이다. 商事에 관하여는 먼저 光武 9년(1906년)에 手形組合條例 및 國庫證券條例가 제정되었고, 그 이듬해 手形條例, 農工銀行條例 등이 제정되었다. 그러나 그 후 얼마 되지 않아 일본제국주의의 强制合邦으로 말미암아 일본의 법률이 전적으로 우리나라에 依用되게 되었다. 즉, 日帝는 1911년(明治 44년) 법률 제30호로 '朝鮮에 施行할

---

1) 우리나라 상법의 역사에 관한 문헌으로는 김용태, '한국재래의 상사제도', 「법률행정논집 제10집」, 1972. 6. 5면 이하; 박원선, 「보부상」(한국상법사상의 행상제도연구), 1965; 박원선, 「객주」, 1966; 유교성, "한국상공업사" (한국문화사대계 II), 「정치 · 경제사(하)」, 1970, 969면 이하; 조기준, 「한국경제사」, 1982; 최호진, 「한국경제사」, 1984; 한우근, 「한국통사」, 1982; 변태섭, 「한국사통론」, 1986 등이 있다.

法令에 關한 件'을 공포·시행하였는데, 이에 의하면 조선에서 법률을 요하는 사항은 朝鮮總督의 命令(制令)으로 규정하도록 되어 있었다. 制令의 하나인 朝鮮民事令 제1조의 제8호 내지 제10호에 의하여 일본의 商法·手形法·小切手法·有限會社法·明治 33년 법령 제50호(상법 중 서명하여야 할 경우에 관한 건·상법시행법·상법중개정법률시행법 등) 등이 우리나라에 의용되게 되었다. 이 의용상법은 1911년부터 시행되었는데, 1945년 8월 15일 해방 후에는 미군정법령 제21호 제1조 및 제2조에 의하여, 그리고 대한민국 정부수립 후에는 헌법 제100조의 경과규정에 의하여 1962년 1월 20일 법률 제1000호로서 새 상법이 제정·공포되어 1963년 1월 1일부터 시행되기까지 우리나라에서 효력을 가지고 있었다.

6) 우리 상법은 1948년 9월 15일에 설치된 법전편찬위원회가 1949년 2월 10일부터 상법초안 작성에 착수하여 1957년 11월 21일에 그 작성이 완료되었으나, 국회에서 통과되지 못한 채 1961년의 5·16혁명으로 국회가 해산되고 법안도 폐기되었다. 이 법안은 5·16혁명정부의 구법령정리사업의 하나로 각의의 결의를 거친 후 1962년 1월 19일 국가재건최고회의에서 수정·통과되었고, 이와 함께 어음법(법률 제1001호), 수표법(법률 제1002호)이 제정·공포되어 1963년 1월 1일부터 시행되었다.

제 5 절 상법의 법원

Ⅰ. 서 설

법원(法源)(source of law, Rechtsquelle)이란 일반적으로 법의 존재를 경험적으로 인식할 수 있는 자료, 즉 법의 존재형식을 말한다. 실질적 의의의 상법은 반드시 상법전이라는 형식으로만 존재하는 것이 아니므로 상법전 이외에 어떠한 형식으로 존재하는가를 분명하게 하는 것은 상법의 법학적 인식을 위하여도 필요하다. 상법의 법원에는 보통 제정법·관습법·자치법·판례법·조리·학설 등이 열거되고 있으나, 판례·조리·학설의 법원성에 관하여는 견해가 나뉜다.

Ⅱ. 법원의 종류

1. 상사제정법

(ⅰ) 상사제정법은 국가가 그 입법권을 근거로 성문법의 형식으로 제정한 법을 말한다. 성문법주의를 취하고 있는 우리나라에서는 이것은 법원으로서 가장 중요한 의미를 가진다. 상사제정법에는 상법전 · 상사특별법령 및 상사관계조약이 있고, 상사특별법령은 독립된 특별법령과 부속된 특별법령으로 나뉜다.

(ⅱ) 기업활동은 집단적 · 반복적 · 계속적으로 이루어지기 때문에 이것을 규율하는 법률도 명료하고 확실하여야 하며, 또 기업관계는 기술적인 성격이 강하여 법률기술적 처리가 요구되므로 제정법은 가장 중요한 상법의 법원이 된다. 그렇기 때문에 전통적으로 불문법국가인 영미에서도 상사에 관하여는 다수의 특별법이 제정되어 왔다.

(ⅲ) 이러한 제정법은 법적 안정성 면에서는 유리하나, 고정적이고 한정적이라는 결함으로 인하여 날로 새롭게 발전하는 기업적 생활관계에 탄력적으로 부응하지 못할 뿐만 아니라 필요한 전부를 규율하지 못하는 문제가 있다. 따라서 제정법은 경제사정 등 시대변화에 따라 빈번하게 개정되고 있다.

1) 상법전

상사제정법 중에서 중심이 되는 것은 형식적 의의의 상법, 즉 상법전임은 물론이다. 우리나라의 상법전(1962. 1. 20. 공포, 법률 제1000호)은 독일상법을 계수한 일본상법전에 기초를 두고 영 · 미의 회사법과 국제조약 등을 가미한 것이다.

2) 상사특별법령

상사특별법령에는 상법전의 규정을 시행하고 또 구체화하기 위하여 상법전에 부속된 부속법령과 기업에 관한 일반법인 상법전의 규정을 보충하고 변경하는 독립된 특별법령이 있다.

(1) 부속법령

상법시행법(구상부 제11조, 1965. 3. 19. 법 제1213호), 상법의 일부규정의 시행에 관한 규정(1998. 7. 1. 대통령령 제15830호), 선박소유자 등의 책임제한절차에 관한 법률

(1991. 12. 31. 법 제4471호), 외국인의 서명날인에 관한 법률(1958. 7. 12. 법 제488호), 상업등기처리규칙(1992. 5. 13. 대법원규칙 제1212호) 등이 있다.

(2) 독립된 특별법령

독립된 특별법령으로는 은행법, 자본시장과 금융투자업에 관한 법률, 보험업법, 독점규제 및 공정거래에 관한 법률, 부정경쟁방지 및 영업비밀보호에 관한 법률, 신탁법, 담보부사채신탁법, 공장 및 광업재단 저당법, 중소기업협동조합법, 철도사업법, 철도소운송업법, 여객자동차 운수사업법, 화물자동차 운수사업법, 항공기저당법, 자동차저당법, 선박안전법, 전기사업법, 선박법, 선원법, 어선법, 도선법, 식품위생법, 비송사건절차법, 상업등기법, 공사채등록법, 외국인투자촉진법, 상표법, 기술개발촉진법, 품질경영 및 공산품안전관리법, 화재로 인한 재해보상과 보험가입에 관한 법률, 석유 및 석유대체연료 사업법 등과 이외에도 수많은 특별법령이 있다.

3) 상사조약

(1) 조약은 체약국간에 권리의무를 설정하는 명시적 합의로서 treaty(조약), convention(협약), agreement(협정), arrangement(협정), act(결정서), protocol(의정서), declaration(선언), note(각서), covenant(규약), charter(헌장) 등의 명칭을 가진다. 우리 헌법 제6조 제1항에 의하면, "헌법에 의하여 체결 · 공포된 조약과 일반적으로 승인된 국제법규는 국내법과 같은 효력을 가진다"고 규정하고 있으므로, 상사에 관한 조약인 상사조약과 상사에 관하여 일반적으로 승인된 국제법규, 즉 국제상관습법규는 국내법과 동일한 효력을 가지고 상법의 법원이 된다. 이와는 달리 1930년의 어음법통일조약(이른바 제네바조약)과 같이 체약국에 대하여 특정한 법률을 제정할 의무를 지우는데 불과한 조약은 상법의 법원이 되지 못한다.

(2) 상사조약의 예로는 통상조약, 무역협정 등 쌍무협정(bilateral treaty)도 있고, 국제민간항공협정(1952. 12. 13. 조약 제38호), 유류오염손해에 관한 민사책임에 관한 국제협약(1979. 3. 15. 조약 제678호), 공업소유권의 보호를 위한 파리조약(1980. 4. 14. 조약 제707호), 외국중재판정의 승인 및 집행에 관한 협약(1973. 2. 17. 조약 제471호) 등과 같은 다자조약(multilateral treaty)도 있다.

민법의 법원성 여부

상법 제1조에서 상사에 적용할 법의 하나로 민법을 열거하고 있고, 민법의 규정이 상사관계에 적용 내지 준용되는 경우가 많아 민법도 상법의 법원이라고 보는 견해도 있다.[1] 그러나 상법은 일반법인 민법에 대하여 특별사법으로서의 지위에 있으므로 일반법이 다시 특별법의 법원이 된다고 보는 것은 논리의 모순이다. 상법의 법원이라고 할 수 있으려면 특별사법적 성격을 가져야 할 것이므로 민법은 상법의 법원이 될 수 없다고 생각한다. 상법 제1조는 '상사에 관하여 적용할 법규와 그 순위'를 규정한 것이지 민법을 상법의 법원으로 열거한 것은 아니다(통설).

2. 상관습법

1) 상관습법의 의의

상관습법(Handelsgewohnheitsrecht, droit commercial coutumier)이란 관습(Gewohnheit od. Gebrauch)의 형태로 존재하는 상사에 관한 법이다. 본래 관습법이란 제정법이 아무리 완비된 사회에서라도 그 사회생활 자체가 유동·발전하는 한 부단히 발생하기 마련이다. 합리주의가 지배하고 있는 기술적·진보적인 상사분야에 있어서는 한정적이고 고정적인 제정법만으로 모든 기업생활관계를 규제할 수 없기 때문에 상관습법의 발생은 필연적인 현상이다. 상법전의 제정의 역사를 보더라도 상법전의 많은 부분은 상인간의 상관습법에서 출발하여 그후 근대에 이르러 유럽제국에서 성문법전화한 것이다. 이를 '상법의 상관습 기원성'이라 한다.

2) 상관습법의 특성

민사관습법이 전통적·보수적인 성격을 가지고 있는데 반하여, 상관습법은 (i) 합리적, (ii) 진보적, (iii) 기술적이며, 끊임없이 변화하는 기업거래의 편의를 위하여 (iv) 의식적으로 형성되는 특성이 있고, 또한 (v) 성문화의 경향이 있다.

3) 사실인 상관습과의 구별

(1) 상관습법은 단순한 상관습(Handelsbräuche od. Handelssitte)과는 다르다. 상관습법은 상법의 법원이지만, 상관습은 일정한 거래권(Verkehrskreis)과 일정한 장소에서 거래를 지배하는 사실상의 관행(tatsächliche Übung)과 관례(Gebräuche)로서 의사표시해석의 자료일 뿐이다(민 제106조). 상관습이 언제 상관습법으로 전화하

---

1) 강위두(총) 39면; 임홍근(총) 36면.

는가에 관하여 관행설(Übungstheorie: 국민이 오랫동안 반복하여 관행하는 관습은 법으로 인정된다), 승인설[Gestattungstheorie: 무의식적·자연적으로 생긴 관습이 국가기관(法院)의 승인을 받은 때 형식적으로 유효한 법이 된다], 통용설(Gültigkeitstheorie: 관행이 법질서의 구성부분이 되면 관습법이 된다), 법적 확신설(Rechtsüberzeugungs-theorie) 등으로 학설이 갈리고 있으나, 법적 확신설이 종래의 통설·판례이다. 법적 확신설에 의하면 사실인 상관습이 사회의 법적 확신 또는 법적 인식(관습에 따르는 것이 법에 따르는 것이라는 인식)에 의하여 지지를 받게 되면 이것이 법적 규범(Rechtsnorm)으로서 승인되고 강행된다.

✦ 대법원 1983. 6. 14. 80다3231
관습법의 요건 = 관행 + 법적 확신

☞관습법이란 사회의 거듭된 관행으로 생성한 사회생활규범이 사회의 법적 확신과 인식에 의하여 법적 규범으로 승인·강행되기에 이르른 것을 말하고, 사실인 관습은 사회의 관행에 의하여 발생한 사회생활규범인 점에서 관습법과 같으나 사회의 법적 확신이나 인식에 의하여 법적 규범으로서 승인된 정도에 이르지 않은 것을 말하는 바, 관습법은 바로 법원으로서 법령과 같은 효력을 갖는 관습으로서 법령에 저촉되지 않는 한 법칙으로서의 효력이 있는 것이며, 이에 반하여 사실인 관습은 법령으로서의 효력이 없는 단순한 관행으로서 법률행위의 당사자의 의사를 보충함에 그치는 것이다. 동지: 대법원 2005. 7. 21. 2002다1178.

(2) 이와 관련하여 ① 법적 확신의 유무라는 주관적·심리적 요소에 따라 양자를 구별하는 것은 법적 안정성을 위협하기 쉽고, 양자의 구별이 실제로는 극히 어려울 뿐 아니라, ② 사적 자치가 인정되는 범위에서는 사실인 관습도 임의법규에 우선하여 해석의 기준이 되므로 구별의 실익이 없다는 점, ③ 의사표시 해석의 문제는 사실문제가 아닌 법률문제인데, 당사자의 반대의 의사표시가 없는 한 사실인 상관습에 대해서도 법률행위로서의 효력이 부여되는 만큼(민 제106조) 사실인 상관습도 임의법규와 동일한 규범성을 가진다고 해석되는 점, ④ 상관습은 상법의 임의규정에 우선할 수 있는 데 대하여(민 제106조) 상관습법은 보충적 효력만 있고 변경적 효력이 없어서 상법의 임의규정에 반하여 적용될 수 없으므로(제1조) 상관습이 상관습법에 우선하게 되는 불합리한 결과가 초래되는 점 등에서 상관습법과 사실인 상관습을 구별하지 않는 견해도 있다.[1]

1) 강위두(총) 43면; 손주찬(상) 37면; 정찬형(상) 40~41면.

상관습이 상관습법에 우선하는 불합리

(민법 제106조 ⇒ 관습 > 임의법규) + (상법 제1조 ⇒ 임의법규 > 관습법)
= 관습 > 임의법규 > 관습법

(3) 그러나 ① 오늘날 법적 확신의 유무는 법원의 판단에 의하여 명확히 될 수 있는 것이므로 반드시 이것이 주관적·심리적인 요소에 따라 결정되는 것은 아니며, ② 상관습법은 법규범의 성질을 가지지만, 사실인 상관습은 단지 의사표시 해석의 자료가 되는 사실상의 관행에 지나지 아니하고, ③ 따라서 상관습법은 당사자가 그에 의할 의사의 유무를 불문하고 적용되나, 상관습은 당사자가 그에 의할 의사가 있거나 의사가 명확하지 아니한 때에만 적용되므로[1] 상관습법과 상관습을 구별할 실익이 있다고 본다.[2] 나아가 ④ 사실인 상관습도 임의법규와 동일한 규범성을 가진다는 것은 민법 제106조에 의하여 법률행위를 매개로 한 의사표시를 해석한 결과 규범성을 가진다는 뜻일 뿐, 관습 자체가 곧 법이라고는 할 수 없고, ⑤ 당사자가 상관습에 의할 의사를 가지고 있는 경우에는 상관습이 상관습법에 우선한다고 하여도 불합리한 것은 아니다. 그리고 ⑥ 법원의 판결이 상관습에 위반한 때에는 단순한 사실오인으로서 상고이유가 되지 못하며 (민소 제423조·제432조), ⑦ 상관습법은 법으로서 전국에 통일되어 있어야 하지만, 사실인 상관습은 특정지방에 한정되어 있어도 상관이 없고, ⑧ 상관습법은 상법의 강행규정에 반하는 경우에도 성립할 수 있지만, 사실인 상관습은 임의규정에 반하는 경우에만 성립할 수 있다는 점 등에서 사실인 상관습과 상관습법은 구별될 수 있다고 본다. 판례도 "관습법이란 사회의 거듭된 관행으로 생성한 사회생활규범이 사회의 법적 확신과 인식에 의하여 법적 규범으로 승인·강행되기에 이른 것을 말한다"고 하여 법적 확신설의 입장에서 양자의 구별을 인정하고 있다.[3]

---

1) 대법원 1959. 5. 28. 4291민상1.
2) 일설에 의하면 상관습법의 존부의 문제는 법률문제이므로 법원이 이것을 적용하지 아니하거나 이것에 위반한 때에는 上告의 이유로 되지만, 상관습의 존부의 문제는 사실문제이므로 법원은 이것을 사실인정의 문제로 처리할 뿐이므로, 이것도 양자를 구분하여야 할 이유 중의 하나라고 설명한다. 그러나 사실인 상관습도 사실심법원이 확정한 사실에 근거를 두고 법률행위를 해석하는 것은 법적 가치판단이므로 법률문제의 영역에 속하며, 그 해석이 부당한 때에는 경험칙 내지 관습에 반하므로 상고이유가 될 수 있다. 임홍근(총) 107면; 田中誠二, 「商法總則詳論」, 1972, 143~144면.
3) 대법원 1983. 6. 14. 80다3231.

4) 상관습법의 적용 및 효력

(1) 상관습법도 법이므로(제1조) 소송에 있어서는 법원이 직권으로 이를 적용하며, 당사자의 주장이나 증명을 요하지 않는다. 그러나 실제에 있어서 그 존재 내지 내용이 반드시 명확하지 않은 경우가 많다. 따라서 법원이 소송에서 이를 적용하기 위하여는 직권으로 그 유무 및 내용을 조사하여 판단할 필요가 있다. 그리하여 상관습의 내용을 소송당사자가 증명하여야 하는 경우가 적지 않다.

(2) 그리고 상법 제1조에서 "상사에 관하여 상법에 규정이 없으면 상관습법에 의하고 상관습법이 없으면 민법의 규정에 의한다"라고 규정한 것과 관련하여, 상관습법이 상법 또는 민법의 규정과 저촉되는 경우에 어느 것이 우선하느냐가 문제된다. 이에 관하여는 상법법원의 적용순위에서 자세히 다루고자 한다.

5) 상관습법의 예

법적 확신의 근거인 대법원의 판례상 상관습법의 예로서는 백지어음이 유일하였으나,[1] 어음·수표법에서 이를 명문화하였다(어 제10조, 수 제13조).[2] 그러나 예금통장의 제시없이 적법한 예금지급청구서에 찍힌 인영(印影)과 미리 계출된 인영이 맞으면 예금을 지급하는 것은 상관습법이 아니라고 한다.[3] 또 자금사용자와 그 용도가 특정되어 있는 지급보증서를 유가증권으로 유통시키는 것,[4] 수표의 분실계가 제출되면 지급은행은 수표금을 지급하지 아니하는 것,[5] 선적증서의 기재로 소형선박의 소유권이전이 공인되는 것[6] 등도 상관습법이 아니라고 한다.

6) 상관습의 예

(1) 상관습법까지는 아니더라도 상관습 또는 상관행으로 인정되는 것으로서

1) 대법원 1956. 10. 27. 4289민재항31·32.
2) 이 밖에 선하증권소지자인 은행의 인도지시에 의하여 선하증권에 수하인으로 표시된 자에게 선하증권과 상환없이 운송물을 인도한 것이 적법하다는 대법원 1974. 12. 10. 74다376를 보증도를 인정한 상관습법이라고 보는 견해가 있다(손주찬(상) 54면; 정찬형(상) 41면). 그러나 이 판례의 사안은 운송물이 선하증권보다 먼저 도착하여 선하증권없이 운송물을 인도하는 일반적인 보증도와는 모습이 다르므로 이 판례를 두고 보증도를 인정한 상관습으로 보기 어렵다. 동지: 정동윤(상) 28면.
3) 대법원 1962. 1. 11. 4294민상195; 동 1971. 12. 28. 71다2299.
4) 대법원 1967. 5. 16. 67다311; 동 1996. 12. 10. 96다32188.
5) 대법원 1958. 9. 10. 4291민상835; 동 1959. 12. 8. 4293민상22.
6) 대법원 1966. 12. 20. 66다1554.

운송증권 · 창고증권의 상환증권성(제129조, 제157조, 제857조, 제858조, 제861조)에 반하는 운송물 · 임치물의 보증도를 드는 것이 보통이다.[1] 그 밖에 상인인 법인 간의 계속적인 물품공급거래에 있어 물건의 종류 · 규격 · 수량, 인수자의 직위 · 성명을 기재하고 작성자가 날인한 인수증을 발행하는 것이 상관행이며,[2] 선박을 연불조건으로 수출하는 때 중개수수료는 이자를 제외한 선박대금을 기준으로 하는 것이 상관행이라고,[3] 국제상거래에 있어서 일방당사자의 채무불이행에 대하여 일반적으로 승인된 적절한 국제금리에 따른 지연손해금을 명하는 것이 관행이라 한다.[4] 그리고 보세운송업계에서는 컨테이너와 컨테이너를 실은 샤시를 보세장치장에 둔 후 3일이 경과하면 그 경과한 시간에 따라 운송료 외에 별도로 샤시의 사용료를 받는 것이 사실상의 관습이라 한다.[5] 그러나 해상운송인의 제소기간의 약정과 연장에 관한 국제상관습은 인정할 수 없으며,[6] 백지미보충어음은 지급제시기간 내에 제시하면 지급을 한다는 상관습도 없고,[7] 어음거래약정이나 은행감독원의 지시로 은행의 별단예금에 대한 상계가 억제 또는 금지되었음에도 불구하고 은행이 상계를 하는 것은 건전한 상관습에 어긋나며,[8] 상업신용장과 상업송장의 기재가 일부 불일치하는 경우에도 계속 이의없이 신용장대금이 결제되는 것이 거래관행이라 할 수 없다고[9] 한다.

(2) 공동해손에 관한 '요크-앤트워프규칙'(York-Antwerp Rules) 및 C.I.F.계약에 관한 '바르샤바 옥스포드규칙'(Warsaw Oxford Rules)은 국제상관습 또는 국제상관습법의 예이다. 이 밖에 '정형거래조건의 해석에 관한 국제규칙'(International Rule for the Interpretation of Trade Terms. 또는 이를 줄여서 International Commercial Terms: Incoterms),[10] '하환신용장에 관한 통일규칙 및 관례' 또는 이를 줄여서 '신용장통일규칙'(Uniform Customs and Practice for Documentary Credits) 등과 같은 국제통일규칙도 국제상관습으로 본다.[11] 본래 이들은 국제상관습이 성문화되었을 뿐 성문화되기 전과 그 효력에 변동이 없고,

---

1) 대법원 1992. 2. 25. 91다30026; 동 1992. 2. 14. 91다13571.
2) 대법원 1983. 2. 8. 82다카1275.
3) 대법원 1985. 10. 8. 85누542.
4) 대법원 1990. 4. 10. 89다카20252.
5) 대법원 1991. 4. 26. 91다1523.
6) 대법원 1987. 6. 23. 86다카2107.
7) 대법원 1992. 10. 27. 91다24724.
8) 대법원 1989. 1. 31. 87다카800.
9) 대법원 1985. 5. 28. 84다카696.
10) 최준선, 「국제거래법」, 2005, 90면 이하 참조.
11) Capelle/Canaris, §22 Ⅱ 1c); K. Schmidt, §1 Ⅲc), §29 Ⅰ 3.

당사자가 채택하지 아니하였다고 하더라도 이들의 존재가 이미 범세계적으로 널리 알려져 있어 각국 법원은 이들 규범의 내용을 그들의 판결에서 충분히 참고하고 있기 때문이다. 이에 대하여 이들을 상관습법 또는 국제상관습법으로 보는 견해[1] 및 당사자의 채택합의에 의하여 비로소 효력을 발한다는 이유로 약관으로 보는 견해도[2] 있다.

3. 상사자치법

1) 상사자치법이란 회사 기타의 단체가 그 조직과 운영에 관하여 자주적으로 정한 법규를 말하며, 회사의 정관,[3] 한국거래소의 업무규정(자금 제393조)과 어음교환소의 교환규칙 등이 이에 속한다. 자치법은 강행법규에 위반할 수 없지만 법률에 근거를 두고 제정되는 것이며, 자치단체의 관계자를 구속하기 때문에 그 자체가 법규성을 가지는 상법의 법원이다(법규설).[4]

2) 이에 대하여 회사의 정관은 단순한 계약이고, 그 작성이 강제되어 있다(제178조, 제270조, 제289조, 제543조)고 하여 반드시 법규의 성질을 가지는 것은 아니며(예: 결약서, 할부계약서 등), 시행령·시행규칙과 같은 법령에 의하여 입법을 위임받지도 않은 상태에서 발기인 등 수인이 만든 정관을 법규로 보는 것은 상식에 반한다고 하는 견해(비법규설, 계약설)가 있다. 이 견해는 나아가 한국거래소의 업무규정도 단순한 내부적 업무처리지침에 불과하다고 하면서, 이러한 것이 관계자를 구속하는 것은 이들이 자발적으로 그에 따르기로 하였기 때문이지 그것이 법규이기 때문은 아니라고 한다.[5]

3) 생각건대 회사의 정관의 경우, 법률에 의하여 그 작성이 강제되어 있는지 여부는 자치법의 성립 여부와는 아무런 상관이 없다는 점에 대한 지적은 옳다고 본다. 그러나 시행령·시행규칙과 같은 법령에 의하여 입법을 위임받아야만 자치법이 성립되는 것은 아닐 것이다. 자치법의 성립요소는 오히려 구성원들의 합의에 있다고 보아야 한다. 원시정관은 수인이 작성하나 작성 후 바로 회사의 구성원 대부분의 의사가 반영되는 창립총회, 주주총회 또는 사원총회의 결의에 의

1) 손주찬(상) 54면; 정찬형(상) 39면; 김성태(총) 101면.
2) 정동윤(상) 30면.
3) 대법원 2000. 11. 24. 99다12437(사단법인의 정관의 법적 성질은 자치법규이다).
4) 최기원(상) 36면; 임홍근(총) 34면; 서돈각·정완용(상) 66면; 손주찬(상) 39면; 이철송(총) 32면; 정찬형(상) 41면.
5) 정동윤(상) 31면; 김정호(상) 24면.

하여 수정 또는 변경되고, 나아가 정관은 일정한 경우 상법에 우선하여 적용되므로(제200조, 제207조, 제416조) 강행규정에 반하지 아니하는 한 법적 구속력을 가지는 자치법규라고 보아야 할 것이다. 그리고 한국거래소의 업무규정도 자본시장법과 금융투자업에 관한 법률(이하 '자본시장법'이라 한다)에 의하여 그 제정이 위임된 규칙이기 때문만이 아니라, 그 내용이 원활하고 안전한 유가증권의 매매거래를 위하여 지켜야 할 규칙으로서 시장 참여자의 의사와 동의가 전제되어 있기 때문에 자치법규가 된다고 본다.

4. 보통거래약관

1) 보통거래약관의 의의

(1) 보통거래약관(general conditions, allgemeine Geschäftsbedingungen, conditions généraux)이란 그 명칭이나 형태 또는 범위를 불문하고 계약의 일방당사자가 다수의 상대방과 계약을 체결하기 위하여 일정한 형식에 의하여 미리 마련한 계약의 내용이 되는 것을 말한다(약규 제2조 제1항). 보통보험약관 · 운송약관 · 은행예금약관 · 창고임치약관 등이 그 예이다.

(2) 보통거래약관과 구별하여야 할 개념으로서 표준계약서식(model form)이라는 것이 있다. 표준계약서식은 계약의 '내용'이 아니라 그 '형식'을 예시한 것으로서, 그 자체가 곧 계약의 내용이 되는 것은 아니다. 따라서 이것은 '계약의 내용이 되는' 보통거래약관과는 다르다.

2) 보통거래약관의 경제적 기능

(1) 오늘날과 같이 거래가 대규모화하고 또는 금융 · 전기 · 가스 등 불특정다수인과 같은 유형의 거래를 반복적으로 하는 분야에서는 약관의 이용이 불가결하다. 보통거래약관은 ① 이러한 대량의 집단적인 거래를 합리적으로 신속하게 처리하는데 필요하며, ② 민 · 상법 등 제정법의 규정이 미비된 경우 이를 보완하거나 임의법규에 우선하여 실제거래와의 괴리 등 불합리성을 시정하는 기능을 한다. 또한 ③ 이를 통해서 거래관계의 내용을 명확하게 하고 계약을 합리적으로 처리하여 분쟁을 예방할 수 있는 장점이 있고, ④ 사업자와 거래하는 상대방을 약관에 의하여 평등하게 대우한다는 계약평등을 기하는 작용도 하게 된다.

(2) 한편 보통거래약관은 기업자가 일방적으로 작성하고[1] 거래상대방인 고객은 이에 관여하지 않는 것이 보통이다. 그 결과 기업자에게만 유리하고 고객에게는 불리한 조항이 포함되어 거래상대방에게 불리한 계약의 내용을 강제하게 되는 문제가 있다. 예컨대 사업자의 부당한 면책조항, 고객의 계약해제권행사의 배제 또는 제한 등이 이에 해당한다. 따라서 이를 규제할 필요가 있는데, 약관의 규제에 관한 법률은 이를 위하여 제정된 법률이다.

3) 보통거래약관의 본질

보통거래약관이 사용되는 경우에는 당사자가 (i) 약관의 존재 또는 (ii) 약관의 개개의 규정의 존재여부, (iii) 약관의 특정 조항에 따를 의사의 존재여부를 묻지 아니하고 그 약관은 당사자를 구속하는 것이 일반적이다. 이와 같이 사업자가 일방적으로 작성하거나 사업자 단체가 표준약관을 작성하고 사업자가 이를 채택하여 만들어진(약규 제19조의 2) 약관내용이 당사자 사이에서 구속력을 갖는 근거가 무엇인지에 관하여 약관의 구속력, 즉 약관의 본질 문제로 논의되고 있다.

이에 관하여는 견해가 갈리고 있는데, 아래에서 설명하는 학설 중 규범설, 제도설 및 상관습법설은 약관의 법원성을 긍정하는 견해이고, 법률행위설 및 의사추정설은 법원성을 부정하는 견해이다.

(1) 규범설(자치법설)

규범설은 계약의 당사자가 특히 약관에 따르지 않는다거나 특정조항의 적용을 배제한다는 명시적 의사표시가 없었던 이상 약관에 의하여 계약을 한 것으로 인정된다는 점에 착안하여, 약관을 사회학적으로 그 거래권에 있어서 규범으로 보아, 약관 그 자체에 법규성을 인정하고 이를 중요한 법원으로 보는 견해이다.[2]

이 견해에 따르면 보통거래약관은 특정 거래권이라고 하는 부분사회의 자치법이라고 한다(자치법설).[3]

그러나 보통거래약관이 자치법이라고 하려면 자치단체의 구성원간에 자치법으로서의 승인과정이 필요한데, 약관은 사업자가 일방적으로 작성하여 시행한다

---

1) 사업자는 고객이 약관의 내용을 쉽게 알 수 있도록 한글 및 표준·체계화된 용어를 사용하고, 약관의 중요한 내용을 부호·문자·색채 등으로 명확하게 표시하여 약관을 작성하여야 한다(약규 제3조 제1항).
2) 강위두(총) 47면.
3) 西原寬一, 「商行爲法」, 1960, 52면.

는 점에서 이러한 과정이 결여되어 있어 이를 자치법으로 인정할 수 없다.

(2) 제도설

제도설은 보통거래약관을 기업이념을 실현하는 기업의 제도적 소산으로 보고, 이는 국가의 법과 개인간의 계약의 중간에 위치하는 기업의 자치법규의 일종으로 보는 견해이다.[1] 이 견해는 약관의 규범력의 근거는 상위법 질서에서 나온다고 하여, 이러한 약관은 계약이 수반되어야 규범력이 구체화된다고 한다. 이 학설에 대하여는 제도라는 개념이 법률개념으로서 충분하지 못하다고 하는 비판이 있다.[2]

(3) 상관습법설(백지상관습법설)

(가) 상관습법설은 특정거래권(예컨대, 운송계약·은행업무와 관련된 계약)에 있어서는 특별한 사정이 없는 한 '계약은 보통거래약관에 의한다'는 것이 상관습 내지 상관습법이므로 보통거래약관이 거래의 당사자를 구속한다고 본다.[3]

(나) 상관습법설도 일부 업종에서는 '계약은 보통거래약관에 의한다'는 의식이 존재하는 것이 사실이기는 하지만, 그러한 의식이 존재한다고 하여 왜 약관의 내용도 구속력을 가져야 하는지를 설명하지 못한다. 특히 새로운 약관이나 기존의 약관을 개정한 것도 그 업종에서는 널리 약관이 사용되므로 당연히 구속력을 갖는다고 주장할 수는 없을 것이다. 나아가 약관의 사용이 널리 인식되고 있는 일부 업종을 제외한 다른 업종에서 약관을 사용하는 경우에는 상관습법설로서는 설명할 수 없다.

(다) 또한 1991. 12. 31. 개정상법은 제638조의 3 제1항에서 보험자에게 보통보험약관의 (교부) 명시의무를 부과하고 있는데, 약관의 법규성을 인정하는 견해에 의하면 유독 약관이라는 법규에 대하여만 그 내용을 알려 주도록 하는 이유를 설명할 수 없다. 법이 보험자에게 약관의 내용에 대한 교부·명시의무를 부과한 것은 약관은 법이 아님을 전제로 한 것이 아닐까 생각한다.

(4) 법률행위설(채택합의설, 계약설)

법률행위설은 보통거래약관은 대개 기업자가 집단거래의 편의를 위하여 일방

---

1) 米谷隆三, 「約款法の理論」, 1954, 10면 이하, 96면, 383면; 안동섭, "一般거래約款의 本質과 規則", 「月刊考試」, 1982. 7, 29면; 이병태(상) 57면.
2) 西原寬一, 「商行爲法」, 1960, 52면.
3) 손주찬(상) 43면; 최기원(상) 34면.

적으로 작성하여 그 경제력을 배경으로 사실상 시행하는 것이기 때문에 약관 자체에 법규성을 인정할 수 없고, 기업이 약관에 의한다는 점을 밝히고 또 고객이 볼 수 있게 약관을 제시한 경우에 한해서 개별계약의 내용을 구성하는 것이며, 이렇게 약관이 계약의 내용이 되기 때문에 당사자를 구속한다는 견해이다.[1]

(5) 의사추정설

의사추정설은 위의 법률행위이론을 바탕으로 하면서 이를 완화하여 약관을 명시 등 상대방이 알 수 있는 상태에 둔 경우에는 당사자가 그에 의하여 거래를 할 의사가 있는 것으로 추정한다는 견해이다.[2]

그러나 의사추정설은 당사자가 약관에 의하여 거래할 의사가 있었다는 추정이 깨어지는 경우 약관의 구속력이 배제되어 규범으로서의 안정성이 결여된다는 규범설측의 비판이 있다. 또한 의사추정이론이라는 것은 법학의 일반이론으로서는 설득력이 없다는 비판을 받고 있다.

(6) 사 견

(가) 생각건대 약관은 대개 기업자가 집단거래의 편의를 위하여 일방적으로 작성하여 그 경제력을 배경으로 사실상 시행하는 것이기 때문에 약관 자체에 법규성을 인정할 수는 없을 것이다. 다만 그것을 계약의 내용으로 한다는 당사자간의 합의가 있다고 간주될 때에만 그것은 법규로서가 아니라 계약의 조건으로서 구속력이 생길 뿐이라고 본다(법률행위설 · 계약설 · 채택합의설). 대법원 판례 및 약관규제법(제3조: 사업자에게 약관의 명시 · 설명의무를 부과하고, 이를 이행하지 않는 약관은 계약의 내용으로 주장하지 못하게 하고 있다)도 이 입장을 취한 것으로 보인다.[3]

(나) 약관이 구속력을 가지는 근거가 무엇이냐 하는 문제는 곧 약관이 상법의 법원이 되는가 하는 문제가 된다. 규범설, 제도설 및 상관습법설에 의하면 상법의 법원성이 인정되나, 법률행위설 · 의사추정설에서는 상법의 법원성이 부정된다. 약관의 구속력의 근거가 당사자간의 합의에 있다고 보는 이상 약관은 상

1) 이은영, 「약관규제법」, 93~94면; 정찬형(상) 43면; 이철송(총) 39면; 임홍근(총) 198면; 김정호(상) 26면.

2) 정동윤(상) 33면; 손주찬(상) 45면.

3) 그러나 약관규제법은 고객의 요구가 없는 경우에는 명시만으로 족하고(동법 제3조 제1항 후단), 계약의 성질상 설명이 곤란한 경우에는 설명의무가 없다고 규정하고 있으므로(동법 제3조 제2항 단서) 순수한 법률행위설(채택합의설)은 아니고 당사자의 합의를 추정하는 의사추정설을 따르고 있다고도 할 수 있다[정동윤(상) 33면].

법의 법원이 되지 않는다.

✦ 대법원 1985. 11. 26. 84다카2543
보험약관의 구속력에 관하여 계약설을 취한 판결

☞ 보통보험약관이 계약당사자에 대하여 구속력을 갖는 것은 그 자체가 법규범 또는 법규범적 성질을 가진 계약이기 때문이 아니라 보험계약 당사자 사이에서 계약내용에 포함시키기로 합의하였기 때문이라고 볼 것이다. 동지: 대법원 1986. 10. 14. 84다카122; 동 1989. 3. 28. 88다4645; 동 1989. 11. 14. 88다카29177; 동 1990. 4. 27. 89다카24070; 동 1991. 9. 10. 91다20432; 동 1992. 7. 28. 91다5624; 동 1999. 7. 23. 98다31868; 동 2004. 11. 11. 2003다30807 등.

✦ 대법원 1989. 3. 28. 88다4645
보험약관의 법규범성을 부정한 판결

〈사 실〉

X(원고)는 Y(피고)보험회사와 1987. 6. 17. 자신의 승용차에 대하여 자동차 종합보험계약을 체결하였다. 1987. 7. 26. 9시 30분경 X는 경부고속도로상에서 자동차운전 중 교통사고를 일으켜 안면부 열상(裂傷) 등의 상해를 입고 그 치료비로서 379만여원을 지출하였고, 이에 따라 X는 300만원의 자손보험금의 지급을 Y에게 청구하였다. 그러나 Y는 이 사건에 적용되는 보험약관에 따르면 자손보험의 보험금은 피보험자의 상해를 14등급으로 나누어 차등지급하게끔 되어 있고, X가 가입한 자손보험금액은 300만원이므로 1급상해라면 300만원 전액이 지급되겠으나 8급에 해당하는 X의 상해에 대하여는 지급보험금이 90만원에 지나지 않는다고 주장하였다.

이 점에 관하여 X는 보험외판원인 A가 자동차사고로 부상한 경우 실제로 입은 손해 중 300만원의 한도 내에서 보험금이 지급된다고 설명하였으며, 또 그를 믿고 보험계약을 체결한 것이므로 Y는 300만원 전액을 지급할 책임이 있다고 주장하여 소를 제기하였다.

이 사건의 제1심법원인 서울지방법원 남부지원(1988. 4. 9. 87가소21529)은 Y는 보험약관의 정함에 따라 X에게 90만원의 보험금을 지급할 책임이 있다고 판시하였고, 항소법원인 서울민사지방법원(1988. 9. 21. 88나15347)은 X의 주장대로 300만원의 보험금을 지급하라고 판시하여, Y가 상고하기에 이른 것이다.

〈판결요지〉

① 보통보험약관이 계약당사자에 대하여 구속력을 가지는 까닭은 약관이 법규범이기 때문이 아니고, 계약당사자가 약관을 계약 내용에 포함시키기로 합의하였기 때문이다.

② 일반적으로 당사자 사이에서 보통보험약관을 계약 내용에 포함시킨 보험계약서가 작성된 경우에는, 계약자가 그 보험약관의 내용을 알지 못하는 경우에도 그 약관의 구속력을 배제할 수 없는 것이 원칙이다. 다만, 당사자가 명시적으로 약관의 내용과 달리 약정한 경우에는 약관의 구속력은 배제되므로, 회사를 대리한 보험대리점 내지 보험외판원이 가입자에게 보통보험약관과 다른 내용으로 보험계약을 설명하고 이에 따라 계약이 체결되었으므로 그때 설명된 내용이 보험계약의 내용이 되고 그와 배치되는

보통약관의 적용은 배제된다. 따라서 이 사건에서 Y는 X에게 300만원 전액의 보험금을 지급하여야 한다. 동지: 대법원 1990. 4. 27. 89다카24070; 동 1991. 9. 10. 91다20432 등.

4) 약관의 계약편입문제와 약관의 해석문제

법률행위설의 입장에서 약관의 본질을 파악할 때 실제상의 문제는 약관의 채택합의가 과연 있었는가 하는 점이다. 즉, 기본적으로 약관에 관한 문제는, ① 약관이 사용된 계약의 법적 처리, 즉 약관전체가 계약의 내용으로 정당하게 편입되었다고 볼 수 있느냐 하는 문제가 선결문제이다. 그 다음은 ② 일단 계약의 내용으로 정당히 편입되었다고 인정되는 약관의 각 조항에 대한 가치판단(해석)이 문제된다.[1] 먼저 ①의 문제와 관련하여, 약관이 계약의 내용으로 정당히 편입되는 유형으로서 (ⅰ) 당사자가 대등한 지위에서 약관의 편입을 합의하는 경우, (ⅱ) 법률의 승인이나 상관습에 의하여 당연히 약관이 계약의 내용을 이루는 경우, 그리고 (ⅲ) 경제적 강자에 의하여 약관의 채택이 사실상 강제되는 경우 등이 있다.

②의 문제, 즉 약관의 각 조항에 대한 해석 문제는 ①의 문제에서 약관의 계약편입이 어느 방식을 취하고 있느냐에 따라 그 취급이 달라져야 한다.

(ⅰ) 당사자가 대등한 지위에서 합의할 수 있는 경우에는 약관의 내용이 곧 법률행위의 내용이 되는 것이기 때문에 그 내용, 즉 약관의 각 조항을 법률행위 해석의 기준에 따라 그 유효성 내지 의미를 확정하여야 한다. 법률행위 해석의 기준이란 당사자가 기도하는 목적, (당사자의 의사가 명확하지 아니한 때에는 임의법규와 다른) 사실인 관습(민 제106조), 임의법규, 신의성실의 원칙 등을 말한다. 그러나 약관의 법률유사성·기술성·당사자의 의사불명료성 등의 특수성 때문에 일반사법상의 해석방법은 물론, 그 특수성을 고려한 해석방법, 즉 객관적·통일적·목적론적 해석의 원칙, 개별약정우선의 원칙 등도 병용하여야 한다. 또 약관내용의 해석에 이견이 있는 경우에는 작성자불이익의 원칙이나 책임제한조항에 대한 축소해석의 원칙 등 다분히 정책적인 것은 그 적용에 신중하여야 할 것이다.

보통은 약관의 전부가 아닌 일부조항에 대하여 교섭하는 경우가 대부분이다. 약관 내용의 일부 조항이 교섭대상이 되는 경우, 그 조항만이 개별약정이 된다.

---

1) 이범찬, “보통거래약관의 해석론서열”, 춘강 손주찬박사화갑기념 「상사법의 현대적 과제」, 1984, 26면 이하 참조.

✦ 대법원 2014. 6. 12. 2013다214864
특정 조항에 관하여 개별적인 교섭(또는 흥정)을 거침으로써 상대방이 자신의 이익을 조정할 기회를 가졌다면, 그 특정 조항은 약관의 규제에 관한 법률의 규율대상이 아닌 개별약정이 된다

☞계약의 일방 당사자가 약관을 마련하여 두었다가 어느 한 상대방에게 이를 제시하여 계약을 체결하는 경우에도 그 상대방과 사이에 특정 조항에 관하여 개별적인 교섭(또는 흥정)을 거침으로써 상대방이 자신의 이익을 조정할 기회를 가졌다면, 그 특정 조항은 약관의 규제에 관한 법률의 규율대상이 아닌 개별약정이 된다고 보아야 한다. 이처럼 약관 조항이 당사자 사이의 합의에 의하여 개별약정으로 되었다는 사실은 이를 주장하는 사업자 측에서 증명하여야 한다.

✦ 대법원 2000. 12. 22. 99다4634
소수의 조항들에 대해서도 교섭이 이루어진 경우 교섭되지 아니한 나머지 조항들에 대하여는 여전히 약관의 규제에 관한 법률이 적용되어야 한다.

☞ 동일한 약관집 내의 대다수의 조항들이 교섭되고 변경된 사정이 있다면, 변경되지 아니한 나머지 소수의 조항들에 대해서도 교섭이 이루어진 것으로 추정할 수 있고, 사업자와 고객 사이에 교섭이 이루어진 약관조항은 약관 작성상의 일방성이 없으므로 약관의 규제에 관한 법률 소정의 약관에 해당하지 않는다고 할 것이나, 이 경우 원칙적으로 개개의 조항별로 교섭의 존재 여부를 살펴야 하며, 약관조항 중 일부의 조항이 교섭되었음을 이유로 그 조항에 대하여는 같은 법의 적용이 배제되더라도 교섭되지 아니한 나머지 조항들에 대하여는 여전히 같은 법이 적용되어야 한다.

(ii) 법률의 승인이나 상관습에 의하여 당연히 약관이 계약의 내용을 이루는 경우에는 당사자의 의사와는 관계없이 약관내용의 구속력이 인정되므로 법률해석방법에 의하여 그 유효성을 판단하여야 한다. 법률해석의 방법이란 문리해석(문법적 해석), 반대해석, 확장해석과 축소해석, 유추해석, 목적론적 해석 등을 말한다. 그리하여 법원은 불합리한 약관의 조항에 관해 수정 · 보충 · 제한할 수 있다.

(iii) 약관의 채택이 사실상 강제되는 경우에는 계약의 상대방이 불이익을 당하는 경우가 가장 많다. 이때에는 위 (i)에서 언급한 바와 같은 약관의 특수성에서 유래한 특수한 해석원칙, 예컨대 객관적 · 통일적 · 목적론적 해석의 원칙, 개별약정우선의 원칙, 작성자불이익의 원칙, 책임제한조항에 대한 축소해석의 원칙 등을 적용하여 그 불합리를 시정하여야 한다.

약관해석에 다툼이 있는 경우 이를 상고할 수 있는가 하는 문제는 원칙적으로 약관에 대한 법적 성질을 어떻게 보느냐에 따라 다르다. 약관의 법적 성질을 규범이라고 보는 입장에서는 상고를 긍정하게 되고, 그 법적 성질을 계약으로 보는 입장에서는 이를 부정하는 것이 논리적이다. 그러나 계약설을 취하는 입장에서도 앞에서 말한 약관해석의 특수성을 인정하여 약관의 해석을 그르친 경우 상고를 인정하는 것이 통설이다.

약관해석의 원칙

약관의 해석은 고객보호를 위한 조치라 할 수 있는데, 이는 약관에 대한 사법(司法)적 심사를 통하여 이루어진다. 여기서 약관의 사법적 심사는 편입심사와 내용심사로 나눌 수 있다. 그런데 논리적·체계적 근거에서 약관의 개별계약에의 편입에 관한 편입심사는 내용심사에 우선한다. 약관에 대한 내용심사는 약관이 개별계약에 편입된 후 약관내용을 확정하기 위한 해석작업에서 비로소 시작된다.

한편, 약관의 내용심사는 다시 두 가지 형태로 나눌 수 있다. 판례는 당사자의 의사가 명확히 표시되지 아니한 경우에 법원이 보충적인 해석기준에 의하여 그 내용을 해석하는 법률행위에 대한 간접적인 내용심사와 당사자의 의사가 명확히 표시된 경우에 그 명시적 내용이 사회질서 기타 강행법규나 신의칙에 위반됨을 이유로 그 효력의 전부 또는 일부를 부인하는 직접적인 내용심사로 구분된다.[1)]

아래에서는 보통거래약관의 특수성에 중점을 두고 약관해석의 원칙을 살펴보기로 한다.

(i) 객관적·통일적 해석의 원칙

객관적·통일적 해석의 원칙이란 보통거래약관은 원칙적으로 당사자의 주관적인 의사나 의도와는 무관하게 그 문언에 따라 객관적·합리적으로 해석하여야 하고, 때와 장소에 따라 또는 거래상대방에 따라 다르게 해석하여서는 안된다는 원칙이다. 이러한 원칙에 따르지 않는다면, 본래 공평하여야 할 고객에게 차별대우를 하는 부당한 결과가 될 것이기 때문이다. 약관은 특정 법률관계를 위하여 1회적으로 만들어진 것이 아니라, 기업에 의하여 다수의 고객에 대한 법률관계를 규율하기 위하여 객관화된 것이다. 이와 같이 약관은 다수의 계약을 획일적으로 처리하기 위한 법기술인 이상 이해관계가 동일한 다수의 상대방을 평등하게 취급하여야 하고 이때 요구되는 이념은 형평이다. 또한 법적 안정성의 확보를 위하여 일반 법률행위의 해석에 있어서의 당사자의 개별적·구체적 의사와 특이한 사정은 무시되고 객관적 해석, 나아가 획일적·통일적 해석이 요구된다.

약관규제법에서도, "약관은 신의성실의 원칙에 따라 공정하게 해석되어야 하며 고객에 따라 다르게 해석되어서는 아니된다"(동법 제5조 제1항)고 정하여 이 원칙을 명문으로 규정하고 있다.

이와 같이 보통거래약관의 해석에 있어서는 평균적인 고객의 이익이 고려되어야 하지만, 고객권이 지역적 혹은 직역적으로 다르고 각각 그에 따라 정형화되어 있다면 약관은 그 유형에 따라 달리 해석하여야 할 것이다. 예컨대 생명보험과 같은 가계보험과 해상보험과 같은 기업보험 사이에는 통상인과 전문적 상인이라는 상이한 고객의 이해관계를 기준으로 약관의 해석을 달리하여야 할 것이고 일률적으로 통일적인 해석을 해서는 안된다.

---

1) 대법원 1991. 12. 24. 90다카23899.

(ii) 개별약정우선의 원칙

개별약정우선의 원칙이란 계약당사자간에 명시적으로나 묵시적으로 개별약정이 있었다고 인정되는 경우에는 그 개별 약정을 우선적으로 계약의 내용으로 하고 보통거래약관은 이에 상반되지 않는 부분에 한해서 적용시킨다는 원칙이다.

약관규제법에서도, "약관에서 정하고 있는 사항에 관하여 사업자와 고객이 약관의 내용과 다르게 합의한 사항이 있을 때에는 당해 합의사항은 약관에 우선한다"(동법 제4조)고 정하여 이 원칙을 명시하고 있다.

✦ 대법원 2001. 3. 9. 2000다67235
개별약정우선의 원칙이 적용된 판례

☞ 금융기관의 여신거래기본약관에서 금융사정의 변화 등을 이유로 사업자에게 일방적 이율변경권을 부여하는 규정을 두고 있으나, 개별약정서에서는 약정 당시 정해진 이율은 당해 거래기간 동안 일방 당사자가 임의로 변경하지 않는다는 조항이 있는 경우, 위 약관조항과 약정서의 내용은 서로 상충된다 할 것이고, 약관의 규제에 관한 법률 제4조의 개별약정우선의 원칙 및 위 약정서에서 정한 개별약정 우선적용조항에 따라 개별약정은 약관조항에 우선하므로 대출 이후 당해 거래기간이 지나기 전에 금융기관이 한 일방적 이율 인상은 그 효력이 없다.

(iii) 작성자불이익의 원칙

작성자불이익의 원칙은 약관의 의미가 불명확한 경우에는, 약관 작성자인 사업자(기업)측에 불이익이 되고 거래상대방에게 이익이 되도록 해석하여야 한다는 원칙이다. 객관적·합리적 해석으로 의미가 명확한 경우에는 문제가 되지 않으나, 그렇지 아니하고 그 의미가 불명확하여 의문이 있을 때에는 기업측에 유리하고 거래상대방에게 불리하게 해석하여서는 아니 된다는 것이다.

그 이유는 보통거래약관이 본래 기업쪽에 유리하도록 작성되어 있고, 더구나 부합계약(附合契約)에 있어서는 상대방은 약관을 포괄적으로 승낙할 수 밖에 없는 것이므로, 이렇게 해석하지 아니하고는 그간의 형평을 기할 수 없다는 데 있다.

약관규제법에서도 "약관의 뜻이 명백하지 아니한 경우에는 고객에게 유리하게 해석되어야 한다"(동법 제5조 제2항)고 하여, 이 원칙을 명문으로 규정하고 있다.

✦ 대법원 2005. 10. 28. 2005다35226
작성자불이익의 원칙이 적용된 판례

☞ 보통거래약관의 내용은 개개 계약체결자의 의사나 구체적인 사정을 고려함이 없이 평균적 고객의 이해가능성을 기준으로 하여 객관적·획일적으로 해석하여야 하고, 고객보호의 측면에서 약관 내용이 명백하지 못하거나 의심스러운 때에는 고객에게 유리하게, 약관작성자에게 불리하게 제한해석하여야 한다. 동지: 대법원 1996. 6. 25. 96다12009; 동 1998. 10. 23. 98다20752.

(iv) 제한적 해석의 원칙

제한적 해석의 원칙 또는 엄격해석의 원칙이란 약관 중 약관작성자인 사업자(기업)측에 유리한 조항(예컨대 면책조항이나 위험부담전가조항)이 불명확한 경우에는, 제한적으로 엄격하게 해석하여야 한다는 원칙이다. 즉, 법률의 일반 해석에 있어서와 같은 확장해석이나 유추해석은 허용되지 아니하고, 제한적 해석 내지 축소해석을 하여야 한다는 것이다. 이유는 위의 작성자불이익의 원칙에 있어서와 마찬가지이다.

✦ 대법원 1993. 10. 26. 93다3103
엄격해석의 원칙이 적용된 판례

☞ 계약의 객관적·합리적 해석원칙에 비추어 특히 당사자 일방이 주장하는 계약의 내용이 상대방에게 중대한 책임을 부과하게 되는 경우에는 약관 문언의 내용을 더욱 엄격하게 해석하여야 한다. 동지: 대법원 1995. 5. 23. 95다6465(처분문서상 문언의 객관적인 의미가 명확하게 드러나지 않는 경우); 동 2002. 5. 24. 2000다72572; 동 2004. 4. 28. 2003다39873.

5) 약관의 효력

약관의 조항은 적법하여야 하며, 특히 강행법규에 위반하거나 보통보험약관의 경우 보험계약자 등의 가입자측에 불리하게 변경하면 그 효력이 없다. 특정조항이 무효인 경우에는 일부무효의 법리에 의하여 처리하면 될 것이다. 계약성립 후에 약관의 변경이 있었다고 하더라도 계약은 영향을 받지 않는다. 그리고 행정상의 인가는 사법상의 효력에 영향을 미치지 않는다.

6) 약관에 대한 규제

보통거래약관은 사업자가 일방적으로 작성하는 경우가 많으므로, 사업자에게만 유리하고 거래상대방인 고객의 이익에 불리한 조항이 포함되어 경제적인 약자가 피해를 입는 사례가 많다. 그러나 이러한 단점에도 불구하고 보통거래약관이 사회적으로 중요한 역할을 담당하고 있으므로 강행법규에 위반하지 않는 한 보통거래약관에 의한 계약을 전면적으로 부인할 수는 없다. 그리하여 한편으로는 보통거래약관의 유효성을 인정하면서도, 다른 한편으로는 보통거래약관의 남용으로 거래상대방인 고객의 이익이 침해되는 경우에 입법적·사법적·행정적 규제를 하고 있다. 특히 약관규제법은 약관의 해석원칙, 약관이 계약에 편입되기 위한 사업자의 명시·설명의무 등 보통거래약관 전반에 걸쳐서 상세히 규제하고 있다.

규제의 방법으로는 (i) 약관의 내용을 입법으로 규제하거나(입법적 규제), (ii) 행정관청의 인가를 얻도록 하는 등 행정력에 의하여 그 내용을 통제하는 방법(행정적 규제), (iii) 약관의 각 조항에 대한 사법적 해석에 의한 규제방법(사법적 규제) 등이 있다.

(1) 입법적 규제

(가) 입법적 규제란 법률로써 보통거래약관의 효력요건, 약관에 기재할 내용 등을 정하는 것을 말한다. 약관에 대한 입법적 규제는 사전적 규제로서 예방적 효과를 갖게 되며, 구체적인 소송에서 법적 기준이 되고 있다.

(나) 입법적 규제의 중요한 예로는 '약관의 규제에 관한 법률'이 있다. 이 법의 목적은 불공정한 약관의 내용을 규제하여 소비자를 보호하는데 있다(약규 제1조). 주요 내용을 살펴보면 약관을 계약에 편입하기 위한 요건(동법 제3조 제3항), 약관의 해석 및 적용순위에 관한 원칙(동법 제4조, 제5조), 신의성실의 원칙에 반하여 공정을 잃은 약관조항의 무효(동법 제6조),[1] 면책조항의 금지(동법 제7조), 고객의 항변권·상계권 등의 배제 또는 제한하는 조항의 무효(동법 제11조), 소 제기의 금지나 증명책임의 전환 등(동법 제14조)을 정한 약관 조항의 무효(동법 제14조) 등을 규정하고 있다. 그리고 공정거래위원회는 약관이 무효인 경우에 약관조항의 삭제·수정 등의 시정명령 또는 권고를 할 수 있도록 하고 있다(동법 제17조의 2).

(다) 또한 보통보험약관에 관하여는 상법 제638조의 3 제1항에 약관의 교부·명시의무를 규정하고 있는 것도 입법적 규제의 예이다.

✢ 대법원 1997. 9. 26. 97다4494
약관의 명시·설명의무를 이행하지 않은 경우 그 약관은 계약의 내용으로 주장하지 못한다

〈사 실〉

피고 김인경이 1994. 10. 6. 원고 제일화재해상보험 주식회사와 사이에 승합차 1대에 관한 '업무용자동차종합보험계약'을 체결함에 있어 피고는 피고가 경영하는 한일상회 종업원인 소외 장한우, 박종석으로 하여금 그 차량을 주로 운전하게 할 예정

1) 춘천지방법원 2002. 7. 11. 2001가합543·949[확정](약관의 규제에 관한 법률 제6조 제1항, 제2항, 제7조 제2호·제3호가 규정하고 있는 바 약관의 내용통제원리로 작용하는 신의성실의 원칙은 약관이 사업자에 의하여 일방적으로 작성되고 계약상대방으로서는 그 구체적 조항 내용을 검토하거나 확인할 충분한 기회가 없이 계약을 체결하게 되는 계약성립의 과정에 비추어, 약관작성자는 계약상대방의 정당한 이익과 합리적인 기대 또는 합리적인 신뢰에 반하지 않고 형평에 맞게끔 약관조항을 작성하여야 한다는 행위원칙을 가리키는 것이고, 보통거래약관의 작성이 아무리 사적자치의 영역에 속하는 것이라고 하여도 위와 같은 행위원칙에 반하는 약관조항은 사적자치의 한계를 벗어나는 것으로서 법원에 의한 내용통제, 즉 수정해석의 대상이 된다고 할 것이며, 이러한 수정해석은 조항전체가 무효사유에 해당하는 경우뿐만 아니라 조항일부가 무효 사유에 해당하고 그 무효부분을 추출·배제하여 잔존부분만으로 유효하게 존속시킬 수 있는 경우에도 가능하다.

이었음에도 주운전자를 피고로 표기한 보험청약서를 작성하여 원고에게 제출하였다. 원고는 보험계약의 청약을 승낙하고 보험약관과 주운전자제도 안내문을 피고에게 송부하였다. 소외 박종석은 보험기간 내인 1994. 11. 5. 자동차 사고를 야기하여 동 차량에 승차하고 있던 소외 김종도, 이용범 등을 사망케 하고, 자신과 다른 두 사람은 상해케 하였다. 이에 피고가 보험금지급을 구하자 원고는 피고가 보험약관 제40조에 정한 바 주운전자에 관한 고지의무 위반을 이유로 상법 제651조에 따라 보험계약을 해지하고, 나아가 보험금지급채무부존재의 소를 제기하였다.

〈판결요지〉

(i) 보험자가 보험약관의 중요 내용에 관한 명시 · 설명의무를 위반한 경우, 보험계약자의 고지의무 위반을 이유로 보험계약을 해지할 수 없다.

(ii) 보험계약체결 후 보험자가 보험약관을 우송하면서 주운전자를 허위로 기재하면 보험금을 지급받지 못할 수도 있으므로 즉시 수정신고하여야 한다는 취지의 안내문을 동봉한 것만으로 주운전자에 관한 보험약관의 명시 · 설명의무를 이행한 것으로 볼 수는 없다. 동지: 대법원 1999. 3. 9. 98다43342 · 43359; 동 1999. 9. 7. 98다19240.

(2) 행정적 규제

약관에 대한 행정적 규제란 행정관청에 의한 사전적 규제를 말한다. 각종 약관에 대한 사전인가 및 신고를 통한 규제가 사전적 규제이다. 예컨대 금융감독위원회에 의한 보험약관의 인가(보업 제7조 제1항), 건설교통부장관에 대한 운송약관의 신고(여객자동차운수사업법 제10조 제1항) 등을 통한 규제가 이에 해당한다.

약관의 인가와 관련하여 다음과 같은 문제가 있다.

(가) 인가를 받아야 할 경우에 인가를 받지 않은 약관을 이용하여 계약을 체결하거나, 유효하게 인가된 약관을 인가권자의 인가없이 변경하여, 이 변경된 약관을 이용하여 계약을 체결한 경우에 그 계약이 유효한가 여부가 문제이다. 그러나 행정관청의 인가는 행정적 감독을 위한 것이므로 인가가 없더라도 약관의 사법상의 효력이 당연히 무효로 되는 것은 아니다.[1)]

(나) 관할관청의 인가를 받은 약관은 모두 유효한가가 문제이다. 그러나 약관의 인가는 약관의 내용에 대한 행정적 감독을 위한 것이므로, 인가가 있었다고 하여 그 약관의 모든 조항이 사법상 유효하게 되는 것은 아니다.[2)]

(다) 행정관청에 의한 사후적 규제의 예로는 약관규제법 제3장을 들 수 있다. 동법에 의하면 공정거래위원회는 ① 불공정한 약관조항에 대하여 시정조치를 할 수 있고(동법 제17조의 2), ② 행정관청에서 인가한 약관의 내용이 불공정한 경

---

1) 손주찬(상) 46면; 정동윤(상) 34면; 日最判 1970. 12. 24. (船舶海上保險約款).
2) 손주찬(상) 47면; 정동윤(상) 34면; 日最判 1970. 12. 24. 民集 24. 13. 2187.

우 당해 행정관청에 대하여 시정을 요청할 수 있으며(동법 제18조), ③ 사업자가 사용하는 표준약관을 심사하고(동법 제19조, 제19조의 2 등), ④ 필요한 때에는 불공정한 약관조항을 일반인에게 공개할 수 있다(동법 제23조).

(3) 사법적 규제

(가) 약관에 대한 사법적 규제란 약관에 관하여 분쟁이 생겨 소송이 제기된 경우에 법원의 판결에 의하여 규제하는 방법이다.[1] 사후적이며 개별적이고 소극적인 규제라는 점에 특색이 있다. 사법적 규제는 약관이 명시되고 계약에 편입되었는가의 여부, 편입된 약관의 문제되는 조항의 의미·내용의 해석, 편입된 약관 조항의 효력 등의 형태로 행하여진다. 그리고 위에서 언급한 약관해석의 각 원칙은 사법적 규제를 염두에 둔 것이다.

(나) 사법적 규제의 예로는 신용카드회원약관,[2] 무면허운전시의 면책약관[3] 등을 들 수 있다.

5. 상사판례법

1) 기업적 생활관계에 고유한 판례가 쌓여 어느 정도 법규범으로서 정립된 것을 상사판례법이라고 한다. 상사판례법의 법원성에 관하여 우리나라의 다수설인 부정설에[4] 의하면 (i) 국가의 입법권과 사법권은 엄격히 구별되는데, 재판은 법적용 활동으로서 사법권의 발동에 그쳐야만 하지, 이것이 입법활동을 침해해서는 안된다는 점, (ii) 헌법 제103조에서 "법관은 헌법과 법률에 의하여 그 양심에 따라 독립하여 심판한다"고 규정하고 있으므로 법관은 판례에 따라야 할 의무가 없다는 점, (iii) 법원조직법 제8조는 "상급법원의 재판에 있어서의 판단은 당해 사건에 관하여 하급심을 기속한다"고만 되어 있어서 다른 사건에 관하여는 반드시 하급심을 구속하지는 않는다는 점, (iv) 법원을 명시하고 있는 상법 제1조는 판례의 법원성을 인정하지 아니한다는 점을[5] 들고 있다.

---

1) 손주찬(상) 46면; 정동윤(상) 35면; 河上正二, 「約款規制の法理」, 1988, 171면 이하.
2) 대법원 1986. 3. 11. 85다카1490; 동 1986. 12. 23. 85다카551.
3) 대법원 1991. 12. 24. 90다카23899.
4) 강위두(총) 50면; 김용태(상) 44면; 손주찬(상) 49면; 서돈각·정완용(상) 69면; 이원석(상) 69면; 최기원(상) 45면; 정동윤(상) 35면.
5) 예컨대, 스위스 채무법 제1조 제3항은 "법관은 확립된 학설과 선례를 따라야 한다"는 규정을 두어 판례의 법원성을 인정하고 있다.

2) 그러나 (i) 입법 · 행정 · 사법권의 분리는 절대적인 것은 아니며(예컨대, 대법원도 규칙제정권이 있다), (ii) 헌법 제103조는 법관의 물적 독립, 즉 법관의 직무상의 독립을 의미하는 것이며, 여기서 말하는 법률도 형식적 의미의 법률은 물론 실질적 의미의 법률을 의미하는 것인 점, (iii) 법원조직법 제8조의 규정에도 불구하고 재판실무에서 판례법은 성문법규와 관습법의 결함을 보완하는 수정적 · 창조적 작용을 하면서 같은 유형의 사건에는 상급법원의 선결례가 일반적인 법규범으로서 적용되는 것이 현실인 점(대법원에서 종래의 판례를 변경하고자 할 때에는 대법관회의를 거치는 등 신중을 기하고 있다. 법조 제7조 제1항 제3호 · 제17조 제6호 참조), (iv) 상법 제1조는 법원의 종류와 적용순위를 규정하기는 하였으나 법원전부를 망라한 것도, 모든 법원의 적용순위를 규정한 것도 아니라는 점에서 판례의 법원성을 인정할 수 있다고 본다.[1)]

6. 학 설

상사에 관한 유력한 법학자의 학설인 상사학설은 법원이 될 수 없다고 보는 것이 일반적인 견해이다. 학설은 법의 해석이나 판례연구 등을 통하여 형성되는 것으로서, 제정법이나 판례의 내용을 명백히 하고 재판에도 영향을 미치는 경우가 많기는 하겠으나, 이것은 어디까지나 법관에게 판단의 자료를 제공하는 것일 뿐, 직접 재판의 규준으로서 법관을 구속하는 것은 아니므로 법원이 될 수 없다고 본다.[2)] 그러나 학설 중에서도 일반적 승인을 얻은 것[3)] 또는 학설의 목적론적 전개의 부분은[4)] 법원이 된다고 하는 견해도 있다.

7. 조 리

조리(naturalis ratio, Natur der Sache, nature des chose)란 당해 법률관계에 있어서 사물자연의 성질에 적합한 원리를 말한다. 조리를 법원으로 인정할 것인가에 관하여도 긍정설과 부정설이 대립되고 있다.

---

1) 동지: 임홍근(총) 35면; 정찬형(상) 47면; 김정호(상) 27면.
2) 동지: 강위두(총) 50면; 서돈각 · 정완용(상) 69면; 손주찬(상) 49면; 정찬형(상) 46면; 최기원(상) 45면.
3) 서정갑(상) 46면.
4) 박원선(상) 23~24면.

긍정설에 의하면 법관은 법이 없다는 이유로 재판을 거부할 수 없고, 민법 제1조는 "법률과 … 관습법이 없으면 조리에 의한다"고 하여 조리의 법원성을 인정하고 있으며,[1] 또한 상사에 관한 경제생활은 끊임없이 진보·발전하므로 제정법과 관습법의 불비는 이 방면에도 나타나는데, 이 불비를 메우기 위해서도 조리를 상법의 법원으로 인정하여야 한다는 것이다.[2] 그러나 부정설에 의하면 법원은 법의 존재형식으로서 경험적·실제적인 존재인 데 대하여, 조리는 결국 법관의 법정립의 이념이며 일종의 자연법적인 존재라고 한다. 그리고 이러한 이념은 성문법·관습법을 통하여 타당한 근거를 찾을 수 있으며, 또한 법해석의 지침이 될 수 있다고 한다.[3] 또는 조리와 학설은 다같이 법의 원리를 탐구하는 것으로서 밀접한 관계가 있으므로 조리와 학설을 구별하지 않고 양자를 같이 취급하여 법원성을 부정하는 견해도 있다.[4]

생각건대, 조리는 법의 이념 또는 추상적인 원리일 뿐, 구체적인 형태로 실재하는 것이 아니므로, 이것을 경험적 인식의 대상인 법원, 즉 실질적 의의의 '상법의 존재형식'의 하나로 보기는 어려울 것이다.[5]

Ⅲ. 법원의 적용순위

1. 상법 제1조의 '상사'

1) 상법 제1조에 의하면 상사에 관하여 상법에 규정이 없는 경우에는 상관습법을 적용하고, 상관습법도 없는 경우에는 민법을 적용한다. 다수설은 여기서 '상사'(商事)라 함은 형식적 의의의 상법, 즉 상법전 또는 특별법에 의하여 상법전 적용의 대상으로 되어 있는 생활관계를 의미한다고 한다(형식설).[6] 이에 대하여 상법의 대상을 기업관계로 보는 한, 상사에 관하여도 실질적으로 이해하여 이것을 기업생활과 관련된 모든 재산법적 생활관계를 말하며 상법전이 '규정하여야 할'

1) 스위스 채무법 제1조 제2항은 "이 법률에 규정이 없으면 법관은 관습법에 의하고, 관습법이 없으면 자기가 입법자로서 법규로서 정하였을 것에 의하여 재판을 하여야 한다"고 정하고 있다.
2) 서돈각·정완용(상) 46면; 손주찬(상) 50면; 임홍근(총) 116~117면.
3) 최기원(상) 45면.
4) 강위두(총) 51면.
5) 동지: 임홍근(총) 35면; 이철송(총) 59면; 정동윤(상) 36면; 정찬형(상) 47면.
6) 임홍근(총) 37면; 서돈각(상) 69면; 정동윤(상) 24면.

모든 사항을 가리킨다고 보는 것이 타당하다는 학설(실질설)과[1] 실질적 의의의 상사와 형식적 의의의 상사를 모두 고려하여야 한다는 절충설이[2] 있다.

형식설과 실질설의 차이

1) 본래 상사관계 중에는 이에 관하여 ① 상법에 규정이 완결되어 있는 경우(예컨대, 상호·상업장부에 관한 규정)도 있고, ② 상법에 그 내용의 일부만이 규정되어 있어 자족적이지 못한 경우[예컨대, 상법의 지배인에 관한 규정(제11조)은 민법의 대리에 관한 규정에 의하여, 상인 간의 매매에 관한 규정(제67조 이하)은 민법의 매매에 관한 규정에 의하여 각각 보완되어야 한다]도 있다. 그런데 이들 경우는 '상법에 규정이 없는 경우'(제1조)가 아니라, 이미 상법전에 규정되어 있는 사항이므로 별다른 문제가 없다. 문제는 ③ 상법 또는 특별법에서 전혀 다루지 않는 경우가 있다. 그런데 상사의 의미와 관련하여서는 오직 이 경우만이 문제된다. 상법 제1조는 이 경우에 법규적용의 순위를 정하고 있다.

2) 그러나 형식설이든 실질설이든 실제상의 큰 차이는 없다. 예컨대, 최근에 유행처럼 번지고 있으나 상법에 규정이 없는 consulting업(경영자문업)이나 M&A전문업(기업인수합병전문업)은 실질적 의의의 상사임이 분명한데, 형식설에 의한다면 이것은 상법전에 규정되어 있는 사항이 아니므로 법규적용순위를 정한 상법 제1조를 이에 적용할 수 없다. 그 결과 일반사법으로서의 민법의 일반원칙에 의하여 법규적용의 순위가 결정된다. 민법 제1조에 의하면 민사에 관하여 법률(민법)의 규정이 없으면 관습법에 의하도록 되어 있으므로, consulting업에 관하여 민법에 규정이 없으므로 결국 상관습이 있으면 이에 의거하여 해결하여야 한다. 한편 실질설에 의하면 consulting업이 실질적 의의의 상사임이 분명하므로 이에 관하여 바로 상법 제1조가 적용되는데, 상법에 consulting업에 관한 규정이 없으니 상관습법에 의하고, 상관습법도 없으니 민법에 의한다고 하게 된다. 따라서 양설의 차이는 결국 상법 및 특별법에 규정이 없는 상사문제에 관하여 형식설에 의하면 민법·상관습법의 순으로, 실질설에 의하면 상관습법·민법의 순으로 적용된다는 정도의 차이이다.[3]

2) 형식설은 실질설에 의하면 상법 제1조의 적용범위가 불명하여 문제라고 하면서, 법규적용의 한계를 명확히 하여야 한다는 필요성 때문에 그러한 주장을 하는 것이지만, 다음과 같은 점에서 부당하다고 본다. ① 형식설에 의하면 상법이 규정하고 있지 않은 사항에 관하여 상법 제1조가 적용될 수 없다는 결과가 되어 상법 제1조의 의의가 크게 손상되고, 이 경우에는 민법의 일반원칙에 의하게 되므로 견해에 따라서는 상관습법의 민법에 대한 우선적 효력을 부정하게 되어 상관습법의 중요성이 무시될 수 있다. ② 형식설의 논리를 상법 제1조에 대치시키면, '본법 및 특별법에 규정하고 있는 사항에 관하여 본법에 규정이 없으

1) 최기원(상) 50면; 강위두(총) 51면.
2) 손주찬(상) 51면; 이원석(상) 71면.
3) 정동윤(상) 24면 주1); 이철송(총) 31면.

면'으로 읽게 되는데 이것도 모순이다. 그러므로 상법 제1조의 '상사'란 상법이 '규정하고 있는 것'뿐만 아니라 '규정하여야 할 사항'도 포함하며 '규정하여야 할 사항'은 결국 실질적으로 정할 수밖에 없다.

2. 상법 제1조의 법리적 의의

1) 총 설

상법 제1조의 법리적 의의는 (i) 상관습법의 법원성을 인정한 점, (ii) 상사제정법과의 관계에 있어서는 제정법우선주의의 원칙에 따르면서, (iii) 민법과의 관계에 있어서는 이 원칙을 깨뜨리고 상관습법에 우선성을 인정함으로써, 상관습법의 특수성을 승인한 점에 있다.[1] 상관습법의 법원으로서의 중요성은 이미 설명하였으므로 여기서는 상관습법과 상법과의 관계 및 상관습법과 민법과의 관계만 설명한다.

2) 상관습법과 상법의 관계

(1) 상법 제1조는 상사에 관하여 상법전을 제1차적으로 적용하고 규정이 없는 경우에는 상관습법을 적용한다고 규정하고 있다. 여기서 상관습법과 상법전의 관계가 문제되는데, 상관습법의 효력을 어떻게 볼 것인가에 따라 견해가 다르다.

(2) 긍정적 견해는 상법 제1조가 민법 제1조와 같이 제정법우선주의를 표방한 것으로 보아 상관습법에 상사제정법개폐(변경)력을 인정하지 않고 보충적 효력만을 인정하는 견해로서 상관습법은 상법전 등 상사제정법에 규정이 없을 때에만 적용된다고 한다(보충적 효력설).[2] 이 견해는 상법 제1조의 의미를 긍정적으로 이해한다.

(3) 비판적 견해는 상관습법과 상법전을 동등한 지위에 있는 특별법으로 보아 상관습법의 상사제정법개폐력을 인정하는 견해로서(개폐적 효력설), 상관습법의 제정법개폐력을 임의규정에 한하여 인정하는 견해[3]와 강행규정에 대하여도 인정하는 견해로[4] 구분된다. 이 견해에 의하면 상법 제1조는 상관습법의 보충적

---

1) 동지: 임홍근(총) 37면; 서돈각(상) 70면.
2) 서돈각 · 정완용(상) 70면; 정찬형(상) 48면.
3) 임홍근(상) 38면(상관습법이 강행규정에 대하여도 우선하여 적용된다고 해석하면 상법 제1조 그 자체가 무효이거나 또는 적어도 실효하고 있다는 결과가 된다고 한다); 이철송(총) 60면; 채이식(상) 27면.
4) 손주찬(상) 53면; 정희철(상) 56면; 최기원(상) 46면; 정동윤(상) 36~37면.

효력을 규정한 것이 아니라 당연한 적용순위를 밝힌 것이며, 오히려 상관습법의 상법변경(개폐)력을 정면으로 인정하지 않고 제정법우선주의의 원칙을 답습한 점에서 입법의 한계를 자인한 규정이라고 하면서,[1] 상법 제1조의 입법태도를 비판하는 견해이다.

(4) 성문법의 한정성과 고정성으로 인한 경제적·사회적 현실과 실정법과의 간격을 메우기 위하여 상관습법의 형성은 필연적이다. 실제로 상법 제1조의 규정과는 상관없이 상법규정에 저촉되는 상관습법이 성립되어 법원의 확인을 받은 사례가 있다. 따라서 상관습법과 상법전에 동등한 지위를 인정하고 상관습법[新法]의 제정법(구법, 상법전)개폐력을 정면으로 인정함이 타당하며(즉, 강행법규에 대하여서도 개폐력 인정), 상관습법은 상법의 강행규정에 반하는 경우에도 성립할 수 있다. 독일상법은 우리 상법 제1조에 해당하는 독일구상법 제1조를 채택하지 않았다.

판례도 어떤 사안에 관하여 상관습법이 존재하면 상법이나 민법과 같은 성문법의 규정을 배제할 수 있다고 한다.[2]

3) 상관습법과 민법의 관계

상사에 관하여 상법전에 규정이 없는 경우에는 민법전보다 상관습법을 우선적으로 적용한다(제1조).

상관습법도 관습법이란 점을 중시하여 민법 제1조와 비교하여 본다면 성문법주의국가인 우리나라에서는 제정법우선주의의 중대한 예외를 인정한 것이라고도 할 수 있을 것이다.[3] 그러나 상관습법도 상사법이란 점에서 보면 상법전과 다름없는 특별법으로서 일반법인 민법에 우선하여 적용되는 것이 당연한 것(당연설)이다.[4] 상관습법의 법원성을 인정하는 한 상법 제1조를 제정법우선주의의 예외를 인정한 특별규정으로 볼 필요(예외설)는 없다고 본다. 상관습법과 민법의 관계를 어떻게 보든 상관습법의 합리적·기술적·진보적 성격에 비추어 보아 민법에 대한 우선적 효력을 인정하는 결과가 타당함은 의문의 여지가 없다.

---

1) 정희철(상) 56면.
2) 대법원 1987. 6. 23. 86다카2107: 제소기간의 약정과 그 기간연장에 관하여 상관습법이 확립되었다고 인정되지 않으면 소멸시효에 관한 민·상법의 규정의 적용을 배제할 수 없다.
3) 임홍근(총) 38면; 서돈각·정완용(상) 70면; 최기원(상) 46면.
4) 정희철(상) 57면; 정동윤(상) 37면; 손주찬(상) 54면.

4) 상법전과 민법전

(1) 상법 제1조는 상사에 관하여 상법전 및 상관습법에 규정이 없으면 민법이 적용된다고 규정하고 있다. 따라서 민법이 상법의 법원이 되는가에 관하여 의문이 있을 수 있으나, 상법 제1조는 상법의 법원 중에서 중요한 상법전과 상사관습법을 예시적으로 열거하고 그 적용순서를 정한 것이지 민법을 상법의 법원으로 열거한 것은 아니라고 본다(통설).[1] 민법과 상법은 그 법역이 다르고, 또한 별개의 법전으로 존재하므로 민법을 상법의 법원으로 볼 근거는 없다고 본다.[2]

(2) 상법의 규율대상이 되는 기업적 생활관계도 기업에 특유한 생활관계와 그 성질상 일반생활관계와 동일하게 규율될 수 있는 생활관계가 병존한다. 따라서 이러한 경우(예컨대, 능력, 법률행위, 계약총칙 등) 상법은 민법의 일반규정에 의존하여 민법은 상법의 법원이 아니면서도 상사에 관하여 보충적으로 적용된다. 또한 상법이 민법의 일반제도를 특수화하여 그 상위개념이 민법에 있는 경우(예컨대, 회사와 사단법인, 지배권과 대리, 상호계산과 상계 등)에도 민법이 적용된다.

3. 각 법원의 적용순위

상사에 관하여 적용될 각종 법원의 적용순위를 상법 제1조의 원칙에 따라 열거하여 보면 다음과 같다. 판례와 조리의 법원성 인정여부에 관해서는 학설이 대립되고 있고, 또 관습법의 제정법개폐력을 인정하는 경우에는 민·상법과 관습법은 각각 동일순위가 될 것이므로 이들은 괄호 속에 넣었다. 또한 민사자치규정을 상법관계에 적용할 것인지 의문이 생겨 괄호 속에 넣었다.

상사자치법 → 상사특별법령 → 상법전 → 상관습법 → (상사판례법) →
(상사조약) (상관습법)

(민사자치법) → 민사특별법령 → 민법전 → 민사관습법 → (민사판례법) → (조리)
민사조약 (민사관습법)

---

1) 그러나 상법에서 민법의 규정을 준용하는 경우와 민법의 규정이 상사관계에 적용 내지 유추적용되는 경우에는 민법도 그러한 한도 내에서 상사관계를 규율하는 것이므로 이를 상법의 법원으로 볼 수 있다는 견해도 있다[임홍근(상) 36면].

2) 동지: 정동윤(상) 24면.

Ⅳ. 상법의 효력(적용범위)

상법의 적용은 때(時), 장소, 사람(人), 사항에 대한 제약을 받는다.

1. 때에 관한 효력

1) 소급적용의 문제

(1) 상법은 기업의 생활관계를 대상으로 하므로 다른 어느 법보다도 자주 개정된다. 그리하여 어떠한 법이 폐기되고 신법이 만들어졌을 경우, 그때부터 신법이 현행법으로 적용됨은 물론이다. 그런데 구법하에서 발생한 생활관계가 신법하에서 문제될 경우, 행위 당시의 현행법인 구법의 추급적용을 인정할 것인가, 법적용을 하는 시점의 현행법인 신법을 소급적용할 것인가가 문제이다. 이 문제는 보통 개정법률 말미에 경과규정[時祭法]을 두어 해결한다.

(2) 이에 관하여는 기득권의 존중 및 법적 안정을 위하여 불소급주의를 원칙으로 하고 있다(예: 법률불소급의 원칙). 따라서 신법은 그 시행 후에 생긴 생활사실만을 지배하고 시행 전의 생활사실에는 미치지 않는다. 그러나 상법의 영역에서는 대체로 신법이 보다 합리적이고 진보적이며, 구법관계에 신법을 적용하더라도 당사자에게 이익이 되고 형평에 부합하는 경우가 많다. 그리하여 법률불소급의 원칙의 예외를 인정하여, 신법을 소급적으로 적용하는 수가 있다(1984년 개정상법부칙 제6조 참조).

2) 동일순위의 법규사이의 우선적용

신법에 의해 구법이 폐지되지 않고, 동일한 사항에 관하여 적용할 상이한 내용의 법률이 2개 이상 존재할 수 있다. 이 경우에는 동일순위의 법규 사이에는 '신법은 구법을 변경한다'는 것이 일반원칙이다. 그러나 신법이 일반법이고 구법이 특별법일 때에는 '일반신법은 특별구법을 변경하지 않는다'는 원칙이 적용되어 특별법인 구법이 우선하여 적용된다.

2. 장소에 관한 효력

상법은 국법으로서 모든 한국영토에 적용됨이 원칙이다. 그러나 오늘날 상거래는 과거와는 달리 국제적으로 이루어지는 경우가 많으므로 특정한 경우에는 우리 상법이 한국 영토 외에서 적용되는 일도 있으며, 이와 반대로 외국상법이 한국영토에서 적용되는 일도 있는데, 국제사법에서 이와 같은 사항을 규정하고 있다. 따라서 국제사법에 의하여 이러한 경우에는 상법의 장소적 적용범위가 제약 또는 확장되게 된다.

3. 사람에 관한 효력

상법은 국법으로서 모든 한국인에게 적용된다. 그러나 이에 대하여는 다음의 두 가지 예외가 있다.

1) 국제사법상 문제로서 특정한 사항에 대하여 우리 상법이 외국인에 대하여 적용되는 경우도 있고, 외국 상법이 한국인에게 적용되는 경우도 있다. 그러나 국제간의 거래가 날이 갈수록 빈번한 기업생활에서는 이러한 국제사법에 의한 우회적 해결로써는 거래관계를 원활히 처리할 수 없으므로, 일찍부터 각국 상법의 통일운동이 이루어지고 있다.

2) 상법규정 중에는 특수한 상인에게는 적용되지 않는 것이 있다. 즉, 소상인인에게는 지배인 · 상업등기 · 상호 · 상업장부에 관한 규정을 규정하지 않는다(제9조). 그러나 소상인도 상인이라는 점은 동일하기 때문에 영업활동에 관한 규정은 물론 적용된다.

4. 사항에 관한 효력

1) 상법은 국민의 생활관계 중에서 '상사' 관계에 대하여만 적용된다(제1조). 그러나 상사관계라 하여 상법이 모두 적용되는 것은 아니며, 법인 · 법률행위 · 불법행위 등의 경우에는 민법의 일반규정이 적용된다.

2) 공법인의 상행위에 대하여는 법령에 다른 규정이 없는 경우에 한하여 상법이 적용된다(제2조). 공법인의 상행위에 관하여도 상법이 당연히 적용되어야 하지만, 공법인의 상행위는 특별한 정책적인 목적에 의하는 경우가 적지 않으므로,

특별한 법령에 의하여 상법의 적용을 배제할 수 있게 한 것이다.

3) 상법이 적용되는 상행위에는 당사자 일방에 대하여만 상행위가 되는 일방적 상행위(einseitiges Handelsgeschäft)와 당사자 쌍방에 대하여 모두 상행위가 되는 쌍방적 상행위(zweiseitiges Handelsgeschäft)가 있다. 쌍방적 상행위의 경우 당사자 쌍방에게 상법이 적용되는 것은 당연하지만, 일방적 상행위의 경우에도 특별규정을 두어 그 쌍방에게 상법을 적용하도록 하였다(제3조). 이것은 일방적 상행위의 경우 만약 각 당사자의 일방에게는 상법을, 타방에게는 민법을 각각 적용한다면, 양법의 저촉이 생기게 되어 불합리하게 되므로 이러한 모순을 해결하기 위한 것이다. 이와 같은 경우에 상법의 적용범위는 매우 확장된다. 그리고 이때의 상행위는 공법인의 상행위를 포함한다. 그러나 상법의 일부조항은 쌍방이 모두 상인인 경우에만 적용된다(제58조, 제67조 참조).

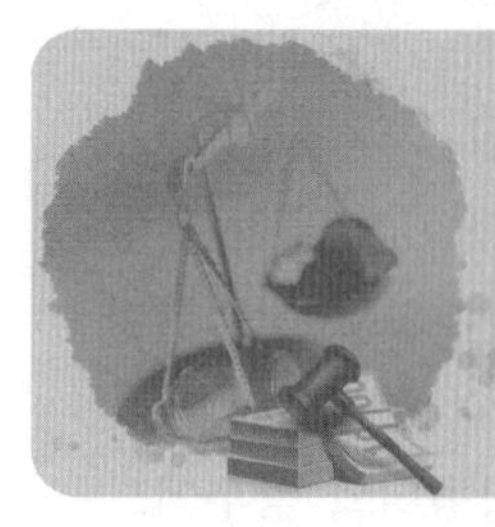

제2장 상법의 기본개념

제1절 상인과 상행위

Ⅰ. 서 설

상법은 중세까지만 해도 상인들 사이의 자족법이던 계급법(Standesrecht)이었으나 상법이 특별법으로 민법에서 분리되기 시작하면서[예컨대 프랑스의 1804년의 민법전(Code civil)과 1807년의 상법전(Code de commerce)의 분리] 상법전 편찬기준을 어디에 두느냐 하는 문제가 발생하였다. 즉, 상법은 기업적 생활관계를 규제하는 법인데, 상법을 적용하여 기업적 생활관계에서 나타나는 권리의무를 법률적으로 처리하기 위해서는 우선 상법적용의 범위를 명확히 할 필요가 있다.

상법적용의 범위를 확정하기 위하여는 먼저 기업생활관계의 법적 요소를 고찰한다. 기업생활관계의 법적 요소는 상인·상행위·상품이다. 상인은 기업의 주체로서, 민법상의 평균인보다는 특별한 지위에 있는 경제인을 말한다. 상행위는 기업거래를 말하고, 민법상의 법률행위의 특수형태이다. 상품은 기업객체인데, 민법상의 '물건'일 뿐, 상법상 특별한 규제를 필요로 하지는 않는다. 따라서 상법을 적용하는 요소로서 '상인'과 '상행위' 두 개념에 의존할 수밖에 없다.

그러나 상법에서 이 두 개념을 어떻게 정립하느냐 하는 것은, 상법의 적용범위를 결정하는 매우 중요한 문제이거니와, 동시에 실제로는 가장 어려운 입법정책의 문제이기도 하다. 1807년 프랑스 상법전 이래 대륙법계 근대상법은 거의 예외 없이 상인·상행위 두 가지 개념을 기준으로 설정하여 상법 전체의 체계를 구성하여 왔다. 우리 상법도 상법을 적용하는 기준이 되는 기술적 개념으로 '상인'과 '상행위'라는 두 기본개념을 정립하였으니, 전자는 기업주체, 후자는 기업거래를 표상하는 것이다.

기업적 생활관계의 법적 요소

상 인 = 기업주체(경제인) > 민법상의 인(人)
상행위 = 기업거래 > 법률행위의 특수 형태
상 품 = 기업객체

Ⅱ. 상인 · 상행위 개념의 정립방법

1. 입법주의 개관

상인 · 상행위 개념의 정립은 방법론상 두 가지 입장으로 나뉜다. 그 하나는 상인에 관한 입법주의와 상행위에 관한 입법주의를 분리하여 2원적으로 파악하고자 하는 입장이고, 다른 하나는 상인에 관한 입법주의와 상행위에 관한 입법주의를 합쳐서 1원적으로 설명하는 입장이다. 생각건대, 2원론은 상인 개념에 관한 입법주의와 상행위 개념에 관한 입법주의를 분리하여 설명하기 때문에 설명이 간편한 장점이 있다. 그러나 상인 · 상행위 개념의 관계는 어느 하나의 개념을 원용하지 않고는 다른 하나의 개념을 정립할 수 없기 때문에 불가분의 관계에 있다. 기업의 주체가 상인이므로 마땅히 상인개념을 정립한 다음 그 상인의 거래활동을 상행위로써 정립하는 방법이 가장 자연스러우며 논리적이다. 이런 의미에서 상행위 개념은 상인 개념에 종속시켜 이해되어야 하며,[1] 따라서 1원론이 타당하다고 본다.[2]

상인 · 상행위 개념을 1원적으로 파악하려는 입장에서는 주관주의 · 객관주의 · 절충주의로 입법례를 분류하는 것이 보통이고, 주관주의를 형식주의 또는 상인법주의(상업법주의)라고도 하였으며, 객관주의를 실질주의 또는 상행위법주의(상사법주의)라고도 불러왔다.

---

1) 동지: 임홍근(총) 49면.
2) 2원론의 입장에서 상인 개념의 실질주의는 실질적으로 특정한 행위를 하는 자를 상인으로 보고, 그 특정한 행위란 절대적 상행위든 영업적 상행위(기본적 상행위)든 상관이 없다는 점, 따라서 상인에 관한 실질주의가 상행위에 관한 객관주의와 일치하는 것이 아니라는 점에서 상인 개념과 상행위 개념을 이원적으로 파악하는 것이 타당하다고 한다. 정희철(상) 61면 주 (1) 참조.

이러한 입장에서는 (i) 주관주의란 상인의 개념을 형식적으로 정하고 그 상인의 영업상 행위를 상행위라고 하는 것이고(예컨대, 스위스 채무법, 1897년의 독일 신상법 및 1998년 개정 독일상법,[1] 1914년의 중국상인통례),

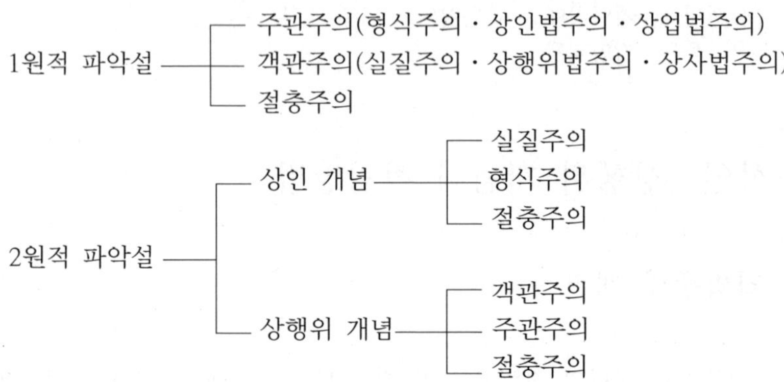

(ii) 객관주의란 행위의 주체가 누구든 불문하고 행위의 객관적 성질 자체에서 상행위 개념을 정하고 여기에서 상인개념을 이끌어내는 것이며(예컨대, 1885년의 스페인상법), (iii) 절충주의란 특정한 종류의 행위는 그 행위의 주체가 누구든 불문하고 그 행위의 성질 자체에서 상행위로 하고(절대적 상행위), 다른 행위는 영업으로 하는 것만을 상행위라고 인정하여(영업적 상행위), 이러한 상행위를 영업으로 하는 자를 상인이라고 하는 것이다(예컨대, 프랑스상법, 일본상법,[2] 우리나라 의용상법).

그러나 상인 · 상행위 개념을 이원적으로 파악하려는 입장에서는 주관주의 · 객관주의라는 용어를 상행위 개념에만 사용한다. 이원론의 입장에서는 먼저 상인에 관한

1) 독일상법은 종래에 절충주의를 취하였으나, 1998년의 개정에서 형식주의를 채택하였다. 즉, 1998년 독일개정상법은 행위의 종류 또는 범위에 의하여 상인적 방법(in kaufmännischer Weise)으로 설비를 갖추고 영업을 하는 자를 상인(Istkaufmann)이라고 한다(독상 제1조). 그리고 상인적 방법으로 영업을 하는 것으로 볼 수 없는 일정한 수준 이하의 설비를 갖추고 영업을 하는 자는 자신의 상호를 등기함으로써 상인이 될 수 있는데, 이러한 상인을 임의적 상인(Kannkaufmann)이라 한다(독상 제2조). 이와 같이 상인적 방법 및 등기를 기준으로 상인개념을 정하고 있으므로, 독일 상법은 가장 전형적인 형식주의(주관주의, 상인법주의)를 취하고 있다.

2) 일본상법은 우리와 달리 절대적으로 상행위를 인정한다(日商 제501조). 절대적 상행위에 속하는 것은 (i) 이익을 얻을 의사로 동산 · 부동산 · 유가증권을 유상취득하거나, 그 취득한 것을 양도할 목적으로 하는 행위, (ii) 타인이 취득할 동산 · 부동산 · 유가증권의 공급계약 및 그 이행을 위한 목적으로 하는 행위, (iii) 거래소에서의 거래, (iv) 어음 기타 상업증권에 관한 행위의 네 가지이다.

입법례를 세 가지로 분류하는데, (ⅰ) 실질적으로 특정한 행위를 하는 자를 상인으로 하는 실질주의(예컨대, 프랑스상법, 스페인상법), (ⅱ) 사업의 종류와 내용에 관계없이 형식적으로 상인적 방법에 의하여 영업을 하는 자를 상인으로 하는 형식주의(예컨대, 독일상법, 스위스 채무법), (ⅲ) 실질에 의한 상인과 경영의 형식 또는 방법에 의한 상인의 두 종류를 인정하는 절충주의(예컨대, 일본상법)로 나눈다.

상행위 개념에 관하여도 입법주의를 셋으로 분류하는데, (ⅰ) 객관주의는 행위의 주체를 묻지 않고 행위의 객관적 성질에 의하여 상행위를 정하는 입법주의를 말하고(이 입장만큼 순수한 입법례는 없다), (ⅱ) 주관주의는 상인의 개념을 먼저 정하고 그 상인의 영업상의 행위를 상행위로 하며(예컨대, 독일상법, 스위스 채무법), (ⅲ) 절충주의는 위의 두 가지 주의를 병용하는 것이나, 주관주의적 요소가 주도적 지위를 차지하고 객관주의적 요소는 제2차적 의의를 갖는다는 입장(예컨대, 프랑스상법, 독일 구상법, 일본상법)이다.

2. 입법주의의 역사적 배경과 주관주의의 타당성

1) 중세말기 내지 근대초기 유럽의 상업도시에 있어서는 상인의 동업자 집단인 길드(guild)가 자치권과 재판권을 장악하고 있었다. 길드에 가입한 자만이 상인으로 인정되고, 상법은 상인의 행위를 규율하며, 상인간의 분쟁은 상사재판소에서 취급하였으므로 그 당시의 상법은 직업적 계급법으로서의 특징을 지니고 있었다. 이러한 입법의 예로는 1673년 프랑스 루이 14세의 상사조례를 들 수 있다. 이러한 입법태도에 입각하여 상인계급은 중상주의적 중앙집권국가의 후견과 지지를 받았던 것이다.[1)]

2) 프랑스 혁명을 계기로 자유·평등사상을 배경으로 한 1807년의 나폴레옹 상법전은 상법을 상인단체의 폐쇄적인 계급법으로부터 일반시민의 법으로 발전시켰다. 따라서 동법이 채택한 실질주의는 영업을 중세적인 특권상인의 독점으로부터 풀어 놓고 상법을 만인에게 적용하는 데 큰 공헌을 하였다. 그러나 자본주의의 발전이 기업의 대규모화·다양화를 촉진함에 따라 실질주의입법은 그 빛을 잃게 되었다. 왜냐하면 상인 개념의 기초가 되는 상행위를 열거하여야 하는데, 그 결정에 있어서 객관적인 기준이 없고, 어느 정도는 자의적으로 되지 않을 수 없으며, 한편 법의 고정성으로 인해 발전하는 기업의 생활관계를 신축성 있게 규제할 수 없기 때문이다. 실질주의 입법의 모순과 불편을 해결하기 위해서는 주관주의에 의존할 수밖에 없다.

3) 한편 주관주의에 따라 상인 개념을 정한다고 하더라도 어느 정도의 상행위

1) 김성태(총) 143면.

개념을 전제로 하지 않는 형식적·추상적 상인 개념을 정한다는 것은 무의미한 것이다. 따라서 상인 개념을 정함에 있어서는 반드시 '일정한 영업을 하는 자' 등의 표현을 함으로써 상행위 개념을 도입할 수밖에 없으니, 이는 순환론이 되고 만다. 또 순수한 주관주의는, 동일한 행위가 비상인 사이에서 이루어지는 경우에는 상법이 적용되지 않게 됨으로써 평등주의에 반한다. 그러므로 주관주의를 취하되 영업의 종류 내지 내용보다는 그 경영의 규모 내지 형식에 착안하여 상인 개념을 결정할 필요가 생긴다. 상업·제조업 기타 상인적 방법에 의하여 영업을 하는 자는 상업등기부에 등기를 하게 하고, 등기를 함으로써 상인이 되게 한 스위스 채무법(제934조)이 주관주의 입법의 대표적인 것인데, 이것이 발전하는 사회적·경제적 현실에 적응할 수 있어서 가장 합리적이라고 생각된다.[1)]

또한 절충주의도 절대적 상행위 개념을 인정한다는 점에서 객관주의의 비난을 면할 수 없고, 영업적 상행위(기본적 상행위)를 한정적으로 열거함으로써 경제의 발전에 보조를 맞출 수 없다.

3. 우리 상법의 입법주의

1) 우리 상법은 상인 또는 상행위의 정의와 관련하여 각각 2개씩, 4개의 조문을 두고 있다. 먼저 상인을 당연상인(제4조)과 의제상인(제5조)으로 분류한다. 당연상인은 '자기명의로 상행위를 하는 자'(제4조)로 규정하는 한편, 의제상인은 '① 점포 기타 유사한 설비에 의하여 상인적 방법으로 영업을 하는 자는 상행위를 하지 아니하더라도 상인으로 본다. ② 회사는 상행위를 하지 아니하더라도 전항과 같다'(제5조)고 정의하고 있다.

2) 한편 상행위에 관하여는 기본적 상행위(제46조)와 보조적 상행위(제47조)로 분류한다. 먼저 기본적 상행위와 관련하여(제46조), '동산, 부동산, 유가증권 기타 재산의 매매' 등 22가지의 행위를 나열하고, 이 행위 중 어느 것을 '영업으로 할 때' 상행위(기본적 상행위)가 된다고 규정한다. 그리고 보조적 상행위와 관련하여(제47조), '상인이 영업을 위하여 하는 행위'를 보조적 상행위로 규정하고 있다.

3) 한편 의용상법상의 절대적 상행위는 삭제하였다.

4) 위의 3가지 사실을 두고 1원론의 입장에서는 우리 상법의 입법주의에 관하

---

1) 스위스 채무법 제934조는 "상업·제조업 기타 상인적 방법에 의하여 영업을 경영하는 자는 상업등기부에 등기하여야 한다"고 규정하고 있다.

여 주관주의(형식주의)라는 견해와 절충주의라는 견해로 나뉜다. 즉, 우리 상법은 ① 의용상법상 인정되던 절대적 상행위(의상 제510조)를 폐지하였고, ② 상인 개념을 정함에 있어서 그 기초가 되는 행위를 영업으로 하는 행위(영업적 상행위)에 한정하고 있는데(제46조), 그 행위는 영업과 영업의 주체인 상인과의 관련에서만 상행위성을 취득하는데다가, ③ 기업의 형식을 앞세워 점포형식 또는 회사형태로 기업을 경영하는 자는 상행위를 하지 아니하더라도 상인으로 의제(의제상인)하고 있으므로 주관주의 입법이라고 한다.[1]

이에 대하여 절충주의로 보는 견해는, ①과 ③의 설명에 동의하여 주관주의적 성질을 인정하면서도, 위 ②의 설명에 대하여서는 동의하지 아니하고 대신 "현행상법은 상행위법주의(객관주의)를 기본으로 하고 종래 상행위법주의가 가지고 있는 결함을 상인법주의에 의하여 보정하는 방식을 취하고 있다"고 하면서[2] 우리 상법은 절충주의를 취하고 있다고 설명한다.

2원론의 입장

한편, 상인 개념과 상행위 개념을 2원적으로 파악하려는 입장에서는 상인개념에 관하여는 절충주의, 상행위 개념에 관하여는 주관주의를 취하고 있다고 한다. 먼저 상인 개념에 관하여 살펴보면, "우리나라의 상법은 제4조의 당연상인에 관하여는 실질주의입법을 하고, 제5조의 의제상인에 관하여는 형식주의 입법을 하고 있어 전체적으로는 절충주의입법이라고 할 수 있으나 … 오히려 형식주의입법에 가까운 절충주의로서 실질주의입법에서 형식주의입법으로 향하는 과도기적 입법이라고 할 수 있지 않은가 한다"고 하는가 하면,[3] "제4조에서 영업적 상행위를 기초로 하여 상인 개념을 정하는 한편(실질주의), 제5조에서는 이 상행위와는 관계없이 영업의 설비 또는 조직에 착안하여 상인성을 인정하고 있으므로(형식주의) 결국 절충주의에 속하는 셈"이라고도 한다.[4] 그러나 상행위 개념에 관하여는 주관주의로 보고 있다.[5]

5) 1원론의 입장에서 우리 상법의 입법주의를 고찰해 본다. ① 우리의 현행상법은 절충주의의 특색이라고 할 수 있는 절대적 상행위를 인정하지 않고 있으므로 주관주의 입법이라 할 수 있다. ② 또한 상법 제5조에서 주관주의의 특색인 형식에 의한 상인을 인정한다. ③ 그러나 한편 우리 상법 제4조는 자기명의로

1) 서돈각·정완용(상) 79면. 동지: 이병태(상) 78면; 임홍근(총) 53면.
2) 정동윤(상) 49면; 이철송(총) 76~78면; 김정호(상) 31면.
3) 정희철(상) 61면.
4) 손주찬(상) 66면. 이 밖에 절충주의의 입장으로는 강위두(총) 64면; 최기원(상) 53면.
5) 강위두(총) 240면; 손주찬(상) 215면; 정희철(상) 145면; 최기원(상) 211면.

'상행위'를 하는 자를 (당연)상인이라고 정의하고 있지만, (당연)상인의 개념은 (기본적) 상행위 개념을 전제로 한다. 그런데 (기본적) 상행위는 상법 제46조에서 영업으로 하는 … 행위를 말한다고 하여 상행위의 영리성을 강조하는데, 이 점은 객관주의의 표현이다. 그러나 상행위의 영리성은 그 행위의 주체인 상인과 관련하여서만 파악될 수 있으므로, (기본적) 상행위는 다시 (당연)상인개념을 전제로 한다. 따라서 상법상 상인개념과 상행위개념은 일종의 순환론에 빠져있다.

6) 이와 같이 상행위개념과 상인개념이 일종의 순환론에 빠져 있는 우리 상법의 입장은 순수한 주관주의는 아니다. 상인의 개념을 상행위개념에 의존시키는 면에서 객관주의 형식을 띠면서도, 형식에 의한 상인(의제상인)을 함께 규정하고 있다는 점에서 절충주의의 범주에 속한다고 할 수 있다. 그러나 절충주의라는 표현은 본래 절대적 상행위와 영업적 상행위를 인정하는 입장에서 나온 학설이므로, 우리 상법은 혼합주의라고 하는 것이 옳을 것이다.

Ⅲ. 상 인

1. 상인의 종류

상인이란 실질적으로 보면 기업활동을 추진하는 자이겠으나, 형식적으로 보면 기업활동에서 생기는 권리 · 의무의 귀속자를 의미한다. 상법은 기업주체의 행위가 기본적 상행위인가 아닌가에 따라서 당연상인과 의제상인으로, 또 상인이 활용하는 자본의 규모에 따라 완전상인과 소상인으로 분류하고 있다.[1]

당연상인의 행위는 기본적 상행위로서 상행위 통칙의 규정이 적용되는 데 비하여 의제상인의 행위는 준상행위로서 상행위 통칙의 규정이 준용되며, 완전상인에 대하여 상법의 모든 규정이 적용되는 것과 달리 소상인에 대하여는 그 일부 규정이 배제되는 점에서 구별의 실익이 있다.

2. 당연상인

당연상인이란 "자기명의로 상행위를 하는 자"이다(제4조). 당연상인은 실질적

1) 이 밖에 상인을 기업의 형태에 따라 개인기업의 상인과 공동기업의 상인(조합과 법인)으로 분류하기도 한다[정동윤(상) 53~54면].

으로 상행위를 함으로써 상인이 된 자이다. 이를 분설하면 다음과 같다.

1) '상행위'를 하는 자(者)이다

당연상인 개념의 기초가 되는 상행위란 상법 제46조에 한정적으로 열거되어 있는 행위, 즉 기본적 상행위와 특별법에서 상행위로 인정한 것(담사신 제23조 제2항: 사채총액의 인수를 상행위로 보고 있다)을 말한다. 상법 제46조에 의하면, 22개의 항목에 걸쳐서 열거된 행위를 영업으로 한 경우에 그것이 상행위가 된다고 하여 제한적으로 열거하고 있다.

✦ 대법원 1995. 4. 21. 94다36643
당연상인성을 인정한 사례

☞ 도시재개발사업지구 일대의 대지 및 무허가 건물을 매입·전매하는 등 부동산중개업을 동업으로 운영한 조합체는 상법 제46조 제11호, 제4조에 의한 상인이다. … 위 부동산중개업자의 금원대여행위를 상법 제47조에 의하여 영업을 위하여 한 상행위로 추정함이 상당하므로, 이로 인하여 발생한 채권은 상사채권으로서 5년의 상사시효의 적용을 받게 된다. 동지: 골재채취를 영업으로 하는 자도 당연상인이라 한다: 대법원 1989. 6. 27. 89다카2957.

2) 상행위를 '영업으로' 하여야 한다

당연상인이 되기 위해서는 상행위를 영업으로 하여야 한다. 즉, 어느 행위가 기본적 상행위에 해당하기 위해서는 상법 제46조 각호의 행위를 영업으로 하는 경우이어야 한다. 영업으로 한다는 것은 영리 목적을 가지고[1] 동종의 행위를 계속적·반복적으로 행하는 것을 말한다.

(1) 영리목적

영리목적(영업성)이란 널리 수지적합을 목적으로 하여 부정량(不定量)의 이윤을 내는 것을 가리키며, 수입과 지출과의 차익인 잉여이익을 얻는 것을 뜻하는 것이 아니다. 즉, 영리목적이란 상인의 주관적 목적으로 존재하고 그 목적이 객관적으로 인식될 수 있으면 충분하며, 현실적으로 이익이 발생했느냐는 문제되지 않는다.

---

1) 대법원 1994. 4. 29. 93다54842(대한광업진흥공사의 광산업자에 대한 광산자금 융자행위); 동 1998. 7. 10. 98다10793(새마을 금고의 회원에 대한 자금대출행위); 동 2000. 2. 11. 99다53292(농업협동조합이 조합원이 생산하는 물자를 판매하는 행위).

그리고 그 목적은 개개의 행위에 대하여 있어야 하는 것은 아니며, 반복되는 일련의 행위에 대하여 전체로서 존재하면 된다. 또한 영리목적이 있는 이상 그 것이 유일한 목적일 필요가 없고 동시에 다른 목적이 있어도 상관이 없다.

✦ 대법원 1994. 4. 29, 93 다 54842
특수공법인인 대한광업진흥공사의 당연상인성을 부정한 판결

☞ 어느 행위가 상법 제46조 소정의 기본적 상행위에 해당하기 위해서는 영업으로 같은 조 각호 소정의 행위를 하는 경우이어야 하고, 여기에서 '영업으로 한다'고 함은 영리의 목적으로 동종의 행위를 계속 반복적으로 하는 것을 의미하는 바, 구 대한광업진흥공사법(1986. 5. 12. 법률 제3834호로 전문 개정되기 전의 것)의 제반 규정에 비추어 볼 때 대한광업진흥공사가 광업자금을 광산업자에게 융자하여 주고 소정의 금리에 따른 이자 및 연체이자를 지급받는다고 하더라도 이와 같은 대금행위는 같은 법 제1조 소정의 목적인 민영공단의 육성 및 합리적인 개발을 지원하기 위하여 하는 사업이지 이를 '영리의 목적'으로 하는 행위라고 보기는 어렵기 때문에 이는 상법 제46조의 기본적 상행위에 해당하지 않는다. 따라서 대한광업진흥공사는 이러한 행위를 함으로 인하여 당연상인이 될 수 없다. …… 그러나 대한광업진흥공사가 상인인 탄광업자에게 자금을 대출한 경우 상인의 행위는 특별한 사정이 없는 한 영업을 위하여 하는 것으로 추정되므로 그 대출금채권은 상사채권으로서 5년의 소멸시효기간이 적용된다.

※ 참조판례: 대법원 1998. 7. 10. 98다10793(새마을금고가 금고의 회원에게 자금을 대출하는 행위는 일반적으로는 영리를 목적으로 하는 행위라고 보기 어렵지만, 상인인 회원에게 자금을 대출한 경우 상인의 행위는 특별한 사정이 없는 한 영업을 위하여 하는 것으로 추정되므로 그 대출금채권은 상사채권으로서 5년의 소멸시효기간이 적용된다. 동지: 서울지방법원 2015. 9. 10. 2014다4907); 동 2000. 2. 11. 99다53292(농업협동조합이 조합원이 생산하는 물자를 판매하는 행위는 상행위가 아니다); 동 1992. 11. 10, 92다7948(회사는 상인이지만 그 대표이사는 상인이 아니다); 동 1993. 9. 10. 93다21705(낙찰계의 계주는 상법 제46조 제8호의 상행위를 하는 자가 아니어서 당연상인이 아니다)[1]; 동 1989. 6. 27. 88다카16812(신용보증기금은 영리성이 없어서 상인이 아니다).

(2) 계속성 · 반복성

동종행위를 계속적으로 반복하여야 한다.[2] 행위의 종류는 1종에 한하지 않고 수종일 수도 있다. 같은 행위를 반복한다는 것은 외부에서 기업성을 인식하는 가장 중요한 근거가 된다. 따라서 한번에 국한된 행위나 기회가 있을 때마다 반

1) 계주(契主)는 제46조 제16호의 상행위(상호부금 기타 이와 유사한 행위)를 하는 자로 볼 여지는 있다.

2) 우연한 기회에 타인간의 부동산거래를 중개한 행위는 중개업에 해당하지 않는다: 대법원 1991. 7. 23. 91도1274.

복하는 투기행위 등은 영업이 될 수 없다.[1] 그러나 계속성 · 반복성은 상인의 점포시설 등 외부적 표상을 통해 객관적으로 인식하는 것이면 충분하며, 실제로 계속 · 반복되었는가는 문제되지 않는다.[2] 그리고 영업기간은 반드시 장기간일 필요는 없다(예컨대 박람회나 해수욕장의 매점).

(3) 영업의 의사

영업이 되기 위하여는 영업의사가 있어야 한다. 다만, 상인자격의 유무는 당사자뿐만 아니라 일반 제3자의 이해가 관계되기 때문에 이러한 영업의사는 외부에서 인식할 수 있어야 한다. 그러나 영업의사는 반드시 일반공중에게 표시되어야 하는 것은 아니고 거래관계에서 당사자간에 인식될 수 있으면 된다. 그러므로 점포의 임차, 상업사용인의 고용 등의 개업준비행위로 인정되는 행위가 있으면 영업의사가 대외적으로 인식된다고 할 것이다. 그러나 대외적으로 비밀로 하는 행위(예컨대 증권투기행위)는 영업을 한다고 할 수 없다.

자유직업인(의사 · 교시 · 변호사 · 화가 · 음악가 등)은[3] 그 주관적 의사가 영리의 목적을 가지고 있더라도 이에 관계없이 영업을 하는 것으로 보지 않는다.[4] 이들은 영리성을 그 사업의 기본적인 특성으로 하지 않으며, 이들의 업무의 성질이 고도의 개성을 요하고 공익성을 띠고 있기 때문이다. 의사가 의료수단의 범위를 넘어 환자를 입원 · 숙박시키는 경우에는 영업이 된다는 견해도 있으나,[5] 찬성하기 어렵다.[6]

3) '자기명의'로 상행위를 하는 자이어야 한다

(1) 상행위를 자기명의로 한다는 것은 자기가 영업에서 발생하는 권리 · 의무의

---

1) 손주찬(상) 67면; 이철송(총) 60면; 정찬형(상) 55면; 김정호(상) 42면.
2) 이철송(총) 82면.
3) 서울지방법원 2003. 12. 17. 2003비단19(변호사는 상인이 아니다); 대법원 2007. 7. 26. 2006마334(변호사는 의제상인이 아니므로 변호사의 상호등기신청을 각하한 등기관의 처분은 적법하다); 동 2008. 6. 26. 2007마996(법무사는 상법 제5조 제1항의 의제상인에 해당되지 않으며, 법무사의 상호등기는 허용되지 아니한다); 동 2011. 4. 22. 2011마110(변호사는 의제상인이 아니다). 그러나 법무법인 설립시 등기하도록 되어 있는 법무법인의 '명칭'에 관하여 상호의 등기와 보호에 관한 상법 제22조, 제23조 등과 상업등기법 제30조 등의 규정이 준용된다: 서울고등법원 2008. 7. 2. 2007나118684.
4) 강위두(총) 65면; 임홍근(총) 57면; 정동윤(상) 51면. 그러나 예컨대 의사가 의료수단의 범위를 넘어서 환자를 입원시켜서 병실과 음식을 공급하고 대가를 받는 것을 목적으로 하는 경우에는 영업이 된다는 견해도 있다. 손주찬(상) 68면.
5) 손주찬(상) 84면.
6) 임홍근(총) 50면; 정동윤(상) 51면.

주체가 된다는 뜻이다. 자기가 권리의무의 주체인 한 자신이 직접 영업행위를 하든 다른 사람에게 대리시키든 상관이 없다. 따라서 친권자가 미성년의 子를 위하여 또는 지배인이 영업주를 위하여 영업을 대리하더라도 상인은 사실상의 영업행위를 하는 친권자나 지배인이 되는 것이 아니라 미성년자인 子와 영업주가 상인이 된다.

(2) 또한 자기가 권리의무의 주체인 한 타인의 명의로 하든, 타인의 계산으로 하든, 타인소유의 경영수단을 이용하든 상관이 없으며, 또 행정청에 대한 신고나 납세를 타인명의로 하든 상관이 없다.[1] 따라서 예컨대 夫가 妻의 재산을 가지고 영업을 하거나, 子가 父의 계산으로 영업을 하는 경우에도 夫 또는 子가 상인이 되며, 또한 妻의 명의나 타인의 상호를 빌려서 영업을 하더라도 실제로 권리의무가 귀속되는 夫 또는 本人이 상인이 된다.[2] 또한 미성년자가 법정대리인의 허락을 받지 아니하고 영업한 경우에도 그 미성년자가 권리능력을 갖는 데는 변함이 없으므로 상인으로 보아야 한다. 다만 그의 허락 없는 영업행위는 취소의 대상이 된다.

✦ 대법원 2008. 12. 11. 2007다66590
행정관청에 대한 인 · 허가 명의나 사업자등록상의 명의와 실제 영업상의 주체가 다를 경우, 상인으로 인정되는 자는 실제 영업상의 주체이다

☞ 상인은 자기 명의로 상행위를 하는 자를 의미하는데, 여기서 '자기 명의'란 상행위로부터 생기는 권리의무의 귀속주체로 된다는 뜻으로서 실질에 따라 판단하여야 하므로, 행정관청에 대한 인 · 허가 명의나 국세청에 신고한 사업자등록상의 명의와 실제 영업상의 주체가 다를 경우 후자가 상인이 된다.

4) 예 외

(1) 자기 명의로 영업성 있는 거래를 한다고 하더라도 오로지 "임금을 받을 목적으로 물건을 제조하거나 노무에 종사하는 자의 행위"는 상행위로 보지 아니하며(제46조 단서), 따라서 이러한 행위를 하더라도 상인이 되는 것은 아니다.

(2) 여기서 임금을 받는다는 것은 반드시 특정인에게 고용되어 보수를 받는 것을 말하는 것이 아니라, 제조 또는 노무의 양에 따라 영세한 보수를 받는 것을 의미한다. 이러한 행위를 하는 자도 영리성을 가지고 계속적 · 반복적으로 제조

1) 대법원 1962. 3. 29. 4294민상962; 김병연(총) 35면.
2) 임홍근(총) 57~58면; 정찬형(상) 54면; 김정호(상) 44면.

또는 노무에 종사하지만, 지나친 영세성으로 인하여 기업성을 인정할 수 없어 상인의 범위에서 제외시킨 것이다.[1] 어떠한 자가 이에 해당하느냐는 것은 시설이나 거래의 규모로 판단해야 할 것인데, 예컨대 건설현장에서 일당을 받고 품팔이를 하는 경우나, 집에서 바느질감을 주문받아 바느질을 해 주는 경우 등이 이에 해당한다. 이러한 자는 소상인도 아니다.

3. 의제상인

1) 의제상인의 존재이유

(1) 의제상인이란 상행위를 하지 않더라도 영업의 형식에 따라 상인으로 취급되는 자(형식상인)를 말한다(제5조). 여기서 상행위란 상법 제46조 각 호의 상행위를 말한다.

(2) 당연상인 개념의 기초가 되는 기본적 상행위는 한정적으로 열거되어 있다. 그리고 이 기본적 상행위를 하는 자가 상인이다. 그런데 이와 같이 고정된 상법규정은 경제적 · 사회적 현실의 진전에 적응할 수 없다. 또한 이러한 상행위만을 기초로 하여 상인의 개념을 정한다면 경제발전과 더불어 새로이 형성된 실질적인 상행위를 영업으로 하는 자는 상인과 같은 실질을 갖추었더라도 상인이 될 수 없다는 모순이 생긴다. 기업생활관계는 경제발전과 더불어 항상 변화하므로 고정성을 가진 법률이 한정적으로 규정한 상행위로는 모든 영업행위를 포함할 수 없게 되기 때문이다.

(3) 따라서 상당한 시간이 경과하면 상법이 현실의 기업생활관계를 원만하게 규율할 수 없게 되는 현실과의 괴리현상이 나타나게 된다. 상인개념의 정립에 있어서의 상행위주의에서 생기는 이와 같은 불합리를 피하기 위하여 상법에 한정적으로 열거된 상행위와는 관계없이 그 상인적 설비와 상인적 방법만에 의하여 상인을 정할 필요가 있는데, 이러한 필요에 의하여 입법화된 것이 의제상인제도이다. 즉, 상법은 형식에 의한 상인을 인정함으로써 탄력성 있는 규제의 길을 열어 놓은 것이다.

2) 의제상인의 개념

(1) 상법 제5조는 상법에 제한적으로 열거하고 있는 형식적인 상행위에 속하

1) 이철송(총) 83면.

지 않는 행위라도 점포 기타 유사한 설비에 의하여 상인적 방법으로 영업을 하는 자는 상행위를 하지 아니하더라도 상인으로 본다(제5조 제1항). 이를 의제상인 또는 설비상인이라 한다. 이와 같이 상법 제5조는 상행위의 개념을 전제로 하지 않고 상인개념을 규정한 입법으로서 종래의 상행위중심주의를 수정하여 상법을 시대의 요청에 부응하여 기업법으로 발전시킨 것으로 볼 수 있다.

(2) 의제상인은 당연히 상인이 되지 않고 법에 의하여 상인으로 의제되나, 상인자격을 취득하여 상법이 적용되는 점에서는 당연상인과 차이가 없으므로 양자를 구별할 실익은 별로 없다.[1]

(가) 설비상인

설비상인이란 "점포 기타 유사한 설비에 의하여 상인적 방법으로 상행위 이외의 영업을 하는 자"를 말한다. 설비상인의 요건을 분설하면 다음과 같다.

(i) '점포 기타 유사한 설비'를 갖추어야 한다. '점포 기타 유사한 설비'란 일반 공중과 계속적으로 거래하기 위하여 마련된 물적 또는 장소적 설비(상인적 설비)를 말한다.

(ii) '상인적 방법'으로 영업을 하여야 한다. '상인적 방법'이란 보통 (당연)상인이 이용하는 경영조직 내지 경영방법을 말한다. 즉, 구체적으로 장부조직, 서신·통신문의 보관, 영업 각 분과의 분립, 기업보조자의 사용 등을 말한다.[2] 영업을 한다 함은 영리를 목적으로 일정한 계획에 따라 동종의 행위를 계속하여 반복하는 것, 즉 영리성을 요한다. 영업 일반이므로 의용상법(제4조 제2항)에서와 같이 '물건의 판매'에 국한되지 않는다.

(iii) 영업행위가 당연상인의 영업내용인 상법 제46조 각 호가 정한 '기본적 상행위 이외의 것'이어야 한다. 예컨대, 농업·임업·수산업 등 원시산업을 경영하거나 새로운 유형의 영업행위를 하면 이에 해당한다. 원시산업의 생산물을 가지고 다니면서 판매한다고 하더라도 이러한 생산물은 유상취득한 것이 아니므로 상법 제46조 제1호의 동산의 매매에 해당되지 않으며, 따라서 영리를 목적으로 재배하여 판매하더라도 상행위가 되지 않고, 상인이 되지도 않는다. 그러나 점포 또는 유사한 설비, 즉 상인적 설비를 갖추고 기업적으로 판매하면 제5조 제1항에 의하여 상인으로 인정되며, 그 판매행위는 이른바 준상행위가 되어(제66조) 상행위편의 규정이 적용된다.[3]

---

1) 동지: 정찬형(상) 66면; 채이식(상) 37면.

2) 낙찰계의 계주는 상인적 방법에 의한 영업으로 계를 운영한 것이 아니면 의제상인이 아니다: 대법원 1993. 9. 10. 93다21705.

(ⅳ) 상행위 이외의 행위를 '영업으로' 하여야 한다. 즉, 영리의 목적으로 동종행위를 반복·계속하여야 한다.

✦ 대법원 1993. 6. 11. 93다7174·7181
과수원을 경영하는 자의 의제상인성을 부정한 판결

☞ 자기가 재배한 농산물을 매도하는 행위도 이를 영업으로 할 경우에는 상행위에 해당한다고 볼 수 있겠으나, Y는 약 5,000평의 사과나무 과수원을 경영하면서 그 중 약 2,000평 부분의 사과나무에서 사과를 수확하여 이를 대부분 대도시의 사과판매상에 위탁판매한다는 것이어서 Y가 '영업으로' 사과를 판매하는 것으로는 볼 수 없으니 Y는 (의제)상인이 아니다. 따라서 X는 상법 제69조에 의한 목적물의 검사와 하자통지의무를 부담하지 않는데, X가 이러한 의무를 해태하였음을 전제로 하는 논지는 이유가 없다.

✦ 대법원 2012. 4. 13. 2011다104246
학원업은 점포 기타 유사한 설비에 의하여 상인적 방법으로 영업을 하는 경우에 해당한다

☞ 학원업은 점포 기타 유사한 설비에 의하여 상인적 방법으로 영업을 하는 경우에 해당하여 갑은 상법 제5조 제1항에서 정한 '의제상인'에 해당하는데, 갑의 차용행위는 학원영업을 위한 준비행위에 해당하고 상대방인 을도 이러한 사정을 알고 있었으므로 차용행위를 한 때 갑은 상인자격을 취득함과 아울러 차용행위는 영업을 위한 행위로서 보조적 상행위가 되어 상법 제64조에서 정한 상사소멸시효가 적용된다.

(나) 민사회사

(ⅰ) 회사는 상행위 기타 영리를 목적으로 하는 사단으로서(제169조), 상행위를 목적으로 하는 상사회사와 상행위 이외의 영리를 목적으로 하는 민사회사가 있다. 민사회사는 상행위를 영업으로 하는 것이 아니므로 제4조의 당연상인이 아니다. 따라서 원래는 그 영업행위에 대하여 상행위법이 적용되지 않는다.

(ⅱ) 민사회사도 상사회사의 설립의 조건에 따라 설립되고(민 제39조 제1항) 또한 민사회사에도 모두 상사회사에 관한 규정이 준용되므로(민 제39조 제2항), 양자는 모두 상법의 적용면에서는 같으므로 구별할 실익이 없다. 민사회사도 상법 회사편의 규정에 의하여 설립되고 운영되며, 실질적으로 영리활동을 한다. 따라서 상법은 설비상인의 요건을 구비했는지 여부에 불문하고 민사회사에 상인성을 인정하고 그의 영업행위에 상행위성을 부여하고 있다. 즉, 민사회사는 상법 제5조 제1항의 상인적 설비가 가장 완비된 의제상인(설비상인)이라 할 수 있으므

3) 손주찬(상) 77면; 정찬형(상) 66면.

로 상법은 민사회사를 상인으로 의제한 것이다(제5조 제2항). 다만 상법 제5조 제2항은 동조 제1항에 대한 예시적 · 주의적 규정에 불과하다고 보아야 한다.[1)]

(iii) 민사회사의 대표적인 예는 농수산업 등의 원시산업을 경영하는 회사가 생산물을 판매하는 행위 등을 들 수 있다.

(iv) 학술 · 종교 · 자선 · 사교 기타 영리 아닌 사업을 목적으로 하는 사단 또는 재단은 주무관청의 허가를 얻어 이를 법인으로 할 수 있다(민 제32조). 이러한 비영리법인도 상인이 될 수 있는가에 관하여 통설은 비영리법인이 그 본래의 목적을 수행하기 위하여 영업을 하는 것은 그 목적에 어긋난다고 할 수 없으므로, 비영리법인도 상인이 될 수 있다고 한다. 다만 상인자격의 인정에 있어서는 자연인의 경우와 동일하게 취급하면 된다고 한다.[2)]

4. 소상인

1) 소상인의 의의

(1) 소상인(Minderkaufmann)이란 일정한 규모 이하(소규모)의 영업을 하는 상인으로서, 완전상인(Vollkaufmann)에 대한 개념이다(통설).[3)] 즉, 소상인이란 상행위 또는 기타 행위를 영업으로 하더라도 영업의 규모가 근소하여 기업성이 희박한 상인을 말한다.

(2) 소상인제도를 둔 이유는 지배인, 상호, 상업장부, 상업등기 등의 상법상의 여러 제도는 대체로 어느 정도의 기업규모를 전제로 하고 있으므로, 소규모의 상인에게도 이러한 상법 규정을 차별없이 적용하는 것은 그 실익이 적을 뿐만 아니라 오히려 가혹하고 번잡하며, 때로는 다른 상인에게 방해가 될 우려도 있기 때문이다. 따라서 소상인에게는 지배인, 상호, 상업장부, 상업등기에 관한 규정은 적용되지 아니한다(제9조).

(3) 다만 상호에 관한 규정 중 일부(제20조, 제23조, 제24조, 제28조)는 예외적으로 소상인에게도 적용된다고 본다(후술).[4)]

---

1) 정희철(상) 70면. 입법론으로서 민사회사를 당연상인으로 취급함이 타당하다는 견해가 있다[임홍근(총) 60면].
2) 손주찬(상) 87면; 최기원(회) 72면; 박상조(총) 117면; 김성태(총) 155면.
3) 그러나 이러한 개념정의는 경제적인 개념구성으로서 법률적인 구성은 아니라고 하여 소상인을 '지배인 · 상호 · 상업장부 · 상업등기에 관한 규정이 적용되지 않는 상인'이라고 하는 견해가 있다[임홍근(총) 60면].
4) 강위두(총) 72면; 손주찬(상) 81면.

2) 소상인의 범위

(1) 소상인의 범위에 대해서는 따로 규정을 두고 있다. 소상인의 기준이 되는 영업규모의 영세성은 사회의 경제규모에 따라 달라지게 될 문제이나, 현재는 소상인은 자본금액 1,000만원 미만의 상인으로서 회사가 아닌 자를 말한다(상부 제1조, 상시규 제2조). 이 경우에 자본금액은 주식회사의 자본금과 같이 자기자본만을 말하는 것이 아니라, '영업재산의 현재가격'으로서 자기자본뿐만 아니라 타인자본을 포함한다.[1] 당연상인과 의제상인 모두 소상인이 인정될 수 있는지 의문이 있을 수 있으나, 이와 같이 완전상인과 소상인의 구분이 기업규모에 의한 것이므로 의제상인도 소상인이 될 수 있다고 본다.[2]

(2) 회사는 기업성이 뚜렷하고 상업등기제도가 필연적으로 적용되므로 소상인이 아니다.

3) 법률효과

소상인에 대하여는 지배인, 상호, 상업장부 및 상업등기에 관한 규정이 적용되지 않는다(제9조).

(1) 소상인에게는 지배인에 관한 규정을 적용하지 않는다. 이것은 지배인의 선임과 대리권의 소멸은 등기사항인데(제13조), 소상인에게는 상업등기에 관한 규정이 적용되지 아니하는 데 따른 것이다. 그러므로 소상인이 자기를 대신하여 재판상 또는 재판 외의 모든 행위를 할 권한을 가진 임의대리인을 선임하더라도 그는 상법상의 지배인은 아니다.

(2) 소상인도 자유로이 상호를 선정하여 사용할 수 있지만, 상법상의 상호권자로서 보호를 받지 못한다. 따라서 소상인은 유사상호의 사용금지를 청구하거나, 상호권의 침해로 인한 손해배상을 청구하지 못한다. 또한 다른 회사의 상호권을 침해해서는 안되므로 소상인도 상호에 회사임을 표시하는 문자를 사용하지 못하고(제20조), 단일한 상호를 사용하여야 하며(제21조), 주체를 오인시킬 상호를 사용하지 못한다(제23조). 그리고 소상인이 상호를 타인에게 대여한 경우에는 명의대여자로서의 책임을 지게 된다(제24조). 또한 상호부정사용에 대한 과태료의

---

1) 동지: 임홍근(총) 61면; 최기원(상) 66면; 정동윤(상) 53면; 정찬형(상) 69면; 김병연(총) 42면. 이에 대하여 '특정한 영업을 단위로 하는 순자산의 평가액'이라고 하는 견해도 있다[채이식(상) 39면].

2) 이와는 달리 소상인은 당연상인에만 인정된다고 하는 견해가 있다[임홍근(총) 61면].

처분을 받는다(제28조).

(3) 소상인에게는 상업장부에 관한 규정이 적용되지 않는다. 따라서 상법에 따라 이를 작성하거나(제29조), 보존하거나(제33조), 또는 제출할 의무(제32조)를 부담하지 아니한다. 그러나 임의로 각종 상업장부를 작성·보존할 수 있다.

(4) 소상인은 상업등기에 관한 규정이 적용되지 않으므로, 상법상의 등기사항에 해당하는 사실이 생겨도 이를 등기할 필요가 없다. 따라서 소상인이 등기를 하였다 하더라도 상법상 등기에 관한 이익을 주장할 수 없으며, 반대로 등기하지 않았다고 하여 불이익을 받지 않는다.

Ⅳ. 상행위

1. 상행위의 의의

1) 상행위(Handelsgeschäft; acte de commerce)란 실질적으로는 영리에 관한 행위를 말하고, 형식적으로는 상법과 특별법에서 상행위로서 제한적으로 열거한 것을 말한다. 전자를 실질적 상행위, 후자를 형식적 상행위라 한다.

2) 상행위는 재산상의 행위에 한하고 신분행위는 포함하지 않는다. 기본적 상행위는 '법률행위'에 한하지만, 보조적 상행위는 '법률행위'·'법률적 행위'·변제와 같은 '사실행위'·영업과 관련한 '불법행위'도 포함한다.

2. 상행위의 종류

상법은 기본적 상행위·보조적 상행위·일방적 상행위·준상행위에 관한 규정을 두고 있으나, 이 외에도 절대적 상행위·상대적 상행위, 형식적 상행위·실질적 상행위 및 일방적 상행위·쌍방적 상행위의 개념을 인정할 수 있다.

3. 절대적 상행위와 상대적 상행위

1) 절대적 상행위

의용상법에서는 행위가 영업상의 것인지 아닌지에 관계없이, 또한 행위자가 상인인가 아닌가에 관계없이 행위의 객관적 성질에 의하여 항상 상행위로 되는 이른바 절대적 상행위(absolutes Handelsgeschäft)를 인정하였으나(의상 第501조), 현행 상법에서는 이를 폐지하였다. 그러나 담보부사채신탁법에 있어서 사채총액의 인수는 절대적 상행위이다.

담보부사채신탁법상의 사채총액의 인수

담보부사채(mortgage de benture, obligations hypothécaire)란 사채권의 담보를 위하여 물상담보(物上擔保)가 붙은 사채를 말한다. 사채의 경우에는 변동이 많은 다수의 사채권자가 담보권을 직접 취득·행사하는 것은 사실상 곤란하다. 그러므로 사채발행회사(위탁회사)와 사채권자 사이에 신탁회사(수탁회사)가 개재하여 사채발행회사와 신탁회사 사이의 담보권신탁계약(Treuhandvertrag)을 체결하고(담사신 제3조), 이에 의하여 신탁회사는 물상담보권을 취득함과 동시에 이것을 총사채권자를 위하여 보존·실행할 의무를 부담하고(담사신 제60조), 총사채권자는 담보권신탁계약의 수익자로서 각 채권액에 따라 평등하게 담보의 이익을 향수하게 된다.

담보부사채신탁법은 사채발행회사 또는 신탁회사는 담보권신탁계약의 정하는 바에 따라 제3자로 하여금 사채의 총액을 인수시킬 수 있다고 정하고(담사신 제23조 제1항), 이러한 제3자의 사채총액의 인수는 상행위로 된다고 정하였다(담사신 제23조 제2항). 그런데 담보부사채에 관한 신탁업은 자본시장법에 의한 신탁회사 또는 은행법에 의한 금융기관이 아니면 이를 영위할 수 없도록 하고 있고(담사신 제5조), 사채총액의 인수는 이들 회사가 영업으로 하는 행위로서 언제나 기본적 상행위가 되므로 이를 상행위로 본다고 하는 규정(담사신 제23조 제2항)은 무의미한 것이라는 학설도 있다.[1] 그러나 비상인이 사채총액을 인수한다는 것은 실제로는 거의 있을 수 없는 일이기는 하지만 적어도 법문상 사채총액 인수권자의 자격에 제한이 없으며 또 그 행위에 영리성이 있는지를 문제삼지 아니하고 다만 상행위가 된다고 정하고 있으므로 이를 절대적 상행위로 볼 수밖에 없다.

2) 상대적 상행위

상대적 상행위(relatives Handelsgeschäft)란 주관적 상행위라고도 하는데, 이것은 영업상의 행위, 즉 '영업으로'(제46조) 하거나 '영업을 위하여'(제47조) 함으로써 상행위가 되는 행위를 말한다. 여기서 '영업으로' 하는 행위는 영업적 상행위(Gewerbehandelsgeschäft)라고 하고, '영업을 위하여' 하는 행위는 부속적 상행위(Nebenhandelsgeschäft)라고 한다. 영업적 상행위는 다시 기본적 상행위(제46조)와 준상행위(제66조)로 나눌 수 있고, 부속적 상행위는 기본적 상행위에 대하여 보조적 상행위(제47조)라고도 한다.

---

1) 손주찬(상) 76면.

4. 기본적 상행위 · 보조적 상행위 · 준상행위

1) 기본적 상행위

(1) 기본적 상행위의 의의

기본적 상행위(Grundhandelsgeschäft)란 당연상인의 개념을 결정하는 데 기초가 되는 상행위이며, 영업적 상행위라고도 한다. 상법 제46조는 상법의 적용한계를 명확히 정한 것으로서 본조 각호에 열거된 행위만을(한정성)[1] '영업으로' 할 때에 상행위가 되며(영업성), 그 상행위를 자기명의로 할 때 상인이 된다. 여기서 '영업으로' 한다는 것은 영리를 목적으로 계획적 · 반복적 · 계속적인 행위를 하는 것을 말한다. 또한 그 행위는 규모에 있어서도 어느 정도의 기업성이 인정되어야 하므로, 오로지 임금을 받을 목적으로 물건을 제조하거나 노무에 종사하는 자의 행위는 상행위가 될 수 없다(제46조 본문 단서).

✦ 대법원 1994. 4. 29. 93다54842
상법 제46조 소정의 '영업으로 한다'의 의미

☞ 어느 행위가 상법 제46조 소정의 기본적 상행위에 해당하기 위하여는 영업으로 동조 각호 소정의 행위를 하는 경우이어야 하고, 여기에 '영업으로 한다'고 함은 영리를 목적으로 동종의 행위를 계속 반복적으로 하는 것을 의미한다고 할 것인 바, 위 대한광업진흥공사법의 제반 규정에 비추어 볼 때 X공사가 광업자금을 광산업자에게 융자하여 주고 소정의 금리에 따른 이자 및 연체이자를 지급받는다고 하더라도, 이와 같은 대금행위는 위 법 제1조 소정의 목적, 즉 민영광산의 육성 및 합리적인 개발을 지원하기 위하여 하는 사업이지 이를 가리켜 '영리를 목적'으로 하는 행위라고 보기는 어렵다고 할 것이다.

(2) 기본적 상행위의 내용

기본적 상행위는 다음에 열거하는 22종의 행위이다[의용상법상의 영업적 상행위는 12종(의상 제502조)이었고, 1995. 12. 29. 개정 전 상법상 기본적 상행위는 18종이었다].

(가) 매매행위(제46조 제1호)

(i) 매매의 목적물은 동산 · 부동산 · 유가증권 기타의 재산이다. 기타의 재산으로는 상호권 · 상표권 · 특허권 · 저작권 등과 같은 무체재산권과 어업권 · 광업권 등과 같이 법률에 의하여 물권으로 인정되는 것이 있다.

---

1) 강위두(총) 241면; 이병태(상) 80면; 임홍근(총) 211면; 손주찬(상) 68면; 최기원(상) 56면.

(ii) 여기서 매매의 의미에 관하여 견해가 나뉘어진다. 첫째는 매매를 매수와 매도로 보는 견해로서, 어느 하나의 행위만으로는 상행위가 되지 아니하며 매수와 매도간에 내면적 연관성이 있어야 한다(즉, 매수는 이득을 목적으로 전매하려는 의도를 가지고 행해져야 한다)고 한다.[1] 둘째는 매매를 매수 또는 매도로 보는 견해로서, 어느 하나의 행위가 영업으로 행해지면 상행위가 된다고 한다.[2] 생각건대, 매매는 전형적인 상행위로서 사고 파는 행위이므로 어느 일방만을 영업으로 하는 경우는 현실적으로 생각하기 어렵다. 그러므로 여기서의 매매는 기본적으로 매수와 매도로 풀이하는 것이 타당하다고 본다. 다만, 여기서의 매수는 민법상의 매매(민 제563조)에서의 개념이 아니라 '유상의 승계취득'의 개념으로 이해하여야 한다(통설).[3] 그러므로 교환 · 소비대차 · 소비임치 · 대물변제 등도 이에 포함되며, 증여 · 유증 등과 같은 무상행위와 선점 · 가공 · 원시생산 등과 같은 원시취득의 경우는 이에 해당되지 아니한다.[4] 이상과 같이 볼 경우 여기서의 매매란 매수를 포함한 유상의 승계취득과 그 양도라고 해석된다.[5] 매수와 매도간에는 내면적 연관성이 있어야 하므로 그 순서는 상관이 없다. 내면적 연관성은 매수와 매도 중 선행하는 행위시에 있으면 되며, 객관적으로 인식될 수 있어야 한다.

(iii) 한편 매수(유상승계취득)에 의하여 취득한 물건을 다시 제조 · 가공하여

---

1) 서돈각 · 정완용(상) 63면; 최기원(상) 57면; 임홍근(총) 212면; 정동윤(상) 145면; 이기수(총) 251면; 김정호(상) 36면.

2) 손주찬(상) 69면; 정찬형(상) 56면. 이러한 견해에서도 양자간에는 내면적 연관성이 있어야 한다고 한다. 한편, 이와 같이 매매를 매수 또는 매도로 보는 입장을 취하면서도 원시산업과 같이 매도만을 하는 영업은 예상할 수 있으나 매수만을 하는 영업은 상상하기 어렵다는 이유로 매매를 '매수와 매도' 또는 매도로 보는 견해도 있다[이철송(총) 312면].

3) 그러나 이에 반대하여 민법상의 매매에 한정하는 것으로 보는 견해도 있다[서돈각 · 정완용(상) 63면].

4) 따라서 농업 · 임업 · 어업 등에 있어 원시생산업자가 스스로 생산한 물건(바닷물로 만든 소금, 농부가 직접 경작한 농산물, 어부가 잡은 물고기 등)을 판매하는 행위는 매매에 해당하지 아니한다. 다만, 이들이 스스로 생산한 물건을 상인적 설비와 방법에 의하여 파는 경우에는 의제상인의 행위로서 준상행위가 될 수 있다[정동윤(상) 143면]. 그러나 매매를 민법상의 매매에 한정하는 견해에서는 이들 원시취득이 매수에 해당하지 않기 때문에 매매에 해당하지 않는다고 하며(서돈각 · 정완용), 매매를 매수 또는 매도로 보는 견해에서는 영업성을 갖추지 못하기 때문에 매매에 해당하지 않는다고 한다(손주찬, 이철송).

5) 대법원은 원시생산물을 판매하는 행위가 본호의 매매에 해당되어 기본적 상행위가 되는지 여부에 관하여 "자기가 재배한 농산물을 매도하는 행위도 이를 영업으로 할 경우에는 상행위에 해당한다고 볼 수 있다"고 판시하고 있는데(대법원 1993. 6. 11. 93다7174 · 7181) 매매를 매수(유상승계취득)와 매도로 이해하는 입장에서 부당한 해석이라고 본다.

파는 행위에 대하여도 여기서의 매매에 해당한다고 보는 견해가 있으나,[1] 상법이 제46조 제3호에서 제조·가공에 관한 행위를 따로 규정하고 있는 이상 이는 매매행위로 볼 것이 아니라 제조·가공에 관한 행위로 보아야 할 것이다(관계법규: 자본시장법).[2]

(나) 임대차행위(제46조 제2호)

(i) 임대차행위는 재산의 이용에 관한 행위이며, 임대차의 목적물은 매매의 경우와 같다.

(ii) 임대차란 임대의사를 가지고 임차하거나 유상으로 취득하는 행위와 이를 영리의 의사로 임대하는 행위를 뜻한다고 본다.[3] 임대의사는 행위 당시에 존재하여야 하며, 객관적으로 인식될 수 있어야 한다.[4] 건물·자동차·옷·비디오테이프 등의 임대업, 선박·항공기의 나용선업, 주차장영업 등이 이에 해당한다(관계법규: 주택임대차보호법, 상가건물임대차보호법 등).

(다) 제조·가공 또는 수선에 관한 행위(제46조 제3호)

(i) 제조업 기타의 공업자의 경영활동에 상행위성을 인정한 것이다. 여기서 상행위가 되는 것은 제조·가공·수선행위 자체가 아니라 그 행위의 인수이다. 제조(Verarbeitung)라 함은 원재료에 노력을 가하여 전혀 다른 종류의 물건을 만드는 것을 말하고(제지, 제사, 제약, 방직 등), 가공(Bearbeitung)은 물건의 동일성을 해치지 아니하는 한도에서 그 재료에 변경을 가하는 것을 말한다(염색, 도정, 세탁 등). 그리고 수선(Reparierung)이라 함은 물건이 그 본래의 기능발휘가 불완전한 경우에 그 기능을 회복시켜 주는 것을 말한다(자동차, 시계 등의 수리).

(ii) 학설은 제조·가공·수선행위는 타인을 위하여 이를 인수하는 경우에만 본호의 상행위로 된다는 학설과[5] 타인을 위하여 하는 경우에는 물론 자기를 위하여 하는 경우에도 본호의 상행위로 된다는 학설로[6] 나뉘어져 있다. 이들 행위를 자기를 위하여 하는 경우에는 대외적 거래가 없어서 상행위성을 인정할 수 없으므로 전설이 타당하다고 본다. 자기를 위하여 제조·가공·수선하여 판매하

---

1) 손주찬(상) 70면; 임홍근(총) 157면; 서돈각·정완용(상) 64면; 강위두(총) 242면.
2) 동지: 최기원(상) 58면; 정동윤(상) 146면; 채이식(상) 147면; 정찬형(상) 57~58면.
3) 최기원(상) 58면; 정동윤(상) 146면; 정찬형(상) 58면.
4) 강위두(총) 242면; 정희철(상) 63면; 최기원(상) 58면. 그러나 본호는 목적물의 소유권이 아니라, 이용이 주된 목적이므로 유상취득행위는 포함하지 않는다는 견해도 있으나 [서돈각(상) 83면], 그렇다면 임대할 물건은 반드시 임차한 것이어야만 한다는 해석이 되는데, 이는 지나치게 좁게 해석한 것이라고 본다.
5) 강위두(총) 243면; 손주찬(상) 70면; 임홍근(총) 213면; 이철송 313면.
6) 최기원(상) 59면; 정동윤(상) 146면; 정찬형(상) 59면.

는 경우에는 본조 제1호의 매매에 해당한다고 보아야 할 것이다(관계법규: 식품위생법, 농산품품질관리법 등).

(라) 전기 · 전파 · 가스 또는 물의 공급에 관한 행위(제46조 제4호)

(i) 이것은 대가를 받고 전기 · 전파 · 가스 또는 물을 계속적으로 공급할 것을 인수하는 계약이다.

(ii) 이 계약의 성질은 매매계약에 속하지만, 설비의 임대가 수반되는 경우에는 매매계약과 임대차계약의 혼합계약이 된다. 전기 · 가스회사, 방송국, 수도사업자 등의 행위가 이에 해당한다(관계법규: 전기사업법, 수도법, 전파법, 방송법, 전기통신기본법 등).

(마) 작업 또는 노무의 도급의 인수(제46조 제5호)

(i) 작업의 도급의 인수란 가옥 · 교량 · 도로 등의 부동산 또는 선박에 관한 공사를 인수하는 계약을 말한다.

(ii) 노무의 도급의 인수란 인부 기타 노무자의 공급을 인수하는 계약(인부도급업)을 말한다. 그러나 직업안정법 제17조에 따르면 노무자의 공급은 직업안정위원회의 심의를 거쳐 고용노동부장관이 허가한 자에 한하여 할 수 있도록 되어 있다(관계법규: 건설산업기본법, 직업안정법).

(바) 출판 · 인쇄 또는 촬영에 관한 행위(제46조 제6호)

출판에 관한 행위란 문서 또는 도화(圖畵)를 인쇄하여 발매 또는 유상으로 반포(頒布)하는 행위를 말한다. 레코드나 녹음테이프 등을 복제하여 판매하는 행위도 이에 속한다. 출판을 함에 있어서는 저작자와의 사이에 출판계약, 인쇄업자와의 사이에 인쇄계약을 수반하는 것이 일반적이지만, 이들 계약은 부속적 상행위에 불과하고, 중요한 것은 인쇄물을 발매 또는 반포하는 행위이다. 따라서 예컨대, 신문사에서 자급자족의 원고를 자기의 인쇄공장에서 인쇄 · 출판하더라도 발매 · 반포행위가 있으므로 출판행위가 된다.

인쇄에 관한 행위란 물리적 또는 화학적 방법으로 문서 또는 도화를 복제하는 것을 인수하는 행위이다. 촬영에 관한 행위란 사진의 촬영을 인수하는 계약으로서 사진사의 행위가 그 예이다(관계법규: 저작권법, 출판사 및 인쇄소등록에 관한 법률 등).

(사) 광고 · 통신 또는 정보에 관한 행위(제46조 제7호)

광고란 일반 공중에게 기업의 명성 기타 상품 및 서비스를 선전 또는 홍보하는 것을 말하며, 통신은 각종 뉴스를 제공하는 행위를 말한다. 그리고 정보에 관한 행위는 의뢰자로부터 대가를 받고 신원이나 신용상태 등에 관한 사항을 수집하여 보고하는 행위를 말한다(관계법규: 표시 · 광고의 공정화에 관한 법률 등).

(아) 수신 · 여신 · 환 기타의 금융거래(제46조 제8호)

여신은 금전 또는 유가증권을 대여하는 행위를 말하고, 수신은 그것을 받아들이는 행위를 말하며, 환거래는 이종화폐간의 교환을 말한다. 그리고 기타의 금융거래란 금전 또는 유가증권의 전환을 매개하는 행위로서 여신 · 수신에 관한 행위는 물론 할인이나 보증행위도 포함한다. 광의로는 보험 · 신탁 · 상호부금 등도 금융거래에 해당하지만, 이들은 따로 규정되어 있으므로 여기에서는 제외된다(관계법규: 은행법, 외국환거래법 등).

✦ 대법원 2005. 12. 23. 2003다30159
예금계약의 성립요건

☞ 예금계약은 예금자가 예금의 의사를 표시하면서 금융기관에 돈을 제공하고 금융기관이 그 의사에 따라 그 돈을 받아 확인을 하면 그로써 성립하며, 금융기관의 직원이 그 받은 돈을 금융기관에 실제로 입금하였는지 여부는 예금계약의 성립에는 아무런 영향을 미치지 아니한다.

(자) 공중(公衆)이 이용하는 시설에 의한 거래(제46조 제9호)

이것은 공중의 이용에 적합한 인적 · 물적 시설을 갖추고 이를 유상으로 이용하게 하는 것을 목적으로 하는 행위이다. 호텔 · 여관 · 다방 · 음식점 · 당구장 · 기원 · 이발소 · 목욕탕 · 극장 · 동물원 · 도서관 · 박물관 등이 이에 속한다(관계법규: 공연법, 식품위생법 등).

(차) 상행위의 대리의 인수(제46조 제10호)

이것은 위탁자인 본인을 위하여 상행위의 대리를 인수하는 행위이다. 즉, 체약대리상(제87조)의 행위가 이에 속한다. 위탁자에게 상행위가 되는 행위면 기본적 상행위든 보조적 상행위든 상관이 없다. 여기에서는 중개와 주선의 경우와는 달리 상행위 이외의 대리는 포함하지 않는다.

(카) 중개에 관한 행위(제46조 제11호)

이것은 타인간의 법률행위 성립의 중개(Vermittelung)를 인수하는 계약을 말한다. 중개하는 법률행위는 상행위에 한정되지 아니한다. 여기에는 중개인(제93조), 중개대리상(제87조)과 각종 민사중개인(부동산 · 자동차 등의 매매를 중개하거나 직업소개소, 결혼상담소 등)의 행위를 포함한다(관계법규: 부동산중개업법 등).

✦ 대법원 1995. 4. 21. 94다36643
부동산중개조합체의 상인성을 인정한 사례

☞ 도시재개발사업지구 일대의 대지 및 건물을 매입 · 전매하는 등 부동산중개업을 동업으로 운영한 조합체는 상법 제46조 제11호, 제4조에 의한 상인으로 본다. 동지: 대법원 1968. 7. 24. 68다955.

(타) 위탁매매 기타의 주선에 관한 행위(제46조 제12호)

이것은 주선(Kommission), 즉 자기의 명의로 타인의 계산으로 법률행위를 하는 것을 인수하는 행위를 말한다. 타인의 계산이란 경제적으로 그 타인이 손익의 주체가 되는 것을 뜻한다. 주선하는 행위는 위탁자에게 상행위가 될 것을 요하지 아니한다. 물건 또는 유가증권의 매매를 주선하는 위탁매매인(제101조), 물건의 운송을 주선하는 운송주선인(제114조), 기타의 법률행위를 주선하는 준위탁매매인(제113조) 등의 행위가 이에 속한다(관계법규: 증권거래법 등).

(파) 운송의 인수(제46조 제13호)

이것은 물건 또는 사람의 운송을 인수하는 행위를 말한다. 운송의 목적물 · 장소 · 방법은 묻지 않는다. 따라서 여객운송 · 물건운송 · 육상운송 · 해상운송 · 항공운송 · 자동차운송 · 철도운송 · 선박운송 등이 모두 포함된다(관계법규 : 철도법, 선박법, 도선법, 항공법, 여객자동차운수사업법 등).

(하) 임치의 인수(제46조 제14호)

이것은 타인을 위하여 물건, 금전 또는 유가증권을 보관할 것을 인수하는 행위를 말한다. 창고업자의 영업이 그 대표적인 것이다. 여기서의 임치에는 혼장임치와 소비임치도 포함된다고 본다.[1)] 따라서 금전 또는 유가증권의 소비임치는 보통 금융거래의 일종으로서 제46조 제8호에 해당한다는 학설도 있으나,[2)] 금융거래에 속하는 동시에 여기서의 임치에도 속하는 것으로 본다(관계법규: 화물류통촉진법 등).

(거) 신탁의 인수(제46조 제15호)

신탁이라 함은 신탁설정자가 특정 재산권을 수탁자에게 이전하거나 기타의 처분을 하고 수탁자로 하여금 일정한 자(수익자)의 이익 또는 특정 목적을 위하여 그 재산권을 관리 · 처분하게 하는 법률관계를 말한다. 이러한 관리나 처분의 위탁을 인수하는 행위를 신탁의 인수라 한다. 신탁회사, 증권투자신탁회사 등의 업무가 이에 해당한다(관계법규: 신탁법, 담보부사채신탁법, 자본시장법 등).

---

1) 동지: 정희철(상) 68면; 정찬형(상) 62면. 반대: 정동윤(상) 148면.
2) 정찬형(상) 62면(여기서의 임치에 소비임치도 포함되는 것으로 보면서도 금전 또는 유가증권의 소비임치는 해당되지 않는 것으로 본다).

(너) 상호부금 기타 이와 유사한 행위(제46조 제16호)

상호부금이라 함은 일정한 좌수와 급부금을 정한 다음, 정기적으로 부금(賦金)을 납입하게 하되, 일정기간마다 추첨, 입찰 기타 유사한 방법에 의하여 특정된 자에게 일정 금액을 급여하는 제도이다. 과거에는 상호부금을 무진(無盡)이라고 하였으나,[1] 1995년 개정상법에서는 그러한 용어가 사용되지 않고 있기 때문에 이를 금융기관에서 취급하는 상호부금으로 변경하였다.[2]

(더) 보험(제46조 제17호)

보험이란 동일한 경제상의 위험을 예상하는 다수인이 단체를 형성하고 그 구성원이 미리 금전을 모아 그 구성원 중에서 위험을 당한 자에게 일정한 금액을 급여하는 제도이다. 본호에서의 보험은 영리보험을 인수하는 것만을 말하고, 상호보험이나 국민건강보험 및 사회보험은 제외된다(관계법규: 보험업법, 수출보험법 등).

(러) 광물 또는 토석의 채취에 관한 행위(제46조 제18호)

원래 광물이나 토석 등의 채취행위는 원시산업에 속하므로 의제상인의 행위로서 준상행위가 될 것이지만, 그 행위의 기업성에 착안하여 상법은 이를 기본적 상행위로 규정하였다. 여기서의 행위는 채취라는 사실행위를 말하는 것이 아니라 채취한 것을 판매하는 행위를 말한다(관계법규: 광업법, 광업재단저당법 등).

(머) 기계 · 시설 그 밖의 재산의 금융리스에 관한 행위(리스)(제46조 제19호)

(i) 금융리스란 이용자(lessee)가 특정의 기계설비를 필요로 하는 경우에 리스회사(lessor)가 이것을 구입할 자금을 대부하는 대신에 그 설비를 직접 구입하여 이용자에게 임대하여 주는 물적 금융을 말하는 것이다. 리스회사는 리스기간 중에 설비의 구입원가, 금리, 부속비용, 리스회사가 얻을 이익 등을 산정하여 이를 리스료로서 이용자로부터 지급받으며, 리스기간 중에는 원칙적으로 계약을 해제할 수 없다. 리스 물건에 대한 유지 · 관리의 책임은 이용자가 부담하며, 리스 물건에 대한 하자담보책임은 리스 물건의 공급자가 부담하는 것이 원칙이다. 그런데 리스이용자와 공급자 간에는 직접적인 계약이 없어서 리스이용자 보호가 문제된다. 이에 상법은 리스이용자를 보호하기 위한 특칙을 두고 있다(제168조의 4).

---

1) 무진이라는 용어는 본래 조선무진령(1931. 6. 9. 제령 제7호)에 의하여 사용된 일본용어이었다.

2) 낙찰계의 계주는 상법 제46조 제8호의 상행위를 하는 자가 아니어서 당연상인이 아니라고 한다(대법원 1993. 9. 10. 93다21705). 그러나 계주는 제46조 제16호의 상행위(상호부금 기타 이와 유사한 행위)를 하는 자로 볼 여지는 있다. 상인이 사업자금을 조달하기 위하여 계에 가입한 경우, 계주가 위 상인에 대하여 가지는 계불입금채권은 상사채권에 해당하여 5년의 소멸시효기간이 적용된다: 대법원 2008. 4. 10. 2007다91251.

(ⅱ) 리스는 금융리스(finance lease), 운용리스(operating lease), 유지관리리스(maintenance lease), sale and lease back, full payout lease와 non-full payout lease, percentage lease, 알선(leveraged)리스, 공(空)리스 등이 있다. 원래 리스는 미국에서 설비제조업체가 자사제품의 판매촉진 수단으로 이용한 것이 그 기원인데, 리스전업회사 및 대규모의 종합상사가 리스산업에 참여한 이래 그 기능은 완전히 금융기능으로 정착되었고, 오늘날의 리스는 바로 금융리스를 말한다. 운용리스는 임대차와 유사하다.

(ⅲ) 리스(lease)거래에 관하여는 '여신전문금융업법'과 동 시행령 및 시행규칙에 상세한 규정이 있다. 동법 제2조 제10호에 의하면 리스를 '시설대여'라고 번역하고, "시설대여라 함은 대통령령이 정하는 물건을 새로이 취득하거나 대여받아 거래상대방에게 대통령령이 정하는 일정기간 이상 사용하게 하고, 그 기간에 걸쳐 일정대가를 정기적으로 분할하여 지급받으며, 그 기간종료 후의 물건의 처분에 대하여는 당사자 간의 약정으로 정하는 방식의 금융을 말한다"고 정의하고 있다.

(ⅳ) 위의 정의에서 추론할 수 있는 바와 같이 리스거래에는 리스 물건의 실수요자인 리스이용자(lessee), 리스료를 받고 리스 물건을 빌려주는 자로서 리스 물건의 법적 소유자인 리스회사(lessor) 및 리스될 물건을 생산하여 리스회사에 공급하고 대금을 받는 리스 물건의 공급자(supplier)(제조회사 · 판매업자) 등 3당사자가 관여한다. 따라서 리스거래에 있어서의 법률관계는 이들 3자 사이의 관계가 중심이 된다(관계법규: 여신전문금융업법 등).

(버) 상호 · 상표 등의 사용허락에 의한 영업에 관한 행위(프랜차이즈)(제46조 제20호)

(ⅰ) 프랜차이즈(franchise)제도란 제품, 용역, 특허권, 신기술 또는 독특한 경영방법 등을 소유한 모기업이 소매점(가맹점)에게 합작사업의 형식으로 또는 일정한 협정에 따라 일정장소에서 일정기간 동안 사전에 합의된 방법으로 소매수준에서 영업을 할 수 있는 특권을 부여하는 제도이다. 이때 그 모기업을 franchisor라 하고, 그 가맹점을 franchisee라고 하는데, franchisee는 모기업의 일개부서(예컨대, 특수전략사업부)일 수도 있고, 모기업과는 분리된 독립기업일 수도 있다. 그리고 모기업이 가맹점을 통하여 판매하는 모든 제품과 용역을 프랜차이즈라고 한다.

(ⅱ) 모기업과 가맹점은 프랜차이즈 계약을 통하여 제공할 제품 · 용역 등의 내용을 확정하고 상호 · 상표 · know-how를 이용할 특권 등을 부여하며, 양자 간의 책임과 의무 및 허락하는 영업활동과 금지되는 활동을 정한다. 모기업은 제품과 용역의 매출에 따른 일정률의 수수료, 가입비, 특허권 사용료 등을 취득

한다.

(서) 영업상 채권의 매입·회수 등에 관한 행위(팩토링)(제46조 제21호)

(i) 팩토링(factoring)제도란 금융기관(factor)이 고객(client)과 그 고객의 고객(customer)간의 영업활동의 결과로서 발생하는 현재 및 장래의 외상매출채권을 일괄 매입하여 채권의 관리·추심, 금융의 공여, 그 고객의 고객에 대한 신용조사, 신용위험인수, 경영정보제공 기타 사무처리의 대행 등을 행하는 제도이다. 팩토링제도는 신용보증기능·채권회수기능·금융기능·경영관리자료제공기능 등 다양한 기능과 효용을 갖고 있다. 팩토링의 종류도 분류방식에 따라 여러 가지로 나눌 수 있으나, 우리나라에서는 금융기관이 외상매출채권을 매입하는 팩토링, 즉 금융기관의 고객이 그 채무자로부터 거래대금을 회수하기 위하여 이용하는 기업금융제도로서 이 제도를 이용하고 있다.

(ii) 팩토링 거래에 있어서의 당사자, 즉 팩토링을 주요 업무로 하는 금융기관인 factor, factor와 외상매출채권을 양도하는 기업인 client 및 client와 상거래를 함으로써 상품 또는 용역을 제공받는 client의 판매처인 customer 등 3당사자간의 법률관계는 보통거래약관의 일종인 '팩토링(매출채권)거래약정서'에 의하여 해결하고 있는 실정인데, 이 제도의 활성화를 위한 법적·제도적 뒷받침이 요구된다고 하겠다.

(어) 신용카드, 전자화폐 등을 이용한 지급결제 업무의 인수(제46조 제22호)

지급결제란 현금 외에 신용카드, 직불카드, 전자화폐 등 지급수단을 이용하여 거래당사자 간의 채권·채무관계를 화폐적 가치의 이전을 통하여 청산하는 행위를 말한다. 신용카드나 전자화폐 등을 이용한 지급결제업무의 특징은 반드시 지급결제시스템을[1] 이용하여야 가능하다는 것이다(관계법규: 한국은행법, 자본시장법, 금융실명거래 및 비밀보장에 관한 법률, 특정금융거래정보의 보고 및 이용에 관한 법률, 외국환거래법 등).

2) 보조적 상행위

(1) 보조적 상행위의 의의

보조적 상행위(Hilfshandelsgeschäft)란 (당연상인이든 의제상인이든 구분이 없이) 상인이 영업을 위하여, 즉 영업을 보조하기 위하여 하는 행위이다. 영업을 위하여 하는

1) 지급결제시스템은 자금의 이체 또는 금융투자상품의 결제를 가능하게 하는 제도적 장치로서, 전산정보처리조직 및 이를 운영할 소프트웨어와 같은 물리적 장치 외에, 지급결제시스템 자체의 운영을 위한 조직과 업무처리규정 및 절차와 같은 운영체계를 포함한다.

행위 자체가 영리성이 있는 것이라고 할 수는 없으나 영업을 위한 수단적 행위이므로 상법은 이것도 상행위로 정하였다. 이를 부속적 상행위(Nebenhandelsgeschäft, akzessorisches Handelsgeschäft)라고도 한다. 보조적 상행위는 상인자격을 취득한 자가 영업을 위하여 함으로써 비로소 상행위가 되므로 절대적 상행위에 대하여 상대적 상행위가 된다.

보조적 상행위도 상행위인 이상 상법의 통칙적 규정이 적용됨은 물론이며, 그 중에서도 상사이율(제54조), 상사보증인의 연대(제57조) 및 상사시효(제64조)에 관한 규정이 적용되는 예가 많을 것이다.[1)]

✦ 대법원 2000. 5. 12. 98다23195
일방적 상행위 또는 보조적 상행위에 대하여도 상법이 적용된다.

☞ 일방적 상행위 또는 보조적 상행위로 인한 채권도 상법 제64조 소정의 상사채권에 포함된다. 동지: 대법원 2000. 8. 22. 2000다19922; 동 2008. 4. 10. 2007다91251; 동 2017. 3. 22. 2016다258124.

(2) 보조적 상행위의 요건

보조적 상행위는 상인이 영업을 위하여 하는 행위이므로(제47조 제1항), 보조적 상행위가 되기 위해서는 그 행위가 먼저 상인의 행위이어야 하고 또 영업을 위하여 하는 행위이어야 한다.

(가) 상인의 행위

상인은 당연상인에 한정되지 아니하므로 의제상인도 포함된다. 또한 소상인이든, 공법인인 상인이든 상관이 없다. 회사는 상인이지만 회사의 기관인 대표이사 개인은 상인이 아니므로,[2)] 비록 대표이사 개인이 회사 자금으로 사용하기 위해서 자금을 차용한다고 하더라도 (보조적) 상행위에 해당하지 아니하여 그 차용금 채무를 상사채무로 볼 수 없다(따라서 5년의 상사시효가 적용되지 않는다).[3)] 상인은 상행위로 인하여 생기는 권리 · 의무의 주체로서 상행위를 하는 것이고, 영업을 위하는 행위가 보조적 상행위로서 상법의 적용을 받기 위해서는 행위를 하는 자 스스로 상인 자격을 취득하는 것을 당연한 전제로 하기 때문이다.

---

1) 대법원 2000. 5. 12. 98다23195; 동 2000. 8. 22. 2000다19922; 동 2005. 5. 27. 2005다7863; 동 2000. 10. 27. 99다10189(영리법인인 주택건설업자의 입주지연에 따른 지체상금채무에 대하여도 상사법정이율을 적용하여야 한다).
2) 대법원 2020. 3. 12. 2019다283794.
3) 대법원 1992. 11. 10. 92다7948; 동 2012. 3. 29. 2011다83226; 동 2012. 7. 26. 2011다43594; 동 2015. 3. 26. 2014다70184; 동 2018. 4. 24. 2017다205127.

상인의 행위는 재산법상의 행위로서(신분행위는 제외) 영업과 관련이 있는 이상 법률행위에 한하지 않는다. 즉, 준법률행위(사무관리 · 최고 · 통지)나 사실행위(물품의 교부 · 수령 · 변제 등)를 포함하며, 부당이득도 포함한다.[1] 영업과 관련된 불법행위도 포함된다고 본다(다수설).[2] 그러나 소수설은 불법행위는 포함되지 않는다고 본다.[3]

행위의 시기는 기업의 존속 중이 원칙이겠으나, 기업존재의 전후를 불문한다. 즉, 보조적 상행위는 상인자격의 취득을 전제로 하지 아니하여 영업을 위하여 하는 행위인 이상 상인자격을 취득하기 전에 한 행위(예컨대, 개업준비행위)나 상인자격을 상실한 후의 행위(예컨대, 영업종료 후의 청산행위)도 포함한다. 판례는 개업준비행위를 한 때에 소급하여 상인자격을 취득함과 동시에 보조적 상행위가 된다고 본다.[4]

(나) 영업을 위하여

영업을 위하여 하는 행위란 영업을 수행하기 위한 행위, 영업을 보조하는 행위, 영업을 유리하게 이끌기 위한 행위 등 영업과 직 · 간접적으로 관련된 행위를 말한다. 여기서 그 행위의 유상 · 무상은 묻지 않으며, 영업을 위하여 하는 행위인지 여부는 행위의 외관에 의하여 결정하여야 한다.[5] 기본적 상행위에 해당하는 행위도 영업을 위하여 하는 때에는 보조적 상행위가 된다.

✦ 대법원 1993. 10. 26. 92다55008
영업자금의 차용행위를 보조적 상행위로 인정한 사례

☞ Y가 A산업사라는 상호로 사업자등록을 하고 단추, 버클 등의 제조 및 판매를 주로 하는 사업을 개시한 이래 X로부터 금원을 차용할 당시에도 이를 계속하고 있던 상인으로서, X로부터 금원을 차용하면서 X에게 위 상호 및 그 업종과 사무실 및 공장의 소재지가 인쇄된 명함을 교부해 주었고, 또한 약속어음의 Y의 배서부분에 기명날인을 함에 있어 Y의 표시를 'A산업사 대표 Y'라고 기재하여 주었다면, Y의 위 금원차용행위는 특별한 사정이 없는 한 상인인 Y가 그의 영업을 위하여 한 것으로 추정된다고 보아야 한다. 동지: 대법원 1967. 10. 31. 67다2064; 동 1976. 6. 22. 76다28(대한석탄공사의 상업사용인의 고용에 대하여); 동 1981. 12. 22. 80다1363(노

---

1) 대법원 1976. 12. 14. 76다2212.
2) 정희철(상) 147면; 손주찬(상) 218면; 최기원(상) 213면; 정동윤(상) 142면; 정찬형(상) 198면.
3) 동지: 임홍근(총) 221면; 이철송(총) 319면; 김정호(상) 160면.
4) 대법원 1999. 1. 29. 98다1584; 동 2012. 4. 13. 2011다104246; 동 2012. 11. 15. 2012다47388.
5) 임홍근(총) 222면.

임에 대한 준소비대차에 대하여); 동 1992. 7. 28. 92다10173 · 10183(상인의 잔존채무에 대한 정산약정에 대하여); 동 1994. 3. 22. 93다31740(부도된 약속어음의 변제약정에 대하여); 동 1999. 1. 29. 98다1584(개업준비행위에 대하여); 동 2002. 6. 28. 2000다5862; 동 2008. 12. 11. 2006다54378(음식점업을 영위하는 상인이 부동산중개업을 영위하는 상인에게 금원을 대여한 행위에 대하여); 동 2008. 12. 11. 2007다66590(부동산 중개업무를 실제로 영위하여 상인인 자가 매수인의 잔금채무를 보증한 경우에 대하여); 동 2009. 4. 9. 2008다82766(한약방을 운영하는 상인이 금원을 차용하는 행위에 대하여).

(3) 상행위성의 추정

행위의 전부가 영업활동인 회사의 경우와 달리 개인상인의 경우에는 실제로 어느 행위가 영업을 위하여 하는 행위인지 아닌지가 분명하지 않다. 따라서 상법은 규정을 획일적으로 적용하기 위하여 상인의 행위는 영업을 위하여 하는 것으로 추정하였다(제47조 제2항). 이는 거래의 안전을 도모하기 위한 취지에서 둔 추정규정이므로 행위의 당사자는 영업을 위하여 한 것이 아님을 증명하여 상행위성을 배제할 수 있다.[1)]

3) 고유의 상행위와 준상행위

(1) 고유의 상행위란 상행위법이 원칙적으로 적용되는 행위로서, 기본적 상행위(제46조) 및 보조적 상행위(제47조)가 이에 속한다.

(2) 준상행위란 기본적 상행위는 아니나 상행위에 관한 규정(상행위 통칙)이 준용되는 행위를 말한다. 즉, 의제상인(제5조)이 영업으로 하는 행위를 말한다(의제상인이 영업을 위하여 하는 행위는 당연상인이 영업을 위하여 하는 행위와 마찬가지로 보조적 상행위가 된다). 의제상인은 기본적 상행위를 하지 않는 자이므로, 그가 어떤 행위를 영업으로 하더라도 그 행위는 상행위가 아니다. 따라서 상법은 의제상인이 영업으로 하는 행위에 대하여도 상행위에 관한 통칙을 준용하도록 하였다(제66조). 그리하여 본래의 상행위에 대하여 의제상인이 영업으로 하는 행위를 준상행위라고 한다.

5. 형식적 상행위와 실질적 상행위

상법 또는 특별법상 상행위로 열거된 행위(기본적 상행위)를 형식적 상행위라

1) 대법원 2009. 4. 9. 2008다82766.

하고, 행위의 실질적 내용으로 보아 상행위에 관한 규정을 준용하는 행위(준상행위)를 실질적 상행위라 한다.

6. 일방적 상행위와 쌍방적 상행위

1) 상인과 상인 간의 상행위를 쌍방적 상행위(beiderseitiges Handelsgeschäft)라 하고, 당사자의 일방만이 상인인 경우의 상행위를 일방적 상행위(einseitiges Handelsgeschäft)라고 한다. 예컨대, 도매상과 소매상 간의 매매, 은행과 상인인 고객 간의 금전대차 등이 전자에 해당하며, 일반소비자와 소매상 간의 매매, 은행과 비상인인 고객 간의 금전대차 등이 후자에 해당한다.

2) 상법은 일방적 상행위라도 양 당사자에게 상법을 적용하도록 규정하고 있으나(제3조), 제57조 제1항(다수당사자간 또는 채무자와 보증인의 연대)은 채무자에게 상행위로 되어야만 적용되며, 제53조(청약에 대한 낙부통지의무)와 제60조(물건보관의무)는 청약을 받은 자가 상인이어야 한다. 그리고 제58조(상사유치권), 제67조 내지 제71조(상사매매)는 쌍방적 상행위에만 적용된다.

제 2 절 상인자격

I. 총 설

상인자격(Kaufmannseigenschaft)이란 상인능력자가 상행위를 한다는 특별한 목적에 따라 취득하는 자격을 말한다. 영리법인인 회사는 처음부터 영리활동을 목적으로 하여 상인으로 태어났기 때문에 태생적인 상인이다. 그러므로 상인자격은 영업활동 외에 별개의 활동영역이 있는 자연인과 비영리법인에게 있어서만 문제된다. 이들은 이미 상인능력은 있기 때문에 상법 제4조와 제5조의 요건을 구비함으로써 상인자격을 취득한다. 상인능력(Kaufmannsfähigkeit)이란 상인자격을 취득할 수 있는 법률상의 지위를 말한다. 민법상의 권리능력자는 모두 상인능력자이다. 상인능력자만이 기업의 주체인 상인자격을 취득할 수 있는데, 이것은 민법상 권리능력자가 권리 · 의무의 주체가 될 수 있는 것과 마찬가지이다. 이와 같이 상인능력은 민법상의 권리능력에 상응하는 개념이다.

상인능력자가 상인자격을 취득한 경우에도 유효한 영업활동을 할 수 있는 능력을 갖추어야 하는데, 이것을 영업능력이라고 한다. 영업능력은 민법상의 행위능력에 상응하는 개념이다.

상인능력(권리능력) → 상인자격(상법상의 독특한 개념) → 영업능력(행위능력)

Ⅱ. 상인자격

1. 자연인의 상인자격

자연인은 그 권리능력에 아무런 제한이 없으므로, 그 성별・연령・행위능력 등에 상관없이 그 개별적인 의사에 기하여 상법 제4조와 제5조가 규정한 요건을 구비하면 상인자격을 취득한다.

2. 법인의 상인자격

법인은 자연인과는 달리 그 존재의 목적(영리성 여부)이 권리능력, 즉 법인격 부여의 기초가 되므로 일률적으로 상인자격이 있는지를 말할 수 없다. 아래에서 사법인인 영리법인(회사)과 비영리법인(공익법인)의 상인자격, 공법인인 일반공법인과 특수공법인의 상인자격 그리고 특수법인의 상인자격 여부를 검토한다.

1) 영리법인(회사)

영리법인은 상행위 또는 기타 영리행위를 목적으로 하는 법인이다(제169조). 영리법인은 모두 회사가 되고, 상인이 된다(제4조・제5조). 따라서 영리법인인 회사는 상인자격과 분리되어 생각할 수 없는 존재이다[태생적 상인(胎生的 商人)].

2) 비영리법인

비영리법인 중 학술・종교・자선 등의 특정한 공익사업을 목적으로 하는 사단법인 또는 재단법인인 공익법인은 본래 비영리법인으로서 상인이 될 수 없다고 하여야 할 것이다. 그러나 이들 공익법인도 그 목적을 달성하는 데 필요하거나 유익한 범위 내에서 상인자격을 취득할 수 있다고 본다(사립학교법 제6조).

상호보험회사는 회원상호간의 보험을 목적으로 하고 영리를 목적으로 하지 아니하므로 상인이 될 수 없다.

3) 공법인

(1) 공법인 중 국가나 지방자치단체와 같은 일반공법인은 그 목적이나 활동방법에 제한이 없으므로 영리사업을 수행할 수 있고, 그 경우에는 상인자격을 취득한다. 예컨대, 철도사업이나 전매사업 같은 것이 그 예이다. 상법 제2조도 공법인의 상행위에 대하여는 법령에 다른 규정이 없는 경우에 한하여 본법을 적용한다고 규정하고 있는 것도 공법인의 상인자격을 전제로 한 것이다.

(2) 공법인에게는 특별 규정이 없는 경우에 한하여 상법을 적용하나(제2조), 그 성질상 상업등기 · 상호 · 상업장부 · 상업사용인 등에 관한 규정은 적용되지 않는다. 공법인은 일반적으로 주지성(周知性)이 있어 상업등기가 필요없고, 그 고유의 명칭이 있어 별도의 상호가 필요없으며, 그 회계는 특별회계규칙이 마련되어 있어 상업장부에 관한 규정이 적용될 여지가 없을 뿐 아니라, 그 사업에 종사하는 직원도 공무원법이 적용 또는 준용되는 공무원 내지 준공무원이므로 상업사용인이 아니기 때문이다.

(3) 공법인 중 예금자보호법 제3조에 의하여 설립된 예금보험공사와 같이 그 목적이 법률상 특정되어 있는 특수공법인은 그 특정한 사업목적에 영리성이 없으므로 상인자격이 없다.

✦ 대법원 1994. 4. 29. 93다54842
[특수공법인은 상인이 아니고 그 대금행위도 상행위가 아니지만 - 필자보충] 그의 대금행위가 그 상대방에게 일방적 상행위 및 보조적 상행위에 해당하는 경우에는 특수공법인에게도 상법이 적용된다

☞ [특수공법인인] 대한광업진흥공사가 광업자금을 광산업자에게 융자하여 주고 소정의 금리에 따른 이자 및 연체이자를 지급받는다고 하더라도, 이와 같은 대금행위는 민영광산의 육성 및 합리적인 개발을 지원하기 위하여 하는 사업이지 이를 가리켜 '영리를 목적'으로 하는 행위라고 보기는 어렵다고 할 것이다. 그러나 당사자 쌍방에 대하여 모두 상행위가 되는 행위로 인한 채권뿐만 아니라 당사자 일방에 대하

여만 상행위에 해당하는 행위로 인한 채권도 상법 제64조 소정의 5년의 소멸시효기간이 적용되는 상사채권에 해당하며, 또한 그 상행위에는 기본적 상행위뿐만 아니라, 상인이 영업을 위하여 하는 보조적 상행위도 포함된다. 탄광을 경영하던 사람은 광물의 채취에 관한 행위를 영업으로 하는 상인이므로, 이 자가 위 공사로부터 광업자금으로 차용한 이 사건 금원의 차용행위는 보조적 상행위에 해당하고, 위 행위에 기하여 발생한 이 사건 채권은 상사채권으로서 5년의 소멸시효기간이 적용된다.

4) 특수법인

대한석탄공사 · 한국도로공사 · 대한주택공사 등 특별법에 의하여 설치되는 이른바 정부투자기관은 공익성이 강한 법인이기는 하나, 독립된 경제적 단위로서 독립채산을 원칙으로 하여 사경제적 방법으로 영업을 하므로 상인자격이 있다.[1)] 그러나 판례는 건설회사가 정부의 금융 · 기업 구조개혁촉진방안에 따라 금융기관에 대한 부채상환을 위하여 공법인인 한국토지공사에 그 소유의 토지를 매도한 행위는 상행위에 해당되지 않는다고 한다.[2)]

3. 조합의 상인자격

조합의 경우에는 그 구성원인 조합원의 1인이 조합계약에서 정한 영업행위 또는 그 준비행위를 함으로써 상인자격을 취득하면 조합의 상인자격이 발생하고, 조합원 전원이 조합계약에 정한 영업행위를 종료함으로써 상인자격을 상실한 때 이를 상실한다.

협동조합은[3)] 영리를 목적으로 하는 업무를 하지 못한다(농업협동조합법 제5조 제3항, 수산업협동조합법 제6조 제2항, 중소기업협동조합법 제7조 제1항 제1호). 따라서 이들은 상인자격이 없다. 그러나 농업협동조합중앙회 및 수산업협동조합중앙회가 신용사업을 영위하는 경우(농업협동조합법 제134조 제1항 제4호, 수산업협동조합법 제132조 제1항 제3호)에는 당해 신용사업부문에 대하여 은행법이 적용되는 금융기관으로 보도록 규정하고 있으므로(은행 제5조) 이에 대하여는 상인으로 보아야 하며, 이외에도 비회원에 대하여 영리행위를 하는 경우에 그 범위 내에서는 상인이 된다고 본다.[4)] 판례는 농업협동조합의 조합원이 생산한 물건을 동 조합이

---

1) 임홍근(총) 66면.
2) 창원지방법원 2000. 3. 16. 99가합5187[확정].
3) 농업협동조합의 상인성을 부정한 판례: 대법원 2000. 2. 11. 99다53292.
4) 임홍근(총) 65면; 정동윤(상) 56~57면. 반대설: 정희철(상) 73면; 김병연(총) 45면.

다른 조합원에게 판매하는 경우에는 동 조합의 상행위를 부정하였으나,[1] 상인인 (구)축산업협동조합의 조합원이 자신의 영업을 위하여 동 조합으로부터 물건(사료)을 구매한 경우에는 동 조합의 상행위를 인정하였다.[2] 따라서 그 범위에서는 상인자격을 취득한다. 수산업협동조합에 의하여 지정된 중매인이 전매하기 위하여 그 협동조합으로부터 수산물을 매수하는 것도 상인으로서 한 상행위가 된다고 한다.[3] 조합원이 아닌 비조합원에 대한 신용협동조합(비영리법인)의 여신행위는 상행위라고 한다.[4]

Ⅲ. 상인자격의 취득과 상실

1. 상인자격의 취득

1) 상인으로 존속하는 동안은 그 행위에 대하여 상법이 적용되므로 언제 상인이 되고 언제 상인자격을 상실하느냐 하는 것은 상법의 적용범위를 정하는 중요한 문제이다.

2) 회사는 설립등기를 한 때 성립하고, 성립함과 동시에 상인자격을 취득한다(태생적 상인). '설립 중의 회사'는 법인격과 상인자격이 없으나 그 설립준비행위는 영업을 위한 행위로서 보조적 상행위(제47조 제1항)라고 할 수 있으므로 상법의 규정이 적용된다.

3) 회사 이외의 법인이나 자연인은 상법 제4조 또는 제5조의 영업의 개시에 의하여 상인자격을 취득한다. 여기서 영업의 개시, 즉 상인자격을 취득하는 시기에 관하여 학설이 구분된다. 다수설은 영업의 목적인 상행위를 개시한 때가 아니라 그 개업준비행위(예컨대, 점포의 차입, 사용인의 고용, 영업자금의 차입 등)를 한 때에 상인자격을 취득한다고 보는 반면,[5] 소수설은 객관적으로 기업으로서 인식될 수 있는 조직이 갖추어졌을 때에 상인자격을 취득한다고 본다.[6] 소수설은 다수설에 의하면 상인자격의 취득시기가 불명확하게 되고 지나치게 확대된다고

1) 대법원 2000. 2. 11. 99다53292.
2) 대법원 1993. 3. 9. 92다44329.
3) 대법원 2001. 1. 5. 2000다50817.
4) 대법원 2005. 7. 22. 2002다63749.
5) 서돈각 · 정완용(상) 73면; 손주찬(상) 83면; 최기원(상) 69면; 임홍근(총) 67면; 정동윤(상) 55면; 이철송(총) 90면; 채이식(상) 42면.
6) 정희철(상) 75면; 정찬형(상) 71면.

하나, 소수설에 의할 경우에는 분명한 영업의사를 가지고 개업의 준비행위를 한 경우에도 상인자격이 인정되지 아니하는 문제가 있다.[1] 생각건대, 개업준비행위는 전형적인 보조적 상행위로서, 개업준비행위를 하는 자는 영업의사를 객관적으로 실현하는 것이므로 개업준비행위에 착수하였을 때 상인자격을 취득한다고 보는 것이 타당하다. 즉, 회사 외의 법인이나 자연인의 상인자격취득시기는 보조적 상행위인 개업준비행위를 한 때이다. 판례도 같은 입장이다.[2] 영업의 성질상 인·허가를 필요로 하는 경우에도 인·허가의 유무와 관계없이 상인자격을 취득할 수 있다.

보조적 상행위와 상인자격의 취득시기

개업준비행위는 전형적인 보조적 상행위이다. 회사 이외의 법인이나 자연인이 보조적 상행위를 하면 그 때부터 상인자격을 취득한다. 문제는 어느 시점에서 개업준비행위가 있다고 인정할 수 있는가 하는 점이다. 이에 관하여 일본에서는 획일적 결정설, 단계적 결정설로 학설이 나뉘어지고 있다.

획일적 결정설이란 일정한 개업준비행위를 하면 그 때에 누구에 대하여서든지 절대적으로 상인자격을 취득한다고 한다. 이 학설은 다시 세 가지 견해로 나뉜다.

(i) 개업의사 표백설은 상호의 등기, 개업광고, 간판의 게양 등 특별한 방법으로 일반적·대외적으로 개업의 의사를 표백하는 행위를 하여야만 개업준비행위로 인정할 수 있고, 이때 상인자격을 취득한다고 한다. 이 학설에 의하면 예컨대 상사시효도 의사를 표백한 때로부터 진행하므로 행위자가 상사시효를 주장함에 있어 불이익을 받을 수 있다.

(ii) 개업의사 주관적 실현설은 특별한 의사표백을 하지 않더라도 용도불명의 차금(借金)을 한다든가 토지를 買入한다든가 하여 개업의사를 주관적으로 실현하는 행위가 있으면 된다는 학설이다. 이 학설에 의하면 예컨대 행위자의 상대방이 조속한 상사시효완성으로 인하여 불이익을 받을 수 있다.

(iii) 개업의사 객관적 인식가능설은 개업준비행위에 의하여 개업의사가 주관적으로 실현되는 것만으로는 부족하고, 영업용 기계를 구입한다든가 공장을 임차한다든가 하여 상대방에 의하여 개업의사가 객관적으로 인식될 수 있어야 한다는 학설이다(아래의 판례 참조)(통설).[3]

개업의사 주관적 실현설에 의하면 개업준비행위의 상대방이 상행위성(예컨대, 상사채무의 연대성, 상사이율)을 주장하는 데 대하여 이익이 있는 경우에는 상관없으나, 그 반대의 경우에는 상대방이 개업준비행위임을 알지 못하고 있는데 행위자측이 상행위성(예컨대, 상사시효)을 주장함으로써 예상하지 않았던 불이익을 받는다. 또 개업의사 표백설은 표백행위가 있기 때문에 상대방에게는 유리하나 그것은 도리어 행위자에 가혹한 결과가 된다. 그러므로 양자의 이익을 조정하는 학설이 객관적 인식가능설이다.

---

1) 정동윤(상) 55면.
2) 대법원 2012. 4. 13. 2011다104246; 동 2012. 11. 15. 2012다47388.
3) 대법원 1999. 1. 29. 98다1584; 동 2012. 4. 13. 2011다104246.

한편, 단계적 결정설이란 개업의사가 구체적으로 전개하는 준비행위의 각 단계에 따라 그 보조적 상행위성을 주장하는 각 당사자의 구체적 사정을 참작하여 상대적으로 결정하려는 이론이다. 이 학설은 다시 두 가지로 갈린다.

제1설은 2단계설이다.

① 먼저 개업의사를 상대방만이 알고 있고, 또 알 수 있는 단계에서는 상대방에 대해서만 행위자가 상행위성을 주장할 수 있으나, ② 다음에 그것을 일반인도 알고 또는 알 수 있는 단계(점포를 개설하는 등의 단계)에서는 행위자는 누구에 대하여든지 상행위성을 주장할 수 있다는 학설이다.

제2설은 3단계설이다.

① 먼저 개업의사가 준비행위에 의하여 주관적으로 실현되는 단계에서는 상대방만이 상행위성을 주장할 수 있고, ② 다음에 개업의사를 특정의 상대방이 인식하거나 또는 인식할 수 있는 단계에서는 인식가능을 증명할 수 있는 한, 행위자도 상대방에 대하여 상행위성을 주장할 수 있으며, ③ 끝으로 행위 자체에 의하여 영업의사의 존재를 일반이 객관적으로 인식가능한 단계에서는 일반 제3자에 대하여 상인자격을 대항할 수 있게 되어 보조적 상행위의 추정(제47조 제2항)이 생긴다고 보는 학설이다.

생각건대, 개업의사 주관적 실현설은 행위의 상대방을 보호할 수 없는 점에서 타당하다 할 수 없다. 또 개업의사 표백설과 개업의사 객관적 인식가능설은 반대로 행위자에게 불리하다. 따라서 행위자와 상대방의 이익을 공평하게 조정하는 단계적 결정설이 타당하다.

(ⅳ) 판례는 원칙으로 개업의사 객관적 인식가능설을 취하고 있는 것으로 이해되었으나,[1] 최근의 판결에서 단계적 결정설 중 3단계설을 취하고 있다.[2]

✦ 대법원 2012. 4. 13. 2011다104246
단계적 결정설 중 3단계설을 취한 사례

☞ [1] 영업의 목적인 상행위를 개시하기 전에 영업을 위한 준비행위를 하는 자는 영업으로 상행위를 할 의사를 실현하는 것이므로 준비행위를 한 때 상인자격을 취득함과 아울러 개업준비행위는 영업을 위한 행위로서 최초의 보조적 상행위가 되는 것이고, 이와 같은 개업준비행위는 반드시 상호등기 · 개업광고 · 간판부착 등에 의하여 영업의사를 일반적 · 대외적으로 표시할 필요는 없으나 점포구입 · 영업양수 · 상업사용인의 고용 등 준비행위의 성질로 보아 영업의사를 상대방이 객관적으로 인식할 수 있으면 당해 준비행위는 보조적 상행위로서 여기에 상행위에 관한 상법의 규정이 적용된다. 그리고 영업자금 차입 행위는 행위 자체의 성질로 보아서는 영업의 목적인 상행위를 준비하는 행위라고 할 수 없지만, 행위자의 주관적 의사가 영업을 위한 준비행위이었고 상대방도 행위자의 설명 등에 의하여 그 행위가 영업을 위한 준비행위라는 점을 인식하였던 경우에는 상행위에 관한 상법의 규정이 적용된다고 봄이 타당하다. 동지: 대법원 2012. 7. 26. 2011다43594; 동 2012. 11. 15. 2012다47388.[3]

---

1) 대법원 1999. 1. 29. 98다1584.

2) 대법원 2012. 4. 13. 2011다104246.

3) 그러나 이러한 준비행위가 보조적 상행위로서 상법의 적용을 받기 위해서는 그 행위를 하는 자가 장차 상인자격을 취득하는 것을 당연한 전제로 하므로, 그 행위자의 어떤 행

[2] 학원업은 점포 기타 유사한 설비에 의하여 상인적 방법으로 영업을 하는 경우에 해당하여 피고는 상법 제5조 제1항에서 정한 '의제상인'에 해당하는데, 피고의 차용행위는 학원영업을 위한 준비행위에 해당하고 상대방인 원고도 이러한 사정을 알고 있었으므로 차용행위를 한 때 피고는 상인자격을 취득함과 아울러 차용행위는 영업을 위한 행위로서 보조적 상행위가 되어 상법 제64조에서 정한 상사소멸시효가 적용된다.

※ 필자 주 - 이 판례는 위에서 설명한 3단계설의 ②에 해당한다.

✦ 대법원 2012. 7. 26. 2011다43594
회사 설립을 위하여 개인이 한 행위가 장래 설립될 회사가 상인이라는 이유만으로 당연히 그 개인의 상행위가 되어 상법 규정이 적용되는 것은 아니다.

☞ 영업을 준비하는 행위가 보조적 상행위로서 상법의 적용을 받기 위해서는 행위를 하는 자 스스로 상인자격을 취득하는 것을 당연한 전제로 하므로, 어떠한 자(장차 대표이사가 될 자)가 자기 명의로 상행위를 함으로써 (스스로) 상인자격을 취득하고자 준비행위를 하는 것이 아니라, 다른 상인(장차 설립될 회사)의 설립과 영업을 위한 준비행위로서 타인(장차 설립될 회사)의 채무를 연대보증하고 자금을 차입한 것에 불과하다면, 그 행위는 설립 중 회사의 행위로 인정되어 장래 설립될 회사에 효력이 미쳐 그 회사의 보조적 상행위가 될 수 있는지는 별론으로 하고, 그 행위를 한 자(장차 대표이사가 될 자 개인)의 보조적 상행위가 될 수는 없으므로 상사소멸시효가 적용되지 않는다.

2. 상인자격의 상실

1) 회사는 해산을 하면 영업능력을 상실하고, 청산의 목적범위 내로 능력이 제한되며, 청산이 종결됨으로써 법인격이 소멸함과 동시에 상인자격을 상실한다.[1] 청산절차가 필요없는 합병의 경우에는 소멸회사는 해산과 동시에 상인자격을 상실하고, 파산의 경우에는 파산관재인의 잔무처리행위가 종료된 때에 상실한다.

2) 회사 이외의 법인이나 자연인의 경우에는 영업의 폐지, 영업양도 등 기업활동을 사실상 종결함으로써 상인자격을 상실한다. 따라서 폐업광고, 관청에 대한 폐업신고, 영업허가취소, 법률에 의한 영업의 금지조치 등이 있더라도 잔무처

위가 상인자격을 취득할 주관적 의사 아래 영업을 위한 준비행위로서 이루어진 것이라는 점에 대한 증명이 없다면 이는 그 행위자의 보조적 상행위라고 볼 수 없다.

1) 대법원 1968. 6. 18. 67다2528(청산등기는 선언적 효력밖에 없다); 동 1994. 5. 27. 94다7607(청산이 종결된 것으로 볼 수 있는 회사라도 아직 권리관계가 남아 있으면 그 범위 내에서는 아직 상인자격이 소멸되었다고 할 수 없다).

리가 종료되기 전에는 상인자격을 상실하지 않는다.

3) 자연인인 경우 사망하면 상인자격이 상실되는 것이 아니라 그 영업이 상속인에게 상속되어 상속인이 상인자격을 승계취득하는 것으로 보아야 한다는 견해와,[1] 상인성은 특정인을 중심으로 판단하여야 하므로 상속인이 영업을 승계하면 새로이 상인자격을 취득하는 것으로 보아야 한다는 견해가 있다.[2] 후(後)설이 옳다고 본다.

4) 상인의 영업 중 피성년후견인 선고나 피한정후견인 선고를 받더라도 상인자격을 상실하지는 않지만, 그 후 그가 행한 상행위는 취소할 수 있는 행위가 된다. 상인이 파산선고를 받으면 파산관재인이 상인의 재산을 관리하고 영업은 종료되므로 상인자격을 상실한다. 그러나 피성년후견인 선고, 피한정후견인 선고, 파산선고 이전에 발생한 법률관계에 대해서는 선고 후에도 당연히 상법이 적용된다.

3. 자연인의 영업능력

1) 법인은 상인자격이 있는 한 영업능력도 있다. 법인은 그 기관을 통하여 활동하므로 특별히 영업능력이 문제되지 않기 때문이다. 그러나 자연인은 권리능력이 있더라도 행위능력이 없는 자가 있는 것과 마찬가지로, 상인능력과 상인자격이 있더라도 영업능력이 없는 경우가 있다.

2) 영업능력에 관하여는 민법의 일반원칙에 의하므로, 미성년자는 법정대리인의 허락을 얻어 영업을 할 수 있으나(민 제8조), 법정대리인이 영업을 허락하는 때는 반드시 영업의 종류를 특정하여야 하고, 상업등기부에 등기를 하여야 한다(제6조). 미성년자가 법정대리인의 허락을 얻어 회사의 무한책임사원이 된 때에는 그 사원자격으로 인한 행위에는 능력자로 본다(제7조). 여기서 사원자격으로 행한 행위란 사원과 회사의 내부행위에 관한 사항으로서, 예컨대 출자, 지분의 양도, 의결권의 행사 등을 가리키고, 회사의 대표행위(제200조, 제269조)는 능력의 제한을 받지 아니하므로(민 제117조) 당연히 이를 할 수 있다. 법정대리인은 미성년자와 피한정후견인에게 영업을 허락한 후에 그 허락을 취소 또는 제한할 수 있지만 선의의 제3자에게 대항하지 못한다(민 제8조 제2항). 법정대리인이 영업무능력자를

1) 임홍근(총) 68면; 정찬형(상) 72면.
2) 이철송(총) 91면.

위하여 영업을 하는 때에도 상업등기부에 등기를 하여야 하고(제8조 제1항), 그 법정대리인의 대리권에 대한 제한은 선의의 제3자에게 대항하지 못한다(제8조 제2항).

3) 법정대리인이 후견인인 때는 친족회의 동의를 얻어 대리할 수 있다(민 제950조).

피성년후견인의 경우에는 언제나 법정대리인이 피성년후견인을 대리하여 영업을 하여야 하며, 이때는 등기하여야 한다(제8조 제1항). 이 경우 법정대리인의 대리권에 대한 제한은 선의의 제3자에게 대항하지 못한다(제8조 제2항). 피성년후견인도 정관의 규정에 의하여 무한책임사원이 될 수 있다는 견해가 있으나, 현행법의 해석상 어려울 것으로 본다(제7조 · 제218조 제4호, 민 제8조 · 제10조 · 제13조 참조).

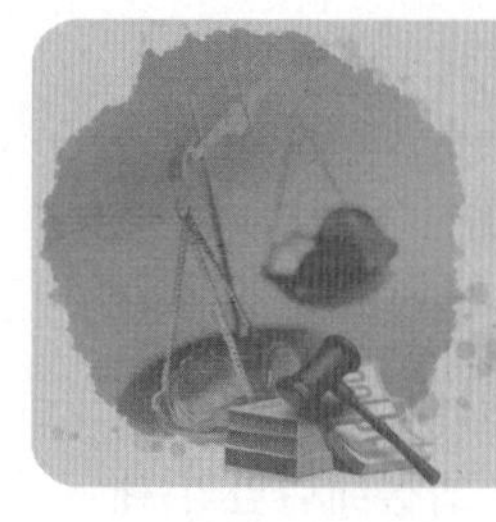

제3장 영업의 설비

제1절 총 설

Ⅰ. 영업의 개념

상법은 그 규율대상인 기업을 '영업'이라는 용어로써 표현하고 있다. 본래 기업이라는 말은 그 물적 조직을 중심으로 한 비교적 대규모의 사업을 의미하고, 영업이라는 말은 영업자를 중심으로 한 비교적 소규모의 사업을 의미하나, 오늘날 상법학에서는 대체로 양자를 같은 뜻으로 보는 견해가 지배적이다.[1)]

영업은 상인 개념과 상행위 개념을 관련시키는 중요한 매개개념으로서 상법상 두 가지 의미로 사용되고 있다. 그 하나는 주관적 의의의 영업인데, 이것은 상인의 영리적 활동을 의미한다는 데 다툼이 없다(예컨대, 제5조, 제6조, 제8조, 제11조, 제15조, 제21조, 제22조, 제23조, 제46조, 제53조, 제61조, 제78조 등의 영업). 다른 하나는 객관적 의의의 영업인데, 이에 관하여는 영업의 구성요소인 영업재산, 영업활동 및 영업에 관한 사실관계 중 어느 것을 영업의 본질적 내용으로 보느냐에 따라 영업재산설, 영업행위설, 영업조직설 등으로 학설이 나뉜다. 그 중 영업재산설에 따라 객관적 의의의 영업이란 영리목적을 실현하기 위하여 조직화된 유기적 일체로서의 기능적 재산이라고 정의하기로 한다(예컨대, 제20조, 제25조, 제41조 내지 제45조 등의 영업).

---

1) 임홍근(총) 44~48면.

Ⅱ. 영업의 인적 · 물적 설비

1) 영업은 인적 · 물적 요소의 통일체로서 두 요소가 유기적으로 조직화되어 원만히 기능을 발휘하여야만 비로소 발전할 수 있는 것이다. 영업의 인적 요소는 경영수뇌자와 경영보조자로 분류할 수 있는데, 경영수뇌자란 개인기업에서는 상인이고 회사기업에서는 업무집행사원 또는 이사이다. 그리고 경영보조자에는 대리상 · 중개인 · 위탁매매인 등 독립적 보조자와 종속적 보조자, 즉 상업사용인이 있다.

2) 영업의 물적 요소는 곧 영업재산을 의미한다. 영업재산이란 다수의 물체 또는 권리의 단순한 집합물이 아니라, 사회적 활력을 가지고 있는 유기적 결합물로서, 적극재산(예컨대, 상품 · 기계 · 토지 · 건물 같은 물건과 물권 · 채권 · 영업권[1]과 같은 무체재산권 등), 소극재산(채무)뿐만 아니라 영업적 활동의 침전물이라고도 할 수 있는 재산적 가치 있는 사실관계(영업상의 비결 · 고객관계 · 영업조직 등: goodwill)까지도 포함한다.

3) 그러나 이러한 영업재산을 기능면에서 볼 때에는 원료품 · 상품 · 공장 · 창고 · 영업소 · 상호 · 상업장부 등으로 분류할 수 있는데, 상법은 이 중에서 모든 기업에 가장 보편적으로 중요하게 쓰이는 물적 설비인 영업소 · 상호 · 상업장부에 관하여서만 총칙편에 특별규정을 두고 있다.

영업의 인적 · 물적 설비

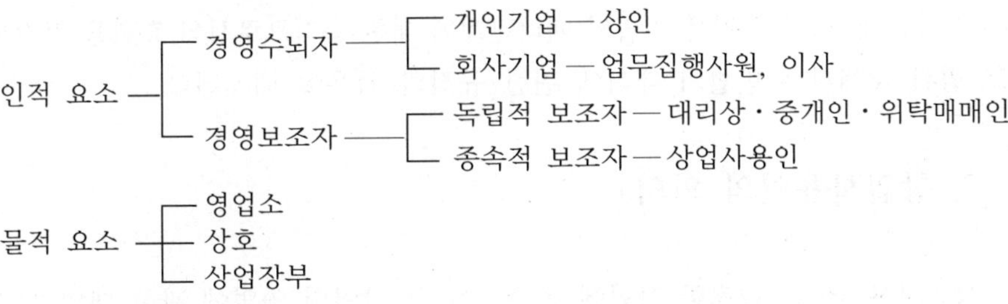

1) 대법원 2002. 4. 12. 2000두7766 : 영업권이라 함은 그 기업의 전통, 사회적 신용, 입지조건, 특수한 제조기술 또는 거래관계의 존재 등 영업상의 기능 내지 특성으로 인하여 동종의 사업을 영위하는 다른 기업의 통상수익보다 높은 수익을 올릴 수 있는 초과수익력이라는 무형의 재산적 가치를 말한다.

제 2 절 영업의 인적 설비: 상업사용인

Ⅰ. 상업사용인

1. 상업사용인과 상업대리인

1) 본래 상업사용인이란 상인을 위하여 널리 영업상의 업무에 종사할 의무를 부담하는 자를 말하고, 그것이 상인의 대내적 업무이든 대외적 업무이든 묻지 않는다. 이에 대하여 상업대리인은 상인을 위하여 그 대외적 업무에 있어 영업상의 대리권을 가지는 자로서 개념상 상업사용인과 구별하여야 한다.

2) 상업사용인의 의의에 관하여 상법은 아무런 규정을 두고 있지 않다. 그리고 '상업사용인'이라는 표제 아래 규정되어 있는 수개의 조문도 실은 상업사용인에 관한 것이 아니라 상업대리인에 관한 것들이다. 이런 면에서 본다면 우리 상법은 상업사용인과 상업대리인을 혼동하고 있는 것으로 보인다.[1]

3) 이와 같이 상업사용인은 상업대리인이므로, 이 자의 대리행위에 대하여도 기본적으로 민법의 대리에 관한 규정이 적용된다. 그러나 상거래의 대리에 있어서는 거래의 안전을 위하여 대리인의 지위를 부분적으로 민사대리의 경우보다 강화할 필요가 있다. 따라서 상법은 제10조 이하에서 상업사용인에 관한 특칙을 두고 있는데, 이들 규정은 민법의 대리관계에 대한 특칙으로서의 효력을 가지므로 그 범위 내에서는 민법의 대리에 관한 규정의 적용이 배제된다.

2. 상업사용인의 의의

상업사용인이란 특정한 상인에 종속되어 그 상인의 영업에 관한 대외적 거래를 대리하는 자이다. 이를 분설하면 다음과 같다.

1) 특정 상인에의 종속성

상업사용인은 '특정 상인'에 종속한다. '특정한 상인'이란 영업주를 말하는데,

1) 大隅健一郎, 「商法總則」, 1957, 137면; 임홍근(총) 76면.

자연인도 될 수 있고 법인도 될 수 있다. 또한 반드시 1인의 상인만을 의미하지는 않으므로, 수인의 상인의 상업사용인을 겸하는 것도 가능하다. 그러나 실제로 상업사용인은 경업금지의무(제17조)를 지므로, 사실상 이러한 경우는 발생하기 어렵다. 특정 상인의 종속적 보조자란 점에서 대리상·중개인 등 독립적 보조자와 구별되며, 회사의 기관인 이사·감사나 무한책임사원과 구별된다. 대표이사나 대표사원의 대외적 거래는 '대리'가 아닌 '대표'의 법리에 의하므로 이들은 상업사용인이 아니다. 다만 우리나라의 회사의 실무에서 볼 수 있는 것처럼 이사가 상업사용인의 지위를 겸하는 경우(이른바 업무담당이사)에는 그 한도에서 상업사용인에 관한 법리가 적용된다는 것이 대법원의 견해이다.

✦ 대법원 1996. 8. 23. 95다39472
주식회사의 경리담당 상무이사는 동시에 부분적 포괄대리권을 가진 사용인을 겸임하고 있다고 볼 수 있다

☞ 원심판결 이유에 의하면 원심은, 그 내세운 증거에 의하여 소외 박종원은 1981. 7. 14. 원고 회사에 경리부 차장으로 입사하여 경리업무를 담당하여 오다가 1990.경 경리담당 상무이사로 승진하였으며, 1990. 6.경 원고가 피고 은행 퇴계로 지점과 이 사건 어음수탁보관거래계약을 체결하고 계속적으로 어음수탁보관거래를 함에 있어 위 박종원이 원고의 대리인으로서 대부분의 어음을 자신이 직접 피고에게 위탁한 사실 등을 인정한 다음, 위 박종원은 원고의 기관인 상무이사이기는 하지만 이 사건 어음수탁보관거래에 관하여는 부분적 포괄대리권을 가진 사용인으로서 겸임되었다는 취지로 판단하였는 바, 원심의 사실인정과 판단은 옳다고 여겨지고, 거기에 부분적 포괄대리권을 가진 사용인에 관한 법리오해의 위법이 있다고 할 수 없다. 동지: 대법원 1968. 7. 23. 68다442.

2) 종속관계

(1) 영업주에 대한 상업사용인의 종속관계라 함은 상인과 상명·하복의 관계에 있음을 뜻하며, 상업사용인의 활동은 독립된 영업이 될 수 없음을 의미한다. 종속관계는 반드시 고용계약에 의하는 것은 아니나, 대리권수여계약이 있어야 한다.[1] 고용계약을 요하지 아니하므로 상인의 가족도 상업사용인이 될 수 있으며, 실제로 그러한 예도 많다.

(2) 중개인이나 위탁매매인도 상인의 대외적 거래를 보조하기는 하지만, 불특정한 상인의 요청에 따라 보조한다는 점, 독립된 상인이라는 점에서 종속적 지

1) 서돈각·정완용(상) 78면; 손주찬(상) 96면; 강위두(총) 76면; 최기원(상) 79면; 임홍근(총) 77면; 정동윤(상) 59면; 이철송(총) 103면; 정찬형(상) 82면.

위에 있는 상업사용인과는 다르다. 대리상은 특정 상인을 위하여 그의 영업활동을 보조하므로 상업사용인과 흡사하지만, 대리상은 역시 상인에 종속되지 아니하고 그 자체가 독립된 상인이므로 역시 상업사용인과는 다르다.

(3) 미성년자, 피한정후견인 또는 피성년후견인 등의 법정대리인은 무능력자인 상인의 종속적 보조자는 아니므로 상업사용인이 아니다.

3) 대외적 영업활동 보조

상업사용인은 대외적인 영업상의 활동을 보조하는 자이다. 거래과정에 참여하여 대외적 활동을 하는 영업보조자라는 점에서 생산과정에 참여하여 대내적으로 기술 또는 노무를 제공하는 기술적 보조자(예컨대, 기사 · 직공 · 청소부 · 급사 등)와 구별된다. 또한 상업사용인은 대외적으로 영업주를 대리할 권한을 가지는 자이어야 한다. 따라서 대리권없이 대내적인 영업상의 업무에 종사하는 자(예컨대, 출납 · 회계원 등)는 상업사용인이 아니다. 상업사용인은 영업활동을 보조하는 자이므로, 그 성질상 자연인에 한한다고 봄이 정설이다.[1)]

Ⅱ. 상업사용인의 종류

상업사용인은 대리권의 유무 · 범위에 따라 지배인, 부분적 포괄대리권을 가진 사용인 및 물건판매점포의 사용인으로 분류한다.

1. 지배인

1) 지배인의 의의

(1) 지배인이란 영업주에 갈음하여 그 영업에 관한 재판상 또는 재판 외의 모든 행위를 할 수 있는 영업대리권(지배권)을 가진 상업사용인이다(제11조 제1항). 이러한 대리권을 가진 자이면 그 명칭여하(예컨대, 부지배인 · 지점장 · 영업주임 등)를 묻지 않고 지배인이며, 반대로 이러한 권한을 갖지 않은 자는 지점장 · 영업주임 등의 명칭이 붙어 있더라도 지배인이 아니다.

---

1) 이기수(총) 96면; 정찬형(상) 82면; 김성태(총) 175면.

✦ 대법원 1978. 12. 26. 78도2131
변호사 사무원이 지배인으로 등기되었다고 하여 그가 곧 지배인인 것은 아니다

☞ Y가 변호사 사무원으로 있으면서 A, B, C 3개 회사의 지배인으로 등기된 것은, 그 회사들이 Y를 회사에 종속시켜 대외적인 영업상의 활동을 보조토록 하는 이른바 상업사용인으로서의 지배인으로 선임하여서가 아니라 이는 순전히 변호사법을 어겨 변호사가 아닌 Y로 하여금 그 회사의 소송사건을 맡아 처리할 수 있도록 하기 위한 하나의 방편에 불과하였던 것임을 인정할 수가 있으므로, Y는 위 각 회사의 지배인을 가장한 것일 뿐이고, 진정한 지배인은 아니다.

(2) 지배인제도는 중세 상인이 그 대리인을 이해관계인들에게 주지시킬 목적으로 대리인등기부에 등기하였던 데서 유래하였다고 한다. 지배인제도가 근대적인 제도로 확립된 것은 1862년의 독일 구상법이었는데, 우리나라, 일본 등 독일법계 특유의 제도이다. 영미법계 국가나 프랑스에서는 지배인제도가 없다.[1)]

회사의 대표이사와의 구별

(ⅰ) 공통점: 지배인과 회사의 대표이사는 그 권한의 범위가 포괄적인 점에서 흡사하고, 주식회사에서는 양자 모두 이사회에서 선임한다는 점에서 같다(제389조 제1항, 제393조 제1항).

(ⅱ) 차이점: ① 지배인이 개인적 수권행위에 기하여 선임되는 영업의 대리인임에 비하여, 대표이사는 단체법상의 회사의 대표기관이다. ② 영업주 또는 회사와의 관계에서 지배인은 통상 고용관계에 기초를 두고 있으나, 대표이사는 위임관계에 있다(제382조 제2항).

2) 지배인의 선임 · 종임

(1) 지배인의 선임

(가) 선임권자

(ⅰ) 지배인을 선임할 수 있는 자는 영업주인 상인 또는 그의 대리인이다(통설: 제10조). 이러한 통설에 대하여 가장 광범위한 권한을 가진 지배인조차 다른 지배인을 선임할 수 없기 때문에(제11조), 상인의 대리인 중 법정대리인만이 지배인을 선임할 수 있다고 하는 견해가 있다.[2)]

(ⅱ) 다만 상인이라도 소상인은 지배인을 선임할 수 없으며(제9조), 또한 지배인은 다른 지배인을 선임할 수 없다(제11조 제2항의 반대해석).

---

1) 김성태(총) 175면.
2) 정동윤(상) 60면.

(iii) 회사의 경우 회사의 지배인은 대표기관이 선임하되, 소정의 내부적 절차를 밟아야 한다(제203조, 제274조, 제393조, 제564조). 회사내부의 절차를 거치지 않거나 이를 위반하였다고 하여도 대표기관이 선임한 이상 선임행위의 효력에는 영향이 없다.[1] 청산 중의 회사나 파산선고를 받은 회사는 영업행위를 정리하고 있는 존재이므로 영업을 전제로 하는 지배인을 선임할 수 없으며, 재판상 소송행위만을 대리하기 위한 지배인도 선임할 수 없다.[2]

(나) 자 격

지배인은 자연인에 한한다. 자연인이면 행위무능력자도 무방하며 자격에 특별한 제한이 없다(다만 형법상의 제한에 관하여는 형법 제43조 제1항 제4호 참조). 회사의 업무집행사원이 지배인을 겸하는 것은 상관이 없으나,[3] 모회사인 주식회사나 유한회사의 감사는 직무의 성질상 회사 및 그 자회사의 지배인을 겸할 수 없다(제411조, 제570조).

(다) 선임행위의 방식 및 법적 성질

(i) 지배인의 선임행위의 방식에 관하여는 특별한 제한이 없다(다수설). 명시적이든 묵시적이든, 서면이든 구두이든 무방하다. 다만 이러한 다수설에 대하여 포괄적인 대리권을 수여하는 행위이므로 명시적인 의사표시에 의하여야 한다고 보는 견해도 있다.[4] 그리고 지배인의 선임에 있어 반드시 그 명칭을 지배인이라고 할 필요는 없고, 실제로 상법 제11조 제1항의 지배권이 부여된 자는 모두 지배인이다.[5]

(ii) 지배인의 선임행위의 법적 성질에 관하여는 반드시 고용계약 등에 의하여야 하는 것은 아니므로 대리권수여계약이라고 보는 것이 타당하다고 본다(다수설). 그러나 선임행위의 법적 성질을 대리권수여계약으로 보는 경우에는 대내관계를 발생시키는 행위(위임 · 고용 등)와의 관계가 불명확하게 되는 난점이 있으므로 대리권수여행위와 결합한 고용계약 또는 위임계약으로 보아야 한다는 견해도 있다.[6]

---

1) 동지: 손주찬(상) 113면; 정동윤(상) 60면; 정찬형(상) 83면; 최기원(상) 82면; 이기수(상) 115면.
2) 대법원 1978. 12. 26. 78도2131.
3) 대법원 1968. 7. 23. 68다442.
4) 최기원(상) 82면; 정동윤(상) 61면.
5) 임홍근(총) 79면; 정찬형(상) 84면.
6) 최기원(상) 83면; 정동윤(상) 61면.

(2) 지배인의 종임

(가) 지배인의 지위는 그 선임계약의 내용에 따라 대리권의 소멸 또는 위임관계의 종료에 관한 민법의 일반원칙(민 제127조 · 제128조 · 제689조 · 제690조)에 따라 소멸한다. 그리고 지배인은 영업의 존재를 전제로 하는 제도이므로 영업의 폐지 · 회사의 해산 등으로 인하여도 종임한다.

(나) 영업양도는 지배인의 종임사유로 된다고 본다.[1] 지배인은 영업주의 고도의 인적 신뢰를 바탕으로 하고 있기 때문이다. 이에 대하여 영업양도 당사자간에 특약이 없는 한 양수인을 위한 지배인으로 남는다고 보는 견해도 있다.[2]

(다) 민법(제127조 제1호)에서와는 달리 영업주의 사망은 지배인의 당연한 종임사유가 아니다(제50조).

(3) 지배인의 등기

지배인의 선임과 종임은 등기사항이므로, 그 지배인을 둔 영업소(회사의 경우 본점)의 소재지에서 등기하여야 한다(제13조). 영업주가 이를 등기하지 않으면 영업주는 선의의 제3자에게 대항하지 못한다(제37조). 지배인의 등기는 개인상인의 경우에는 지배인등기부에, 회사의 경우에는 회사의 등기부에 한다(상등 제50조 · 제51조). 그러나 등기는 대항요건에 불과하므로(제37조) 지배인 선임의 사실만으로 즉시 상법이 정한 지배인으로서의 권한을 가진다.

3) 지배인의 권한(지배권)

(1) 총 설

지배권이란 지배인이 가지는 권한으로서, 지배인은 영업주에 갈음하여 영업에 관한 모든 재판상 또는 재판 외의 행위를 할 권한을 가지며(제11조 제1항), 지배권을 제한하여도 선의의 제3자에게 대항할 수 없다(제11조 제3항). 즉, 지배인의 대리권은 영업의 전반에 걸친 포괄적인 권한이며(포괄성), 영업주가 임의로 신축할 수 없다(획일성 · 정형성). 이와 같이 지배인의 지배권을 포괄적 · 정형적인 것으로 정한 이유는 거래의 상대방을 보호하고 거래의 안전을 기하려는 데 그 취지가 있다.

---

1) 최기원(상) 84면; 정동윤(상) 61면.
2) 강위두(총) 88면; 임홍근(총) 80면; 이병태(상) 106면.

(2) 지배권의 내용

(가) 지배인의 대리권은 영업주의 "영업에 관한 재판상 또는 재판 외의 모든 행위"에 미친다(제11조 제1항). '영업에 관한 행위'란 영업의 존재를 전제로 하여 그 범위 내의 활동을 뜻하므로, 영업 자체의 폐지 또는 양도할 권한은 지배권에 포함되지 않는다. 또 영업에 관한 행위라도 그 성질상 대리가 허용될 수 없는 행위(선서·서명 등)이거나 법률에 의하여 제한되는 행위 등은 지배권에 포함되지 않는다.

(나) 영업에 관한 행위인가 아닌가는 그 행위의 객관적 성질에 따라서 결정할 것이지[1] 지배인의 주관적 의사에 따라 결정할 것은 아니다. 따라서 그 행위의 객관적 성질에서 그 영업에 관한 행위로 판단되는 한, 사실상 지배인이 자기의 이익을 위하여 한 경우에도 상대방이 선의인 이상 그 행위는 영업주에 대하여서는 효력이 있다.[2] 예컨대 지배인이 영업주 명의로 한 어음행위는 객관적으로 영업에 관한 행위로서 지배인의 대리권의 범위에 속하는 행위라 할 것이므로 지배인이 개인적 목적을 위하여 어음행위를 한 경우에도 그 행위의 효력은 영업주에게 미친다 할 것이다. 이러한 법리는 표현지배인의 경우에도 같다.[3]

✦ 대법원 1997. 8. 26. 96다36753
지배인의 행위가 영업주의 영업에 관한 것인지의 판단 방법

☞ 지배인의 어떤 행위가 영업주의 영업에 관한 것인가의 여부는 지배인의 행위 당시의 주관적인 의사와는 관계없이 그 행위의 객관적 성질에 따라 추상적으로 판단되어야 한다. 동지: 대법원 1955. 3. 10. 4287민상292(은행의 지배인이 개인의 용도로 약속어음을 발행한 경우, 은행이 책임을 인정함); 동 1987. 3. 24. 86다카2073; 동 1997. 8. 26. 97다4401; 동 1998. 8. 21. 97다6704; 동 1999. 3. 9. 97다7721·7738.

(다) '재판상의 행위'란 소송행위를 말하는데, 지배인은 모든 심급(審級)의 법원에서 영업주의 소송대리인이 될 수 있고(민소 제87조), 영업주를 위하여 소송대리인을 선임할 수도 있다.

(라) '재판 외의 행위'란 소송행위 이외의 모든 영업행위를 말한다. 법률행위 외에 법률적 행위도 포함되며, 영업의 목적인 행위(기본적 상행위, 준상행위)와 영업을 위한 행위(보조적 상행위)가 모두 포함된다.[4]

---

1) 손주찬(상) 99면; 이병태(상) 108면; 임홍근(총) 83면; 정찬형(상) 85면; 최기원(상) 85면; 정동윤(상) 62면.
2) 손주찬(상) 99면; 정동윤(상) 63면; 최기원(상) 85면.
3) 대법원 1998. 8. 21. 97다6704.
4) 임홍근(총) 83면; 정동윤(상) 62면; 정찬형(상) 86면.

(마) 지배권은 영업주의 모든 영업에 관한 것은 아니며 상호 또는 영업소에 의하여 특정된 영업에 한정된다. 즉, 영업주가 여러 개의 상호를 가지고 여러 종류의 영업을 하고 있는 경우에는 그 지배인의 지배권은 각 상호 밑의 영업에 한정된다(상등 제50조 제1항 제3호 · 제4호). 또한 영업주가 한 개의 영업에 관한 여러 개의 영업소를 가지고 있는 경우에는 그 지배권의 범위는 영업소 단위로 한정되는 것이 원칙이다(제10조, 제13조). 그러나 이 경우에도 본점과 지점을 통할하는 '총지배인'은 모든 영업소의 지배권을 겸유한다.

(3) 지배권의 한계

지배인의 대리권은 영업에 관한 행위에 한하므로 영업주의 영업 외의 행위에는 미치지 않는다. 따라서 혼인, 입양 등과 같은 신분에 관한 행위 또는 영업주의 사적 행위에는 지배권이 미치지 않는다. 또 지배인의 대리권은 영업의 존재를 전제로 하여 그 영업에 관한 행위에 한정되므로 토지의 양도 또는 담보제공, 상호의 양도 또는 폐지, 정관변경, 파산 신청 등 영업의 경영에 속하지 않는 행위를 할 수 없다. 한편 영업주가 상법이 규정한 지배권의 범위를 초과하여 대리권을 부여한 경우에는 지배권의 범위가 확장되는 것이 아니라 지배권 이외의 특별수권이 있는 것으로 보아야 한다.[1]

(4) 지배권의 제한

(가) 지배인의 지배권은 정형성 · 포괄성을 그 특색으로 하므로 영업주가 거래의 종류 · 금액 · 시기 등에 관하여 제한을 가하더라도 이 제한으로써 선의의 제3자에게 대항하지 못한다(제11조 제3항). 따라서 영업주가 지배인의 대리권을 제한하여도 그것은 당사자간에서만 효력을 가질 뿐이므로, 지배인이 위 제한에 위반하여도 그것은 손해배상 또는 해임의 사유가 될 뿐, 그 행위의 대외적 효력에는 영향이 없다.

(나) 여기서 선의란 거래 상대방이 지배인의 대리권에 제한이 있음을 알지 못하는 것을 의미한다. 그리고 선의(알지못함)에 중대한 과실이 없어야 한다. 상대방의 선의여부의 판단 시기는 거래행위시이다.

(다) 악의 또는 중대한 과실이 있는 제3자는 보호할 필요가 없으므로 이들에 대하여는 대리권의 제한을 대항할 수 있다. 제3자의 악의 또는 중과실에 대한

1) 서돈각 · 정완용(상) 82면; 손주찬(상) 100면; 정동윤(상) 65면; 정찬형(상) 87면.

증명책임은 영업주가 부담하며, 그 여부는 지배인과 상대방 사이에 있었던 의사표시 형성과정과 그 내용 및 그로 인하여 나타나는 효과 등을 객관적인 사정에 따라 합리적으로 판단하여야 한다.[1]

✦ 대법원 1997. 8. 26. 96다36753
지배인의 대리권 제한에 관한 판례

☞ 지배인의 어떤 행위가 그 객관적 성질에 비추어 영업주의 영업에 관한 행위로 판단되는 경우에 지배인이 영업주가 정한 대리권에 관한 제한 규정에 위반하여 한 행위에 대하여는 제3자가 위 대리권의 제한 사실을 알고 있었던 경우뿐만 아니라 알지 못한 데에 중대한 과실이 있는 경우에도 영업주는 그러한 사유를 들어 상대방에게 대항할 수 있다고 할 것이고, 이러한 제3자의 악의 또는 중대한 과실에 대한 주장·증명책임은 영업주가 부담한다고 할 것이다. … 지배인이 내부적인 대리권 제한 규정에 위배하여 어음행위를 한 경우에 이러한 대리권의 제한에 대항할 수 있는 제3자의 범위에는 그 지배인으로부터 직접 어음을 취득한 상대방뿐만 아니라 그로부터 어음을 다시 배서양도받은 제3취득자도 포함된다.

(5) 지배권의 남용

지배권의 남용이란 지배인이 객관적으로는 그 대리권의 범위 내에 속하지만 주관적으로는 자기 또는 영업주 이외의 제3자의 이익을 꾀하기 위하여 대리행위를 하는 것을 가리킨다. 이때에도 그 지배인의 행위는 유효하지만 거래상대방이 지배인의 지배권 남용을 알고 있었거나 중대한 과실로 알지 못한 때에는 영업주에 대하여 그 거래행위의 효과를 주장할 수 없다. 그 이유에 관하여는 학설이 나뉜다(회사법상 주식회사의 대표이사가 그 대표권을 남용한 경우에도 유사한 논의가 있다).

(가) 심리유보설

심리유보설은 민법 제107조 단서를 유추적용하여, 지배권 남용행위는 원칙적으로 유효하되, 다만 상대방이 지배권의 남용을 알았거나 알 수 있었으면 무효가 된다고 한다.[2] 그러나 심리유보의 경우는 행위자에게 그 행위를 할 진의가 없음에 반하여 지배권 남용의 경우에는 지배인이 그러한 행위를 하려는 진의가 있었고 다만 행위의 목적이 자기 또는 제3자의 이익을 위한 것인 점에서 민법 제107조 단서의 적용은 무리가 있다고 본다.

(나) 권리남용설

권리남용설에 의하면 지배권 남용행위는 원칙적으로 유효하지만, 상대방이 지

1) 대법원 1999. 3. 9. 97다7721·7738.
2) 대법원 1999. 3. 9. 97다7721·7738.

배권 남용사실을 알고 있는 경우에는 그 거래행위로 취득한 권리를 영업주에 대하여 행사하는 것은 권리남용 또는 신의칙위반으로서 허용되지 않는다고 한다. 이 견해가 타당하다고 본다.

(다) 대리권제한설

대리권제한설은 지배권 남용행위를 상법 제11조 제3항의 지배인의 대리권제한을 위반한 것으로 보는 견해이다. 이에 의하면 지배권 남용행위는 원칙적으로 유효한데, 다만 제3자가 이를 알았거나 알지 못한데 중대한 과실이 있는 경우에만[1] 그에게 무효를 주장할 수 있다고 한다. 그러나 대리권의 제한은 금액·시기·종류·상대방 등에 가하는 제한을 말하는 것이고, 지배인이 영업주를 위하여 대리행위를 하여야 한다는 것은 대리권제한 문제가 아니므로 이 견해는 타당성이 없다.

(라) 이익교량설

이익교량설은 견해는 영업주와 상대방의 이익을 비교형량하여 해결하려는 견해이다. 이에 의하면 지배권 남용행위는 영업주의 이익을 침해하여 지배인의 의무에 반하므로 원칙적으로 무효이지만, 상대방이 중대한 과실없이 그 사정을 모른 경우에는 상대방의 이익을 보호하기 위하여 무효를 주장할 수 없다고 한다. 이 견해는 실정법상의 근거가 없고, 객관적으로 유효한 행위를 원칙적으로 무효라고 보는 것도 설득력이 없다.

(마) 판 례

판례는 처음에는 어느 학설을 취하였는지 분명히 밝히지 아니하였으나,[2] 후속 판례에서 심리유보설을 취하고 있다.

✦ 대법원 1999. 3. 9. 97다7721·7738
지배인의 배임적 대리행위에 대하여 민법 제107조 제1항을 유추적용할 수 있다(심리유보설)

☞ 지배인의 행위가 영업에 관한 것으로서 대리권한 범위 내의 행위라 하더라도 영업주 본인의 이익이나 의사에 반하여 자기 또는 제3자의 이익을 도모할 목적으로 그 권한을 행사한 경우에 그 상대방이 지배인의 진의를 알았거나 알 수 있었을 때에는 민법 제107조 제1항 단서의 유추해석상 그 지배인의 행위에 대하여 영업주 본인은

1) 대법원 1997. 8. 26. 96다36753.
2) 대법원 1987. 3. 24. 86다카2073: 지배인의 행위가 그 객관적 성질에 비추어 영업주의 영업에 관한 행위로 판단되는 경우에도 자기 또는 제3자의 이익을 위하여 한 행위에 대하여는 그 상대방이 악의인 경우에 한하여 영업주는 그러한 사유를 들어 상대방에게 대항할 수 있다.

아무런 책임을 지지 않는다고 보아야 하고, 그 상대방이 지배인의 표시의사가 진의 아님을 알았거나 알 수 있었는가의 여부는 표의자인 지배인과 상대방 사이에 있었던 의사표시 형성 과정과 그 내용 및 그로 인하여 나타나는 효과 등을 객관적인 사정에 따라 합리적으로 판단하여야 한다. 동지: 대법원 2001. 10. 30. 2001다51879.

4) 공동지배인

(1) 의 의

영업주는 지배인의 대리권을 제한하기 위하여 수인의 지배인에게 공동으로 대리권을 행사하게 할 수 있다(제12조 제1항). 이것을 공동지배권(Gesamtprokura)이라고 하며, 이 경우의 지배인을 공동지배인(Gesamtprokurist)이라고 한다. 이 공동지배인제도는 대리권의 남용 내지 오용으로 인한 영업주의 불이익을 방지하기 위한 것으로 주식회사의 공동대표이사제도(제389조 제2항, 제208조 제2항)와 같은 것이다.

공동지배인은 수인의 지배인이 공동으로만 지배권을 행사할 수 있는 것으로서, 수인의 지배인이 각각 대리권을 행사하는 수인의 대리인과는 다르다. 그리고 공동지배인의 선임으로 대리권의 범위가 제한되는 것은 아니며, 단지 대리권의 행사방법이 제한될 뿐이다.

(2) 요 건

공동지배인이 성립하려면 ① 2인 이상의 지배인이 있어야 하며, ② 수인의 지배인을 공동지배인으로 하려는 영업주의 의사가 있어야 하고, 그 의사에 따라 ③ 본점소재지에서 '공동지배인'으로 등기되어야 한다. 단순히 수인의 지배인이 등기되어 있는 경우에는 각자가 단독으로 완전한 지배권을 갖는다.

(3) 형 태

공동지배인의 형태는 제한이 없으므로 甲·乙 양지배인의 공동지배로 할 수도 있고, 甲·乙·丙 3인의 공동지배, 甲·乙의 공동지배와 丙의 단독지배도 가능하다.

(4) 공동지배권의 행사방법

공동지배인의 행위(즉, 능동대리: Aktivvertretung)는 공동으로 하여야 하나 그 1인에 대한 의사표시(즉, 수동대리: Passivvertretung)는 영업주에 대하여 효력이 있다(제12조 제1항). 공동지배인 중 일부가 종임되어 지배인이 1인이 되더라도 그가 단독으로 지배권을 갖는 것은 아니다. 새로이 공동지배인을 충원하거나 영업주가 단독지배권을 부여할 때까지 지배권의 행사가 정지된다.

(5) 대리권의 위임

공동지배인이 그 1인에게 대리권행사를 포괄적으로 위임할 수 있는가에 관하여는 이것이 공동지배인제도의 목적과 본질에 반하기 때문에 이를 부정하는 것이 다수설이다.[1] 그러나 특정사안에 한하여 개별적인 위임을 하는 것은 대리권의 오용이나 남용의 문제는 없을 것이므로 거래의 원활화를 위해서 이를 긍정하여도 무방하리라 본다.[2] 그러나 긍정설도 재판상의 행위와 어음·수표행위와 같은 요식행위에 있어서는 수인의 공동지배인이 반드시 기명날인하여야 한다고 본다.[3]

✦ 대법원 1989. 5. 23. 89다카3677
공동대표에 있어서 개별적 위임을 긍정한 판결

☞ 주식회사에 있어서의 공동대표제도는 대외관계에서 수인의 대표이사가 공동으로만 대표권을 행사할 수 있게 하여 업무 집행의 통일성을 확보하고, 대표권 행사에 신중을 기함과 아울러 대표이사 상호간의 견제에 의하여 대표권의 남용 내지는 오용을 방지하여 회사의 이익을 도모하려는 데 그 취지가 있으므로 공동대표이사의 1인이 그 대표권의 행사를 특정 사항에 관하여 개별적으로 다른 공동대표이사에게 위임함은 별론으로 하고, 일반적·포괄적으로 위임함은 허용되지 아니한다.

(6) 적용범위

재판상의 행위에 대하여는 소송대리인의 개별대리의 원칙(민소 제93조)을 근거로 공동대리를 부정하는 견해도 있으나, 공동지배인제도는 민법과 상법의 대리인 및 지배인 규정의 예외를 이루고 있으므로 재판상의 행위에도 적용된다고 본다.[4]

(7) 1인에게 발생한 사유의 효력

공동지배인 중 1인에게 의사의 흠결, 지(知) 또는 부지(不知), 선의 또는 악의 등 주관적 사유가 있는 경우에도 공동지배인의 행위는 능동대리·수동대리를 묻지 아니하고 무효가 되지 아니하므로, 영업주에 대하여 효력이 있다고 보아야 할 것이다. 또한 공동지배인 중 1인의 대리권이 소멸한 경우에도 남아 있는 공동지배인의 대리권은 소멸하지 않는다고 본다. 이때 남아 있는 공동지배인이 단독으

1) 서돈각(상) 99면; 손주찬(상) 102면; 이병태(상) 109면; 김정호(상) 59~60면.
2) 동지: 강위두(총) 93면; 최기원(상) 88면; 정동윤(상) 64면. 정찬형(상) 89면. 공동지배인간의 위임관계를 대리행위시에 현명한다면 개별거래에 관한 위임이 가능하다고 하는 견해: 이철송(총) 122면.
3) 동지: 최기원(상) 88면; 정찬형(상) 87면.
4) 정동윤(상) 64면; 이철송(총) 120면.

로 능동대리를 한 경우에는 표현지배인으로 인정될 가능성이 크다. 영업주가 추인하면 유효하게 됨은 물론이다.

(8) 등 기

공동지배는 거래상대방에게 중요한 사항이므로 이에 관한 사항과 그 변경 또는 소멸에 관한 사항은 등기하여야 한다(제13조 제2문).

5) 표현지배인

(1) 의 의

지배인이냐 아니냐는 그 대리권의 유무에 의하여 결정되는 것이지만, 상법은 외관을 신뢰한 거래자를 보호하기 위한 제도 중 하나로서 표현지배인제도를 두고 있다. 즉, 본점 또는 지점의 본부장, 지점장 그 밖에 지배인으로 인정될 만한 명칭을 사용하는 자는 재판 외의 행위에 관한 한 그 영업소의 지배인과 동일한 권한을 가지는 것으로 의제된다(제14조 제1항). 이러한 사용인을 표현지배인(表見支配人)이라고 한다.[1] 이러한 표현지배인제도는 민법상의 표현대리와 마찬가지로 독일법상의 이른바 '외관이론'과 영미법상의 '표시에 의한 금반언의 법리'에 의하여 거래의 안전을 도모하기 위하여 인정된 제도이다.

(2) 요 건

영업주가 표현지배인의 행위에 대하여 책임을 부담하기 위해서는 (ⅰ) 영업소로서의 실질을 갖춘 곳에서, (ⅱ) 사용인(그러나 반드시 상업사용인이어야 할 필요는 없다)이 표현적 명칭을 사용하여, (ⅲ) 지배인의 권한 내의 거래를 하였으며, (ⅳ) 표현적 명칭사용에 대한 영업주의 허락 내지 묵인이 있었고, (ⅴ) 상대방이 지배인이 아닌 사실에 관하여 선의였어야만 한다(제14조 제2항). 선의임에 중과실이 있는 때에는 이를 악의와 동일시하여야 할 것이다.

---

1) 표현지배인의 성립을 인정한 사례: 대법원 1960. 9. 15. 4293민상54; 동 1954. 6. 10. 4287민상74; 동 1998. 8. 21. 97다6704(제약회사의 지방분실장); 광주지방법원 1987. 6. 17. 87가단216[확정](영업소장이 피고에게 연대보증인으로 서명날인만 해 주면 되고 실제로 어음금청구 내지는 물품대금청구는 하지 않겠다고 약속한 경우 그 영업소장은 원고회사의 표현지배인이라 볼 것이고, 그가 한 위 약속은 원고의 동 피고에 대한 어음채무면제약정에 해당한다). 표현지배인의 성립을 부정한 사례: 대법원 1993. 12. 10. 93다36974(보험회사 지점차장); 동 1994. 1. 28. 93다49703(증권회사의 지점장 대리); 동 1994. 9. 30. 94다20884(건설회사의 현장소장은 부분적포괄대리권을 가지는 사용인이다); 동 1998. 10. 13. 97다43819(회사의 지방연락사무소 소장).

(가) 영업소의 실질

표현지배인의 성립요건 중 (ⅰ)의 요건, 즉 표현지배인이 소속된 본·지점이 영업소로서의 실질을 갖추어야 한다고 보는 것이 우리나라의 다수설[1] 및 판례의 입장이지만(실질설), 이를 수긍하기 어렵다.

실질설의 근거는 (ⅰ) 연혁적으로 상법 제14조는 지배인을 두어야 할 장소임에도 불구하고 지배인을 두지 않고 대신 '본부장' 등의 명칭을 붙인 자를 사용하는 경우에 적용하기 위한 규정이고, (ⅱ) 제14조의 표현지배인제도는 사용인이 가진 명칭, 즉 외관의 신뢰를 보호하기 위한 것이지, 그 외 영업소의 외관까지 보호하려는 것이 아니므로 전혀 실체가 없는, 단지 영업소라는 명칭·주임이라는 명칭이 사용되고 있다는 이유로 그 거래 상대방을 보호한다는 것은 문제가 있으며, (ⅲ) 실질설을 취하여야 영업주의 이익과 거래안전의 균형을 이룬다는 것이다.

그러나 (ⅰ) 상법 제14조가 외관이론 내지 금반언의 법리를 근거로 하고 있는 이상 지배인으로서의 외관을 신뢰하고 거래한 제3자는 당연히 보호되어야 하고, (ⅱ) 실질설을 취할 경우 거래상대방에게 본·지점의 영업소의 실질을 구비하였는가까지도 조사하여야 할 부담을 주므로 부당하며, 나아가 (ⅲ) 거래시에 일일이 본·지점이 영업소의 실질을 갖추었는지를 조사 내지 판단한다는 것은 경험상 기대하기 어려우므로 이 요건은 부당한 요구라 생각된다. 따라서 영업소로서의 실질을 갖추었느냐를 묻지 아니하고 객관적으로 본·지점의 외관이 있으면 충분하다고 본다(형식설).[2]

✦ 대법원 1978. 12. 13. 78다1567
영업소의 실질을 갖추어야 한다고 본 판례

〈사 실〉

범한해상화재보험 주식회사의 부산영업소장은 동사의 지배인도 아니고 본사로부터 어음행위를 수권받은 바도 없는데, 수취인난에 '범한해상화재보험 주식회사 부산영업소'라고 기재된 약속어음을 교부받아 다시 '범한해상화재보험 주식회사 부산영업소장 권영진'이란 이름으로 배서하였던 바, 어음소지인이 ××화재해상보험 주식회사에 대해 상법 제14조를 근거로 배서인의 담보책임을 물어 온 사건에 대하여 법원은 다음과 같이 판결하였다.

---

1) 손주찬(상) 104면; 최기원(상) 92면; 이병태(상) 112면; 이철송(총) 128면; 정찬형(상) 91면.
2) 임홍근(총) 231면; 채이식(상) 61면; 김정호(상) 62면.

〈판결요지〉

상법 제14조 제1항 본문에 본점 또는 지점의 영업주임 기타 유사한 명칭을 가진 사용인은 본점 또는 지점의 지배인과 동일한 권한이 있는 것으로 본다 하여 표현지배인을 규정하고 있는데, 표현지배인으로서 본조를 적용하려면 당해 사용인의 근무장소가 상법상의 영업소인 '본점 또는 지점'의 실체를 가지고 어느 정도 독립적으로 영업활동을 할 수 있는 것임을 요한다 할 것이다.

그런데 기록에 의하면 피고회사는 보험업법의 규제를 받는 보험사업자로서 보험계약의 체결, 보험료의 영수 및 보험금의 지급을 그 기본적 업무로 하고 있음이 분명하며, 피고회사 부산영업소의 업무내용은 본점 또는 지점의 지휘감독 아래 보험의 모집, 보험료의 집금(集金)과 송금, 보험계약의 보전 및 유지관리, 보험모집인의 인사관리 및 교육, 출장소의 관리감독 기타 본·지점으로부터 위임받은 사항으로 되어 있음이 또한 뚜렷하므로 이에 의하면 위 부산영업소는 피고회사의 기본적 업무를 독립하여 처리할 수는 없고 다만 본·지점의 지휘 감독 아래 기계적으로 제한된 보조적인 사무만을 처리하는 것으로 밖에 볼 수 없으니 이는 상법상의 영업소인 본점·지점에 준하는 영업장소라고 볼 수 없어 부산영업소 권영진을 위 법조에서 말하는 표현지배인이라고 볼 수 없다고 할 것이다.

✦ 대법원 1998. 8. 21. 97다6704
영업소로서의 실질을 인정한 판례

〈사 실〉

원고 전숙자는 피고 한국파마로부터 최문자가 발행하여 최치영, 피고회사로 순차 배서되어 있는 금 2천만원의 약속어음 1매를 배서·양도받아 소지하고 있던 중 어음의 지급기일에 지급장소 농협중앙회 부전동 지점에 지급제시하였으나 지급이 거절되었으므로 원고에게 어음금 2천만원과 이에 대한 만기 이후의 이자와 지연손해금을 지급하여야 할 의무가 있다고 주장하였다. 이에 대하여 피고는 이 사건 피고회사명의의 배서는 피고회사의 부산분실장으로 있던 소외 주지봉이 임의로 피고회사의 직인과 인장을 위조하여 작성한 것이므로 원고의 청구에 응할 수 없다고 주장한다. 이에 대하여 원고는 다시, 이 사건 약속어음 중 피고회사 명의의 배서부분을 위 주지봉이 위조하였다고 하더라도 위 주지봉은 상법 제14조 소정의 표현지배인에 해당하므로 피고회사는 주지봉의 행위에 대하여 책임을 져야 한다고 주장하였다.

〈판결요지〉

(i) 상법 제14조 제1항 소정의 표현지배인에 관한 규정이 적용되기 위하여는 당해 사용인의 근무장소가 상법상 지점으로서의 실체를 구비하여야 하고, 어떠한 영업장소가 상법상 지점으로서의 실체를 구비하였다고 하려면 그 영업장소가 본점 또는 지점의 지휘·감독 아래 기계적으로 제한된 보조적 사무만을 처리하는 것이 아니라, 일정한 범위 내에서 본점 또는 지점으로부터 독립하여 독자적으로 영업활동에 관한 결정을 하고 대외적인 거래를 할 수 있는 조직을 갖추어야 할 것이다. 그런데 피고회사 부산 분실은 그 원심이 판시한 바와 같은 인적 조직을 갖추고, 부산 일원의 약국 등에 피고회사가 제조한 약품을 판매하고 그 대금을 수금하며 거래처에서 수금

한 약속어음 등을 할인하여 피고회사에 입금시키는 등의 업무를 담당하여 왔으므로 위 부산 분실이 본점으로부터 어느 정도 독립을 하여 독자적으로 약품의 판매 여부에 관한 결정을 하고 그 결정에 따라 판매행위를 하는 등 영업활동을 하여 왔다 하겠으므로, 위 부산 분실을 피고회사 부산지점으로서의 실체를 구비한 것으로 판단한 것은 정당한 것으로 여겨진다.

(ii) 지배인의 행위가 영업주의 영업에 관한 것인가의 여부는 지배인의 행위 당시의 주관적인 의사와는 관계없이 그 행위의 객관적 성질에 따라 추상적으로 판단하여야 할 것인 바(대법원 1997. 8. 26. 96다36753 등 참조), 지배인이 영업주 명의로 한 어음행위는 객관적으로 영업에 관한 행위로서 지배인의 대리권의 범위에 속하는 행위라 할 것이므로 지배인이 개인적 목적을 위하여 어음행위를 한 경우에도 그 행위의 효력은 영업주에게 미친다 할 것이고, 이러한 법리는 표현지배인의 경우에도 동일하다 할 것이다.

원심이 같은 취지에서 피고회사 부산 분실장인 소외 주지봉이 자신의 개인적 목적을 위하여 아무런 권한 없이 피고회사 명의의 배서를 위조하여 원고로부터 이 사건 약속어음을 할인하였다 하더라도, 이는 표현지배인의 행위로서 피고회사에 대하여 효력이 미친다고 판단한 것은 정당하다. 동지: 대법원 1998. 10. 13. 97다43819; 동 2000. 8. 22. 2000다13320.

(나) 사용인의 표현적 명칭 사용

사용인이 본점 또는 지점의 본부장, 지점장 그 밖에 지배인으로 인정될 만한 명칭을 사용하였어야 한다. 표현지배인이 될 수 있는 자는 상업사용인이어야 할 필요는 없으며, 단순한 사용인에 대하여도 인정될 수 있다.[1] 본부장, 지점장,[2] 그 밖에 지배인으로 인정될 만한 명칭으로서는 영업부장, 출장소장[3] 등을 대표적인 예로 들 수 있으나 지점차장,[4] 지점장대리,[5] 영업소주임 등과 같이 명칭 자체로서 상위 사용인의 존재를 인식할 수 있는 경우에는 표현지배인이 될 수 없으며,[6] 지점주임, 지점계장 등은 지점 내의 1부서의 책임자임을 나타내고 있으므로 역시 표현지배인이 될 수 없다.

---

1) 동지: 정찬형(상) 90~91면; 김정호(상) 60~61면; 김병연(총) 66면.
2) 대법원 1960. 9. 15. 4293민상54.
3) 日最判 1964. 3. 10, 民集 18. 3. 458.
4) 대법원 1993. 12. 10. 93다36974.
5) 대법원 1994. 1. 28. 93다49703.
6) 대법원 1967. 9. 26. 67다1333(지사장에 대하여); 동 1971. 5. 24. 71다656(은행 본점의 계리부장대리에 대하여); 동 1983. 10. 25. 83다107(영업소장에 대하여); 동 1993. 12. 10. 93다36974(지점차장에 대하여); 동 2007. 8. 23. 2007다23425(영업팀장에 대하여). 반대의 판결: 대법원 1960. 6. 5. 4293민상54: 협동생명보험주식회사 중앙지점 지점장 A의 명의로 어음을 발행한 경우, A가 지배인이 아니더라도 회사는 변제책임이 있다.

(다) 지배인의 권한 내의 행위

표현지배인이 표현적 명칭을 사용하여 지배인의 권한 내의 행위를 하였어야 한다. 그 행위는 재판상의 행위가 아닌 거래행위이어야 한다. 재판에 있어서는 실체적 진실이 요구되기 때문이다. 또한 표현지배인의 행위는 영업에 관한 행위로서 영업의 목적인 행위 이외에 영업을 위한 행위도 포함된다.

(라) 영업주의 허락

표현적 명칭의 사용에 대한 영업주의 허락이 있었어야 한다. 영업주의 허락은 반드시 명시적이어야 하는 것은 아니며 묵시적인 허락도 포함된다.

(마) 상대방의 선의

표현지배인의 거래상대방은 지배인이 아닌 사실에 관하여 선의였어야 한다(제14조 제2항). 선의에 중과실이 있는 경우에는 이를 악의와 동일시하여야 할 것이다(통설).

(3) 효 과

표현지배인의 영업에 관한 행위는 재판상의 행위를 제외하고는 지배인과 동일한 권한이 있는 것으로 본다. 따라서 영업주는 표현지배인의 행위에 관하여 정상적인 지배인의 행위가 있었던 것과 동일한 책임을 져야 한다. 거래상대방에 대하여 영업주가 책임을 짐에 따라 표현지배인은 책임을 지지 아니한다.

(4) 표현지배인과 등기의 적극적 공시력

상법 제14조는 상법 제37조의 예외규정(예외설)으로서, 제37조의 규정에 불구하고 적용되는 것으로 본다. 이에 관하여는 예외설 외에도, 정당사유(正當事由)설, 이차원(異次元)설 등의 견해가 있으나, 상업등기부분에서 자세히 설명한다.

2. 부분적 포괄대리권을 가지는 사용인

1) 부분적 포괄대리권을 가지는 사용인의 의의

부분적 포괄대리권을 가지는 사용인이란 영업의 '특정한 종류 또는 특정한 사항'에 관하여 포괄적 대리권을 가지는 상업사용인을 말한다(제15조 제1항). 이에는 회사의 부장 · 차장 · 과장 · 대리 등이 있다. 주식회사의 기관인 상무이사라 하더라도 상법 제15조 소정의 부분적 포괄대리권을 가지는 그 회사의 사용인을 겸임할 수 있다.[1)]

---

1) 대법원 1996. 8. 23. 95다39472.

✦ 대법원 1994. 10. 28. 94다22118
부분적 포괄대리권을 가진 상업사용인임을 인정한 판례

☞ 오피스텔의 분양사업을 영위하는 자의 위임을 받아 관리부장 또는 관리과장의 직책에 기하여 분양계약의 체결 및 이행과 분쟁관계의 해결 등 일체의 분양관련업무를 처리하여 온 자는 부분적 포괄대리권을 가진 사용인이다. 동지: 대법원 1963. 1. 31. 62다773(출장소장); 동 1968. 3. 5. 67다2297(영업소장); 동 1974. 6. 11. 74다492(운수회사의 사업과장); 동 1989. 8. 8. 88다카23742(영업부장과 과장대리); 동 1994. 1. 28. 93다49703(증권회사의 지점장 대리); 동 1994. 9. 30. 94다20884 및 2013. 2. 28. 2011다79838(건설회사 현장소장은 특정된 건설현장에서 공사의 시공에 관련한 업무만을 담당하는 자이므로 특별한 사정이 없는 한 표현지배인이라고 할 수는 없고, 단지 상법 제15조 소정의 영업의 특정한 종류 또는 특정한 사항에 대한 위임을 받은 사용인으로서 그 업무에 관하여 부분적 포괄대리권을 가진 사용인이다); 동 2009. 5. 28. 2007다20440・20457(주임, 계장 및 팀장).

✦ 대법원 1987. 6. 23. 86다카1418
부분적 포괄대리권을 가진 상업사용인임을 부정한 판례

☞ 회사 지점에서 자금과장으로 호칭되고 지점장 바로 다음 직위에 있으며, 그가 위 지점장 명의로 은행 지점에 개설된 회사의 보통예금계좌에서 예금을 인출하거나 또는 이에 입금한 사실이 있다하여, 예금을 인출할 수 있는 권한을 포괄하여 위임받은 상업사용인이라 할 수 없다. 동지: 대법원 1990. 1. 13. 87다카2305(회사의 경리부장은 경리사무 일체에 관하여 그 권한을 위임받은 것으로 봄이 타당하고, 자금차입에 관한 포괄적 대리권은 없다); 동 1989. 8. 8. 88다카23742(회사의 영업부장과 과장대리의 담보제공약정에 대하여); 동 1990. 1. 23. 88다카3250(X은행이 Y회사의 경리부장 A에게 자금을 대여한 경우, A는 경리업무에 관한 범위 내에서 상법 제15조의 부분적 포괄대리권을 가진 사업사용인으로 볼 수 있으나 독자적인 차금행위는 Y회사로부터 위임되어 있지 않다고 볼 수 있으므로 이에 대하여 Y회사가 책임을 지기 위하여는 표현대리가 성립하여야 한다. 그런데 X에게는 과실이 있어 표현대리가 성립하지 않는다. 그러나 A는 Y회사의 피용자이므로 Y회사는 X은행에게 사용자배상책임을 진다); 동 1960. 12. 8. 4293민상22(여관의 상업사용인이 주인을 대리하여 어음행위를 한 경우); 동 1971. 5. 24. 71다656(은행 본점의 계리부장대리가 은행의 보증행위를 한 경우); 동 1965. 12. 28. 65다2133(회사의 과장이 시효중단사유가 되는 채무를 승인한 경우); 동 1989. 2. 14. 87다카3176(보험회사 영업소장의 어음배서 및 채무보증행위는 영업소장으로서 직무범위를 벗어남은 물론 그 직무집행과 밀접하게 관련된 행위라고도 보기 어려우므로 보험회사에 사용자책임을 물을 수도 없다); 동 1999. 5. 28. 98다34515(현장소장의 채무보증 또는 채무인수행위).

2) 선임과 종임

(1) 부분적 포괄대리권을 가진 상업사용인의 선임・종임은 지배인의 경우와

대체로 동일하지만, ① 영업주와 그 법정대리인 이외에 지배인도 이를 선임·해임할 수 있는 점, ② 지배인의 경우는 등기사항이나 부분적 포괄대리권을 가진 상업사용인의 선임과 종임은 등기사항이 아닌 점, ③ 소상인은 지배인을 선임하더라도 상법이 적용되지 않으나(제9조), 소상인이 부분적 포괄대리권을 가진 상업사용인을 선임하는 경우에는 상법이 적용되는 점이 다르다.

(2) 상법 제15조 제1항은 부분적 포괄대리권을 가진 상업사용인에 대하여 재판 외의 모든 권리를 행사할 수 있는 권리를 '위임'받은 사용인이라고 규정하고 있다. 여기서의 위임이란 위임계약을 의미하는 것이 아니라, 지배인의 경우와 같이 대리권수여계약으로 보아야 한다.[1)]

3) 대리권의 범위

(1) 부분적 포괄대리권을 가진 상업사용인은 그가 수여받은 영업의 특정한 종류 또는 특정한 사항에 관한 재판 외의 모든 행위를 할 수 있으므로 그 대리권의 범위는 특정한 사항에 관한 한 포괄성과 정형성을 가지며,[2)] 또한 이를 제한하는 경우에도 이를 선의의 제3자에게 대항하지 못하는 불가제한성을 갖는 점에서 지배인과 유사성을 가진다. 그러나 ① 지배인과는 달리 대리권의 범위가 영업 전반에 걸치지 않고 영업주로부터 위임받은 특정한 종류 또는 사항에 한정되고(대리권의 범위가 부분적인 점), ② 재판상의 행위가 제외되며, ③ 선임 및 대리권의 소멸이 등기사항이 아닌 점 등은 지배인과 다른 점이다.

(2) 부분적 포괄대리권을 가진 상업사용인이 특정된 영업에 속하지 않는 행위를 한 경우 영업주는 책임이 없다.[3)] 다만 민법상의 표현대리의 법리에 의하여 그 상업사용인과 거래한 제3자가 그 상업사용인에게 대리권이 있다고 믿을 만한 정당한 이유가 있었던 경우에는 영업주가 책임을 부담하여야 한다.

---

1) 동지: 임홍근(총) 92면; 정찬형(상) 94면.

2) 따라서 개개의 행위에 대하여 영업주로부터 별도의 수권이 필요 없으나, 어떠한 행위가 위임받은 영업의 특정한 종류 또는 사항에 속하는가는 당해 영업의 규모와 성격, 거래행위의 형태 및 계속 반복 여부, 사용인의 직책명, 전체적인 업무분장 등 여러 사정을 고려해서 거래통념에 따라 객관적으로 판단하여야 한다.: 대법원 2009. 5. 28. 2007다20440·20457.

3) 대법원 1984. 7. 10. 84다카424·425: 상업사용인이 자신이 매수한 부동산대금의 지급을 위하여 자기의 명의로 어음을 발행하고 지급담보를 위하여 영업주인 회사명의의 배서를 대행한 것은 특별수권이 있었다고 믿을만한 사정이 없는 한 영업범위 내의 행위라고 할 수 없다. 동지: 대법원 1960. 12. 8. 4293민상22; 동 1989. 8. 8. 88다카3250.

✦ 대법원 2006. 6. 15. 2006다13117
부분적 포괄대리권을 가진 상업사용인이 특정된 영업이나 특정된 사항에 속하지 않는 행위를 한 경우, 영업주가 책임을 지기 위한 요건

☞ 부분적 포괄대리권을 가진 상업사용인이 특정된 영업이나 특정된 사항에 속하지 아니하는 행위를 한 경우, 영업주가 책임을 지기 위하여는 민법상의 표현대리의 법리에 의하여 그 상업사용인과 거래한 상대방이 그 상업사용인에게 그 권한이 있다고 믿을 만한 정당한 이유가 있어야 한다. … 전산개발장비 구매와 관련된 실무를 총괄하는 상업사용인의 지위에 있는 자가 지급보증행위를 하는 것은 부분적 포괄대리권을 가진 상업사용인의 권한에 속하지 아니한다. 동지: 대법원 1999. 7. 27. 99다12932; 동 2012. 12. 13. 2011다69770.

4) 표현사용인

(1) 지배인의 경우와 달리 부분적 포괄대리권을 가진 상업사용인의 경우에는 표현지배인과 같은 규정이 없다. 따라서 영업주가 부장 · 과장 등과 같이 부분적 포괄대리인을 가진 상업사용인과 같은 명칭사용을 허락하면서 실제로는 이에 해당하는 대리권을 부여하지 않은 경우, 그러한 표현부장 · 표현과장 등이 제3자와 거래하였을 때 제3자 보호가 문제된다.

(2) 이에 대하여는 민법의 규정만으로 제3자 보호가 충분할 수 없으므로 표현지배인에 관한 상법 제14조를 유추적용하여 제3자를 보호하여야 한다는 견해가 있다.[1] 그러나 거래의 상대방은 민법 제125조의 표현대리나 민법 제756조의 사용자책임 등의 규정에 의하여 보호될 수 있으므로, 명문의 규정 없이 상법 제14조를 유추적용할 수 없다고 본다.[2]

3. 물건판매점포의 사용인

1) 의 의

물건을 판매하는 점포의 사용인(예컨대, 점원 · 서기 · 사원 · 고용원 등)은 그 물건의 판매에 관한 한 모든 권한이 있는 것으로 본다(제16조 제1항). 이러한 사용인을 의제상업사용인이라고도 한다.[3] 물건판매점포의 사용인은 물건판매에 관한 대

1) 손주찬(상) 109면; 임홍근(총) 91면; 정찬형(상) 95~96면; 정동윤(상) 72면.
2) 이철송(총) 137면; 채이식(상) 61면; 김병연(총) 72면; 대법원 2007. 8. 23. 2007다23425.
3) 정찬형(상) 96면.

리권이 있는 것과 같은 외관을 갖추고 있기 때문에 상법은 거래의 안전을 위하여 대리권을 가지고 있는 것으로 본 것이다. 물건판매점포에서의 거래는 보통 소량·소규모의 소매거래로서 불특정 다수인이 고객으로 참여하여 신속하고 빈번하게 이루어지는데, 이러한 거래에서 일일이 사용인의 판매대리권의 유무를 확인한다는 것은 거래의 실정상 기대할 수 없기 때문이다.

2) 법적 성질

(1) 상법이 인정하고 있는 상업사용인 중에서 지배인과 부분적 포괄대리권을 가진 사용인의 경우에는 영업주인 상인의 수권행위가 전제가 되고 있지만 물건판매점포의 사용인의 경우에는 상인의 수권행위의 유무와는 관계없이 거래안전보호의 차원에서 대리권이 있는 것으로 인정되는 것이라는 점에서 구별된다. 따라서 물건판매점포사용인의 경우에는 앞의 두 종류의 상업사용인의 경우와는 달리 영업주인 상인의 수권행위와는 관계없이 상법에 의해서 대리권이 인정되고 있는 특수한 경우이다. 그러므로 상법 제16조는 외관주의의 구체적 표현으로 볼 수 있다. 즉, 물건판매점포의 사용인은 물건판매에 관한 대리권을 가지고 있다는 외관을 구비하고 있으므로 실제 대리권이 수여되지 않은 경우에도 이러한 외관을 신뢰한 자를 보호하기 위해서 대리권을 의제한 것이다.

(2) 다른 한편으로는 상법 제16조 제2항에서 상대방이 악의인 경우, 즉 사용인의 대리권이 없음을 알고 있는 경우에는 대리권의 의제는 인정되지 않는 것으로 규정하고 있으므로, 상법 제16조에는 점포사용인의 대리권의 부존재에 대한 증명책임을 상인에게 전가하는 추정의 의미도 함축되어 있다고 본다.

3) 선임과 종임

물건판매점포의 사용인은 대리권이 없는 사용인이므로 지배인이나 부분적 포괄대리권을 가진 상업사용인과 달리 대리권수여행위가 존재하지 아니한다. 기타의 사항은 부분적 포괄대리권을 가진 사용인의 경우와 같다.

4) 적용요건

(1) 상법 제16조가 적용되기 위하여는 '물건을 판매하는 점포'의 사용인이어야 한다. 따라서 점포를 떠나 판매행위를 하는 이른바 외무사원에 대하여는 대

리권이 의제되지 아니한다. 그러나 점포 내에서의 판매인 이상 물건이 점포 밖에 있더라도 상관없다.

✦ 대법원 1976. 7. 13. 76다860
물건판매점포의 사용인을 부정한 경우

〈사 실〉

주식회사 Y백화점 대구지점의 외무사원이었던 A는 1973년 8월에서 1974년 10월까지 위 지점에서 각종 물품을 인수하여 판매하고 그 대금을 수령하는 업무를 하였다. X는 점포 밖에서 설탕 15kg들이 100포를 인도받기로 하고 그 대금을 지급하였으나 A는 그 대금을 Y회사에 입금시키지도 않고 주문받은 물품도 그에게 인도하지 않았다. 이에 X는 Y회사를 상대로 원상회복으로서의 선대금반환과 채무불이행에 따른 손해배상을 청구하였다. 이에 대하여 원심은 상법 제16조에 의한 X의 청구를 배척하여, X가 상고하게 된 것이다.

〈판결요지〉

상법 제16조는 "물건을 판매하는 점포의 사용인은 그 판매에 관한 모든 권한이 있는 것으로 본다"고 규정하고 있는데, Y백화점 지점의 외무사원은 상법 제16조 소정 물건판매점포의 사용인이 아니므로 위 회사를 대리하여 물품을 판매하거나 또는 물품대금의 선금을 받을 권한이 있다고 할 수 없다(다만, 위 외무사원의 점포 밖에서 그 사무집행에 관한 물품거래행위로 인하여 타인에게 손해를 입힌 경우에는 Y회사는 사용자의 배상책임을 면할 수 없다). 따라서 원심판단은 정당하고, 이에 관한 논지는 이유없다. 동지: 대법원 1971. 3. 30. 71다65(퇴직한 물건판매점포사용인에 대하여 점포 외에서 외상대금을 지급한 경우, 민법 제129조의 표현대리도 성립하지 않는다).

(2) 물건판매점포의 '사용인'은 영업주로부터 일정한 범위의 대리권을 수여받은 상업사용인뿐만 아니라 널리 점포에서 근무에 종사함으로써 상품을 판매할 권한이 있는 외관을 갖춘 자를 포함한다. 예컨대 상품을 배달하는 배달부에 불과하더라도 그가 물건판매점포에서 물건을 판매하면 여기서 말하는 사용인이 될 수 있다.

(3) 대리권이 의제되는 것은 물건을 '판매'하는 행위에 한정된다. 따라서 물건을 구입하거나 자금을 차입하는 행위에 대하여는 적용되지 아니한다.

(4) 물건판매점포의 사용인에 대하여 대리권을 의제하는 것은 외관을 신뢰한 자를 보호하기 위한 것이므로 악의의 제3자에 대하여는 적용되지 아니한다(제16조 제2항). 대리권이 없음을 알지 못한데 중과실이 있는 경우에도 악의와 동일시된다.

5) 대리권의 범위

(1) 물건판매점포의 사용인은 그 물건의 판매뿐만 아니라 통상 물건의 판매에 수반되는 처분행위와 채무부담행위도 할 수 있다고 본다. 판매대금의 수령은 물론, 물건대금의 할인, 판매한 물건의 교환, 환불, 외상판매도 그 권한 내로 볼 수 있다.

(2) 그 점포의 물건판매에 관한 행위이어야 하므로 그 점포가 취급하지 아니하는 물품의 판매에 대해서는 대리권이 의제되지 아니한다. 또 영업주의 보조적 상행위에는 해당하나 물건판매가 아닌 것은 그 사용인의 권한으로 의제할 수 없다.

(3) 그리고 거래의 안전보호라는 입법취지상 물건의 판매에 한정되지 아니하고 널리 임대 또는 교환 등의 거래를 취급하는 점포의 사용인(비디오 가게나 렌트카 등), 공중접객업소의 사용인, 승차권 등의 매표소 직원, 은행 등 금융업을 영위하는 점포의 사용인 등 대리권의 존재가 강하게 추정되는 업소의 사용인에 대하여도 상법 제16조가 유추적용된다.[1)]

Ⅲ. 상업사용인의 경업금지의무

1. 취 지

1) 상업사용인은 특정 상인의 종속적 기업보조자이므로 민법상으로도 위임 또는 고용계약의 취지에 따라 영업주에게 충실하여야 할 의무가 있으나(민 第655조 · 第680조 · 第681조), 특히 알고 있는 영업상의 기밀이나 고객관계 기타의 거래사정을 악용하여 자기 또는 제3자의 이익을 도모할 우려가 있으므로, 상법은 경업금지의무라는 일정한 부작위의무를 규정하였다.

2) 이 경업금지의무의 취지는 ① 영업주와의 이익충돌을 방지하고(부정경업방지), ② 상업사용인의 정력분산을 방지하는 데(노동력확보) 있다. 그러나 전술한 바와 같이 ① 상업사용인과 영업주와의 관계는 고용계약을 요건으로 하지 않고, ② 경업거래금지의무도 상업사용인의 영업행위 일반에 대하여 미치는 것은 아니고 영업주의 영업부류에 속하는 거래만을 그 대상으로 하는 점, ③ 그리고 상법이 상업사용인을 '상업대리인'으로 규정하려는 취지라고 본다면, 정력집중의

---

1) 강위두(총) 106면; 손주찬(상) 111면; 임홍근(총) 93면; 정동윤(상) 71~72면; 이철송(총) 140~141면; 정찬형(상) 98면; 김정호(상) 72면.

무를 부과시키려는 것은 일관성이 없다는 입법론적 비판이 가해질 수 있다.[1)]

상법상의 경업금지의무

(ⅰ) 경업금지의무가 법정된 경우: 상법상 경업금지의무는 상업사용인(제17조)의 경우 이외에도, 영업양도인(제41조)·대리상(제89조)·합명회사의 사원(제198조)·합자회사의 무한책임사원(제269조, 제198조)·주식회사의 이사(제397조) 및 유한회사의 이사(제567조, 제397조) 등의 경우에 법정되어 있다.

(ⅱ) 해석상 경업금지의무가 인정되는 경우: 명문의 규정은 없으나 익명조합의 영업자에게도 경업금지의무가 인정된다는 것이 다수설의 입장이다.

(ⅲ) 계약에 의하여 경업금지를 약정하는 경우: 당사자자치의 원칙상 독점규제 및 공정거래에 관한 법률에 위배되지 않는 범위 내에서 계약으로 경업금지를 약정할 수 있다.

2. 상업사용인의 의무의 내용

1) 경업거래금지

(1) 상업사용인은 자기 또는 제3자의 계산으로 영업주의 영업부류에 속한 거래를 하지 못한다(제17조 제1항 전단). 이것을 '협의의 경업금지의무'라고도 하며, 대리상, 합명회사의 사원, 합자회사의 무한책임사원, 물적 회사의 이사의 의무는 이와 같은 것이다.

(2) '자기 또는 제3자의 계산으로'라는 것은 경제적 효과의 귀속을 의미하며, 자기 또는 제3자가 그 거래에서 생긴 경제적 효과의 주체가 된다는 뜻이고, 명의(名義)가 누구든 상관없다.

(3) '영업주의 영업부류에 속한 거래'라 함은 영업의 목적인 사업과 동종 또는 유사한 상품 또는 용역을 대상으로 하는 거래로서, 영업주가 실제로 경영하는 사업과 시장에서 거래처가 경합하여 영업주의 영업과 경쟁이 생기어 영업주와의 사이에 이익충돌을 가져올 가능성이 있는 거래를 말한다. 그리고 동일상품을 취급하더라도 도매상과 소매상은 영업부류를 달리한다고 해석한다. 그러나 예컨대 소, 돼지고기의 도축판매와 매업판매는 동종영업으로 볼 수 있다.[2)] 회사의 경우에는 정관 소정의 회사의 목적인 사업 전부가 아니라 그 중 회사가 실제로 행하고 있는 사업을 말한다. 그러나 영업과 관련하여 그 유지 및 편익을 위한 보

---

1) 서돈각·정완용(상) 101면.
2) 대법원 2015. 9. 10. 2014다80440.

조적 행위는 이에 포함되지 않는다. 또한 영업부류에 속하는 거래라도 영리성이 없는 행위, 즉 상업사용인에게 상행위가 되지 않는 일방적 상행위(예컨대, 은행 지배인의 예금·금전대차, 보험회사 지배인의 보험계약체결)는 상관없다.

(4) 영업부류에 속하는 거래인 이상 개별적인 거래이든 계속적인 영업이든 금지된다[영업주의 영업부류에 속하지 않는 다른 영업행위는 할 수 있는 점에서, 의용상법상의 일반적 경업금지의무(의상 제41조 제1항)와 다르다]. 또한 이 의무는 모든 상업사용인에 대하여 적용된다. 상업사용인인 동안에는 근무시간 내외를 묻지 않고 이 의무를 부담하나, 종임하면 이 의무도 소멸한다.

2) 특정지위 취임금지

(1) 상업사용인은 회사의 무한책임사원·이사 또는 다른 상인의 사용인이 되지 못한다(제17조 제1항 후단). 이를 특정지위 취임금지의무라고 하는데 이 경우의 회사란 물론 모든 '다른' 회사를 의미한다.

(2) '일반적으로' 특정지위의 취임을 금지하는 것은 사용인의 정력집중의무를 강조한 것이며, 이 점에서 '동종영업을 목적으로 하는' 다른 회사의 무한책임사원 또는 이사가 되지 못하는 대리상, 회사의 무한책임사원 및 이사의 경업금지의무(제89조, 제198조, 제269조, 제397조, 제567조)와 다르다.

(3) 특정지위 일반의 취임을 금지하는 것은 영업주의 영업과 동종부류에 한해서 상업사용인의 영업행위를 금지(경업거래금지)하는 것과 비교할 때, 이론상 일관성이 없으므로 부당한 제한이라고도 할 수 있다. 그리하여 상업사용인의 전반적인 영업금지를 규정하고 있지 않은 점으로 보아 "동종영업을 하는 회사의 뜻으로 보아야 할 것이다"라고 해석하는 견해(제한설)도 있으나,[1] 상업사용인의 의무가 상업사용인의 정력분산을 방지하려 하는 것이라면 모든 겸직이 금지된다고 보는 견해(무제한설)가 옳다고 생각된다.[2]

3) 경업의 허용

상법 제17조는 '영업주의 허락 없이'라고 명문화하였으므로, 영업주의 명시적 또는 묵시적 허락이 있을 경우에는 경업금지의무의 위반이 되지 않음은 물론이

1) 서돈각·정완용(상) 86면.
2) 동지: 강위두(총) 114면; 임홍근(총) 96면; 정찬형(상) 101면; 최기원(상) 103면; 채이식(상) 58면.

다. 허락의 방법은 묻지 않는다. 영업주는 거래의 내용, 시장, 기간 등을 제한하여 허락할 수 있다. 또 사용인이 거래에 착수하기 전까지는 허락을 철회할 수도 있다.

3. 상업사용인의 의무위반의 효과

1) 위반행위의 효력

상업사용인이 영업주의 허락 없이 위의 금지행위를 한 때에도 그 행위 자체가 무효로 되지는 않는다. 사용인의 그러한 부작위의무는 영업주와 사이의 내부관계에 그치는 것이며, 또 위반행위에 대하여 영업주를 보호하기 위하여 제3자의 이익을 해칠 수는 없기 때문이다. 그러나 상법은 영업주와 제3자의 이익을 고려하여 상업사용인이 위와 같은 금지의무에 위반하여 자기 또는 제3자의 이익을 추구하는 경우에는 영업주에게 손해가 발생하였는지 여부를 불문하고 상업사용인이 그러한 이익추구를 단념하고 영업주의 영업에만 전념하도록 다음과 같이 규정하고 있다.

2) 영업주의 조치

상업사용인이 경업금지의무를 위반한 경우 영업주는 (ⅰ) 계약을 해지하거나(제17조 제3항), (ⅱ) 손해배상청구를 할 수 있고(제17조 제3항), (ⅲ) 개입권을 행사할 수 있다(제17조 제2항). 그러나 상업사용인이 특정지위에 취임한 경우에는 성질상 개입권행사는 할 수 없으므로, 해임하거나 손해배상청구를 할 수 있을 뿐이다. 이를 분설하면 다음과 같다.

(1) 계약해지권

상업사용인이 영업주의 허락없이 자기 또는 제3자의 계산으로 영업주의 영업부류에 속한 거래를 한 경우에는 영업주는 사용인에 대해 계약의 해지를 할 수 있다(제17조 제3항 전단). 이때의 계약이란 사용인이 한 의무위반거래계약을 뜻하는 것이 아니라 영업주와 사용인 간의 고용계약 등 모든 계약을 말한다.[1]

---

1) 동지: 손주찬(상) 113면; 정찬형(상) 102면.

(2) 손해배상청구권

상업사용인의 경업금지위반으로 인하여 영업주가 개입권을 행사하거나 이익양도를 받고도 손해가 발생한 경우에는, 영업주는 이를 증명하여 그 상업사용인에게 손해배상을 청구할 수 있다(제17조 제3항 후단).

영업주의 손해는 적극적 손해뿐만 아니라 소극적 손해(기대이익의 상실)도 포함한다. 실제적으로는 후자의 경우가 많을 것이나, 그 손해액의 증명이 곤란하다는 문제가 있다.

(3) 개입권

(가) 개입권의 의의

개입권(Eintrittsrecht)이란 상업사용인이 경업금지의무를 위반하여 한 거래행위가 자기의 계산으로 한 것인 때에는 영업주의 계산으로 한 것으로 볼 수 있고, 제3자의 계산으로 한 것인 때에는 상업사용인이 얻은 보수 등 이득을 양도하도록 청구할 수 있는 영업주의 권리를 말한다. 개입권은 경제적 효과의 탈취라는 색채가 짙으므로 '탈취권'(Aneignungsrecht)이라고도 한다.

상업사용인이 경업금지의무를 위반한 경우 영업주가 상업사용인에게 손해배상청구권을 행사하기 위하여는 자기가 입은 손해를 증명해야 하는데, 이 손해는 일반적으로 소극적 손해로서 증명이 곤란한 경우가 많다. 또한 상업사용인이 자기의 계산으로 행한 거래를 영업주와 행한 거래로 간주하면 고객을 상업사용인에게 빼앗기지 않을 수 있다. 따라서 영업주에게 개입권을 인정한 취지는 영업주로 하여금 손해증명의 곤란을 면하게 하고, 또 고객관계를 유지할 수 있게 하는데 있다.

상업사용인이 특정지위에 취임한 경우에는 성질상 개입권행사는 할 수 없으므로, 해임하거나 손해배상청구를 할 수 있을 뿐이다(다수설).[1]

(나) 개입권의 행사방법 및 기간

개입권의 행사는 영업주의 일방적 의사표시로써 하되(형성권), 영업주가 그 거래를 안 날로부터 2주 또는 그 거래가 있은 날로부터 1년 내에 행사하여야 한다(제17조 제4항)(제척기간).

(다) 개입권행사의 효과

개입권행사의 효과는 영업주와 상업사용인의 대내적인 관계에만 미치고 상업사

1) 이에 대하여 개입권을 행사할 수 있다는 견해: 채이식(상) 68면.

용인과 제3자와의 법률관계를 변경하거나 영업주가 제3자에 대하여 거래의 당사자가 되는 것은 아니다. 따라서 개입권행사의 효과는 채권적인 것으로서, 상업사용인이 그 거래의 경제상의 효과를 전부 영업주에게 귀속시킬 의무를 부담할 뿐이다.

상업사용인이 자기의 계산으로 거래한 경우 영업주가 개입권을 행사하면 사용인은 취득한 물건 또는 채권을 영업주에게 양도할 의무를 부담한다. 한편 이에 대하여 영업주는 사용인이 부담한 채무를 변제하며, 또 그가 지급한 비용을 전보할 의무를 지게 된다.

한편 상업사용인이 제3자의 계산으로 거래한 경우에는 영업주는 제3자에 대하여 이득의 양도를 청구할 수는 없고 상업사용인에 대하여 제3자로부터 받은 이득(보수)의 양도를 청구하여야 한다.

영업주의 개입권의 행사는 손해배상청구에 영향을 미치지 아니한다(제17조 제3항 후단). 또한 손해배상청구도 개입권의 행사에 영향을 미치지 아니하나, 이 경우에 부당이득이 발생하면 이를 상업사용인에게 반환하여야 한다.[1)]

상법상의 개입제도

상법상 상업사용인에 대한 영업주의 개입권(제17조 제2항)과 동일한 것으로서 대리상 · 합명회사 · 합자회사의 무한책임사원(제89조, 제198조, 제269조), 주식회사 · 유한회사의 이사(제397조, 제567조)가 경업금지의무를 위반한 경우 본인 및 회사가 갖는 개입권이 있다. 이들 각 경우의 개입권을 실질적 개입권 또는 내부적 개입권이라 하는데, 그것은 개입권 행사의 효과로서 거래로 인한 실질적 · 경제적 효과를 단순히 내부적으로 영업주나 회사에게 양도하여야 할 의무가 생기기 때문이다.

이와 완전히 성질을 달리하는 것으로서 전면적 개입권 또는 외부적 개입권이 있는데, 이는 일정한 행위를 하도록 위탁받은 자가 일방적 의사표시에 의하여 스스로 그 행위의 직접 상대방이 될 수 있는 것으로서 위탁매매인(제107조), 운송주선인(제116조)의 개입권이 이에 속한다.

한편 중개인이 당사자 일방의 성명이나 상호를 상대방에게 표시하지 아니한 경우 중개인이 대신 상대방에게 채무를 이행하여야 하는데(제99조), 이를 개입의무라고 한다.

---

1) 동지: 이철송(총) 146면; 정찬형(상) 103면.

제 3 절 영업의 물적 설비

Ⅰ. 영업소

1. 영업소의 의의

1) 독립성

영업소(place of business, Handelsniederlassung, établissement commercial)란 상인의 영업활동의 중심인 일정한 장소를 말한다. 즉, 영업활동의 중심[本據]이란 어느 정도의 독립성을 가지고 영업에 관한 지휘·결정을 하며, 활동의 결과가 보고·통일되는 장소적 구심점을 말한다. 따라서 영업활동의 구체적 실행행위나 보조행위 또는 제조·가공·보관 등 사실행위만이 이루어지는 장소, 예컨대 공장·창고는 영업소가 아니다. 또한 영업활동이라 하더라도 단순히 판매·용역제공 등 영업거래만이 이루어지는 매장이나 객장은 영업조직의 중심이라 할 수 없으므로 역시 영업소가 아니다.

2) 계속성

일정한 장소는 시간적으로 계속성이 있는 일정한 공간을 의미한다. 따라서 일시적인 매점은 영업소가 될 수 없고, 단순한 점포 기타 유형적 설비만으로 영업소가 되는 것도 아니다.

3) 판단기준

어느 장소가 영업소인지 아닌지는 그 장소가 객관적으로 영업활동의 장소적 중심지로서의 실체를 갖추고 있는가에 따라 판단한다. 그러나 회사의 경우 등기된 영업소와 실제의 영업소가 상위한 경우 등기된 영업소를 신뢰한 선의의 제3자에 대하여 대항할 수 없다(제39조).

2. 영업소의 수와 종류

1) 영업소는 영업의 내용에 따라 여러 개를 가질 수 있으며, 동일종류의 영업에도 수개의 영업소를 가질 수 있다. 주된 영업소의 실체를 갖춘 것은 본점(principal office, Hauptniederlassung, établissement principal), 종된 영업소의 실체를 갖춘 것을 지점(branch office, Zweigniederlassung, succursale)이라고 한다. 출장소, 분점, 파출소 등은 본점 또는 지점의 조직·영업의 구성부분으로서 영업소는 아니다. 또한 대리점은 대리상의 영업소이지 본인의 영업소는 아니다.

2) 지점은 본점에 종속하여 본점의 지휘·명령을 받아 그 영업활동을 분담하는 영업소로서 여러 개가 있을 수 있다. 그러나 지점도 일정한 범위 내에서 영업에 관한 지휘·결정을 하고 활동의 결과가 보고·통일되는 장소로서의 실질을 갖추어야 한다.[1)]

3. 설치·이전·폐지

개인상인의 경우에는 영업소의 설치·이전·폐지에 관하여 아무런 제한이 없으나, 회사의 경우에는 규제를 받는다(제179조 제1항 제5호, 제269조, 제289조 제1항 제6호, 제543조 제2항 제5호, 제393조 제1항, 제564조 제1항).

4. 영업소의 법적 효과

1) 일반적 효과

영업소는 자연인의 주소와 같은 법적 효과를 갖는데, 일반적으로 (i) 영업에 관한 채무변제의 장소(민 제467조 제2항 단서), (ii) 증권채권의 변제장소(민 제516조·제524조), (iii) 상업등기관할을 정하는 기초(제34조), (iv) 재판관할을 정하는 기초(민소 제5조·제12조), (v) 소송서류의 송달장소(민소 제183조 제1항), (vi) 어음상의 권리의 행사 또는 보존의 장소(어 제2조·제4조·제21조 이하·제48조·제52조·제60조·제76조·제77조)가 되며, (vii) 표현지배인의 결정, (viii) 파산사건·회사회생사건의 관

1) 대법원 1998. 10. 13. 97다43819(회사의 지방 연락사무소에 대하여 부인); 동 1978. 12. 13. 78다1567: 표현지배인 인정여부와 관련하여 보험회사의 영업소에 대하여 부인한 사례(전술).

할법원을 결정하는 기준이 된다.

2) 지점에 대한 효과

지점에 관하여는, (i) 지점마다 지배인을 둘 수 있고(제10조), (ii) 채권자의 지점에서의 거래로 인한 채무이행장소(제56조), 정관·주주총회 의사록의 비치장소(제396조 전단)가 되며, (iii) 지점만의 영업을 분리하여 양도할 수 있는 등 여러 가지 특수한 효과가 나타난다.

Ⅱ. 상 호

1. 상호의 의의

1) 상호(trade name, Handelsfirma, nom commercial)란 상인이 영업상 자기를 표시하기 위하여 사용하는 명칭을 말한다. 법률적으로는 상호가 영업활동으로부터 생기는 권리의무의 귀속자인 상인을 표시하는 명칭이지만, 사회적·경제적으로는 영업의 독립성과 동일성을 표시하며, 그 명성과 신용의 표적이 되는 기업(영업)의 명칭이라고도 할 수 있다.[1]

2) 상호는 ① 상인의 명칭이므로 비상인(예컨대, 상호보험회사나 중소기업협동조합 등)의 명칭은 상호가 아니고,[2] ② 또 영업상의 명칭이므로 영업 외의 명칭(예컨대, 성명·아호·예명·통칭 등)은 상호가 아니며, ③ 자기를 표시하는 명칭이므로 문자로 표시하여 호칭할 수 있어야 한다. 따라서 기호나 도형 같은 것은 명칭이 아니므로 상호가 될 수 없고, 이 점에서 상호는 상표(trade mark, Warenzeichen, marque de fabrique) 또는 영업표와 다르다.

3) 상호제도는 중세 유럽에서부터 인정되었는데, 프로이센 란트법(1794년)이나 1807년의 프랑스 상법에서도 회사의 상호에 대해서만 규정을 둔 것으로 보아 처음에는 회사에 대해서만 상호가 인정된 것으로 보인다. 이는 자연인과 달리 회

---

1) 정찬형(상) 105면.
2) 대법원 2007. 7. 26. 2006마334: 변호사는 의제상인이 아니므로 변호사의 상호등기신청을 각하한 등기관의 처분은 적법하다.

사에 있어서 사원과 구분되는 회사 자신의 인격을 표시하기 위함이었다.[1)]

2. 상호의 선정

1) 상호선정의 자유

(1) 상호자유의 원칙

(가) 상호의 선정에 있어서는 상인의 편의와 거래상대방이 되는 일반공중의 이익보호라는 두 가지 요청이 고려되어야 한다. 따라서 상호를 어느 정도로 영업의 실체와 일치시킬 것인지가 문제된다. 이에 관한 입법주의로는 상호진실주의(Prinzip der Firmenwahrheit: 상호와 영업의 실태가 일치하여야 하는 것으로, 예컨대 프랑스법계)·상호자유주의(Prinzip der Firmenfreiheit: 상호의 선정에 제한이 없는 것으로, 예컨대 영미법계) 및 절충주의(gemischtes System: 신상호에는 진실을 요구하고 기존영업을 양수 또는 변경하는 경우에는 종전의 상호사용을 허용하는 것으로, 예컨대 독일법계)가 있다. 상호진실주의는 상호가 상인의 동일성이나 영업의 실체를 정확히 표시한다는 점에서 거래의 안전을 위하여는 편리한 제도이지만, 타인에 의한 상호의 속용(續用)이나 상속을 불가능하게 하는 단점이 있고, 상호자유주의는 그 반대이다.

(나) 상법은 원칙적으로 상호선정의 자유를 인정하여, 상인은 그 성명 기타의 명칭으로 상호를 정할 수 있다(제18조)고 하였다. 다만 그 자유로운 선정에서 오는 폐단을 막기 위하여 약간의 제한규정을 두고 있다.

(2) 상호자유주의의 제한

(가) 회사의 상호

회사의 상호에는 그 종류에 따라 합명회사·합자회사·유한책임회사·주식회사 또는 유한회사라는 문자를 사용하여야 한다(제19조). 그리고 상사특별법에 의하여 특수사업(예컨대, 은행·증권·신탁·보험)을 목적으로 하는 회사는 그 업무도 표시하여야 한다(은행 제14조, 자금 제38, 보업 제8조 제1항). 합명회사 또는 합자회사의 상호 중에 무한책임사원의 성명이 그 퇴사 후에도 사용된 경우에는 당해 퇴사원은 그 성명사용의 폐지를 청구할 수 있다(제226조, 제269조). 이것도 상

---

1) 김성태(총) 219면.

호의 진실을 간접적으로 강제하는 것으로서 상호자유주의에 대한 일종의 제한이라 할 수 있다.

(나) 비상인의 상호

회사가 아니면 상호에 회사임을 표시하는 문자를 사용하지 못하며, 회사의 영업을 양수한 경우에도 같다(제20조). 이를 위반한 자는 200만원 이하의 과태료에 처한다(제28조). 그러나 개인상인이 '상회'라는 문자를 덧붙여서 상호를 정하는 것은 무방하다. 기타 특별법령에 의한 법인의 명칭(예컨대, 한국산업은행, 신용협동조합 등)에 관하여도 같다.

(다) 부정한 목적의 상호

부정한 목적으로 타인의 영업으로 오인할 수 있는 상호를 사용하지 못한다(제23조 제1항). 상법 제23조 제1항, 제4항 소정의 '부정한 목적'이란 자기의 영업을 타인의 영업인 것처럼 오인시킴으로써, 타인의 상호가 가지는 신용 내지 경제적 가치를 자기가 이용하려는 의도를 말한다. 판례는 "어느 명칭을 자기의 상호로 사용함으로써 일반인으로 하여금 자기의 영업을 그 명칭에 의하여 표시된 타인의 영업으로 오인시키려고 하는 의도"를 말한다고 한다.[1] 이러한 금지에 위반하여 상호를 사용하는 자가 있는 경우에 이로 인하여 손해를 입을 염려가 있는 자 또는 상호를 등기한 자는 그 폐지를 청구할 수 있고(제23조 제2항), 손해배상의 청구도 할 수 있다.

(라) 부정경쟁이 되는 상호

부정경쟁방지 및 영업비밀보호에 관한 법률에서도 국내에서 널리 인식된 타인의 성명·상호 등과 동일 또는 유사한 것을 사용하는 행위를 제한하고 있다(부경 제2조 제1호·제4조).[2]

(마) 명의대여자의 책임

명의대여자, 즉 타인에게 자기의 성명 또는 상호를 사용하여 영업을 할 것을 허락한 자는 자기를 영업주로 오인하여 거래한 제3자에 대하여 그 거래로 인한 채무를 그 타인과 연대하여 변제할 책임을 진다(제24조). 이것은 영미법상의 금반

---

1) 대법원 1995. 9. 29. 94다31365·94다31372(반소); 동 2004. 3. 26. 2001다72081; 동 2016. 1. 28. 2013다76635; 동 2021. 7. 15. 2016다25393.

2) 대법원 1996. 1. 26. 95도1464: 피고인이 "(주)규수방"이 1992년 6월 15일 특허청에 이 사건 상표를 등록한 사실을 알면서도 1993년 9월 30일부터 위 상표와 유사한 "인테리어규수방"이라는 상호를 간판에 사용함으로써 피해회사의 영업상의 시설 또는 활동과 혼동을 일으키게 한 행위는 부정경쟁방지법 제2조 제1호 나목의 부정경쟁행위에 해당한다. 동지: 대법원 2005. 5. 27. 2004다60584.

언의 법리 내지는 독일법상의 외관이론의 한 적용례로서, 상호선정의 자유를 간접적으로 제한하는 방법이 될 것이다.

2) 상호의 수: 상호단일의 원칙(Grundsatz der Firmeneinheit)

(1) 상호의 수는 한 영업에 대하여 1개임을 원칙으로 한다(제21조 제1항). 하나의 영업에 대하여 상호가 여러 개인 때에는 일반공중이 오인할 우려가 있고, 타인의 상호선정의 자유를 제한하는 결과도 가져오기 때문이다. 그러나 수개의 영업에 동일한 상호를 사용하는 것은 상관없고, 회사의 경우에는 성질상 항상 1개의 상호를 사용하여야 한다. 하나의 영업에 영업소가 여러 개 있는 경우에도 동일한 상호를 사용하여야 하나, 지점의 상호에는 본점과의 종속관계를 표시하여야 한다(제21조 제2항).

(2) 이와 같이 상법 제21조는 동일한 영업에 대한 상호단일의 원칙을 명문화함으로써 소비자를 보호하고 타인의 상호선정자유를 부당하게 제약하지 못하도록 하고 있다. 따라서 예컨대 동일인이 자기 명의와 처 명의로 각각 상호를 등기한 후 실질적으로 동일한 영업소에서 동일 · 유사한 영업에 2개의 상호를 병행사용하고 있는 것은 상법상 상호단일의 원칙을 위배한 것으로 그 등기 여하에 불구하고 이중상호로서 보호받을 수 없다.[1)]

3. 명의대여자의 책임

1) 명의대여자책임의 의의

타인(명의차용자)에게 자기의 성명 또는 상호를 사용하여 영업을 할 것을 허락한 자(명의대여자)는 자기를 영업주로 오인하여 거래한 제3자에 대하여 그 타인과 연대하여 거래로 인한 채무를 변제할 책임이 있다(제24조). 이를 명의대여자의 책임이라고 한다. 원래 명의대여란 어떤 사람이 타인에게 자기의 성명 또는 상호를 사용하여 영업을 할 것을 허락하는 것을 말하고, 거래소의 거래원이 거래원이 아닌 자에게 자기의 명의를 대여하여 영업을 하도록 하였던 관습에서 발전되어 온 것이다. 이것은 명의차용자가 상인이며 계약의 당사자로서 책임의 주체가 됨을 전제로 하여 거래안전의 필요에서 명의대여자에게도 연대책임을 인정한 것인데, 그 이론적 기초는 외관이론 내지는 금반언의 법리이며, 상호진실을 간접적으로 강제하는 효과가 있다. 상법 제24조는 적법한 명의대여이든 불법한 명의대

1) 제주지방법원 1998. 4. 23. 97가합3244.

여이든 모두 적용된다. 금융투자업자는 자기명의를 대여하여 타인으로 하여금 금융투자업을 영위하게 할 수 없다(자금 제39조).

명의대여와 표현대리와의 구별

명의대여와 표현대리는 외관주의에 근거를 둔 점에서 공통점이 있으나, 다음과 같은 점에서 구별된다.

(i) 명의대여는 영업주 오인의 문제이나, 표현대리는 대리권 誤信의 문제이다.

(ii) 명의대여자의 책임은 명의사용의 허락 그 자체를 귀책사유로 함에 비하여, 표현대리인의 책임은 대리권 수여의 표시(민 제125조)를 귀책사유로 한다.

(iii) 명의대여자의 책임은 명의차용자와 연대책임이나, 표현대리의 경우에는 본인이 표현책임을 지는 외에 표현대리인 자신은 무권대리인으로서 책임을 지지 아니한다는 것이 통설이다. 다만 표현대리의 상대방인 제3자가 본인이나 표현대리인 중 선택하여 그 책임을 추급할 수 있다는 유력설이 있다. 특히 어음행위의 표현대리의 경우에는 본인과 표현대리인 양자가 모두 책임을 지므로 이 점에서는 차이가 없다고 할 수 있다.

(iv) 명의대여자는 책임을 부담할 뿐 제3자에 대하여 어떠한 권리도 취득하지 못하나, 표현대리인의 본인은 책임을 부담할 뿐만 아니라 제3자에 대한 권리도 취득한다는 것이 통설이다.

2) 명의대여자의 책임발생요건

(1) 명의의 사용

(가) 명의대여자의 책임을 인정하려면 명의차용자가 명의대여자의 성명(예명 · 아호 · 약칭 · 통칭도 포함) 또는 상호를 사용하여야 한다.[1)] 상법 제24조는 대여하는 명의에 관하여 '성명 또는 상호'라고 표현하고 있으나, 이에 국한하지 않고 거래통념상 대여자의 영업으로 오인하기에 적합한 명칭을 사용하게 되면 모두 본조의 적용대상이 된다. 자기 명의로 사업자등록을 하여 그 등록명의의 사용을 허락한 것도 명의대여에 해당한다.[2)]

(나) 여기서 명의대여자가 상인인가의 여부는 묻지 않으며, 나아가 공법인에 대하여도 제24조가 적용된다.[3)] 그리고 명의차용자는 타인의 성명 · 상호를 사용하

---

1) 대법원 1967. 10. 25. 66다2362: "갑은 용당정미소라는 상호를 가지고 경영하던 정미소를 A에게 임대하고 A는 같은 상호를 그대로 사용하면서 그 정미소를 경영하는 동안에 을로부터 본건 백미를 보관하고 보관전표를 발행한 것이며, 을이 갑을 용당정미소의 영업주로 오인하였다면 갑은 명의대여자로서 그 백미보관으로 인한 책임을 면할 수 없다"고 하여 임대인이 자기가 사용하던 상호를 임차인에게 계속 사용하게 하는 것도 명의대여가 됨을 인정하고 있다.

2) 대구지방법원 2019. 5. 23. 2018나314910.

3) 대법원 1987. 3. 24. 85다카2219(상인이 아닌 인천직할시립병원).

여 영업을 할 것을 허락받은 자이지만 반드시 상인이어야 할 필요는 없다. 명의를 차용하면서 비로소 보조적 상행위인 개업을 위한 준비행위를 함으로써 상인자격을 취득하더라도 상관없다. 다만 영업을 할 것을 허락한 것이므로 상인의 영업에 관한 사용으로 보아야 하며, 보조적 상행위로서 하는 경우도 포함한다고 본다.

✦ 대법원 1987. 3. 24. 85다카2219
명의대여자가 상인이 아닌 경우에도 상법 제24조를 적용한 경우

〈사 실〉

인천직할시(Y)가 병원시설 등을 사단법인 한국병원관리연구소(A)에 임대하여 그 경영을 위탁하고 동 연구소의 대표인 B가 병원장에 취임하여 독자적으로 계산하여 이를 경영하여 왔으나 Y의 감독을 받도록 하였으며, 또한 위 병원이 Y가 개설·운영하는 것임을 대외적으로 나타내기 위하여 그 명칭을 '인천직할시립병원'으로 하도록 하였다. 따라서 X는 Y가 위 병원의 경영자인 것으로 알고 의약품을 A에게 납품하였다. 그런데 A가 X에게 위 약품대금을 지급하지 않자, X는 Y에게 명의대여자의 책임을 물어 약품대금을 지급청구하게 된 것이다. 이에 대하여 원심은 Y는 특단의 사정이 없는 한 X에 대하여 약품대금을 지급할 책임이 있다고 판시하여, Y가 다시 상고하게 된 것이다.

〈판결요지〉

상법 제24조의 규정취지는 금반언의 법리 및 외관주의의 법리에 따라 타인에게 명의를 대여하여 영업을 하게 된 경우 그 명의대여자가 영업주인 줄로 알고 거래한 선의의 제3자를 보호하기 위하여 그 거래로 인하여 발생한 명의차용자의 채무에 대하여는 그 외관을 만드는 데에 원인을 제공한 명의대여자에게도 명의차용자와 같이 변제책임을 지우자는 것으로서, 그 명의대여자가 상인이 아니거나 명의차용자의 영업이 상행위가 아니라 하더라도 위 법리를 적용하는 데에 아무런 영향이 없다 할 것이다(다만 이 사건에서 X의 오인에 중과실이 있다고 판단되어 Y는 명의대여자로서의 책임이 없다고 판시하였다).

(다) 상호를 차용하는 경우에 상호를 그대로 사용하지 않고 여기에 '지점',[1] '영업소', '출장소'[2] 등 약간의 부가어를 붙여 사용하거나 중요한 부분이 동일하여 유사한 것으로 인정되는 때에도 본조가 적용된다. 그러나 자기의 상호 아래 '대리점'이라는 명칭 사용을 허락한 경우에는[3] 명의대여자의 책임을 지지 않는

1) 대법원 1957. 6. 27. 4290민상178(대한여행사가 타인에게 '동회사 외국부 국제항공권판매처'라는 간판하에 항공권판매행위를 대행 또는 대리하게 한 경우 명의대여자로서 책임을 진다); 동 1969. 3. 31. 68다2270(대한교육보험주식회사 부산지사).

2) 대법원 1976. 9. 28. 76다955(대한통운주식회사가 타인에게 '동회사 신탄진출장소장'이라는 명의로 영업을 하게 한 경우에 동회사는 명의대여자로서 책임을 진다).

3) 대법원 1989. 10. 10. 88다카8354: 자기의 상호(완주군 농업기계) 아래 '대리점'이라는

다. 타인의 상호 아래 대리점이란 명칭을 붙인 경우에는 그 아래 지점, 영업소, 출장소 등을 붙인 경우와는 달리 타인의 영업을 종속적으로 표시하는 부가부분이라고 보기 어렵기 때문이다.

(2) 영업상의 사용

(가) 거래에 관하여 생긴 채무

명의차용자가 대여자의 명의를 거래행위에 사용하였어야 한다. 명의대여자의 책임은 명의차용자와 제3자 사이의 거래에 관하여 생긴 채무에 한한다. 여기서 거래로 인한 채무에는 거래로 인하여 직접 발생한 채무뿐만 아니라 그 거래의 효과로서 발생한 채무(채무불이행으로 인한 손해배상채무,[1] 계약해제로 인한 원상회복의무[2] 등)도 포함된다.

대여자의 명칭을 사용하는 경우라야 하므로 세무회계상의 필요로 자기의 납세번호증을 타인으로 하여금 이용하게 한 경우에는 명의대여에 해당하지 않는다.[3]

(나) 명의대여자의 영업범위 내에 속하는 거래 또는 동종영업여부

명의차용자가 명의대여자의 영업범위 내에 속하는 거래를 하였는지 또는 명의대여자와 동종영업을 하였는지는 묻지 아니한다.

이에 대하여 대법원 1983. 3. 22. 82다카1852 판결은 "甲은 동양정미소라는 상호 아래 정미소를 경영하여 오다가 이 사건 각 건물 등 부속건물을 포함한 정미소 전체를 A에게 임대하고 A는 같은 상호를 그대로 사용하면서 위 정미소를 경영하여 오던 중 A는 乙 등에게 각 점유부분을 임대하여 임대차계약을 체결한 경우, 그와 같은 건물 임대행위는 위 정미소의 영업범위 내에 속하는 거래라고 할 수 없으므로 乙 등이 甲을 영업주로 오인하여 그와 같은 계약을 체결했어도 甲은 명의대여자로서 책임이 없다"고 판시하여,[4] 이 판결은 명의차용자의 임대행위가 명의대여자의 영업범위 외의 행위라고 하여 명의대여자의 책임을 부인하고 있다. 그러나 그 타당성은 의문이다. 왜냐하면 (i) 상호는 영업의 동일성을 나타내지만, 그 영업의 종류 및 범위까지도 한정하는 것은 아니다. (ii) 개인상의 경우 하나의 상호 아래 여러 가지의 영업을 할 수 있다. (iii) 상인이 아닌 자

명칭을 붙여 사용하는 것을 허락하거나 묵인하였다고 하더라도 명의대여자로서의 책임을 물을 수는 없다.

1) 대법원 1993. 4. 27. 92다43432.
2) 日最判 1955. 9. 9, 民集 9. 10. 1247.
3) 대법원 1978. 6. 27. 78다864.
4) 호텔 내의 나이트클럽업은 호텔업에 부수하는 것으로서 호텔업과 영업의 동종성이 인정된다고 한다: 대법원 1978. 6. 13. 78다236.

가 그 성명을 대여하는 경우에는 대여자의 영업 자체가 문제되지 아니한다. (iv) 영업의 동일성 자체가 영업 외관의 본질적인 요소가 아니다. 따라서 명의대여자와 명의차용자가 동종영업자인가 아닌가, 명의차용자가 명의대여자의 영업범위 내의 행위를 하였는가 아닌가는 묻지 말고 명의대여자의 책임을 인정하여야 할 것이다.

(다) 어음행위

어음행위에도 명의대여자의 책임이 발생하는가에 대하여는, (i) 영업에 관하여 명의대여가 있고 그 영업과 관련하여 어음행위를 한 경우에는 제24조에 의하여 명의대여자가 변제할 책임을 진다(판례).[1] 그러나 (ii) 명의대여자가 영업을 위하여 자기 명의의 사용을 허락한 것이 아니라, 단지 은행과의 사이의 당좌거래 또는 특정한 어음행위에 관하여만 명의의 사용을 허락한 경우에는 명의대여자의 책임에 관한 상법 제24조를 유추적용하는 것이 타당하다는 견해도 있으나[2] 이를 부정하여야 할 것이다.[3] 명의대여자만이 어음의 문언성 및 표현법리(금반언의 법리 또는 외관이론)에 따라 책임을 져야 할 것이다.

(라) 불법행위로 인한 채무

상법 제24조 소정의 명의대여자 책임은 명의차용인과 그 상대방의 거래행위에 의하여 생긴 채무에 관하여 명의대여자를 진실한 상대방으로 오인하고 그 신용·명의 등을 신뢰한 제3자를 보호하기 위한 것으로, 불법행위의 경우에는 설령 피해자가 명의대여자를 영업주로 오인하고 있었더라도 그와 같은 오인과 피해의 발생 사이에 아무런 인과관계가 없으므로, 이 경우 신뢰관계를 이유로 명의대여자에게 책임을 지워야 할 이유가 없다.[4] 다만 명의차용자의 영업과 관련된 불법행위 또는 거래행위의 외형을 가지는 불법행위로 인한 손해배상채무에 대하여는 명의대여자도 연대책임을 진다고 보는 일본판례가 있다.[5]

(마) 명의대여자의 사용자책임

명의차용자의 업무수행상 발생한 불법행위에 대하여 명의대여자가 사용자책임을 부담한다(민 제756조). 이때 민법 제756조가 규정하고 있는 사용자책임의 요건으로서의 사용관계가 있느냐 여부는 실제적으로 지휘·감독을 하였느냐의 여

1) 대법원 1969. 3. 31. 68다2270; 동 1970. 9. 28. 70다1073. 판례에 반대하는 견해: 김성태(총) 268~269면; 이철송(총) 213면; 김병연(총) 112면.
2) 손주찬(상) 130면; 정찬형(상) 129~130면.
3) 정동윤(상) 87면; 이철송(총) 213면; 김병연(총) 112면.
4) 대법원 1998. 3. 24. 97다55621.
5) 日最判 1936. 11. 13; 동 1966. 6. 10; 동 1983. 1. 25. 判時 1072, 144.

부에 관계없이 객관적 · 규범적으로 보아 사용자가 그 불법행위자를 지휘 · 감독해야 할 지위에 있었느냐의 여부를 기준으로 결정하여야 한다.

✦ 대법원 2001. 8. 21. 2001다3658
명의대여자의 사용자책임을 인정한 사례

☞ 타인에게 어떤 사업에 관하여 자기의 명의를 사용할 것을 허용한 경우에 그 사업이 내부관계에 있어서는 타인의 사업이고 명의자의 고용인이 아니라 하더라도 외부에 대한 관계에 있어서는 그 사업이 명의자의 사업이고 또 그 타인은 명의자의 종업원임을 표명한 것과 다름이 없으므로, 명의사용을 허용받은 사람이 업무수행을 함에 있어 고의 또는 과실로 다른 사람에게 손해를 끼쳤다면 명의사용을 허용한 사람은 민법 제756조에 의하여 그 손해를 배상할 책임이 있다. 동지: 대법원 1994. 10. 25. 94다24176; 동 1995. 6. 29. 95다13289; 동 1996. 5. 10. 95다50462; 동 1997. 3. 25. 97다3798; 동 1997. 4. 11. 97다386; 동 1998. 5. 15. 97다58538; 동 2001. 6. 1. 2001다18476: 동 2003. 7. 25. 2003다9049; 동 2005. 2. 25. 2003다36133. 명의대여자의 사용자책임을 부정한 사례: 대법원 1993. 3. 26. 92다10081.

(바) 명의차용자의 피용자의 행위

명의차용자의 피용자가 거래상 부담하게 된 채무에 대하여는 명의대여자에게 책임이 없다는 것이 판례의 태도이다.[1)]

✦ 대법원 1989. 9. 12. 88다카26390
명의차용자의 피용자의 행위에 대한 명의대여자의 책임을 부인한 사례

☞ 상법 제24조의 명의대여자의 책임규정은 거래상의 외관보호와 금반언의 원칙을 표현한 것으로서 명의대여자가 영업주로서 자기의 성명이나 상호를 사용하는 것을 허락했을 때에는 명의차용자가 그것을 사용하여 법률행위를 함으로써 지게 된 거래상의 채무에 대하여 변제의 책임이 있다는 것을 밝히고 있는 것에 그치는 것이므로, 여기에 근거한 명의대여자의 책임은 명의의 사용을 허락받은 자의 행위에 한하고, 명의차용자의 피용자의 행위에 대해서까지 미칠 수는 없다. 동지: 대법원 1987. 11. 24. 87다카1379: A가 Y회사의 허락을 받고 그의 명의를 사용하여 공사를 하던 중 위 공사현장 소장인 B가 이 Y회사의 공사사업부 소장으로 행세하면서 A의 승인 하에 X 등으로부터 그 공사에 필요한 자금을 차용하였다면, X 등은 Y회사를 위 공사의 시행자로 오인하고 금원을 대여하였다 할지라도 X 등의 금전대차는 Y회사의 사용인으로 행세하는 B와 사이에 이루어진 것으로서 X 등은 위 공사가 Y회사가 시행하고 B는 Y회사의 사용인으로서 Y회사를 위해 공사자금의 차용권한이 있는 것으로 오인하고 금원을 대여한 것에 불과하다 할 것이므로, Y회사가 B 등에게 위와 같은

---

1) 그러나 대법원 2008. 10. 23. 선고, 2008다46555 판결에서는 "건설업 면허를 대여받은 자를 대리 또는 대행한 자가 면허대여자 명의로 하도급거래를 한 경우에도 위 책임을 부담한다"고 하여, 명의차용자의 대리인의 행위에 대한 명의대여자의 책임을 인정하고 있다.

사용인의 명칭의 사용을 허락하였고 또 일반적으로 회사의 공사현장에서 위 명칭을 가진 사용인이 공사의 자금조달을 위해 금원을 차용할 권한이 있다는 점 등이 인정되지 아니하는 한 Y회사가 A에게 위 공사를 시행함에 있어서 Y회사명의를 사용하도록 허락하였다는 사실만으로 Y회사가 명의대여자로서 X 등에게 위 차용금을 변제할 책임이 있다고는 할 수 없다.

(3) 대여자의 명의사용 허락(귀책사유)

(가) 명의대여자가 자기의 성명 또는 상호의 사용을 명의차용자에게 명시적 또는 묵시적으로 허락하였어야 한다. 상법 제24조의 허락은 명의대여자의 귀책사유이므로 그의 허락 없이 명의를 임의로 사용한 경우에는 명의대여자는 책임을 부담하지 않는다.[1)2)] 허락은 명시적이든 묵시적이든 관계없다. 예컨대 영업주가 자기의 상점·전화·창고 등을 타인에게 사용하게 하면서도 상호를 사용하게 한 사실이 없는 경우에는 묵시적인 사용허락으로 볼 수 없다.[3)]

---

1) 명의대여자의 책임을 인정한 사례: 대법원 1992. 8. 18. 91다30699: Y가 자신의 사업인 야채중매업과 A가 경영하는 야채판매업을 A와 공동으로 경영하는 것과 같은 외관을 만들어 놓고도 이를 방치한 경우에는 A가 경영한 야채판매업과 관련된 채무에 관하여 Y에게 명의대여자로서 책임이 있다고 봄이 상당하다. 동지: 대법원 1993. 4. 27. 92다43432(입찰 자격이 없는 회사가 입찰 자격이 있는 회사의 명의를 빌려 입찰에 참가하여 낙찰받고 기계공급계약을 체결한 경우, 계약당사자나 계약상의 이행채무와 채무불이행으로 인한 손해배상책임을 부담하는 자는 명의회사이다); 동 1991. 11. 12. 91다18309 및 동 1973. 11. 27. 73다642: 수급인이 공사를 하도급 준 경우 수급인에게 명의대여자의 책임이 인정된다; 동 1985. 2. 26. 83다카1018: 공사의 수급인이 그 공사를 타인에게 하도급을 주고 그 하도급인을 수급인의 현장소장인 양 행동하게 하였다면 수급인의 명의대여자로서의 책임을 진다; 동 1989. 10. 27. 89다카319: 유류공급자가 지입차량임을 알면서도 유류를 공급하였다고 하여 지입차주(명의차용자)만이 그 대금을 부담하기로 하는 特約이 있었다고 볼 수 없으므로 지입회사(명의대여자)가 책임을 진다; 동 1987. 12. 8. 87다카459(면허를 받아 자동차 운송사업을 경영하는 자가 그 명의를 대여한 경우); 동 1988. 12. 27. 87다카3215: Y회사에 지입된 차량의 차주인 A가 X와 화물운송계약을 체결하고 A가 세탁기 74대를 운송하던 중 사고로 위 세탁기를 멸실·훼손한 사건에서, 지입차주인 A가 차량을 직접 운행관리하면서 화물운송계약을 체결하였다고 하여도 이는 Y회사로부터 위 차량에 관한 운행관리권을 위임받아 운행관리상 통상 업무에 속하는 화물운송계약을 Y회사를 대리하여 체결한 것으로 보아야 할 것이므로, Y는 특별한 사정이 없는 한 운송계약상의 채무불이행으로 운송물이 멸실·훼손됨으로써 X에게 입힌 손해를 배상할 책임이 있다; 동 1977. 7. 26. 77다797: 자동차정비사업을 하는 회사가 같은 영업장소와 사무소에서 같은 사업을 하도록 허락한 경우 명의대여자로서의 책임을 진다.

2) 명의대여자의 책임을 부정한 사례: 대법원 1982. 12. 28. 82다카887: 영업주가 타인에게 자기의 상호를 묵시적으로 허락하였다고 볼 수 없는 경우로서 영업주의 명의대여자로서의 책임이 없다. 동지: 대법원 1987. 11. 24. 87다카1379; 동 1977. 7. 26. 76다2289; 동 1977. 9. 13. 77다113; 동 1978. 6. 27. 78다864; 동 1979. 12. 26. 79다757; 동 1983. 3. 22. 82다카1852; 동 1986. 6. 10. 85다카2636(지입차량의 운행을 위하여 한 제3자와의 거래에 있어서 지입차주만이 그 채무를 부담하기로 하는 특약이 있었다고 본 사례) 등 참조.

3) 대법원 1982. 12. 28. 82다카887.

이 허락은 허락의 의사를 명의차용자에게 표시하면 충분하고 제3자에게 통지하거나 일반에 공표할 필요는 없다. 그리고 명의대여자가 회사 등 법인인 경우에는 그 대표자가 타인에게 회사명의를 사용하여 거래하는 것을 허락하는 것이면 충분하다. 또한 허락은 대리계약, 중개계약, 도급계약, 영업의 임대 등과 함께 행하거나 오직 명의사용 자체만에 한하여 할 수도 있다.

명의사용의 대가 유무는 문제되지 아니한다. 또 명의대여의 적법 여부도 문제되지 아니한다.

✦ 대법원 1988. 2. 9. 87다카1304
불법적인 명의대여에 대하여도 상법 제24조가 적용된다고 한 사례

☞ 농약관리법 제10조에 의하면 농약판매업을 하고자 하는 자는 일정한 자격과 시설을 갖추어 등록을 하도록 되어 있는바, 이는 농약의 성질로 보아 무자격자가 판매업을 할 경우 국민보건에 위해를 끼칠 염려가 있기 때문이며 따라서 그 등록명의를 다른 사람에게 빌려 준다든지 하는 일은 금지되고 있다 할 것이다. 그러나 만일 그 등록명의를 대여하였다거나 그 명의로 등록할 것을 다른 사람에게 허락하였다면 농약의 판매업에 관한 한 등록명의자 스스로 영업주라는 것을 나타낸 것이라 할 것이고 상법 제24조에 의한 명의대여자로서 농약거래로 인하여 생긴 채무를 변제할 책임이 있다고 할 것이다.

✦ 대법원 2013. 9. 26. 2013다36392
인터넷 사이트의 대표이사로 표시되어 있고 그 명의로 사업자등록도 되어 있으며, 대금결제에 필요한 예금계좌의 명의도 제공한 경우 명의대여자로 볼 여지가 충분하다

☞ 甲이 乙 명의로 사업자등록이 되어 있는 인터넷 제품 판매 사이트에서 제품을 주문한 후 대금을 乙 명의의 예금계좌에 송금하였으나 주문한 제품 대부분을 배송받지 못한 사안에서, 乙에게 상법 제24조에 따른 명의대여자 책임이 있다고 볼 여지가 충분하다(乙 자신은 사기혐의가 있는 丙에 의하여 고용된 단순한 월급사장으로서, 자신에 대한 인터넷 사기혐의로 형사고소된 것이 혐의 없음 결정이 내려진 바 있으나, 그것과는 상관 없이 乙은 원고에 대한 손해배상책임이 있다).

(나) 문제는 타인이 자기의 성명 · 상호를 사용하는 것을 알고 이를 저지하지 않은 사실, 즉 단순한 부작위만을 가지고 묵시적인 승낙이 있다고 볼 수 있는가이다. 이러한 경우에도 묵시적 승낙으로 보아 명의대여자의 책임을 물을 수 있다는 견해도 있다.[1] 그러나 명의대여자의 책임은 외관주의 내지 금반언의 법리

1) 이철송(총) 200면.

에 근거를 두고 있으며, 금반언의 법리에서는 부작위는 법적 의무위반 또는 사회생활상의 의무위반을 구성할 때에 비로소 책임발생의 원인이 되므로, 본조에서의 묵시적 허락이란 타인이 자기의 성명 또는 상호를 임의로 사용하고 있음을 알고 방치한 경우만으로는 부족하고, 이에 부가하여 점포의 사용료 등을 받았다는 등의 사정이 있어야 한다고 본다(통설). 이와 같은 맥락에서 판례는, "명의자가 타인과 동업계약을 체결하고 공동 명의로 사업자등록을 한 후 타인으로 하여금 사업을 운영하도록 허락하였고, 거래 상대방도 명의자를 위 사업의 공동사업주로 오인하여 거래를 하여온 경우에는, 그 후 명의자가 동업관계에서 탈퇴하고 사업자등록을 타인 단독 명의로 변경하였다 하더라도 이를 거래 상대방에게 알리는 등의 조치를 취하지 아니하여 여전히 공동사업주인 것으로 오인하게 하였다면 명의자는 탈퇴 이후에 타인과 거래 상대방 사이에 이루어진 거래에 대하여도 상법 제24조에 의한 명의대여자로서의 책임을 부담한다"고 하여[1] 부작위의 경우에도 특별한 사정이 있으면 명의대여자의 책임을 인정한다.

(다) 명의사용의 허락을 철회한 경우에는 명의사용을 금지하였다는 뜻을 통지 또는 광고하는 등 외관을 없애기 위한 조치를 취하여야 하고, 그러한 조치를 취하지 아니한 경우에는 선의의 제3자에게 책임을 져야 한다.

(4) 상대방의 오인

상법 제24조의 규정에 의한 명의대여자의 책임은 명의자를 영업주로 오인하여 거래한 제3자를 보호하기 위한 것이므로, 거래 상대방이 명의대여의 사실을 알고 있는 때, 즉 악의인 때에는 명의대여자는 책임을 지지 아니한다.[2]

그러나 제3자가 명의대여의 사실을 모른 데(선의)에 과실이 있는 경우에 관하여, (i) 과실여부를 불문하고 보호된다는 견해(단순선의설), (ii) 경과실은 보호받지만 중과실은 보호받지 못한다는 견해(무중과실설), (iii) 경과실이 있어도 보호받지 못한다는 견해(무과실설) 등이 있을 수 있다. 생각건대, 상법이 명문으로 무과실을 요구하고 있지 아니하고, 중과실은 악의와 동일하게 취급되는 점 등을 감안할 때 중과실이 있는 경우에만 보호되지 않는다고 보는 것이 타당하다(통

---

1) 대법원 2008. 1. 24. 2006다21330.

2) 대법원 1992. 6. 23. 91다29781: 명의대여자가 거래상대방에 대하여 책임을 지는 것은 상대방이 그를 영업자로 오인한 경우에 한하는 것이고 상대방이 명의인과 실제 거래당사자가 다르다는 사실을 알고 있는 경우에는 명의대여자에게 책임을 지울 수 없는 것은 법문상 명백하며 수산업협동조합에 대한 거래상대방 자격이 조합원에 한한다고 하여 결론이 달라질 수는 없다. 동지: 대법원 1993. 5. 27. 93다7341; 동 2002. 6. 28. 2002다22380.

설). 판례의 입장도 동일하다.[1)] 악의에 대한 증명책임은 면책을 주장하는 명의대여자가 부담한다.[2)] 악의 여부의 판단시기는 거래행위시를 기준으로 한다.

3) 명의대여의 효과

(1) 명의대여자는 자기를 영업주로 오인하여 거래한 제3자에 대하여 명의차용자와 연대하여 변제할 책임이 있다. 이 경우 양자는 부진정연대채무의 관계에 서게 된다.[3)] 따라서 거래상대방은 명의대여자와 명의차용자 중 그가 선택하는 누구에 대하여도 변제를 청구할 수 있다.

(2) 명의대여자는 명의차용자의 거래상의 채무에 대하여서만 책임을 부담하며, 예컨대 명의차용자가 상호를 전대하여 전차인이 거래상 부담한 채무 등에 대하여는 명의대여자가 책임을 지지 않는다.

4. 상호권

1) 상호의 보호

상호는 상인에게 있어서 재산적 가치가 있는 것이므로, 상법은 상호권(Firmenrecht)을 인정하여 타인의 부정침해로부터 보호한다.

(1) 부정한 목적으로 타인의 영업으로 오인할 수 있는 상호를 사용한 자를 상대로 그 부정사용으로 인하여 발생한 손해의 배상청구권을 행사하게 하며(제23조 제3항), 그 부정사용자를 200만원 이하의 과태료에 처함으로써(제28조) 상호권자를 보호하고 있다.

(2) 한편 상호의 중요성에 비추어 상호의 사용관계를 명확히 함으로써 상호의 사용자뿐만 아니라 일반공중의 이익도 보호할 필요가 있으므로 상호등기제도를 두어 등기상호에는 특별한 효력을 인정하고 있다(제22조, 제23조)(배타성의 강화). 회사에 있어서는 상호는 설립등기사항이므로(제180조 제1호, 제269조, 제317조 제2항 제1호, 제549조 제2항 제1호) 반드시 등기하여야 하지만(절대적 등기사항), 개인상인의

---

1) 대법원 2001. 4. 13. 2000다10512; 동 2008. 1. 24. 2006다21330; 동 2023. 12. 28. 2023다267751: 거래상대방이 명의대여 사실을 알았거나 모른 데 대하여 중과실이 있는 경우에는 명의대여자는 책임을 지지 않는다.

2) 대법원 2001. 4. 13. 2000다10512; 동 2008. 1. 24. 2006다21330.

3) 대법원 2011. 4. 14. 2010다91886. 따라서 부진정연대채무에 서는 채무자 1인에 대한 이행청구 또는 채무자 1인이 행한 채무의 승인 등 소멸시효의 중단사유나 시효이익의 포기가 다른 채무자에게 효력을 미치지 아니한다.

경우에는 등기를 하고 아니하고는 상인의 자유이다(상대적 등기사항).

(3) 이 밖에도 특별법인 부정경쟁방지 및 영업비밀보호에 관한 법률에 의하여 국내에서 널리 인식된 상호는 특별한 보호를 받는다. 즉, 동법은 국내에 널리 인식된 상호와 동일 또는 유사한 상호를 사용하는 자가 있는 경우 이로 인하여 영업상의 이익이 침해되거나 침해될 우려가 있다고 인정되는 상호권자는 그 상호의 사용금지 또는 예방을 청구할 수 있다(동법 제2조). 또한 이와 아울러 상호의 폐기, 간판의 제거 기타 필요한 조치를 청구할 수 있다(동법 제4조). 여기서는 부정한 목적을 요건으로 하지 않는다. 침해자에게 고의 또는 과실이 있는 경우에는 상호권자는 손해배상도 청구할 수 있다(동법 제5조). 이 경우 법원은 상호권자의 청구에 의하여 손해배상에 갈음하거나 손해배상과 함께 영업상의 신용을 회복하는 데 필요한 조치를 명할 수 있다(동법 제6조).[1)]

2) 상호권의 법적 성질

상호사용자가 가지고 있는 상호권의 성질에 관해서 종래에는 인격권설,[2)] 재산권설,[3)] 등기의 전후를 구별하여 등기 전에는 인격권이고 등기 후에는 재산권이라는 학설,[4)] 인격권적 성질을 띠는 재산권설,[5)] 기업현상에 따라 나타나는 특수한 권리라는 학설[6)] 등으로 학설이 나뉘어져 있었으나, 등기의 전후를 불문하고, 대체로 '인격권적 성질을 포함하는 재산권'이라고 본다[겸병(兼併)설]. 왜냐하면 후술하는 바와 같이 상호권의 보호내용에 있어 등기의 유무에 따라 본질적인 차이가 없기 때문에, 상호권의 성질에 관하여도 등기의 전후에 따라 이를 구별할 이유가 없다. 또한 상호권은 상인의 경제적 이익과 중대한 관계가 있고, 그 양도성도 인정되므로 일종의 무체재산권이라고 보아야 하며, 한편으로는 상호의 신용의 훼손이 인격권의 침해와 같은 결과를 가져오기 때문이다.

1) 그러나 사죄광고는 헌법상 양심의 자유(헌법 제19조)와 인격권에 반한다: 1991. 4. 1. 89헌마160.
2) 竹田 省, 「商法總則」, 1932, 135면.
3) 강위두(총) 145면; 이병태(상) 136면.
4) 松本烝治, 「商法總論」, 1923, 263면.
5) 서돈각 · 정완용(상) 101면; 손주찬(상) 142면; 최기원(상) 117면; 임홍근(총) 113면; 정동윤(상) 79면; 김정호(상) 88면; 정찬형(상) 112면; 김병연(총) 94면.
6) 정희철(상) 99면.

3) 상호권의 내용

(1) 상호사용권

상호를 적법하게 선정한 자는 그 상호의 등기와는 관계없이 상호사용권, 즉 '타인의 방해를 받지 않고 상호를 사용할 수 있는 권리'를 가진다(적극적 상호권). 따라서 미등기상호의 사용자도 후에 타인이 그와 동일한 상호를 등기하더라도 부정한 목적이 없으므로 계속 사용할 수 있다.

(2) 상호전용권

(가) 의 의

(i) 상호전용권이란 타인이 부정한 목적으로 자기가 사용하는 상호와 동일한 상호를 사용하는 경우 그 '사용을 배제할 수 있는 권리'로서(소극적 상호권), 구체적으로는 사용폐지청구권과 등기말소청구권을 그 내용으로 한다.

(ii) 그런데 일설에 의하면 이 상호전용권은 상호의 등기에 의하여 비로소 발생하는 권리라고 한다.[1] 즉, 이 학설은 상호전용권이라는 용어의 의미를 등기상호의 상호권으로 해석하는 한편, 상호사용권과 상호전용권은 그 실질적인 내용에 있어서는 다른 것이 아니라고 한다. 다만 등기한 상호권자, 즉 상호전용권자는 타인의 부정목적을 증명할 필요 없이 그가 사용하는 동일한 상호의 등기·사용을 손쉽게 배척할 수 있다는 권리행사방법면의 편의를 누리게 된다. 따라서 이러한 의미의 상호전용권은 "상호사용권에 비하여 더 강력한 것"이라고 한다.

(iii) 그러나 ① 상호전용권이라는 용어는 상호에 대한 배타적 사용권을 말한다고 보는 것이 더욱 합리적일 뿐 아니라, ② 상법에서는 상호의 등기·미등기를 구별하지 아니하고 부정한 목적으로 타인의 영업으로 오인할 수 있는 상호를 사용한 자(상호부정사용자)에 대하여 그 상호의 사용금지와 손해배상을 청구할 수 있도록 규정되어 있고(제23조 제2항·제3항), ③ 미등기상호라고 하여 상호권을 보호할 가치가 없는 것은 아니므로 상호전용권을 상호의 등기와는 관계없이 적법하게 상호를 선정한 상인이 당연히 갖는 권리라고 본다(통설). 다만 상호등기를 한 경우에는 법문상 더 강력한 보호를 받게 된다. 왜냐하면 동일한 서울특별시·광역시·시·군에서 동종영업(동종영업이란 같은 목적을 가지는 영업이란 뜻이니, 요컨대 동종영업의 여부는 일반거래계의 통념에 의하여 결정할 사실문제이다. 예컨

---

1) 서돈각·정완용(상) 97면; 채이식(상) 73면.

대, 백화점과 백화점, 양복점과 양복점의 경우는 물론, 신발가게와 구두가게의 경우와 같이 한 영업이 다른 영업 전부를 포함하는 경우는 다른 부분이 있더라도 중요한 부분이 중복되는 이상 동종영업이라고 볼 수 있다)으로 타인이 등기한 상호를 사용하는 자는 부정한 목적으로 사용하는 것으로 추정하기 때문이다(제23조 제4항). 다시 말하면 상호를 등기한 경우에는 증명책임이 전환되어 부정목적 부존재의 증명책임을 상대방이 지게 되므로 기등기상호권자는 적어도 명목상은 미등기상호권자보다 유리한 지위에 놓이게 된다.

(나) 요 건

상호전용권이 인정되려면, (ⅰ) 비교대상인 기존의 자기 상호가 존재하여야 하고, 현재 그 상호를 사용하고 있어야 한다.

(ⅱ) 부정한 목적이 있어야 한다. 여기서 '부정한 목적'이란 자기의 영업을 타인의 영업인 것처럼 오인시킴으로써, 타인의 상호가 가지는 신용 내지 경제적 가치를 자기가 이용하려는 의도를 말한다. 판례는 "어느 명칭을 자기의 상호로 사용함으로써 일반인으로 하여금 자기의 영업을 그 명칭에 의하여 표시된 타인의 영업으로 오인시키려고 하는 의도"를 말한다고 한다.[1]

✦ 대법원 1995. 9. 29. 94다31365 · 94다31372(反訴)
상법 제23조 제1항, 제4항 소정의 부정한 목적의 의미

☞ (ⅰ) 상법 제23조 제1항, 제4항 소정의 부정한 목적이란 '어느 명칭을 자기의 상호로 사용함으로써 일반인으로 하여금 자기의 영업을 그 명칭에 의하여 표시된 타인의 영업으로 오인시키려고 하는 의도'를 말한다. 동지: 대법원 2004. 3. 26. 2001다72081.

(ⅱ) 창원시에서 동성아파트라는 이름으로 아파트건설업을 해 오던 동성종합건설(주)이 서울에 지점을 설치하고 서울에서 동성아파트를 건설하고 있고, 동성종합건설(주)의 도급순위가 (주)동성보다 높다면, 동성종합건설(주)는 동성아파트라는 이름으로 서울에서 아파트 건설업을 해 오던 (주)동성의 상호를 부정사용하려는 의도가 있었다고 보기 어렵다.

✦ 대법원 1964. 4. 28. 63다811
부정한 목적이 인정된 사례

☞ Y가 X에게 상호를 양도하고 새로운 상호인 '뉴서울사장'이라는 상호옆에 혹은 아래 작은 글씨로 구상호인 '전 허바허바 개칭'이라고 기재한 것은 X의 상호인 '허바허바사장'으로 오인시키기 위한 부정목적이 있다. 따라서 Y는 X에게 상호사용폐지와 함께 손해배상을 하여야 한다. 동지: 서울고등법원 1977. 5. 26. 76나3276('허

---

1) 대법원 1995. 9. 29. 94다31365 · 94다31372(반소).

바허바칼라'라는 상호로 사진촬영을 하던 자가 이 상호를 양도한 후 '새 허바허바칼라'라는 상호로 다시 영업을 개시한 경우에는 '허바허바칼라'로 오인시키기 위한 부정목적이 있다).

✦ 대법원 1993. 7. 13. 92다49492
부정한 목적이 인정되지 아니한 사례

〈사 실〉

X는 1959년 7월 21일에 '고려당'이라는 상호를 등기하고 마산시에서 영업을 하던 중 Y가 1991년 8월 1일에 '주식회사 고려당'과 이 회사 제품의 마산대리점계약을 체결하고 'SINCE 1945 신용의 양과 서울 고려당 마산분점'이라는 간판으로 같은 마산시에서 제과점을 경영하였다. 이에 X가 Y에게 상호전용권을 행사하여 상호폐지청구권과 손해배상청구권을 행사하였다. 이에 대하여 원심은 Y에게 부정한 목적이 없다는 이유로 X의 청구를 배척하여, X가 상고하게 된 것이다.

〈판결요지〉

Y가 그의 간판에 'SINCE 1945 신용의 양과 서울 고려당 마산분점'이라고 표시한 것은 주식회사 고려당과 관계를 나타내기 위하여 위 회사의 상호를 표시한 것이라면 Y에게 X의 상호인 마산의 '고려당'이 가지는 신용 또는 경제적 가치를 자신의 영업에 이용하고자 하는 의도는 없었다. 또한 이때 위 상호의 사용과 관련하여 부정경쟁의 목적이 있는가를 판단함에 있어서 Y가 아닌 위 회사와 X의 명성과 신용을 비교한 것은 옳으나, 주식회사 고려당은 이미 1944년부터 이 상호를 사용하여 왔으므로 동 회사에 이러한 목적이 있다고도 볼 수 없다. 따라서 X의 청구를 배척한 원심은 타당하고 논지는 이유없다. 동지: 대법원 1976. 2. 24. 73다1238(보령제약주식회사 X와 수원보령약국 Y와는 그 영업의 종류, 범위, 시설, 규모 등 그 영업의 양상을 달리함은 물론 그 고객을 서로 달리하므로 X회사의 일반고객이 Y경영의 수원보령약국을 X회사의 영업으로 오인·혼동한다는 것은 좀처럼 있을 수 없다); 동 1996. 10. 15. 96다24637: '합동공업사'라는 등록상호로 자동차정비업을 하던 X가 '합동특수레카'라는 상호를 추가로 등록하여 자동차견인업을 함께 하고 있는 상황에서 Y가 같은 시에서 자동차견인업을 시작하면서 '충주합동레카'라는 상호로 등록하였음에도 실제는 등록상호를 사용하지 아니하고 '합동레카'라는 상호를 사용한 경우, 자동차정비업과 자동차견인업은 영업의 종류가 서로 다르고 그 영업의 성질과 내용이 서로 달라서 비교적 서비스의 품위에 있어서 관련성이 적은 점, 자동차를 견인할 경우 견인장소를 차량 소유자가 지정할 수 있는 점, 운수관련 업계에서 '합동'이라는 용어가 일반적으로 널리 사용되고 있어 그 식별력이 그다지 크지 아니한 점, X와 Y측의 신뢰관계, X도 자동차정비업과 함께 자동차견인작업을 하면서 별도의 견인업 등록을 한 점, Y가 자동차정비업을 하고 있지 아니한 점과 Y의 영업 방법이나 그 기간 등을 고려할 때, 양 상호 중의 일부인 '합동'이 동일하다 하더라도 Y가 상법 제23조 제1항의 '부정한 목적'으로 상호를 사용하였다고 할 수 없다. 동지: 서울민사지방법원 1976. 3. 18. 75가합2538(쌍용주택개발공사가 쌍용양회공업(주)의 영업으로 오인할 수 있는 상호를 사용하였다거나 후자의 이익이 침해될 염려가 있다고 할 수 없다).

(iii) 상호를 '사용'하여야 한다. 여기서 상호의 '사용'이란 계약과 같은 법률행위에 의한 사용뿐만 아니라, 간판·광고·계산서·포장지에 기재 또는 인쇄하는 것과 같은 사실상의 사용을 포함한 일체의 사용방법을 말한다. 이 경우에 상호권자는 손해배상의 청구도 할 수 있음은 물론이다(제23조 제3항). 상호사용폐지청구권은 등기상호의 경우에는 상호권자가 손해를 받을 염려가 있는지를 불문하고 행사할 수 있다. 그리고 부정한 목적으로 타인의 영업을 오인할 수 있는 상호를 사용한 자는 200만원 이하의 과태료의 제재를 받는다(제28조).

(iv) 타인의 영업으로 오인을 일으킬 수 있어야 한다. 상호가 단지 호칭상으로 유사하다고 하여 바로 타인의 영업으로 오인할 수 있는 상호가 되지는 않는다. 오인가능성의 유무는 영업의 종류·규모·지역 등을 고려하여 종합적으로 판단하여야 한다.

(v) 상호의 사용은 동종영업에 한하여 제한되는 것은 아니다. 상법 제23조의 취지는 상호의 부정사용으로 인하여 영업주체에 혼동을 일으키고 일반공중이 거래의 상대방을 선택함에 있어 오류를 일으켜 피해를 입고, 오인을 당한 자가 명예, 신용 또는 재산상의 침해를 당하지 않도록 하려는 데 있다. 따라서 상법 제23조의 적용은 동종영업에 동일상호를 사용하는 경우에 한정하여 인정할 것은 아니다.[1)]

상호의 역혼동

대법원 2002. 2. 26. 2001다73879: 상호를 먼저 사용한 자(선사용자)의 상호와 동일·유사한 상호를 나중에 사용하는 자(후사용자)의 영업규모가 선사용자의 그것보다 크고 그 상호가 주지성을 획득한 경우, 후사용자의 상호사용으로 인하여 마치 선사용자가 후사용자의 명성이나 소비자의 신용에 편승하여 선사용자의 상품의 출처가 후사용자인 것처럼 소비자를 기망한다는 오해를 받아 선사용자의 신용이 훼손된 때 등에 있어서는 이를 이른바 역혼동에 의한 피해로 보아 후사용자의 선사용자에 대한 손해배상책임을 인정할 여지가 전혀 없지는 않다(다만 이 사건에서는 영업의 종류, 성질, 내용, 영업방법, 수요자층 등에서 선사용자의 그것과 후사용자의 그것이 밀접한 관련이 없어 역혼동으로 인한 피해를 인정할 수 없다).

(vi) 상호권자의 허락이 없었어야 한다. 이는 명문 규정이 없지만 당연한 요건이다.

(vii) 상호권자가 타인의 부정한 상호사용을 배척하려면 위의 요건을 상호권자가 증명하여야 한다. 그러나 상호를 등기한 경우에는 증명책임이 동일상호를

---

1) 대법원 2002. 2. 26. 2001다73879; 동 1996. 10. 15. 96다24637.

사용하는 자에게로 전환된다.

(다) 효 력

(i) 사용폐지청구권: 상호권자는 자기의 영업으로 오인할 수 있는 상호(동일한 상호는 물론, '확연히 구별할 수 없는' 유사상호도 포함한다. 상호의 유사여부는 일반거래계의 통념에 의하여 전체적 인상을 비교하여 혼동, 오인의 위험성이 있는가 없는가를 표준으로 하여 판단하여야 할 것이다. 예컨대, '동광전기주식회사'와 '동광전기공업주식회사' 또는 '중앙성명철학관 총본부'와 '서울 중앙성명관 영남총본부'는 유사한 상호이다)를 부정한 목적으로 사용하는 타인에 대하여 그 상호의 사용폐지를 청구할 수 있다(제23조 제1항 · 제2항).[1]

(ii) 등기말소청구권: 상호권자는 타인이 자기의 영업으로 오인할 수 있는 상호를 등기한 경우에는 그 등기의 말소를 청구할 수 있다(제23조 제2항). 즉, 상법 제23조 제2항의 '폐지'란 단순한 사용폐지뿐만 아니라 등기말소까지 포함한다고 보아야 할 것이며, 따라서 등기말소청구권은 상법 제23조 제2항에 의거해서 미등기상호권자에게도 인정하여야 할 것이다.[2]

왜냐하면 상호의 경제적 가치는 그 사용하는 데 있는 것이지 등기 자체에 있는 것이 아닌데, 사용폐지는 청구하면서 등기말소는 청구하지 못한다는 것은 타당치 않기 때문이다.

(iii) 손해배상청구권: 상호의 부정사용으로 매출액의 감소, 신용의 훼손 등 손해가 발생한 경우 상호권자는 상호폐지 청구와는 별도로 손해배상을 청구할 수 있다(제23조 제3항).

(3) 등기에 의한 상호권의 강화

(가) 사용폐지청구권의 요건 완화

(i) 상호권의 내용 중에 상호사용권은 상호권의 기본적인 효력이기 때문에 상호등기의 유무 또는 전후에 따라 차이가 있을 수 없다. 이에 대하여 상호전용권에 관하여는 그 공시방법(등기) 구비 여부에 따라서 그 효력의 강약을 인정할 것인가는 입법정책의 문제이다. 먼저 등기한 상호에 대하여 절대적인 배타력을 인정한다면 타인의 상호선정의 자유가 지나치게 제약을 받아 선의의 피해자가 많게 된다. 한편 등기된 상호와 동일한 상호의 사용을 널리 인정한다면 영업주

---

1) 서울고등법원 1977. 5. 26. 76나3276.

2) 강위두(총) 149면; 정찬형(상) 116면. 그러나 상호전용권을 상호등기의 효력으로 보는 견해는 등기말소청구권의 법적 근거로 상법 제22조를 들면서, 상호를 등기한 자만이 타인이 동일한 서울특별시 · 광역시 · 시 · 군에서 동종영업의 상호로 등기하는 경우에 그 말소청구권을 행사할 수 있다고 한다[서돈각(상) 111~112면].

체의 오인으로 인한 거래관계의 혼란을 가져올 것이다.

(ii) 우리 상법 제23조는 상호전용권에 관하여 등기의 유무에 따른 차이를 두고 있다. 제23조는 '부정한 목적'으로 영업주체를 오인, 혼동을 일으킬 수 있는 상호의 사용을 금지하고, 이로 인하여 '손해를 입을 염려가 있는 자' 또는 '상호를 등기한 자'에게 상호폐지 및 손해배상의 청구권을 인정하고 있다. 이 조문을 분석해 보면 등기유무에 따라 요증명사실 및 증명책임이 3단계로 완화되고 있음을 알 수 있다.

첫째, 미등기상호의 경우 상대방의 부정목적과 그로 인해 손해를 받을 염려가 있다는 두 가지 사실을 주장·증명하여야 한다(제23조 제1항·제2항).

둘째, 등기상호의 경우에는 원칙적으로 상대방의 부정한 목적 한 가지만 증명하면 된다(제23조 제2항).

셋째, 상대방이 동일한 특별시·광역시·시·군에서 동종영업을 위하여 그 등기상호와 동일한 상호를 사용하는 경우에는 부정한 목적을 가진 것으로 추정되어 증명책임이 전환된다(제23조 제4항).

(iii) 이와 같이 법문상 요증명사실 및 증명책임 두 가지 점에서 미등기상호의 보호가 등기상호의 그것보다 약하다고 할 수 있다. 그러나 ① 손해를 받을 염려가 있다는 것은 객관적·추상적 가능성을 의미하는 것이며 손해가 현실적으로 생겼을 것을 요하지는 않으므로, 이 점은 상호사용의 부정목적만을 증명하면 저절로 확인되는 것이다. 따라서 이 점에 있어서 등기상호의 보호가 강하다는 것은 명목적인 것일 뿐 실제에 있어서는 무의미한 것이다. 한편 ② 부정목적의 존재라는 것도 객관적·추상적 판단의 대상이 되는 것일 뿐, 어떤 특별한 거래에 부정한 목적이 존재하였다는 것을 증명하여야 하는 것이 아니기 때문에 그 증명은 그다지 어려울 것이 없다. 나아가 동일한 행정구역 내에서의 부정목적 증명은 보다 용이할 것이다. 따라서 부정목적의 거증책임의 면에서도 미등기상호와 등기상호의 보호에 있어서 실질적인 차이가 없다고 본다.

(iv) 뿐만 아니라 ③ 부정경쟁방지 및 영업비밀 보호에 관한 법률 제2조 제1호 및 제4조 제1항에 의하면, 국내에 널리 인식된 타인의 상호 등과 동일하거나 유사한 것을 사용하는 행위로 인하여 그 타인에게 영업상의 이익을 침해하거나 침해할 우려가 있는 경우에는 그 행위는 금지청구의 대상이 된다. 이 경우에 보호의 대상으로 되는 상호는 등기되어 있는가 아닌가, 또 상호의 모용자(冒用者)에게 부정목적이 있는가 없는가는 묻지 않고 상호의 주지성만 증명하면 된다.

주지성은 국내전역이어야 할 필요는 없고 국내의 일정 지역에서 거래자 또는 수요자 사이에서 널리 알려져 있으면 충분하다.[1] 이 점에 있어서도 등기상호와 미등기상호의 차이는 없다고 할 수 있다.

(나) 등기배척권

(i) 상법 제22조에 의하면, 상호의 등기가 되어 있으면 그것과 동일한 상호를 동일한 특별시 · 광역시 · 시 · 군에서 동종영업을 위하여 등기할 수 없도록 되어 있어서,[2] 이것을 등기상호의 큰 장점으로 볼 수 있을 것이다. 그러나 이것은 동일상호가 중복등기된 경우 또는 중복등기되려고 하는 경우의 문제에 지나지 않는다. 상호전용권의 내용인 상호의 부정사용의 중지 내지 폐지는 그 등기말소에도 미치기 때문에 이 점에 있어서도 상호의 등기유무에 의한 차이는 거의 인정되지 않는다고 본다.

(ii) 등기가 금지되는 상호는 등기된 상호와 동일한 것에 한정된다(상등 제29조).[3] 구상업등기법에서는 먼저 등기된 상호와 확연히 구별할 수 없는 것도 등기할 수 없도록 하였으나, 상호선정이 어렵고 상호의 유사성을 판단함에 있어 등기관의 자의가 개입할 여지가 많아 2009년 개정상업등기법에서는 이미 등기된 상호와 완전히 동일한 상호만을 등기할 수 없도록 하였다.[4] 따라서 등기관은 동일한 상호의 등기신청이 있는 때에는 이를 각하하여야 한다(상등 제26조 제13호). 다만 다른 행정구역에서 각각 동종영업을 위하여 동일한 상호가 등기된 후 행정구역의 변경에 의하여 동일행정구역이 된 경우에는 양자의 등기는 병존할 수 있다.

(iii) 이와 같은 상법 제22조의 등기배척의 규정이 등기법상의 효력에 그치는 것인가 아니면 이외에 실체법상의 효력도 가지는가에 관하여도 논쟁이 있다. 전(前)설에 의하면 제22조는 상호를 등기한 경우 동종영업에 관하여 같은 상호의 등기가 행하여지는 것을 차단시킴으로써 선등기권자의 등기법상의 지위를 보호

---

1) 대법원 1996. 10. 15. 96다24637; 동 1997. 2. 5. 96마364; 동 1997. 4. 24. 96마675; 동 1997. 12. 12. 96도2650; 동 2001. 4. 10. 2000다4487 ; 동 2003. 9. 26. 2001다76861(색종이 제품분야에서 "종이나라"라는 등록상표가 부정경쟁방지 및 영업비밀보호에 관한 법률 제2조의 '국내에 널리 인식된 상표 · 상품'에 해당한다).

2) 대법원 2004. 3. 26. 2001다72081.

3) 따라서 먼저 등기한 상호인 '동부주택건설 주식회사'와 나중에 등기한 상호인 '동부건설 주식회사'는 동일하지 않음이 외관 · 호칭에서 명백하므로, 동부주택건설 주식회사에 상법 제22조의 등기말소청구권이 없다: 대법원 2011. 12. 27. 2010다20754.

4) 대법원 2011. 12. 27. 2010다20754.

한다는 것이다. 그 이유로는 상법 제23조가 이미 상호권자에게 자기 상호의 등기유무를 불문하고 동일상호의 사용폐지 및 등기말소를 청구할 수 있도록 규정하였으므로 제22조가 사법상의 효력을 규정한 것으로 볼 실익이 없다는 것이다.[1] 그러나 중복등기가 되었지만 상대방에게 부정한 목적이 없음이 증명된 경우에는 상법 제23조에 기한 등기말소를 청구할 수 없고, 이 경우에는 제22조에 의하여 이중등기의 말소를 청구할 수 있다는 실익이 있다. 따라서 후(後)설에 의하는 것이 상호권을 더욱 완벽하게 보호한다. 후설이 타당하다(판례).[2] 그러므로 상호권자는 등기법상의 이의 등의 방법 외에 제22조에 의하여서 직접 등기말소를 청구할 수 있다고 본다.

(4) 소상인의 상호

소상인은 상호를 가질 수는 있으나 상법의 적용을 받지 않는다. 그러나 소상인이 부정한 목적으로 타인의 영업으로 오인할 수 있는 상호를 사용하는 경우에는 상법 제23조 제1항 및 제28조가 적용된다고 해석한다. 소상인의 상호에는 회사를 표시하는 문자를 사용할 수 없고(제20조), 명의대여의 경우 명의대여자로서의 책임도 진다(제24조). 본래 명의대여자는 상인이어야 하는데, 소상인이 명의차용자인 때에도 그 명의대여자는 소상인과 거래를 한 제3자에 대하여 책임을 져야 한다.

5. 상호의 이전

1) 상호의 양도

(1) 상호의 양도성

상호의 양도란 상호권을 타인에게 양도하는 것이다. 상호권을 인격권으로 보는 한 상호의 양도는 불가능한 것이지만, '인격권적 성질을 포함하는 재산권'이라고 보므로, 다른 일반재산과 같이 양도의 대상이 될 수 있다. 상호권은 등기의

1) 이철송(총) 182~183면; 정찬형(상) 118면.
2) 임홍근(총) 109면; 채이식(상) 79면; 서돈각 · 정완용(상) 98면; 손주찬(상) 140면; 최기원(상) 123면; 정동윤(상) 82면; 김정호(상) 94면; 대법원 2004. 3. 26. 2001다72081(상법 제22조의 규정은 동일한 특별시 · 광역시 · 시 또는 군 내에서는 동일한 영업을 위하여 타인이 등기한 상호 또는 확연히 구별할 수 없는 상호의 등기를 금지하는 효력과 함께, 그와 같은 상호가 등기된 경우에는 선등기자가 후등기자를 상대로 그와 같은 등기의 말소를 소로써 청구할 수 있는 효력도 인정한 규정이라고 봄이 상당하다).

유무와 관계없이 인정되므로, 상호의 양도성도 등기의 유무와 관계없이 인정된다.

(2) 상호양도의 제한

상호는 원칙적으로 영업과 함께 양도하는 경우에만 양도할 수 있다(제25조 제1항).[1] 영업과 함께 상호를 양도하는 경우에는 그 영업은 양도인의 영업 전부이어야 하며, 그 일부 또는 일부문이어서는 안된다.[2] 다만 영업을 폐지하는 경우에는 상호만의 양도가 허용된다(제25조 제1항). 이때 영업의 폐지는 정식으로 영업의 폐지에 필요한 행정절차를 밟아 폐지하는 경우에 한하지 아니하고 사실상 폐업한 경우도 포함한다. 상호양도인이 영업을 계속하는 경우에는 일반공중이 그 양도인의 영업과 상호양수인의 영업을 혼동할 염려가 있지만, 상호양도인이 그 영업을 폐지하는 경우에는 혼동의 염려가 없을 뿐만 아니라 폐업하는 상인으로 하여금 상호에 부착된 재산가치를 처분, 환가할 수 있도록 하는 것이 타당하기 때문이다.

✦ 대법원 1988. 1. 19. 87다카1295
상호만의 양도를 인정한 경우

☞ 상법 제25조 제1항은 상호는 영업을 폐지하거나 영업과 함께 하는 경우에 한하여 이를 양도할 수 있다고 규정하고 있어 영업과 분리하여 상호만을 양도할 수 있는 것은 영업의 폐지의 경우에 한하여 인정되는데, 이는 양도인의 영업과 양수인의 영업과의 사이에 혼동을 일으키지 않고 또 폐업하는 상인이 상호를 재산적 가치물로서 처분할 수 있도록 하기 위한 것인 점에 비추어 위 법조항에 규정된 영업의 폐지라 함은 정식으로 영업폐지에 필요한 행정절차를 밟아 폐업하는 경우에 한하지 아니하고 사실상 폐업한 경우도 이에 해당한다. 따라서 원심이 위 A가 경영하던 신라당제과업이 사실상 폐업한 상태에서 Y가 그 상호만을 양수하였다고 판단하고 있음은 정당하고 거기에 소론과 같은 상법 제25조 제1항 및 같은 법 제42조의 규정에 관한 해석을 잘못함으로써 판결에 영향을 미친 위법이 있다고 할 수 없다. 따라서 논지는 모두 이유없다.[3]

(3) 상호양도의 방법

(가) 상호의 양도는 양도인과 양수인 간의 의사표시만으로 그 효력이 발생하고, 방식의 여하는 불문한다. 등기된 상호의 양도를 제3자에게 대항하려면 양도의

---

1) 대법원 1994. 5. 13. 93다56183(영업과 함께 상호를 양도받았다는 주장을 배척한 사례).
2) 동지: 임홍근(총) 116면; 정찬형(상) 121면. 반대: 최기원(상) 127면(영업은 반드시 전부일 필요는 없고 중요한 부분의 이전이 있으면 된다고 한다); 김정호(상) 95면.
3) 이 판결에 대한 평석으로는, 한창희, 영업양도와 채권자보호, 판례월보 제216호, 27~37면 참조.

등기를 필요로 한다(제25조 제2항). 이 경우에는 제3자의 선의·악의를 불문하며, 제37조는 적용되지 않는다. 미등기상호의 경우에도 등기를 하여야 제3자에게 대항할 수 있다는 견해가 있으나,[1] 미등기상호에 대하여 양도시에만 등기를 강요하는 것은 부당하므로 이때에는 양수의 사실만으로 대항할 수 있다고 보는 것이 타당하다.[2]

(나) 상호양도에 있어서 등기는 물권변동에 관한 의용민법상의 부동산등기와 같은 취급을 받는 것으로서, 상호의 이중양도에 있어서는 먼저 등기한 자가 권리를 취득하게 되고, 상업등기의 일반적 효력(민법상의 책임관계)으로서의 대항문제(제37조)와는 취지가 다른 점을 주의하여야 한다.

(4) 상호양도의 효력

(가) 당사자 간의 효력으로서, 상호의 양수인이 상호권을 갖게 됨에 따라 양도인은 양도한 상호와 동일 또는 유사한 상호를 사용할 수 없게 된다. 영업의 양도와 함께 상호를 양도하는 경우에는 상호양도인은 영업양도의 효력으로서 경업금지의무를 지므로(제41조) 이 범위 내에서 동종의 영업을 할 수 없고, 따라서 동종의 영업을 위하여 동일한 상호를 사용할 수 없다.

(나) 제3자에 대한 효력에 관하여는 상법상 별다른 규정이 없다. 그러나 영업양도와 관련하여 영업양수인이 양도인의 상호를 속용(續用)하는 경우에는 상법상 특수한 효력이 생기는데(제42조, 제45조), 이에 관하여는 후술한다.

2) 상호의 상속·압류

상호는 상속에 의하여서도 이전된다. 등기상호를 상속한 경우에는 상속인 또는 그 법정대리인이 그 등기의 신청을 하여야 하나(상등 제33조 제1항·제35조), 그 등기가 양도의 경우와 같이 상호이전의 대항요건은 아니다.

상호의 압류도 가능하지만, 영업과 분리하여 상호만을 압류할 수는 없다.[3]

---

1) 이철송(총) 191~192면(등기를 하지 않고도 제3자에 대항할 수 있다고 하면 미등기상호의 양수인이 등기상호의 양수인보다 더 두텁게 보호받는 결과가 되어 부당하다는 점을 이유로 든다).
2) 정동윤(상) 83면; 정찬형(상) 121면 註 3.
3) 日大判 1932. 1. 11. 民集 11. 1.

6. 상호의 변경 · 폐지

1) 상호를 등기한 자는 그 상호를 변경 또는 폐지한 경우에 등기를 하여야 한다(제40조). 상호를 변경 또는 폐지한 때로부터 2주 내에 그 등기를 하지 아니하면, 이해관계인은 그 등기의 말소를 청구할 수 있다(제27조). 등기상호에 있어서 상호권자는 변경 · 폐지의 사실을 등기하여야 하지만, 변경 · 폐지 등기의무 위반에 대한 제재가 없을 뿐만 아니라, 영업을 폐지하는 경우라면 더욱 이를 기대하기 어렵다. 따라서 상호를 변경 · 폐지하였음에도 2주 내에 이를 등기하지 아니하는 경우, 이해관계인으로 하여금 그 등기의 말소를 청구할 수 있게 하였다(제27조, 상등 제36조).

2) 또 상호를 등기한 자가 정당한 사유없이 2년간 상호를 사용하지 아니하는 경우에는 그 상호를 폐지한 것으로 본다(제26조). 여기서 '정당한 사유'란 천재지변 등 불가항력적인 사유뿐 아니라 자금부족으로 인한 일시적 사업중단 등과 같이 주관적인 이유로 당분간 상호사용이 불가능한 경우도 포함된다.[1]

✦ 대법원 1970. 9. 17. 70다1225 · 1226
정당한 사유 없이 상호를 2년 이상 사용하지 아니한 경우, 그 상호를 폐지한 것으로 보아야 한다

☞ '주식회사 천일약방'과 '천일한약주식회사'는 '천일'이라는 중요부분상으로 보아 유사상호로 볼 수 있느냐 하는 점은 별문제로 하되, 위 두 개의 상호를 가리켜 상법상 동일상호라고는 볼 수 없고, 또 X는 현재의 상호인 '주식회사 천일약방'이라는 상호를 등기한 후 그 상호를 2년 이상 사용하지 아니한 데 정당한 사유가 있음을 찾아볼 수 없는 본건에 있어서는 X의 본건 상호는 폐지된 것으로 보아야 할 것이다.

3) 원래 상호는 영업의 종류의 변경으로 당연히 폐지되지는 않는다. 그러나 등기상호의 경우 영업의 종류를 변경한 때에는 이를 등기하여야 한다(상등 제32조 · 제30조 제3호). 이 경우 그 업종에 관하여 타인이 이미 그 상호를 등기한 경우에는 이를 다시 등기할 수 없음은 당연하다(제22조). 그리고 상호를 등기한 자의 성명이나 주소의 변경이 있는 때에도 지체없이 이를 등기하여야 한다(상등 제32조 · 제30조 제4호).

---

1) 이철송(총) 195면; 김성태(총) 251면; 김병연(총) 102면.

✦ 대법원 1966. 3. 15. 65다2546
회사의 상호변경은 회사의 동일성에 영향이 없다

☞ 주식회사의 상호변경은 회사의 권리주체로서의 동일성에는 아무런 영향이 없는 것이므로, 상호변경결의 자체가 무효로 판결되어도 그 기판력은 당연히 그 변경전의 같은 회사에 미치는 것이다. 동지: 대법원 1966. 4. 6. 65다2592; 동 1970. 11. 24. 70다2205.

7. 상호의 등기와 가등기

1) 상호의 등기

(1) 개인상인의 상호

상호는 상인이 영업상 자기를 표시하는 명칭으로서, 어떠한 자가 어떠한 상호를 사용하는가라는 것은 상인 자신뿐만 아니라 그 거래의 상대방인 일반대중의 이해관계가 크다. 그리하여 상법은 상호를 공시하기 위하여 상호의 등기제도를 인정하고 있다. 그러나 개인기업의 경우에는 영세하여 영업의 개시와 폐지가 빈번하므로 상호등기를 강제하고 있지는 않다(상대적 등기사항). 즉, 개인상인의 경우 상호등기여부는 자유이다. 다만 개인기업의 등기도 일단 등기한 때에는 절대적 등기사항과 마찬가지로 그 변경이나 폐지의 경우에는 등기를 하여야 한다(제40조).

(2) 회사의 상호

회사는 상호만이 유일한 회사의 명칭이므로 반드시 등기하여야 한다. 그리고 회사의 경우에는 개인기업에서와 달리 수개의 영업을 경영하는 때에도 1개의 상호만을 사용할 수 있다. 회사의 상호의 등기는 설립등기사항에 포함되어 있으므로 설립등기시에 하여야 한다. 즉, 회사의 상호는 별도로 상호등기부에 등기하지 않고 회사등기부에 하게 된다.

2) 상호의 가등기

(1) 상호가등기의 의의

상호의 가등기란 본등기를 할 요건이 갖추어지기 전에 장래의 상호등기의 보전을 위하여 미리 하는 등기를 말한다. 상호는 가등기를 함으로써 보호받을 수 있다. 상호가등기제도는 1995년 개정상법이 신설한 제도이다. 이것은 회사를 신설하거나 상호·목적을 변경하거나 또는 본점을 이전하려고 하는 경우에 그러한 정보를 입수한 제3자가 설립 또는 이전 예정지에 미리 위 회사의 상호와 유사한 상호를 등기하여 둠으로써 위 회사의 설립등기·본점이전등기나 상호변경등기를 방해하는 것을 예방하기 위한 것이다.

(2) 상호가등기의 요건

상호의 가등기는 다음과 같은 경우에 인정된다(제22조의 2).

(가) 물적회사를 설립하는 경우

주식회사나 유한회사를 설립하고자 할 때에는 본점소재지를 관할하는 등기소에 상호의 가등기를 신청할 수 있다(제22조의 2 제1항). 주식회사나 유한회사와 같은 물적회사를 설립하려면 정관의 작성, 자본의 확정, 기관구성 등을 위하여 상당한 기간이 소요되므로, 상호의 가등기에 의한 보호가 요청된다. 그러나 합명회사 또는 합자회사와 같은 인적회사의 경우에는 한정된 사원이 비교적 단기간에 설립절차를 완료할 수 있으므로 적용되지 않는다.

(나) 회사의 상호·목적을 변경하는 경우

회사는 상호나 목적 또는 상호와 목적을 변경하고자 할 때에는 본점소재지를 관할하는 등기소에 상호의 가등기를 신청할 수 있다(제22조의 2 제2항).

회사의 상호나 목적의 어느 하나 또는 양자를 변경하려면 정관변경의 절차를 거쳐야 하는 등 상당한 기간이 소요되므로 상호가등기에 의한 보호가 요청되기 때문이다. 이 경우의 회사는 주식회사, 유한회사 외에 합명회사, 합자회사도 포함된다.

(다) 회사본점을 이전하는 경우

성립 후의 회사가 본점을 이전하고자 할 때에도 이전할 곳을 관할하는 등기소에 상호의 가등기를 신청할 수 있다(제22조의 2 제3항). 이 경우의 회사도 물적 회사뿐만 아니라 합명회사 및 합자회사를 포함한다.

(3) 상호가등기의 절차

상호의 가등기에 관한 필요한 절차는 대법원규칙(상업등기처리규칙)으로 정한다(제22조의 2 제5항). 동 규칙에서는 일정한 금액을 공탁하도록 하고, 본등기까지의 기간을 제한하는 한편, 가등기가 필요없게 되거나 본등기를 하여야 하는 기간이 도과된 경우 가등기를 말소할 수 있게 하는 등 상호가등기제도의 남용을 방지하기 위하여 필요한 규제를 가하고 있다(동규칙 제62조의 2 내지 제62조의 15).

(4) 상호가등기의 효력

상호의 가등기를 하면 상호의 등기와 같은 효력이 발생한다(제22조의 2 제4항). 즉, 상호의 가등기는 본등기와 동일한 등기배척력이 있으므로, 상호의 가등기를 하면 동일한 서울특별시 · 광역시 · 시 · 군에서 동종영업의 상호로 등기하지 못한다.

(5) 상호가등기제도의 남용규제

상호가등기제도의 남용을 방지하기 위하여 (i) 상호의 가등기를 함에는 일정한 금액을 공탁하도록 하고, (ii) 가등기 후 본등기를 하여야 할 때까지의 기간을 정하도록 하였으며, (iii) 가등기의 필요가 없게 되었거나 본등기를 해야 할 기간을 도과한 경우에는 당사자의 신청 또는 직권으로 이를 말소할 수 있게 하였다(제22조의 2 제5항, 상등규 제78조부터 제80조까지 · 제89조 제3호).

Ⅲ. 상업장부

1. 상업장부의 의의

1) 상업장부(kaufmännische Buchführung, livres de commerce, trade books)란 상인이 그 영업상의 재산 및 손익의 상황을 명백히 하기 위하여 상법상의 의무로서 작성하는 장부를 말한다. 따라서 상인이 아닌 상호보험회사의 장부는 상업장부가 아니고, 영업과 재산상태의 파악 이외의 목적을 위하여 작성하는 주주명부 · 주주총회나 이사회의 의사록 · 사채원부 · 사채권자집회 의사록 · 중개인 일기장 등도 상업장부가 아니다.

2) 상업장부는 상법상의 의무로 작성하는 장부이므로 다른 법률에 의하거나 임의로 작성하는 장부는 상업장부가 아니다. 따라서 소상인이 작성하는 장부도 상업장부라고 할 수 없고, 소상인이 작성하는 장부에 대해서는 상업장부에 관한 규정을 적용하지 아니한다(제9조).

3) 위와 같은 상업장부는 형사소송절차에서 당연히 증거능력이 있는 서류(형소 제315조)로 취급되고 또 강제집행절차에 의하더라도 압류할 수 없다(민집 제195조 제11호). 그러나 상업장부는 민사소송법상 특별한 법적 증거력은 인정되지 않고, 법관의 자유심증(自由心證)에 의하여 그 증거력을 판단한다(민소 제202조).

2. 상업장부의 필요성

1) 상인은 영리를 추구할 목적으로 거래에 참여하는 자로서, 기업의 구성부분과 그 가치는 끊임없이 변하기 때문에 상업장부를 통하여 재산상태를 명확하게 하는 것은 영업성과의 평가와 장래의 계획 수립을 위하여 반드시 필요하다. 또한 상업장부는 상인 자신의 합리적 경영판단에 공헌할 뿐만 아니라 출자자·채권자 등 이해관계인의 이익보호를 위해서도 필요하다. 특히 사원의 유한책임이 인정되는 주식회사에 있어서는 회사채권자의 유일한 담보인 회사재산의 충실한 확보를 위하여 상업장부가 더욱 중요하게 된다. 한편 기업활동에는 반드시 각종 조세가 부과되는데, 기업회계와 상업장부는 과세의 근거자료가 된다.

2) 상업장부에 관한 규정은 상법 총칙편과 회사법에 분산되어 있는데, 규정이 매우 불충분하므로 실무에서는 '기업회계기준'에 따라 상업장부를 작성한다.

3. 상업장부의 연혁

1) 상업장부제도는 은행업의 발전과 때를 같이 한다. 이미 고대 이집트와 그리스에서도 그것을 사용한 흔적이 있으나, 설정과목과 형식에 의해 질서있게 장부를 정리한 것은 로마시대에 이르러서이다. 그리고 13세기말에 이르러서는 이탈리아의 상업도시에서 기술적으로 발달한 복식부기가 사용되기 시작하였다. 복식부기는 아라비아숫자의 전래에 따라 기장(記帳)조직이 진보하면서 상업장부가 서유럽에도 보급되었다.

2) 상업장부제도를 법적으로 처음 규제한 것은 14·15세기 이탈리아의 여러 도시의 규약에 나타나 있으나, 유럽제국에서 근대적인 발전의 기초가 된 것은 1673년 프랑스의 루이 14세가 만든 상사조례이다. 이 규정들은 1807년의 프랑스상법전, 1867년의 독일 구상법에 계승·발전되었다.

3) 우리나라에서도 조선시대에 송도 개성상인의 4개치부법(4個置簿法) 등 고유의 장부제도[松都簿記]가 있었다.

4. 상업장부에 관한 의무

1) 작 성

(1) 작성의무

상인은 모두 상업장부를 작성할 의무가 있다(제29조 제1항). 이것은 상인이 자기 명의로 작성한다는 의미로서, 작성 자체는 사용인에게 맡겨도 무방하다. 회사의 경우에는 업무집행사원 · 이사 · 청산인 등이 상업장부를 작성할 의무를 부담한다. 이러한 자가 상업장부를 작성하지 않거나 부실기재를 한 때에는 일정한 과태료의 처벌을 받는다(제635조 제1항).

(2) 작성방법

(가) 상법은 장부의 형식 · 기재방식에 관하여는 원칙적으로 간섭하지 아니하고, 일반적으로 공정 · 타당한 회계관행에 맡기고 있다(제29조 제2항). 이것은 회계에 관한 사항을 모두 상법에 자족적으로 규정할 수가 없고, 또 모든 것을 법률로써 규정하는 것은 적절하지 못하므로 그 중요한 사항만을 상법에 규정하고, 그 외에는 회계관행에 따르도록 하는 것이 바람직하기 때문이다. 그러나 현재 상법상의 회계와 기업회계가 용어를 비롯하여 상당히 괴리되고 있어서 이의 시정이 절실히 요청되고 있다.

(나) 다만 상업장부상의 기재는 정연 · 명료하여야 하는 것(明記)은 장부작성의 목적에 비추어 당연하다.

(다) 회계장부에는 거래와 기타 영업상의 재산에 영향이 있는 사항을 기재하여야 하며(제30조 제1항), 대차대조표에는 일반상인은 영업을 개시할 때와 매년 1회 이상 일정한 시기에, 회사는 성립한 때와 매결산기에 회계장부에 의하여 작성하고 작성자가 기명날인 또는 서명하여야 한다(제30조 제2항). 즉, 회계장부에는 작성자의 기명날인 또는 서명이 없어도 문제가 없으나, 대차대조표에는 그 작성책임자를 명확히 하기 위하여 반드시 기명날인 또는 서명을 하도록 하고 있다. 대차대조표에 작성자의 기명날인 또는 서명이 없으면, 그 대차대조표는 무효가 된다.

(3) 작성의무의 시기(始期)와 종기(終期)

상업장부의 작성의무는 특정한 상인자격을 전제로 하므로 개인상인, 조합 또는 공익법인의 경우는 상인자격의 취득과 동시에 작성의무를 지며, 회사의 경우는 설립등기에 의하여 법인격을 취득함과 동시에 작성의무를 진다(제30조 제2항). 상업장부의 작성의무는 상인자격과 결부된 의무이므로, 상인자격을 상실한 때에는 작성의무도 상실한다. 따라서 개인상인의 경우에는 상인의 사망, 영업폐지에 의하여 종료하고, 회사의 경우에는 청산이 종료한 때에 종료한다.

(4) 상업장부의 확정과 시기

(가) 개인상인이 작성하는 상업장부는 작성과 동시에 확정되나 회사가 작성하는 상업장부는 작성기관이 상업장부를 작성하는 것만으로는 그것이 상업장부로 확정되지 않고, 다시 일정한 절차를 거쳐야 확정된다.

(나) 물적회사에서는 이사회의 승인, 감사의 감사, 주주총회 또는 사원총회의 승인을 얻어야 확정되고(제447조, 제447조의 3, 제449조 제1항, 제583조 제1항), 인적회사에 있어서는 법에 명시된 바는 없으나 총사원 또는 업무집행사원의 승인을 얻어야 확정된다고 본다(제200조, 제201조, 제269조).

2) 보 존

(1) 보존서류

상인은 그 상업장부와 영업에 관한 중요서류 및 전표(傳票) 또는 이와 유사한 서류를 보존하여야 한다(제33조 제1항). '영업에 관한 중요서류'란 영업활동에 관한 증거로서의 가치가 있는 서류로서, 후일 분쟁이 발생한 경우에 증거로 될 수 있는 서류(영수증, 주문서 등)를 말한다.

(2) 보존기간

(가) 상인은 10년간 그 상업장부와 영업에 관한 중요서류를 보존하여야 한다(제33조 제1항 본문). 그러나 전표 또는 이와 유사한 서류는 5년간만 보존하면 된다(제33조 제1항 단서). 전표 등 부대서류는 대량으로 작성되어 그 부피가 매우 크므로, 그 보존에 따르는 번거로움과 비용을 덜어주기 위하여 1995년 상법개정시 보존기간을 단축하였다.

(나) 이들 기간은 장부를 폐쇄한 날로부터 기산하는데(제33조 제2항), 기산점인 '폐쇄한 날'은 최후로 장부에 기입한 때가 아니라 결산을 마감한 날을 가리킨다. 보존기간을 10년으로 정한 것은 일반채권의 소멸시효가 10년이므로 그 기간안에 관련거래에서 분쟁의 가능성이 잠재해 있기 때문에 그 동안 증거를 보전하기 위한 것이다.

(다) 상업장부 이외의 영업에 관한 중요서류에 관하여는 기산점을 규정하고 있지 않지만, 주문서, 영수증 등 중요한 서류는 타인으로부터 받은 것은 그 수령일을, 자신이 작성한 것은 그 작성일을 초일로 하면 될 것이다.[1)]

(3) 보존의무자

상업장부의 보존의무를 지는 자는 상인이다. 상인은 보존기간 내에 영업을 폐지하여 상인자격이 소멸된 후에도 보존의무가 있으며, 본인이 사망했을 때에는 그 상속인이 보존하여야 하고, 또 영업양도의 경우는 장부를 양수한 영업양수인이 보존의무를 진다.

회사기업의 장부보존의무에 관하여는 특별규정이 있다(제266조, 제269조, 제541조, 제613조 제1항 참조).

(4) 보존방법

보존방법에는 특별한 제한이 없고 후일에 증거자료로서 제공될 수 있는 한 어떠한 방법에 의하든 무방하다. 나날이 발달하는 컴퓨터 기술을 이용한 상업장부의 효율적 관리와 보존비용의 절감을 위하여 1995년 개정상법은 상업장부와 영업에 관한 중요서류는 마이크로필름, 자기테이프 기타 전산정보처리조직에 의하여도 이를 보존할 수 있도록 하였다(제33조 제3항). 그 구체적인 보존방법이나 기타 필요한 사항은 대통령령으로 정하도록 하였다(제33조 제4항).

3) 제 출

(1) 제출의무

상업장부는 영업에 관하여 중요한 증거자료가 되므로 법원은 신청에 의하여 또는 직권으로 소송의 당사자에게 상업장부 또는 그 일부분의 제출을 명할 수 있다(제32조). 이것은 서증(書證)에 관한 민사소송법상의 일반원칙에 대한 특칙으로서, 서증일반의 제출의무에 관한 요건(민소 제344조)은 필요로 하지 않으며, 또 당사자의 신청이 없더라도 법원이 직권으로도 상업장부의 제출을 명할 수 있다.

---

1) 동지: 임홍근(총) 333면; 최기원(상) 143면; 이철송(총) 224면. 자기가 받은 서류는 받은 날을, 발송한 서류의 부본은 발송한 날을 기준으로 하여야 한다는 견해도 있다[정동윤(상) 90면].

(2) 제출의무자

상업장부의 제출의무를 지는 자는 상인 또는 상업장부의 보존의무를 지는 자로서 장부를 소지하고 있는 자이다. 민사소송법 제343조와 제344조에 의하면 소송당사자가 아닌 제3자인 문서소지인도 제출의무를 지지만, 상법 제32조에 의하여 제출의무를 부담하는 자는 소송당사자에 한하므로 민사소송법보다 제출의무자의 범위가 좁다.

(3) 제출서류의 범위

제출하여야 할 장부의 대상이 되는 것은 상업장부에 한하고, 그 외의 영업상 중요한 서류는 포함되지 않는다. 상업장부인 이상 그 전부 또는 일부에 관하여도 제출명령을 할 수 있다.

(4) 증거력

제출된 상업장부의 증거력은 법관의 자유심증(自由心證)에 의하여 결정된다(민소 제202조). 그러나 제출의무가 있는 자가 이를 제출하지 않거나 파기・훼손하여 그 사용을 불가능하게 한 때에는 상업장부에 관한 상대방의 주장을 진실한 것으로 인정할 수 있다(민소 제349조・제350조).

4) 제 재

(1) 상업장부에 관한 상법상의 의무를 위반한 경우에도 회사의 경우(제635조 제1항 제9호)를 제외하고는 별다른 제재가 없다. 따라서 상법의 규정은 이른바 불완전법규에 속한다.

(2) 회사의 경우, 상업장부에 기재할 사항을 기재하지 않거나 부실기재한 때에는 업무집행사원・이사・감사・검사인・청산인・지배인 등은 500만원 이하의 과태료의 제재가 있고(제635조 제1항 제9호), 주식회사와 유한회사의 경우에는 이사의 임무해태가 되어 회사 및 제3자에 대하여 손해배상의 책임을 지게 된다(제399조, 제401조, 제567조).

(3) 파산의 경우, 상업장부의 불작성・불완전한 작성・기재의 부정・은닉・손괴한 자는 사기파산죄 또는 과태파산죄의 처벌을 받는다(채회 제650조 제3호・제651조 제3호).

(4) 회사회생절차 개시의 결정을 받을 목적으로 위 (3)에서 말한 행위를 한 자는 사기회생죄의 처벌을 받는다(채회 제643조 제1항 제2호).

5. 각종의 상업장부

상법상 상인일반의 상업장부로서는 회계장부 및 대차대조표(재무상태표)의 2종이 있다.[1] 상업장부는 소상인을 제외한 개인상인과 회사기업 모두에게 적용되지만, 주식회사와 유한회사에 적용되는 재무제표는 '대차대조표', '손익계산서', '이익잉여금처분계산서 또는 결손금처리계산서' 등 3가지가 있다(제447조 이하, 제579조 이하). 기업회계기준에 의하면 재무제표는 위 3가지 외에도 '현금흐름표 및 자본변동표'가 추가된다.

1) 회계장부

(1) 회계장부의 의의

회계장부란 상인이 일상의 거래와 기타 영업상의 재산에 영향있는 사항을 기재하는 동태적(動態的) 상업장부이다(제30조 제1항). 회계장부인가 아닌가는 그 명칭이나 형식과는 관계없이 그 실질에 의하여 판단하여야 할 것이다. 회계장부는 거래의 성격·기능 또는 형태에 따라 분개장(分介帳, journal: 거래의 발생순서에 따라 분개의 형식으로 기재하는 장부), 원장(元帳, ledger: 거래를 계정과목별로 기입하는 장부) 및 전표(slip: 1거래에 대하여 1매의 종이에 기록한 것) 등으로 분류할 수 있다.

(2) 회계장부의 기재사항

회계장부에 기재할 사항은 일상의 거래 기타 영업상의 재산에 영향있는 모든 사항이다. 따라서 법률행위뿐만 아니라 불법행위 또는 화재·도난으로 인한 손해 등 재산의 증감을 초래하는 모든 사항을 발생한 때마다 기재하여야 한다. 그리고 그것은 현실적인 증감이어야 하므로 단순한 매매계약의 성립과 같은 법률관계의 발생만으로는 아직 기재능력이 없고, 현실적인 재산의 변동이 있는 때에 기록하여야 한다.

종래 개인기업에 있어서는 사용재산(私用財産)의 기재가 문제되었는데, 상법은 '거래와 기타 영업상 재산에 영향있는 사항'으로 명시하였기 때문에 영업과 관계없는 사용재산은 기재할 수 없다.

---

1) 손익계산서도 대차대조표와 더불어 회계실무상 2대 재무제표이고 상인의 영업성적을 명백하게 하는 데에 불가결한 것이기 때문에 상업장부에 포함하여야 한다는 견해가 있다[임홍근(총) 127면].

(3) 회계장부의 기재방법

회계장부에 기재할 사항은 일반적으로 공정·타당한 회계관행에 따라서 기재하여야 한다(제29조 제2항). 여기에서 말하는 "일반적으로 공정·타당한 회계관행"이란, 회계관행으로서 공정, 타당하여야 하고, 일반적으로 인정되는 것이어야 한다. 법률에 정하여진 것이라면 공정·타당성, 일반성, 관행성이 없더라도 적법한 회계장부작성방법이 되므로 문제가 없다. 그 예로 국제회계기준위원회가 제정한 것을 한국회계기준원이 수정하여 발표한 「한국채택국제회계기준(K-IFRS)」(외감법 제13조 제1항 제1호에 따라 주권상장법인과 금융회사(일부금융회사 제외)에 적용된다), 한국회계기준원이 제정한 「일반기업회계기준」(외감법 제13조 제1항 제2호에 따라 외감법 적용대상 중 한국채택국제회계기준을 적용하지 않은 주식회사에 적용된다)과 역시 한국회계기준원이 제정한 「중소기업회계기준안」이 나와 있는데, 이것이 상법 제446조의 2 및 시행령 제15조 제3호의 대통령령으로 규정한 회계기준이 된다. 이 밖에 「공기업, 준정부기관 회계원칙」이 별도로 마련되어 있다.

소득세법과 법인세법은 일정규모 이상의 개인사업자와 모든 법인에 대하여 복식부기를 의무화하고 있으므로(소득 제160조 제1항, 법인 제112조), 간편장부를 작성할 수 있는 일정규모 이하의 개인사업자만(소득 제160조 제2항) 단식부기가 허용된다고 본다.

(4) 기재시기

회계장부를 기재할 시기에 관하여는 일반적으로 공정·타당한 회계관행에 의하여 기재하면 된다(제29조 제2항). 즉, 기재사항이 생긴 때에 매일 기재하여야 하는 것은 아니며, 기업회계에 관한 충분성의 원칙에 따라 상당한 시기에 기재하면 된다.[1)]

2) 대차대조표

(1) 대차대조표의 의의

대차대조표(balance sheet, Bilanz, bilan)란 일정한 시기에 있어서의 상인의 영업용 총재산을 자산·부채·자본의 과목으로 분류·기재하여 그 재산의 구성상태를 일목 요연하게 하는 적요표[概括表]이다. 기업회계기준에서는 이를 '재무상태표'라고 한다. 회계장부가 동태적 상업장부인데 비하여 대차대조표는 정태적

---

1) 최기원(상) 147면; 정찬형(상) 135면; 정동윤(상) 93면.

(靜態的) 상업장부이다.

총재산이란 적극재산 · 소극재산은 물론, 영업상의 사실관계도 유상취득한 것이면 이를 포함하므로 기재할 수 있다. 대차대조표는 회계장부를 기초로 하여 작성되어야 하지만, 회계장부에는 나타나지 않는 자본관계의 사항(예컨대, 자본금, 적립금 등)도 기재하여 손익의 결과를 명시하여야 한다.

(2) 대차대조표의 종류

대차대조표는 정태적 상업장부이지만 그 작성시기에 따라서 손익계산의 기초가 되는 통상대차대조표와 재산분배의 기초가 되는 비상대차대조표로 분류된다. 개업시, 회사성립시 또는 매결산기에 작성하는 것은 전자의 예이고, 회사의 합병 · 자본감소 · 청산 · 분할 · 회사회생 · 파산 등 특별한 경우에 작성하는 것(제247조 제1항 · 제256조 제1항 · 제269조 · 제522조의 2 제1항 · 제533조 제1항 · 제597조 · 제613조 · 제530조의 7, 채회 제91조, 제483조 제1항)은 후자의 예이다.

(3) 대차대조표의 작성의 형식과 방법

대차대조표는 1984년 개정상법 이전에는 재산목록에 의하여 기재하였으나(재산목록법: inventory method), 현재는 회계장부에 의거 이를 작성하는데(유도법: derivative method), 그 작성자가 기명날인 또는 서명하여야 한다(제30조 제2항). 역시 공정 · 타당한 회계관행에 의거 작성하여야 함은 물론인데, 기업회계의 실무에서는 '기업회계기준'에 정해져 있는 대차대조표 작성기준(기준 제11조)에 따라 작성한다.

여기서 작성자는 개인기업의 경우에는 영업주, 회사기업에 있어서는 업무집행사원, 대표이사, 유한회사의 이사 등 작성의무가 있는 자를 말하고, 현실로 기재한 자를 말하는 것은 아니다.

제4장 영업의 공시 및 양도

제1절 상업등기(영업의 공시)

Ⅰ. 서 설

1. 상업등기의 의의

상업등기(Handelsregister, enregistrement de commerce, commercial registration)란 '상법의 규정에 의하여 상업등기부에 하는 등기'로서(제34조), 상법이 요청하는 공시주의의 대표적인 제도이다.

1) 상업등기는 상법의 규정에 의하여 하는 등기이므로 민법 기타의 법률에 의하여 하는 부동산등기나 상호보험회사등기(보업 제40조·제41조)·농업협동조합등기(농협조 제90조 이하)·수산업협동조합등기(수협조 제84조 이하)·중소기업협동조합등기(중기협조 제96조) 등은 상업등기가 아니다.

2) 상업등기는 상업등기부에 하는 등기이다. 상업등기부에는 ① 상호등기부, ② 무능력자등기부, ③ 법정대리인등기부, ④ 지배인등기부, ⑤ 합자조합등기부, ⑥ 합명회사등기부, ⑦ 합자회사등기부, ⑧ 유한책임회사등기부, ⑨ 주식회사등기부, ⑩ 유한회사등기부, ⑪ 외국회사등기부 등 11종이 있고(상등 제11조 제1항 각호), 이 11종의 등기부에 하는 등기만이 상업등기이다. 그러므로 상법의 규정에 의한 등기라 할지라도 특별법이 정하는 바에 따라서 상업등기부가 아닌 다른 장부(선박등기부)에 하는 선박등기는 상업등기가 아니다(제743조, 선 제8조, 선박등기법 참조).

3) 상업등기는 법원에 하는 등기이다. 따라서 행정관청에서 하는 특허권·상표권 등의 등록과 다르다.

상업등기제도는 중세 이탈리아의 상인단체명부에서 기원한다. 이 명부에는 상인의 성명, 그 보조자 · 도제 및 상인이 사용하는 영업기호가 기재되어 있었다고 한다. 18세기 독일에서는 회사의 사원관계를 명백히 하기 위하여 회사등기부 · 대리인등기부 · 상호등기부 등이 마련되었으며, 1861년 독일보통상법전(ADHGB, 1861)에서 모든 상인에게 상호 · 지배인 등을 등기하고 서명 등을 공시토록 함으로써 근대적인 상업등기제도가 확립되었다. 이것은 독일 신상법전(1897)에 수용되어, 일본 및 우리나라에도 전해지게 되었다.[1)]

2. 상업등기제도의 목적

상업등기제도는 거래를 보호하기 위한 하나의 방책으로서의 공시주의가 구체적으로 표현된 것이다. 따라서 상인과 상대방인 일반 공중의 이익을 조화하는 것이며, 어느 편에나 다 필요 · 불가결한 제도이다. 상인의 처지에서 보면 기업의 구조나 책임관계 등 거래상 중요한 사항을 공시하기 때문에, 때로는 영업상의 기밀을 유지하는 데 다소 불리할지도 모른다. 그러나 일정한 사항을 공시함으로써 상인 자신의 사회적 신용을 유지 · 증대시킬 수 있으며, 공시한 사항을 선의의 제3자에게까지도 대항할 수 있게 되므로 결국 상인에게 이익이 된다. 또 상인과 거래하는 일반공중의 편에서 본다면, 등기사항에 관하여 일일이 조사하려고 애쓸 필요도 없으며, 자기가 하는 거래행위의 법률적 · 경제적 효과를 손쉽게 예측할 수 있어서 매우 편리하다. 이것은 결국 거래를 원활 · 확실하게 하고, 장기적으로는 부실기업의 자연도태를 촉진하게 되므로 국민경제적으로도 그 의의가 크다.

Ⅱ. 상업등기의 절차

1. 등기의 신청

1) 당사자신청주의

(1) 등기는 원칙적으로 당사자의 신청에 의하여 이루어진다(제34조, 상등 제17조).

---

1) 김성태(총) 298면.

이를 당사자신청주의(Antragsprinzip, Anmeldungsprinzip)라고 한다. 여기서 당사자란, 개인상인의 경우에는 상인 자신 혹은 그 대리인, 상인이 사망한 경우에는 그 상속인, 상인이 무능력자인 경우에는 그 법정대리인을 말하고, 회사의 경우에는 등기의 성질에 따라 등기신청기관이 법정되어 있다. 상업등기의 신청은 신청인 또는 그 대리인이 등기소에 출석하여 신청정보 및 첨부정보를 적은 서면을 제출하는 방문신청 방법과 전산정보처리조직을 이용하여 신청정보 및 첨부정보를 보내는 전자신청 방법이 있다(상등 제24조 제1항). 다만, 촉탁에 따른 등기 등 대법원규칙으로 정하는 등기의 경우에는 우편으로 신청할 수 있다(상등 제24조 제2항). 그러나 등기사항이 법원의 재판에 의해서 생기는 경우(예컨대, 해산판결 및 회사설립무효판결의 확정 등의 경우)에는 예외로 법원이 직권으로 등기소에 등기를 촉탁하여야 한다(제192조, 비송 제93조 · 제98조 · 제107조).

(2) 대개 회사기업에 있어서는 그 조직이 복잡하고 사회적으로 미치는 영향력도 크기 때문에 상업등기가 의무로서 강제되고, 이를 위반하면 500만원 이하의 과태료에 처하고 있으나(제635조 제1항 제1호), 일반기업에 있어서는 지배인의 선임 · 해임을 제외하고는 등기의무가 없고, 다만 등기를 하지 않으면 등기의 이익을 향수할 수 없는 데 그친다.

2) 등기관할

상업등기의 관할등기소는 등기신청자의 영업소의 소재지를 관할하는 지방법원, 그 지원 또는 등기소이다(제34조, 상등 제4조). 등기사무는 관할등기소에 근무하는 등기주사보 이상의 공무원 중에서 지방법원장이 지정한 자(등기관)가 처리한다(상등 제8조 제1항).

3) 등기사항

(1) 의 의

등기사항은 상인의 신용을 유지하고 제3자를 보호하는데 중요한 사항으로서 주로 책임관계에 관한 사항이다. 그 구체적 내용은 법률이 일일이 정하고 있다. 따라서 등기사항으로 규정되지 아니한 사항은 등기할 수 없으며, 착오에 의하여 등기되더라도 그 효력이 없다.[1] 지점의 등기제도는 폐지됐다(제35조 삭제).

(2) 분 류

등기사항은 그 구별의 기준에 따라, (i) 상인일반에 관한 사항(예컨대, 상호·지배인), 개인상인에 관한 사항(예컨대, 미성년자·법정대리인), 회사에 관한 사항(예컨대, 회사의 설립, 자본의 증감, 특수사채, 합병, 분할, 해산, 청산 등), (ii) 반드시 등기하여야 하는 절대적 등기사항(대부분의 것)과 등기를 할 수 있는데 불과한 상대적 등기사항(예컨대, 개인상인의 상호), (iii) 법률관계의 창설에 관한 설정적 사항(예컨대, 지배인의 선임·회사의 설립), 법률관계의 해소·면책에 관한 면책적 사항(예컨대, 지배인의 해임·사원의 퇴사) 및 이미 유효하게 형성된 법률관계의 선언을 위한 등기사항인 선언적 등기사항(예컨대, 지배인의 해임: 제13조, 제203조, 제274조, 제393조, 제564조, 상호의 선정: 제22조 등)이 있다.[2] 이 밖에 창설적 효력과 선언적 효력을 모두 가지는 경우를 복효적 등기사항이라 한다(예컨대, 상호의 등기는 상호권의 발생면에서는 선언적이지만 상호권은 등기 이전에 이미 발생한다)(등기배척권이 생기는 면에서는 창설적이다: 제22조·제23조, 인적회사 사원의 퇴사등기: 제225조·제269조).[3]

(3) 변경·소멸의 등기

등기사항에 변경이 있거나 그 사항이 소멸한 때에는 당사자는 지체없이 변경 또는 소멸의 등기를 하여야 한다(제40조). 따라서 상대적 등기사항이더라도 일단 등기한 후에 등기사항의 변경·소멸이 있는 때에는 그 변경·소멸은 절대적 등기사항이 된다.

4) 등기의 경정·말소

등기에 착오 또는 빠진 것이 있는 때에는 당사자의 신청 또는 등기공무원의 직권으로 등기의 경정을 하여야 한다(상등 제75조·제76조).

---

1) 동지: 정찬형(상) 144~145면.
2) 최기원(총) 159면; 정동윤(상) 97면; 김성태 299면; 김정호(상) 111면.
3) 정동윤(상) 97면.

등기된 사항이 법률의 규정에 의한 등기사항이 아닌 경우, 그 등기소에 이미 등기되어 있는 경우, 그 등기소의 관할이 아닌 경우, 등기된 사항에 관하여 무효의 원인이 있는 경우 등에는 당사자의 신청 또는 등기공무원의 직권으로 그 등기를 말소할 수 있다(상등 제77조 · 제78조). 상호등기의 말소에 관하여는 특칙이 있다(제27조, 상등 제36조).

5) 전산정보처리조직에 의한 등기

상업등기사무는 전산정보처리조직에 의하여 처리하여야 한다(상등 제8조 제2항). 이는 컴퓨터 등 전산장치에 의하여 등기사무를 신속 · 간편하게 처리하기 위하여 1995년 개정상법에서 새로 도입한 제도이다. 2007년 제정 상업등기법은 종이에 의한 등기사무를 폐지하고 전산정보처리조직에 의한 등기사무로 완전 대체하였다.

2. 등기소의 심사권

1) 의 의

등기사항이 적법한 것이어야 하고, 등기가 진실관계를 공시하여야 한다는 것은 법의 당연한 요청이다. 따라서 등기소(실제로는 등기공무원)는 등기신청의 적법성에 관하여 심사를 하고, 만약 등기의 신청이 상법 또는 상업등기법의 규정에 적합하지 아니할 때에는 이유를 기재한 결정으로써 그 신청을 각하하여야 한다(상등 제26조).

2) 심사권의 범위

등기소가 등기신청의 적법성을 심사함에 있어서 그 심사권의 범위가 어디까지인가에 관하여 학설은 대체로 세 가지로 나누어진다.

(1) 형식적 심사주의에 의하면, 등기소는 그 신청이 형식상 적법한가(즉, ① 신청사항이 법정등기사항인가, ② 그 등기소의 관할사건인가, ③ 신청자가 적법한 신청자 또는 그 대리인인가, ④ 신청서류가 법정의 형식을 구비하고 있는가)를 심사할 권한과 의무가 있을 뿐이고, 신청사항의 내용이 진실과 부합하는가 하는 실질적 진실성의 문제까지는 심사할 권한도 의무도 없다는 것이다. 따라서 등기신청이 형식상

적법하다면 즉시 수리하여 등기하여야 한다는 것이다.

형식적 심사주의의 근거는 ① 등기공무원은 단순한 기록관일 뿐 법관이 아니므로 등기사항의 진부(眞否)를 심사하는 것은 그 임무가 아니거나 불가능하고, ② 등기란 그 성질상 사실 자체를 등기하는 것이 아니고 신청한 내용을 등기하는 것이며, ③ 등기소에 실질적 심사권을 인정하면 오늘날 등기사항의 발생·변경이 매우 많음에 비추어 등기가 지연되어 기업거래에 혼란을 야기할 염려가 있고, ④ 등기에는 일반적인 공신력이 없다는 것 등을 들고 있다.[1)]

(2) 실질적 심사주의에 의하면 등기소는 신청한 등기사항의 형식적 적법성을 심사할 권한과 의무가 있을 뿐만 아니라, 신청사항의 진위에 관한 내용적·실질적 진실성의 문제까지도 심사할 권한과 의무가 있다고 주장한다.

실질적 심사주의의 근거는 ① 등기제도의 본래의 목적은 진실한 객관적 사실의 공시에 있는 것이며, ② 법원은 직권으로 사실의 탐지와 필요하다고 인정하는 증거의 조사를 하여야 한다는 규정(비송 제11조)이 등기소에도 적용된다는 것(비송 제1조) 등이다.[2)]

(3) 수정실질적 심사주의에 의하면 등기소는 형식적 심사의 권한과 의무가 있는 것은 물론, 실질적 심사의 권한을 가지나, 실질적 심사의 의무는 다만 신청사항이 진실과 상위하다는 의심이 가는 경우에만 있고, 일반적으로 실질적 심사의무를 부담하지는 않는다고 설명한다.[3)]

(4) 생각건대, 형식적 심사주의나 실질적 심사주의나 철저하게 그 주장을 관철하는 경우에는 실제상 부당한 결과를 가져오게 된다. 그러므로 어느 학설이나 실제로는 완화되어 거의 같은 결과가 되고 있다. 즉, ① 형식적 심사주의에 의하더라도 등기소에서 신청사항의 허위를 알고 있거나 다른 이유가 있을 때에는 공무원의 충실의무에 기하여 직권에 의한 사실심사를 하여야 한다고 하고, ② 실질적 심사주의에 의하더라도 보통 당사자는 진실을 숨기거나 또는 허위신청을 한다 하여 특별한 이익이 없을 것이고, 또 성질상 상업등기는 신속을 요하므로 공무원으로서는 신청서류를 중심으로 사실상 할 수 있는 정도의 심사를 할 뿐이라고 한다.

---

1) 임홍근(총) 151~152면.
2) 서돈각·정완용(상) 120면.
3) 손주찬(상) 172면; 정찬형(상) 149면; 최기원(상) 162면; 정동윤(상) 98면(절충주의·수정형식적 심사주의); 채이식(상) 103면; 김병연(총) 134면

물론 등기제도의 목적상 등기는 가능한 한 진실에 합치되어야 하며, 등기가 진실과 합치할 때에만 등기의 의미가 있는 것이라는 점에서 이론적으로는 실질적 심사주의가 타당하다고 할 수 있다. 그러나 실질적 심사주의도 실제로는 완화되고 있으므로 결과적으로는 수정실질적 심사주의로 귀착하는 것이라고 본다.

3. 등기의 공시

상업등기는 부동산등기나 선박등기에서와 같이 개별적 · 수동적 공시방법만이 인정되고, 공고와 같은 일반적 · 능동적 공시방법은 인정되지 않는다.

개별적 · 수동적 공시방법이란 등기부와 그 부속서류의 열람 및 등기사항증명을 말한다(상등 제15조, 상등규 제26조부터 제34조까지).

Ⅲ. 상업등기의 효력

1. 서 언

상업등기의 목적은 거래관계에 있어서 중요한 사항을 널리 공시하기 위한 제도이므로, 원래 등기만으로는 별다른 효력이 생기지 아니하고 등기뿐만 아니라 공고를 하여야만 비로소 효력이 생기도록 했었는데, 이러한 효력을 상업등기의 일반적 효력이라고 한다. 그러나 1995년 개정상법에서는 등기만으로도 다음과 같은 일반적 효력이 생긴다. 상법에서는 등기를 하면 효력이 생기는 것처럼 되어 있으나, 등기실무에서는 등기관이 등기를 마치면 해당 등기는 그 등기신청을 접수한 때부터 효력이 발생한다(상등 제3조 제2항).

2. 상업등기의 일반적 효력(확보적 효력)

상법 제37조가 규정하고 있는 상업등기의 일반적 효력은 상업등기의 본질적 효력으로서, 기존의 법률관계를 확보 · 선언하는 것이므로, 확보적 효력 또는 선언적 효력이라고도 한다. 등기의 일반적 효력은 권리확보적 효력에 중심을 두고 있으며, 등기에 의하여 선의의 제3자에 대한 대항력이 생긴다. 대법원의 판례가

"회사해산등기는 제3자에 대한 대항요건에 불과한 것이므로 해산결의가 있고 청산인의 선임결의가 있는 이상, 해산등기가 없다하여도 청산중의 회사라고 해석하여야 한다"라고 판시한 것도[1] 등기의 권리확보적 효력을 설명하고 있는 것이다. 등기의 확보적 효력은 등기 내용인 사실이 존재하는 때에만 생기는 효력이고, 등기사실이 존재하지 아니하는 경우에는 등기가 되어도 등기의 효력이 생기는 것이 아니다. 즉, 상업등기에는 원칙적으로 적극적인 공신력이 없다.

상법 제37조 제1항의 효력은 등기를 중심으로 하여 두 면으로 나누어 볼 수 있다. 즉, 등기 전에는 일반 제3자의 보호에 중점을 두고 있고, 등기 후에는 등기한 상인의 보호에 중점을 두고 있다.

1) 등기 전의 효력

(1) 소극적 공시의 원칙

등기 전에는 등기사항을 악의의 제3자에 대해서는 대항할 수 있으나, 선의의 제3자에 대해서는 대항하지 못한다(제37조 제1항)(예컨대, 지배인을 해임하였으나 이를 등기하지 아니한 경우 해임된 지배인이 선의의 제3자와 체결한 계약의 효력을 부정할 수 없다). 이것을 소극적 공시의 원칙(negatives Publizitätsprinzip)이라고 한다.

(2) 요 건

(가) 등기할 사항을 등기하지 않았거나, 등기한 사항에 관하여 변경·소멸이 있음에도 변경·소멸의 등기를 하지 아니하였어야 한다.

(나) "선의"란 문제된 등기할 사실관계의 존재를 알지 못함[不知]을 말하며, 등기여부를 알지 못함을 뜻하는 것이 아니다. 예컨대 해임된 지배인과 거래한 제3자의 경우 해임된 사실을 알지 못했음을 뜻한다. 그 부지가 과실에 기인한 것이든 아니든 묻지 않으며,[2] 또 그 지·부지(知·不知)는 거래를 한 때를 표준으로 하여 결정한다. 그러나 등기 전에는 제3자는 선의라고 추정되므로, 그 악의는 주장하는 사람이 상대방이 등기사항을 알고 있었음을 증명하여야 한다.

(다) 등기사항을 등기하지 않은 귀책사유가 등기의무자에 있어야 하는 것은 아니다. 등기공무원의 사정으로 등기가 불비된 경우에도 동일한 효력이 있다.

---

1) 대법원 1964. 5. 5. 63마29; 동 1981. 9. 8. 80다2511.

2) 동지: 손주찬(상) 179면; 최기원(상) 157면; 정동윤(상) 101면. 반대: 김정호(상) 118면; 정찬형(상) 151면; 이철송(총) 242면(不知에 중과실이 있으면 악의로 본다).

(3) 효 과

(가) 등기당사자는 등기할 사항을 등기하지 아니하면 이를 선의의 제3자에게 대항하지 못한다(제37조 제1항). 악의의 제3자에 대하여는 등기가 없어도 진실한 법률상태를 주장할 수 있다. 여기서 등기당사자란 등기사항인 법률관계의 당사자로서, 예컨대 지배인의 선임등기에 있어서는 영업주와 지배인, 합명회사 사원의 퇴사등기에 있어서는 회사와 퇴사원 기타 사원을 포함하는 개념으로서 반드시 등기신청자만을 말하는 것이 아니다.

(나) 당사자가 선의의 제3자에 대항하지 못하는 것이므로, 그 사실을 제3자가 당사자에게 주장하는 것은 상관없다(예컨대, 지배인을 선임하였으나 이를 등기하지 않은 동안 제3자가 그 지배인과의 사이에 체결한 계약의 유효성을 주장하는 것은 상관이 없다). 그리고 관계당사자 사이 또는 제3자와 제3자 사이에서는 등기와는 상관없이 객관적인 사실관계에 따라서 주장을 할 수 있다. 여기서 제3자란 등기사항에 대하여 법률상 이해관계를 가지는 모든 자로서[1] 대등한 지위에서 하는 보통의 거래상대방을 말하므로, 조세의 부과처분을 하는 국가는 이에 해당하지 않는다.

✦ 대법원 1990. 9. 28. 90누4235
거래관계의 상대방이 아닌 국가는 선의의 제3자가 아니다

☞ '등기할 사항은 등기 후가 아니면 선의의 제3자에게 대항할 수 없다'는 상법 제37조 소정의 제3자라 함은 대등한 지위에서 하는 보통의 거래관계의 상대방을 말한다 할 것이고, 조세권에 기하여 조세의 부과처분을 하는 경우의 국가는 여기에 규정된 제3자라 할 수 없다. 동지: 대법원 1978. 12. 26. 78누167.

2) 등기 후의 효력

(1) 적극적 공시의 원칙

등기사항이 등기되면 선의의 제3자에게도 이를 대항할 수가 있다. 즉, 제3자가 등기된 사실을 몰랐다 하더라도 알고 있는 것으로 악의가 의제된다. 이것을 적극적 공시의 원칙(positives Publizitätsprinzip)이라고 한다.

(2) 예 외

등기가 있었더라도 제3자가 '정당한 사유', 예컨대 교통이 두절되어 등기부열람을 할 수 없는 경우 또는 등기부의 소실 등의 경우와 같이 객관적인 장애가 있

1) 대법원 1960. 4. 21. 4290민상816.

없을 경우에는 그에게 대항하지 못한다(제37조 제2항).[1] 다만 그 정당한 사유로 인하여 몰랐다는 거증책임은 제3자가 져야 한다(그러나 상법 제37조 제2항은 공고제도를 전제로 한 조문이므로, 입법론상 의문의 여지가 있다고 생각한다).[2] 이 경우 정당한 사유로 인한 등기사항의 부지(不知)는 주장하는 자(제3자)가 증명하여야 하는데, 제3자는 자기가 선의였다는 사실과 그 선의가 정당한 사유에 의한 것임에 대하여 이중의 거증책임을 부담한다.

3) 일반적 효력의 적용범위

(1) 일반적 효력이 적용되는 것은 등기사항에 한한다. 등기사항인 한 절대적 등기사항이든 상대적 등기사항이든, 또 설정적 등기사항(지배인의 선임)이든 면책적 등기사항(지배인의 해임)이든 불문한다. 그리고 새로 발생한 사항이든 기존사항의 변경 또는 소멸(예컨대, 지배인을 선임하고 그 등기를 하기 전에 해임한 경우에도 선의의 제3자에게 대항하려면 해임의 등기가 필요하다)에 관한 것이든 상관없다.

(2) 일반적 효력은 기업활동 일반에 적용되는 것으로서 거래에 의하지 않는 불법행위 · 사무관리 · 부당이득 등에 대하여도 적용된다는 학설이 있다(긍정설).[3] 상법 제37조를 거래행위에 한정하는 것은 법적 생활의 안정성의 요구를 부당하게 무시하게 된다는 것이 그 이유이다. 이와 반대로 거래와 관련이 없는 불법행위에 의한 손해배상청구권에 관하여도 등기의 유무로써 제3자의 보호여부를 결정한다는 것은 거래의 안전을 보호한다는 상업등기의 목적을 벗어나는 것이므로 일반적 효력은 거래관계에만 적용된다는 견해도 있다(부정설).[4]

생각건대 해임된 지배인이 지배인 자격을 사칭하여 거래처로부터 상품을 편취한 경우 등 거래와 불가분의 관계에서 생기는 불법행위 등의 비법률행위적 법률관계의 경우에는 제37조를 적용하여 그 거래의 상대방에게 손해배상청구권을 인정하는 것이 타당하다고 생각된다(제한적 긍정설 · 수정부정설).[5] 사무관

1) 상업등기의 등기 후의 대항력을 인정한 판결: 서울고등법원 1977. 3. 23. 76나2843.
2) 동지: 정동윤(상) 102~103면.
3) 정희철(상) 122면.
4) 서돈각 · 정완용(상) 122면; 이병태(상) 179면; 김성태(총) 311면; 채이식(상) 108면; 이철송(총) 245면; 정찬형(상) 153면; 김정호(상) 122면; 대법원 1960. 4. 21. 4290민상816; 동 1978. 12. 26. 78누167.
5) 손주찬(상) 182면; 임홍근(총) 155면; 박상조(총) 258면; 정동윤(상) 102면.

리 · 부당이득의 경우에도 상대방의 신뢰가 전제로 되지 않기 때문에 적용이 없다.

(3) 일반적 효력은 소송행위에도 적용된다는 것(적용긍정설)이 다수설이며, 소의 제기와 같은 적극적 소송행위든 소장의 수령과 같은 소극적 소송행위든 상관이 없다고 한다.[1] 판례는 같은 취지에서 등기부상의 대표이사에게 판결문이 공시송달된 이상 그 대표이사가 적법한 대표이사가 아니어도 송달의 효력을 부정할 수 없다고 한다.[2] 이에 대하여 재판절차의 안정성과 명확성을 중시하여 소송행위에는 상법 제37조가 적용될 수 없다는 견해도 있다(적용부정설).[3] 그리고 등기의 부실이 법인에게 원인이 있는 경우에는 상법 제37조가 적용되나, 원칙적으로는 적용될 수 없다는 견해도 있다.[4] 생각건대 엄밀한 형식요건을 강조하는 소송행위의 특성상 선의 · 악의를 불문하고 등기부에 따라 소송행위를 진행하는 것이 타당하므로 등기의 일반적 효력은 소송행위에 관하여도 적용된다고 본다. 즉, 적극적 공시의 원칙은 소송행위에도 적용된다. 그러나 소극적 공시의 원칙(예컨대 등기할 사항을 등기하지 않은 경우에는 선의의 제3자에게 대항할 수 없다는 것)은 소송행위에는 적용될 수 없다. 소극적 공시의 원칙을 소송행위에 적용하게 되면 회사의 대표이사가 해임되었으나 이를 등기하지 아니한 채로 그 대표이사가 회사에 대한 소에 응소한 경우, 상대방인 원고가 선의이면 유효한 응소가 되고 악의이면 무효인 소송행위가 된다는 것은 타당하지 않다. 상대방이 선의인가 악의인가에 따라 결과가 달라지는 표현대리나 무권대리의 경우도 같다.[5]

(4) 앞에서 본 바와 같이 제3자는 대등한 지위에서 하는 보통의 거래상대방을 말하므로, 국가 등과의 관계와 같이 공법적 관계(예컨대, 조세권에 의한 조세의 부과처분)에 대하여는 일반적 효력이 적용되지 아니한다.[6]

---

1) 동지: 최기원(상) 171면; 정찬형(상) 154면; 김정호(상) 126면.
2) 대법원 1972. 12. 26. 72다538.
3) 김성태(총) 331면; 정동윤(상) 102면.
4) 이시윤, 민사소송법, 2010, 111면.
5) 공정증서가 채무명의로서 집행력을 가질 수 있도록 하는 집행인낙 표시는 공증인에 대한 소송행위로서 이러한 소송행위에는 민법상의 표현대리 규정이나 무권대리에 관한 규정이 적용 또는 준용될 수 없다(대법원 1994. 2. 22. 93다42047; 동 2001. 2. 23. 선고 2000다45303 · 45310).
6) 대법원 1990. 9. 28. 90누4235; 동 1978. 12. 26. 78누167.

4) 외관보호규정과의 관계

(1) 표현대리, 표현지배인(제14조), 표현대표이사(제395조) 등 상법상 외관보호규정은 상법 제37조의 규정에 불구하고 적용된다. 예컨대 표현지배인은 분명 등기부상의 지배인이 아니고 등기부에도 지배인으로 등기되어 있지 아니하므로 상법 제37조 제2항에 의하면 표현지배인과 거래한 제3자는 표현지배인이 지배인이 아니라는 사실에 대하여 악의가 의제된다. 따라서 본래는 표현지배인과의 거래행위의 유효를 주장할 수 없다. 그러나 표현지배인의 거래행위는 외관보호의 법리에 따라 그 효력이 인정된다(제14조).

(2) 이와 같이 외관보호규정에 의하는 경우 등기의 일반적 효력이 적용되지 않는데, 그 이유에 관하여는 상법 제14조는 상법 제37조의 예외에 해당한다는 예외설, 상법 제14조는 상법 제37조 제2항에서 규정한 정당한 사유에 해당한다는 정당사유설, 상법 제14조와 상법 제37조는 차원을 달리한다는 이차원설(異次元說, 등기의 적극적 공시의 효력은 등기기초사실이 있을 때 이를 공시하는 효과가 있는 것인데, 등기기초사실이 없는 외관보호규정은 적용차원이 서로 다른 것이라고 한다) 등으로 설명하고 있다. 정당사유설은 제37조의 정당사유의 의미를 지나치게 확대하고 있으며, 이차원설은 지나치게 기교적이며, 예외설은 왜 이 경우에 예외가 인정되는지 분명하지 않다는 비판이 있다. 판례는 이차원설을 취하고 있다.[1)]

(3) 생각건대 등기의 효력에 관한 규정(제37조)과 표현대리(또는 대표)에 관한 규정(제14조, 제395조)은 다 같이 외관보호에 관한 제도이지만, 등기라는 외관과 명칭사용이라는 외관 중 후자가 보다 강한 외관을 나타내므로 이것이 우선하여야 한다고 본다. 따라서 후자의 규정, 즉 표현대리(또는 대표)에 관한 규정(제14조, 제395조)을 전자(제37조)에 대한 예외규정으로 보아야 한다(예외설).

5) 제37조와 상호양도의 등기에 관한 제25조 제2항과의 관계

(1) 상법 제25조 제2항에 의하면 "상호의 양도는 등기하지 아니하면 제3자에 대항하지 못한다"라고 규정되어 있다. 이에 관하여도 ① 상호의 양도에 관하여는 제37조가 적용되지 않는다고 하는 견해(제25조 제2항을 예외규정으로 보는 견해: 예외설)와 ② 이 두 가지 규정은 각기 적용되는 경우를 달리하는 것이라고 하는 견해(제25조 제2항을 예외규정이 아니라고 하는 견해: 이차원설)가 있다.

---

1) 대법원 1979. 2. 13. 77다2436.

(2) 생각건대 제37조와 제25조 제2항은 모두 상업등기의 대항력에 관한 규정인데, 제25조 제2항은 제37조에 대한 특칙임은 분명한 것이며 따라서 상호권양도의 등기에는 제37조가 적용되지 않는 것으로 보아야 한다(예외설).

3. 상업등기의 특수적 효력

등기사항은 원칙적으로 등기를 함으로써 선의의 제3자에게도 대항할 수 있는 확보적 효력이 생긴다. 그러나 이러한 본질적 효력 외에도 법률관계를 획일적으로 창설하거나 확정하는 특수한 효력이 발생한다.

1) 대항력

상호의 양도를 등기하면 특별한 대항력이 생긴다(제25조 제2항). 즉, 상호양도를 등기하지 않으면 제3자에게 대항하지 못한다. 상법 제25조 제2항은 등기의 일반적 효력에 관한 상법 제37조의 특칙으로서, 상호의 양도를 등기하지 아니하면 악의의 제3자에 대하여도 대항하지 못하고, 반대로 등기를 하면 정당한 사유로 알지 못한 제3자에 대하여도 대항할 수 있다고 본다(통설).

2) 창설적 효력

등기를 함으로써 새로운 법률관계가 창설되는 경우가 있는데 이것을 등기의 창설적 효력(설정적 효력, 形成力)이라고 한다. 예컨대, (ⅰ) 회사의 설립등기에 의하여 회사가 성립하고(제172조), (ⅱ) 회사의 합병등기에 의하여 회사합병의 효력이 발생하는 것(제234조, 제530조 제2항, 제603조), 유한회사의 증자(제592조) 등과 같은 것이다. 창설적 효력은 제3자의 선의·악의에 관계 없이 발생하므로 제37조는 적용되지 않는다.

3) 보완적 효력

어떤 사항을 등기하면 등기사항인 법률관계의 전제조건인 법률사실에 존재하는 하자가 치유된 것과 같은 효과가 나타나서 다시는 그 하자를 주장하지 못하게 된다. 이러한 효과를 보완적 효력이라고 한다. 예컨대, (ⅰ) 회사의 설립등기를 하면 후에 회사설립의 무효·취소판결이 확정되어도 종래의 법률관계에는 아무런 영향도 미치지 않고(제190조, 제269조, 제328조 제2항, 제552조 제2항), (ii) 주식회사의 설립등기나 신주발행의 변경등기가 있은 후 1년이 경과한 때에는 주식인수인이 주식청약서 또는 신주인수권증서의 요건의 흠결을 이유로 하여 그 인수의 무효를 주장하거나 사기·강박 또는 착오를 이유로 하여 그 인수를 취소하지 못하는 것(제320조, 제427조) 등이다. 이 경우에도 제3자의 선의·악의는 문제되지 않고, 제37조는 적용되지 않는다.

4) 부수적 효력

등기가 어떤 행위의 허용 또는 면책의 기초가 되는 경우가 있는데, 이런 것을 부수적 효력이라고 한다. 예컨대, (i) 어떤 행위를 허용하는 경우로서는, 주식회사의 설립등기를 하면 주권을 발행할 수 있고(제355조 제2항), 주식도 유효하게 양도할 수 있으며(제319조), 외국회사는 우리나라에서 영업소설치의 등기를 하면 거래를 계속할 수 있는 것(제616조) 등이다. (ii) 등기가 면책의 기초가 되는 경우로는 합명회사·합자회사의 사원의 책임이 퇴사등기를 한 때로부터 2년(제225조, 제269조), 해산등기를 한 때로부터 5년(제267조, 제269조)이 경과하면 소멸하는 것 등이다.

4. 상업등기의 추정력과 공신력 문제

1) 상업등기의 추정력

(1) 상업등기부에 등기된 사항은 일단 진실이라고 추정되는 사실상의 추정력(tatsächliche Vermutung)이 있음은 의심의 여지가 없으나,[1] 등기부에 등기를 하면 사실관계는 여하튼간에 법률상 진실한 것이라고 추정되느냐 하는 법률상의 추정력(gesetzliche Vermutung)에 관하여는 학설이 나뉜다.

(2) 법률상의 추정력이 인정되면 등기된 사항의 존재를 부인하는 자가 반대의 거증책임을 져야 한다. 부정설은 등기공무원의 심사권에 관하여 형식적 심사주의를 취하는 결과이고, 반대로 실질적 심사주의를 취하면 긍정설에 이르게 된다. 생각건대, 거래의 안전을 도모하기 위해서는 등기라는 외관을 신뢰한 자를 일단 보호하고, 그 외관을 부정하려는 자에게 거증책임을 지우는 것이 타당하다고 본다.

---

1) 대법원 1959. 7. 23. 4291민상759·760; 동 1983. 12. 27. 83다카331; 동 1991. 12. 27. 91다4409·4416.

판례는[1] 부동산등기에 관하여 법률상의 추정력을 인정하고 있는 것으로 보인다.

✦ 대법원 1983. 12. 27. 83다카331
등기의 추정력이 인정된 사례

☞ 법인등기부에 이사 또는 감사로 등재되어 있는 자는 특단의 사정이 없는 한 정당한 절차에 의하여 선임된 적법한 이사 또는 감사로 추정된다. 동지: 대법원 1991. 12. 27. 91다4409 · 4416.

2) 상업등기의 공신력

(1) 등기에 법률상의 추정력을 인정한다 하더라도, 당사자가 등기와 진실관계가 다르다는 것을 증명한 경우에는 제3자의 신뢰는 보호받지 못한다. 즉, 상업등기에는 공신력(公信力)이 없다.

✦ 대법원 1996. 10. 29. 96다19321
회사등기에는 공신력이 인정되지 아니한다

☞ 회사등기에는 공신력이 인정되지 아니하므로, 합자회사의 사원 지분등기인 경우 그 부실등기를 믿고 합자회사사원의 지분을 양수하였다 하여 그 지분을 양수한 것으로는 될 수 없다.

(2) 상업등기제도는 객관적 진실을 공시하여 그 효력을 확보하자는 데 목적이 있는 것이므로, 객관적 진실과 다른 사항을 등기하더라도 원칙적으로 아무런 효력이 생기지 않는다. 그러므로 등기사항을 믿고 거래를 한 제3자가 보호받지 못하게 된다. 이와 같이 상업등기에 절대적 공신력을 인정하지 않는 것은, ① 등기소가 실질적 심사권을 갖지 않는 현재의 제도 아래서는 당연한 결과이며, ② 등기공무원의 착오나 제3자의 허위신청에 의한 부실등기에 대하여서까지 본인에게 책임을 지우는 것은 너무 가혹한 일이며, ③ 상인과 거래하는 제3자의 수는 많고 거래량도 막대한 것인데, 공신력을 인정하여 제3자만 보호한다면 기업의 기초를 위태롭게 할 염려가 있기 때문이다.

---

1) 대법원 1979. 6. 26. 79다741; 동 1987. 10. 13. 86다카2928.

5. 부실등기의 효력

1) 의 의

상업등기에는 공신력이 없다는 원칙을 관철하여 등기를 신뢰한 자가 전혀 보호를 받지 못한다고 한다면, 누구도 등기를 신뢰하지 않을 것이고, 나아가서는 등기의 공시적 기능까지 흔들리고 말 것이다. 따라서 적어도 부실등기의 원인이 상인 자신에게 있는 경우에는 그것을 믿은 제3자를 보호하여 줄 필요가 있다. 이에 상법은 "고의 또는 과실로 인하여 사실과 상위(相違)한 사항을 등기한 자는 그 상위를 선의의 제3자에게 대항하지 못한다"고 규정한다(제39조).[1] 이는 금반언의 법리 · 외관존중의 원칙의 표현이다.

부실등기의 공신력 문제

상법 제39조의 이론적 근거와 관련하여 외관주의로 보는 견해(권리외관설)가 있는가 하면,[2] 이를 등기의무자에게 고의 · 과실 등의 귀책사유가 있는 경우에만 상대적으로 등기의 공신력을 인정한 것으로 보는 견해(공신력설)로 대립된다.[3]

전술한 바와 같이 우리나라의 모든 등기에는 공신력이 없고, 본래 공신력이란 등기의무자에게 고의 · 과실이 있는지를 불문하고 등기의 진실성을 인정하는 제도인데, 상법 제39조의 경우에는 등기의무자의 고의 · 과실이 있는 경우에 한하여 상대방인 제3자를 보호하려는 것이므로 제39조를 특히 등기의 공신력을 인정하려는 제도라고 보기는 어렵다.

2) 요 건

(1) 사실과 상위한 등기가 존재하여야 한다. 등기부에 표시되는 사항이면 어떠한 사항이든지 상관없다.

(2) 법문은 '사실과 상위한 사항을 등기한 자'라고 하여 상인이 부실등기를 한 경우, 즉 작위의 경우만을 규정하고 있다. 예컨대 상인이 고의로 지배인 아닌 자를 지배인으로 등기한 경우를 말한다. 예컨대 지배인을 해임하고서 해임등기를

---

1) 부실등기의 효력을 인정한 사례: 대법원 1974. 2. 12. 73다1070; 동 1977. 2. 22. 75다1446; 동 2004. 2. 27. 2002다19797(취소되는 주주총회결의에 의하여 이사로 선임된 대표이사가 마친 이사선임등기는 상법 제39조 소정의 부실등기에 해당한다). 반대로 부실등기의 효력을 부정한 사례: 대법원 1981. 1. 27. 79다1618 · 1619; 동 1971. 2. 23. 70다1361 · 1362; 동 1975. 5. 27. 74 다1366.

2) 임홍근(총) 159면; 정동윤(상) 104면; 채이식(상) 111면; 이철송(총) 251면; 김정호(상) 128면; 김병연(총) 138면.

3) 최기원(상) 178면; 정찬형(상) 156면.

하지 않은 경우와 같이 부작위의 경우에는 본조에 해당되지 않고 상법 제37조 제1항 등기의 소극적 공시의 원칙에 해당한다.

이와 같이 등기할 당시에 사실과 달리 등기하였어야 한다. 등기후 사정변경으로 상위하게 된 경우에는 적용되지 않는다. 등기후 사정이 변경되어 등기부와 사실이 상위하게 된 경우에도 제37조 제1항이 적용된다.

(3) 등기신청인에게 고의 또는 과실이 있어야 한다. 여기서의 고의·과실은 등기신청인 본인의 고의·과실뿐 아니라 대리인의 고의·과실도 포함한다.[1] 등기신청인이 회사인 경우 고의·과실의 유무는 대표기관, 즉 대표사원 또는 대표이사를 기준으로 판단하여야 한다.[2] 등기공무원의 과실로 사실과 달리 등기된 경우나, 제3자의 허위신청에 의해 사실과 달리 등기된 경우에도 본조가 적용되지 않는다. 다만, 등기신청권자가 스스로 등기를 하지 아니하였음에도 상법 제39조에 의한 부실등기 책임을 물을 수 있는가에 관하여, 부실의 등기를 알고 시정조치를 게을리한 때에는 제39조를 유추적용한다는 데 견해가 일치하나, 그 요건에 관하여는 견해가 갈린다.

제1설은 과실로 알지 못하고 방치한 경우에도 제39조를 적용하여야 한다고 한다.[3]

제2설은 부실등기를 알고 시정조치를 게을리한 때에는 제39조를 유추적용하여야 한다고 본다.[4]

제3설은 제3자의 허위신청으로 인한 부실등기에 대해 등기신청인이 고의 또는 중대한 과실이 있는 경우에만 동조를 적용하는 것이 타당하다고 한다.[5]

판례는 제3자에 의해 허위의 등기가 이루어진 후 이를 알고 방치한 것이 아니라면 부실등기 상태를 발견하여 시정하지 못한 데 과실이 있다 하더라도 스스로 사실과 상위한 등기를 신청한 것과 동일시 할 수 없는 경우에는 제39조를 적용할 수 없으나,[6] 등기신청권자의 고의 또는 과실로 부실등기를 한 것과 동일시할 수 있는 특별한 사정이 있는 경우에는 상법 제39조가 적용된다고 한다.[7]

---

1) 대법원 1971. 2. 23. 70다1361·1362.
2) 대법원 1981. 1. 27. 79다1618·1619.
3) 이철송(총) 254면.
4) 정동윤(상) 105면; 김정호 (상) 104면,
5) 최기원(상) 179면,
6) 대법원 1975. 5. 27. 74다1366.
7) 회사의 적법한 대표이사가 그 부실등기가 이루어지는 것에 협조·묵인하는 등의 방법으로 관여하였다거나 회사가 그 부실등기의 존재를 알고 있음에도 시정하지 않고 방치하였다면 이를 회사의 고의 또는 과실로 부실등기를 한 것과 동일시할 수 있는 특별한 사정에 해당한다고 할 것이다. 대법원 2008. 7. 24. 2006다24100; 동 2013. 9. 26. 2011다870.

예컨대 하자있는 주주총회에서 선임된 (대표)이사가 그 선임등기 이후에 법률행위(예컨대 근저당을 설정하고 자금을 차입)를 한 경우, 그 주주총회가 무효, 취소 또는 부존재가 확정되어 (대표)이사의 선임이 취소된 경우 그 취소 전에 행한 법률행위의 운명은 어떻게 되는지 의문이다. 대표이사선임이 무효이거나 취소되고 그의 근저당설정행위도 무효라면, 제3자(저당권자)는 보호받지 못한다. 이때 제3자는 대표이사 선임등기가 상법 제39조의 부실등기임을 이유로 회사의 책임을 물을 수 있을까? 판례는 다음과 같다.

✦ 대법원 2011. 7. 28. 2010다70018
이사 선임의 주주총회결의에 대한 부존재판결이 확정된 경우, 상법 제39조에 의한 회사의 부실등기책임을 부인한 사례

☞ 등기신청권자에게 상법 제39조에 의한 부실등기 책임을 묻기 위해서는, 원칙적으로 등기가 등기신청권자에 의하여 고의·과실로 마쳐진 것임을 요하고, 주식회사의 경우 부실등기에 대한 고의·과실의 유무는 대표이사를 기준으로 판정하여야 하는 것이지만, 등기신청권자가 스스로 등기를 하지 아니하였다 하더라도 그의 책임 있는 사유로 등기가 이루어지는 데에 관여하거나 부실등기의 존재를 알고 있음에도 이를 시정하지 않고 방치하는 등 등기신청권자의 고의·과실로 부실등기를 한 것과 동일시할 수 있는 특별한 사정이 있는 경우에는, 등기신청권자에 대하여 상법 제39조에 의한 부실등기 책임을 물을 수 있다. 그러나 등기신청권자인 회사가 부실등기가 이루어지는 데에 관여한 것으로 볼 수 없고, 달리 회사의 고의·과실로 부실등기를 한 것과 동일시할 수 있는 특별한 사정이 없는 한 회사에 대하여 상법 제39조에 의한 부실등기 책임을 물을 수 없다. 따라서 대표이사를 선임한 주주총회가 부존재한 것으로 확정된 경우, 그 대표이사의 행위는 (그 대표이사가 등기되었다고 할지라도) 무효이다. 동지: 대법원 2008. 7. 24. 2006다24100. 다만, 주주총회결의취소의 소가 인용된 경우 그 총회에서 선임된 대표이사를 등기한 회사에게 부실등기의 책임을 물을 수 있으므로, 그 대표이사의 행위에 대하여는 회사가 책임을 져야 한다: 대법원 2004. 2. 27. 2006다24100; 동 2014. 11. 13. 2009다71312·71329·71336·71343.

생각건대 타인이 허위신청으로 부실등기가 발생한 경우 그 시정의무를 등기신청인에게 부과할 수는 없다. 제3자의 허위등기에 등기신청권자의 고의·중과실이 개입되었거나 이와 유사하게 허위등기임을 알고서도 등기신청권자가 고의 또는 중대한 과실로 이를 방치한 경우에만 책임을 부담한다고 본다.

(4) 제3자가 선의였어야 한다. 선의에 과실이 있는지를 묻지 않는다. 중과실이 있는 제3자는 보호되지 않는다. 여기서 제3자라 함은 등기신청인과 직접 거래한 상대방만을 가리키는 것이 아니라 이해관계인 일반을 뜻한다. 예컨대 지배인이

아니면서 지배인으로 등기된 자가 영업주를 대리하여 발행한 어음을 배서에 의해 취득한 자도 여기서 말하는 제3자이다.[1)]

(5) 증명책임은 등기신청인 및 등기와 다른 사실을 주장하는 자에게 있다. 즉, 등기신청인이 자신에게 고의·과실이 없었다는 점 또는 제3자가 악의라는 점을 증명하여야 한다.

3) 효 과

사실과 상위한 사항을 등기한 자는 자기에게 고의나 과실이 없다는 것 또는 제3자가 악의였다는 사실을 증명하지 못하는 한 그 부실등기의 구속을 받아, 등기가 사실과 상위함을 가지고 선의의 제3자에게 대항하지 못한다. 그러나 제3자가 등기와 달리 사실관계에 부합하는 주장을 하는 것은 무방하다.

4) 적용범위

본조는 원칙적으로 거래행위에 적용되는 점에서 상법 제37조의 경우와 같다.

제 2 절 영업양도

Ⅰ. 영업양도의 의의

영업양도란 영리목적을 실현하기 위하여 조직화된 유기적 일체로서의 기능적 재산(객관적 의의의 영업)을 (영업의 동일성을 유지하면서) 계약에 의해서 양도하는 것이다(제41조~제45조).[2)] 이를 분설하면 다음과 같다(객관적 의의의 영업에 관하여는 제3장 '영업의 설비' 참조).

1) 영업양도에 의하여 이전되는 대상은 객관적 의의의 영업(영업재산)이다. 영업재산에는 물건·권리와 같은 영업용 재산뿐만 아니라 재산적 가치 있는 사실관계가 기능적으로 조직화된 일체를 포함하므로, '개개의 영업용 재산 또는 단

---

1) 이철송(총) 255~256면.
2) 대법원 1998. 4. 14. 96다8826; 동 1997. 11. 25. 97다35085.

순한 영업용 재산의 전부의 양도'와는 구별된다.

2) 영업양도는 영업의 동일성을 유지하면서 영업재산을 이전하여야 한다. 동일성 유무의 판단은 양도되는 재산의 크기에 따라 판단하는 것이 아니고, 종래의 영업조직의 전부 또는 중요한 일부가 유지되면서 같은 기능을 할 수 있느냐에 따라 판단하여야 한다. 따라서 해체된 재산의 양도나 종업원을 전원 해고하여 영업조직을 제외한 설비만의 양도는 영업양도가 아니다.

영업의 동일성이 유지되는 한 부분적인 증감·변경이 있어도 무방하다. 또 동일성이 사회통념상 인정되는 한 일부의 유보나 일부만의 양도도 가능하다(예컨대, 지점을 제외한 양도, 지점만의 양도, 채권이나 채무를 제외한 양도 등). 또 상호의 속용은 영업양도의 요건이 아니다.

✦ 대법원 1989. 12. 26. 88다카10128
영업양도의 의의

☞ 상법 제41조 소정의 영업의 양도란 영업목적을 위하여 조직화된 유기적 일체로서의 기능재산의 동일성이 유지된 일괄이전을 의미하는 것이고 영업의 동일성 여부는 일반사회관념에 의하여 결정되어져야 할 사실인정의 문제이기는 하지만, 영업재산의 전부를 양도했어도 그 조직을 해체하여 양도했다면 영업의 양도는 되지 않는 반면에 그 일부를 유보한 채 영업시설을 양도했어도 그 양도한 부분만으로도 종래의 조직이 유지되어 있다고 사회관념상 인정되기만 하면 그것을 영업의 양도라 하지 않을 수 없는 것이다. 동지: 대법원 1968. 4. 2. 68다185; 동 1991. 8. 9. 91다15225; 동 1994. 11. 18. 93다18938; 동 1995. 7. 14. 94다20198; 동 1995. 7. 25. 95다7987; 동 1997. 4. 25. 96누19314; 동 2001. 7. 27. 99두2680; 동 2003. 5. 30. 2002다23826; 동 2007. 6. 1. 2005다5812·5829·5836; 동 2008. 4. 11. 2007다89722. 반면에 영업재산의 전부를 양도했어도 그 조직을 해체하여 양도했다면 영업의 양도로 볼 수 없다. 대법원 2003. 5. 30. 2002다23826; 동 2007. 6. 1. 2005다5812·5829·5836; 동 2013. 2. 15. 2012다102247. 또한 위와 같은 영업양도가 인정되려면 영업양도 당사자 사이의 명시적 또는 묵시적 계약이 있어야 한다. 대법원 1997. 6. 24. 96다2644; 동 2013. 2. 15. 2012다102247.

☞ 영업양도가 있다고 볼 수 있는지의 여부는 양수인이 유기적으로 조직화된 수익의 원천으로서의 기능적 재산을 이전받아 양도인이 하던 것과 같은 영업적 활동을 계속하고 있다고 볼 수 있는지의 여부에 따라 판단되어야 한다: 대법원 2005. 7. 22. 2005다602; 동 2012. 7. 26. 2012다27377.

3) 영업의 일부만을 양도하는 경우에도 양도되는 영업부문의 인적·물적 조직이 그 동일성을 유지하여야 하며, 나머지 부분과는 구분되어 독립적으로 영업활동이 수행될 수 있는 정도의 조직과 설비를 갖추어야 한다. 일부양도의 경우에

도 영업양도인의 경업금지에 관한 규정, 영업상의 채권자와 채무자의 보호를 위한 규정은 그대로 적용될 것이나, 영업양도인의 경업금지에 관한 규정(제41조)은 일부양도에는 적용하기 어려운 경우가 있다. 양도인이 동일지역 내에 다른 영업소를 가진 경우는 상법 제41조의 적용을 배제하기로 하는 묵시적인 합의가 이루어진 것으로 보아야 할 것이다.

4) 영업양도는 양도인과 양수인간의 계약에 의한 이전이므로 상속에 의한 포괄승계의 경우와 다르다.

✦ 대법원 1997. 6. 24. 96다2644
영업양도의 요건

☞ 영업양도란 일정한 영업목적에 의하여 조직화된 총체, 즉 물적·인적 조직을 그 동일성을 유지하면서 일체로서 이전하는 것으로서, 영업양도 당사자 사이의 명시적 또는 묵시적 계약이 있어야 한다. 동지: 대법원 2005. 7. 22. 2005다602(영업양도계약이 없어서 상법상의 영업양도가 아니라고 한 사례).

5) 영업양도는 병존하는 양당사자 간의 채권계약으로서[1] 개인법상의 특정승계이므로, 두 회사가 동일인격으로 합하는 단체법상의 포괄승계인 회사합병과 다르다.

6) 영업양도는 유상계약이다. 그러므로 양도인은 양도한 영업재산에 관해 담보책임을 지는 등 매매에 관한 규정들이 적용된다. 양도의 방식은 매매·교환, 기존의 영업을 회사의 설립시 또는 신주발행시에 현물출자하는 방식[2] 등 다양한 형식으로 할 수 있다.

7) 영업양도는 영업의 소유관계에 변동이 생기므로, 영업의 경영관계에만 변동이 생기는 영업의 임대차나 경영위임과도 다르다.

✦ 대법원 1995. 8. 25. 95다20904
영업 자체의 양도와 영업주체의 양도(영업주체인 회사의 주식이나 지분권의 양도)를 구별한 판결

☞ 통상 회사를 양수한다는 것에는, 첫째 영업 주체인 회사로부터 영업 일체를 양수하여 그 회사와는 별도의 주체인 양수인이 양수한 영업을 영위하는 경우와, 둘째 회사의 주식이나 지분권을 그 소유자로부터 양수받아 양수인이 회사의 새로운 지배자로서 회사를 경영하는 경우가 있다고 할 것인 바, 위 첫째의 경우는 영업의 주체인 회사가 양도인이 되어 양수인과 계약을 체결하는 것이고, 양도·양수 후에도 양수인은 그 회사와 별도의 주체로서 양수한 영업을 영위하는 것이나, 위 둘째의 경우는

---

1) 대법원 1998. 4. 14. 96다8826; 동 1997. 11. 25. 97다35085.
2) 대법원 1989. 3. 28. 88다카12100; 동 1995. 8. 22. 95다12231; 동 1996. 7. 9. 96다13767.

영업 자체를 양도·양수하는 것이 아니라 영업의 주체인 회사의 주식이나 지분권을 양도·양수하는 것이므로, 이 경우는 회사의 주식 또는 지분권을 소유하고 있는 주주 또는 지분권자 개인이 양도인이 되는 것이고, 회사가 양도인이 될 수 없다. 동지: 대법원 1996. 11. 15. 96다31246; 동 1999. 4. 23. 98다45546.

이러한 기본적인 차이 때문에 영업양도와 합병은 다같이 기업의 결합수단으로 이용되는데도 불구하고 그 성질, 절차, 효과 등의 면에서 다음과 같은 차이점이 있다.

첫째, 영업양도의 당사자는 회사 이외에 자연인도 될 수 있으나, 합병의 당사자는 회사뿐이다. 영업양도인은 당연히 영업의 주체인 상인이나, 양수인은 상인인 경우도 있으나 비상인인 경우도 있다. 비상인이 영업을 양수하면 상인자격을 취득하는데, 이때 영업을 양수하는 행위는 보조적 상행위가 된다. 그러나 영업양도인인 상인은 다른 영업을 영위할 수 있으므로 상인자격을 상실하지 않는다.

둘째, 영업양도는 불요식계약이지만, 합병은 법정기재사항을 기재한 합병계약서를 작성하여야 하는 점에서 요식계약이다.

셋째, 영업양도에 있어서는 양도인 또는 양도회사가 소멸하지 않으므로 사원의 수용 또는 고용관계의 승계라는 문제가 발생하지 않으나, 합병의 경우에는 해산회사가 소멸하므로 그 사원은 법률상 당연히 신설 또는 흡수회사에 수용된다.

넷째, 영업양도의 경우에는 양도의 대상인 권리·의무에 관하여 개별적인 이전행위(특정승계)가 필요하나, 회사합병의 경우에는 포괄승계로서 권리의무의 개별적인 이전행위가 필요 없다.

다섯째, 영업양도의 경우에는 재산의 일부를 제외할 수 있으나, 회사합병의 경우에는 재산의 일부를 제외할 수 없다.

여섯째, 영업양도의 경우에는 양도인에게 일정한 경업금지의무가 있으나, 회사합병의 경우에는 그러한 것이 없다.

일곱째, 영업양도의 무효는 일반 민법상의 원칙에 의하나, 합병의 무효는 회사법상 반드시 소만으로 하여야 한다.

여덟째, 영업양도의 경우에는 그 자체의 등기가 필요없으나, 합병의 경우에는 합병등기에 의하여 그 효력이 발생한다.

아홉째, 영업양도의 경우에는 채권자를 보호하기 위한 절차가 필요없으나, 합병의 경우에는 반드시 채권자 이의절차를 거쳐야 한다.

영업양도와 회사합병과의 이동(異同)

(i) 의 의

영업양도: 객관적 의의의 영업을 계약에 의하여 이전

회사의 합병: 두개 이상의 회사가 계약에 의해 하나의 회사로 결합

(ii) 성 질

영업양도: 채권계약 중 혼합계약(개별적 이전행위 필요, 일부양도 가능)

회사의 합병: 단체법상·조직법상의 제도로 준물권계약(포괄승계·일부합병 없음)

(iii) 공통점

① 경제적 기능 - 기업의 발전·기업의 유지

② 신중한 의사결정

(iv) 차이점

		영업양도	회사합병
절차상 차이	당사자	무제한	회사
	계약형식	무제한	주식·유한 회사: 합병 계약서 작성요
	채권자보호절차	일반규정(§§ 42-44)	최고절차(§§ 232, 269, 530, 603)
	등기	재산이전등기	효력발생요건
효과상 차이	인격	소멸않음	소멸
	이행행위	필요(특정승계)	불요(포괄승계)
	경업금지	의무부담	문제되지 않음
	무효주장	계약의 일반원칙	반드시 소(訴)로 주장

Ⅱ. 영업양도의 자유와 제한

영업을 양도하는 것은 원칙적으로 상인의 자유이다. 다만 특별법에서 영업의 양수를 제한함으로써 상대적으로 영업의 양도가 제한되는 경우가 있다.

독점금지법상의 영업양수제한

독점규제 및 공정거래에 관한 법률에 의하면 기업결합의 규제를 위하여 자산 또는 매출액이 일정금액 이상인 회사 및 그 계열회사 또는 당해 회사와 특수한 관계에 있는 자(특수관계인)는 공정거래위원회가 인정하는 경우가 아니면 영업의 전부 또는 주요 부분의 양수·임차, 고정자산의 전부 또는 주요 부분의 양수를 하지 못하고 (독규 제7조 제1항 제4호, 독규시 제11조·제12조 참조), 양수를 하고자 하는 자는 영업양수계약에 대한 주주총회 또는 이에 갈음하는 이사회의 결의가 있은 후 30일 이내에 공정거래위원회에 신고하여야 한다(독규 제12조 제5항). 위의 신고를 한 자는 신고 후 30일이 경과할 때까지 영업양수계약 이행행위 또는 주식인수행위를 하여서는 아니되나, 공정거래위원회가 필요하다고 인정할 때에는 그 기간을 단축하거나 60일을

초과하지 아니하는 범위 내에서 이를 연장할 수 있다(독규 제12조 제6항).

금융기관에 대한 영업의 양도·양수 제한

은행 및 증권회사, 보험회사 등의 금융기관이 영업의 전부 또는 일부를 양도하거나 양수하는 경우에는 대통령령이 정하는 바에 따라 금융위원회의 인가(또는 승인)를 받아야 한다(은행 제55조 제1항 제3호, 자금 제408조, 보업 제150조).

Ⅲ. 영업양도의 법적 성질

영업양도의 법적 성질에 관하여는 학설이 여러 가지로 나뉘고 있으나, 크게 양도처분설과 지위교체설로 분류할 수 있고, 그 중 양도처분설이 타당하다고 생각한다.

영업양도의 법적 성질에 관한 학설

(1) 양도처분설은 영업을 순객관적으로 파악하여 권리의 객체인 영업을 양도처분하는 것이 영업양도라고 하는 입장이다. 이 학설은 다시 객관적 영업의 중점을 어디에 두느냐에 따라서, (i) 영업용으로 제공되는 각종 재산의 총체를 영업으로 보고 영업양도를 이러한 영업재산의 양도라고 설명하는 영업재산양도설(통설·판례),[1] (ii) 영업을 영업에 고유한 사실관계 내지 영업조직이며, 각개의 재산은 그 영업조직의 종물에 불과하다고 이해하여, 영업양도를 영업에 고유한 사실관계 내지 영업조직의 양도라고 보는 영업조직양도설, (iii) 영업을 영업재산을 중심으로 하여 이해하면서도 특히 영업의 유기체성(Organischheit)을 강조하여 이러한 유기체의 양도가 영업양도라고 해석하는 영업유기체양도설[2]로 갈린다.

(2) 한편 지위교체설은 영업 외의 주체적 활동면을 중시하여 영업양도란 영업자로서의 법적 지위의 이전이라고 보는 입장이다. 이 학설도 다시 (i) 영업양도는 양도인이 그 양도한 영업의 영업자인 지위로부터 물러나고, 양수인으로 하여금 이에 갈음하게 하는 것을 주요 목적으로 하면서 이에 수반하여 영업활동의 수단인 영업재산을 이전할 의무를 부담하는 계약이라는 영업활동교체계약설,[3] (ii) 영업양도는 양도인이 계약에 의하여 그 기업주체인 지위에서 물러나고, 대신 양수인으로 하여금 그 지위에 있도록 하는 것이라는 기업주체지위양도설,[4] (iii) 영업양도는 기업자 지위

---

1) 손주찬(상) 193면; 임홍근(총) 163면; 최기원(상) 185면; 강위두(총) 194면; 정동윤(상) 118~119면; 이철송(총) 261면; 정찬형(상) 165면; 김정호(상) 134면.
2) 大隅建一郎, 「商法總則」, 1984, 288면.
3) 高窪喜八郎, 「改正商法總論」, 1928, 249면.
4) 升本重夫, "企業讓渡に就て", 「法學新報」, 제46권 제2호 30면.

의 인계교체를 목적으로 하는 행위라는 기업자지위승계설[1] 등이 있다.

(3) 절충설은 두 입장을 절충한 견해로서, (ⅰ) 영업의 양도를 영업의 경영자인 지위를 인계하는 약속과 함께 영업재산을 양도하는 것이라고 설명하는 지위·재산이전설,[2] (ⅱ) 기업의 동일성을 유지하면서 기업 그 자체를 일체로서 이전하는 것이라는 기업자체이전설 등으로 학설이 갈린다.

(4) 생각건대, 영업양도가 단순히 적극적 영업재산만의 양도가 아님은 물론이다. 그렇다고 채권계약의 대상이 될 수 없는 경영자의 지위를 영업양도계약의 내용으로 하는 것도 부당하다. 법률적으로는 영업자로서의 지위는 양수인이 영업활동을 개시함으로써 당연히 취득되는 것이기 때문이다. 따라서 영업재산을 영업상 필요한 사실관계까지도 포함한 '기능적 재산'으로 이해한다면, 영업양도는 이러한 영업재산의 이전이라고 보아 무방할 것이다. 영업재산의 특이성을 인정한다면, 경영자로서의 지위의 인계 문제가 별개의 독립된 계약내용으로 취급될 이유가 없다고 본다.

✦ 대법원 1997. 11. 25. 97다35085
상법 제42조가 말하는 영업이란 일정한 영업목적에 의하여 조직화된 유기적 일체로서의 기능적 재산을 의미한다

☞ 상법 제42조가 말하는 영업이란 일정한 영업목적에 의하여 조직화된 유기적 일체로서의 기능적 재산을 뜻하는 바, 여기서 유기적 일체로서의 기능적 재산이란 영업을 구성하는 유형·무형의 재산과 경제적 가치를 갖는 사실관계가 서로 유기적으로 결합하여 수익의 원천으로 기능한다는 것과 이와 같이 유기적으로 결합한 수익의 원천으로서의 기능적 재산이 마치 하나의 재화와 같이 거래의 객체가 된다는 것을 뜻한다 할 것이므로, 영업양도가 있다고 볼 수 있는지의 여부는 양수인이 당해 분야의 영업을 경영함에 있어서 무(無)로부터 출발하지 않고 유기적으로 조직화된 수익의 원천으로서의 기능적 재산을 이전받아 양도인이 하던 것과 같은 영업적 활동을 계속하고 있다고 볼 수 있는지의 여부에 따라 판단되어야 할 것이다. 동지: 대법원 1995. 7. 25. 95다7987; 동 2011. 9. 8. 2009다24866.

Ⅳ. 영업양도의 절차

1. 계약의 당사자

1) 계약의 당사자로서 양도인은 양도의 목적인 영업의 주체로서 상인이다. 양도인은 개인상인인 경우도 있고 회사인 경우도 있다. 개인상인의 경우에는 영업

1) 西原寬一, 「日本商法論」(第一卷), 1950, 39면, 240면.
2) Wieland, *Handelsrecht,* Bd. Ⅰ, 1921, S. 249f.

전부를 양도하면 상인자격을 상실하나, 회사의 경우에는 영업전부를 양도하더라도 해산사유가 되지 않고(제227조, 제269조), 정관상의 목적을 변경하여 다른 사업을 할 수 있다. 물론 영업을 완전히 종료하면 회사도 상인자격을 상실한다.

2) 양수인은 상인인 경우도 있으나, 상인이 아니어도 상관없고, 개인이든 회사이든 상관없다. 비상인이 영업을 양수하는 경우에는 이는 개업준비행위로서 보조적 상행위가 되고, 이때 상인자격을 취득한다.

2. 대내적 의사의 결정

당사자가 개인상인인 경우에는 각자가 직접 계약을 체결하게 되므로 별로 문제가 되지 않는다. 그러나 회사의 경우에는 영업양도가 해산 또는 정관변경을 초래하는 중대사항이므로 신중한 절차를 필요로 한다.

1) 회사가 양도인인 경우

회사가 양도인인 경우 (ⅰ) 합명회사 또는 합자회사에 있어서는 총사원의 동의를 요하나(제204조, 제269조), 해산 후에는 총사원의 과반수결의(제257조, 제269조)를 요하고, (ⅱ) 주식회사 또는 유한회사에 있어서는 해산의 전후를 불문하고 주주총회 또는 사원총회의 특별결의가 필요하다(제374조 제1호, 제576조 제1항).

주식회사가 영업을 양도하는 경우에는 양도반대주주의 주식매수청구권이 인정된다(제374조의 2).

2) 회사가 양수인인 경우

(1) 합명회사 또는 합자회사가 영업을 양수하는 경우에는 이로 인하여 정관을 변경하게 되는 때에 한하여 총사원의 동의가 필요하고(제204조, 제269조), 그 밖의 경우에는 일반적인 업무집행방법으로 처리할 수 있다.

(2) 주식회사 또는 유한회사에 있어서는 회사의 영업에 중대한 영향을 미치는 다른 회사의 영업 전부 또는 일부를 양수하는 경우에만 주주총회 또는 사원총회의 특별결의가 필요하다(제374조 제3호, 제576조 제1항). 따라서 중대한 영향이 없는 영업의 일부의 양수나 개인상인으로부터 영업을 양수하는 경우에는 위의 절차가 필요없다.

3. 양도계약의 체결

1) 방 식

양도계약의 방식에 관하여는 특별 규정이 없으므로 당사자 간의 합의만으로 성립하나, 실제로는 계약의 중요성에 비추어 서면계약이 보통이이지만, 묵시적 계약에 의하여도 가능하다.[1)]

2) 시 기

당사자가 회사인 경우에는 영업양도에 관한 대내적 의사가 결정된 후에 대표기관이 계약을 체결하는 것이 본래의 순서이나, 반대로 총사원의 동의 또는 총회의 결의를 조건으로 하여 미리 양도계약을 체결하여도 된다.

3) 계약내용

일반적으로 영업양도계약의 내용이 되는 것은 (ⅰ) 자산과 부채에 관한 사항, (ⅱ) 영업소와 상호의 양도에 관한 사항, (ⅲ) 사용인의 인계에 관한 사항, (ⅳ) 양도인의 폐업·경업금지, (ⅴ) 양도대가의 지급, (ⅵ) 해약사유 기타 계약조건의 변경에 관한 사항 등이다.

양도계약의 법적 성질은 영업의 양도를 목적으로 하는 채권계약이고, 영업의 매매 외에 경업금지의무, 사용인의 승계 등이 포함되므로 혼합계약이다.

V. 영업양도의 효과

영업양도계약이 체결되면, 그 계약의 규정 및 상법의 규정에 따라 다음과 같은 효과가 발생한다.

---

1) 대법원 2009. 1. 15. 2007다17123.

1. 영업양도의 대내적 효과(당사자 간의 관계)

1) 적극적 의무(영업재산의 이전의무)

(1) 이전대상

영업양도계약이 체결되면 양도인은 각종 영업재산을 양수인에게 이전하여 이익을 받게 할 적극적 의무를 부담한다. 영업재산의 범위는 특약이 없는 한 영업에 속하는 일체의 재산이다.

(2) 이전방법

영업양도는 특정승계이고 포괄승계가 아니므로 재산의 종류에 따라 각각 개별적으로 이전절차를 밟고, 또 제3자에 대한 대항요건을 구비하는 데 필요한 절차도 밟아야 한다. 즉, ① 부동산 및 상호에 관하여는 등기(제25조 제2항, 민 제186조), ② 동산에 관하여는 인도(민 제188조), ③ 특허권이나 상표권에 관하여는 등록(특허 제49조, 상표 제16조 제4항), ④ 지시채권에 관하여는 배서교부(민 제508조, 어 제12조~제14조), ⑤ 지명채권에 관하여는 채무자에 대한 통지 또는 채무자의 승낙(민 제450조), ⑥ 주식에 관하여는 주권의 교부(제336조)를 각각 하여야 하고,[1] ⑦ 채무에 관하여는 양수인이 양도인으로 하여금 그 채무를 면하게 하는 데 필요한 행위(민 제453조 · 제454조 · 제501조)를 하여야 하며, ⑧ 사실관계에 관하여는 양도인이 양수인으로 하여금 이것을 이용할 수 있는 지위에 서게 하여야 한다(예컨대, 영업상의 비결의 전수, 고객 · 구입처의 소개 등).

✦ 대법원 1991. 10. 8. 91다22018 · 22025
영업양도에 있어 재산의 이전은 특정승계의 방법에 의하여 재산의 종류에 따라 개별적으로 이전행위를 하여야 한다

☞ 영업양도는 채권계약이므로 양도인이 재산이전의무를 이행함에 있어서는 상속이나 회사의 합병의 경우와 같이 포괄적 승계가 인정되지 않고 특정승계의 방법에 의하여 재산의 종류에 따라 개별적으로 이전행위를 하여야 할 것인 바, 그 이전에 있어 양도인의 제3자에 대한 매매계약 해제에 따른 원상회복청구권은 지명채권이므로 그 양도에는 양도인의 채무자에게 대항할 수 있다.

---

1) 주식 기타 유가증권의 양도는 상법 기타 특별법상의 제한을 받는다(제341조, 제342조의 2, 제369조 제3항, 자금 제133조, 독규 제7조 제1항, 제9조, 제10조 제1항).

(3) 고용관계

영업의 인적 설비도 영업의 동일성을 유지하기 위하여 필요하기 때문에 양도인의 상업사용인 등에 대한 고용계약상의 권리도 이전된다고 본다. 다만 상업사용인 등은 고용계약을 해지할 수 있다(민 제661조). 그러나 지배인의 경우에는 영업주와의 고도의 인적 신뢰를 바탕으로 하고 있기 때문에 당연히 양수인에게 승계되는 것은 아니라고 본다.[1)]

✦ 대법원 1994. 6. 28. 93다33173
영업이 포괄적으로 양도되면 반대의 특약이 없는 한 양도인과 근로자 간의 근로관계도 원칙적으로 양수인에게 포괄적으로 승계된다.

☞ 영업의 양도라 함은 일정한 영업목적에 의하여 조직화된 업체, 즉 인적 물적 조직을 그 동일성은 유지하면서 일체로서 이전하는 것을 말하고 영업이 포괄적으로 양도되면 반대의 특약이 없는 한 양도인과 근로자 간의 근로관계도 원칙적으로 양수인에게 포괄적으로 승계된다. 동지: 대법원 2003. 5. 30. 2002다23826 등 참조. 정당한 이유 없이 해고된 근로자와의 근로관계도 승계된다: 대법원 2020. 11. 5. 2018두54705. 반대로 영업양도가 부정되어 근로관계의 이전이 부정된 사례: 동 1993. 5. 25. 91다41750; 동 1994. 11. 18. 93다18938; 동 1995. 7. 14. 94다20198; 동 1995. 7. 25. 95다7987; 동 1995. 9. 29. 94다54245; 동 1996. 5. 31. 95다33238 등 참조. 영업은 양도되었으나 신규채용으로 근로관계가 이전되지 아니한 것으로 본 경우: 동 1997. 6. 24. 96다2644; 동 1997. 7. 8. 96다38438; 동 2002. 3. 29. 2000두8455. 정리해고로서의 정당한 요건이 갖추어져 승계를 거부한 근로자를 해고할 수 있다고 본 사례: 동 2000. 10. 13. 98다11437.

✦ 대법원 1997. 6. 27. 96다49674
영업양도와 근로관계의 승계

☞ 모기업의 일부 사업부문이 상법상의 영업양도에 해당하는 요건을 갖추지 못하였다 하더라도 인적 조직 및 물적 시설은 해체됨이 없이 동일성을 유지하면서 계열회사에 이관되었고 그에 따라 그 소속 근로자들이 회사방침에 의하여 중간퇴직을 하고 퇴직금을 수령한 후 신규 입사절차를 밟은 경우, 그 중간퇴직은 통정허위표시로서 무효이므로, 근로자의 모기업과 계열회사에서의 각 근무는 단절됨이 없이 근로의 계속성이 유지된다. 동지: 대법원 2001. 11. 13. 2000다18608(영업양도시 근로자가 퇴직금을 지급받고 퇴직 및 재입사의 형식을 거친 경우, 계속근로관계는 단절되지 않는다). 참조: 대법원 1996. 5. 31. 96다11105(회사를 양도하면서 양도일 당시 당사자간에 확인되지 않은 회사채무는 양도인이 책임지기로 약정한 경우, 해고근로자들이 해고무효확인 및 임금청구소송에서 승소하였다면 양도인은 해고근로자들에 대한 임금

1) 동지: 최기원(상) 84면; 정동윤(상) 122~123면.

채무 중 해고일로부터 약정일까지의 것에 한하여 변제책임이 있다). 반대되는 판결: 대법원 1997. 6. 27. 96다38551(근로자가 자유로운 의사에 의하여 구 회사를 퇴직하고 소정의 퇴직금을 수령한 후 신설회사에 새로이 입사하는 방법을 취한 경우).[1]

2) 소극적 의무(경업금지의무)

(1) 경업금지의무의 의의

양도인이 영업양도 후에도 동종영업을 재개하는 경우에는 양수인이 사실관계를 충분히 이용할 수 없을 것이므로, 영업양도의 실효성을 확보하기 위하여 상법은 양도인에게 일정한 범위의 경업금지의무를 부담시키고 있다(영업양도를 사실관계까지 포함한 기능적 재산의 양도로 이해하는 한 이 부작위의무는 영업양도의 성질상 당연히 발생하는 것이며, 경업금지의무를 정한 상법 제41조는 그 범위를 명확히 한다는 데 의미가 있는 것이다).[2] 위 경업금지의 규정은 직업선택의 자유를 제한하는 위헌의 규정이 아니다.[3]

(2) 경업금지의무의 내용

(가) 당사자간에 다른 약정이 없으면 양도인은 10년간 동일한 특별시·광역시·시·군과 인접한 특별시·광역시·시·군에서 동종영업을 하지 못한다(제41조 제1항). 영업양도인의 경업금지지역의 범위는 통상적인 영업활동이 이루어지던 지역을 기준으로 정하여야 하는데, 이때 통상적인 영업활동인지 여부는 해당 영업의 내용, 규모, 방식, 범위 등 여러 사정을 종합적으로 고려하여 판단하여야 한다.[4] 이때 영업양도인이 영업소를 설치하고 있느냐는 불문한다. 예컨대 소, 돼지고기의 도축판매와 매업판매는 동종영업으로 볼 수 있다.[5]

(나) 양도인이 동종영업을 하지 않을 것을 약정한 때에는 동일한 특별시·광

---

1) 동지: 대법원 1991. 5. 28. 90다16801; 동 1991. 11. 12. 91다12806; 동 1992. 7. 14. 91다40276 ; 동 1997. 4. 25. 96누19314 등 참조. 영업양도가 부정되어 근로관계의 이전이 부정된 사례; 동 1994. 11. 18. 93다18938: 동 1995. 7. 14. 94다20198; 동 1995. 7. 25. 95다7987; 동 1995. 9. 29. 94다54245 등 참조. 영업은 양도되었으나 신규채용으로 근로관계가 이전되지 아니한 것으로 본 경우: 동 1997. 6. 24. 96다2644; 동 1997. 7. 8. 96다38438.

2) 동지: 이철송(총) 283면(영업양도계약에 묵시적으로 경업금지의 합의가 포함되어 있다고 한다). 반대: 정찬형(상) 176면(경업금지의무는 법률에 의하여 정책적으로 인정된 의무라고 한다).

3) 헌법재판소 1996. 10. 4. 94헌가5.

4) 대법원 2015. 9. 10. 2014다80440(따라서 도축판매영업에 관하여 중부지역만에서 영업활동이 이루어진 것이 아니라 전국적으로 이루어진 점을 인정할 수 있다).

5) 대법원 2015. 9. 10. 2014다80440.

역시 · 시 · 군과 인접한 서울특별시 · 광역시 · 시 · 군에 한하여 20년을 초과하지 아니한 범위 내에서 그 효력이 있다(제41조 제2항). 이것은 양도인의 직업선택의 자유를 과도하게 제한하는 결과가 초래되는 것을 막기 위한 것이다. 따라서 특약에 의하여 지역을 축소하거나 기간을 단축하거나 또는 경업금지의무를 면제할 수는 있다. 경업금지의무 배제에 관한 묵시적 약정도 가능하다.[1)]

(다) 의무의 내용은 영업의 폐지는 물론, 영업의 임대, 양도 기타의 처분도 금지될 수 있다.

✦ 대법원 1996. 12. 23. 96다37985
영업양도인은 영업의 폐지는 물론, 영업의 임대, 양도 기타의 처분도 금지될 수 있다

☞ 영업양도계약의 약정 또는 상법 제41조에 따라 영업양도인이 부담하는 경업금지의무는 스스로 동종영업을 하거나 제3자를 내세워 동종영업을 하는 것을 금하는 것을 내용으로 하는 의무이므로, 영업양도인이 그 부작위의무에 위반하여 영업을 창출한 경우 그 의무위반상태를 해소하기 위하여는 영업을 폐지할 것이 요구되고, 그 영업을 타에 임대한다거나 양도한다고 하더라도 그 영업의 실체가 남아 있는 이상 의무위반상태가 해소되는 것은 아니므로, 그 이행강제의 방법으로 영업양도인 본인의 영업금지 외에 제3자에 대한 영업의 임대, 양도 기타 처분을 금지하는 것도 가능하다.

(3) 경업금지의무를 지는 자

(가) 경업금지의무를 지는 자는 개인상인의 경우에는 개인인 양도인이고, 회사의 경우에는 회사 자체라고 할 수 있다. 경업금지는 영업양도를 한 상인에게 부과되는 의무이므로, 상인이 아닌 자가 영업을 양도하더라도 경업금지의무는 부담하지 않는다.[2)]

✦ 대법원 1969. 3. 25. 68다1560
상인이 아닌 양도인의 경업금지의무를 부정한 판례

☞ 상법상의 영업양도에 관한 규정은 양도인이 상인이 아닌 경우에는 적용할 수 없고, 또 농업협동조합법 제5조 제2항에 의하면 농업협동조합은 영리나 투기사업을 하지 못하게 되어 있으므로 Y농업협동조합을 상인이라 할 수 없고, 따라서 동 조합이 도정공장을 X에게 양도하였다 하더라도 동 조합은 양수인에 대하여 상법 제41조에 의한 경업금지의무는 없다 할 것이므로, Y가 사실상 영업행위를 하고 있다 하더라도 X는 Y에 대하여 경업금지청구권이 없다.

---

1) 대법원 2015. 9. 10. 2014다80440.
2) 이철송(총) 283면; 김병연(총) 173면.

✦ 대법원 2009. 9. 14. 2009마1136.
소규모 미용실 양도인의 경업금지의무를 긍정한 판례

☞ 소규모 미용실의 상호와 시설 일체를 양도한 자가 그 미용실에서 70m 가량 떨어진 곳에 새로운 미용실을 개업하여 운영하는 것은, 비록 그 미용실이 특별히 인계·인수할 종업원이나 노하우, 거래처 등이 존재하지 아니하여 이를 인수받지 못하였다 할지라도 양수인은 양도인으로부터 유기적으로 조직화된 수익의 원천으로서의 기능적 재산을 이전받아 양도인이 하던 것과 같은 영업적 활동을 계속하고 있으므로, 경업금지의무 위반이 된다.

(나) 사실상 회사를 지배하는 자, 예컨대 주식회사의 경우에 대표이사가 영업양도 이후 동종영업을 재개하게 되면 영업양수인의 이익을 보호할 수 없게 된다. 그러므로 회사의 경우에는 회사뿐만 아니라 회사의 대표자도 경업금지의무를 진다고 보아야 할 것이다. 또한 반대로 개인상인이 영업을 양도하고 양도인이 회사를 설립하여 동종영업을 하는 경우에는 그 회사의 법인격을 부인하여 사실상의 회사의 지배자인 양도인의 의무위반에 의한 책임을 추궁할 수 있다고 본다.

(다) 경업금지의무를 지는 양도인이 사망한 경우 동 의무가 상속인에게 상속되는 지가 문제되는데, 이 의무는 일신전속적인 의무로서 상속되지 않는다고 본다.[1]

(4) 경업금지의무의 발생시점

경업금지의무가 발생하는 시점에 관해서는 원칙적으로 계약의 내용에 따라 영업을 이전했어야 할 시점이라는 견해도 있으나, 영업양도계약이 이행되어 양수인이 영업활동을 할 수 있는 상태에 이르렀을 때라고 본다.[2]

(5) 경업금지의무위반의 효과

영업양도인이 경업금지의무를 위반한 때에는 영업양수인은 그 영업행위의 중지를 청구할 수 있고, 그로 인하여 손해가 발생한 때에는 손해배상을 청구할 수 있다. 그러나 양도인과 제3자의 거래가 경업금지의무위반을 이유로 외부적으로 무효가 되지는 않는다.[3]

3) 담보책임

양도대상인 재산에 하자가 있는 경우에는 민법의 일반이론에 따라 처리한다.

---

1) 동지: 임홍근(총) 176면; 정동윤(상) 123면; 채이식(상) 128면.
2) 동지: 정동윤(상) 123면; 이기수(상) 127면.
3) 대법원 1996. 12. 23. 96다37985.

즉, 양도인은 양수인에 대하여 물건의 하자로 인한 담보책임(민 제580조)과 권리의 하자로 인한 담보책임(민 제569조 내지 제579조)을 진다. 이 밖에 매상고나 수익을 허위로 진술하였거나, 양수인이 알 수 없었던 채무 등이 나타난 경우에는 계약체결상의 과실 또는 계약기초에 관한 이론에 따라 구제를 받을 수 있다.

2. 영업양도의 대외적 효과(제3자에 대한 관계)

채무자가 영업재산과 영업권이 유기적으로 결합된 일체로서의 영업을 양도함으로써 채무초과상태에 이르거나 이미 채무초과상태에 있는 것을 심화시킨 경우, 영업양도는 채권자취소권 행사의 대상이 된다.[1] 그러나 이는 민법상의 문제이고, 상법은 영업상의 채권자 및 채무자에 대한 관계에 관하여만 다음과 같이 규정하고 있다.

1) 영업상의 채권자에 대한 관계

(1) 상호를 속용하는 경우

영업양수인이 양도인의 상호를 계속 사용하는 경우에는 양도인의 영업으로 인한 제3자의 채권에 대하여 양수인도 변제책임을 진다(제42조 제1항). 영업양도에 의하여 양수인이 양도인의 상호를 계속 사용하면서도 양도인의 채무를 인수하지 아니한 경우 양수인은 제3자(채권자)에 대하여 채무를 인수한 것과 같은 외관을 발생시키게 된다. 따라서 상법은 외관에 대한 신뢰를 보호하기 위하여 양수인의 의무를 인정하는 특칙을 둔 것이다.

(가) 양수인의 책임요건

(i) '영업'을 양수하여야 한다. 여기서 영업은 완전상인의 영업을 뜻한다. 왜냐하면 상호의 속용은 상호의 존재를 전제로 하는데, 소상인에게는 상호에 관한 규정이 적용되지 않기 때문이다. 따라서 소상인은 상법 제42조 제1항의 책임을 부담하지 않는다.

(ii) 영업을 '양수'하여야 한다. 상호를 속용하는 자의 책임에 대한 거래계의 신뢰를 보호하려는 법률의 목적을 고려하면, 본조의 양수는 양수인이 전영업자의 지위를 승계하는 일체의 행위를 말한다고 하겠다. 따라서 양수의 기초가 되는 계약의 법적 성질은 문제되지 않는다. 따라서 매매 · 교환 · 증여 · 신탁 또는

1) 대법원 2015. 12. 10. 2013다84162.

상속재산의 분할도 가능하다.[1)]

문제는 영업양도계약이 무효 또는 취소된 경우에 양수인은 이를 항변으로 제출할 수 있는가에 대하여 견해가 대립하나, 본조는 외관에 대한 신뢰를 보호하려는 것이므로, 양수인이 사실상 양수영업을 계속하고 있는 한 영업양도계약이 무효이거나 거기에 하자가 있더라도 이를 문제삼을 필요는 없다고 본다.[2)]

(iii) 상호를 '계속 사용'하여야 한다. 상호의 양도 또는 사용허락이 있는 경우는 물론 그에 관한 합의가 무효 또는 취소된 경우라거나 상호를 무단 사용하는 경우도 상호속용에 포함된다.[3)] 상호를 계속 사용한다고 함은 형식상 양도인과 양수인의 상호가 전혀 동일한 것임을 요하지 않고, 종래의 상호에 어떠한 자구(字句)를 부가하더라도 사회통념상 동일한 상호를 사용하는 것으로 인정되는 경우를 포함한다고 본다. 판례도 "상호의 속용은 형식상 양도인과 양수인의 상호가 전혀 동일한 것임을 요하지 않고, 양도인의 상호 중 그 기업주체를 상징하는 부분을 양수한 영업의 기업주체를 상징하는 것으로 상호 중에 사용되는 경우를 포함한다 할 것이고, 그 동일여부는 명칭, 영업목적, 영업장소, 이사의 구성 등을 참작하여 결정하여야 한다"고 판시하고 있다.[4)]

상호의 속용이 허용되는가 특히 양도인의 동의가 있느냐 하는 문제는 중요하지 않다. 그러나 법적으로 의미있는 상호이어야 한다. 상호가 유지되지 않으면 양수인은 채무인수의 광고가 있는 때에만 책임을 진다.

✦ 대법원 1989. 12. 26. 88다카10128
종래의 상호에 어떠한 字句를 부가하더라도 사회통념상 동일한 상호를 사용하는 것으로 인정되는 경우에도 상호속용이 인정된다.

〈사 실〉

A는 삼정장 여관을 경영하였는데 여관에 비치할 컬러텔레비전 43대와 냉장고 39대 등의 전자제품을 X로부터 계약금만 주고 외상매입하였다. 그 후 A는 Y에게 위 여관 건물과 위 영업에 필요한 비품을 매도하였다. Y는 이 건물의 상호를 삼정호텔로 하고 영업을 계속하였다. 이때 X는 Y가 A의 영업을 양수하였다고 하여 상법 제42조 제1항에 의하여 Y에게 외상대금의 지급을 청구하였다. 이에 대하여 원심은 '삼정장여관'이나 '삼정호텔'이라는 상호는 사회통념상 동일성이 있는 상호로서 Y는 A의 영업을 상호와 함께 양수한 자이므로 X에 대하여 A의 채무를 이행하여야 한다고 판시하였다. 따라서 Y가 다시 상고하게 된 것이다.

---

1) 그러나 영업양수인이 양도인의 피보증인의 지위 승계를 부정한 사례: 대법원 1989. 12. 22. 89다카11005.
2) 동지: 정동윤(상) 124면; 최기원(상) 195면. 반대견해로는 이기수(상) 129면.
3) 대법원 2009. 1. 15. 2007다17123.
4) 대법원 1989. 3. 28. 88다카12100.

〈판결요지〉

상법 제41조 소정의 영업의 양도란 영업목적을 위하여 조직화된 유기적 일체로서의 기능재산의 동일성이 유지된 일괄 이전을 의미하는 것이고 영업의 동일성 여부는 일반 사회관념에 의하여 결정되어져야 할 사실인정의 문제이기는 하지만, 영업재산의 전부를 양도했어도 그 조직을 해체하여 양도했다면 영업의 양도는 되지 않는 반면에 그 일부를 유보한 채 영업시설을 양도했어도 그 양도한 부분만으로도 종래의 조직이 유지되어 있다고 사회관념상 인정되기만 하면 그것을 영업의 양도라 하지 않을 수 없는 것이다.

또한 상법 제42조 제1항에서 말하는 상호의 계속사용은 일반적으로 영업양도인이 사용하던 상호와 그 양수인이 사용하는 상호가 전혀 동일할 필요까지는 없고, 다만 전후의 상호가 주요부분에 있어서 공통되기만 하면 된다고 볼 것이다.

한편, 상호를 속용하는 영업양수인의 책임은 어디까지나 채무승계가 없는 영업양도에 의하여 자기의 채권 추구의 기회를 빼앗긴 채권자를 보호하기 위한 것이므로 영업양도에도 불구하고 채무인수의 사실 등이 없다는 것을 알고 있는 악의의 채권자가 아닌 한 당해 채권자가 비록 영업의 양도가 이루어진 것을 알고 있었다 해도 보호의 적격자가 아니라고 할 수는 없다. 따라서 Y는 X에게 A의 X에 대한 외상대금을 변제할 책임이 있다고 판시한 원판결 판단은 옳고, 논지는 모두 이유없다. 동지: 대법원 1998. 4. 14. 96다8826(주식회사 파주레미콘과 파주콘크리트주식회사).

(ⅳ) 영업양도인의 채무로서 영업으로 인해 생긴 채무이어야 한다. 본조의 취지가 영업양도로 인해 채권회수의 적기를 놓친 채권자를 보호하자는 것이므로 영업과 무관하게 생긴 채권은 본조에 의하여 보호할 필요가 없다. 영업상의 채권이면 거래상의 채권뿐 아니라 불법행위·부당이득으로 인한 채권도 그 대상이 되며, 또 영업상의 채권을 승계한 자도 역시 본조에 의해 보호받는다. 영업상의 거래로 취득한 어음·수표와 같은 증권채권도 본조의 적용대상이다. 영업상의 채권이라는 사실은 채권자가 증명하여야 한다.

영업양수인이 책임지는 영업양도인의 채무는 영업양수 당시 채무의 변제기가 도래할 필요까지는 없다고 하더라도 영업양수 당시까지 발생한 것이어야 한다. 영업양수 당시로 보아 가까운 장래에 발생될 것이 확실한 채무라고 하더라도 영업양도 당시 아직 발생하지 아니한 채무에 대해서는 양수인이 책임을 지지 않는다.[1)]

한편, 채권자가 영업양도가 이루어진 뒤 영업양도인을 상대로 소를 제기하여 확정판결을 받은 경우, 소멸시효 중단이나 소멸시효 연장의 효과가 상호를 속용하는 영업양수인에게까지 미치지는 않는다.[2)] 그리고 영업양도인을 위한 보증인은

1) 대법원 2004. 2. 13. 2003다51569; 동 2004. 12. 9. 2004다35656; 동 2020. 2. 6. 2019다270217.

2) 대법원 2023. 12. 7. 2020다225138.

영업양도로 영업양수인을 위한 보증인이 되지는 않는다. 영업양수인이 영업양도인의 피보증인의 지위까지 양수한 것은 아니기 때문이다.[1)]

(ⅴ) 채무인수사실이 없었어야 한다. 양수인과 채권자간에 또는 양도인·양수인·채권자 사이에 채무인수의 합의가 있거나 양도인과 양수인간의 채무인수를 채권자가 승낙한 경우에는 채권자는 양수인에게 직접 채권을 행사할 수 있으므로 본조가 적용될 필요가 없다.

(ⅵ) 채권자가 선의이어야 하는가에 대하여는 견해가 갈린다.

제1설은 채권자가 영업주의 교체를 알지 못한 경우 및 양수인이 채무를 인수하였다고 믿은 경우에만 상법 제42조 제1항이 적용되고, 채권자가 영업양도시에 채무가 인수되지 아니한 사실을 안 때에는 양도인에 대한 채권을 행사함에 있어 실기(失期)할 우려가 전혀 없기 때문에 동조는 적용되지 않는다고 한다.[2)] 따라서 채권자가 양도인과 양수인 간의 채무인수에 관하여 선의였어야 한다는 것이다.

제2설은 이 문제는 채권자와 양수인 쌍방이 이해를 조정하는 선에서 해결하여야 할 것으로 본다. 즉, 채권자로서는 거래당시 영업주인 양도인의 신용·영업재산 등을 고려하고 그와 거래를 하였는데, 자기가 알지 못하는 사이에 영업이 양수인에게 넘어감으로써, 자기가 담보의 일부로 생각하였던 양도인의 영업재산을 잃게 되었고, 한편 양수인으로서는 양도인의 영업상의 채무를 인수하기 싫으면 등기 또는 간단히 채권자에게 통지를 함으로써 책임을 면할 수 있음에도 불구하고 아무런 조치를 취하지 아니하였기 때문에, 우연히 채권자가 양도인과 양수인 사이의 약정을 알았다고 하여 양수인이 책임을 면할 이유는 없다는 점에서 채권자의 선의는 본조의 요건이 아니라고 한다.[3)] 즉, 선의·악의를 구별할 필요가 없다고 한다. 제2설이 정당하다고 본다.

(나) 양수인의 책임범위

(ⅰ) 양도인과 양수인 사이에 채무인수계약이 없었던 경우는 물론, 무효인 경우에도 양수인은 책임을 진다. 양수인의 책임은 양수한 재산에 한하지 않고 자기의 전재산으로써 책임(無限책임)을 진다. 이것은 영업상의 채권자가 영업상의 교체를 알지 못하거나, 알았더라도 양수인에 의한 채무인수가 있었다고 생각하는 것이 보통이므로 채권자를 보호하기 위하여 외관이론에 따라 특별규정을

1) 대법원 2020. 2. 6. 2019다270217.
2) 이기수(상) 131면; 정찬형(상) 180면; 김정호(상) 143면; 대법원 1989. 12. 26. 88다카10128; 동 2009. 1. 15. 2007다17123(참조).
3) 독일의 판례·통설. 정동윤(상) 124면.

둔 것이다. 양수인이 양수한 영업을 사실상 계속하고 있는 한 영업양도계약이 무효이거나 취소되었더라도 책임을 면할 수 없다. 상호를 계속 사용하는 한 영업계속의 외관이 존속하므로 상호변경등기를 종료하였는지의 여부도 묻지 않는다. 양수인이 변제책임을 지는 채무는 양도인의 영업으로 인하여 생긴 채무인 한 그것이 거래상의 채무이든, 그 채무의 불이행으로 인한 손해배상채무이든 또는 불법행위나[1] 부당이득으로 인한 채무이든 불문한다. 그리고 영업양도 당시에 변제기가 도래한 것인가도 묻지 않는다.

(ii) 상법 제42조는 양수인이 상법상의 상호를 가지지 않는 소상인의 경우에는 적용되지 않지만(제9조 참조), 영업을 상속인이 계속하는 경우에는 유추적용된다.

(iii) 채권자가 양도인에 대한 집행권원을 가지고 양수인의 소유재산에 대하여 강제집행을 할 수는 없다.[2] 마찬가지로 채권자가 영업양도인에 대한 채권을 타인에게 양도하였다는 사정만으로 영업양수인에 대한 채권까지 당연히 함께 양도된 것이라고 단정할 수 없고, 함께 양도된 경우라도 채권양도의 대항요건은 채무자별로 갖추어야 한다.[3] 채권자의 영업양도인에 대한 채권과 영업양수인에 대한 채권은 법률적으로 발생원인을 달리하는 별개의 채권으로서 그 성질상 영업양수인에 대한 채권이 영업양도인에 대한 채권의 처분에 당연히 종속된다고 볼 수 없기 때문이다.

(다) 양수인의 책임의 배제

양수인이 상호를 속용하더라도 영업양도 후 지체없이 양도인의 채무에 대한 책임이 없음을 상호등기부에 등기하거나(제42조 제2항 제1문, 상등 제34조, 상등규 제74조 제3항), 양도인과 양수인이 지체없이 채권자에 대하여 그 뜻을 통지한 경우에는 채권자를 보호할 이유가 없으므로 양수인은 변제책임을 지지 않는다(제42조 제2항 제2문, 상등 제34조).

이와 같은 면책등기는 모든 채권자에 대하여 미친다. 그러나 면책통지는 그 통지를 받은 채권자에 대하여만 그 효력이 미친다. 면책통지는 양도인과 양수인 양자가 통지하여야 한다. 양수인이 단독으로 통지한 경우에는 변제책임을 면하지 못한다.[4] 그리고 등기신청 또는 통지는 거래안전과 법적 명확성을 위하여 영업의 인수 후 지체없이 이루어져야 한다.

---

1) 대법원 1989. 3. 28. 88다카12100.
2) 대법원 1967. 10. 31. 67다1102; 동 1979. 3. 13. 78다2330.
3) 대법원 2009. 7. 9. 2009다23696; 동 2013. 3. 28. 2012다114783.
4) 대법원 1976. 4. 27. 75다1209 · 1210.

(라) 유추적용

영업을 현물출자하여 회사를 설립하고 동일 또는 유사상호를 사용하는 경우와 영업의 임차인이 동일 또는 유사한 상호를 사용하는 경우에도 본조가 유추적용된다는 견해가 우세하다. 그러나 판례는 "영업임대차의 경우에는 상법 제42조 제1항과 같은 법률규정이 없을 뿐만 아니라, 영업상의 채권자가 제공하는 신용에 대하여 실질적인 담보의 기능을 하는 영업재산의 소유권이 재고상품 등 일부를 제외하고는 모두 임대인에게 유보되어 있고 임차인은 사용 · 수익권만을 가질 뿐이어서 임차인에게 임대인의 채무에 대한 변제책임을 부담시키면서까지 임대인의 채권자를 보호할 필요가 있다고 보기 어렵다. 여기에 상법 제42조 제1항에 의하여 양수인이 부담하는 책임은 양수한 영업재산에 한정되지 아니하고 그의 전 재산에 미친다는 점 등을 더하여 보면, 영업임대차의 경우에 상법 제42조 제1항을 그대로 유추적용할 것은 아니다."고 한다.[1] 반대로 임대인이 상호를 속용하는 영업양수인의 책임을 지는 것은 아니라는 판결도 있다.[2] 상속과 같은 포괄승계의 경우에는 본조의 유추적용이 아니라 상속인이 직접 책임을 진다. 상호가 아닌 옥호(屋號) 또는 영업표지를 속용하는 경우에도 상법 제42조 제1항이 유추적용된다.

✦ 대법원 1995. 8. 22. 95다12231
영업을 출자하여 설립된 법인도 출자자의 채무를 변제할 책임을 부담한다

☞ 상법 제42조 제1항은 영업양수인이 양도인의 상호를 계속하여 사용하는 경우에는 양도인의 영업으로 인한 제3자의 채권에 대하여 양수인도 변제할 책임이 있다고 규정하고 있는 바, 영업을 출자하여 주식회사를 설립하고 그 상호를 계속 사용하는 경우에는 영업의 양도는 아니지만 출자의 목적이 된 영업의 개념이 동일하고 법률행위에 의한 영업의 이전이란 점에서 영업의 양도와 유사하며 채권자의 입장에서 볼 때는 외형상의 양도와 출자를 구분하기 어려우므로, 새로 설립된 법인은 상법 제42조 제1항의 규정의 유추적용에 의하여 출자자의 채무를 변제할 책임이 있다고 할 것이다. 동지: 대법원 1989. 3. 28. 88다카12100 참조(남성사와 남성정밀공업주식회사); 동 1995. 8. 22. 95다12231(협성산업과 주식회사 협성); 동 1979. 3. 13. 78다2330(경성사료공장과 경성사료공업사); 동 2009. 9. 10. 2009다38827; 대구고등법원 1983. 11. 21. 83나471(천진공사와 주식회사 천진공사).

---

1) 대법원 2016. 8. 24. 2014다9212.

2) 대법원 2017. 4. 7. 2016다47737: 건물주(임대인)가 주유소 건물을 임대하고 임차인이 주식회사를 설립하여 주유소를 운영하던 중 폐업신고를 하고 임대인에게 건물 등을 반환하여 건물주가 동일한 상호 아래 주유소 영업을 계속한 사건에서, 임대인이 주식회사의 영업을 양수한 것이 아니므로 상호를 속용하는 영업양수인의 책임을 지는 것은 아니라는 판결.

✦ 대법원 2010. 9. 30. 2010다35138
상호가 아닌 옥호(屋號) 또는 영업표지를 속용하는 경우

☞ 양수인에 의하여 속용되는 명칭이 상호 자체가 아닌 옥호(교육시설인 서울종합예술원) 또는 영업표지인 때에도 그것이 영업주체를 나타내는 것으로 사용되는 경우에는 영업상의 채권자가 영업주체의 교체나 채무승계 여부 등을 용이하게 알 수 없다는 점에서 일반적인 상호속용의 경우와 다를 바 없으므로, 양수인은 특별한 사정이 없는 한 상법 제42조 제1항의 유추적용에 의하여 그 채무를 부담한다. 동지: 대법원 2009. 1. 15. 2007다17123('주식회사 통인익스프레스'의 상호 및 서비스표인 '통인' 또는 '통인익스프레스'를 계속 사용한 '주식회사 이비즈통인'은 상호속용 양수인으로서 책임이 있다). 반대: 대법원 2007. 5. 31. 2006다87828(먹는 물의 제품명으로 '석수'를 사용하고 있는 점만으로는 상호속용을 볼 수 없다).

(2) 상호를 속용(續用)하지 않는 경우

양수인이 양도인의 상호를 계속 사용하지 아니하는 경우에는 채무인수 기타 채무부담행위가 없는 한 양도인의 영업상의 채무를 양수인이 부담할 책임이 없는 것은 당연하다. 그러나 영업양수인이 상호를 계속 사용하지 않더라도 양도인의 영업으로 인한 채무를 인수할 것을 광고한 때에는 양수인도 변제책임을 진다(제44조).[1] 이때 양수인의 채무인수의 광고라 함은 사회통념상 영업으로 인하여 생긴 채무를 인수한 것으로 채권자가 일반적으로 믿을 수 있는 외관을 야기한 경우를 말한다. 따라서 광고 중에 반드시 채무인수라는 글자가 들어가지 않았다 하더라도 양수인이 채무인수를 한 것으로 채권자가 일반적으로 믿을 수 있는 문언이 기재되어 있으면 충분하다.[2]

그리고 광고를 하지 않았더라도 채무인수의 의사를 채권자에게 통지한 경우에는 양수인도 변제할 책임이 있다.[3]

(3) 양도인의 책임

(가) (1), (2)의 경우 영업양수인이 채무를 부담하더라도 양도인의 채무가 면제되는 것은 아니다. 이 경우 양수인은 중첩적 채무인수를 한 것과 같은 결과가 되어 채권자에 대하여 양도인과 함께 부진정연대채무를 부담하게 된다(통설). 그

---

1) 신설회사가 기존회사로부터 영업재산 대부분을 그대로 인수하여 그 영업을 양수하여 기존회사의 거래처와 거래를 계속하던 중 기존회사의 채권자에게 상호를 변경한다는 취지의 개별통지를 한 경우, 신설회사는 상법 제44조의 채무인수를 광고한 양수인에 해당하여 그 채권자에게 채무변제의 책임이 있다.: 대법원 2010. 1. 14. 2009다77327.

2) 동지: 정찬형(상) 181면.

3) 강위두(총) 223면; 손주찬(상) 204면; 임홍근(총) 178면; 최기원(상) 202면; 정동윤(상) 126면; 정찬형(상) 181~182면; 대법원 2008. 4. 11. 2007다89722.

러나 영업양도인은 영업양도 이후에 발생한 영업양수인의 제3자에 대한 채무를 변제할 책임은 없으며, 영업양도인의 책임의 존속기간(상법 제45조)의 경과 여부는 법원의 직권조사사항이다.[1] 그리고 양도인에 대한 집행권원으로써 양수인의 재산에 강제집행할 수는 없다.[2]

(나) 상법은 양도인을 보호하기 위하여 특별한 제척기간을 두었다. 즉, 양도인의 책임은 영업의 양도 또는 채무인수의 광고 (또는 통지) 후 2년이 경과하면 소멸하고, 그 후는 양수인만이 책임을 지게 된다(제45조). 이것은 영업상의 채무는 특정 영업주의 채무라기보다는 영업 그 자체의 채무로 인정하여 영업양수인을 주채무자로 본 결과이다.[3]

2) 영업상의 채무자의 보호

(1) 상호를 속용하는 경우

영업양수인이 양도인의 상호를 속용하는 경우에는 채권의 양도가 없더라도 채무자의 양수인에 대한 변제가 선의이며 중대한 과실이 없는 한, 그 변제는 유효하다(제43조). 영업자의 교체 사실을 모르는 채무자가 2중변제를 하는 것은 가혹한 일이기 때문이다. 이 역시 외관신뢰를 보호하기 위한 것이다. 그러나 채권양도가 있고 채무자에 대하여 대항요건을 갖춘 경우에는 당연히 양수인에게 변제하여야 하므로 이 규정이 적용될 여지는 없다. 그리고 이 규정은 지시식이나 무기명식 증권상의 채무자에 대하여는 적용되지 아니한다. 이들 증권에 있어서는 그 증권상의 채권자인가의 여부는 오직 증권을 소지하고 있는가 아니한가에 의하여만 결정되기 때문이다.

(2) 상호를 속용하지 않는 경우

양수인이 상호를 속용하지 아니하는 경우에는 상법에 아무런 규정이 없으므로, 채무자의 변제는 민법의 일반원칙에 따라 해결하여야 한다. 채권양도의 대항요건이 구비된 경우에는 양수인에게 변제하여야 한다. 그러나 채권양도의 절차를 밟지 아니한 경우에는 본래의 채권자인 양도인에게 변제하여야 한다. 만일 잘못하여 양수인에게 변제한 경우에는 채권의 준점유자에 대한 변제(민 제470조)로 되지 않는 한 변제로의 효력이 없다.

---

1) 대법원 2013. 4. 11. 2012다64116.
2) 대법원 1967. 10. 31. 67다1102; 동 1979. 3. 13. 78다2330.
3) 大隅建一郎, 「商法總則」, 1984, 321면.

그러나 이 경우에도 양수인이 양도인의 영업상의 채권을 양수하였다는 뜻을 광고 또는 통지한 때에는 상법 제44조를 유추적용하여 채무자의 양수인에 대한 변제를 유효한 것으로 보아야 할 것이다.[1)]

제 3 절 영업의 임대차 · 경영위임

Ⅰ. 영업의 임대차

1. 영업임대차의 의의

영업의 임대차란 상인이 영업의 전부 또는 독립된 일부를 일괄하여 타인에게 임대하는 계약을 말한다. 영업의 전부 또는 일부를 일괄하여 임대한다는 점에서 영업임대차는 개개의 물건의 임대차를 전제로 하는 민법상의 임대차계약(민 제618조 이하)과 다르다. 그러므로 영업의 임대차는, 예컨대 선박 그 자체를 임대차하는 선체용선(제850조)과는 다르지만 정기용선계약은 영업의 임대차에 해당한다고 할 수 있다.

2. 영업임대차의 방식 · 절차

상법상 영업임대차에 관하여서는 주식회사와 유한회사가 영업임대차를 하는 경우에는 주주총회 또는 사원총회의 특별결의에 의하여야 한다는 규정이 있을 뿐이므로(제374조 제2호, 제576조 제1항), 영업임대차에 관한 특별한 방식은 필요하지 않으나 대체로 임대차계약이 체결된다. 합명회사와 합자회사에서는 총사원의 동의를 얻어야 한다고 본다(제204조, 제269조). 영업임대에 반대하는 주주에 대하여 주식매수청구권이 인정된다(제374조의 2).

이 밖에 독점규제법상 경쟁을 실질적으로 제한하는 영업의 전부 또는 주요부분의 임차는 금지된다. 즉, 자본금 또는 자산총액이 일정한 규모 이상인 회사가 직접 또는 계열회사나 특수관계인을 통하여 다른 회사의 영업의 전부 또는 주요

1) 강위두(총) 225면.

부분의 임차를 하는 것은 그것이 일정한 거래분야에서 경쟁을 실질적으로 제한하게 될 때 원칙적으로 금지된다. 이 위반에 대하여는 형사제재가 가하여진다(독규 제7조 제1항 제4호, 제66조 제1항 제2호).

3. 영업임대차의 효력

1) 당사자 간의 관계

임대차계약이 체결되면 그 효과로서 임차인은 영업재산 이용권이 생기고(민 제618조), 임료지급의무(민 제618조 · 제544조)를 부담한다. 그리고 임대인도 영업양도인(제54조)과 같은 경업금지의무를 진다고 본다.[1] 그러나 임대인의 경업금지의무의 존속기간은 영업임대차관계가 계속되는 동안이므로 상법 제41조와 같이 획일적으로 정할 수는 없을 것이다.

2) 제3자에 대한 관계

영업임대차의 경우는 영업양도의 경우와는 달리 임대인의 영업상의 채권 · 채무가 임차인에게 이전되지 아니하므로, 임대인의 채권자는 임대인에 대하여만 채무의 이행을 청구할 수 있다. 그러나 임차인이 임대인의 채무를 인수한다는 뜻을 광고 또는 통지한 경우에는 상호의 속용 · 불속용을 불문하고 상법 제44조를 유추적용하여 임차인이 변제의 책임을 진다고 보아야 할 것이다.[2] 그리고 임차인이 상호를 속용하는 경우에 임대인의 채무자가 선의이고 중대한 과실 없이 임차인에게 변제한 때에는 상법 제43조를 유추적용하여 그 변제는 유효한 것이라고 보아야 할 것이다.

한편 임차인의 채권 · 채무에 관하여는 임차인만이 권리 · 의무자인 것은 당연하다. 그러나 임차인이 상호를 속용하여 제3자가 임차인을 임대인으로 오인하여 거래한 경우에는 상법 제24조의 명의대여자의 책임에 의하여 임대인은 임차인과 연대하여 그 영업상의 채무를 변제하여야 할 경우도 있을 것이다.[3] 그러나 영업양도와 영업권의 임대차는 그 성질이 다른 것이므로 상호를 속용하는 양수

---

1) 강위두(총) 229면; 이병태(상) 200면; 임홍근(총) 181면; 大隅健一郎, 「商法總則」, 1984, 325면; 田中誠二, 「商法總則詳論」, 1972, 222면.
2) 강위두(총) 229면; 이병태(상) 200면.
3) 강위두(총) 230면; 임홍근(총) 181면.

인의 책임을 정한 상법 42조 1항은 영업권의 임대차계약에 확대적용되거나 유추적용될 수 없다.[1]

4. 영업임대차의 종료

임대차의 종료는 계약에 의하여 정하여지는 것이 원칙이다. 임차인은 임대차기간이 경과하면 영업을 임대인에게 반환하여야 한다. 이 경우 임대차 영업은 임차인이 인수한 당시의 상태에서 반환하면 된다.

Ⅱ. 경영위임

1. 경영위임의 의의

경영위임이란 상인이 기업의 경영을 타인에게 위임하는 계약을 말한다. 경영위임의 경우는 영업임대차의 경우와는 달리 기업은 종전과 같이 위임인의 명의로 경영되므로 경영의 소유자가 계속 영업자로 나타난다. 그러나 위임인과 수임인의 내부관계에 있어서는 영업의 계산이 수임인에게 귀속되기도 하고 위임인에게 귀속되기도 하는데, 전자의 경우를 협의의 경영위임 또는 영업위임이라고 하고, 후자를 관리위임 또는 영업관리계약이라고 한다.

2. 협의의 경영위임계약

협의의 경영위임계약은 손익이 수임인에게 귀속되고 수임인이 위임인에게 보수를 지급하기로 하는 계약이다. 이것은 위임인이 수임인에게 자기의 영업을 이용할 수 있는 권리를 부여하는 점에서는 임대차와 같지만, 법률상 대외적으로 위임인이 영업의 소유자가 된다는 점에서 다르므로 영업임대차와 영업관리계약의 중간형태라고 할 수 있다. 그러므로 위임인은 수임인에 대하여 영업의 경영을 위하여 포괄적인 대리권을 수여하여야 할 것이다. 영업으로 인한 채권 · 채무는 모두 위임인에게 귀속되지만 계산관계는 수임인에게 귀속하므로 위임인은 영업임대차의 경우와 같은 경업금지의무(제41조)를 진다고 본다.[2]

---

1) 서울고등법원 1973. 12. 26. 73나1624 · 1625[확정]
2) 강위두(총) 230면; 손주찬(상) 208면; 이병태(상) 201면.

3. 회사의 경영위임

경영의 임대차와 마찬가지로 주식회사 또는 유한회사가 경영위임을 하는 경우에는 주주총회 또는 사원총회의 특별결의가 있어야 한다(제374조 제2호, 제576조 제1항). 주식회사에 있어서는 경영위임에 반대하는 주주에 대하여는 주식매수청구권이 인정된다(제374조의 2). 합명회사와 합자회사의 경우에는 정관에 다른 정함이 없는 한 총사원의 동의가 있어야 한다고 본다.

✦ 대법원 1997. 5. 23. 95다5790
경영위임계약을 무효라고 본 사례

☞ 시장 개설 허가를 받은 법인이 시장을 운영하는 데 난관에 부딪히고 재정난에 빠지게 되어 운영위원회에게 관리권을 위임한 경우, 이와 같은 관리권 위임약정은 그 법인이 정상화될 때까지 수임인이 시장을 관리하기로 한 이른바 경영위임에 해당하므로, 상법 제374조에 의하여 요구되는 같은 법 제434조의 규정에 의한 발행주식 총수의 과반수에 해당하는 주식을 가진 주주의 출석으로 그 의결권의 3분의 2 이상의 다수의 결의로써 하여야 하는 주주총회의 특별결의를 거치지 아니한 경우 그 관리권 위임약정은 무효이다.

이 밖에 독점규제법상 경쟁을 실질적으로 제한하는 영업의 전부 또는 주요부분에 대한 경영의 수임은 금지된다(독규 제7조 제1항 제4호, 제66조 제1항 제2호).

4. 경영관리계약

경영관리계약은 당사자의 일방이 상대방인 상인을 위하여 영업의 경영을 인수하는 내용의 계약으로서 위임(민 제680조)의 일종이라 할 수 있다. 이 경우 경영은 위임인의 명의로 수행되는 점에서는 협의의 경영위임과 같다. 그러나 그 손익관계는 위임인에게 귀속되고 수임인은 다만 그의 활동에 대하여 보수 내지 임금을 받는다는 점이 다르다.

Ⅲ. 영업의 담보와 강제집행

영업은 재산이나 권리의 단순한 집합체가 아니라 영리목적을 실현하기 위하여 조직화된 유기적 일체로서의 기능적 재산을 의미하는 것이므로, 영업전체에 대한 담보설정이나 강제집행을 할 수 있게 하면 유기적 일체로서의 영업의 가치를 활용할 수 있게 하는 동시에 금융의 편의를 도모할 수 있다는 실익이 있다. 그러나 우리 상법은 이에 관한 규정이 없기 때문에, 영업에 속하는 개개의 재산에 대하여 담보를 설정하거나 강제집행을 하여야만 하므로 조직체로서의 영업을 파괴하는 것이 된다. 다만 공장저당법, 광업재단저당법, 자동차저당법, 항공기저당법, 중기저당법 등의 특별법이 있으나, 이들 특별법상의 재단저당절차는 지나치게 번잡하고 비용이 많이 들 뿐 아니라, 제도의 이용이 업종별로 한정이 되어 있다. 따라서 입법론으로는 이 제도를 확대실시할 수 있게 하는 동시에 제도를 용이하게 이용할 수 있도록 해 줄 새로운 입법이 고려되어야 한다고 본다.

제2편

상 행 위 법

제1장 상행위법 총론

제1절 서　　론

Ⅰ. 상행위법의 의의

1) 형식적 의의의 상행위법이란 상법전 제2편 '상행위'의 규정을 말하는데, 제1장에는 상행위법 통칙을, 제2장에는 매매를, 제3장과 제4장은 상법상의 특수계약인 상호계산과 익명조합을, 제5장부터 제11장까지는 상행위법 각론을 규정하고 있다.

2) 실질적 의의의 상행위법이란 상거래주체 간의 이익의 조정을 위한 법규의 총체를 말한다. 실질적 의의의 상행위법은 주로 상법 제2편에 규정되어 있으나, 그 밖에도 제4편 '보험', 제5편 '해상'의 규정, 제6편 '항공운송', 상사특별법령(예컨대, 자본시장과 금융투자업에 관한 법률 · 은행법 · 신탁법 · 보험업법 등), 상관습법 등의 형식으로 존재한다.

3) 우리 상법의 상행위편은 다른 분야에 비하여 비중이 낮다. 그 이유는 ① 민법의 상화현상(商化現象)에 따른 상행위편 통칙규정의 단편화, ② 상행위법의 규율대상으로서의 금융업, 증권업, 서비스업 등 현대적 업종의 미수용, ③ 기업집중의 현상으로 인한 개별적 상거래 중심에서 행위의 조직화로의 이전(예컨대, 보통거래약관에 의한 거래) 등을 들 수 있다.[1] 따라서 실제로는 상관습 내지 상관습법 및 수많은 상사특별법이 실질적 의의의 상행위법으로서 중요한 지위를 차지한다.

1) 임홍근(총) 191～192면.

Ⅱ. 상행위법의 특성

상행위법은 기업활동에 관한 법이다. 기업활동을 하는 자는 상인으로서 경제인이다. 경제인이란 민법상의 일반인과는 달리 스스로의 이익을 옹호할 능력이 있는 자이다. 따라서 상행위법에서는 당사자의 사적 자치가 어느 분야보다도 광범하게 인정되며, 그 규정도 대체로 임의법규로 되어 있다. 그러나 기업거래가 복잡해질수록 거래의 당사자인 경제주체 간의 경제적 이해관계도 복잡해지고, 경제적 강자에 의한 경제적 약자의 피해 그리고 기업자에 의한 그 상대방의 피해도 무시할 수 없게 된다.

상행위법은 이 점에 착안하여 경제주체 간의 경제적 이익을 합리적으로 조정하는 기능도 하여야만 하게 되었다. 예컨대, 개성이 없고 정형화된 반복적・집단적 기업거래의 산물인 보통거래약관에 의한 거래가 성행하게 되어 실제 거래에 있어서는 계약자유의 원칙이 상당히 제약을 받게 되고, 특히 독점기업의 횡포까지도 나타나게 되면 행정적 감독이나 강행법규에 의한 규제의 필요성이 절실하여진다. 이와 같은 의미에서 현대의 상행위법은 개체 간의 경제적 이익을 조정하기 위한 법으로서 점차 강행법규화하는 경향이 있다고 할 수 있다.

Ⅲ. 상행위법의 체계

1. 상행위법 총론

상행위법 총론은 기업거래 일반에 공통하는 특칙과 모든 상인이 이용할 수 있는 특수한 계약에 관한 규정을 검토한다. 즉, 상법은 제2편 제1장에서 '통칙'을 규정하고 있는데, 그 통칙의 내용은 (ⅰ) 상행위의 개념과 종류(제46조, 제47조, 제66조), (ⅱ) 민법상의 거래규정을 수정하기 위한 특칙규정의 일부, (ⅲ) 상거래의 객체로서의 상업증권, 즉 유가증권에 대한 준용규정(제65조)에 관한 것으로 이루어져 있다. 그리고 제2장 '매매'에서는 상인 간의 매매에 관한 특칙을 별개의 장으로 규정하고, 제3장과 제4장에서는 상법상의 특수계약으로서 대차결제의 특수제도인 '상호계산'과 특수한 계약적 기업형태인 '익명조합'에 관하여 각각 특별규정을 두고 있다. 원래 상호계산은 기업활동에서 생기는 채권・채무의 일괄결

제제도로서 상인의 영업에 관한 시설이라 할 수 있기 때문에 상법 총칙편에 규정하여야 마땅한 것이다. 또 익명조합은 회사와 마찬가지로 일종의 공동기업이기 때문에 상법 회사편에 규정하더라도 상관이 없다(예컨대, 독일신상법은 이를 회사편에 규정하고 있다). 그러나 상호계산과 익명조합은 법률적으로는 하나의 계약관계라고 볼 수 있고, 그 계약은 상인이 영업을 위하여 하는 보조적 상행위이기 때문에 상법 상행위편에 규정되었다.

2. 상행위법 각론

상행위법 각론에서는 상행위를 하는 많은 업종 중에서 비교적 중요하고 법률적으로 특색있는 것만을 검토한다. 상행위법은 제5장부터 제11장까지 대리상 · 중개업 · 위탁매매업 · 운송주선업 · 운송업 · 공중접객업 및 창고업 등 7종의 거래형태에 관하여 규정을 두고 있다. 기업의 거래활동 대상 중에는 보험 및 해상도 포함된다. 그러나 보험거래에는 독자적인 법원칙이 지배하는 일이 많고, 보험법 자체가 하나의 정리된 단위를 이루고 있으며, 해상운송 또한 육상운송과 공통점이 많기는 하지만 해상기업활동으로서의 특수성 때문에 다른 해사관계법규와 일괄적으로 규정하는 것이 마땅하다고 생각된다. 따라서 이 두 법규는 상법 제4편과 제5편에서 규정한다. 그 밖에 증권업 · 금융업 기타 실제로 중요한 업종에 관하여는 특별법에서 규정하고 있으므로, 각론에서는 상행위법상의 업종에 관하여서만 해설을 하기로 한다.

제2절 민법 거래규정의 수정

Ⅰ. 민법 총칙편에 대한 특칙

1. 상행위의 대리

상법상의 법률관계는 대개 계속적 · 반복적 · 집단적으로 이루어지므로 정형성 · 개성상실성을 띠는 점이 개별적 · 개성적인 민법상의 법률관계와 다른 점이다. 따라서 상인이 영업활동으로서 하는 각종 상행위는 가장 대리에 친한 행위인데, 개별적 상행위의 대리에서 나타나는 일반적 특색은 대리의 방식과 대리권의 소멸사유에서 찾아볼 수 있다.

1) 상사대리의 방식

(1) 민법상의 대리에 있어서는 대리인이 본인을 위하여 하는 것임을 표시하여야만 그 행위의 효과가 본인에게 귀속되고, 그것을 표시하지 않은 경우에는 그 의사표시는 대리인 자신을 위하여 한 것으로 본다[현명주의(顯名主義)](민 제114조·제115조). 그러나 상사대리에 있어서는 대리인이 본인을 위한 것임을 표시하지 아니하여도 그 행위는 본인에 대하여 효력이 있다[익명주의(匿名主義), 비현명주의(非顯名主義)](제48조 본문).

이것은 상거래를 간편·신속하게 하기 위한 것이지만, 실제로도 정형적·집단적 상거래에 있어서 본인이 중시하는 것은 거래상대방의 개성이 아니라 계약체결의 기회이며, 상대방이 중시하는 것은 영업의 내부관계보다도 그 대외적인 거래의 내용이기 때문이다.

✦ 대법원 1996. 10. 25. 94다41935·41942
상사대리의 방식으로서 익명주의의 효력

☞ 상가건물 분양업체에게 그 소유자를 대리할 권한이 있고, 그 점포의 분양행위가 그 규모, 횟수, 분양기간 등에 비추어 볼 때 상법 제46조 제1호 소정의 부동산의 매매로서 본인인 상가건물소유자의 상행위가 되는 경우, 분양업체가 수분양자와 분양계약을 체결하면서 건물 소유자의 대리인임을 표시하지 않았다 하더라도 상법 제48조에 의하여 유효한 대리행위로서 그 효과는 본인인 건물소유자에게 귀속된다. 동지: 대법원 1956. 12. 15. 4289민상527(인쇄소의 외무사원); 동 1964. 10. 20. 64다408(복덕방의 고용인); 동 1973. 5. 22. 72다2572(지입차주의 자동차수리비에 대한 회사의 책임); 동 1975. 4. 22. 73다1709(군농업협동조합); 동 1985. 10. 8. 85다351(지입차주가 타이어 등 자동차부속품을 구입한 경우 회사의 책임); 동 1987. 5. 26. 86다카2677(지입차주가 한 차량관리의 통상업무에 속하는 행위에 대한 회사의 책임); 동 1987. 9. 8. 87다카1026(지입차주가 한 차량운행관리상 통상업무에 속하는 행위에 대한 회사의 책임유무); 동 1989. 7. 25. 88다카17273(지입차주가 그 지입중기의 운행을 위해 타인과 물품거래를 한 경우 회사의 책임); 동 1989. 10. 27. 89다카319(지입차주의 유류구입행위는 운송사업자를 대리한 것으로 보아야 한다); 동 1989. 9. 26. 88다카15628(다만 특별한 사정이 있어 지입차주만이 유류대금을 부담하기로 한 경우는 제외한다); 동 2009. 1. 30. 2008다79340(조합의 대리인이 조합에게 상행위가 되는 법률행위를 하면서 조합을 위한 것임을 표시하지 않은 경우, 그 효력은 조합원 전원에게 미친다).

(2) 대리의사의 표시가 없는 대리인과 거래하는 상대방이 대리관계를 알지 못한 경우에도 직접 본인에 대하여만 효력이 생긴다고 하면, 상대방에게 예측하지 못한 손해를 입게 하는 수가 있을 것이므로, 그 경우에는 대리인에 대하여도 이행의 청구를 할 수 있게 하고 있다(제48조 단서). 이때에는 본인과 대리인은 부진정연대채무의 관계에 서게 된다는 견해도 있으나(연대설),[1] 이때 상대방은 본인과의 법률관계나 대리인과의 법률관계 중 어느 하나를 선택할 수 있고(택일설),[2] 상대방이 대리인과의 법률관계를 선택한 때에는 본인에 대하여는 법률관계를 주장할 수 없다. 어떻든 이 점에서 대리인에게만 청구할 수 있는 민법의 경우와 다르다(민 제115조 본문).

(3) 상사대리에서 상대방은 '본인을 위한 것임을 알지 못한' 것을 스스로 증명하여야 한다.[3] 이때 상대방이 본인을 위한 것임을 알지 못한 데 대하여 과실이 있는 경우에도 대리인에게 이행의 청구를 할 수 있는가에 관하여 견해가 대립되어 있다. 긍정설에 의하면 상법 제48조 단서의 규정은 상대방을 보호하기 위한 규정이므로 상대방이 본인을 위한 것임을 알지 못함에 있어 그 과실의 유무를 불문하고 대리인에 대하여 이행의 청구를 할 수 있다고 한다.[4] 그러나 부정설에 의하면 상법 제48조 단서의 규정은 선의·무과실의 상대방을 보호하기 위한 규정이고, 또 알지 못하였다는 데 대한 증명책임이 상대방에게 있으므로 상대방이 본인을 위한 것임을 알지 못한 데 대하여 과실이 있는 경우에는 대리인에게 이행의 청구를 할 수 없다고 한다.[5] 민법의 경우에는 상대방이 '알 수 있었을 때'(즉, 과실로 인해 모른 때)에는 본인에게 대리의 효과가 귀속된다(민 제115조 단서)고 되어 있기 때문에, 부정설에 따르면 민법의 규정과 같게 된다.

생각건대, 상법 제48조 단서는 상대방을 보호하기 위한 규정이지만 중대한 과실로 대리인이 본인을 위하여 하는 것임을 알지 못한 상대방까지 보호할 필요는 없으므로, 상대방의 중대한 과실로 대리인이 본인을 위하여 하는 것임을 알지 못한 때에는 대리인에게 그 이행의 청구를 할 수 없다고 본다.

(4) 제48조는 본인에 대하여 상행위로 되는 행위를 대리하는 경우에만 적용되므로, 조세의 부과·징수의 경우에는 적용되지 않는다.[6] 또한 대리권이 전혀 없

---

1) 강위두(총) 255면; 손주찬(상) 222면; 최기원(상) 218면.
2) 임홍근(행) 212면; 정동윤(상) 154면; 日最判 1968. 4. 24, 民集 22. 4. 1043.
3) 손주찬(상) 222면; 이병태(상) 214면; 채이식(상) 155면.
4) 서돈각·정완용(상) 148면; 손주찬(상) 221면; 최기원(상) 218면; 채이식(상) 155면.
5) 日最判 1968. 4. 24.; 강위두(총) 256면; 서정갑(상) 216면.
6) 대법원 1987. 7. 21. 87누224.

는 경우에는 본조가 적용되지 않는다. 어음·수표는 외관을 존중하기 때문에 어음행위의 대리에는 익명주의를 적용하지 아니한다(어 제8조·제77조 제2항, 수 제11조).[1]

2) 상사대리의 소멸사유

(1) 민법상의 대리권은 본인이 사망하면 소멸한다(민 제127조 제1호). 그러나 상인이 그 영업에 관하여 수여한 대리권은 본인의 사망으로 인하여 소멸하지 아니한다(제50조). 따라서 대리인은 당연히 사망한 본인의 상속인을 위하여 계속 대리권을 행사한다. 이 규정은 민법의 원칙에 의하는 경우, 거래의 민활과 편의를 해치게 될 뿐만 아니라, 본인 자신보다도 본인의 영업을 보고 대리인과 거래한 상대방에게 불측의 손해를 입혀 거래의 안전을 해치게 되기 때문에 민법의 원칙에 대한 예외를 인정한 것이다.[2]

(2) 상인이 그 영업에 관하여 대리권을 수여하였어야 한다. 상인이 아닌 자가 상행위의 대리권을 수여하는 경우, 예컨대 상인이 아닌 자가 은행에서 대출받는 행위를 위한 대리권을 수여하는 경우, 그 대리권을 수여한 자가 사망한 경우에는 그 대리권은 존속하지 아니한다. 그러나 대리권 수여의 기초가 되는 법률관계는 위임에 한하지 않고 고용 또는 조합일 수도 있다.

(3) 회사의 경우에는 사망이라는 것이 없고 회사가 해산·청산하면 영업이 종료되므로 회사에 대하여는 상법 제50조가 적용될 여지가 없다.

3) 상사대리권의 범위문제

민사대리에 있어서는 대리인의 대리권한 외의 행위는 원칙적으로 본인에 대하여 효력이 없고(민 제114조·제126조), 수임인은 "위임의 본지에 따라 … 위임사무를 처리하여야"하는 데(민 제681조) 대하여, 상사대리에 있어서는 "위임의 본지에 반하지 아니한 범위 내에서 위임을 받지 아니한 행위를 할 수 있다"(제49조). 이 상법 제49조에 관해서는 수임인의 대리권의 범위를 확장한 규정이라고 보는 학설도 있으나,[3] 이것은 사정이 변경된 경우에 임기응변조치(예컨대, 물건의 매수를 위임받은 자가 매수한 물건의 가격이 폭락할 염려가 있어 매도하는 조치)를 취할 수 있음을 밝힌 것이고, 따라서 민법 제681조의 예외규정이 아니라 민법의 원칙을 명

---

1) 이 판결에 찬성하는 평석으로는 강위두, 법률신문 제1927호, 1990. 4. 16. 15면 참조.
2) 강위두(총) 257면; 서돈각·정완용(상) 149면; 손주찬(상) 223면; 이병태(상) 216면; 정찬형(상) 203면; 최기원(상) 219면.
3) 서돈각·정완용(상) 148면; 채이식(상) 158면.

백히 한 당연한 해석규정이라고 보아야 한다.[1] 왜냐하면 '위임의 본지에 반하지 아니한 범위 내에서' 위임을 받지 아니한 행위를 하는 것은 결국 민법 제681조의 "위임의 본지에 따라 선량한 관리자의 주의로써" 위임사무를 처리하는 것과 같은 것이기 때문이다.

2. 소멸시효

1) 민법상 채권의 소멸시효기간은 10년인데(민 제162조), 상행위로 인하여 생긴 채권은 상법이나 다른 법령에 다른 규정이 없는 한 5년간 행사하지 아니하면 소멸시효가 완성된다(제64조 본문). 이것은 상사거래관계의 신속한 해결을 도모하기 위한 것이다.

2) 상행위로 인하여 생긴 채권이어야 한다. 이 상행위는 기본적 상행위, 보조적 상행위, 쌍방적 상행위, 일방적 상행위의 구별이 없다.[2] 또한 채권자를 위한 상행위이든 채무자를 위한 상행위이든 상관이 없다.

---

1) 강위두(총) 257면; 손주찬(상) 224면; 이병태(상) 215면; 임홍근(총) 230면; 정동윤(상) 156면; 정찬형(상) 204면; 김성태 404면. 그러나 입법론으로는 불필요한 조항으로 보는 견해도 있고[최기원(상) 219면], 민법의 특칙으로 이해하는 견해도 있다[이기수(총) 229면 참조].

2) 대법원 1996. 1. 23. 95다39854(상인의 매매위탁으로 인한 채권) ; 대법원 2024. 10. 25. 2024다233212, 2024다253315(분양대금 반환채권과 그 지연손해금); 서울중앙지법 2012. 9. 28. 2011가합16245(놀이공원 입장권의 소멸시효); 대법원 1981. 12. 22. 80다1363(회사에 대한 노임채권에 관하여 준소비대차계약이 체결된 경우의 소멸시효기간); 동 1989. 6. 27. 89다카2957(골재채취업을 동업으로 경영하다가 탈퇴한 자에 대한 정산금채무); 동 1993. 3. 9. 92다44329(양계업을 영위하는 상인인 조합원이 비상인인 축산업협동조합으로부터 사료를 구입하여 부담한 사료외상대금채권) ; 동 1994. 3. 22. 93다31740(상인인 어음소지인에게 부도약속어음을 변제하기로 한 약정에 따른 채권); 동 1994. 4. 29. 93다54842(비상인인 광업진흥공사가 광산업자에게 융자한 광업자금채권); 동 1995. 4. 21. 94다36643(부동산 중개업자의 대여금 채권); 동 1997. 8. 26. 97다9260(연탄난로 제작판매업의 소요자금을 차용한 채무); 동 1998. 7. 10. 98다10793(비상인인 새마을금고가 상인인 회원에게 대출해 준 경우); 동 2000. 5. 12. 98다23195(매립사업을 목적으로 하는 영리법인과 상인이 아닌 양수인 간의 매립지 양도약정에 기한 양수인의 소유권이전등기청구권); 동 2000. 8. 22. 2000다19922(여관신축자금 차용행위); 동 2002. 9. 24. 2002다6760·6777(특허권의 전용실시권 설정등록절차 이행청구권) ; 동 2012. 11. 15. 2011다56491(도급계약이 상행위에 해당하는 경우 도급인의 손해배상청구권). 그러나 한국토지공사가 공익사업을 위한 토지 등의 취득 및 보상에 관한 법률에 따라 택지개발지구 내 토지에 관하여 토지소유자와 매매계약을 체결한 행위가 상행위가 아니어서 상법 제64조가 적용되지 아니한다: 대법원 2020. 5. 28. 2017다265389. 회사의 기관인 대표이사 개인이 상인이 되는 것이 아니어서 약정금 채권에 상법 제64조가 적용되지 아니한다: 대법원 2020. 3. 12. 2019다283794. 상인이 기본적 영업활동을 종료하거나 폐업신고를 한 후에 한 청산사무나 잔무처리 행위는 보조적 상행위에 해당하여 상법 제64조가 적용된다: 대법원 2021. 12. 10. 2020다295359.

3) 채권은 직접 상행위로 인하여 발생한 것이 아니라도 이와 동일성이 있는 것, 예컨대 상행위로 인하여 발생한 채무불이행으로 인한 손해배상채무,[1] 상행위인 계약의 해제로 인한 원상회복청구권,[2] 위약금 지급채무,[3] 면책적 채무인수,[4] 상행위로 인하여 생긴 보증채무(주채무가 민사시효로서 10년의 소멸시효에 걸리는 경우일지라도) 등의 경우에도 5년의 시효에 의하여 소멸한다.[5] 거래행위로 인하여 발생한 채권이 아닌 것, 예컨대 부당이득반환청구권이나 불법행위로 인한 손해배상청구권과 같은 법정채권에 대하여는 상거래 관계와 같은 정도로 신속하게 해결할 필요성이 없으므로 원칙적으로 민법상의 채권의 소멸시효가 적용된다.[6] 이들 채권은 상거래의 신속·안전과 무관하기 때문이다.[7] 그러나 영업과 밀접한 관련이 있어서 보조적 상행위로 평가될 수 있는 경우에는 거래관계의 신속한 종결이 중요하므로 부당이득반환청구권이나[8] 불법행위로 인한 손해배상청구권의 경우에도 상사소멸시효가 적용되어야 할 것이다.

4) 그러나 회사의 대표이사 개인은 상인이 아니므로 그 대표이사에 대한 대여금채권은 상사채권이라고 볼 수 없어서 상사시효가 적용되지 아니한다.[9][10]

5) 상사시효기간은 상법에 2년 또는 3년(제662조, 제881조), 1년(제121조, 제122조, 제147조, 제814조, 제875조), 6월(제154조) 등 특칙이 있는 때에는 적용하지 아니하며, 상법 이외의 다른 법령에서 5년보다 짧은 시효의 규정이 있는 경우(민 제163조: 3년; 민 제164

---

1) 대법원 1979. 11. 13. 79다1453; 동 1997. 8. 26. 97다9260; 동 2008. 3. 14. 2006다2940(은행대출금의 지연손해금에 대한 소멸시효); 동 2011. 12. 8. 2009다25111, 동 2021. 8. 12. 2021다210195(건설공사에 관한 도급계약이 상행위에 해당하는 경우 수급인의 하자담보책임의 소멸시효 및 하자보수에 갈음한 손해배상채권의 소멸시효). 근로계약은 보조적 상행위이나, 근로계약상 보호의무 위반에 따른 근로자의 손해배상청구권의 소멸시효는 10년이다: 대법원 2005. 11. 10. 2004다22742; 동 2021. 8. 19. 2018다270876.
2) 대법원 1993. 9. 14. 93다21569: 상행위인 계약의 해제로 인한 원상회복청구권 또한 상법 제64조의 상사시효의 대상이 된다.
3) 대법원 2013. 4. 11. 2011다112032.
4) 대법원 1999. 7. 9. 99다12376.
5) 최기원(상) 221면; 日最判 1960. 11. 1.
6) 부당이득에 대하여: 대법원 2003. 4. 8. 2002다64957·64964; 동 2012. 5. 10. 2012다4633; 동 2019. 9. 10. 2016다271257; 불법행위에 대하여: 대법원 1985. 5. 28. 84다카966.
7) 이철송(총) 300면; 대법원 1985. 5. 28. 84다카966.
8) 대법원 2007. 5. 31. 2006다63150; 동 2010. 10. 14. 2010다32276; 동 2021. 6. 24. 2020다208621; 동 2023. 2. 23. 2022다274738.
9) 대법원 1992. 11. 10. 92다7948.
10) 당사자 쌍방 중 어느 편이 소비대차에 의하지 아니하고 금전 기타 대체물을 급부할 의무가 있는 경우에 당사자가 그 물건으로써 소비대차의 목적으로 할 것을 약정하는 계약(민 제605조).

조: 1년; 어 제70조 제1항: 3년; 어 제70조 제2항: 1년; 어 제70조 제3항: 6월)에도 적용하지 아니한다.[1)]

Ⅱ. 민법 물권편에 대한 특칙

1. 상인 간의 유치권

1) 상인 간의 유치권의 의의

(1) 상사유치권(商事留置權)은 기업활동에 있어서의 신용보호라는 특수 요청에 따라 상사채권의 물적담보를 강화하기 위하여 민사유치권보다 그 성립요건을 완화·변경한 것이므로, 그 성질·효력·소멸에 관하여는 민사유치권의 규정을 준용한다. 상사유치권은 중세 이탈리아의 상업도시에서 상사채권의 담보를 위하여 상관습으로 생겨난 것으로서, 민사유치권이 로마법에 기원을 두고 형평의 원칙에서 발생한 것과 연혁과 취지를 달리한다.[2)]

(2) 상사유치권에는 일반상사유치권인 상인 간의 유치권(제58조)과 기타의 특별상사유치권[대리상·위탁매매인·준위탁매매인의 유치권(제91조, 제111조, 제113조)과 운송주선인·육상운송인·선장의 유치권(제120조, 제147조, 제807조 제2항)]이 있는데, 상인 간의 유치권이란 상인 간의 상행위로 인한 채권이 변제기에 있을 때에, 채권자가 당사자 간에 다른 약정이 없는 한 변제를 받을 때까지 그 채무자에 대한 상행위로 인하여 자기가 점유하고 있는 채무자 소유의 물건 또는 유가증권을 유치하는 권리를 말한다(제58조).

(3) 특별상사유치권 중 운송주선인·운송인의 유치권에 있어서는 피담보채권과 목적물 사이의 견련성(牽連性)이 필요한 점에서 민사유치권과 같고 일반상사유치권과는 다르다. 한편 대리상·위탁매매인의 유치권에서는 이러한 견련성을 필요로 하지 않는 점에서 일반상사유치권과 같으나, 목적물이 채무자의 소유에 속할 필요가 없다는 점에서는 민사유치권과 같다.

---

1) 대법원 1966. 6. 28. 66다790.
2) 정동윤(상) 158면.

〈상사유치권〉

<table>
<tr><th colspan="2"></th><th>당사자</th><th>피담보채권</th><th>목적물</th><th>점유취득 원인</th><th>목적물과 피담보채권의 견련성</th></tr>
<tr><td colspan="2">민사유치권
(제320조 이하)</td><td>상인 · 비상인 불문</td><td>점유한 물건이나 유가증권에 관하여 생긴 채권</td><td>소유자 불문</td><td>무제한</td><td>필요</td></tr>
<tr><td>일반상사 유치권</td><td>상인간의 유치권(제58조)</td><td>쌍방이 상인일 것</td><td>쌍방적 상행위로 인하여 생긴 채권</td><td>채무자 소유</td><td>채권자에게 상행위인 행위로 인할 것</td><td>불필요</td></tr>
<tr><td rowspan="3">특별상사 유치권</td><td>운송주선인(제120조), 육상운송인(제147조), 선장(제807조 제2항)</td><td>상인 · 비상인 불문</td><td>보수, 운임, 체당금, 선대금, 정박료, 부수비용 등</td><td rowspan="3">소유자 불문</td><td rowspan="3">무제한</td><td>필요</td></tr>
<tr><td>대리상(제91조)</td><td>쌍방이 상인일 것</td><td rowspan="2">대리 · 중개 · 위탁매매로 인한 채권</td><td rowspan="2">불필요</td></tr>
<tr><td>위탁매매인(제111조), 준위탁매매인(제113조)</td><td>상인 · 비상인 불문</td></tr>
</table>

2) 상인 간의 유치권의 성립요건

(1) 당사자

(가) 상인 간의 유치권이 성립되기 위하여서는 유치권 성립시에 당사자 쌍방이 모두 상인이어야 한다. 상사유치권은 상인 간에 이루어지는 거래의 특성을 고려하여 인정되는 제도이므로 채권자 및 채무자의 상인자격은 피담보채권의 성립시에 그리고 유치물의 점유가 개시된 시점에 구비하여야 한다. 그러나 채권의 변제기 또는 유치권을 행사할 때에는 상인자격을 요하지 아니한다.

(나) 당사자가 상인인 한 소상인이라도 무방하다. 이 점에서 대리상의 유치권(제91조)과 같고, 상인 · 비상인을 불문하는 민사유치권 및 기타의 특별상사유치권과 다르다.

(2) 피담보채권

(가) 피담보채권은 쌍방적 상행위로 인하여 생긴 채권이어야 하고, 이 점에서 이러한 제한이 없는 민사유치권과 다르다. 여기서의 상행위는 '영업으로' 하는 영업적 상행위(제46조)이든 '영업을 위하여' 하는 보조적 상행위(제47조)이든 불

문하고, 또한 피담보채권은 금전채권이든 소유권에 기한 물건반환청구권과 같은 물권적 청구권이든 불문한다. 또 영업과 관련이 있는 불법행위로 인한 손해배상청구권도 포함한다고 본다.

(나) 피담보채권은 쌍방적 상행위로 인하여 생긴 채권이어야 하므로, 제3자로부터 양수한 채권에 대하여서는 비록 그 제3자가 상인이더라도 상인 간의 유치권이 성립되지 아니한다. 다만 상속이나 회사의 합병에서와 같이 포괄승계를 한 경우라든지 영업양도에서와 같이 채권이 다른 재산과 함께 일괄하여 승계된 경우에는, 전채권자와 승계인을 동일인으로 보아 이에 상인 간의 유치권을 인정하여야 할 것이다. 한편 채권자가 제3자로부터 채권을 양도받은 후에 채무자에 대한 상행위로 인하여 채무자의 물건 또는 유가증권을 채권자가 점유하게 되었다면 채권자는 그 물건 또는 유가증권에 대해 유치권을 갖는다.

✦ 대법원 2000. 10. 10. 2000그41
상사유치권이 인정된 사례

☞ 채무자에게 자신의 외국 현지법인을 통하여 채무자에 대한 사전통지 또는 동의 없이 주간사에 대한 등록절차만으로 금융기관 간의 채권양도를 예정하고 있는 양도성 대출계약에 따른 대출을 실행하였다가 그 현지법인이 폐지되면서 그 대출금채권(A채권)의 관리를 채권양도 형식으로 이관받은 금융기관이 채무자로부터 별개의 대출금채무(B채권)의 상환유예에 대한 담보로 질권설정받은 유가증권을 그 대출금채무(B채권)가 변제된 이후에도 채무자의 요청에 따른 별도의 채권발행보증에 대한 담보로 계속하여 점유하고 있은 경우, 그 금융기관은 그 유가증권에 관하여 그 양도성 대출계약에 따른 대출금채권(A채권)을 피담보채권으로 하는 상사유치권을 가진다.

(다) 그 피담보채권이 채권의 변제기가 도래한 때에 유치권을 행사할 수 있다는 점은 민사유치권과 같다. 유치물의 점유를 취득할 때에는 변제기에 있지 않아도 무방하다.

(3) 목적물

채권자가 채권의 변제를 받을 때까지 유치할 수 있는 목적물은 채권자가 "채무자에 대한 상행위로 인하여 자기가 점유하고 있는 채무자 소유의 물건 또는 유가증권"이다. 여기서의 물건은 동산에 한하고 부동산은 포함되지 아니한다고 하는 견해도 있으나,[1)] 채권을 담보한다는 제도의 취지에 비추어 보나 규정의 문

1) 최기원(상) 228면; 東京地裁 1996. 6. 7; Law & Biz 2000. 3. 38면.

리해석상으로나 부동산이 포함된다고 보는 것이 타당하다.[1] 그러나 단순한 권리나 무체재산권은 그 목적물로 될 수 없다.

유치권의 목적물인 물건 또는 유가증권은 채무자 소유이어야 한다.[2] 이 점에서도 그 소유권이 누구에게 귀속되든 상관이 없는 민사유치권과 다르다. 이것은 상인 간의 유치권의 성립요건이고 그 존속요건이 아니므로, 일단 상인 간의 유치권이 성립된 후에는 목적물의 소유권이 제3자에게 이전되어도 소멸되지 아니한다.

(4) 점유취득의 원인

(가) 채권자가 목적물의 점유를 취득한 원인이 채무자와의 상행위일 것을 요한다.[3] 이 점에서도 점유취득 원인에 제한이 없는 민사유치권과 다르다.

그런데 일설에 의하면 상인 간의 유치권에서 채권자의 목적물 점유의 원인인 상행위는 채권자와 채무자 간의 쌍방적 상행위이어야만 한다고 한다.[4] 그러나 상인 간의 유치권은 상인 간의 거래를 일체적으로 파악하여 그 채권보전을 용이하게 하기 위하여 인정된 담보채권이므로 채권자에게만 상행위가 되더라도 이것이 성립한다고 본다.[5] 따라서 예컨대 채무자(상인)인 임치인 소유의 물건을 제3자(비상인)가 채권자(상인)인 창고업자의 창고에 반입하는 경우에도 상인 간의 유치권이 성립한다.

(나) 채권자가 채무자 소유의 목적물을 점유하는 것은 직접점유뿐만 아니라 선하증권·화물상환증 기타 인도증권의 점유취득과 같은 간접점유에 의하더라도 상관이 없다.

(다) 점유는 채무자의 의사에 기하여야 하고, 채권자가 강제로 목적물을 탈취한 경우에는 보호받을 수 없다.

---

1) 손주찬(상) 227~228면; 강위두(총) 265면; 임홍근(총) 245면; 정동윤(상) 159면; 정찬형(상) 210면; 김성태 420면; 김정호(상) 169면.

2) 대법원 2010. 7. 2. 2010그24: 상사유치권은 상법 제58조의 규정상 채권자가 채무자에 대한 상행위로 인하여 점유하고 있는 채무자 소유의 물건을 대상으로 하는 경우에 이를 행사할 수 있다. 동 2013. 2. 28. 2010다57350.

3) 대법원 2010. 7. 2. 2010그24.

4) 平出慶道, 「商行爲法」, 1980, 143면; 임홍근(총) 246면; 김정호(상) 167면.

5) 손주찬(상) 228면; 강위두(총) 266면; 최기원(총) 229면; 정동윤(상) 159면; 이기수(총) 275면; 이철송(총) 339면; 정찬형(상) 209면; 김성태 421면.

(5) 목적물과 피담보채권의 견련성

민사유치권(운송주선인 · 운송인 · 선장의 경우도 같다)에 있어서는 피담보채권이 목적물에 관하여 생길 것을 요구하여(민 제320조 제1항) 피담보채권과 목적물 간의 견련관계를 요건으로 하고 있으나, 상인간의 유치권(대리상 및 위탁매매인의 특별상사유치권의 경우도 같다)에 있어서는 피담보채권과 목적물 간의 견련관계를 필요로 하지 않는다. 따라서 우연히 점유하게 된 물건 또는 유가증권을 이와 관련 없이 발생한 채권을 위하여 유치할 수 있다.

(6) 특약에 의한 유치권의 배제

당사자는 다른 약정으로 상인 간의 유치권의 성립을 배제할 수 있다(제58조 단서). 유치권배제의 특약은 묵시적으로도 할 수 있다.[1] 원래 유치권은 채권자를 위한 것이므로 채권자는 유치권을 포기할 수 있으며, 따라서 당사자가 유치권 배제의 약정을 한 때에는 그 효력이 인정된다. 명문의 규정이 없는 민사유치권에 있어서도 통설은 당사자 간의 특약에 의한 유치권의 배제를 인정하고 있다.[2]

3) 상인 간의 유치권의 효력

(1) 상인 간의 유치권의 효력에 관하여 상법에 다른 규정이 없으므로, 이것은 민법의 규정에 의한다. 따라서 유치권자(채권자)는 그 채권의 변제를 받을 때까지 목적물을 점유하고 그 인도를 거부할 수 있고(민 제320조 제1항), 그 채권의 변제를 받기 위하여 목적물을 환가할 수 있다. 목적물의 환가방법은 경매가 원칙이나(민 제322조 제1항), 정당한 이유가 있는 때에는 간이변제충당을 할 수 있다(민 제322조 제2항). 유치권자는 목적물의 과실을 수취하여 우선변제에 충당할 수 있다(민 제323조 제1항). 그 과실은 먼저 채권의 이자에 충당하고, 그 잉여가 있으면 원본에 충당한다(민 제323조 제2항). 유치권자가 목적물에 관하여 필요비를 지출한 때에는 그 상환을 청구할 수 있고(민 제325조 제1항), 또한 목적물에 관하여 유익비를 지출한 때에는 그 가액의 증가가 현존하는 경우에 한하여 소유자의 선택에 좇아 그 지출한 금액이나 증가액의 상환을 청구할 수 있다(민 제325조 제2항). 이 경우에 유치권자는 상인이므로 그 지출한 비용에 관하여 상사법정이율(제54조)에 의한

1) 대법원 2012. 9. 27. 2012다37176: 어음의 추심위임약정만으로 당사자 사이에 유치권 배제의 묵시적 의사합치가 있었다고 본 것은 상사유치권 배제 특약에 관한 법리오해의 위법이 있다.
2) 곽윤직, 「물권법」, 463면.

이자를 청구할 수 있다(제55조 제2항). 또한 상인 간의 유치권에는 일반적인 우선변제권이 인정되지 아니하나 채무자가 파산한 때에는 유치권자는 파산재단에 속하는 유치물에 대하여 다른 채권자에 우선하여 변제받을 수 있는 별제권을 가지며(채회 제411조), 회사회생절차에 있어서 상사유치권자는 회생담보권을 가진다(채회 제141조 · 제217조 제1항 제1호).

(2) 유치권자는 선량한 관리자의 주의로 목적물을 보관하여야 하고(민 제324조 제1항), 채무자의 승낙 없이 목적물의 사용, 대여 또는 담보제공을 하지 못한다(민 제324조 제2항).

(3) 채무자 소유의 부동산에 관하여 이미 선행저당권이 설정되어 있는 상태에서 채권자의 상사유치권이 성립한 경우, 상사유치권자는 채무자 및 그 이후 그 채무자로부터 부동산을 양수하거나 제한물권을 설정받는 자에 대해서는 대항할 수 있지만, 선행저당권자 또는 선행저당권에 기한 임의경매절차에서 부동산을 취득한 매수인에 대한 관계에서는 그 상사유치권으로 대항할 수 없다.[1]

4) 상인 간의 유치권의 소멸

상인 간의 유치권은 피담보채권의 소멸 · 양도, 목적물의 멸실 등에 의하여 소멸함은 물론, 목적물의 점유를 상실한 때(민 제328조), 유치권자의 의무위반으로 인하여 채무자가 유치권의 소멸을 청구한 때(민 제324조 제3항), 채무자가 상당한 담보를 제공하고 유치권의 소멸을 청구한 때(민 제327조) 등의 경우에도 소멸된다.

2. 유질계약의 허용

1) 유질계약(流質契約)의 금지에 관한 민법 제339조(질권설정자는 채무변제기 전의 계약으로 질권자에게 변제에 갈음하여 질물(質物)의 소유권을 취득하게 하거나 법률에 정한 방법에 의하지 아니하고 질물을 처분할 것을 약정하지 못한다)의 규정은 '상행위로 인한 채권'을 담보하기 위하여 설정한 질권에는 적용되지 않는다(제59조).[2] 그 이유는 채권자의 질권실행의 간이화를 도모함으로써 기업금융의 편의 내지 원활을 기하려는 데 있다. 사실 상거래의 당사자인 상인은 냉정하게 자신의 이해를 타산할 수 있는 경제인이기 때문에 당사자의 의사에 맡겨두는 것이 상거래의

---

1) 대법원 2013. 2. 28. 2010다57350; 동 2013. 3. 28. 2012다94285.
2) 의정부지법 고양지원 2011. 10. 7. 2011가합1439.

자유를 보장하는 결과가 된다고 본 것이다. 다만 상사질권설정계약에 있어서 유질계약의 성립을 인정하기 위하여 별도의 약정이 있어야 한다.[1)]

2) 상법 제59조의 적용범위와 관련하여 '상행위로 인한 채권'의 의미가 문제이다. 여기서 채권자[質權者]가 상인이어야 함에는 의문이 없으나, 채무자[質權設定者]가 비상인인 경우에도 본조가 적용되는지 의문이다. 본조의 취지가 상인의 자기방어력을 전제로 하여 질권실행의 간이화를 도모하자는 것인데, 채무자가 상인이 아닌 경우에는 상인과 질권설정계약을 체결하였다는 사실뿐, 그 비상인에게 특별한 자기방어력이 생긴다고 볼 수 없으므로 여전히 그를 보호할 필요가 있다. 따라서 채무자가 비상인인 경우에는 여전히 유질계약은 금지되어야 할 것이다. 따라서 상인인 채권자에 대하여 상인인 채무자가 질권을 설정한 경우에만 본조가 적용되고, 채무자가 비상인인 경우에는 본조의 적용이 없다고 본다.[2)] 그러나 대법원은 "질권설정계약에 포함된 유질약정이 상법 제59조에 따라 유효하기 위해서는 질권설정계약의 피담보채권이 상행위로 인하여 생긴 채권이면 충분하고, 질권설정자가 상인이어야 하는 것은 아니다."고 한다. 또한 "상법 제3조는 '당사자 중 그 1인의 행위가 상행위인 때에는 전원에 대하여 본법을 적용한다.'라고 정하고 있으므로, 일방적 상행위로 생긴 채권을 담보하기 위한 질권에 대해서도 유질약정을 허용한 상법 제59조가 적용된다."고 판단하였다.[3)]

3) 전당포의 경우는 당연히 유질의 권리를 가진다(구전당포영업법 제20조).

Ⅲ. 민법 채권편에 대한 특칙

1. 행위의 유상성

1) 상인의 보수청구권

(1) 민법상 타인을 위하여 한 행위는 무상이 원칙이나(민 제686조 · 제701조 · 제707조, 제739조. 다만 위임 · 임치 · 사무관리[4)] 등의 경우 비용의 상환을 청구할 수는 있다),

1) 대법원 2008. 3. 14. 2007다11996.
2) 동지: 이철송(총) 335면; 정찬형(상) 212면. 반대: 임홍근(총) 248면; 최기원(상) 225면; 정동윤(상) 160면; 서돈각 · 정완용(상) 151면.
3) 대법원 2017. 7. 18. 2017다207499.
4) 대법원 2010. 1. 14. 2007다55477.

상인이 그 영업의 범위 내에서 타인을 위하여 행위를 한 때에는 특약이 없어도 상당한 보수를 청구할 수 있다(제61조).[1] 여기서 '타인'은 상인이 아니어도 상관없다.

(2) 영업의 범위 내의 행위란 영업으로 한 행위, 즉 기본적 상행위는 물론이고, 영업을 위하여 하는 행위, 즉 보조적(부속적) 상행위도 포함하며, 거래의 대리 · 채무의 보증 · 환어음의 인수와 같은 법률행위는 물론 상품의 보관 · 운송 · 시장조사 등과 같은 사실행위도 포함한다.

(3) 타인을 위한 행위란 그 행위의 법률상 또는 사실상의 효과가 타인에게 귀속되는 것으로서 타인의 이익을 위하여 행위한다는 의미이다. 그 행위의 원인이 반드시 위임계약에 의할 필요도 없으며, 실제로 그 행위가 타인에게 이익으로 되었는가도 불문한다.[2]

✦ 대법원 1977. 11. 22. 77다1889
상법 제61조의 '타인을 위하여 행위한다'의 의미

☞ 상법 제61조에 의하면 상인이 그 영업범위 내에서 타인을 위하여 행위를 한 때에는 이에 대하여 상당한 보수를 청구할 수 있다고 규정되어 있고, 여기에 '타인을 위하여 행위한다' 함은 타인의 이익을 위하여 행위한다는 의미라 할 것이다. … X가 부동산소개업자인 사실을 Y가 알았다고 하더라도 X가 이 건 부동산매매의 중개에 있어서 Y의 이익을 위하여 행위한 사실이 인정되지 않는 이상, X에게는 상법상의 보수청구권이 없음이 명백하다.

(4) 상인이 청구할 수 있는 '상당한 보수'라 함은 행위의 성질, 노력의 정도, 타인이 얻은 이익 등 제반 사정을 고려하여 거래관행과 사회통념에 따라 결정하여야 한다.[3]

(5) 다만 행위의 대가가 이미 매매대금 · 운임 · 수수료 등에 포함된 경우, 무상으로 하는 것이 거래관행으로 인정되는 경우(예컨대, 견적서 작성 등), 법률의 규정에 의하여 보수청구권이 배제된 경우(예컨대 송하인의 책임없는 사유로 운송물이 멸실된 경우, 제134조 제1항) 등에는 별도의 보수를 청구할 수 없다. 중개인의 경우에는 결약서(結約書)를 교부한 후가 아니면 보수를 청구할 수 없다(제100조 제1항,

---

1) 대법원 1968. 7. 24. 68다955: 낙원복덕방이라는 상호 하에 부동산 매매 등의 소개업을 하는 자인 원고 X는 상법 제46조 제11호와 같은 법 제4조에 의하여 상인임이 명백하고, 상인인 X가 그 영업범위 내에서 타인을 위하여 행위를 한 이상 X는 특별한 약정이 없다 하여도 상법 제61조에 의하여 Y에게 대하여 상당한 보수를 청구할 수 있다. 반대로 부동산 중개인의 보수청구권을 인정하지 아니한 사례: 동 1991. 4. 9. 90다18968.

2) 손주찬(상) 239면.

3) 대법원 1976. 6. 8. 76다766: 부동산매매 소개료의 약정이 없는 경우에 그 소개료액을 정함에 있어서는 반드시 감정에 의할 것이 아니고 법원이 당시의 제반사정을 참작하여 상당한 액을 정할 수 있다. 동지: 서울고등법원 1969. 12. 17. 68나2013.

第96조 第1항). 기타 상법에 보수청구권에 관하여 별도의 규정이 있는 경우(제119조, 제162조)에도 본조의 적용이 없다.

2) 법정이자청구권

(1) 민법상의 소비대차는 무이자가 원칙이며, 체당금(替當金)에 관하여도 그것이 위임(민 제688조 제1항) 또는 임치(민 제701조)에 의거한 것인 경우에는 법정이자를 청구할 수 있지만, 그 외의 경우(도급 · 고용 · 사무관리 등)는 특약이 없는 한 이자를 청구할 수 없는 것이 원칙이다(민 제598조 · 제600조 · 제601조).

(2) 그러나 상인이 그 영업에 관하여 상인 · 비상인을 불문하고 타인에게 금전을 대여한 경우에는 법정이자를 청구할 수 있다(제55조 제1항).[1)]

(3) 또한 상인이 그 영업범위 내에서 상인 · 비상인을 불문하고 타인을 위하여 금전을 체당(替當)하였을 때에는 체당한 날 이후의 법정이자를 청구할 수 있다(제55조 제2항). 여기서 금전을 체당한다는 것은 타인을 위하여 변제로서 금전을 지출하는 모든 행위를 말하는 것으로서, 그 원인은 위임 · 도급 · 고용 · 사무관리를 불문한다. 이자청구권과 체당행위에 대한 보수청구권은 별개로서 공존할 수 있다.

3) 법정이율

(1) 민법상의 법정이율은 연 5푼이나(민 제379조), 상법상 상행위로 인하여 생긴 채무의 법정이율은 연 6푼이다(제54조). 상인은 자금수요가 많고 금전을 이용하여 높은 수익을 얻을 수 있다는 것을 고려한 특칙으로서, 당사자 사이에 약정이율이 없는 경우에 적용된다.

(2) 이때의 상행위는 기본적 상행위이든 보조적 상행위이든,[2)] 쌍방적 상행위이든[3)] 일방적 상행위이든 구분이 없다. 상행위로 인하여 생긴 채무란, 상행위로

1) 대법원 2007. 3. 15. 2006다73072.

2) 보조적 상행위: 대법원 2019. 10. 18. 2018다239110; 동 2023. 11. 16. 2018다283049; 동 2024. 7. 25. 2024다230084(근로계약). 부당해고 기간 중의 미지급 임금은 상행위로 생긴 것이므로 그 변형으로 인정되는 지연손해금채무, 즉 채무불이행으로 인한 손해배상채무도 상사채무라 할 것이어서 상법이 정한 연 6%의 적용을 받는다: 대법원 2014. 8. 26. 2014다28305; 동 2019. 9. 10. 2015다30886, 2015다30893(병합). 건설업 하수급인의 발주자에 대한 책임에 적용되는 법정이율은 연 6%이다: 대법원 2023. 6. 15. 2023다220882. 사회복지법인은 상인이라고 볼 수 없고, 그 근로자의 임금 채권도 상사채권이 아니어서 상사법정이율이 적용되지 않는다: 대법원 2024. 8. 1. 2024다222793. 한국의료분쟁조정중재원의 경우도 같다: 대법원 2024. 7. 11. 2023다213556. 신용보증기금의 경우도 같다: 대법원 2024. 12. 12. 2024다274039, 2024다274046.

3) 쌍방적 상행위: 대법원 1986. 9. 9. 84다464; 동 1986. 9. 9. 84다카1951. 상인간 계약이행보증금지급채무도 같다: 대법원 2024. 6. 27. 2024다219629.

인하여 직접 발생한 채무뿐만 아니라 계약불이행으로 인한 손해배상채무 및 계약해제로 인한 원상회복의무를 포함한다.[1] 부당이득반환채무와 불법행위로 인한 손해배상채무는 제외된다고 본다.[2] 그러나 상행위로 인한 급부의 이행에서 비롯된 부당이득[3] 및 영업과 관련된 불법행위로서 보조적 상행위에 해당하는 경우 본조의 이율을 적용하여야 할 것이다.[4] 변호사가 소속 법무법인에 대하여 갖는 급여채권은 상사채권이 아니어서 상사법정이율이 적용되지 않는다.[5]

(3) 국가계약의 경우에도 상법 제54조의 상사법정이율이 적용된다.[6]

2. 계약의 성립과 청약수령자의 의무

1) 청약의 효력

(1) 청약의 효력과 관련하여 상법은 대화자 간에 있어서 계약의 청약을 받은 자가 즉시 승낙을 하지 않은 때에는 그 효력을 잃는다(제51조)고 규정하고 있다. 민법에서도 해석상 대화자 간의 청약의 효력은 대화가 계속되는 동안에만 존재한다고 보므로,[7] 이 점에 있어서는 민법과 상법이 동일하다고 할 수 있다. 여기서 대화자 간이란 지리적 원근을 불문하고 당사자가 전화 등으로 상대방의 의사표시를 즉시 요지(了知)할 수 있는 상태를 말한다.

(2) 격지자 간의 청약의 효력에 관하여는 상법에 규정이 없다. 따라서 승낙기간을 정한 계약의 청약은 민법에 따라 청약자가 승낙기간 내에 승낙의 통지를 받지 못하면 청약의 효력은 소멸한다(도달주의)(민 제528조 제1항).[8] 그리고 승낙기

---

1) 대법원 2016. 6. 10. 2014다200763, 200770; 동 2024. 8. 1. 2024다226504. 부당해고기간 중의 미지급 임금은 상행위로 생긴 것이므로 그 변형으로 인정되는 지연손해금채무, 즉 채무불이행으로 인한 손해배상채무도 상사채무라 할 것이어서 상법이 정한 연 6%의 적용을 받는다: 대법원 2014. 8. 26. 2014다28305; 동 2019. 9. 10. 2015다30886, 2015다30893(병합); 인천지방법원 2019. 9. 26. 2018나66800. 그러나 가집행선고의 실효에 따른 원상회복의무로부터 발생한 지연손해금에 대하여는 상법이 정한 법정이율이 적용되지 않는다: 대법원 2004. 2. 27. 2003다52944: 동 2020. 5. 14. 2017다220058.

2) 정찬형(상) 213면; 대법원 1985. 5. 28. 84다카966(상인간의 불법행위로 인한 손해배상채무에 대하여 상법 제54조의 상사법정이율이 적용되지 않는다); 동 2004. 3. 26, 2003다 34045; 동 2018. 2. 28. 2013다26425; 동 2019. 4. 23. 2015다28968. 그러나 거래관계를 신속하게 해결할 필요가 있는 부당이득반환채권에는 상법 제64조에 따라 5년간 행사하지 않으면 소멸시효가 완성한다: 대법원 2014. 7. 24. 2013다214871; 동 2018. 6. 15. 2017다248803, 248810.

3) 대법원 2007. 5. 31. 2006다63150; 서울고등법원 2019. 9. 18. 2018나2071251.

4) 정동윤(상) 165면.

5) 대법원 2023. 7. 27. 2023다227418.

6) 대법원 2016. 6. 10. 2014다200763 · 200770.

7) 곽윤직, 「채권각론」, 1984, 50면.

8) 대법원 1994. 8. 12. 92다23537(청약의 효력이 유효기간 경과 후 58분의 시점까지도 여

간을 정하지 않은 경우에는 청약자가 상당한 기간 내에 승낙의 통지를 받지 못한 때에는 그 효력을 잃는다(도달주의)(민 제529조 참조). 상당한 기간이라 함은 청약이 상대방에게 도달하여 상대방이 그 내용을 받아들일지 여부를 결정하여 회신을 함에 필요한 기간을 말한다.[1)]

(3) 지연된 승낙은 청약자 측에서 이것을 새로운 청약으로 볼 수 있다(민 제530조).

〈청약의 효력에 관한 민법과 상법규정의 비교〉

		상법	민법	비고
대화자간	승낙기간을 정하였는지를 불문	즉시승낙(제51조)	대화자간·격지자간 도달주의(제528조 제1항, 제529조)	동일한 것으로 해석됨
격지자간	승낙기간을 정한 경우	규정이 없음	도달주의 (제528조 제1항)	상법에 규정이 없으므로 민법 적용=동일
	승낙기간이 없는 경우	규정이 없음	도달주의 (제529조)	상동

2) 계약의 성립시기

계약의 성립시기에 관하여는 상법에 별다른 규정이 없으므로 민법의 일반원칙에 의한다. 즉, 계약은 승낙의 통지를 발송한 때에 성립한다(민 제531조).[2)]

3) 낙부통지의무

(1) 의 의

민법상 계약의 청약을 받은 자는 승낙의 여부를 통지할 의무가 없다. 그러나 상인이 상시거래관계에 있는 자로부터 그 영업부류에 속한 계약의 청약을 받은

전히 유지되었다고 본 원심판결을 파기한 사례임).

1) 대법원 1999. 1. 29. 98다48903.

2) 격지자 간에 승낙기간을 정한 청약의 효력은 청약자가 승낙기간 내에 승낙의 통지를 받지 못하면 그 효력을 잃도록 되어 있고(민 제528조 제1항), 승낙의 기간을 정하지 아니한 계약의 청약은 청약자가 상당한 기간 내에 승낙의 통지를 받지 못한 때에는 그 효력을 잃도록 되어 있는데(도달주의)(민 제529조) 계약의 성립은 승낙자가 승낙의 통지를 발송한 때 성립하도록 되어 있어서(발신주의)(민 제531조) 서로 모순이다. 다수설에 의하면 승낙은 원칙적으로 발신에 의하여 확정적으로 효력이 생기나, 승낙기간 내 또는 상당한 기간 내에 도달하지 않으면 계약은 성립하지 않는다고 한다. 즉, 이 경우 계약은 승낙의 불도달을 해제조건으로 하여 승낙의 발송시에 성립한다고 한다: 곽윤직, 「채권각론」, 1984, 66면.

때에는 지체없이 낙부의 통지를 발송하여야 하고, 이것을 해태한 때에는 승낙한 것으로 본다(제53조).

(2) 근 거

상법 제53조의 이론적 근거는, ① 제53조가 청약을 받은 자의 침묵을 승낙의 의사표시로 평가하여 계약의 성립을 의제한다고 보는 견해(승낙평가설), ② 제53조를 피청약자의 의무위반의 결과로 이해하는 견해(의무위반설), ③ 상시거래관계에 있는 자 간에는 청약에 대하여 침묵하는 것은 이를 승낙하였기 때문인 경우가 많고, 청약자를 보호하기 위한 규정이라고 하는 견해(외관책임설) 등이 있다. 외관책임설이 통설이다.[1)]

(3) 요 건

① 상법 제53조는 격지자 간에 승낙기간을 정하지 않은 경우에만 적용된다. ② 청약자는 상인임을 요하지 않으나, 청약을 받은 자는 상인이어야 한다. ③ 상시(常時) 거래관계가 있어야 하는데, 이는 종래 계속적인 거래관계가 있었고 또 앞으로도 거래가 반복되리라고 예상된다는 뜻이다. 따라서 상시거래관계에 있지 아니한 자 사이에서 청약자가 미리 정한 기간 내에 이의를 하지 아니하면 승낙한 것으로 간주한다는 뜻을 청약시에 표시하였다고 하더라도 이는 상대방에 대하여 구속력이 없다.[2)] ④ 또 청약은 그 영업부류에 속한 계약에 한하므로 상인이 영업으로 하는 당연상인의 기본적 상행위 또는 의제상인의 준상행위에 속하는 거래이어야 하며, 보조적 상행위의 청약을 받은 경우나 계약해제 및 대물변제의 청약 등은 이에 포함되지 않는다.

(4) 효 과

① 청약을 받은 자는 즉시 낙부의 통지를 발송하여야 한다(발신주의). 불도달에 대한 불이익은 청약자가 부담한다. ② 즉시 낙부의 통지를 발송하지 아니한 때에는 청약을 승낙한 것으로 본다. 그 외에 손해배상의무 따위는 없으므로 이 의무는 간접의무 또는 부진정의무이다. ③ 청약에 대한 침묵이 사기·강박·착오에 의하여 이루어진 경우에는 승낙의제를 취소할 수 있고(민 제109조·제110조), 피청약자가 정당한 사유로 청약사실을 알지 못한 경우나 과실 없이 승낙의 통지를 발송하지 못한 경우에는 계약이 성립한 것으로 볼 수 없다.

---

1) 정동윤(상) 162면; 김성태 434면; 이기수(총) 282면.
2) 대법원 1999. 1. 29. 98다48903.

4) 물건보관의무

(1) 의 의

상법에서는 청약과 함께 물건을 송부받았을 때 그 청약을 거절할 경우 그 물건의 반환이나 보관의무가 없는 민법의 경우와 달라서, 상인이 그 영업부류에 속한 계약의 청약과 동시에 견품 기타의 물건을 송부받을 때에는 그 청약을 거절한 때라도 청약자의 비용으로 그 물건을 보관할 의무가 있다(제60조 본문).

(2) 요 건

① 청약을 받은 자는 반드시 상인이어야 하나, 청약자는 상인임을 요하지 않는다. 상시거래관계의 존부는 불문한다. ② 또한 이 의무는 상인이 그 영업부류에 속하는 계약의 청약을 받은 경우에만 부담하는 것이며, 그 영업부류 외의 계약의 청약을 받은 경우에는 이 의무가 없다. ③ 견품 기타 물건을 받아야 한다. 물건은 동산 기타 유가증권을 말하고, 물건의 수령을 거절한 때라도 보관의무를 면하지 못한다. ④ 보관의무는 격지자간의 청약에 대하여만 적용된다고 하여 대화자 간의 청약에 대하여는 제외하는 것이 다수설이나,[1] 격지자나 대화자에 관계없이 청약자의 물건이 청약을 받은 상인의 지배 하에 있는 경우에 발생된다고 보는 것이 타당하다.[2] ⑤ 다만 그 물건의 가액이 보관비용을 상환하기에 부족하든가 또는 그 보관으로 인하여 손해를 받을 염려가 있는 경우에는 보관의무가 면제된다(제60조 단서).

(3) 효 과

청약을 받은 상인은 그 청약을 거절한 때라도 청약자의 비용으로 그 물건을 보관하여야 한다. 물건의 보관은 선량한 관리자의 주의로써 하여야 하며, 이 의무를 위반한 경우에는 손해배상책임을 져야 한다. 제60조는 어디까지나 보관의무 및 보관비용에 대한 청약자부담을 규정한 것일 뿐이므로, 청약자에 대하여 그 물건이 보관된 장소의 사용이익 상당의 손해배상을 구할 수는 없다.

✦ 대법원 1996. 7. 12. 95다41161 · 41178
상법 제60조는 보관의무 및 보관비용에 대한 청약자부담을 규정한 것일 뿐, 청약자에 대한 손해배상에 관한 규정은 아니다

---

1) 손주찬(상) 235면; 최기원(상) 235면; 정찬형(상) 222면.
2) 정동윤(상) 164면; 이철송(총) 352면; 김정호(상) 177면.

☞ 상법 제60조는 상거래에 있어 청약을 받은 상인에게 일정한 범위 내에서 청약과 동시에 송부받은 견품 등 물건에 관하여 그 청약을 거절하는 경우라도 이를 반송할 때까지 보관의무를 지움과 아울러 그 보관에 따르는 비용의 상환을 구할 수 있음을 정한 규정으로서, 그 송부받은 물건의 현상이나 가치를 반송할 때까지 계속 유지, 보존하는 데 드는 보관비용의 상환에 관한 규정일 뿐, 원고가 주장하는 바와 같이 그 물건이 보관된 장소의 사용이익 상당의 손해의 배상에 관한 규정은 아니다.

3. 채무의 이행

1) 채무이행의 장소

(1) 상법에는 채무이행의 장소에 관한 특칙이 없고, 다만 채권자의 지점에서의 거래로 인한 채무의 이행장소는 지점으로 본다는 규정만을 두고 있다(제56조). 따라서 채무이행의 장소에 관한 한 민법의 규정에 따를 수밖에 없다.

(2) 민법에 의하면, 채무의 성질 또는 당사자의 의사표시로 채무이행의 장소를 정한 경우에는 그곳이 이행장소가 되고, 그러한 정함이 없는 경우, 특정물인도채무의 이행장소는 채권성립 당시의 물건소재지(민 제467조), 특정물인도 이외의 채무의 이행장소는 채권자의 현주소(민 제467조 제2항 본문), 영업에 관한 채무의 이행장소는 채권자의 현영업소(민 제467조 제2항 단서), 지시채권과 무기명채권의 이행장소는 채무자의 현영업소(민 제516조 · 제524조)로 하도록 되어 있다. 즉, 채무이행의 장소를 특정하지 아니한 경우 특정물인도채무를 제외한 보통의 채무는 지참채무를, 반대로 증권채무는 추심채무를 원칙으로 하고 있다.

(3) 채권자의 지점에서 이루어진 거래에 대하여는 민법의 해석에 의하더라도 채권자의 지점에서 채무가 이행되어야 하므로(민 제467조 제2항 본문) 이 규정은 민법의 해석과 같은 결과가 된다. 한편 거래가 채무자의 지점에서 이루어진 경우에 관하여는 규정이 없는데, 이 경우에는 민법이 적용되어, 채무자의 현영업소가 채무의 변제장소가 된다(민 제467조 제2항 단서).

(4) 예외적으로 특정물 인도채무(채권성립당시 그 물건이 있던 곳), 증권채무(증권에 기재된 이행장소. 그 기재가 없으면 채무자의 현영업소, 현주소), 특정물 인도채무 이외의 채무에 관하여 그 채무의 성질 또는 당사자의 의사표시에 의하여 이행장소가 정하여진 경우 등에는 상법 제56조가 적용되지 않는다.

2) 채무이행 또는 이행청구의 시기

(1) 이행 또는 이행청구의 시기에 관하여 상법은 명문규정을 두고 있다. 즉, 법령 또는 관습에 의하여 영업시간이 정해져 있는 때에는 채무의 이행 또는 이행의 청구는 그 시간 내에 하여야 한다(제63조). 민법상에는 이행시간에 관한 규정이 없지만 민법에서도 거래관행과 신의칙에 따라 정한다고 보는 것이 정설이므로, 제63조는 민법에 대한 특칙이라기보다는 당연한 원칙을 주의적으로 규정한 것이다(통설).

(2) 상법 제63조는 당사자 중 일방만이 상인인 경우에도 적용된다. 또한 당사자 간의 특약으로 그 적용을 배제할 수 있다. 그러나 이는 임의규정이므로 다른 약정이 가능할 뿐만 아니라, 영업시간 외라도 채무자가 임의로 이행을 하거나 이행의 청구에 응하는 것은 무방하다.[1] 이 경우에 채권자가 임의로 변제를 받은 때에는 그것이 지급기일 내이면 채무자는 지체의 책임을 지지 않는다.

4. 다수당사자의 채무

1) 다수채무자의 연대

(1) 의 의

민법상 채무자가 수인인 경우에는 균등비율에 의한 분할채무가 되는 것이 원칙이나(민 제408조), 상법에 의하면 수인이 그 1인 또는 전원에게 상행위가 되는 행위로 인하여 채무를 부담한 때에는 연대하여 변제할 책임이 있다(제57조 제1항)고[2] 하여 상사채무의 연대책임의 원칙을 채택하였다. 수인의 상인 또는 상인을 포함한 수인이 채무를 부담하는 경우에는 통상 서로의 신용을 이용하여 전채무자의 대외적 신용을 강화하기 마련이다. 이 경우 민법의 분할채무의 원칙을 적용한다면 채무자들 중에 무자력자가 있을 경우 채무자들의 신용의 총화(總和)를 믿고 거래한 채권자를 해할 우려가 있다. 따라서 상법은 상사채무의 연대책임의 원칙을 채택한 것이다. 다만 이 규정은 임의규정이다.[3]

---

1) 日最判 1960. 5. 6. 참조.
2) 대법원 1976. 12. 14. 76다2212; 동 1956. 9. 20. 4289민상347; 동 1996. 10. 25. 94다41935 · 41942; 동 2009. 11. 12. 2009다54034 · 54041.
3) 대법원 1994. 6. 28. 93다49208.

(2) 적용요건

(가) 당사자

다수채무자 간에 연대채무가 성립하기 위해서는 채무의 발생원인이 되는 행위는 채무자 1인 또는 그 전원에 대하여 상행위이어야 한다. 즉, 채무자들 중 1인은 상인이어야 한다.

(나) 상행위로 인한 채무

다수채무자 간에 연대채무가 성립하기 위하여는 그 채무가 수인 중 1인 또는 전원에게 상행위가 되는 행위로 인한 채무이어야 한다. 여기에는 보조적 상행위도 포함된다.[1] 수인은 반드시 채무자이어야 하며, 그 수인 중 적어도 1인에게 상행위가 되어야 한다. 따라서 채권자에게만 상행위가 되는 때에는 상법 제57조 제1항의 규정은 적용되지 않는다. 또한 이때의 채무는 직접 상행위에 의하여 발생된 채무는 물론이고 이와 동일성이 있는 것으로서, 예컨대 계약해제로 인한 원상회복의무라든지 그 채무의 이행지체로 인한 손해배상채무도 포함한다.[2]

(다) 공동행위

(ⅰ) 다수채무자 간에 연대채무가 성립하기 위하여는 그 채무는 수인의 채무자가 하나의 공동행위에 의하여 부담한 것이어야만 하며, 각자의 개별적인 행위로 인하여 부담한 채무에는 이 규정이 적용되지 않는다. 수인이 공동의 목적으로 하는 한 반드시 동시에 할 필요는 없다. 그러나 채무자들 사이에 조합관계 기타 특수한 공동관계가 있어야 하는 것은 아니다. 본조는 동업을 하는 조합체가 채무를 부담하는 경우에 적용된 사례가 많다.

✦ 대법원 1991. 11. 22. 91다30705
상행위로 발생한 조합채무에 대하여 연대채무를 인정한 사례

☞ 조합채무가 특히 조합원 전원을 위하여 상행위가 되는 행위로 인하여 부담하게 된 것이라면, 그 채무에 관하여 조합원들에 대하여 상법 제57조 제1항을 적용하여 연대책임을 인정함이 마땅하다. 동지: 대법원 1956. 9. 20. 4289민상347; 동 1966. 11. 29. 66다1741; 동 1976. 1. 27. 75다1606; 동 1976. 12. 14. 76다2212; 동 1991. 3. 27. 90다7173; 동 1992. 11. 27. 92다30405; 동 1995. 8. 11. 94다18638; 동 1998. 3. 13. 97다6919; 동 1999. 9. 17. 99다1765; 동 2001. 3. 23. 2000다59074; 동 2001.

---

1) 대법원 1995. 8. 11. 94다18638: 다수채무자의 연대에 관한 제57조 제1항은 보조적 상행위에도 적용된다.

2) 강위두(총) 261면; 서돈각 · 정완용(상) 161면; 손주찬(상) 242면; 정찬형(상) 214면; 최기원(상) 241면; 대법원 1962. 1. 31. 4294민상310; 동 1991. 11. 22. 91다30705; 동 1992. 11. 27. 92다30405.

11. 13. 2001다55574; 동 2006. 6. 16. 2004다7019; 동 2009. 1. 30. 2008다79340; 동 2009. 10. 29. 2009다46750; 동 2016. 7. 14. 2015다233098; 동 2018. 4. 12. 2016다39897; 대전고등법원 2003. 12. 18. 2003나1388[상고](공동수급체의 대표자가 공동수급체를 위하여 하도급계약을 체결한 경우); 동 2015. 3. 26. 2012다25432 (공동이행방식의 공동수급체 구성원들이 상인인 경우, 도급인에 대한 하자보수의무에 관하여 연대책임을 진다).

(ii) 수인이 공동으로 어음을 발행한 경우에도 본조가 적용되는가에 관하여는 ① 일본에서는 어음의 발행이 절대적 상행위의 하나로 되어 있어서 판례와 학설은 이를 긍정하고 있으나, ② 우리나라에서는 어음의 공동발행인은 한 개의 어음행위를 공동으로 하는 것이 아니고, 각자가 동일한 내용의 별개의 어음행위를 독립하여 부담하는 것이므로, 본조의 적용이 없다고 본다.[1)]

(iii) 기업집단에 속하는 계열회사들이 그룹의 조달본부를 통하여 물건을 일괄구매하여 분배하는 경우, 계열회사들이 연대하여 물품대금지급책임을 부담하는가 의문이나, 판례는 이를 부정하고 있다.

✦ 대법원 1987. 6. 23. 86다카633
그룹 내의 조달본부를 통하여 물품구입을 한 경우, 각 계열회사의 연대책임을 부정한 사례

☞ 상법 제57조 제1항의 취지는 상사거래에 있어서의 인적 담보를 강화하여 채무이행을 확실히 하고 거래의 안전을 도모함으로써 상거래의 원활을 기하려는 것으로 민법상 다수당사자 간의 채무이행에 있어서의 분할채무원칙에 대한 특별규정이라 할 것이므로, 여기에서 연대채무를 지우게 되는 행위는 수인이 그 1인 또는 전원에게 상행위가 되는 행위로 인하여 채무를 부담하는 경우이어야 한다.

계열회사들의 효율적인 물품구매 및 경비절감을 위하여 그룹내에 조달본부를 설치하여 각 계열회사들은 각자 필요한 물품을 물품구매 요구서를 첨부하여 위 조달본부에 구매요구하면, 조달본부는 그룹회장의 결재를 받아 납품업체와 계약을 체결하고 납품업체는 조달본부장의 요구에 따라 실수요회사인 각 계열회사에 물품을 인도하고 세금계산서를 발행하여 왔다면, 위 조달본부는 법인격 없는 그룹내의 편의상 기구에 불과한 것으로서 조달본부의 물품구매행위는 동 그룹 내의 각 독립한 법인체인 계열회사들이 조달본부에 그 대행을 위임하거나 이에 관한 대리권수여에 따른 행위로 봄이 타당하고, 따라서 각 거래는 계열회사와 물품공급회사 사이에 이루어진 것으로서 그 법률효과는 그 당사자에게만 직접 미치고 유관관계가 없는 다른 계열회사는 아무런 권리의무가 발생하지 아니하는 제3자의 지위에 있음에 불과하다 할 것인 즉, 조달본부에서 물품을 발주 구입하였다는 사실을 들어 상법 제57조 제1항 소정의 수인이 그 1인 또는 전원에게 상행위로 인하여 부담하는 공동구매라고 할 수

1) 동지: 정동윤(상) 170면.

없으므로 위 각 계열회사들 사이에 동 법조에 따른 연대채무관계는 발생할 수 없다 할 것이다.

(3) 적용효과

위에서 열거한 요건이 갖추어지면 모든 채무자에 대하여 상법이 적용되고(제3조),[1] 채무자 전원은 채권자에 대하여 연대채무를 부담한다(제57조 제1항). 다만 상법 제57조 제1항은 임의규정이므로 당사자 간에 이와 다른 약정을 할 수 있다(통설).

2) 보증인의 연대

(1) 의 의

(가) 민법상 보증인은 주채무자의 변제자력이 있는 사실 및 그 집행이 용이한 것을 증명하여 먼저 주채무자에게 청구할 것과 그 재산에 대하여 집행할 것을 항변할 수 있는 최고·검색의 항변권이 있다(민 제437조). 또한 보증인이 수인 있는 경우에는 각자 균등한 비율로 보증채무를 부담한다(분별의 이익: 민 제439조).

(나) 그러나 상법에서는 보증인이 있는 경우에 그 보증이 상행위이거나(예컨대, 은행이 그 고객을 위하여 하는 지급보증) 주채무가 상행위로 인한 것인 때(예컨대, 상인의 영업자금 차용)에는 주채무자와 보증인은 연대하여 변제할 책임이 있다(제57조 제2항). 다만 보증인 상호 간의 분별의 이익도 상실하는가에 관하여는 후술하는 바와 같이 학설이 갈린다. 상법이 이와 같이 규정한 이유는 상행위로 인하여 발생한 채무에 대하여는 그 이행을 확실하게 하여 거래의 안전을 기하기 위한 것이다. 이 규정도 임의규정이다.

(2) 요 건

연대보증책임이 인정되기 위하여는 보증이 상행위이거나 주채무가 상행위로 인한 경우이어야 한다.

(가) 보증이 상행위인 경우

보증이 상행위인 경우라 함은 상인이 그 영업으로 또는 영업을 위하여 보증하는 경우로서, 보증이 보증인인 상인에 대하여 기본적 상행위 또는 보조적 상행위인 경우를 말한다(의제상인의 경우는 준상행위). 예컨대 은행이 고객을 위하여

---

1) 대법원 2014. 4. 10. 2013다68207; 서울고법 2013. 4. 10. 2012나22640. 비상인 乙과 丙 주식회사가 甲으로부터 함께 돈을 차용한 경우 상법 제3조에 따라 乙에게도 5년의 상사소멸시효가 적용된다.

지급보증을 하는 경우가 이에 해당한다.

예)
甲(채권자) ↔ 乙(채무자) ← Bank(지급보증인)
※ 乙과 Bank는 연대책임

✦ 대법원 1959. 8. 27. 4291민상407
'보증이 상행위인 경우'의 의미

☞ 상법 제57조 제2항의 '보증이 상행위'라 함은 그 보증이 보증인에 있어서 상행위인 경우뿐만 아니라 채권자에 있어서 상행위성을 가진 경우를 포함한다고 해석함이 타당하다.

(나) 주채무가 상행위로 인한 경우

주채무가 상행위로 인한 것이라 함은 주채무의 발생원인이 상행위로 인한 것을 말한다. 예컨대 상인이 영업자금을 차용함에 있어 그를 보증한 경우가 이에 해당한다.

예)
甲(채권자: 상인 · 비상인 불문) ↔ 乙(채무자: 상인) ← 보증인 A, B, C
※ 乙, A, B, C는 연대책임

✦ 대법원 1975. 3. 11. 75다123
주채무가 상행위인 경우에 연대보증을 인정한 사례

☞ A회사가 X로부터 금원을 차용함에 있어 동 회사의 상무인 Y가 차용증에 갈음하는 회사명의의 수표에 배서한 경우에는 상무 Y는 원인채무인 차용금에 대하여 보증을 하였다 할 것이고, 이 보증채무는 주채무가 상행위로 인한 것인만큼 연대보증채무이다.

이때의 주채무는 '주채무자의 상행위로 인하여 발생한 것'만을 말한다는 견해와[1] 채권자에게만 상행위가 되는 일방적 상행위로 인한 채무도 포함된다는 견해(예컨대, 은행이 비상인에게 대부하고 역시 비상인의 보증을 받는 경우)로[2] 나뉘어져 있다. 본조의 입법취지가 상인의 신용을 강화하기 위하여 상인의 연대책임을 규정한 것이며, 또 같은 취지를 규정하면서도 채무자 쪽의 상행위성만을 문제로

1) 이병태(상) 226면; 정희철(상) 208면; 임홍근(총) 241면; 정동윤(상) 171면; 이철송(총) 371면; 채이식(상) 179면; 정찬형(상) 215면.
2) 최기원(상) 242면; 서돈각 · 정완용(상) 161면; 손주찬(상) 243~244면; 강위두(총) 262면; 대법원 1959. 8. 27. 4291민상407.

삼는 본조 제1항에 대한 해석과의 조화라는 면에서 전 설이 타당하다고 본다. 따라서 비상인인 보증인이 역시 비상인의 채무를 보증한 경우에는 양자는 연대책임을 지지 않는다고 본다.

(3) 효 과

(가) 위에서 언급한 요건을 갖춘 경우에는 주채무자와 보증인은 연대하여 변제할 책임이 있다(제57조 제2항). 따라서 보증인은 최고·검색의 항변권을 가지지 못한다(민 제437조 단서).

(나) 보증인이 수인이 있는 경우 주채무자와 각 보증인 간에서 뿐만 아니라 보증인 상호 간에도 분별의 이익을 상실하고 연대관계가 성립하는가에 대하여는 이를 긍정하는 것이 다수설이다. 이에 대하여 연대책임은 법률 또는 당사자 간의 계약에 의하여만 부과할 수 있는 것이므로, 보증인 상호 간에 연대의 특약이 없는 경우에도 당연히 연대관계가 있다고 보는 것은 무리이고 또 금액을 한정하여 보증한 보증인이 있는 경우에 그에게 다른 보증인에 대한 관계에서는 그 금액 이상의 책임을 인정하는 것이 되어 부당하므로, 보증인 상호 간에는 연대관계를 부정하는 것이 타당하다는 견해가 있다.[1)]

생각건대 연대보증인은 본래 분별의 이익이 없고, 금액을 한정하여 보증한 경우에도 그 금액 내에서는 연대책임이 있다고 보므로 다수설이 옳다고 본다.

5. 무상수치인의 주의의무

1) 민법상 보수 없이 임치를 받은 자는 임치물의 보관에 있어서 자기재산과 동일한 주의를 하면 충분하므로(민 제695조) 무상임치의 경우에는 유상의 경우와 비교하여 주의의무를 경감시키고 있다. 그러나 상법에서는 상인이 그 영업범위 내에서 물건의 임치를 받은 경우에는 보수를 받지 않은 때에도 선량한 관리자의 주의(민 제681조)를 하도록 특별규정을 두어(제62조), 민법에서보다 주의의무를 가중시키고 있다.

2) 상인이 영업범위 내에서 임치를 받아야 한다. 영업의 범위 내이면 상인의 기본적 상행위로서 무보수로 수치(受置)한 경우, 예컨대 창고업자의 경우뿐만 아

---

1) 동지: 임홍근(총) 241면; 정동윤(상) 172면. 제한적 부정설: 이철송(총) 372면. 판례는 수인의 보증인이 각자 주채무를 부담하는 경우에 보증인 상호간의 내부관계에 있어서는 일정한 부담부분이 있는 것이고 일정한 분할액에 한정하여 보증인의 지위에 놓이는 것이라고 하여 부정설을 취하고 있다(대법원 1988. 10. 25. 86다카1729).

니라 부속적 상행위로서 무보수로 수치한 경우에도 적용된다.[1)] 임치인은 상인이 아니어도 상관없다.

3) 수치인이 공중접객업자인 경우에는 따로 주의의무가 엄격하게 규정되어 있어(제152조) 제62조가 적용되지 아니한다.

4) 임치인이 수령지체에 빠진 경우에는 주의의무가 경감되어 고의 또는 중대한 과실이 없는 한 채무불이행으로 인한 손해배상책임을 지지 아니한다(판례참조).

✦ 대법원 1983. 11. 8. 83다카1476
임치인이 수령지체에 빠진 경우 상인의 임치책임을 부정한 판례

☞ 상인이 그 영업범위 내에서 물건의 임치를 받은 경우에는 보수를 받지 아니하는 때에도 선량한 관리자의 주의로 보관할 의무가 있으므로 이를 게을리하여 임치물이 멸실 또는 훼손된 경우에는 채무불이행으로 인한 손해배상책임을 면할 수 없으나, 다만 수치인이 적법하게 임치계약을 해지하고 임치인에게 임치물의 회수를 최고하였음에도 불구하고 임치인의 수령지체로 반환하지 못하고 있는 사이에 임치물이 멸실 또는 훼손된 경우에는 수치인에게 고의 또는 중대한 과실이 없는 한 채무불이행으로 인한 손해배상책임이 없다. 동지: 대법원 1994. 4. 26. 93다62539 · 62546; 동 1964. 7. 14. 64다470.

6. 상인 간의 매매

1) 상인 간의 매매의 의의

상인 간의 매매란 상인과 상인 간에 이루어지는 상행위인 매매를 말한다. 즉, 상인 간의 매매는 당사자 쌍방이 상인인 경우의 매매를 말하는 것으로서 이때의 매매는 당사자 쌍방에게 상행위로 된다. 다만 이때의 매매는 상인이 영업으로 하는 기본적 상행위뿐만 아니라 영업을 위하여 하는 보조적 상행위이어도 무방하다.

상법은 상인 간의 매매에 있어 매도인을 보호하고 거래의 안전 · 신속화를 위

---

1) 대전지방법원 2015. 6. 5. 2014나18627: 甲이 1,000만 원이 넘는 시계를 매도하려고 乙이 운영하는 편의점 내 무인택배기(乙 외에 별개의 택배사업자가 존재한다)에 물품가액을 접수 가능한 한도액인 '100만 원'으로 입력하고 택배상자를 접수하였으나, 추후 성명불상자가 乙에게 전화하여 택배 취소접수를 요청하자, 乙이 곧이어 찾아온 성명불상자의 동생이라고 칭하는 자에게 신분을 확인하는 등의 절차 없이 택배상자를 건네줌으로써 甲이 시계 대금 상당의 피해를 입은 사안에서, 상법 제62조를 적용하여 乙의 책임을 인정하되 책임한도를 100만 원으로 제한하였다.

하여 민법의 매매 규정에 대한 다음과 같은 약간의 특칙을 두고 있을 뿐이고, 나머지 것은 모두 민법의 계약법에 의존하고 있다. 그러나 상인 간의 매매에 관한 특칙은 어디까지나 임의규정이다.

상사매매

상법 제67조 이하의 상인 간의 매매에 관한 규정은 상사매매(Handelskauf)의 특수한 형태로서 당사자 쌍방이 상인인 경우의 매매에 관한 규정이다. 상인 간의 매매의 상위개념인 상사매매란 상법의 적용대상이 되는 매매로서 당사자의 일방 또는 쌍방에 대하여 상행위가 되는 매매를 말한다. 그러나 상법은 상사매매 일반에 관하여는 규정을 두고 있지 아니하므로 민법의 매매에 관한 규정(민 제563조~제595조)이 적용된다. 이는 민법의 상화현상의 일례라고 할 수 있다. 다만 상인 간의 매매에 관하여는 아직도 상법에서 규율할 필요가 있어서 상법에 5개의 조문을 두고 있으나, 상거래에서의 매매의 중요성을 감안하여 볼 때 매우 빈약한 것이라 아니할 수 없다. 따라서 상사매매와 관련하여 많은 약관이 출현하여 이에 의하여 당사자의 권리·의무가 규율되는 예가 흔하다. 입법론으로서는 민법과 상법 및 특별법(할부거래에 관한 법률, 방문판매 등에 관한 법률 등)에 규정된 매매관련 규정을 통합하는 새로운 매매법을 제정하는 것이 바람직하다고 본다.

한편 국제물품매매계약과 관련하여서는 국제물품매매계약에 관한 U.N. 協約(United Nations Convention on Contracts for the International Sale of Goods, 1980)이 성립·발효되고 있으며(우리나라에는 2005년 발효), FOB, CIF 등의 거래조건이 발달되어 이용되고 있다.

2) 매도인의 공탁권과 경매권

(1) 총 설

(가) 민법에 의하면 매매계약에 있어서 매수인이 목적물의 수령을 거부하거나 이를 수령할 수 없는 때(채권자지체)에 매도인은 계약을 해제하고 매수인에게 손해배상을 청구할 수 있는 외에(민 제544조·제551조),[1] 공탁권과 경매권을 행사하여(민 제487조~제490조) 목적물인도의무를 면할 수 있다. 다만 민법은 이 경우 공탁을 원칙으로 하고, 경매는 ① 목적물이 공탁에 적당하지 않거나, ② 멸실 또는 훼손될 염려가 있거나, ③ 공탁을 위하여 과다한 비용이 드는 경우에 법원의 허

---

1) 채권자지체의 경우 채권자에게 '수령의무'가 있는지에 관하여 견해가 갈린다. 수령의무를 인정하는 견해에 따르면 채무불이행의 일반적 효과로서 손해배상청구권과 계약해제권이 인정된다(소수설). 이에 반하여 수령의무를 인정하지 않고 채권자의 책임은 간접의무라고 보는 견해에 따르면 채권자가 협력의무를 이행하지 않으면 단지 민법 제401조에서 제403조까지의 책임만 질 뿐 손해배상청구권과 계약해제권은 인정되지 않는다(다수설).

가를 얻어서만 할 수 있다고 정한다(민 제490조).

(나) 그러나 이러한 민법의 규정을 가격의 변동이 심한 상사매매의 경우에도 적용하게 되면 매수인의 수령지체 때문에 매도인의 이익을 해할 우려가 있고, 거래의 신속한 완료도 기대할 수 없게 된다. 이러한 이유에서 상법은 매도인을 보호하기 위하여 상사매매에 특칙을 두고 있다. 즉, 상인 간의 매매에 있어서 매수인이 수령을 거부하거나 이를 수령할 수 없는 때에는 매도인은 그 물건을 공탁하거나 상당한 기간을 정하여 최고한 후 경매할 수 있다(제67조 제1항). 따라서 매도인은 공탁권과 경매권 중에서 선택권을 가지며, 이 중 하나의 권리를 행사한 후라도 이를 변경하여 다른 권리를 행사할 수 있다.

(다) 요컨대, 민법에서는 공탁이 원칙이고 예외적으로 공탁의 준비행위로서 경매가 인정되는 데 비하여, 상법에서는 매도인에게 공탁권과 경매권(자조매각권)이 나란히 인정된다. 그 결과 매도인은 목적물인도의무를 쉽게 면할 수 있고, 매매대금을 용이하게 지급받을 수 있게 되었을 뿐만 아니라, 상법은 발신주의를 취한 결과 매수인이 통지에 관한 위험을 부담함으로써 매도인이 더욱 두터이 보호되고 있다.

(2) 매도인의 공탁권

(가) 매도인의 공탁권의 의의

(i) 상인 간의 매매에 있어서 매수인이 수령을 거부하거나 이를 수령할 수 없는 때에는 매도인은 그 물건을 공탁할 수 있다(제67조 제1항 제1문).

(ii) 공탁은 매수인의 비용으로 한다. 매도인은 매수인에 대하여 공탁비용의 상환청구권이 있으므로 매수인은 비용을 상환하지 않고는 공탁물을 수령하지 못한다.

(iii) 또한 공탁은 매수인의 위험부담으로 한다. 그러므로 매수인은 공탁물 보관자에게 목적물을 운송할 때까지의 위험도 부담하여야 한다. 그러나 매도인은 필요하다고 인정하는 경우에 화재보험이나 도난보험 등의 보험계약을 체결할 주의의무가 있다고 본다.

(나) 공탁권 행사의 요건

공탁권을 행사하려면 (i) 매매가 상인 간의 상행위인 매매이어야 한다. 상인 간의 매매라 함은 양당사자가 모두 상인이고 쌍방에 대하여 상행위로 되는 매매를 말한다. 다만 그 상행위는 영업으로서 하는 영업적 상행위이든 영업을 위하여 하는 보조적 상행위이든 상관이 없다.

(ii) 매수인이 목적물의 수령을 거부하거나[1] 이를 수령할 수 없어야 한다. 수령의 불능이 매수인의 귀책사유에 의한 것인가 아닌가는 상관이 없고, 대금의 지급여부도 문제되지 않는다. 매수인이 수령을 거절하거나 수령을 할 수 없는 때에는 이행기 전후를 불문하고 매도인은 공탁할 수 있다.

(iii) 공탁의 목적물에는 제한이 없고 금전·유가증권 기타의 물건이다. 부동산도 물건에 포함되느냐에 관하여는 이를 부정하는 견해도 있으나,[2] 상사매매의 경우 매도인의 신속한 자금회수를 보장해 줄 필요가 있고, 부동산도 상품화되는 경향이 있으므로 부동산도 포함된다고 본다.[3]

(다) 공탁의 효과

(i) 매도인이 공탁물을 공탁한 때에는 지체없이 매수인에 대하여 이에 관한 통지를 발송하여야 한다[제67조 제1항 제2문. 그러나 실제에 있어서는 공탁법에 의하여 공탁공무원이 채권자에게 통지하도록 되어 있으므로 이 통지가 발송되면 충분하다(공탁사무처리규칙 제27조)]. 즉, 상법은 상인 간의 매매에 있어서 공탁의 통지에 관하여 발신주의를 채택하고 있다.

(ii) 통지는 공탁을 위한 유효요건은 아니지만 이를 해태한 때에는 매수인에게 손해배상책임을 진다. 공탁은 매수인이 이를 승인하거나 공탁소에 대하여 공탁물을 받기를 통고하거나 공탁유효의 판결이 확정됨으로써 매매계약의 이행과 같은 효력이 생긴다(민 제489조).

(3) 경매권(자조매각권)

(가) 매도인의 경매권의 의의

(i) 상인 간의 매매에 있어서 매수인이 수령을 거부하거나 이를 수령할 수 없는 때에는 매도인은 상당한 기간을 정하여 최고한 후 그 물건을 경매할 수 있다(제67조 제1항 제1문).

(ii) 상사매매에 있어서의 경매권은 민법에 비하여 경매의 요건이 완화되어 있다. 즉, 민법 제490조에 의하면 변제의 목적물이 공탁에 부적당하거나 멸실·훼손의 염려가 있거나 또는 공탁에 과다한 비용이 드는 경우에 한하여 법원의 허가를 얻어 경매(또는 시가로 방매)하게 되어 있다. 그러나 상사매매의 경우에 매도인은 법원의 허가없이도 어떠한 목적물이든지 상당한 기간을 정하여 매수인

---

1) 대법원 1968. 5. 28. 68다291; 동 1981. 9. 8. 80다2851.
2) 최기원(상) 247면.
3) 손주찬(상) 247면; 임홍근(총) 307면; 이기수(상) 191면; 김정호(상) 194면.

에게 수령의 최고만을 하고 경매할 수 있다(제67조 제1항). 또 매수인에게 최고도 할 수 없거나 목적물이 멸실·훼손의 염려가 있는 때에는 최고 없이도 경매할 수 있다(제67조 제2항). 이러한 매도인의 경매권을 자조매각권(Selbsthilfeverkaufsrecht)이라 한다.

(나) 경매권 행사의 요건

자조매각권을 행사하려면 (i) 상인 간의 상행위인 거래가 있어야 한다.

(ii) 상인 간의 거래에서 매수인이 수령을 지체하여야 한다.

(iii) 상당한 기간을 정하여 매수인에게 수령을 최고하여야 한다. 경매를 위한 최고는 매수인에게 손해의 예방을 위한 기회를 주기 위한 것이므로 매수인을 위하여 지정된 목적물을 언제까지 수령하지 아니하면 자조매각의 방법으로 처리한다는 것을 명확하게 인식할 수 있게 하여야 한다.

'상당한 기간'의 의미에 대하여는 매수인이 목적물을 수령하기 위하여 준비하는데 소요되는 기간이라는 견해와[1] 매수인이 입을지도 모를 손해를 회피하기 위하여 필요한 조치를 취하기 위한 기간으로 보는 견해 등이 있으나 매수인이 목적물을 수령할 것인가 아닌가를 고려하기 위한 기간이라고 보는 것이 타당하다고 본다.[2]

최고의 방법에는 제한이 없으므로 서면 또는 구두로 할 수 있으나, 매수인에게 도달한 때에 효력이 생긴다. 그러나 매수인에 대하여 최고를 할 수 없거나, 목적물이 멸실 또는 훼손될 염려가 있는 때에는 최고없이 경매를 할 수 있다(제67조 제2항).

(iv) 자조매각의 조건은 반드시 본래의 매매계약의 조건과 일치할 필요는 없다. 그러므로 매도인이 매수인의 계산으로 상당한 주의로써 사정에 따라 가장 유리한 가격으로 매각하려고 노력하면 충분하다.

(다) 경매권 행사의 효과

(i) 매수인에 대한 통지: 매도인이 목적물을 경매한 때에는 지체없이 매수인에 대하여 그 통지를 발송하여야 한다(제67조 제1항 제2문). 통지는 특별한 방식을 요하지 않는다. 통지는 경매의 유효요건이 아니며 다만 이를 해태한 때에 매도인이 손해배상책임을 질 뿐이다.

(ii) 매도인의 권리: 상법상의 경매는 매수인의 계산으로 하는 것이므로 매도인은 경매의 경우에 수임자와 같은 지위에 있다. 따라서 경매비용의 상환을

1) 이철송(총) 376면.
2) 동지: 손주찬(상) 248면; 최기원(상) 220~221면; 임홍근(총) 308면.

청구할 수 있다. 또한 적법한 경매는 본래의 매매계약을 이행한 것과 같은 효력이 생기므로, 매도인이 목적물을 경매한 경우에는 경매비용을 공제한 잔액을 공탁하여야 하나, 그 대금에서 경매대금의 전부나 일부를 매매대금에 충당할 수 있다(제67조 제3항). 이 점이 민법의 경우의 자조매각금의 공탁만을 인정하는 것(민 제490조)과 다르다. 그러나 경매비용을 공제하고 매매대금으로 충당한 후 잔액이 있는 때에는 이를 매수인에게 인도하거나(민 제684조 제1항) 공탁하여야 한다(제67조 제3항).

(iii) 경매가 부적법한 경우: 경매가 적법하게 이루어지지 않은 때에는 매수인은 그 매각을 자기의 계산으로 한 것으로 보지 않을 수 있다. 즉, 매도인은 매수인에게 경매의 효력을 주장할 수 없다.

3) 매수인의 목적물검사 · 하자통지의무

(1) 매수인의 목적물검사 · 하자통지의무의 의의

(가) 민법의 규정에 의하면 매매목적물에 하자가 있거나 수량부족이 있는 때에는 매도인은 하자담보책임을 지고, 매수인은 대금감액을 청구할 수 있으며, 또 매수인이 선의인 경우에는 계약해제와 손해배상청구도 할 수 있는데, 이러한 권리는 매수인이 악의이면 계약한 날로부터 1년 내에, 선의이면 사실을 안 날로부터 1년 또는 6월 내에 행사하여야 한다(민 제570조~제575조 · 제580조~제582조).

(나) 상인 간의 매매에 있어서는 장기간 거래관계를 불안정한 상태로 두는 것은 증명을 곤란하게 하며, 매수인이 목적물의 하자 또는 수량부족을 악용하여 유리한 시점에서 계약을 해제하는 등 폐단이 많을 것이므로, 상거래의 신속한 처리와 매도인 보호를 위하여 매수인에게 (민법에는 없는) 목적물의 검사 · 하자통지의무를 부과하고 있다.[1] 즉, 매수인은 목적물을 수령한 때에는 지체없이 이를 검사하여야 하고, 하자 또는 수량부족을 발견한 때에는 즉시 매도인에게 통지를 발송하여야 하며, 만약 이 통지를 하지 아니하면 매도인이 악의인 경우를 제외하고 그로 인한 대금감액청구 · 계약해제 또는 손해배상청구를 하지 못하게 된다. 다만 그 하자가 즉시 발견할 수 없는 성질의 것인 때에는 6월 내에 이를 발견하여 즉시 통지하면 그 권리를 상실하지 아니한다(제69조). 상법 제69조 제1항은 임의규정이다.[2]

---

1) 대법원 1999. 1. 29. 98다1584.
2) 대법원 2008. 5. 15. 2008다3671.

✦ 대구고등법원 1989. 6. 1. 88나4073[확정]
목적물검사 및 통지의무를 위반한 경우 손해배상청구권을 상실한다

☞ 상인간의 매매에 있어서 매수인은 매도인으로부터 목적물을 수령한 후 지체없이 이를 검사하여 하자를 발견하면 즉시 매도인에게 그 내용을 통지하여야 하고 이 경우의 검사는 당해 목적물을 거래하는 상인으로서 매수인이 갖고 있는 전문지식 등을 고려하여 그러한 종류의 거래에서 통상 요구되는 주의의무를 가지고 하자발견을 위하여 상당하다고 인정되는 방법으로 하여야 하며 위 검사 및 하자통지를 게을리 한 경우에는 그 하자로 인한 손해배상청구권을 잃게 된다 할 것이므로, 농약을 제조판매하는 회사가 제초제 제조를 위하여 필요한 원료인 노말부타놀을 주문·구입함에 있어 이를 구체적으로 특정하지 아니한 채 단순히 부타놀이라고만 표시한 결과 화공약품업자로부터 아이소부타놀을 배달받아 이를 노말부타놀로 믿고 아무런 검사도 하지 아니한 채 막바로 그에 다른 물질을 혼합하여 부타원제를 제조하였다면 농약제조회사로서는 위 아이소부타놀을 수령한 후 지체없이 이를 검사하여 그 하자를 통지하여야 할 의무를 게을리 한 잘못이 있어 그로 인한 손해배상을 청구할 수 없다.

(2) 매수인의 목적물검사·하자통지의무의 법적 성질

매수인의 목적물검사·하자통지의무는 이를 해태하였을 경우에 일정한 권리를 행사할 수 없는 불이익을 받을 뿐, 그 불이행의 경우 어떤 책임이 생기는 것은 아니기 때문에 불완전의무 또는 간접의무라고 할 수 있다.[1)]

(3) 매수인의 목적물 검사 및 하자통지규정의 적용범위

판례는 상법 제69조 제1항은 민법상 매도인의 담보책임에 대한 특칙이라는 전제하에, 채무자의 불완전이행으로 인한 손해배상청구에는 상법 제69조 제1항이 적용되지 않는다고 한다.[2)] 이 판결의 사안을 보면 매수한 토지의 지하 또는 지중에 유류, 중금속 등 오염으로 인한 하자를 발견한 경우로서 이는 불완전이행의 경우이고, 불완전이행은 하자담보책임이 아니므로 상법 제69조가 적용되지 않고 민법상 채무불이행책임을 물을 수 있다는 취지이다. 한국 민법학계에서는 하자담보책임과 채무불이행책임을 준별한다.[3)] 그러나 국제연합 물품매매협약 등을 비롯한 세계적인 추세는 하자담보책임을 채무불이행책임의 내용으로 이해하여 양자를 일체로 본다. 물론 양자는 다르지만 매수인이 목적물을 수령한 후에는 하자담보책임만을 물을 수 있는 것으로 해석하는 것이 옳다고 본다.[4)]

---

1) 강위두(총) 280면; 정찬형(상) 232면; 최기원(상) 257면; 정동윤(상) 211면.
2) 대법원 2015. 6. 24. 2013다522. 동지: 대법원 2004. 8. 20. 2001다70337(매도인이 은밀하게 다량의 폐기물을 매립하고 그 위에 토사를 덮은 다음 토지를 매각한 사건).
3) 지원림, 「민법강의」, 2015, 1285면.
4) 김지환, "상인간 매매에 관한 일고찰", 「법과 기업 연구」, 제5권 제3호, 2015, 29면.

채무불이행책임과 하자담보책임의 차이

(ⅰ) 과실책임(민법 제390조 단서)/무과실책임

(ⅱ) 매수인의 선의 악의는 문제되지 않음/매수인의 선의무과실 필요

(ⅲ) 책임의 내용은 계약해제, 손해배상, 강제이행/계약해제, 손해배상, 대금감액청구, 완전물급부청구

(ⅳ) 일반의 소멸시효(민법 제162조, 상법 제64조)/손해배상청구권과 해제권은 6월(물건의 하자) 또는 1년(권리의 해제)

(4) 매수인의 목적물검사 · 하자통지의무의 요건

(가) 상인 간의 매매

매수인의 목적물검사 · 하자통지의무는 상인 간의 매매에만 적용된다. 즉, 양당사자가 상인이고, 쌍방에 대하여 상행위로 되는 매매이어야 한다. 상인자격은 매매체결시에만 있으면 되고 사후에 일방이 상인자격을 상실하더라도 상관없다. 그리고 상행위는 상인이 영업으로 하는 영업적 상행위뿐만 아니라 영업을 위하여 하는 보조적 상행위라도 상관없다.

✦ 대법원 1993. 6. 11. 93다7174 · 7181
당사자의 일방이 상인이 아닌 경우에는 매수인은 목적물의 검사와 하자통지의무가 없다

〈사 실〉

X는 Y로부터 매수한 21∼22kg들이 사과 1,300상자를 해체하여 다시 포장한 사과 중 537상자의 사과에 과심(果心)이 썩은 하자가 있었다. X는 Y에 대하여 이에 따른 하자담보책임을 묻자 Y는 X가 상법 제69조에 의한 검사와 하자통지의무를 이행하지 않았다는 이유로 그러한 책임을 질 수 없다고 항변하였다. 원심은 Y가 상인이 아니라는 이유로 상법 제69조가 이에 적용될 수 없다고 하여 Y의 항변을 배척하였다. 이에 Y가 상고하게 된 것이다.

〈판결요지〉

Y는 약 5,000평의 사과나무 과수원을 경영하면서 그 중 약 2,000평 부분의 사과나무에서 사과를 수확하여 이를 대부분 대도시의 사과판매상인 X에게 위탁판매한다면, 이는 영업으로 사과를 판매하는 것으로 볼 수 없으니 Y는 상인이 아니다. …

매수인에게 즉시 목적물의 검사와 하자통지를 할 의무를 지우고 있는 상법 제69조의 규정은 상인간의 매매에 적용되는 것이며, 매수인이 상인인 한 매도인이 상인인지 여부를 불문하고 위 규정이 적용되어야 하는 것은 아니다. 따라서 상법 제69조는 X에게 적용되지 않고, 설사 Y를 상인으로 본다고 하더라도 사과의 과심이 썩은 하자는 상법 제69조 제1항 소정의 "즉시 발견할 수 없는 하자"에 해당하므로 X는 위 사과에 있는 숨은 하자를 발견하고 6월 이내에 Y에게 위 하자를 통지하였음을 알 수 있으므로 X가 그 통지의무를 해태하였음을 전제로 하는 논지는 어느 모로 보나

이유가 없다. 따라서 원심판결은 정당하고, 상고를 모두 기각한다.

상인간의 매매에만 적용되고 상인간의 계약이라 하더라도 도급계약이나 임대차계약에는 적용이 없다. 또한 농수산물 유통 및 가격안정에 관한 법률에 의한 거래의 경우에도 적용이 없다(판례).

✦ 대법원 1987. 7. 21. 86다카2446
상사매매가 아닌 도급계약인 경우에는 매수인이 목적물의 검사와 하자통지의무를 부담하지 아니한다

〈사 실〉

X(상인)는 Y(상인)가 제시한 도안과 규격에 따라 자동포장지를 제작하여 공급하는 계약을 Y와 체결하고 이를 제작하여 Y에게 공급한 경우, Y는 상법 제69조에 의한 목적물의 검사와 하자통지의무를 부담하는지 여부에 관한 것이다. 이에 대하여 원심은 이를 매매로 보아 Y에게 상법 제69조에 의한 목적물의 검사와 하자통지의무를 부담시켜 Y가 이를 이행하지 않은 이상 Y는 목적물의 하자를 이유로 이 사건 매매계약을 해제할 수 없다고 판시하였다. 이에 Y가 상고하게 된 것이다.

〈판결요지〉

X가 Y의 주문에 따라 자기소유의 재료를 사용하여 만든 물건을 공급할 것을 약정하고 이에 대하여 Y가 대가를 지급하기로 약정하는 이른바 제작물공급계약은, 그 제작의 측면에서는 도급의 성질이 있고 공급의 측면에서는 매매의 성질이 있어 이러한 계약은 대체로 매매와 도급의 성질을 함께 가지고 있는 것으로서, 그 적용법률은 계약에 의하여 제작 공급하여야 할 물건이 대체물인 경우에는 매매로 보아서 매매에 관한 규정이 적용된다고 할 것이나, 물건이 특정의 주문자의 수요를 만족시키기 위한 불대체물인 경우에는 당해 물건의 공급과 함께 그 제작이 계약의 주 목적이 되어 도급의 성질을 강하게 띠고 있다 할 것이므로 이 경우에는 매매에 관한 규정이 당연히 적용된다고 할 수 없다. 그러므로 논지는 이유있고, 원심판결을 파기환송한다. 동지: 대법원 1995. 7. 14. 94다38342: 상법 제69조(매수인의 목적물의 검사와 하자통지의무)는 상인 간의 수량을 지정한 건물의 임대차계약에는 준용되지는 않는다. 동 1991. 8. 13. 91다14970: 농수산물 거래에 관한 한 농수산물 유통 및 가격안정에 관한 법률에 특별규정이 있으므로 상법 제69조는 적용되지 않는다.

(나) 목적물의 수령

매수인이 목적물을 수령하여야 한다. 여기서 목적물의 수령은 목적물 자체를 현실적으로 수령하여 이것을 검사할 수 있는 상태를 말한다. 따라서 화물상환증·선하증권 등의 양수에 의하여 목적물에 대한 권리가 이전되는 것은 제외된다. 목적물은 특정물뿐만 아니라 불특정물도 포함한다(통설).

(다) 목적물의 하자 · 수량부족

목적물에 하자 또는 수량의 부족이 있어야 한다. 이때의 하자는 물건의 성질 · 형상에 관한 하자를 가리키며(민 제580조 · 제581조), 권리의 하자는 포함되지 않는 것으로 본다(통설). 그 이유는 권리의 하자와 같이 장기간의 조사를 요하는 것은 신속한 통지의무를 규정한 본조의 정신과 배치되기 때문이다.

(라) 매도인의 선의

매도인이 선의이어야 한다(제69조 제2항). 매도인이 목적물의 인도 당시에 물건의 하자 또는 수량부족을 알고 있었다면(악의) 매수인은 검사 · 통지의무를 부담하지 않고, 민법의 일반원칙에 의하여 매도인의 담보책임을 물을 수 있다.

(5) 매수인의 목적물검사 · 하자통지의무의 내용

(가) 검사의무

매수인은 목적물을 수령한 때에는 지체없이 이를 검사하여야 한다.[1] 검사의 정도와 방법은 목적물의 종류와 성질 및 그 수량에 따라 다를 수 있으므로 각각의 경우에 특수한 사정을 고려하여 객관적으로 판단하여야 한다. 따라서 매수인의 주관적인 사정(매수인의 능력 부족, 영업주의 부재, 인력 부족)은 고려될 수 없다(통설). 그러나 목적물에 즉시 발견할 수 없는 하자가 있는 경우에는 6월 내에 검사하여야 한다.[2]

(나) 통지의무

매수인은 목적물의 하자 또는 수량부족을 발견하였을 때에는 즉시 매도인에게 그 통지를 발송하여야 한다(발신주의)(제69조 제1항 제1문).[3] 목적물에 즉시 발견할 수 없는 하자가 있는 경우에는 매수인은 6월 내에 발견하여 통지하면 된다(제69조 제1항 제2문). 다만 목적물에 즉시 또는 6월 내에 발견할 수 없는 하자 또는 수량부족이 있어 6월 내에 그 통지를 못하고 6월을 경과한 경우에는 매수인이 담보책임을 물을 수 있는가에 관하여는 견해가 대립하고 있다.

긍정설은 검사는 하였으나 하자통지하지 않은 경우에도 이러한 권리를 행사할 수 있다고 한다.[4] 그 이유는 상법 제69조는 하자나 수량부족의 성질상 즉시

1) 그러나 영국물품매매법 제34조 제1항 소정의 검사를 하지 아니한 사유만으로 채무불이행으로 인한 손해의 회복이 금지되는 것은 아니다: 대법원 1988. 12. 13. 87다카2986.

2) 대법원 1993. 6. 11. 93다7174 · 7181(사과의 果心이 썩은 하자는 즉시 발견할 수 없는 하자에 해당한다).

3) 대구고등법원 1987. 2. 5. 86나926[확정]: 납품받은 물품에 대한 하자를 즉시 통보하지 아니하면 매매계약을 해제할 수 없다.

4) 이철송(총) 387면.

발견할 수 있는 경우와 6월 내에 발견할 수 있는 경우에 관한 규정이므로, 하자나 수량부족이 6월 내에 발견할 수 없는 것이어서 6월을 경과한 경우에는 본조가 적용되지 아니하여 매수인은 통지하지 않고도 이러한 권리를 행사할 수 있다는 것이다. 이에 대하여 부정설은 상법 제69조의 취지가 상거래의 신속한 처리와 매도인 보호임에 비추어 이러한 권리를 행사할 수 없다고 한다(판례 · 다수설).[1)]

✦ 대법원 1999. 1. 29. 98다1584
하자가 6월 내에 발견할 수 없는 성질의 것이라고 하더라도 하자통지를 하지 아니하면 담보책임을 물을 수 없다.

☞ 상법 제69조는 상거래의 신속한 처리와 매도인의 보호를 위한 규정인 점에 비추어 볼 때, 상인 간의 매매에 있어서 매수인은 목적물을 수령한 때부터 지체 없이 이를 검사하여 하자 또는 수량의 부족을 발견한 경우에는 즉시 매도인에게 그 통지를 발송하여야만 그 하자로 인한 계약해제, 대금감액 또는 손해배상을 청구할 수 있고, 설령 매매의 목적물에 상인에게 통상 요구되는 객관적인 주의의무를 다하여도 즉시 발견할 수 없는 하자가 있는 경우에도 매수인은 6월 내에 그 하자를 발견하여 지체 없이 이를 통지하지 아니하면 매수인은 과실의 유무를 불문하고 매도인에게 하자담보책임을 물을 수 없다고 해석함이 상당하다. 동지: 대법원 1987. 7. 21. 86다카2446; 동 1990. 12. 21. 90다카28498 · 28504.

생각건대 상법 제69조가 민법의 특칙으로서 가지는 의미를 고려할 때 부정설이 옳다고 본다.

(다) 통지의 내용과 방법

통지의 내용은 매도인에게 하자의 종류와 범위, 수량부족의 정도를 알릴 수 있는 것이어야 한다. 통지의 방법에는 제한이 없으므로 서면이나 구두 또는 전화로 할 수 있다. 매수인은 적법하게 통지를 발송하면 되고 그 도착의 위험은 매도인이 부담한다. 통지를 발송하였다는 증명책임은 매수인이 부담한다.[2)]

(6) 매수인의 목적물검사 · 하자통지의무이행의 효과

(가) 매수인이 검사 · 하자통지의무를 이행하였다고 하여 매수인이 새로운 권리를 취득하는 것은 아니며, 민법의 일반원칙에 의하여 매도인에 대하여 담보책임을 물을 수 있을 뿐이다. 즉, 목적물의 하자가 있는 경우에 매수인은 계약을

1) 정동윤(상) 211면; 손주찬(상) 253면; 채이식(상) 182면; 서헌제(상) 246면.
2) 대법원 1990. 12. 21. 90다카28498 · 28504: 목적물의 검사와 하자통지의무를 이행하였다는 증명책임은 매수인이 이를 부담한다.

해제하거나 손해배상을 청구할 수 있다(민 제580조, 제575조). 수량부족의 경우에는 대금감액의 청구 외에 잔존부분만이면 매수인이 이를 매수하지 아니하였을 때에는 계약의 해제와 동시에 손해배상청구를 할 수 있다(민 제574조, 제572조, 제573조).

(나) 매수인이 계약을 해제한 경우 매도인의 비용으로 이미 인도받은 목적물을 보관 또는 공탁하여야 하고, 만약 목적물이 멸실 또는 훼손될 염려가 있는 때에는 법원의 허가를 얻어 경매하여 그 대가를 보관 또는 공탁하여야 한다(제70조 제1항).

(7) 매수인의 목적물검사 · 하자통지의무 위반의 효과

(가) 매수인이 검사 · 통지의무를 해태한 때에는 매수인은 매도인에 대하여 목적물의 하자 또는 수량부족으로 인한 계약해제 · 대금감액 또는 손해배상을 청구하지 못한다(제69조 제1항, 민 제574조 · 제572조). 그러나 이 의무위반으로 매수인이 손해배상책임을 지지는 않는다.

(나) 이와 같이 매수인의 의무는 이를 해태하였을 경우에 일정한 권리를 행사할 수 없는 불이익을 받을 뿐, 그 불이행의 경우 어떤 책임이 생기는 것은 아니기 때문에 불완전의무 또는 간접의무임은 전술하였다.

(다) 이때에 매수인의 과실의 유무는 묻지 아니한다.[1]

(라) 매수인이 이러한 의무를 해태하였을 경우 상법 제69조 제1항에 따라 대금감액청구 · 계약해제 및 손해배상청구를 할 수 없으므로 대신 민법상의 일반원칙에 따라 하자있는 목적물의 수령거절, 불특정매매에 있어서의 대물변제, 하자보수청구 · 부족분 추가청구 등의 완전이행의 청구는 가능할까?라는 의문이 생길 수 있으나, 상법 제69조 제1항의 규정은 예시적인 것에 불과하므로 이들 권리 역시 인정될 수 없다.[2]

4) 매수인의 목적물보관 · 공탁의무

(1) 매수인의 목적물보관 · 공탁의무의 의의

(가) 민법의 규정에 의하면 매매목적물의 하자 또는 수량부족으로 인하여 매수인이 계약을 해제하였을 때에는 각 당사자는 원상회복의 의무를 진다(민 제548조). 그리고 매수인에게 인도된 물건이 매매목적물과 다르거나 수량을 초과한 경

1) 대법원 1999. 1. 29. 98다1584.
2) 강위두(총) 280면.

우에도 그 상위(相違) 또는 초과부분을 반환하면 충분하고 보관의무를 지는 것은 아니다.

(나) 그러나 원격지에 있는 상인 간의 매매에도 민법의 원칙을 적용한다면 매도인은 목적물의 소재지에서 전매할 기회를 잃게 되고, 반송의 위험과 운송비를 부담하여야 하므로 경제적이지 못하다. 상법은 이러한 경우에 매수인에게 특수한 의무를 지워 매도인의 보호와 거래의 안전을 도모하고자 한다. 즉, 상인 간의 매매에 있어서 이른바 격지매매(隔地賣買)의 경우(제70조 제3항) 매수인이 수령한 목적물의 하자나 수량부족으로 계약을 해제한 때 또는 수량이 초과한 때에는 그 목적물을 매도인에게 반송할 것이 아니라 매도인의 비용으로 보관 또는 공탁하여야 한다(제70조 제1항 본문, 제71조). 이것은 불필요한 반송을 막아 반송의 비용부담을 더는 한편 그 소재지에서 가급적 전매하도록 하여 상기(商機)를 잃지 않도록 하기 위한 것이다.

(다) 만일 목적물이 멸실 또는 훼손될 염려가 있는 때에는 법원의 허가를 얻어 경매하여 그 대가를 보관 또는 공탁하여야 한다(제70조 제1항 단서). 이때의 경매를 긴급매각(緊急賣却, Notverkauf)이라고 한다. 물론 이렇게 경매를 한 때에는 매수인은 지체없이 매도인에게 그 통지를 발송하여야 한다(제70조 제2항).

(2) 매수인의 목적물보관·공탁의무의 발생요건

(가) 상인간의 매매

상인간의 상행위인 매매가 있어야 한다. 기본적 상행위뿐만 아니라 보조적 상행위도 포함한다.

(나) 계약의 해제·목적물의 상위·수량초과

매매의 이행으로서 수령한 목적물의 하자·수량부족으로 인하여 계약을 해제하였거나(제70조 제1항), 매도인으로부터 매수인에게 인도된 물건이 매매의 목적물과 상위하거나 수량이 초과된 경우이어야 한다(제71조). 계약해제의 원인은 매수인이 수령한 목적물의 하자나 수량의 부족이다. 그러나 그 밖의 약정해제권의 행사로 인한 해제 또는 확정기매매에 있어서 이행기의 경과로 인한 해제 등과 같은 이유로 매매계약이 해제된 경우에도 매수인이 이미 목적물을 수령한 경우에는, 매수인의 보관·공탁의무에 관한 규정이 유추적용되어야 할 것이다(통설).[1)]

---

1) 손주찬(상) 255면; 최기원(상) 260면; 임홍근(총) 317면; 이기수(상) 197면; 이철송(총) 390면.

(다) 격지매매

매수인의 보관 등의 의무는 격지매매의 경우에 한하여 발생한다. 목적물의 인도장소가 매도인의 영업소 또는 주소와 동일한 특별시 · 광역시 · 시 · 군에 있는 때에는 매수인의 목적물 보관 · 공탁 등의 의무가 없다(제70조 제3항). 동일한 지역 내에 있는 경우에는 즉시 적절한 조치를 취할 수 있기 때문이다.

(라) 매도인의 선의

매도인에게 악의가 없어야 한다. 즉, 매도인이 목적물의 하자 또는 수량부족으로 인한 해제사유 또는 매매의 목적물과 상위하거나 수량을 초과하여 물건을 인도한 사실을 알지 못하여야 한다(제71조, 제70조 제1항, 제69조).

(3) 매수인의 목적물보관 · 공탁의무의 내용

(가) 보관 · 공탁의무

매수인은 매매의 이행으로서 수령한 목적물의 하자 또는 수량부족으로 인하여 계약을 해제한 경우에 그 목적물이나, 인도된 물건이 목적물과 상위한 경우에 그 물건 또는 약정의 수량을 초과하는 경우에 그 초과하는 물건을 보관 또는 공탁하여야 한다(제70조 제1항 본문, 제71조). 매수인은 위의 물건을 보관하거나 또는 공탁할 수 있으므로 선택하여 어느 하나의 의무를 이행하여야 하고, 이에 따른 비용은 매도인의 비용으로 한다(제70조 제1항 본문, 제71조). 그리고 매수인은 비용 외에 제61조의 규정에 의하여 보수를 청구할 수 있다.[1)]

이 경우의 매수인의 보관의무는 일단 성립하였던 계약을 해제한 경우에 지는 의무이므로, 상인이 계약의 청약을 거절한 때에 지는 보관의무(제60조)와 달리 목적물의 보관가액이 보관비용을 상환하기에 부족하거나 보관으로 인하여 손해를 받을 염려가 있는 경우에도 지게 된다. 보관기간에 관하여는 상법에 아무런 규정이 없으나, 매도인이 적절한 조치를 취할 수 있을 때까지의 상당한 기간 동안만 보관의무가 있다고 본다.[2)]

매수인이 보관 또는 공탁한 때에는 보관 또는 공탁에 관한 비용 이외에 상당한 보수를 청구할 수 있음은 물론이다(제61조).

---

1) 동지: 손주찬(상) 256면; 임홍근(총) 318면; 정동윤(상) 213면; 채이식(상) 194면; 김병연(총) 235면. 반대: 정찬형(상) 234면(보관 · 공탁의무는 법률의 규정에 의한 의무이므로 보수청구권이 없다고 한다).

2) 동지: 손주찬(상) 256면; 최기원(상) 261면; 임홍근(총) 318면; 정동윤(상) 212~213면; 이기수(상) 198면.

(나) 경매의무

매매의 목적물은 그 자체를 보관 또는 공탁하는 것을 원칙으로 하나 목적물이 멸실 또는 훼손될 염려가 있는 경우에는 매수인은 법원의 허가를 얻어 그 목적물을 경매하여 그 대가를 보관 또는 공탁하여야 한다. 이러한 경매를 긴급매각이라고 한다. 매수인은 이러한 긴급매각을 한 때에는 지체없이 매도인에게 그 통지를 발송하면 되고(발신주의: 제70조 제2항), 도달에 대한 위험은 매도인이 부담한다.

(4) 매수인의 목적물보관・공탁의무위반의 효과

매수인이 .보관・공탁 또는 경매의무를 위반한 때에는 매도인에 대하여 손해배상책임을 부담한다. 이것은 의무를 이행하지 아니한 경우에 다만 일정한 권리를 상실하는 데 불과한 매수인의 검사 및 통지의무(제69조)와 다른 점이다.

5) 확정기매매의 해제

(1) 확정기매매해제의 의의

(가) 확정기매매(Fixhandelskauf)란 매매의 성질 또는 당사자의 의사표시에 의하여 일정한 일시 또는 일정한 기간 내에 이행하지 아니하면 계약의 목적을 달성할 수 없는 매매를 말하며, 정기행위의 일종이다. 단순히 이행기간이 정하여졌다고 하여 확정기매매라고 할 수 없고,[1] 이행시기가 계약의 성패를 좌우할 정도로 매매의 본질적인 요소가 되는 경우라야 확정기매매이다.

(나) 민법상 일반적으로 채무불이행을 이유로 계약을 해제하고자 할 때에는 먼저 채무자에게 이행을 최고하고 그래도 이행하지 아니할 경우에 계약을 해제할 수 있다(민 제544조). 그러나 정기행위에 있어서는 채무자가 이행을 지체하면 채권자는 이행의 최고(민 제544조)를 하지 않고도 즉시 계약을 해제할 수 있다(민 제545조). 그러나 계약해제의 의사표시는 필요하다.

(다) 그런데 상인 간의 상행위인 확정기매매에 있어서는 당사자의 일방이 이행시기를 경과한 때에는 상대방에 대한 해제의 의사표시를 하지 않아도 계약이 해제된 것으로 본다(제68조). 만일 상대방이 그 매매계약의 존속을 원한다면 즉시 이행의 청구를 하여야 한다(제68조). 민법상의 정기행위는 채권자가 해제의 의사표시를 하여야 하나, 상법상의 정기매매는 채권자가 해제의 의사표시를 하지 않더라도 이행기가 경과하면 당연히 해제된 것으로 의제하는 점에서 차이가 있다.

---

1) 대법원 1955. 3. 30. 4287민상320.

상법이 상인 간의 상행위인 확정기매매(정기매매)에 이와 같은 특칙을 둔 것은 매매관계를 신속히 결말짓기 위한 것이다.

민법상 일반 매매	:	불이행	→	최고	→	해제가능		
민법상 확정기 매매	:	불이행	→	최고불요	→	해제가능		
상법상 확정기 매매	:	불이행	→	최고불요	→	해제간주	←	이행청구

(2) 확정기매매해제의 요건

(가) 상인 간의 매매

확정기매매의 당연해제는 상인 간의 상행위인 매매에만 적용된다(통설). 이에 대하여 이때의 상행위는 쌍방적 상행위이든 일방적 상행위이든 불문한다는 견해도 있다. 그러나 상인 간의 상행위, 즉 쌍방적 상행위인 확정기매매만을 말한다고 본다.[1)]

(나) 확정기매매

(i) 당해 매매가 매매의 성질(절대적 확정기매매) 또는 당사자의 의사표시(상대적 확정기매매)에 의하여 일정한 일시 또는 일정한 기간 내에 이행하지 않으면 계약의 목적을 달성할 수 없는 매매이어야 한다. 매매의 성질에 의한 확정기매매란 급부의 성질로 보아 목적물의 이용시기가 한정되거나 특히 이행시기가 중요한 의미를 갖는 매매(성탄절에 판매할 물건)를 말한다.

(ii) 의사표시에 의한 확정기매매는 급부의 성질로 보아서 객관적으로 이용시기가 한정되어 있음을 알 수는 없으나, 계약시에 표시된 채권자의 주관적 동기에 비추어 이용시기가 한정되어 있음을 알 수 있는 매매(예: 선적시기가 확정되어 있음을 알리고 수출상품을 주문하는 경우)를 말한다.

✦ 대법원 1995. 5. 26. 93다61543
확정기매매를 인정한 판례

☞ 이 사건과 같은 국제해상매매계약에 있어서 이른바 시.아이.에프.(C.I.F) 약관이 있는 경우에 매도인은 목적물을 계약 소정의 목적지까지 운송하기 위하여 운송계약을 체결하고 약정된 일자 또는 기간 내에 선적항의 본선상에 물품을 인도하여야 하고, 그 운송에 관한 선하증권 및 보험증권, 상품송장 등의 서류를 매수인(신용장이 개설된 경우에는 신용장 개설은행)에게 교부하고 그 대금을 청구할 수 있는 것으로서, 이 경우에 선하증권상의 선적기일은 원칙적으로 계약상의 선적기일과 부합하여야 하는 것

---

1) 동지: 최기원(상) 263면.

이므로, 이러한 시.아이.에프. 매매계약에 있어서 선적기간의 표기는 불가결하고 중요한 계약요건이 된다고 할 것이다. … 이 사건 알루미늄 매매계약은 그 성질 또는 당사자의 의사표시에 의하여 약정된 선적기간 내에 선적되지 아니하면 계약의 목적을 달성할 수 없는 상법 제68조 소정의 이른바 확정기매매에 해당한다고 봄이 상당하다. 대법원 2009. 7. 9. 2009다15565 참조(확정기매매에 해당하지 않는다는 판례).

(다) 채무불이행

채무자의 귀책사유에 의한 채무불이행이 있어야 한다. 채무불이행이 채무자의 귀책사유로 인한 경우는 물론이요, 그 귀책사유가 없는 경우에도 적용된다는 견해가 있으나,[1] 해제가 되면 계약해제의 일반법리에 따라 채무자는 원상회복의무와 손해배상채무를 지는데 과실없는 채무자에게 이같은 책임을 부담시키는 것은 계약해제의 일반법리에 반하므로 타당하지 않다고 본다.[2]

(라) 이행청구가 없을 것

(i) 채권자가 즉시 이행청구를 하지 않아야 한다. 채무불이행이 있더라도 채권자가 즉시 이행을 청구한 때에는 계약은 해제되지 않는다. 이것은 이행기를 경과한 채무의 이행이 채권자에게 이익이 되는 경우에 채권자가 이를 선택하여 이행청구를 할 수 있도록 하기 위한 것이다.

(ii) 이행의 청구는 채무자에게 도달되어야 하므로(민 제111조, 제544조), 그에게 도달하지 아니한 때에는 이행의 청구가 없었던 것으로 취급되어 계약의 당연해제효과가 발생한다.

(3) 확정기매매해제의 효과

위의 요건을 구비하면 확정기매매계약은 당연히 해제된 것으로 본다. 확정기매매계약이 해제되면 민법상 계약해제에 관한 일반원칙이 적용되어, 그 계약은 소급하여 효력을 잃게 되어 각 당사자는 그 상대방에 대하여 원상회복의무가 있고(민 제548조, 제549조), 채무자는 상대방에 대하여 손해배상책임을 부담한다(민 제551조).

주요 거래조건

상법은 상사매매에 관하여 최소한의 규정을 두었을 뿐이므로 현실적 거래에 있어서는 상관습이나 정형적 조건 내지 보통거래약관이 발달하고 있는데, 이러한 사정은 국제매매에서 특히 두드러지고 있다. 국제매매에 있어서의 주요 거래조건을 예시하면 다음과 같다.

---

1) 정동윤(상) 208~209면; 손주찬(상) 250면; 채이식(상) 188면.
2) 이철송(총) 381면; 정찬형(상) 227면.

(1) FOB조건

(i) FOB조건이란 free on board의 약칭으로서, 우리나라에서는 보통 이것을 '본선도(本船渡)' 조건으로 번역한다. 이것은 매도인이 매매계약에서 정하여진 선적항에서 매수인이 지정한 선박에 매매의 목적물을 선적하면 그 때부터 물품에 대한 소유권과 멸실·훼손의 위험은 매수인에게로 이전한다는 뜻의 거래조건이다. 따라서 매수인은 이 시점부터 물품의 멸실·훼손의 위험과 운임 및 그 후에 발생한 비용을 부담하여야 하고, 매매대금을 지급하여야 할 의무를 부담한다.

(ii) FOB조건은 역사적으로는 영국의 상관습에서 발전해 온 것인데, 이러한 거래조건이 최초로 등장한 것은 영국의 1812년 Wackerbath v. Massor 사건이다. 그러나 이것이 영국뿐만 아니라 세계각국에서 널리 쓰이게 되면서 그 의미가 각각 다르게 해석되었기 때문에 그 해석의 국제적 통일이 필요하게 되었다. 여기서 국제상업회의소(International Chamber of Commerce: ICC)가 1936년에 FOB조건을 비롯한 각종의 정형적 거래조건의 해석에 관한 국제규칙을 제정하였고, 그 후 수차례의 개정·추가를 거쳐 현재는 2010년의 인코텀즈(International Rules for the Interpretation of Trade Terms: Incoterms, 2010)에 11종의 거래조건이 정의되어 있다. 이 규칙은 국제조약은 아니기 때문에 당연히 적용되는 것은 아니고, 당사자 매매계약 중에 동규칙에 따라 거래조건을 해석한다라는 뜻의 조항을 삽입함으로써 구속력을 갖게 된다.

한편 미국에서는 통일상법전(Uniform Commercial Code: UCC) 중에 FOB조건과 기타 정형적 조건에 관한 규정(§2-319 이하)이 있다.

(2) CIF조건

(i) 현대 국제물품매매에 있어 가장 널리 사용되는 정형적 거래조건은 CIF조건이다. 이것은 cost, insurance, freight의 약어로서, 우리나라에서는 일반적으로 '운임보험료포함' 조건으로 번역한다. CIF조건은 현대의 선박의 대형화, 정기선의 운항, 보험 및 은행업의 국제화 등에 따라 발달하였다.

(ii) 이 조건에 따르면 매도인이 자기의 위험과 비용으로 지정항까지의 운송계약을 체결하고, 약정기간 내에 매매의 목적물을 선적하여야 하며, 선적 후의 위험에 대하여 해상보험계약을 체결한 다음, 선적서류(선하증권·보험증권·상업송장 등)를 매수인에게 제공하여야 한다. 그리고 매수인은 선적 후의 목적물에 대한 멸실·훼손의 위험을 부담하는 한편, 선적서류와 상환으로 매매대금을 지급할 의무를 부담한다.

(iii) FOB조건은 매매의 목적물을 본선상에서 현실적으로 인도(actual delivery)하여야 하는 데 대하여, CIF조건에서는 선하증권을 중심으로 한 선적서류(shipping documents)에 의한 상징적 인도(symbolic delivery)를 한다는 점에서 특색이 있다. 그러므로 CIF조건에 의한 매매는 선적서류의 매매라고도 할 수 있다. 그러나 이때 수수되는 선하증권은 해상운송인이 운송물을 인도할 채무를 표창하는 유가증권이므로 매매의 당사자가 단순히 선하증권을 매매한다는 것은 무의미하다. 즉, 이때의 매매는 해상운송인이 인도의무를 부담한 바로 그 물품의 매매인 것이다.

(iv) 매도인은 선적서류와 함께 화환어음을 발행하여 이를 할인함으로써 매수인의 대금지급을 확보할 수 있고, 매수인으로서도 CIF조건으로 제공된 선적서류가 계약의 목적에 합치하는가를 확인한 다음 그 서류와 상환으로 대금을 지급하므로, CIF거래는 격지자 간의 거래에 있어 안전한 거래조건이다. 또 CIF거래는 언제나 선

적서류가 수반되기 때문에, 이것으로써 운송 중의 목적물의 전매 기타 처분을 신속·간편하게 할 수 있는 장점도 있다.

(v) CIF조건에 있어서의 당사자 간의 의무라든가 위험의 이전시기 등에 대한 해석에 관하여도 앞에서 언급한 FOB조건의 경우와 마찬가지로 인코텀즈에 따라 해석한다는 뜻의 조항을 계약에 삽입함으로써 구속력을 갖는다.

제 3 절 유가증권에 관한 규칙

I. 서 설

유가증권이란 사법상의 권리를 표창하는 증권으로서 권리의 행사를 위하여 증권의 점유를 필요로 하는 것을 말한다. 상법은 유가증권 중에서 화물상환증·창고증권·주권·사채권·선하증권 등에 관하여 그 기초가 되는 기업의 실질관계와 관련하여 해당하는 곳에 개별적인 규정을 두고 있다. 어음·수표에 관하여는 어음법·수표법에서 상세한 규제를 하고 있다. 따라서 상행위법 통칙에서는 유가증권일반에 관하여는 직접적인 규정을 두지 않고, 다만 상법 제65조에서 증권적 채권인 지시채권과 무기명채권에 관한 민법의 규정(민 제508조~제525조) 및 배서의 무조건성과 일부배서의 무효에 관한 어음법의 규정(어 제12조 제1항·제2항)을 준용하는 데 그치고 있다.

이와 같이 유가증권은 상법, 민법 및 어음법·수표법에 분산되어 규정되어 있고, 이들 규정 간에 서로 관련성이 없어 일관된 체계를 이루지 못하고 있다(예컨대, 배서의 자격수여적 효력에 관한 어음법 제16조 제1항 및 수표법 제19조 제1항에는 "… 적법한 소지인으로 추정한다"고 되어 있는 데 대해서 상법 제65조가 준용하는 민법 제513조 제1항에서는 "… 적법한 소지인으로 본다"고 되어 있다). 이런 점에서 입법론으로는 미국의 통일유통증권법(Uniform Negotiable Instruments Law 1896)과 같은 별도의 유가증권법을 제정하여 유가증권에 관한 규정을 정리하여 체계화하는 것이 바람직하다.

Ⅱ. 준용규정의 내용

1) 상법 제65조(유가증권과 준용규정) 제1항은 "금전의 지급청구권, 물건 또는 유가증권의 인도청구권이나 사원의 지위를 표시하는 유가증권에 대하여는 다른 법률에 특별한 규정이 없으면 민법 제508조부터 제525조까지의 규정을 적용하는 외에 어음법 제12조 제1항 및 제2항을 준용한다"고 규정한다. 동조 제2항은 "제1항의 유가증권은 제356조의 2 제1항의 전자등록기관의 전자등록부에 등록하여 발행할 수 있다. 이 경우 제356조의 2 제2항부터 제4항까지의 규정을 준용한다"고 규정한다.

2) 금전의 지급청구권을 표시하는 유가증권은 어음·수표, 사채권 등과 같은 유가증권을 말하는데, 어음·수표의 경우에는 어음법과 수표법이 우선 적용되므로 제65조의 규정이 적용될 여지는 별로 없으며, 사채권의 경우에는 상법의 해당 규정(제478조~480조) 이외의 사항에 관해서 동 규정이 적용될 수 있다. 물건의 인도청구권을 표시하는 유가증권은 화물상환증, 선하증권, 창고증권, 상품권 등과 같은 유가증권을 말하는데, 상품권 이외에는 역시 상법의 해당 규정(제128조~제133조, 제156조~제157조, 제852조~제864조) 이외의 사항에 관하여 동 규정이 적용될 수 있다. 그리고 유가증권의 인도청구권을 표시하는 유가증권은 승차권, 승선권 등의 유가증권(예컨대 여행권)을 말한다.

3) 금전의 지급청구권·물건 또는 유가증권의 인도청구권을 표시하는 유가증권에는 지시채권의 양도방식(민 제508조)·환배서(민 제509조)·배서의 방식(민 제510조)·약식배서의 처리방식(민 제511조)·소지인출급배서의 효력(민 제512조)·배서의 자격수여적 효력(민 제513조)·선의취득(민 제514조)·배서와 인적 항변(민 제515조)·변제의 장소(민 제516조)·증서의 제시와 이행지체(민 제517조)·채무자의 조사권리의무(민 제518조)·변제와 증서교부(민 제519조)·영수(領收)의 기입청구권(민 제520조)·공시최고절차에 의한 증서의 실효(민 제521조)·공시최고절차에 의한 공탁·변제(민 제522조)·무기명채권의 양도방식(민 제523조)·지명소지인출급채권(민 제525조) 등에 관한 민법의 규정을 적용하는 외에, 배서의 요건(어 제12조 제1항·제2항)에 관한 어음법의 규정을 준용한다(제65조).

4) 사원의 지위를 표시하는 유가증권은 주권(株券)을 말하는데, 주권에 관하여는 상법 제355조부터 제360조까지 상세하게 규정이 되어 있어서 제65조의 규정이 적용될 여지는 별로 없다.

제4절 상호계산

Ⅰ. 상호계산의 의의

1) 상호계산(Kontokorrent, laufende Rechnung, current account)이란 상인 간 또는 상인·비상인 간에 상시 거래관계가 있는 경우에 일정한 기간 내의 거래에서 생기는 채권·채무의 총액을 상계(相計)하고 그 잔액을 지급할 것을 약정하는 계약(제72조)이다. 이를 분설하면,

① 적어도 당사자의 일방은 상인(소상인이어도 상관없다)이어야 하므로 이 계약은 상인이 영업을 위하여 하는 보조적 상행위가 된다. 비상인 간의 민사상호계산계약은 상법상의 상호계산계약이 아니다.

② 당사자 간에 상시 채권·채무가 발생하는 거래관계가 있어야 하므로 일방에게만 채권 또는 채무가 계속하여 발생해서는 안된다. 다만 현실로 반드시 상호간에 채권이 있어야만 하는 것은 아니고, 서로 상대방에 대하여 채권을 취득할 것이 예상되면 충분하다.

③ 일정기간의 채권·채무의 총액을 상계하고 그 잔액을 지급할 것을 약정하여야 한다. 그 정함이 없는 경우에는 6월로 한다(제74조).

2) 상호계산의 대상이 될 수 있는 것을 상호계산능력이라 한다. ① 채권·채무는 특약(예컨대, 취급하는 영업소 또는 거래의 종류·품목에 의한 제한)이 없는 한, 계산기간 중에 거래관계에서 보통 생기는 일체의 채권·채무는 상호계산능력이 있고, 거래의 종류는 묻지 않는다. ② 그러나 거래와 관계없이 발생한 채권·채무, 즉 사무관리나 부당이득 또는 불법행위 등에 의하여 발생한 채권·채무는 상호계산능력이 없다. ③ 또한 상호계산은 집단적으로 총액을 상계하는 것이므로 금전채무에 한한다. ④ 어음 기타 증권상의 채권은 이를 행사하기 위하여는 지급제시가 필요하고 지급이 거절된 경우에는 거절증서의 작성 등 상환청구를 위한 절차가 필요하므로 상호계산능력이 없다. 그러나 어음 기타 상업증권의 수수에 따른 대가의 지급채무는 상호계산능력이 있다(제73조). ⑤ 담보부채권은 잔액채권이 성립하면 담보권이 소멸하므로 상호계산능력이 없다는 견해가 있으나, 잔액채권이 성립하더라도 담보권은 소멸하지 않으므로 담보부채권도 상호계산능력이 있다고 본다.

상호계산의 연혁

상호계산은 13세기 초 이탈리아의 여러 도시에서 은행거래상의 관습법으로 발달하였다. 처음에는 부기기술로 이용되다가 후에 법제도로 발전하여 독일 구상법이 이를 법률의 일반규정으로 제정한 이래, 프랑스, 일본, 우리나라 등 여러 나라에 계수되었다.[1)]

단계적 상호계산

상호계산계약은 일정기간의 거래를 일괄상계하고 잔액을 확정하는 기간적 상호계산(Periodenkontokorrent)이 원칙이지만, 예컨대 은행의 당좌예금계약과 당좌대월계약에서와 같이 거래가 있을 때마다 상계하여 잔액을 확정하고 이자를 계산하는 방식도 가능하다고 본다. 이를 특히 단계적 상호계산(Staffelkontokorrent)이라고 한다.

Ⅱ. 상호계산의 경제적 기능 및 법적 성질

1. 상호계산의 경제적 기능

1) 상호계산은 대차결제의 기술적 제도이다. 예컨대, 은행 간이나 은행과 고객, 생산자와 위탁매도인, 상인과 대리상 및 운송업자 상호 간의 거래에서와 같이 계속적이고 빈번한 거래관계가 있는 당사자 간에 있어서는 상호계산을 함으로써 금전지급에 따르는 비용 · 위험 · 불편을 덜고, 자금의 비생산적인 고정화를 방지할 수 있다. 이를 상호계산의 간이화기능(Vereinfachungsfunktion)이라 한다.

2) 한편 상호계산은 일방당사자의 채권 중 장차 상계될 금액의 한도 내에서는 상대방에 대한 채무로써 담보를 확보하고 있는 것과 같은 효과가 있다. 이를 상호계산의 담보적 기능(Sicherungsfunktion)이라고 한다.

3) 또한 상호계산계약의 당사자들은 상호계산에 의하여 자신의 각 개별적인 채무의 변제를 계산서 승인에 의하여 잔액이 확정될 때까지 미루는 효과를 얻을 수 있다. 이를 상호계산의 신용제공의 기능(Creditgebungsfunktion)이라 한다.

4) 상호계산은 채권 · 채무가 상계되어 소멸하는 점에서 민법상의 상계(민 제492조 이하)와 유사하다. 그러나 그 법적 성질에 있어 상계는 채무를 개별적으로 소멸시키는 단독행위이나, 상호계산은 이를 포괄적으로 소멸시키는 계약이라는 점에서 다르다.

---

1) 김성태 361면.

2. 상호계산의 법적 성질

상호계산의 법적 성질에 관하여는 상호적 소비대차계약설, 상호적 위임설, 혼합계약설, 상호적 신용개시계약설, 연기계약설, 상계계약설 등의 학설이 대립한다. 상호계산은 실질적으로 새로운 채권·채무를 발생시키는 계약이 아니고, 단지 이미 발생한 채권·채무의 결제방법을 약정하는 계약일 뿐이므로, 이것은 일반사법상의 계약유형에 속한다고 볼 것이 아니라, 상법상의 특수한 낙성(諾成)계약이라고 함이 타당하다고 본다(통설).

Ⅲ. 상호계산의 효력

상호계산의 효력은 소극적 효력과 적극적 효력으로 나눌 수 있는데, 전자는 상호계산기간 중의 효력이고, 후자는 상호계산기간 만료 후의 효력이다.

1. 소극적 효력

1) 상호계산불가분의 원칙

(1) 상호계산은 일괄하여 결제하는 제도이므로 일정한 기간 내에 생긴 일체의 채권·채무는 당연히 계산에 계입되어 그 독립성을 상실하고, 결산기에 일괄 상계할 때까지 정지상태에 놓인다. 이것을 상호계산불가분의 원칙(Unteilbarkeit) 또는 상호계산의 소극적 효력이라고 한다. 물론 개개의 채권이 소멸되는 것은 아니어서 확인의 소는 가능하지만, 각 당사자는 계산기간 내에는 개개의 채권을 행사하지 못하고 이행의 소를 제기할 수 없으며 채권의 소멸시효의 진행도 정지되고, 채무의 이행지체도 되지 않는다.

(2) 당사자 간에는 상호계산 외의 다른 채권·채무와 상계하지도 못하며, 각 채권의 양도·입질·압류 등도 하지 못한다.

(3) 제3자에 대한 관계에서도 이러한 원칙이 동일하게 적용되는가에 관하여 다툼이 있다.

(가) 절대적 효력설

절대적 효력설에 의하면, 각 채권들의 일부를 제3자에게 양도·입질하거나 제

3자가 압류하더라도 제3자의 선의·악의를 불문하고 무효가 된다고 한다.[1] 왜냐하면 상호계산은 기업거래활동이 아니라 채권·채무를 결제하는 상법상의 제도이며, 강행성을 띤 것이기 때문이라 한다(특약에 의한 채권양도의 제한과는 다르다). 또 이와 같이 해석하는 것이 상호계산의 목적 및 (담보적) 기능과도 합치한다.[2] 즉, 일방당사자의 채무는 동시에 자신의 채권을 위한 담보가 되는데, 이 담보가 제3자에 의하여 용이하게 침해될 수 있다면 담보로서의 기능을 기대할 수 없다. 따라서 상호계산계약을 체결할 것이냐 하는 것은 자유이나, 체결한 이상 각 채권은 개별성을 잃는다고 본다. 독일에서는 절대적 효력설이 통설인데, 이것은 독일상법 제355조 및 제357조 등에서 상호계산 중에는 채권자가 개별채권을 처분하거나 행사, 양도, 담보제공, 상계할 수 없고, 제3채권자에 의한 압류도 금지되고 있기 때문이다.[3]

(나) 상대적 효력설

상대적 효력설에 의하면 불가분의 원칙의 효력은 당사자 간에만 미치므로 제3자에게 채권을 양도한 경우에는 손해배상의 문제가 생길 뿐, 선의의 양수인에게는 그 제한을 대항할 수 없다고 한다.[4] 한편 양도와 입질의 경우에는 제3자에 대하여 그 제한을 대항할 수 있지만 압류의 경우에는 국가의 강제집행권을 제한할 수 없다는 이유로 대항할 수 없다고 보는 견해도 있다(절충설).[5]

(다) 사 견

생각건대 명문의 규정이 있는 독일의 경우와는 달리 상호계산에 관한 현행의 상법 규정을 강행규정으로 보기는 어렵다. 아무런 공시방법도 없는 당사자 간의 계약의 효력이 제3자에 대하여까지 확장될 수는 없기 때문이다. 따라서 양도·입질의 경우 선의의 제3자에게 대항할 수 없고(민 제449조 제2항 단서), 또 법원에 의하여 이미 압류가 결정된 이상 이를 무효로 할 방법이 없다. 상대적 효력설이 타당하다.

2) 상호계산불가분원칙의 예외

계산에 계입된 채권·채무는 상대방의 동의가 없는 한 임의로 계산으로부터

1) 손주찬(상) 275면; 최기원(상) 269면; 채이식(상) 204면; 日最判 1936. 3. 11. 民集 15. 4. 320.
2) Peter Jung, Handelsrecht, 3. Aufl., 2004, S. 215.
3) 따라서 입법론으로 독일상법을 본받아 상호계산불가분의 원칙을 명문으로 인정하여야 한다는 견해가 있다.: 정경영, “상법총칙, 상행위편 개정의견”, 「상사법연구」, 제24권 제2호, 2005, 112면.
4) 서돈각·정완용(상) 172면; 임홍근(총) 280면.
5) 정동윤(상) 183~184면; 이철송(총) 405~406면; 정찬형(상) 248면; 김정호(상) 212면.

제거할 수 없다. 그러나 어음 기타의 상업증권을 수수한 대가로서의 채권·채무를 상호계산에 계입한 경우에는, 후에 증권채무자가 채무를 변제하지 아니하였을 경우에 한하여 예외적으로 당사자는 그 대가에 관한 항목을 계산에서 제거할 수 있다(제73조). 왜냐하면 유가증권의 경우는 그 지급이 거절된 경우에 권리보전을 위한 특별한 절차를 필요로 하기 때문이다.

2. 적극적 효력

상호계산기간이 만료되면 계산에 계입되었던 채권·채무의 총액을 일괄상계하고 잔액을 확정하며, 당사자의 일방은 잔액의 지급청구권을 행사하게 된다.

1) 잔액채권의 성립

상호계산기간이 종료하면 그 기간 중에 발생한 쌍방의 채권채무가 상계되고 그 결과로 남은 금액만큼의 잔액채권이 성립한다. 잔액채권은 '상호계산기간의 경과'로 자동적으로 성립한다.[1] 이에 대하여 당사자의 일방이 채권·채무의 각 항목과 차계잔액을 기재한 계산서를 제출하고, 상대방이 이것을 승인함으로써 잔액이 확정된다.

2) 계산서의 승인

(1) 잔액채권의 확정

잔액채권은 채권채무의 각 항목을 기재한 계산서를 승인함으로써 확정된다.

(2) 잔액채권의 확정행위의 법적 성질

잔액채권의 확정행위에 관하여는, (i) 구 채권채무가 소멸하고 이에 갈음하는 새로운 채권채무가 발생하므로 경개계약이라는 견해(경개설),[2] (ii) 종래의 채권채무의 합산결과를 확인하는 것일 뿐 구채권채무가 소멸하지도, 신채권채무가 발생하지도 않는다는 유인적 확인계약설, (iii) 유인적 잔액채권은 그대로 있고 이와 별개로 승인에 의하여 새로운 무인적 잔액채권이 발생한다는 무인적 채무승인

1) 임홍근(行) 406면; 정동윤(상) 184면; 이철송(총) 407면; 이기수(총) 358면; 정찬형(상) 243면; 김정호(상) 212면.
2) 손주찬(상) 276면; 최기원(상) 271면.

설[1] 등이 있다. 생각건대 잔액을 확정하였다고 하여 구채권채무가 완전히 소멸되는 것은 아니며, 잠재적 상태에 놓인다. 그리고 이때 발생된 신채권채무는 구채권채무의 존재 또는 효력에 영향을 받지 않는 채무(제75조 본문), 즉 무인적 채무가 되는데, 이 신채권채무가 변제로 소멸되면 구채권채무도 일괄적으로 소멸한다고 보아야 한다. 이와 같은 구조에 알맞은 설명이 무인적 채무승인설이다.

(3) 잔액채권승인의 효력

(가) 잔액채권의 승인으로 승인 전의 유인적(有因的) 잔액채권과는 다른 무인적(無因的) 잔액채권이 성립한다.

(나) 무인적 잔액채권은 독자적인 변제기 및 시효기간의 적용을 받는데, 변제기에 관하여는 상호계산계약에서 정함이 없으면 채권자가 청구한 때(민 제387조 제2항)이다. 시효기간은 계산서를 승인한 때부터 기산한다는 견해가 있으나,[2] 잔액채권 자체가 계산기간이 경과하면 자동적으로 성립하므로 계산폐쇄일 다음날부터 잔액채권에 대한 시효기간이 기산한다고 본다. 상호계산계약은 보조적 상행위이므로 5년의 시효에 걸린다고 본다. 특약으로써 각 항목채권에 이자를 붙인 경우에도 잔액채권에 관하여는 계산폐쇄일 이후의 상사법정이자를 청구할 수 있다(제76조). 이때에는 이중으로 이자를 지급하게 된다.

(다) 종전의 각 항목채권 위에 설정된 보증채무 기타 담보권의 소멸여부는 보증계약 및 담보설정계약에 따라야 할 것이지만, 만약에 정함이 없는 경우에는 유인적 잔액채권의 범위 내에서 유인적 잔액채권을 위하여 계속 존재한다고 본다.

(4) 계산의 부정확과 승인행위의 하자

(가) 상호계산계약의 목적이 계산관계를 신속 · 간명하게 처리하는 데 있으므로 계산서를 승인하면 각 당사자는 각 항목에 관하여 존재하던 하자(예컨대, 채권발생의 원인인 매매계약의 무효)를 이유로 이의를 제기하지 못한다(제75조 본문). 이는 계산서를 승인한 다음에는 그 기초가 된 채권채무에 대한 이의를 배제함으로써 상호계산제도의 안정을 꾀하려는 조치이다.

(나) 그러나 계산상 착오나 탈루가 있는 경우에는 이의를 제기할 수 있다(제75조 단서). 계산서에 착오 또는 탈루가 있을 경우에는 이의를 제기할 수 있다고 하는 것과 관련하여, ① 상법 제75조 단서의 해석상 계산서에 착오 또는 탈루가 있는 경우에는 계산서의 승인이 무효로 되어 잔액지급채무가 확정되지 않는다

1) 정동윤(상) 185면; 이기수(총) 207면; 김정호(상) 216면.
2) 정동윤(상) 186면.

는 승인행위무효설과[1] ② 이러한 사정은 승인행위의 연유에 관한 하자에 불과하고, 원래 상호계산은 당사자 간의 계산관계를 간명하게 처리하고자 하는 것이므로, 착오 또는 탈루는 계산서의 승인 자체에는 영향을 미치지 아니하고 상호계산과는 별도로 부당이득의 반환을 청구할 수 있다고 보는 부당이득반환청구설,[2] ③ 착오나 탈루의 정도가 중대하면 승인행위의 효력을 다툴 수 있지만, 그 정도가 경미하면 부당이득의 반환을 청구할 수 있을 뿐이라는 절충설 등이 있다. 계산서 승인제도를 통하여 법률관계를 획일적으로 처리하려는 제도의 취지에 비추어 부당이득반환청구설이 타당하다고 본다.

(다) 그리고 계산서의 승인행위 자체에 허위표시나 사기·착오·강박 등 무효 또는 취소의 원인이 있는 경우에는 이러한 하자에 의하여 그 승인의 효력을 다툴 수 있음은 물론이다.

Ⅳ. 상호계산의 종료

1) 상호계산은 그 계약의 존속기간의 만료 등 계약의 일반적 종료원인에 의하여 종료된다. 또한 상법에 의한 특별종료원인인 해지에 의하여도 종료된다. 즉, 각 당사자는 상대방의 신용에 변동이 있거나 기타 특별한 사정이 있는 경우에는 언제든지 상호계산계약을 해지할 수 있다(제77조 전단). 이 밖에 당사자 일방에 파산(채회 제343조 제1항 전단) 또는 회사회생절차의 개시(채회 제125조 제1항)가 있을 때에도 당연히 종료한다. 그러나 화의절차의 개시는 종료원인이 아니라고 본다.

2) 계약이 종료되었을 때에는 계산기간과 관계없이 당사자는 즉시 계산을 폐쇄하고, 잔액의 지급을 청구할 수 있다(제77조 후단). 파산 또는 회사회생절차가 개시되면 잔액채권은 파산채권 또는 정리채권이 된다(채회 제343조 제2항 후단·제125조 제2항).

1) 정희철(상) 169면; 정찬형(상) 249~250면.
2) 강위두(총) 296면; 서돈각(상) 175면; 손주찬(상) 277면; 이병태(상) 242면; 임홍근(총) 284면; 최기원(상) 271면; 김정호(상) 217면.

제 5 절 익명조합

Ⅰ. 총 설

1. 익명조합의 의의

익명조합(stille Gesellschaft, undisclosed association, sociétés en participation)이란 ① 당사자의 일방(익명조합원)이 상대방(영업자)의 영업을 위하여 ② 출자를 하고, ③ 상대방이 영업으로 인한 이익을 분배할 것을 약정하는 ④ 계약이다(제78조). 이를 분설하면 다음과 같다.

영업자만이 대외적으로 활동하므로 법률적으로는 영업자의 개인기업으로 취급된다.

1) 익명조합의 계약의 당사자는 익명조합원과 영업자이다. 다만 당사자의 일방이 복수인이라도 상관없다. 두 당사자 간의 계약인 점에서 셋 이상의 다수당사자가 있을 수 있는 민법상의 조합과 다르다.

익명조합원(stiller Gesellschafter, undisclosed partner)의 자격에는 제한이 없으므로 상인이든 비상인이든 관계 없이 누구나 될 수 있으며, 수인이 공동으로 익명조합원이 될 수도 있다. 영업자(Geschäftsinhaber)는 성질상 상인이어야 한다. 왜냐하면 익명조합에 있어서는 출자는 영업자의 '영업을 위하여' 하게 되는 까닭이다. 영업자의 상인자격은 반드시 계약 이전에 존재하지 않아도 되고, 개업준비행위인 계약체결과 동시에 상인자격을 취득하여도 상관없다.

2) 익명조합은 특정 영업을 위하여 결성되는 공동기업이므로 출자의 대상은 영업이고, 그 영업은 특정되어야 한다. 막연히 영업자가 수익성이 있는 사업을 하여 이익을 분배한다는 약정은 익명조합이 아니다. 그러나 수지계산이 가능하면 출자의 대상이 될 수 있으므로 영업자의 영업 전부를 대상으로 할 필요는 없고, 영업의 독립적인 특정 부문 또는 특정 영업소와 같이 영업자의 영업일부를 대상으로 하여도 무방하다. 또한 익명조합은 기간이 정해져 있건 정해져 있지 않건 지속적인 영업을 위한 것이므로 1회적인 거래에 출자하는 것은 상법상의 익명조합이 아니다.[1)]

---

1) 이철송(총) 416면.

3) 익명조합원은 영업을 위하여 금전 기타 재산의 출자를 하여야 한다. 신용·노무의 출자는 인정되지 않는다(후술).

4) 영업자는 익명조합원에게 영업으로 인한 '이익을 분배'하여야 한다. 이익의 분배는 공동기업의 가장 중요한 목적을 이루므로 익명조합의 가장 중요한 요소이다. 그러나 손실의 분담은 익명조합의 요건이 아니므로 이를 배제하는 특약도 가능하다(후술).

5) 익명조합은 영업자와 익명조합원 사이의 특수한 '계약'이다(후술).

2. 익명조합의 경제적 기능

복수인이 공동으로 사업을 경영하여 이익을 창출하고 이를 분배하려고 할 때에는 민법상의 조합을 이용하는 것이 보통이다. 그러나 민법상의 조합은 조합원 전원이 업무를 집행하며 또 조합재산은 조합원의 합유이므로(민 제704조), 이로 인하여 복잡한 법률문제가 발생하여 신속·원활을 위주로 하는 상기업의 형태로는 적합하지 않다. 따라서 신속·원활한 영업활동에 적합하도록 민법상의 조합을 상법이념에 맞게 규정한 것이 익명조합이다.

이것은 출자자와 영업자의 이익이 모두 일치되는 때에 성립된다. 출자자는 자기의 사회적 지위, 법률적인 제한, 경영능력 때문에 자신이 영업자로 나서기 곤란한 사람이 주로 이용하고, 영업자로 되는 사람은 신용 유지를 위하여 자본관계를 비밀로 할 필요가 있든가, 특별한 면허·특허·기술 등은 있으나 이를 영업화하기 위한 자본이 없는 사람이 주로 이용한다.

익명조합의 기원

익명조합은 합자회사와 그 기원을 같이 한다. 즉, 10세기경부터 지중해연안에서 널리 행하여진 콤멘다(commenda) 계약[금전·상품의 소유자인 자본가(commendator)가 항해무역에 재능이 있는 기업가(tractor)에게 그 소유물을 위탁하고 일항해마다 이익분배를 하는 일종의 위탁계약]에서 유래한 것이니, 후에 콤멘다 계약이 콜레간티아(collegantia)(기업가도 자본의 일부를 출자하는 것)로 변하고, 콜레간티아가 15세기경 둘로 분화되어 하나(자본가와 기업가가 외부에 나타나는 것)는 합자회사가 되고, 다른 하나(자본가는 외부에 나타나지 않는 것)는 익명조합이 되었다.

우리 상법은 익명조합계약이 상인인 영업자의 보조적 상행위이기 때문에 이를 상행위편에 규정하고 있으나, 익명조합은 경제적으로는 공동기업의 1형태이므로 독일 상법(제335조~제342조)과 프랑스 상사회사법(제419조~제422조)은 이를 회사편에서 규정하고 있다. 상법에서 익명조합을 따로 규정한 것은 민법상 조합의 경우 소유형태가 조합원의 합유(민 제704조)이며, 조합원 전원이 업무를 집행하는(민 제796조) 등 법률관계가 복잡하여 절차가 지연될 수 있다는 점에서 신속·원활을 위주로 하는 기업에 적합하지 않아 민법상의 조합을 기업에 맞게 가공하여 기업 활동의 목적에 맞춘 것이다.[1)]

Ⅱ. 익명조합의 법적 성질

1) 익명조합은 유상·쌍무·낙성·불요식계약으로서 영업자의 이익분배가 요소인 상법상의 특수한 계약이다.[2)]

2) 익명조합은 상법상의 특수한 계약지만, 내부적으로는 조합관계가 존재하는 내적 조합(Innengesellschaft)으로 보는 견해도 있다.[3)] 그러나 대법원 판례는 내적조합과 익명조합을 구별하면서 익명조합은 내적조합이 아니라고 한다.[4)]

민법상 조합, 내적 조합, 익명조합의 구별

(1) 민법상 조합은 2인 이상이 서로 출자하여 공동사업을 경영할 것을 약정함으로써 성립하는 계약을 뜻한다. 조합에는 공동사업과 조합재산이 있으며, 그 조합재산의 소유형태를 합유라 한다. 모든 조합원이 출자의무를 부담하고 업무집행권을 가지진다. 조합은 법인격이 없으므로 대외적 행위는 조합대리의 형식, 즉 조합원 전원 또는 업무집행자가 다른 조합원을 대리하여 행한다(민법 제703조 이하). 조합채무는 출자액의 비율에 따라 각 조합원이 부담한다. 사업의 손익은 각 조합원에 귀속하고, 그 분배내용 및 비율은 조합원 사이의 약정에 따른다.

(2) 내적 조합은 당사자 간의 내적 관계에서는 조합관계가 있지만, 대외적 행위는 당사자 전원 내지 조합 자체의 이름으로 하는 것이 아니라 조합원 1인 또는 조합원으로부터 위임을 받은 제3자의 명의로 하는 것으로서, 대외적으로는 조합관계가 나타나지 않는 형태의 법률관계를 말한다. 따라서 당사자 간의 내부관계에서는 공동사업이 존재지만, 대외적으로 조합관계가 나타나지 않으므로, 외부적으로 사업을 하는 자

1) 정찬형(상) 251면.

2) 강위두(총) 301면; 서돈각·정완용(상) 179면; 손주찬(상) 280면; 최기원(상) 277면; 정찬형(상) 254면.

3) 이철송(총) 414면; 김상용, 채권각론, 2009, 411면.

4) 대법원 2011. 11. 24. 2010도5014; 어떠한 법률관계가 내적 조합에 해당하는지 아니면 익명조합에 해당하는지는, 당사자들의 내부관계에 공동사업이 있는지, 조합원이 업무검사권 등을 가지고 조합의 업무에 관여하였는지, 재산의 처분 또는 변경에 전원의 동의가 필요한지 등을 모두 종합하여 판단하여야 한다. 양자를 구별하는 견해: 권재열, "2011년 상법총칙·상행위법 판례의 회고", 상사판례연구 제25권 제1호, 2012. 5. 437면 이하; 김건일, "내적 조합의 세법상 취급", 대법원판례해설 제24호 1996, 384~386면; 박준서(편집대표), 주석 민법 [채권각칙(5)] §703-749, 제3판, 2002, 55~56면(오상걸 집필부분); 배호근, "익명조합, 민법상의 조합 및 내적 조합의 구별", 상사판례연구 제Ⅰ권, 1996, 188~199면; 이상원, "내적조합과 민법 제713조의 유추적용여부", 대법원판례해설 제2호, 1988, 22~23면.

만이 법률행위를 하고 그로 인한 권리를 취득하며, 내부적으로만 법률행위의 효과가 내적 조합의 계산으로 귀속될 뿐이어서, 내적 조합원은 대외적으로 직접 책임을 지지 않는다. 따라서 외부의 제3자, 특히 채권자와의 관계에 있어서 합수적 조합재산은 없는 것이고, 채권자는 업무집행조합원과의 관계에서만 그의 채권행사가 가능하다.[1)]

(3) 익명조합은 내부적인 공동사업이 존재하지 않는다. 출자의무는 익명조합원만이 부담하며, 대외적으로는 영업자의 단독기업이어서 영업자만이 책임을 진다.

동업관계의 유형	출자의 귀속	외부에서 인식되는 조합재산 유무	내부적 공동사업 유무	조합원의 조합대리 가부	대외적 표시 (단독기업)	횡령죄 성립 가부
조합	모든 조합원(합유)	○	○	○	×	○
내적 조합	* 모든 조합원(합유)	×	○	×	○	○
익명조합	영업자	×	×	×	○	×

* 내적 조합에 있어서는 조합재산이 없을 수도 있으며, 내적 조합계약에 따라 재산이 공유 또는 합유일 수도 있고 내적 조합원 1인의 단독 소유일 수도 있다. 그리고 내적 조합원은 업무집행조합원이 가지는 재산에 대하여 단순한 채권적 청구권만을 보유할 수도 있다. 조합원의 출자는 대외적으로 다른 조합원에게 명의신탁되는 것으로 볼 수도 있다.

3) 영업자가 자력의 강화를 위하여 다수의 출자자와 익명조합계약을 맺은 경우에도 영업자와 각 출자자 사이에는 수개의 독립된 익명조합계약이 병존하게 되고, 출자자 상호 간에는 아무런 법률관계가 존재하지 않으며, 이때의 익명조합의 법적 성질도 위의 경우와 다름이 없다.

익명조합 · 민법상의 조합 · 소비대차 · 합자회사의 구별

(1) 익명조합은 영업자의 단독기업인데 대하여 조합은 조합원의 공동사업이고(민 제703조 참조), 익명조합원의 출자는 영업자에게 귀속되나 조합의 재산은 조합원의 합유이며(민 제704조 참조), 익명조합원은 제3자에 대하여 권리 · 의무를 가지지 아니하나, 조합원은 직접 제3자에 대하여 권리의무를 부담한다(민 제712조 참조).

(2) 익명조합은 불확정한 이익의 분배를 목적으로 하고, 익명조합원이 업무감시권을 가지며, 익명조합의 종료의 경우에 익명조합원이 반드시 출자재산 또는 출자금액을 반환받을 수 있는 것도 아닌데 비하여(민 제598조 참조), 소비대차의 경우는 확정된 이자를 지급받고, 영업에 대한 감시권이 없으며, 계약종료시에 원본 전액을 반환하여야 한다.

---

1) 권재열, “2011년 상법총칙 · 상행위법 판례의 회고”, 상사판례연구 제25권 제1호, 2012. 5. 438~439면.

(3) 익명조합은 익명조합원과 영업자와의 계약관계이고, 영업자만이 영업수행권을 가지며, 익명조합원은 영업에 관여하지 못하고, 대외적으로는 영업자만이 존재하므로 익명조합원은 제3자에 대하여 직접 권리의무가 없으며, 출자는 익명조합원이 하되 금전 기타의 재산에 한하여 출자할 수 있고, 출자한 재산은 영업자에게 귀속한다. 이에 대하여 합자회사는 사업경영자인 무한책임사원과 자본제공자인 유한책임사원으로 구성되는 사단법인이고(제268조), 무한책임사원이 업무를 집행하고 회사를 대표하지만 유한책임사원도 기본적 사항의 결정에 참여하고, 성명이 등기되며, 출자에 따른 지분을 가지고, 회사채권자에 대하여도 직접(유한)책임을 지며, 출자는 모든 사원이 하되 무한책임사원의 경우는 노무와 신용의 출자도 할 수 있고, 출자한 재산은 회사의 재산이 되므로(제271조, 제180조, 제272조, 제279조, 제285조, 제286조), 익명조합과 합자회사도 구분된다.

Ⅲ. 익명조합의 내부관계

1. 익명조합원의 권리의무

1) 출자의무

(1) 익명조합원은 영업자의 영업을 위하여 계약에서 정한 대로 출자하여야 한다. 출자의 목적은 금전 기타의 재산에 한하며 신용이나 노무는 출자의 목적이 될 수 없다(제86조, 제272조). 그리고 특정재산에 대한 사용권만을 출자하거나 채권을 양도하는 것도 허용된다. 익명조합원이 출자한 금전 기타의 재산은 영업자의 재산으로 본다(제79조).[1)]

(2) 출자의 시기와 방법은 당사자간의 약정이 없으면 영업자로부터 최고를 받은 때(민 제387조 제2항)에 출자한 재산이 영업자의 재산으로 귀속될 수 있도록 재산권 이전에 필요한 모든 절차를 취하여야 한다(제79조). 출자한 목적물에 대하여 익명조합원은 매매에 관한 규정에 따라 담보책임을 진다(민 제567조, 제580조).

(3) 익명조합은 영업자의 개인기업이지만, 출자의무가 없으므로 영업자가 영업을 위하여 자기의 재산을 출재(出財)하더라도 이는 공동기업을 위한 출재로 볼 수 없다.

---

1) 대법원 2011. 11. 24. 2010도5014: 익명조합원이 영업을 위하여 출자한 금전 기타 재산은 영업자의 재산으로 보므로 업자가 영업이익금 등을 임의로 소비한 경우 횡령죄가 성립하지 않는다. 동지: 대법원 1971. 12. 28. 71도2032; 동 2009. 4. 23. 2007도9924.

✦ 대법원 1971. 12. 28. 71도2032
익명조합원이 출자한 재산을 영업자가 처분하였더라도 횡령죄가 되지 아니한다

☞ 익명조합관계에 있는 영업에 있어서 익명조합원이 상대방의 영업을 위하여 출자한 금전 기타의 재산은 상대방인 영업자의 재산으로 되는 것이므로, 영업자가 그 영업의 이익금을 함부로 자기용도에 소비하였다 하여도 횡령죄가 될 수 없다. 동지: 대법원 1973. 1. 30. 72도2704(익명조합원이 영업을 위하여 출자한 금전 기타의 재산은 상대방인 영업자의 재산으로 되는 것이므로, 영업자는 타인의 재물을 보관하는 자가 아니다). 배임죄의 경우도 같다: 동 1992. 4. 14. 91도2390.

2) 손실분담의무

(1) 상법이 익명조합원의 손실분담에 관한 규정을 두고는 있으나(제82조 제1항), 손실분담이 익명조합계약의 요소는 아니다.

(2) 손실이란 당해 영업연도 중에 영업활동을 통해 감소한 재산액을 말한다. 손실분담비율에 관한 특약이 없으면 이익분배비율과 같다고 추정되며(민 제711조 제2항), 익명조합원의 지분이 손실로 인하여 출자액 이하로 감소되면 다른 약정이 없는 한 그 손실을 보전한 후가 아니면 이익분배를 청구하지 못한다(제82조 제1항).

(3) 손실분담방법도 계산상 출자액이 감소되는 것이지 현실로 추가로 출자하는 것은 아니고, 손실이 출자액을 초과하더라도 이미 받은 이익의 반환이나 증자의 의무는 없다(제82조 제2항).

(4) 위에서 말한 손실분담은 당사자간에 다른 약정이 있으면 적용하지 아니한다(제82조 제3항).

3) 지위불양도의무

익명조합도 실질적으로는 인적 신뢰관계를 기초로 하므로 익명조합원은 출자의무를 이행한 후에라도 영업자의 동의가 없는 한 그 지위를 타인에게 양도·상속하지 못한다고 본다.[1] 이 점은 영업자의 경우도 마찬가지이다.

4) 감시권

익명조합원은 영업자의 영업에 관하여 업무집행의 권리의무는 없으나(제86조,

1) 강위두(총) 304면; 손주찬(상) 284면; 최기원(상) 280면; 정찬형(상) 259면; 김정호(상) 226면.

제278조), 합자회사의 유한책임사원과 같이 감시권이 있다(제86조, 제277조). 즉, 익명조합원은 영업연도말에 있어서 영업시간 내에 한하여 영업자의 회계장부·대차대조표 기타의 서류를 열람할 수 있고, 영업자의 업무와 재산상태를 검사할 수 있으며, 중요한 사유가 있는 때에는 언제든지 법원의 허가를 얻어 그 열람과 검사를 할 수 있다.

2. 영업자의 의무

1) 영업수행의무

(1) 영업자는 계약의 정함에 따라 선량한 관리자의 주의로써 영업을 수행할 의무를 부담한다(민 제707조·제681조 참조). 따라서 영업자가 정당한 사유없이 영업을 개시하지 아니하거나 휴업·폐업한 경우에는 익명조합원은 손해배상을 청구할 수 있고, 경우에 따라서는 계약을 해지할 수 있다(제83조 제2항).

(2) 영업자의 영업은 수입과 지출, 손익이 구별될 수 있는 상대적 독립성을 가지면 충분하며, 영업자가 영위하는 영업의 전부일 필요는 없고, 한 영업의 특정 부문과 같이 영업의 일부라도 무방하다.

2) 이익분배의무

(1) 영업자는 영업으로 인한 이익을 분배할 의무를 부담한다(제78조). 이익이란 당해 영업연도 중에 영업활동을 통해 증가된 재산액으로서 불확정적인 것이다. 그러므로 영업성적에 불구하고 정기적으로 일정액을 지급하기로 한다든지, 매출액의 일부를 지급하기로 하는 것은 익명조합의 본질에 어긋나므로, 이러한 약정은 비록 익명조합의 이름을 빌렸다 하더라도 익명조합이라 할 수 없다.

그러나 반드시 모든 이익을 분배하여야 하는 것은 아니고 이익분배를 한다는 뜻과 그 최고한도를 정하면 된다. 그러나 이익의 유무를 불문하고 일정금액의 지급을 약속하는 것은 상대방이 감시권을 가지고 있다고 하더라도 익명조합의 본질에 반하는 것으로서 익명조합이 아니다(통설[1]·판례 참조). 이익분배의 비율에 관하여 특약이 없으면 출자액의 비율에 따른다(민 제711조 제1항).

---

1) 이에 대하여 출자자가 감시권이나 기타의 간섭권을 가지고 있다면 익명조합계약으로 볼 수 있다는 견해가 있으나[정희철(상) 172면], 제78조의 '영업으로 인한 이익을 분배한다'는 법문상 타당하지 못하다고 본다.

✦ 대법원 1957. 11. 18. 4290민상616
이익분배의 약정이 있는 경우 익명조합관계를 인정한 판결

☞ 대외관계에 있어서는 어느 주식회사의 지방출장소장으로 되어 있으나 대내적으로는 그 회사의 영업을 위하여 출자를 하고 그 영업에서 발생하는 이익의 분배를 받을 것을 약정한 사실이 인정될 수 있는 경우에는, 특별한 사유가 없는 한 출자를 한 자와 회사와의 관계는 상법상의 익명조합관계에 있다고 할 것이다.

✦ 대법원 1962. 12. 27. 62다660
이익의 유무를 불문하고 일정금액의 지급을 약속한 경우 익명조합관계를 부정한 판결

☞ 당사자의 일방이 상대방의 영업을 위하여 출자를 하는 경우라 할지라도 그 영업에서 이익이 난 여부를 따지지 않고 상대방이 정기적으로 일정한 금액을 지급하기로 약정한 경우는, 설사 이익이라는 명칭을 사용하였다 하더라도 익명조합계약이라 할 수 없다. 동지: 대법원 1983. 5. 10. 81다650(중국음식점의 경영을 공동사업으로 하면서 이익이 난 여부를 묻지 아니하고 매일 매상액 중 일정한 금액의 지급을 약정한 것은 가령 이익이라는 명칭을 사용하였다 하더라도 상법상의 익명조합이라고는 할 수 없다); 대법원 1957. 1. 8. 4290민상616; 동 1977. 1. 25. 77다2092.

(2) 영업자는 특약이 없는 한 매 영업연도 말에 지체없이 결산을 하고 이익의 분배를 하여야 한다. 영업연도는 특약이 없으면 1년으로 본다(제30조 제2항). 이익의 분배는 익명조합원에 대하여는 현실로 지급하여야 하나, 영업자에 대하여는 계산상으로만 이를 한다. 특약이 있으면 매 결산기의 이익의 일부를 영업내에 적립할 수 있다.

(3) 익명조합원이 특약에 따라 손실을 분담하여 출자액이 감소된 경우에는 그 다음 해의 이익에 의하여 전보한 후가 아니면 이익의 분배를 하지 못한다(제82조 제1항).

3) 경업금지의무

익명조합의 영업자에게 경업금지의무가 있는가에 관하여는 상법에 명문의 규정이 없으므로 학설이 나뉜다. 제1설은 익명조합은 실질적으로는 영업자와 익명조합원의 공동사업으로서 영업자는 선량한 관리자로서의 주의의무를 부담할 뿐만 아니라, 합자회사의 무한책임사원과 같은 지위에 있으므로 영업자는 경업금지의무를 진다고 한다.[1] 제2설은 영업자는 공동기업자, 사용인 또는 기관 등과 같은 지위에 있지 아니하므로 이 의무도 없다고 한다.[2] 제3설은 영업자의 경업

---

1) 강위두(총) 306면; 손주찬(상) 285면; 최기원(상) 283면; 정동윤(상) 198면; 이철송(총) 419면; 채이식(상) 210면; 정찬형(상) 257면.

금지의무는 법문상 이를 인정할 근거가 없고, 이것은 오직 계약해석의 문제이므로 이 의무의 유무는 각 익명조합계약의 내용에 따라 구체적으로 판단하여야 한다는 것이다.[1] 제1설이 옳다고 본다. 다만 의무위반의 경우 개입에 관한 규정이 없으므로 그 위반행위의 중지 및 손해배상청구를 할 수 있다고 본다.[2]

Ⅳ. 익명조합의 외부관계

1. 영업자와 제3자의 관계

익명조합은 법률상은 영업자의 단독영업이므로 제3자와의 사이에 발생된 모든 권리의무는 영업자에게만 귀속된다. 영업자는 익명조합의 채무에 대하여 무한책임을 지며, 그 결과 제3자의 신뢰의 보호에는 문제가 없게 된다.

2. 익명조합원과 제3자의 관계

1) 익명조합원은 제3자와의 사이에 아무런 법률관계도 생길 수 없으며(제80조),[3] 영업자를 대리할 권한도 없다(제86조, 제278조). 따라서 제3자에 대한 책임이 생길 수 없다.

✦ 서울고법 1967. 2. 15. 66나400
익명조합원은 제3자에 대하여 아무런 권리나 의무가 없다.

☞ 원·피고 간에 공장운영 동업계약을 체결하면서 원고는 자금만 출자하고, 대외관계는 피고가 나서서 하기로 하였다면, 원고는 익명조합원으로서 피고의 제3자에 대한 행위에 관하여 그(제3자)의 선의·악의를 불문하고 아무런 권리나 의무가 없다.

2) 다만 익명조합원이 자기의 성명(姓名)을 영업자의 상호 중에 사용하게 하거나, 자기의 상호를 영업자의 상호로 사용할 것을 허락한 때에는 그 사용 이후의 채무에 대하여 영업자와 연대하여 변제할 책임을 진다(제81조). 이것은 익명조합

---

2) 김용태(상) 118면.
1) 서돈각·정완용(상) 179면.
2) 손주찬(상) 285면; 최기원(상) 284면.
3) 서울고등법원 1967. 2. 15. 66나400.

원을 영업자로 오인하고 거래한 자의 신뢰를 보호하기 위한 외관이론 내지 금반언의 원칙을 구현한 것으로서 상법의 명의대여자의 책임(제24조)과 같은 취지의 것이다. 따라서 명의대여자의 책임에서와 마찬가지로 성명사용의 허락은 명시적이든 묵시적이든 불문하고, 익명조합원을 영업자로 오인함에 있어서 악의 또는 중과실이 있는 자에 대하여는 익명조합원은 책임을 지지 않는다고 본다.

Ⅴ. 익명조합의 종료

1. 익명조합의 종료원인

익명조합은 계약의 일반적 종료원인의 발생에 따라 당연히 종료하나, 다음과 같은 특칙이 있다.

1) 계약의 해지

(1) 조합계약으로 조합의 존속기간을 정하지 아니하거나 어느 당사자의 종신까지 존속하기로 약정한 때라도 각 당사자는 6월 전에 예고를 하고 영업연도 말에 계약을 해지할 수 있다(제83조 제1항). 다만 부득이한 사정이 있는 때에는 각 당사자는 언제든지 해지할 수 있다(제83조 제2항). 이 경우의 해지권은 특약으로도 제한하지 못한다. 익명조합원의 채권자는 비록 출자전부를 압류하였다고 하더라도 익명조합계약을 해지할 수 없다고 본다(통설). 거래의 안전을 해할 우려가 있기 때문이다. 다만 그 압류의 실행으로 익명조합계약이 사실상 해지되는 것과 같은 결과가 생기는 것은 별개의 문제이다.

(2) 이 외에도 익명조합원의 채권자는 민법의 규정에 의하여 채무자가 그 채권자를 해함을 알고 익명조합계약을 체결하여 자기의 재산을 영업자에게 출자하는 경우 채권자취소권(민 제406조)을 행사할 수 있다. 그 결과 익명조합계약이 사실상 해지되는 수가 있을 것이다. 다만 영업자가 선의인 경우에는 그러하지 아니하다(민 제406조 단서).

2) 법정종료사유

조합계약은 (ⅰ) 영업의 폐지 또는 양도, (ⅱ) 영업자의 사망 또는 피성년후견인 선고, (iii) 영업자 또는 익명조합원의 파산으로 종료한다(제84조). 익명조합원의 사망 또는 피성년후견인 선고는 조합계약의 종료사유가 되지 아니한다.

2. 익명조합의 종료효과

1) 익명조합계약이 종료하면 영업자는 '출자의 가액'을 익명조합원에게 반환하여야 한다(제85조 본문). 이때의 출자의 가액이란 이미 이행한 출자를 평가한 금액을 말한다.

2) 따라서 출자의 반환은 특약이 없으면 출자의 가액을 금전으로 반환하며, 현물출자의 경우에도 이를 금전으로 평가하여 그 가액을 반환한다. 그러나 사용권을 출자한 경우에는 출자물 자체를 반환하여야 한다.

3) 출자할 금액 중 익명조합원이 아직 이행하지 아니한 부분에 대하여는 영업자가 반환할 의무가 없고, 또 손실분담으로 인하여 출자가 감소한 때에는 그 잔액만을 반환하면 된다(제85조 단서). 손실분담액이 출자액을 초과하더라도 추가출자의무는 없다. 이때의 초과하는 손실부분은 영업자가 부담하여야 한다. 영업재산은 모두 영업자의 소유이기 때문이다.

4) 익명조합원의 출자총액반환청구권은 단순한 채권으로서 익명조합원은 영업자의 다른 채권자와 동등한 지위에서 권리를 행사할 수 있을 뿐이지만, 익명조합원이 물건의 사용권을 출자한 경우 영업자가 파산한 때에는 그 물건에 관한 환취권(還取權)을 갖는다(채회 제407조).

제 6 절 합자조합

Ⅰ. 총 설

1. 합자조합의 의의

합자조합은 조합의 업무집행자로서 조합의 채무에 대하여 무한책임을 지는 조합원(무한책임조합원인 업무집행조합원)과 출자가액을 한도로 하여 유한책임을 지는 조합원(유한책임조합원)이 상호출자하여 공동사업을 경영할 것을 약정함으로써 그 효력이 생긴다(제86조의 2).

2. 합자조합의 경제적 기능

최근 인적 자산의 중요성이 높아짐에 따라 인적 자산을 적절히 수용할 수 있도록 공동기업 또는 회사 형태를 취하면서 내부적으로는 조합의 실질을 갖추고 외부적으로는 사원의 유한책임이 확보되는 기업 형태에 대한 수요가 늘어나고 있다. 2011년 개정상법은 미국의 합자조합(Limited Partnership: LP), 일본의 유한책임사업조합(Limited Liability Partnership: LLP) 등을 참고하여 업무집행조합원과 유한책임조합원으로 구성된 합자조합제도를 신설하였다.

Ⅱ. 합자조합의 설립

1. 조합계약

합자조합은 조합설립을 위한 조합계약이 체결되면 별도의 등기 없이 바로 성립된다. 조합계약에는 다음 사항을 적고 총조합원이 기명날인하거나 서명하여야 한다(제86조의 3). ① 목적, ② 명칭, ③ 업무집행조합원[1]의 성명 또는 상호, 주소 및 주민등록번호, ④ 유한책임조합원의 성명 또는 상호, 주소 및 주민등록번호, ⑤ 주된 영업소의 소재지, ⑥ 조합원의 출자에 관한 사항, ⑦ 조합원에 대한 손익분배에 관한 사항, ⑧ 유한책임조합원의 지분(持分)의 양도에 관한 사항, ⑨ 둘 이상의 업무집행조합원이 공동으로 합자조합의 업무를 집행하거나 대리할 것을 정한 경우에는 그 규정, ⑩ 업무집행조합원 중 일부 업무집행조합원만 합자조합의 업무를 집행하거나 대리할 것을 정한 경우에는 그 규정, ⑪ 조합의 해산 시

1) 제86조의 3은 「업무집행조합원」과 「유한책임조합원」의 성명 등을 조합계약에 기재하도록 하고 있다. 「업무집행조합원」은 조합의 업무집행과 관련된 용어이고, 「유한책임조합원」은 조합의 채무에 대한 책임과 관련된 용어이므로 서로 대칭되지 않는다. 「유한책임조합원」도 조합계약에 다른 규정이 있으면 합자조합의 업무를 집행하거나 대리할 권리와 의무가 있다고 해석할 수 있으므로(제86조의 4 제1항 제1호), 「업무집행조합원」이 반드시 「조합의 채무에 대하여 무한책임을 지는 조합원」이라고 볼 수도 없다. 본조에서 「무한책임조합원」과 「업무집행조합원」을 동일한 개념으로 규정한 것은 개념의 혼란을 가져올 수 있는 것으로서 바람직하지 않다.

잔여재산 분배에 관한 사항, ⑫ 조합의 존속기간이나 그 밖의 해산사유에 관한 사항, ⑬ 조합계약의 효력 발생일.

합자조합은 업무집행조합원과 유한책임조합원의 공동사업이므로 1인설립은 허용되지 않는다. ① 합자조합의 목적은 제한이 없으므로 반드시 영리목적이 아니어도 상관없다. ② 합자조합의 명칭을 기재하여야 하나, 법문상 반드시 "합자조합"이라는 표시를 하지 않아도 되는데, 이는 법의 흠결이다. ③에서 업무집행조합원의 상호를 기재할 수 있도록 한 점으로 보아 법인도 조합원이 될 수 있다. ⑥ 무한책임조합원의 출자의 목적에는 제한이 없으므로 노무와 신용도 출자의 대상이 된다. 그러나 유한책임조합원의 경우는 조합계약에서 특별히 정하지 않으면 금전이나 재산의 출자만 할 수 있고 노무나 신용은 출자의 목적으로 할 수 없다(제86조의 8 제3항, 제272조). 합자조합에는 자본금에 관한 제한이 없다.

2. 등 기

업무집행조합원은 합자조합 설립 후 2주 내에 조합의 주된 영업소의 소재지에서 위 조합계약에 적은 ①에서 ⑤까지(④의 경우에는 유한책임조합원이 업무를 집행하는 경우에 한정한다),[1] ⑨, ⑩, ⑫, ⑬의 사항을 등기하여야 하고(제86조의 4 제1항 제1호), 이들 사항이 변경된 경우에는 2주 내에 변경등기를 하여야 한다(제86조의 4 제2항). 또한 조합원의 출자의 목적, 재산출자의 경우에는 그 가액과 이행한 부분을 등기하여야 한다(제86조의 4 제1항 제2호). 합자조합이 본점을 이전하는 경우에는 2주간 내에 구소재지에서는 신소재지와 이전연월일을, 신소재지에서는 제86조의 4 제1항 제1호에 정한 사항을[2] 등기하여야 한다(제86조의 8 제1항, 제182조 제1항). 업무집행조합원, 직무대행자 또는 청산인이 이 등기를 게을리한 경우에는 500만원 이하의 과태료가 부과된다(제86조의 9).

합자회사등기의 문제점

제86조의 3 제2호에서는 「합자조합」이라는 문자를 사용하도록 강제하고 있지 않다. 그리고 제86조의 4에서 정한 등기에서도 그와 같은 문자를 표시할 필요가 없다.

---

1) 유한책임조합원이 업무를 집행하는 경우에 한정하여 등기하여야 한다고 정하므로, 유한책임조합원도 업무집행조합원으로 정할 수 있다는 것을 이로써 알 수 있다.

2) 제86조의 8 제1항은 제182조 제1항을 준용하도록 되어 있고, 제182조 제1항은 제180조(합명회사 설립등기)의 각 호의 사항을 등기하여야 하는 것으로 되어 있으나, 합자회사에서는 제86조의 4 제1항 제1호의 사항을 등기하여야 할 것이다. 입법의 착오이다.

이것은 입법상의 결함이라고 생각되는데, 이로써 밖에서는 정체를 알 수 없는 단체가 설립되어 활동할 수 있게 되었다.

또한 제86조의 4 제1항 제1호에 의하면 업무집행조합원만을 등기하고 유한책임조합원은 등기할 수 없도록 하고 있고, 다만 유한책임조합원이 업무를 집행하는 경우에 한정하여 등기하여야 한다고 정한다. 그러나 조합원의 출자의 목적, 재산출자의 경우에는 그 가액과 이행한 부분을 등기하도록 하면서, 유한책임조합원을 등기하지 않도록 하는 것은 이해하기 어렵다. 다만, 무한책임사원이든 유한책임사원이든 모든 사원은 출자하여야 하고, 조합원의 출자의 목적, 재산출자의 경우에는 그 가액과 이행한 부분을 등기하도록 되어 있으므로(제86조의 4 제1항 제2호) 결국은 등기부를 통하여 유한책임사원의 존재를 알 수는 있을 것이지만, 입법기술상 정밀하지 못하다는 문제가 있다. 합자회사의 경우 무한책임사원뿐 아니라 유한책임사원도 등기하도록 하고 있고(제179조 제3호, 제180조 제1호, 제271조), 현재 「상업등기기재례」도 사원(유한책임사원 포함) 등기 바로 밑에 「사원의 출자의 목적, 재산출자에는 그 가격과 이행한 부분」을 등기하도록 하고 있는 점을 보더라도 본조는 문제가 있다.

Ⅲ. 합자조합의 법적 성질

합자조합은 유상 · 쌍무 · 낙성계약으로서 상법상의 특수한 계약이다. 합자조합은 법인격이 없으므로(합자회사의 경우에는 법인격이 있다는 점에서 서로 다르다) 조합 자체에 권리능력이 없고, 소송당사자능력도 없다. 내부적으로는 민법 제712조(조합원에 대한 채권자의 권리행사) 및 제713조(무자력조합원의 채무와 타조합원의 변제책임)를 제외하고 민법의 조합에 관한 규정이 일반적으로 적용된다(제86조의 8 제4항).

Ⅳ. 합자조합의 내부관계

1. 합자조합의 업무집행

1) 업무집행조합원

업무집행조합원은 조합계약에 다른 규정이 없으면 각자가 합자조합의 업무를 집행할 권리와 의무가 있다(제86조의 5 제1항). 만약 조합계약으로 업무집행조합원 중 1인 또는 일부의 사람이 합자조합의 업무를 대리할 권리와 의무가 있는 것으로 정할 경우 다른 업무집행조합원은 합자조합의 업무를 대리할 권리와 의무가 없

다는 취지를 함께 등기해야 할 것이다.[1)]

업무집행조합원은 선량한 관리자의 주의로써 그 업무를 집행하여야 한다(제86조의 5 제2항). 둘 이상의 업무집행조합원이 있는 경우에 조합계약에 다른 정함이 없으면 그 각 업무집행조합원의 업무집행에 관한 행위에 대하여 다른 업무집행조합원의 이의가 있는 경우에는 그 행위를 중지하고 업무집행조합원 과반수의 결의에 따라야 한다(제86조의 5 제3항).

업무집행조합원의 업무집행을 정지하거나 직무대행자를 선임하는 가처분을 하거나 그 가처분을 변경 · 취소하는 경우에는 본점이 있는 곳의 등기소에서 이를 등기하여야 한다(제86조의 8 제2항, 제183조의 2). 조합계약에 다른 규정이 없는 한 업무집행조합원은 경업거래와 자기거래가 금지된다(제86조의 8 제2항, 제198조, 제199조). 그 밖에 직무대행자의 권한(제86조의 8 제2항, 제200조의 2), 공동대리(제86조의 8 제2항, 제208조 제2항), 대표조합원의 권한(제86조의 8 제2항, 제209조)[2)] 등은 합명회사의 그것을 준용하고, 청산인에 관하여는 합자회사의 그것을 준용한다(제86조의 8 제2항, 제287조).

2) 유한책임조합원

유한책임조합원의 지위는 조합계약에서 정한다. 조합계약에 달리 규정이 없으면 다음과 같다. 유한책임조합원은 원칙적으로 업무집행권이 없다(제86조의 8 제3항, 제278조)(합자회사의 경우에는 제278조에서 예외 없이 유한책임사원은 회사의 업무집행이나 대표행위를 하지 못한다고 규정한 점에서 서로 다르다). 유한책임조합원은 원칙적으로 업무집행권이 없지만 조합계약에서 업무집행권이 있는 것으로 정할 수 있다(제86조의 8 제3항, 제278조). 합자회사의 경우에는 제278조에서 예외 없이 유한책임사원은 회사의 업무집행이나 대표행위를 하지 못한다고 규정한 점에서 서로 다르다. 유한책임조합원은 합자회사의 유한책임사원의 경우와 같이 원칙적으로 감시권이 인정된다(제86조의 8 제3항, 제277조). 그러나 이 감시권은 본조 제3항에 의거, 조합계약에 다른 규정이 없으면 인정되는 것으로 조합계약으로 제한할 수 있다고 해석된다. 업무집행을 하지 않는 유한책임조합원의 감시권은 당연히 인정되어야 하는데, 이를 조합계약으로 제한할 수 있도록 한 것은 입법의 오류이다.

---

1) 상법상 합자회사에 관하여 사원뿐만 아니라 회사를 대표할 사원도 별도로 등기하도록 하고 있다(제179조 제3호, 제180조 제1호, 제4호, 제271조, 상업등기기재례집 95면 등 참조).

2) 합자조합의 대표조합원제도의 존재에 관하여 아무런 직접적인 규정이 없다가 준용규정을 통하여 간접적으로 이를 인정하는 것은 매우 부적절한 입법방식이다.

유한책임조합원에 대하여도 자기거래는 원칙적으로 금지되나(제86조의 8 제3항, 제199조), 합자회사의 유한책임사원과 같은 경업의 자유는 원칙적으로 인정된다(제86조의 8 제3항, 제275조). 유한책임조합원의 사망으로 인한 법률관계는 합자회사에 관한 규정을 준용한다(제86조의 8 제3항, 제283조). 유한책임조합원은 피성년후견인 선고를 받은 경우에도 원칙적으로 퇴사되지 아니한다(제86조의 8 제3항, 제284조).

2. 손익의 분배

합자조합의 손익의 분배에 관하여는 규정이 없으므로 조합계약에서 정하는 바에 따른다. 따라서 손익의 분배는 반드시 출자가액에 비례하여야 하는 것은 아니다.

3. 조합원의 지분의 양도

업무집행조합원은 다른 조합원 전원의 동의를 받지 아니하면 그 지분의 전부 또는 일부를 타인에게 양도하지 못한다(제86조의 7 제1항). 유한책임조합원의 지분은 조합계약에서 정하는 바에 따라 양도할 수 있다(제86조의 7 제2항)(합자회사의 경우에는 무한책임사원 전원의 동의가 있어야 하는 것(제276조)과 다르다). 유한책임조합원의 지분을 양수한 자는 양도인의 조합에 대한 권리·의무를 승계한다(제86조의 7 제3항).

V. 합자조합의 외부관계

1. 조합업무의 대리

업무집행조합원은 조합계약에 다른 규정이 없으면 각자가 합자조합의 업무를 집행하고 대리할 권리와 의무가 있다(제86조의 5 제1항). 업무집행을 대리하는 조합원은 조합의 영업에 관하여 재판상 또는 재판 외의 모든 행위를 할 권한이 있고, 그 권한에 대한 제한은 선의의 제3자에게 대항하지 못한다(제86조의 8 제2항, 제209조). 유한책임조합원은 조합계약에 다른 규정이 없으면 합자조합을 대리할 권한이 없다(세86조의 8 세3항, 세278조).

2. 조합원의 책임

조합의 재산으로 조합의 채무를 완제할 수 없는 때에는 각 조합원이 연대하여 변제할 책임이 있다(제86조의 8 제2항, 제212조 제1항). 조합재산에 대한 강제집행이 주효하지 못한 때에도 같으나(제86조의 8 제2항, 제212조 제2항), 조합원이 조합에 변제의 자력이 있으며 집행이 용이한 것을 증명한 때에는 조합원의 연대변제책임이 없다(제86조의 8 제2항, 제212조 제3항).

업무집행조합원(무한책임조합원)은 대외적으로 조합의 채무에 대하여 무한책임을 진다. 유한책임조합원은 그 출자가액을 한도로 유한책임만을 부담함이 원칙이다. 만약 유한책임조합원이 출자의무를 아직 완전히 이행하지 않은 경우는 조합계약에서 정한 출자가액에서 이미 이행한 부분을 뺀 가액을 한도로 하여 조합채무를 변제할 책임이 있다(제86조의 6 제1항). 합자조합에 이익이 없음에도 불구하고 배당을 받은 금액은 변제책임을 정할 때에 변제책임의 한도액에 더한다(제86조의 6 제2항).

한편, 유한책임조합원이 조합계약에서의 정함에 따라 업무집행을 하는 경우(제86조의 8, 제278조), 유한책임조합원도 무한책임을 부담하여야 하는지 의문이다. 이에 관하여는 규정이 없으므로 이를 인정할 수 없다. 이는 입법의 불비로서 이 경우에는 유한책임조합원도 무한책임을 부담하여야 할 것이다. 다만, 자칭무한조합원의 책임(제281조의 유추적용)이나 표현무한책임조합원의 법리에 따라 책임을 물을 수 있을 것이다.

한편 상법 또는 조합계약에 다른 규정이 없으면 민법 중 조합에 관한 규정을 준용하여야 하고, 유한책임조합원은 다른 조합원 채무에 대하여 변제책임이 없다(제86조의 8 제4항).[1]

Ⅵ. 합자조합의 종료

합자조합은 조합의 존속기간의 만료나 그 밖에 조합계약에 정한 해산사유의

---

1) 그런데 "민법 중 조합에 관한 규정을 준용하거나 준용하지 아니한다"라는 표현은 잘못된 것이다. 본래 합자조합도 조합의 일종이므로, 조합에 관하여 상법에 규정이 없으면 당연히 민법의 조합규정이 적용되기 때문이다. 따라서 "적용"하거나 "적용하지 아니"하는 것으로 규정하였어야 한다: 이철송, 축조해설 10면.

발생으로 종료한다. 그 밖에 무한책임조합원 또는 유한책임조합원 전원이 탈퇴한 때에도 해산한다(제86조의 8 제1항, 제285조 제1항). 이 경우에 잔존한 무한책임조합원 또는 유한책임조합원은 전원의 동의로 새로 유한책임조합원 또는 무한책임조합원을 가입시켜서 조합을 계속할 수 있다(제86조의 8 제1항, 제285조 제2항). 조합성립 후에 가입한 조합원은 그 가입전에 생긴 조합채무에 대하여 다른 조합원과 동일한 책임을 지며, 이미 조합의 해산등기를 하였을 때에는 본점소재지에서 2주간 내에 조합의 계속등기를 하여야 한다(제86조의 8 제1항, 제285조 제3항, 제213조와 제229조제3항).

해산 후 청산을 하는 것은 합명회사의 경우와 같다. 합자조합이 해산한 경우에는 해산등기(제86조의 8, 제228조), 청산인의 등기(제86조의 8, 제253조), 청산종결의 등기(제86조의 8, 제264조)는 합명회사의 규정을 준용한다.

제2장 상행위법 각론

제1절 대 리 상

Ⅰ. 총 설

기업활동의 지역적 범위를 확장하는 경우에는 지점의 신설이나 상업사용인의 파견을 통해 할 수도 있으나, 그 지방에 있는 대리상을 이용하면 영업실적에 따른 수수료만 지급하면 되므로 경비를 절약하고 업무감독의 번잡을 피할 수 있을 뿐 아니라, 그 대리상의 지식·경험과 신용을 활용할 수 있으므로 훨씬 유리할 수도 있다.

대리상제도의 發展過程

대리상은 원래는 상업사용인이 지방각지로 행商하다가 특정 장소에 定住한 상인이다.

우리나라의 대리상제도는 독일법을 계수한 것이다. 독일에서는 이미 1892년 독일제국재판소의 판결을 통하여 대리상(Handelsvertreter)이라는 법률상의 개념을 인정한 바 있으나, 1897년의 신상법에서 처음 입법화되었다. 그 후 1953년의 '상법을 개정하는 법률'에서 대리상과 상업사용인의 구별을 명확히 하였다. 프랑스 상법에서는 상사대리인(représentant de commerce)이라는 제도가 있으나, 이것은 상업사용인의 일종에 불과한 것이고, 영미법에도 대리인(agent)이라는 것이 있기는 하지만 여기에는 상업사용인·주선업자·중개업자 등 직접 또는 간접 대리인까지 포함되는 것으로서 타인으로부터 사무처리의 위임을 받은 자를 총칭하는 개념이다.

Ⅱ. 대리상의 의의

대리상(Handelsvertreter)이란 일정한 상인을 위하여 상업사용인이 아니면서 상시 그 영업부류에 속하는 거래의 대리 또는 중개를 영업으로 하는 자를 말한다(제87조). 이를 분설하면 다음과 같다.

1) 대리상은 '일정한 상인'(대리상 포함)을 위하여 그 영업을 보조하는 자인데, 여기서 본인은 반드시 상인이어야 하며(소상인 포함), 그 수는 1인이든 수인이든 상관없다. 따라서 상인 이외의 자를 위하여 거래의 대리 또는 중개를 하는 자는 상법상의 대리상이 아닌 민사대리상이 된다. 특정(다수)인과 상촉(常囑)관계를 갖고 거래의 대리 또는 중개를 하는 점에서 불특정다수인을 위하여 상행위의 중개 또는 주선행위를 하는 중개인이나 위탁매매인과도 구별된다.

2) '상시' 그 영업을 보조하여야 한다. 상시(常時)라 함은 일정한 상인과 계속적인 거래관계에 있음을 뜻한다.

3) 대리상은 독립된 상인이므로 영업주에게 종속되는 상업사용인과 다르다.[1]

대리상과 상업사용인의 구별

(1) 공통점

대리상과 상업사용인이 다 같이 특정상인을 위하여 계속적으로 그 영업을 보조한다는 점에서 같다.

(2) 차이점

대리상은 특정상인에 종속되지 않는 영업보조자인데 비하여 상업사용인은 특정상인에 종속된 영업보조자이므로 이로부터 다음과 같은 차이점이 생긴다.

(i) 본인과의 관계에 있어 대리상의 경우에는 위임이지만, 상업사용인의 경우에는 위임 또는 고용이다.

(ii) 그 자격에 있어 대리상은 자연인은 물론 법인도 가능하지만 상업사용인의 경우에는 자연인만이 될 수 있다.

(iii) 보수와 관련하여 대리상은 그 실적에 따라 수수료를 받지만, 상업사용인은 정액의 봉급을 받는다.

(iv) 영업비 부담에 있어 대리상은 독립된 영업소를 운영하면서 스스로 영업비를 부담하여야 하지만, 상업사용인은 그럴 필요가 없다.

(v) 경업금지의무에 있어 대리상은 본인의 영업부류에 속하거나 동종영업을 목적으로 하는 회사의 무한책임사원 또는 이사가 될 수 없으나(제89조 제1항), 상업사용인은 영업주의 영업부류에 속하는 거래는 물론 모든 다른 회사의 무한책임사원, 이사 또는 다른 상인의 상업사용인이 되지 못한다(제17조 제1항).

(vi) 본인의 수와 관련하여 대리상은 수인의 특정상인을 보조할 수 있으나, 상업사용인은 영업주의 허락이 없는 한 1인만을 보조한다(제17조 제1항).

---

1) 대법원 1962. 7. 5. 62다244: 대리상 계약을 부정한 판결: Y보험회사가 X에 대하여 매월 일정금액을 지급하는 외에 화재보험의 종류에 따라 보험료의 40% 또는 30%를 지급하고, 보험계약자의 모집에 필요한 제반경비 등은 X가 부담하기로 한 경우는, X는 Y의 상업사용인에 불과하고 이것을 대리상계약이라고 인정할 수 없다.

(vii) 통지의무에 있어 대리상은 거래의 대리 또는 중개를 한 때에는 지체없이 본인에게 통지하여야 하지만(제88조), 상업사용인은 그러한 의무가 규정되어 있지 않다.

4) '영업부류에 속하는 거래의 대리 또는 중개를 영업으로'하여야 한다. 대리상의 영업은 대리 또는 중개의 인수, 즉 특정상인을 위하여 그와 대리 또는 중개를 하기로 계약하는 것이다. 이 계약을 대리상계약(Handelsvertretersvertrag)이라 하는데, 낙성·불요식계약으로서 그 법적 성질은 위임이다. 대리상계약에 따른 대리 또는 중개행위는 그 계약의 이행으로서 대리상의 보조적 상행위이다. 거래의 대리를 하는 대리상을 체약대리상(Abschlußvertreter), 거래의 중개를 하는 대리상을 중개대리상(Vermittelungsvertreter)이라고 한다. 체약대리상은 본인(상인)의 명의로 활동하는 점에서 자기의 명의로 활동하는 위탁매매인, 운송주선인과 구별된다. 그리고 중개대리상은 특정상인에 대하여서만 의무를 부담한다는 점에서 일반상인을 위하여 수시로 중개하고 쌍방에 대하여 평등한 의무를 부담하는 중개인과 다르다.

5) 당사자가 대리점이라는 명칭을 사용하는 경우에도 반드시 법률상의 대리상과 일치한다고 할 수 없고, 이러한 명칭을 사용하지 아니하여도 실질상 대리상인 경우가 있다. 따라서 대리상인지의 여부는 대리상이라는 명칭의 사용여부와 상관없이 그 실질적인 내용에 따라 판단하여야 한다(판례). 대리점이라 할 때에는 상법상의 대리상 외에 특약점을 포함하는 뜻으로 사용하는 경우도 있다. 특약점은 생산자 기타 공급자로부터 상품을 매입하여 자기의 계산으로 판매하는 자이므로, 상법상의 대리상은 아니다. 따라서 이에 대하여는 특약점계약에서 정하지 아니한 부분은 민법과 상법의 매매에 관한 규정이 적용된다.

✦ 대법원 1999. 2. 5. 97다26593
대리상인지의 여부는 대리상이라는 명칭의 사용여부와 상관없이 그 실질적인 내용에 따라 판단하여야 한다.

☞ 어떤 자가 제조회사와 대리점 총판 계약이라고 하는 명칭의 계약을 체결하였다고 하여 곧바로 상법 제87조의 대리상으로 되는 것은 아니고, 그 계약 내용을 실질적으로 살펴 대리상인지의 여부를 판단하여야 하는 바, 제조회사와 대리점 총판 계약을 체결한 대리점이 위 제조회사로부터 노래방기기 중 본체를 매입하여 위 대리점 스스로 10여 종의 주변기기를 부착하여 노래방기기 세트의 판매가격을 결정하여 위 노래방기기 세트를 소비자에게 판매한 경우에는 위 대리점을 제조회사의 상법상의 대리상으로 볼 수 없고, 또한 제조회사가 신문에 자사 제품의 전문취급점 및 A/S센터 전국총판으로 위 대리점을 기재한 광고를 한 번 실었다고 하더라도, 전문취급점

이나 전국총판의 실질적인 법률관계는 대리상인 경우도 있고 특약점인 경우도 있으며 위탁매매업인 경우도 있기 때문에, 위 광고를 곧 제조회사가 제3자에 대하여 위 대리점에게 자사 제품의 판매에 관한 대리권을 수여함을 표시한 것이라고 보기 어렵다. 대법원 2013. 2. 14. 2011다28342: 제조자나 공급자와 대리점계약이라는 명칭의 계약을 체결한 자가 곧바로 상법 제87조의 대리상이 되는 것은 아니며, 제조자나 공급자에게서 제품을 구매하여 자기의 이름과 계산으로 판매하는 영업을 하는 자에게 대리상과 마찬가지의 보호필요성이 인정된다는 등의 요건을 갖춘 경우 대리상의 보상청구권에 관한 상법 제92조의 2를 유추적용할 수 있다.

Ⅲ. 대리상과 영업주의 관계

대리상과 영업주의 관계는 대리상계약에 의하여 정하여진다. 대리상계약의 법적 성질은 위임이므로, 계약이나 상법에 다른 정함이 없으면 체약대리상의 권리의무는 위임에 관한 민법과 상법의 일반규정(제48조~제50조, 민 제680조~제692조)에 의하여 결정된다. 다만 양자 간의 계속적 관계를 고려하여 다음과 같은 특별규정을 두고 있다.

1. 대리상의 의무

대리상은 수임인으로서 선량한 관리자로서의 주의의무를 부담하는[1] 외에 다음과 같은 특별한 의무가 있다.

1) 통지의무

대리상이 거래의 대리 또는 중개를 한 때에는 본인의 청구를 기다리지 않고(민 제683조 참조) 지체없이 본인에게 그 통지를 발송하여야 한다(제88조)(발신주의). 이 의무를 해태하여 영업주가 손해를 입은 때에는 대리상은 이를 배상하여야 한다.

2) 경업금지의무

(1) 대리상은 본인의 허락없이 자기나 제3자의 계산으로 본인의 영업부류에 속한 거래를 하거나 동종영업을 목적으로 하는 다른 회사의 무한책임사원 또는

---

1) 대법원 2003. 4. 22. 2000다55775 · 55782.

이사가 되지 못한다(제89조 제1항). 명문의 규정은 없으나 본인의 이익을 보호하고자 하는 입법취지를 감안한다면 대리상은 다른 상인의 상업사용인이 될 수도 없다고 해석된다.[1)]

(2) 경업금지의무의 위반효과는 상업사용인의 경우와 같다(제89조 제2항, 제17조 제2항 내지 제4항). 즉, ① 대리상의 행위는 유효하나, ② 영업주는 이를 이유로 대리상계약을 해지할 수 있으며, ③ 손해배상을 청구할 수 있고, ④ 만약 그 거래가 대리상의 계산으로 한 때에는 영업주의 계산으로 한 것으로 볼 수 있고, 제3자의 계산으로 한 때에는 대리상에 대하여 그로 인한 이득의 양도를 청구할 수 있다(개입권 · 탈취권), ⑤ 그러나 겸직금지의무를 위반한 때에는 계약의 해지 또는 손해배상을 청구할 수 있을 뿐이다.

3) 영업비밀준수의무

(1) 의 의

대리상은 대리상계약이 존속하는 동안은 물론, 그 계약이 종료된 후라 할지라도 계약과 관련하여 알게 된 본인의 영업상의 비밀을 지켜야 할 의무가 있다(제92조의 3). 이 의무는 1995년 개정상법에 의하여 대리상의 보상청구권에 대한 대응으로 인정된 것이다.

(2) 성 질

대리상의 영업비밀준수의무는 계약상의 의무이다. 대리상은 대리상계약에 기하여 본인에 대해 선량한 관리자로서의 주의의무를 다하여야 하고, 이 의무에는 비밀준수의무도 포함된다. 한편 상법은 이 비밀준수의무를 대리상계약이 종료한 후에까지 인정하기 위하여 본조를 두었다. 대리상계약 종료 후의 비밀준수의무도 계약상의 의무이다.

(3) 영업비밀의 개념

부정경쟁방지 및 영업비밀 보호에 관한 법률은 영업비밀을 "공연히 알려져 있지 아니하고 독립된 경제적 가치를 가지는 것으로서, 상당한 노력에 의하여 비밀로 유지된 생산방법 · 판매방법 기타 영업활동에 유용한 기술상 또는 경영상의 정보를 말한다"라고 정의하고 있다(동법 제2조 제2호). 이 정의에서 알 수 있는

---

1) 동지: 이철송(총) 456면; 채이식(상) 242면.

바와 같이 경제성 · 미공지성 · 관리가능성이 영업비밀의 요건이다.

영업비밀에는 특허권과 같이 법으로 보호되는 것뿐만 아니라, 생산 · 판매 등의 사업활동, 사업계획 및 기업의 내부조직에 관한 정보도 포함되며, 영업주의 신상에 관한 사실도 기업의 경쟁력과 관계될 때에는 영업비밀이 될 수 있다.

정보화시대의 영업비밀은 기업의 경쟁력을 구성하는 가장 중요한 경제적 자원이라고 할 수 있으므로, 이는 영업주의 배타적 권리의 하나가 된다. 따라서 부정경쟁방지법은 영업비밀의 부정한 사용 · 취득 · 공개 등을 영업비밀의 침해행위로서 처벌하며, 침해자에게 손해배상책임을 지우고 있다.

(4) 수비의무의 내용

수비(守秘)의무는 본인에 관하여 존재하는 적법한 권리 · 사실관계에 대하여서만 발생한다. 범죄행위, 탈세 등 위법행위는 영업비밀이 아니며, 따라서 이에 대하여는 수비의무가 없다. 또한 대리상이 영업비밀에 관한 사항을 증언하여야만 자신의 형사책임을 면할 수 있는 경우에도 수비의무가 없다.

(5) 의무위반의 효과

대리상이 대리상계약의 존속 중에 비밀준수의무를 위반한 경우에는 채무불이행이므로 본인이 사전통고 없이 대리상계약을 해지할 수 있으며, 손해배상을 청구할 수 있다. 이때의 대리상계약의 종료는 대리상의 책임 있는 사유에 기한 것이므로 후술하는 보상청구권이 발생하지 않는다.

대리상계약이 종료한 후에 대리상이 비밀준수의무를 위반한 경우에도 채무불이행이므로 손해배상책임을 물을 수 있다. 이 경우 이미 발생한 보상청구권에는 영향이 없다.

계약이 존속 중이든 종료 후이든 대리상이 비밀준수의무를 위반한 경우에는 일반적으로 불법행위가 성립할 것이므로 본인은 불법행위로 인한 손해배상책임을 선택적으로 행사할 수 있다고 본다.

2. 대리상의 권리

1) 보수청구권

대리상은 상인이므로 민법의 위임의 경우(민 제686조)와는 달리 특약이 없더라도 상당한 보수를 청구할 수 있다(제61조).

2) 유치권

(1) 대리상은 다른 특약이 없는 한 거래의 대리 또는 중개로 인한 채권이 변제기에 있는 때에는, 본인을 위하여 점유하는 물건 또는 유가증권을 채권의 변제를 받을 때까지 유치할 수 있다(제91조). 이 유치권은 민사유치권(민 제320조)과 일반상사유치권(제58조) 외에 상법이 특별히 인정한 특별상사유치권의 하나이다. 피담보채권의 유치물과의 견련(민 제320조 참조)을 필요로 하지 아니하는 점 및 양 당사자가 모두 상인인 점은 상인 간의 유치권과 같으나, 유치의 목적물에 대한 점유취득의 원인·소유권의 유무를 문제삼지 않는 점이 다르다(제58조 참조).

(2) 대리상의 유치권은 당사자 사이의 특약으로 배제할 수 있다(제91조 단서).

(3) 대리상의 유치권의 효력에 관하여는 상법에 규정이 없으므로 일반민사유치권에 관한 규정(민 제321조~제328조)이 적용된다.

3) 보상청구권

(1) 보상청구권의 의의

(가) 대리상의 활동으로 고객이나 영업상의 거래가 현저하게 증가하여 대리상 계약이 종료된 후에도 본인이 이익을 얻고 있다면, 그 계약의 종료가 대리상의 책임있는 사유로 인한 것이 아닌 한, 대리상은 상당한 보상을 청구할 수 있는데(제92조의 2 제1항), 이를 대리상의 보상청구권(Ausgleichsanspruch)이라 한다.

(나) 대리상이 오랜 기간 열심히 노력하여 새로운 고객을 확보하고, 그 고객과 본인 사이에 거래의 대리 또는 중개를 하여 본인의 사업이 크게 성장한 뒤에, 본인이 갑자기 대리상계약을 종료시키고 그때까지의 약정보수만 지급하고 나서, 본인이 고객과 직접 거래를 하여 이익을 독차지하는 사례가 적지 않다. 이것은 대리상의 노력의 결과로 생긴 무형의 재산적 가치를 무상으로 빼앗는 결과가 되어 부당하다. 따라서 일정한 요건 하에 대리상에게 과거의 노력에 대한 보상을 하여 줌으로써 당사자 간의 형평을 도모할 필요가 있다. 이를 위하여 1995년 개정상법은 대리상의 보상청구권을 신설하였다.

(다) 대리상과 유사하게 자기의 명의로 타인의 계산으로 영업을 보조하는 위탁매매인에 대하여도 대리상의 보상청구권에 관한 규정이 유추적용될 수 있다고 보나, 자기의 명의와 자기의 계산으로 독립된 사업을 하는 특약점의 경우에는 유추적용이 어렵다고 본다.[1]

---

1) 정동윤(상) 221면. 반대설: 최기원(상) 297면.

(2) 보상청구권의 요건

대리상의 보상청구권이 성립하기 위한 요건은 다음과 같다.

(가) 본인과 대리상 사이에는 유효하게 성립된 대리상계약이 종료되어야 한다. 따라서 처음부터 대리상계약이 무효인 때에는 보상청구권이 발생할 여지가 없다.

(나) 대리상관계의 종료 후에도 본인이 이익을 얻고 있어야 한다. 대리상의 활동으로 인하여 본인이 새로 고정 고객을 얻거나 기존 고객과의 사이에 영업거래가 현저하게 증가하고, 그러한 상태가 대리상관계의 종료 후에도 계속됨으로써 본인이 이익을 얻어야 한다.

(다) 대리상계약의 종료가 대리상의 귀책사유로 인한 경우가 아니어야 한다. 왜냐하면 대리상의 보상청구권은 대리상계약의 종료가 대리상의 책임 있는 사유로 인한 경우에는 인정되지 않기 때문이다(제92조의 2 제1항 단서). 그러므로 대리상의 보상청구권은 원칙적으로 대리상에게는 중대한 사유가 없이 대리상계약이 본인에 의하여 종료된 때에만 행사할 수 있고, 대리상 자신에게 책임 있는 사유로 대리상계약이 종료한 때에는 인정되지 않는다. 그러나 대리상이 대리상계약의 해약고지를 하였더라도 본인의 행위가 그 원인이 되었거나 대리상의 질병 등으로 인하여 활동을 계속할 수 없어서 대리상계약의 해약고지를 한 때에는 대리상의 보상청구권은 배제되지 않는다고 본다.

(라) 대리상의 보상청구권의 배제에 관한 특약이 없어야 한다. 당사자의 특약으로 보상청구권을 배제할 수 없다는 견해도 있으나,[1] 당사자는 대리상 관계가 종료하기 전에 미리 보상청구권을 배제할 수 있다고 본다.[2] 이는 대리상이 그 의사에 기하여 청구권을 포기하는 것이므로 문제는 없다고 본다.

(3) 보상청구권 발생의 효과

대리상이 위의 요건을 구비하면 본인에 대하여 상당한 보상을 청구할 수 있다(제92조의 2 제1항). 보상금은 본인의 이익, 대리상의 손해 기타 제반사정을 고려하여 상당한 금액으로 정하여야 한다. 대리상의 보상청구금액은 대리상계약의 종료 전 5년간의 평균연보수액을 초과할 수 없고, 대리상계약의 존속기간이 5년 미만인 경우에는 그 기간의 평균연보수액을 기준으로 한다(제92조의 2 제2항).

---

1) 김성태(총) 542면; 이철송(총) 468면; 정찬형(상) 268면.

2) 손주찬(상) 301면; 치이식(상 243면; 최기원(상) 313면. 다만 독일상법은 이를 배제할 수 없음을 명문으로 규정하고 있다(독상 제89조 b 제4항).

(4) 행사기간

대리상의 보상청구권은 대리상계약이 종료한 날로부터 6월 이내에 행사하지 아니하면 소멸한다(제92조의 2 제3항). 6월의 기간은 제척기간이므로 법원은 이를 직권으로 고려하여야 한다.

Ⅳ. 대리상과 제3자의 관계

1. 대리상의 권리

1) 대리상은 본인을 위하여 제3자와 사이에 거래의 대리 또는 중개를 하며, 그 결과로 거래계약이 체결되면 본인과 제3자 사이에 법률관계가 성립한다. 대리상이 제3자에 대하여 어떠한 범위 내에서 본인을 위하여 행위를 할 수 있는가는 본래 대리상계약의 내용에 의한다. 체약대리상은 대리상계약에서 인정하는 범위 내에서 계약체결에 관한 대리권을 가진다. 그러나 중개대리상은 영업주와 제3자와의 중간에서 거래의 성립을 위하여 중개를 할 뿐이므로 대리권이 없다.

2) 대리상계약에서 정함이 없는 경우에 대리상이 제3자로부터의 통지수령권(수동대리권)을 갖는지 여부가 문제된다. 체약대리상은 대리권이 있으나, 특히 중개대리상은 거래의 중개를 할 뿐이고 대리권은 없기 때문에 제3자는 직접 본인에게 통지를 하여야 하는 불편을 느끼게 된다. 따라서 상법은 상사매매에 있어서 목적물검사의무가 있는 매수인의 편의를 도모하고 매매의 민활을 기하기 위하여 물건 판매나 그 중개 위탁을 받은 대리상에 관하여 목적물의 하자 · 수량부족 기타 매매의 이행에 관한 통지를 받을 권한이 있다는 특별규정을 두고 있다(제90조). 그러나 매매의 이행과 관계가 없는 사항(대금의 수령, 매매계약의 무효 · 취소의 통지의 수령 등)에 대하여는 통지를 받을 권한이 없다.[1] 중개대리상은 통지수령권한이 있다는 점에서 중개인(제93조)과 다르다.

2. 대리상의 의무 · 책임

1) 체약대리상이 한 법률행위에 대하여는 본인이 의무와 책임을 지고 대리상

---

1) 대법원 1997. 3. 25. 96다51271: 오피스텔 분양중개인은 매매대금의 수령권이 없다.

은 아무런 의무와 책임을 지지 않는다. 중개대리상이 한 행위에 대하여도 대리상은 계약상의 당사자가 아니므로 제3자에 대하여 의무와 책임을 지지 않는다.

2) 그러나 대리상 또는 그의 피용자가 대리행위나 중개행위 중에 고의 또는 과실로 제3자에게 손해를 입힌 경우에는 독립된 상인인 대리상만이 책임을 지고 본인은 책임을 지지 않는다.[1] 다만 보험대리상에 대해서는 보험업법 제158조 제1항에서 본인인 보험자에게 민법상의 사용자책임과 유사한 책임을 부담시키고 있다.

V. 대리상관계의 종료

1. 종료원인

1) 일반적인 종료원인

(1) 대리상계약은 그 법적 성질이 위임이므로, 민법상의 위임종료원인(위임인의 파산, 수임인의 사망·파산·피성년후견인 선고)이 있으면 소멸한다(민 제690조). 다만 상인이 그 영업에 관하여 수여한 대리권은 본인의 사망으로 소멸되지 않으므로(제50조), 본인(상인·위임인)의 사망은 종료사유가 되지 아니한다.

(2) 그리고 대리상계약은 본인의 영업을 전제로 하기 때문에 영업의 폐지나 영업양도 등 본인의 영업의 해소로 당연히 종료하게 된다.[2]

2) 계약의 해지

(1) 민법 제689조 제1항은 위임계약은 존속기간을 정한 경우를 제외하고는 당사자 쌍방이 언제든지 해지할 수 있도록 하여 "위임의 상호해지자유의 원칙"을 천명하고 있다.

(2) 상법은 위임계약에 관한 위 원칙에 대한 특칙을 두어, 계속적 영업을 전제로 하는 당사자가 계약의 존속기간을 약정하지 아니한 때에도 각 당사자는 2월 전에 예고를 하여 그 계약을 해지할 수 있도록 하였다(제92조 제1항). 그러나 부득

---

1) 서울민사지방법원 1989. 6. 1. 88가합59756.
2) 그러나 영업양도에 관하여는 다툼이 있다. 동지: 정동윤(상) 222면. 반대: 임홍근(총) 350면; 정찬형(상) 288면.

이한 사정이 있을 때에는 각 당사자는 존속기간 약정의 유무에 관계없이 언제든지 계약을 해지할 수 있도록 하였다(제92조 제2항). 여기서 부득이한 사정이란 대리상의 경업금지의무위반, 본인의 채무불이행 기타 이에 준하는 사유를 말한다. 부득이한 사정이 없음에도 불구하고 상대방이 불리한 때에 대리상계약을 해지한 때에는 손해배상을 청구할 수 있다(통설).[1]

2. 종료의 효과

대리상관계가 종료하면 대리상과 영업주 사이의 잔무를 처리하고 이미 처리한 대리 또는 중개행위에 대한 보수를 지급하여야 한다. 대리상은 보상청구권을 가지며, 영업비밀준수의무를 진다.

제2절 중 개 업

I. 총 설

중개인(Handelsmakler, broker)은 위탁자를 위하여 거래당사자를 소개하고, 시장의 형세·상대방의 신용상태·상품의 감정 등 전문적 자료를 준비하여 위탁자에게 조언함으로써 계약체결의 기회를 제공하고 그 성립을 촉진시킬 수 있다. 또 경우에 따라서는 상대방을 은닉함으로써 거래를 원활하게 할 수 있다. 그러나 일부 거래분야에서는 전문적인 지식이나 경험을 악용하는 중개인도 있기 때문에, 자본시장법·해운업법·관광사업법 등 특별법에서 행정적 감독규정과 벌칙규정을 두어 단속하고 있다. 증권시장에서 매매거래의 중개를 하는 투자중개업자는 금융위원회의 인가를 받은 자이어야 한다(자금 제12조 제1항 제1호).

중개업의 연혁

로마시대에도 중개업이 있었으나 자유영업이었다. 이것이 중세에 와서는 공직적·독점적 영업으로 되었고, 중개인은 시장 또는 동업조합에 의하여 임명되었다.

---

1) 손주찬(상) 296면.

당시의 중개인은 내・외국인 간의 거래에 관하여 중개・통역・감정 등의 직무와 아울러 영업경찰사무까지도 담당하였으나, 자기 또는 타인을 위하여 영업을 하는 것은 금지되었다. 이와 같이 중세의 중개인은 19세기 후반까지 공직적인 독점적 지위가 인정되었으나, 1897년의 독일상법에서 중개업을 사적인 자유영업으로 확립한 이래 다수의 국가가 이에 따르고 있다.

Ⅱ. 중개인의 의의

중개인이란 타인 간의 상행위의 중개를 영업으로 하는 독립된 상인이다(제93조). 이를 분설하면 다음과 같다.

1) '중개(仲介)'를 하여야 한다. 중개란 타인 간의 법률행위를 성립시키기 위하여 진력(盡力)하는 사실행위이다.

2) 중개를 '영업으로' 하여야 한다. 사실행위인 중개행위를 영업으로 한다는 뜻이 아니라, '중개'를 인수하는 것, 즉 불특정다수인을 위하여 그와 중개를 하기로 계약하는 것을 말하며, 중개 그 자체는 그 계약의 이행행위로서 보조적 상행위이다. 중개인은 위탁매매인이나 운송주선인과는 달리 계약체결을 위한 대리권은 없다.

3) '상행위'를 중개하는 점에서 상행위 이외의 행위(예컨대, 혼인, 비상인 간의 매매)의 중개를 영업으로 하는 이른바 민사중개인과도 구별된다. 이때의 상행위는 기본적 상행위만을 말하고 보조적(부속적) 상행위는 포함되지 않는다는 것이 통설이다. 상사중개의 대상인 상행위는 영업적으로 반복되는 상행위의 중개를 의미하기 때문이라 한다. 그러나 그와 같이 제한적으로 해석할 근거가 없고, 중개의 대상이 되는 행위가 중개인의 상대방에게 다만 보조적 상행위가 될 뿐, 영업적 상행위(기본적 상행위와 준상행위)가 아니라는 이유로 중개업에 관한 상법의 적용을 배제하는 것도 타당하지 않다. 따라서 보조적 상행위이더라도 상관이 없다고 본다.[1] 또한 그 상행위는 일방적 상행위이어도 상관없다(통설). 따라서 타인 중 일방은 반드시 상인이어야 한다.

상사중개와 민사중개의 차이

(1) 우리 민법은 민사중개에 관한 일반적 규정을 두고 있지 않기 때문에 중개의 대상에 있어서도 민사중개와 상사중개의 한계가 불분명하다. 그런데 민사중개와 상사중개의 가장 근본적인 차이는 중개의 대상이다. 즉, 상사중개의 대상은 상행위이

1) 동지: 이철송(총) 474면; 채이식(상) 248면.

고 민사중개의 대상은 상행위 이외의 모든 법률행위이다.

(2) 민사중개는 예컨대 비상인 간의 부동산의 중개를 비롯하여 직업의 소개나 혼인의 중매에 이르기까지 광범위하다. 따라서 상사중개는 민사중개에 비하여 상대적으로 그 범위가 협소하다. 상사중개인이 계약의 중개를 인수하더라도 그 계약이 상행위로 되지 않는 경우에는 그 중개행위는 상사중개가 아니라 민사중개이고, 원칙적으로 중개업에 관한 상법상의 규정이 적용되지 않는다.

(3) 다만 민사중개인도 중개의 인수를 영업으로 하면 상법상의 상인이 된다.[1] 그러나 민사중개인이 상법상의 중개인은 아니기 때문에 중개업에 관한 상법의 규정이 민사중개인에게 당연히 적용되지는 않는다. 다만 보수에 관한 규정(제100조) 등 성질이 허용하는 범위 내에서의 제한적인 유추적용은 가능할 것이다.

4) '타인간'의 상행위를 중개한다. 이와 같이 타인, 즉 불특정다수인을 위하여 비계속적으로 중개하므로 특정(다수)인을 위하여 계속적으로 중개하는 중개대리상과 다르다.

Ⅲ. 중개계약의 종류와 성질

1) 중개계약(Maklervertrag)은 낙성계약이고, 위탁자는 언제나 보수를 지급할 의무를 부담하는데 대하여 중개인이 적극적으로 중개할 의무가 있는 경우를 쌍방적 중개계약(쌍무계약)이라고 하며 그 성질은 위임이고(통설), 중개인이 계약성립에 진력할 의무가 없는 경우를 일방적 중개계약(편무계약)이라고 하며, 그 성질은 도급계약에 준하거나 유사하다고 보는 것이 다수설이다.[2] 그러나 일방적 중개계약의 경우도 그 성질은 위임이라고 봄이 타당하다.[3] 일방적 중개계약 역시 일정한 사무의 처리를 위탁하는 것이며, 위임이라고 본다고 해서 중개인이 일을 완성할 의무를 지지 않는 것은 아니기 때문이다.

2) 당해 중개계약의 내용에 따라 어느 것인지 구분할 수 없는 경우에는 일방적 중개계약으로 본다. 왜냐하면 중개인이 적극적으로 중개할 의무를 부담하기로 하는 것은 일반적으로 기대하기 어렵고, 적극적으로 중개하지 아니한 것을 증명하여 책임을 추궁하는 것도 쉽지 않기 때문이다.

---

1) 대법원 1968. 7. 24. 68다955.
2) 도급계약에 준하는 계약이라는 견해: 서돈각·정완용(상) 190면; 이병태(상) 263면. 도급계약에 유사한 독자적인 (특수)계약이라는 견해: 손주찬(상) 303면; 임홍근(총) 357면; 정동윤(상) 225면.
3) 동지: 정동윤(상) 225면; 채이식(상) 249면; 이철송(총) 475~476면.

Ⅳ. 중개계약의 효과

중개계약은 일종의 위임이므로 중개인은 선량한 관리자의 주의로써 중개를 하여야 하며(민 제681조), 이외에도 상법은 중개인의 중립적 지위의 특수성을 고려하여 다음과 같은 특칙을 두고 있다.

1. 중개인의 의무

1) 견품보관의무

(1) 견품보관의무의 의의

중개인이 그 중개한 행위에 관하여 견품을 받은 때에는 그 행위가 완료될 때까지 이를 보관하여야 한다(제95조). 견품매매에 있어서 일어날 수 있는 목적물의 품질에 관한 분쟁에 대비하여 그 증거를 보전하기 위한 것이다.

(2) 보관기간

보관기간은 '그 행위가 완료될 때까지' 보관하여야 한다. 이는 중개행위가 성립된 때를 의미하는 것이 아니라, 이의기간의 경과(제69조, 민 제580조 · 제575조), 계약의 해제, 소멸시효의 완성, 화해의 성립 또는 목적물 급여의 승인 등으로 계약상의 권리의무가 소멸되어 목적물의 품질에 관한 분쟁이 발생하지 아니할 것이 확실하게 될 때를 말한다.[1)]

(3) 견품의 반환

견품보관의무가 종료된 후에는 그 견품을 소유자에게 반환하여야 한다.

(4) 보관의무의 내용

중개인의 견품보관의무는 법률상 당연한 의무이므로 특약 또는 관습이 없는 한 그 보관에 대하여 보수를 청구할 수 없다. 보관은 선량한 관리자의 주의로써 하여야 하지만, 중개인이 스스로 보관하든 타인에게 보관을 시키든 상관이 없다.

---

1) 강위두(총) 325면; 서돈각 · 정완용(상) 192면; 손주찬(상) 304면; 임홍근(총) 361면; 정찬형(상) 292면; 최기원(상) 319면; 김정호(상) 247면; 김병연(총) 281면.

중개인이 견품보관의무에 위반한 때에는 그로 인한 손해를 거래당사자에게 배상하여야 한다.

2) 결약서교부의무

(1) 결약서교부의무의 의의

당사자 간에 계약이 성립된 때에는 중개인은 지체없이 각 당사자의 성명 또는 상호, 계약연월일과 그 요령을 기재한 서면을 작성하여 기명날인 또는 서명을 한 후 각 당사자에게 교부하여야 한다(제96조 제1항). 이 서면을 결약서(結約書, Schlußnote: 계약증)라고 하는데, 이것을 작성하는 것은 계약의 성립을 명확히 하여 당사자 간의 분쟁을 예방하려는 것이다.

(2) 결약서의 법적 성질

결약서는 당사자 간에 계약이 성립한 후에 중개인이 작성하는 것이므로, 계약서도 아니고 계약성립의 요건도 아닌 단순한 증거서면에 불과하다. 그러므로 계약의 양 당사자가 모두 이를 면제한 때와 특별한 상관습이 없는 때에는 결약서를 작성하지 않아도 되고, 결약서의 증거력은 법관의 자유심증에 의한다(민소 제202조).

(3) 기재내용

결약서에는 각 당사자의 성명 또는 상호, 계약연월일, 계약요령, 중개인의 기명날인 또는 서명을 한다. 이 중에서 계약요령이란 계약내용의 요점으로, 목적물의 명칭·수량·품질·이행의 방법·시기·장소 등이다. 결약서의 기재형식에는 별다른 제한이 없다.

(4) 결약서의 교부시기

중개인은 당사자 간에 성립한 계약이 (가) 즉시 이행하여야 하는 것인 때에는 지체없이 결약서를 작성하여 기명날인 또는 서명한 후 각 당사자에게 교부하여야 한다(제96조 제1항). 여기서 '지체없이'란 '중개인에게 책임있는 사유로 지연됨이 없이'라는 뜻이다. 중개인이 과실로 결약서의 기재를 지체하여 당사자간에 손해가 발생한 경우에는 손해배상책임을 진다.

(나) 즉시 이행되지 않아도 되는 계약인 때(예컨대, 조건부 또는 기한부 계약)에는 중개인은 각 당사자로 하여금 결약서에 기명날인 또는 서명하게 한 후 그 상

대방에게 이를 교부하여야 한다(제96조 제2항). 중개인은 결약서를 발송하면 되고, 도달에 대한 위험은 각 당사자가 부담한다. 중개인이 이 통지의무를 게을리하면 손해배상책임을 져야 한다.

(다) 이의의 통지: 양 당사자가 이의 없이 결약서를 수령한 때에는 결약서의 내용에 따라 계약이 성립된 것으로 추정된다(민소 제357조). 만약 이의가 있을 때에는 중개인이 아니라 계약상대방에 대해 이의를 제기해야 한다. 그러므로 만약 당사자의 일방이 결약서를 받지 아니하거나 기명날인 또는 서명을 거부하는 경우에는 중개인은 지체없이 상대방에게 그 통지를 발송하여야 한다(제96조 제3항).

3) 장부작성 · 등본교부의무

(1) 중개인은 장부, 즉 중개인일기장(Tagebuch)을 비치하고, 이에 결약서의 기재사항을 기재하여야 하며(제97조 제1항), 각 당사자가 중개행위에 관한 장부의 등본교부를 청구한 때에는 언제든지 이에 응해야 한다(제97조 제2항).

(2) 본래 중개인일기장은 당사자 간의 거래에 관한 증거를 보전하기 위한 것이고, 상인자신의 영업상의 재산 및 손익의 상황을 명백히 하기 위한 장부는 아니므로 상업장부는 아니다. 다만 중개인일기장에 수수료 등 기타 중개인 자신의 영업회계에 관한 기재를 병행시킨 때에는 상업장부라고 할 수도 있을 것이다.[1]

(3) 한편 장부의 작성의무 및 그 등본교부청구권(제97조)으로 미루어 중개인일기장의 보존에 관하여는 상업장부의 보존에 관한 상법 제33조의 규정을 유추적용하여야 할 것이다.[2] 따라서 일기장을 폐쇄한 날로부터 10년간 이를 보존하여야 한다.

4) 성명 · 상호묵비의무

(1) 당사자가 그 성명 또는 상호를 상대방에게 표시하지 아니하도록 중개인에게 요구한 때에는 중개인은 그 상대방에게 교부할 결약서와 중개인일기장의 등본에 이를 기재하지 못한다(제98조). 물론 중개인일기장에는 이를 기재하여야 한다. 이를 중개인의 성명 · 상호묵비의무라고 한다. 중개인의 성명 · 상호묵비의무

1) 최기원(상) 321면; 채이식(상) 252면; 정동윤(상) 228면; 이철송(총) 478면; 정찬형(상) 293면; 김정호(상) 249면. 반대: 손주찬(상) 305면.
2) 강위두(총) 327면; 정동윤(상) 228면; 손주찬(상) 306면; 정찬형(상) 293면; 최기원(상) 321면.

는 당사자가 자기의 성명 또는 상호를 상대방에게 알리지 않음으로써 거래가 유리하게 이루어질 수 있는 경우가 많고 또한 비개성적인 상거래에 있어서는 상대방으로서도 굳이 거래의 당사자의 개성이 중요하지 않기 때문에 인정되는 것이다.

(2) 이러한 묵비의무는 중개를 위탁한 당사자뿐만 아니라 그 상대방이 요구한 경우에도 발생된다고 본다(통설). 중개인이 묵비의무를 위반하면 손해배상책임을 진다.

5) 개입의무(이행담보책임)

(1) 의 의

중개인이 임의로 또는 당사자의 묵비 요구에 따라 당사자의 일방의 성명이나 상호를 상대방에게 표시하지 아니한 때에는 상대방은 중개인에 대하여 그 이행을 청구할 수 있다(제99조). 이 개입의무는 상대방의 신뢰를 보호하기 위하여 거래의 당사자가 아닌 중개인에게 지운 특별한 이행담보책임이다.

(2) 요 건

당사자의 성명 · 상호를 묵비하였어야 하고, 상대방이 이행을 청구할 때까지 당사자가 스스로 이행을 하지 않았어야 한다. 이행청구 후에 중개인이 성명 또는 상호를 표시하였더라도 일단 발생한 중개인의 개입의무는 소멸하지 않는다. 바꾸어 말하면, 당사자의 중개인에 대한 이행청구권은 중개계약이 성립한 때에 취득하는 것이므로, 비록 중개인이 후에 묵비의 당사자의 성명 또는 상호를 개시(開示)하더라도 이미 발생한 상대방의 중개인에 대한 이행청구권은 상실되지 않는다고 본다(통설).

(3) 효 과

중개인은 개입의무를 이행하더라도 거래의 당사자로 되는 것은 아니며, 다만 묵비의 당사자에게 구상권을 행사할 수 있다고 본다.[1]

✦ 대법원 1972. 8. 22. 72다1071 · 1072
중개인의 이행담보책임을 인정한 사례

☞ 중개인은 당사자 간에 계약이 성립된 때에는 그 계약이 즉시 이행될 성질의 것이

---

1) 강위두(총) 329면; 서돈각 · 정완용(상) 194면; 정동윤(상) 229면; 손주찬(상) 307면; 이병태(상) 266면; 정찬형(상) 294면; 최기원(상) 322면; 김정호(상) 250면.

아닌 이상 지체없이 각 당사자의 성명 또는 상호, 계약연월일과 그 요령을 기재한 서면을 작성하여 기명날인하고 또 각 당사자로 하여금 기명날인하게 한 후 각 당사자에게 교부하여야 하며, 또 중개인이 임의 또는 당사자 일방의 요구에 따라 상대방에게 그의 성명 또는 상호를 표시하지 않았을 경우에는 그 중개인 자신이 상대방에 대하여 그 계약에 대한 이행책임을 져야 한다.

2. 중개인의 권리

1) 보수청구권

(1) 중개인은 특약이 없어도 당연히 상당한 보수[중개료, 구전(口錢)]를 청구할 수 있는데(제61조),[1] 이 보수청구는 결약서의 교부 또는 교환이 끝난 후에만 할 수 있다(제100조 제1항). 중개에 의하여 계약이 성립하여야 하고, 중계행위와 계약성립 사이에 인과관계가 있어야 하며, 중개계약에서 예정된 것과 본질상 동일성을 가진 계약의 중개로 인하여 성립하여야 한다. 따라서 계약이 성립되지 아니하는 한 중개인의 노력 여하에 관계없이 보수를 청구할 수 없다.[2] 중개인이 중개행위에 착수한 이상, 당사자가 중개료의 지급의무를 면하기 위하여 중개계약을 해지하고 당사자 사이의 직접 교섭에 의하여 계약을 성립시킨 경우에도 민법 제150조를 유추적용하여 신의성실에 반하여 정지조건의 성취를 방해한 때에는 조건이 성취된 것으로 보아 중개인은 중개료를 청구할 수 있다고 본다.[3]

(2) 중개인의 보수는 당사자 상호 간의 약정에 의하여 부담률이 결정되겠으나, 약정이 없으면 당사자 쌍방이 균등하여 부담한다(제100조 제2항). 당사자 일방이 보수를 지급하지 않더라도 타방에게 그 부분의 지급을 청구할 수는 없다. 보수액은 특약에 의하여 정할 것이나, 그 정함이 없는 경우에는 관습에 의할 것이며, 관습도 인정되고 있지 않은 경우에는 법원이 결정할 수밖에 없다.[4]

---

1) 대법원 1968. 7. 24. 68다955.
2) 대법원 1956. 4. 12. 4289민상81: 부동산중개인의 경우는 중개인에 의하여 거래(매매 등)가 성립됨을 조건으로 중개료청구권이 발생하므로 그 거래가 성립되지 않은 이상 중개인이 아무리 중개의 노력을 많이 하였더라도 그 노력의 비율에 따라 상당한 보수를 청구할 수는 없다. 동지: 대법원 1991. 4. 9. 90다18968.
3) 임홍근(총) 365면; 정동윤(상) 229~230면; 이철송(총) 481면.
4) 대법원 1964. 9. 8. 64다272; 동 1976. 6. 8. 76다766 ; 동 2002. 9. 4. 2000다54406 · 54413(부동산중개업법 소정의 상한을 초과하는 부동산중개수수료 약정은 강행법규위반으로 무효이다).

✦ 부산지방법원 1987. 9. 24. 87나516 [확정]
중개인의 보수액은 중개에 소요한 기간 및 그 노력의 정도, 계약의 성립으로 중개의뢰자가 얻게 된 이익 등의 제반사정을 참작하여 정하여야 한다.

☞ 중개인의 부동산중개활동이 쌍방의 제시가격차이로 일시 중단된 상태에서 중개의뢰자들이 직접 만나 절충 끝에 매매계약을 체결하였더라도 중개인은 민법 제686조, 제673조의 취지 및 거래상의 신의칙에 비추어 그 중개활동에 상응한 보수를 청구할 수 있고, 나아가 그 보수액은 당초 약정액(그 정함이 없는 경우에는 조례상의 중개료 한도액)과 중개인이 중개에 소요한 기간 및 그 노력의 정도, 계약의 성립으로 중개의뢰자가 얻게 된 이익 등의 제반사정을 참작하여 정할 것이다. 동지: 대법원 1976. 6. 8. 76다766(상당한 보수에 해당하는 소개료액을 정함에 있어서는 반드시 감정에 의할 것이 아니고 법원이 당시의 제반 사정을 참작하여 정할 수 있다).

(3) 보수에는 중개의 비용이 당연히 포함되는 것이므로 중개인은 특약이나 관습이 없는 한 별도의 비용상환청구권을 갖지 않는다.[1)]

2) 급여수령권의 배제

중개인은 별다른 약정이나 관습이 있는 경우 외에는, 그 중개한 행위에 관하여 당사자를 위하여 지급 기타의 이행을 받지 못한다(제94조). 중개인은 계약당사자도, 그 대리인도 아니기 때문이다. 따라서 당사자의 일방이 중개인에게 지급 기타의 급여를 한 때에도 법률행위의 상대방에 대한 면책이 인정되지 않는다. 다만 당사자의 일방이 중개인에게 그 성명 또는 상호를 표시하지 아니할 것을 요구한 때에는 중개인에게 급여수령권을 수여한 것으로 볼 수 있다.[2)]

V. 중개계약의 종료

중개계약은 기간의 종료, 해제조건의 성취 등에 의하여 종료된다. 이 밖에 위임의 종료사유인 중개인의 사망 · 파산 · 피성년후견인 선고, 위탁자의 파산에 의하여 종료되나(민 제690조), 위탁자의 사망으로 종료되지는 않는다(제50조). 위탁자는 언제든지 위탁을 취소 또는 위탁계약을 해지할 수 있다.

1) 강위두(총) 331면; 서돈각 · 정완용(상) 195면; 손주찬(상) 307면; 이병태(상) 268면; 최기원(상) 323면; 정찬형(상) 296면; 김정호(상) 251면.
2) 손주찬(상) 308면; 이기수(상) 391면; 정찬형(상) 296면.

제 3 절 위탁매매업

Ⅰ. 총 설

1) 위탁매매인은 기업이 지점을 설치하거나 대리상을 이용하는 경우와 같이 기업활동의 범위를 확대하는 수단으로 이용된다. 위탁매매인을 이용하게 되면 지점설치의 경우보다 경비가 절약되고 체약대리상을 이용하는 경우보다 권한이 남용될 위험이 적다. 또한 영업주로서는 상대방에게 자기를 알리고 싶지 않은 경우에는 위탁매매인을 이용하면 그 목적을 달성할 수 있으며, 또한 위탁매매인이 특별한 신용, 영업상의 기술·지식·경험을 활용할 수도 있고 금융의 편의까지도 얻을 수 있다. 또한 위탁매매인의 상대방으로서도 거래상대방의 자력, 신용상태, 대리권의 유무와 그 범위 등을 일일이 조사할 필요가 없어 거래의 신속을 기할 수 있다. 국내에서는 증권거래업이 가장 전형적인 위탁매매업이다.

2) 위탁매매는 중세의 유럽에서 국제무역상이 일정한 지방의 토착상인에게 매매를 위탁하고, 이들은 자기의 명의로 위탁된 행위를 실행함으로써 발달된 제도이다. 또 당시에 외국에 파견된 상업사용인이 그 지방에 정착하여 독립된 위탁매매인이 되는 경우도 많았다. 이들은 외국에서 주인(상인)의 명의로 거래하는 것이 무의미하므로 자기의 명의로 거래를 하였으며, 16세기에 이르러서는 상인으로부터 독립된 지위를 확보하였고, 18세기 말에는 위탁매매업의 최고의 전성기를 이루었다. 그러나 근세에 이르기까지 대리상과 그 개념이 명확하지 아니하였으나, 1807년의 프랑스 상법에서 독립된 정의를 내렸으며, 그 후 독일상법에서 그 법률상 개념이 확정됨으로써 여러 나라의 입법에 영향을 미쳤다.

Ⅱ. 위탁매매인의 의의

위탁매매인(Kommissionär, mercantile agent)이란 자기명의로써 타인(委託者: Kommittent)의 계산으로 물건 또는 유가증권의 매매를 하는 자를 말한다(제101조). 이를 분설하면 다음과 같다.

1) '자기명의로써'란 자기가 권리의무의 주체가 되는 것을 말하고, '타인의 계

산으로'란 그 거래로 인한 손익을 타인에게 귀속시킨다는 뜻인데, 이와 같은 법률적 형식과는 달리 경제적 효과가 타인에게 돌아가는 행위를 '주선(周旋)'이라고 한다.

2) '물건 또는 유가증권의 매매'를 하는 자이다. 여기서의 물건에는 부동산도 포함된다는 주장도 있으나[1] 부동산은 포함되지 않는 것으로 본다.[2] 부동산은 위탁매매인이 자기명의로 매도·매수하는 경우에는 등기이전 등 복잡한 문제가 생기는 동시에 위탁자의 이익을 해할 우려가 크고, 상법의 운송업·운송주선업·창고업 등에 관한 규정(제125조, 제114조, 제155조)에서도 '물건의 운송'·'물건 운송의 주선'·'물건의 보관'이라고 표현하고 있으나, 이 경우에도 부동산은 자연히 제외되기 때문이다.

3) 물건 또는 유가증권의 매매를 '영업'으로 하는 자이다. 물건 또는 유가증권의 매매는 위탁자에게는 반드시 상행위가 되는 것은 아니나, 위탁매매인에게는 보조적 상행위가 된다.

Ⅲ. 위탁매매계약의 법적 성질

위탁매매계약은 매도 또는 매수라는 법률행위를 하는 것을 위탁하는 것이므로 낙성·불요식의 위임계약의 일종이라고 보는 것이 통설, 판례이다. 따라서 위탁매매인과 위탁자 간에는 민법의 위임에 관한 규정이 적용된다(제112조). 독일에서는 위탁계약이 독일민법 제675조가 규정한 '특수한 사무처리'에 해당하기 때문에 이것이 사무처리를 목적으로 하는 고용계약 또는 도급계약에 해당하는지에 관하여 다투어지고 있다. 우리나라에서는 증권매매거래에 있어 위탁계약의 성립시기와 관련하여 다수의 판례가 나와 있다. 어떠한 계약이 일반 매매계약인지 위탁매매계약인지는 계약의 명칭 내지 형식적인 문언을 떠나 그 실질을 중시하여 판단하여야 한다.[3]

✦ 대법원 1994. 4. 29. 94다2688
유가증권 위탁매매계약의 성립시기는 고객으로부터 금원이나 주식을 수령한 때이다.

---

1) 강위두(총) 334면; 서돈각·정완용(상) 197면; 정찬형(상) 299면.
2) 최기원(상) 326면; 김정호(상) 252면; 김병연(총) 288면.
3) 대법원 2008. 5. 29. 2005다6297.

☞ 증권매매거래의 위탁계약의 성립시기는 위탁금이나 위탁증권을 받을 직무상 권한이 있는 직원이 증권매매거래를 위탁한다는 의사로 이를 위탁하는 고객으로부터 금원이나 주식을 수령하면 곧바로 위탁계약이 성립한다고 할 것이고, 그 이후에 그 직원의 금원수납에 관한 처리는 위 계약의 성립에 영향이 없다. 동지: 대법원 1980. 11. 11. 80다135(X가 Y증권회사의 지배인겸 영업부장인 A에게 영업부장실에서 적당한 시기에 적당한 증권을 적당량 매입·매도하여 이득금이 남도록 관리하여 달라고 하면서 주식매수 대금조로 금전을 교부하고, Y증권회사의 영업부장인 A로부터 그 영업부장의 명함 뒷면이나 위 회사 영업부장용 메모지상에 그 금원을 보관하고 있다는 취지의 보관증을 작성 교부받았다면, X와 Y증권회사 사이에 증권매매 위탁계약이 성립된 것으로 보아야 한다); 동 1979. 8. 28. 79다1054; 동 1980. 5. 27. 80다418; 동 1993. 12. 28. 93다26632; 동 1997. 2. 14. 95다19140; 동 2004. 2. 27. 2001다38067; 서울고등법원 1989. 5. 1. 87나2908.

Ⅳ. 위탁매매의 내부관계

1. 총 설

위탁매매의 내부관계란 주선계약인 위탁매매계약의 효과로서 위탁자와 위탁매매인간의 관계를 말한다. 위탁매매인의 의무와 권리가 주요 내용이 되겠고, 이 밖에 매수위탁자가 상인인 경우의 특칙에 관하여 살펴보기로 한다.

2. 위탁매매인의 의무

1) 일반적 의무

위탁자와 위탁매매인 간의 주선계약은 위임이므로 위탁매매인은 선관주의의무가 있는 외에도, 위탁자에 대하여 매매행위의 실행의무를 짐과 동시에 그 매매의 경제적 효과를 위탁자에게 귀속시켜야 할 의무가 있다(제112조, 민 제684조).[1) 상법은 위탁매매인에게 후술하는 바와 같은 특별한 의무를 부과하는 한편, 매수위탁을 한 위탁자가 상인인 경우에는 위탁자와 위탁매매인 간에는 상인 간의 매매에 관한 규정(제67조 내지 제71조)을 준용하고 있다(제110조).

1) 대법원 1991. 5. 24. 90다14416; 동 1994. 1. 14. 93다30150 참조.

2) 통지의무 · 계산서제출의무

위탁매매인이 위탁받은 매매를 한 때에는 지체없이 위탁자에 대하여 그 계약의 요령과 상대방의 주소 · 성명의 통지를 발송하여야 하며(발신주의), 또 계산서를 제출하여야 한다(제104조). 민법에 의하면 수임인은 위임인의 청구가 있는 때에 한하여 위탁사무의 처리상황을 보고하도록 규정하고 있다(민 제683조). 이와는 달리 상법에서는 위탁받은 매매를 한 때 지체없이 통지하도록 한 것은 상거래를 신속하게 처리할 수 있게 하여 위탁자가 그 결과를 알게 함으로써 적절한 지시와 계획을 수립할 수 있도록 하기 위한 것이다

통지는 지체없이 발송하면 되고, 불도달 또는 지연에 대한 위험은 위탁자가 부담한다. 위탁매매인이 위 의무를 위반한 때에는 이로 인하여 위탁자가 입은 손해를 배상하여야 한다.

3) 지정가액준수의무

위탁자가 매매의 가액을 지정한 경우에는 위탁매매인은 그 가액을 지켜야 함은 물론인데, 이에 관하여 상법은 다음과 같이 자세히 규정하고 있다.

(1) 차액부담부 염가매도 또는 고가매수

(가) 위탁매매인이 지정가액보다 염가로 판매하거나 고가로 매수한 때에는 위탁의 취지에 반하므로, 위탁자는 그 매매의 결과를 자기를 위하여 한 것으로 인정할 필요가 없다. 그러나 위탁매매인이 그 차액을 부담하는 경우에는 위탁자로서는 손실이 없을 것이며, 또한 되도록 거래의 성립을 조장하여야 할 것이므로 상법은 이 경우의 매매는 위탁자에 대하여 효력이 있는 것으로 하였다(제106조 제1항). 만약 위탁매매인이 지정가액을 어긴 결과 차액 이외에 손해가 발생하였다면 위탁매매인은 그 손해에 대한 배상책임을 부담한다.

(나) 위탁매매인이 차액을 부담하여 그 매매가 위탁자에게 효력을 발생하기 위하여는 당사자 간에 이에 관한 반대의 특약이 없어야 한다. 따라서 위탁자가 상품의 가격을 통일하기 위하여 지정가격이 아니면 절대로 매매를 하지 않겠다고 한 경우에는 차액을 부담하여도 그 매매의 효력을 위탁자에게 귀속시킬 수 없다.

(다) 위탁매매인의 차액부담은 차액의 전액이라야 하며, 조건이 없는 것이라야 한다. 또한 위탁매매인의 차액부담의 의사표시는 위탁매매인의 일방적 행위

에 의하여 위탁자의 거절권을 상실시키는 것이므로 늦어도 매매 또는 매수의 통지와 동시에 위탁자에게 도달하여야 한다.

(2) 고가매도 또는 염가매수

위탁자가 지정한 가액보다 고가로 매도하거나 염가로 매수하는 것은 위탁자에게 손실이 없는 것이 보통이므로 당사자 간에 반대의 특약이 없는 한 그 매매의 효력을 위탁자에게 귀속시킬 수 있다. 다만 당사자 간에 다른 약정이 없으면 그 차액은 위탁자의 이익으로 한다(제106조 제2항).

4) 위탁물의 하자통지의무

위탁매매인이 위탁물의 인도를 받은 후, 그 물건의 훼손 또는 하자를 발견하거나 부패의 염려 또는 가격저락의 상황을 안 때에는 지체없이 위탁자에게 그 통지를 발송하여야 한다(제108조 제1항). 이 경우에 위탁자의 지시를 받을 수 없거나 그 지시가 지연되는 때에는, 위탁매매인은 위탁자의 이익을 위하여 적당한 처분을 할 수 있다(제108조 제2항). 이 의무는 위탁자를 보호하기 위하여 상법이 인정한 특칙이라는 견해도 있으나,[1] 위탁매매인(수임인)의 선관주의의무를 구체화한 규정으로 본다.[2] 이 의무의 위반으로 위탁자가 손해를 입으면 위탁매매인은 이를 배상하여야 한다.

5) 이행담보책임

(1) 이행담보책임의 의의

위탁매매계약에 있어서 제3자가 채무를 이행하지 아니한 경우에 위탁자는 제3자와 직접적인 법률관계가 없어서 제3자에게 손해배상을 청구할 수 없고, 이때 위탁매매인이 위탁의 본지에 따라 선량한 관리자의 주의로써 상대방을 선택하여 매매를 하였기 때문에 책임이 없는 경우에는 위탁매매인에게도 손해배상을 청구할 수 없다. 한편 위탁매매인도 제3자의 채무불이행으로 인하여 손해를 본 것이 없으므로 위탁매매인도 손해배상청구권이 없다. 이 경우에는 손익귀속의 실질을 고려하고 위탁자에게 손해가 생기는 것을 방지하기 위하여, 위탁매매인이 법률상의 매매계약의 당사자로서 자기의 명의로 제3자에 대하여 위탁자의 손

---

1) 정동윤(상) 234면.
2) 동지: 임홍근(총) 383면; 정찬형(상) 305면; 김정호(상) 261면; 독일 상법 제388조 참조.

해의 배상을 청구할 수 있다고 보아야 할 것이다.[1] 이와 같은 취지에서 상법은 위탁자를 위하여 한 매매에 관하여 상대방이 채무를 이행하지 아니하는 경우에는, 다른 약정이나 관습이 없는 한 위탁자에 대하여 위탁매매인이 이를 이행할 책임을 진다고 규정하였다(제105조).

✦ 대법원 1991. 5. 24. 90다14416
위탁매매인의 채무불이행책임을 인정한 판결

☞ 위탁자와 증권회사 사이에 증권매매위탁약정이 성립된 경우에 증권회사가 위탁받은 주식에 관한 이익배당금의 수령이나 무상증자에 의한 신주의 인수를 이행하지 아니하였다면 이는 특단의 사정이 없는 한 위 위탁약정에 관한 채무불이행이 된다고 할 것이므로 증권회사는 위탁자에게 이로 인한 손해를 배상하여야 할 의무가 있다 할 것이다.

(2) 이행담보책임의 법적 성질

위탁매매인의 이행담보책임은 위탁자를 보호하고 위탁매매인의 신용을 확보하기 위하여 법이 특별히 인정한 무과실책임이다(통설). 이행담보책임은 상대방이 채무를 이행하지 않는 경우에 인정된다는 점에서 보증채무와 유사하나, 상대방과 위탁자 사이에는 주채무가 존재하지 않으므로 위탁매매인의 담보책임은 보증채무와는 구별되고, 일종의 손해담보책임이다. 따라서 위탁매매인은 보증인이 가지는 최고·검색의 항변권을 갖지 못한다.

(3) 이행담보책임의 발생요건

(가) 위탁매매인의 위탁자에 대한 제105조의 이행담보책임을 인정하기 위하여는 상대방이 채무를 이행하지 아니하는 경우라야 한다.

(나) 위탁매매인이 부담하여야 할 이행담보책임은 성질상 대체급여가 가능한 것이라야 한다. 예컨대 판매위탁의 경우에는 금전채무가 될 것이지만, 매수위탁의 경우에는 물품공급의무가 될 터이므로 후자의 경우에는 특히 대체성이 문제된다.

(다) 위탁자와 위탁매매인 사이의 명시 또는 묵시의 의사표시에 의하여 이행담보책임을 배제하지 않아야 하며, 배제의 관습도 없어야 한다(제105조 단서).

(4) 책임의 내용과 범위

위탁매매인이 부담하는 이행담보책임의 내용과 범위는 상대방이 위탁매매인

1) 竹田省, 「商行爲法」, 1931, 136~137면.

에 대하여 부담하는 의무와 동일한 것이다. 따라서 위탁매매인은 매도위탁의 경우에는 대금지급채무를 부담하며, 매수위탁의 경우에는 매매목적물의 인도의무를 부담한다. 그리고 상대방이 채무를 이행한 경우에도 목적물에 하자가 있거나 수량이 부족한 경우에는 목적물의 하자로 인한 대금감액 또는 손해배상책임도 부담하여야 한다. 다만 상대방이 위탁매매인에 대하여 동시이행의 항변권 또는 불완전이행의 항변권 등을 가지는 경우에는 위탁매매인은 위탁자에 대하여 이를 대항할 수 있다.

(5) 의무이행의 효과

위탁매매인이 상대방의 채무를 이행한 경우에는 상대방이 스스로 채무를 이행한 것과 같이 위탁자에 대하여 보수나 비용을 청구할 수 있다.

(6) 책임의 소멸 · 면제

위탁매매인의 이행담보책임은 위탁매매인의 영업상의 책임이므로 상대방의 채무의 시효기간과는 별도로 5년의 시효로 소멸한다(제64조)(판례). 위탁매매인의 책임은 위탁자와의 약정 또는 관습에 의하여 이를 배제할 수 있다(제105조 단서).

✦ 대법원 1996. 1. 23. 95다39854
매매 위탁으로 인한 채권은 상법 제64조 소정의 5년의 상사소멸시효의 대상이 된다

☞ 위탁자의 위탁상품 공급으로 인한 위탁매매인에 대한 이득상환청구권이나 이행담보책임 이행청구권은 위탁자의 위탁매매인에 대한 상품공급과 서로 대가관계에 있지 아니하여 등가성이 없으므로 민법 제163조 제6호 소정의 '상인이 판매한 상품의 대가'에 해당하지 아니하여 3년의 단기소멸시효의 대상이 아니고, 한편 위탁매매는 상법상 전형적 상행위이며 위탁매매인은 당연한 상인이고 위탁자도 통상 상인일 것이므로, 위탁자의 위탁매매인에 대한 매매위탁으로 인한 위의 채권은 다른 특별한 사정이 없는 한 통상 상행위로 인하여 발생한 채권이어서 상법 제64조 소정의 5년의 상사소멸시효의 대상이 된다.

3. 위탁매매인의 권리

1) 보수청구권 · 비용상환청구권

위탁매매인은 상인이므로 특약이 없어도 거래가 이행되었을 때는 당연히 보수청구권(제61조)을 가지며, 위탁사무처리를 위하여 체당한 체당금과 그날 이후의 법정이자를 비용으로 상환청구할 수 있고(제55조, 민 제687조 · 제688조), 잡비는 보수에 포함되어 있으므로 비용상환에서 제외된다. 비용상환청구권은 보수청구권과는 달리 매매계약의 실행 이전에 위임을 해지한 경우에도 인정된다.

2) 유치권

위탁매매인은 대리상과 같은 유치권을 가진다(제111조, 제91조). 즉, 위탁매매인은 당사자 간에 다른 약정이 있는 경우를 제외하고 위탁자의 계산으로 물건 또는 유가증권의 매매를 함으로써 생긴 채권에 관하여 위탁자를 위하여 점유하는 물건 또는 유가증권을 유치할 수 있다(특별상사유치권). 이것은 위탁자가 비상인일 수도 있으므로 상인간의 유치권의 규정(제58조)만으로는 부족하기 때문이다.

3) 공탁권 · 경매권

(1) 위탁매매인이 매수위탁을 받은 경우에, 위탁자가 매수한 물건의 수령을 거부하거나 이를 수령할 수 없는 때에는, 위탁매매인은 그 물건을 공탁하거나 또는 상당한 기간을 정하여 최고한 후에 이를 경매할 수 있다(제109조, 제67조). 이 경우에 위탁매매인은 지체없이 위탁자에게 그 통지를 발송하여야 한다(제67조 제1항). 위탁자에 대하여 최고를 할 수 없거나 목적물이 멸실 또는 훼손될 염려가 있는 때에는 최고 없이 경매할 수 있다(제67조 제2항). 이것은 상인 간의 매매에 있어서 매수인의 목적물 불수령의 경우에 매도인에게 인정된 것과 같은 공탁권과 경매권이 위탁매매인에게도 인정된 것이다. 이 경우에 위탁매매인은 매도인과 유사한 지위에 놓이기 때문이다.

(2) 위탁매매인이 그 목적물을 경매한 때에는 그 대금에서 경매비용을 제외한 잔액을 공탁하여야 하지만, 그 전부나 일부를 매매대금에 충당할 수 있다(제67조 제3항).

4) 개입권

(1) 개입권의 의의

위탁매매인이 거래소의 시세가 있는 물건 또는 유가증권의 매매를 위탁받은 경우에는 직접 그 매도인이나 매수인이 될 수 있는데(제107조 제1항 제1문), 이 권리를 개입권이라고 한다.

본래 위탁매매인은 위탁을 받은 매매를 제3자와의 사이에서 실행하는 것이 원칙이다. 그러나 매매행위만 공정하다면 개입권을 행사하더라도 위탁자로서는 상대방이 누구이든 상관없이 바라는 목적은 달성되고, 또 위탁매매인으로서도 동일한 물건 또는 유가증권에 관하여 매도와 매수의 위탁을 받은 경우에는 양자의 위탁을 동시에 실행함으로써 계산보고의 비용을 절약할 수 있다. 이것이 개입권을 인정하는 취지이다.

(2) 개입권의 법적 성질

개입권은 위탁매매인의 일방적 의사표시에 의하여 그 효과가 발생하므로 일종의 형성권이다. 위탁매매인의 개입권은 그 행사에 의하여 매매와 동일한 효력이 생기며 또한 위탁도 실행한 것이 되는 상법상의 특수한 제도이다.

(3) 개입권행사의 요건

개입권을 행사하려면,

(가) 위탁을 받은 물건 또는 유가증권에 관하여 '거래소의 시세'가 있어야 한다. 거래소의 시세가 있는 물건에 한하여 개입권을 인정한 것은 이 경우에는 위탁매매인이 개입하여도 가격을 객관적으로 공정하게 할 수 있고, 개입권 행사의 공정을 기할 수 있기 때문이다. '거래소'라 함은 공개·경쟁적인 방법으로 매매가 이루어지는 시장을 말한다. 거래소는 관습이나 위탁자의 지시에 의하여 매매할 지역이 정하여진 경우에는 그 지역의 거래소이고, 전혀 지정되지 않은 때에는 위탁매매인이 소재하는 지역의 거래소를 말한다.

'시세'라 함은 위탁매매인이 개입권을 행사할 때의 그 물건 또는 유가증권의 거래소에서의 매매가격을 말한다. 따라서 거래소에서 거래되는 물건 또는 유가증권이라도 개입권을 행사할 때 가격이 형성되어 있지 않으면 안된다.

(나) 개입권의 행사를 금하는 특약·법률이 없어야 한다(예컨대 자본시장법 제67조는 유가증권에 관하여 개입금지를 규정하고 있다). 위탁자가 매매상대방을 지정하거나 기타 위탁매매인의 개입을 금하는 명시 또는 묵시의 의사표시가 있으면 개입권을 행사할 수 없다. 개입을 금지하는 의사표시는 위탁매매인이 개입권을 행사하기 전에는 언제든지 이를 할 수 있다.

(다) 위탁매매인이 상대방과의 사이에 매매의 실행행위(주선행위)를 하지 않았어야 한다. 왜냐하면 위탁매매인이 이미 매매를 하였으면 스스로 개입할 여지

가 없기 때문이다.

(4) 개입권의 행사방법 및 시기

(가) 개입권의 행사는 개입의 의사를 위탁자에게 통지하면 되고, 통지의 방법에는 특별한 제한이 없다. 따라서 통지는 서면뿐만 아니라 구두로도 할 수 있다.

(나) 개입의 시기에 관하여는 특별한 규정이 없으나, 위탁매매인이 부담하는 선량한 관리자의 주의로써 위탁자의 이익에 합치되는 적절한 시기를 택하여야 한다.[1] 그러므로 위탁매매인이 위탁자에게 불리한 시기에 개입함으로써 위탁자에게 손해가 있는 때에는 개입권행사는 유효하지만 위탁자에 대하여 손해배상책임을 부담한다.

(5) 개입권행사의 효과

(가) 위탁매매인이 개입권을 행사하면 위탁매매인과 위탁자 사이에 매매계약관계가 성립하여, 위탁매매인은 위탁자에 대하여 매도인 또는 매수인의 지위에 서게 된다. 그러나 위탁매매인이 개입권을 행사한다고 하여 위탁매매인과 위탁자 사이에 매매계약 자체가 성립하는 것은 아니다. 왜냐하면 계약의 성립에는 당사자 간의 합의가 있어야 하는데, 개입권행사는 위탁매매인의 일방적 의사표시에 의하여 그 효과가 생기고 위탁자의 의사를 묻지 않기 때문이다.

(나) 위탁매매인이 개입권을 행사하여 매도인 또는 매수인의 지위에 선다고 하여도 위탁매매계약이 매매계약으로 변경되는 것은 아니므로, 위탁매매인은 위탁매매인으로서의 지위와 매매계약의 당사자로서의 지위를 겸하게 된다. 따라서 위탁매매인은 개입권을 행사한 경우에 위탁자에게 비용의 상환과 보수를 청구할 수 있으며(제107조 제2항), 보수에 관하여 유치권을 행사할 수 있다.

(다) 개입으로 인한 매매가액은 위탁매매인이 개입의사의 통지를 발송할 때의 거래소의 시세에 의하고(제107조 제1항 제2문), 개입은 위탁매매인의 개입의사가 위탁자에게 도달하였을 때 효력을 발생한다. 개입통지를 발송한 후 그 도달 전에 가격의 등락이 있어도 매매대가에는 영향이 없다.

4. 매수위탁자가 상인인 경우의 특칙

1) 상인인 위탁자의 매수위탁으로 인하여 위탁매매인이 상대방으로부터 매수

---

1) 최기원(상) 340면; 정동윤(상) 236면; 손주찬(상) 317면.

한 물건 또는 유가증권은 일단 위탁매매인에게 귀속되므로 이 경우에 매수위탁자와 위탁매매인의 관계는 상인 간의 매매와 유사하다. 따라서 상법은 이러한 경우의 위탁매매인을 보호하기 위하여 상인 간 매매에서 매수인에게 인정되는 의무를 위탁자에게 부과하고 있다(제110조).

2) 즉, ① 확정기매매에 있어서 이행시기를 경과한 때에는 원칙적으로 매수위탁계약이 해제된 것으로 의제되고(제68조), ② 위탁자는 그 물건의 검사와 하자통지의무를 부담하며(제69조), ③ 위탁자는 위탁매매인으로부터 수령한 목적물이 매매의 목적물과 상위하거나 수량을 초과한 경우 또는 그 수령한 목적물에 하자 또는 수량의 부족이 있어서 그 통지를 발송하고 계약을 해제한 경우 위탁매매인의 비용으로 그 목적물을 보관 또는 공탁할 의무를 부담한다(제70조, 제71조).

Ⅴ. 위탁매매의 외부관계

1. 위탁자와 위탁매매인의 채권자 사이의 관계

1) 의 의

위탁자와 위탁매매인의 채권자와의 사이에는 직접적인 법률관계는 없으나, 상법은 위탁물의 귀속에 관하여 특별규정을 두고 있다. 즉, 상법 제103조는 "위탁매매인이 위탁자로부터 받은 물건 또는 유가증권이나, 위탁매매로 인하여 취득한 물건·유가증권 또는 채권은 위탁자와 (위탁매매인 또는) 위탁매매인의 채권자 간의 관계에서는 이를 위탁자의 소유 또는 채권으로 본다"고 하였다.[1)]

2) 위탁자와 위탁매매인 간의 관계

여기서 위탁자와 위탁매매인 사이에서 위탁매매인이 받았거나 취득한 물건·유가증권 또는 채권은 위탁자에게 귀속함은 당연한 것이다(제103조 전문).

---

1) 대법원 1982. 2. 23. 81도2619: 위탁매매에 있어서 위탁물의 소유권은 위탁자에게 속하고 그 판매대금은 특별한 사정이 없는 한 이를 수령함과 동시에 위탁자에게 귀속되므로, 위탁매매인이 이를 사용 또는 소비한 때에는 형법상 횡령죄가 성립한다. 동지: 대법원 1986. 6. 24. 86도1000.

3) 위탁자와 위탁매매인의 채권자 간의 관계

(1) 위탁자와 '위탁매매인의 채권자' 간의 관계에서도 위탁매매인이 받았거나 취득한 물건·유가증권 또는 채권은 위탁자에게 귀속하게 한 것(제103조 후문)은 위탁자를 보호하기 위한 특별규정이다. 즉, 본래 위탁매매인이 위탁자로부터 받은 권리나 물건을 위탁매매의 상대방에게 이전해 주기 전, 또는 자기의 명의로 취득한 권리나 물건을 위탁자에게 이전해 주기 전에 위탁매매인이 파산하여 그 권리나 물건이 파산재단에 귀속된 경우나, 위탁매매인의 채권자가 그에게 강제집행을 하는 경우, 위탁자는 환취권을 행사할 수 없고 제3자 이의의 소를 제기할 수도 없다. 이에 상법은 제103조를 규정하여 위탁매매계약의 목적물이 위탁자에게 이전된 것으로 의제하여, 파산선고의 경우에는 환취권(채회 제407조·제409조)을, 강제집행의 경우에는 제3자 이의의 소권(민집 제48조)을 인정하여 위탁자를 보호하고자 하는 것이다.[1]

✦ 대법원 2011. 7. 14. 2011다31645
위탁매매인이 위탁매매로 취득한 채권을 자신이 제3자에게 부담하는 채무를 담보하기 위해 양도한 경우, 그 양도는 위탁자에 대하여는 효력이 없다

〈사 실〉

甲("영화는 영화다"의 제작사)은 이 영화에 대한 독점적 판권을 보유하고 있고, 乙(스튜디오이쩜영)은 국내배급대행자이며, 丙(메가박스)은 극장운영자이다. 위 3자 간에는 다음과 같이 합의하였다. 丙은 영화의 총 입장요금에 약정비율을 곱한 금액(30억원)을 乙에게 지급하여야 한다(부금1). 乙은 이 금액 중 배급대행수수료를 제외한 금액(25억원)을 甲에게 지급하여야 한다(부금2). 乙은 부금1을 자신의 채권자인 丁에게 양도하고 甲에게 부금2를 지급하지 아니하였다. 甲은 채권양도의 무효를 주장한다.

〈판결요지〉

甲 주식회사가 국내에서 독점적으로 판권을 보유하고 있는 영화에 관하여 甲 회사와 국내배급대행계약을 체결한 乙 주식회사가 배급대행계약의 이행으로 극장운영자인 丙 주식회사와 영화상영계약을 체결하고 그 계약에 따라 丙 회사에 대하여 가지

---

1) 대법원 2008. 5. 29. 2005다6297: 위탁매매인이 위탁자로부터 받은 물건 또는 유가증권이나 위탁매매로 인하여 취득한 물건, 유가증권 또는 채권은 위탁자와 위탁매매인 또는 위탁매매인의 채권자 간의 관계에서는 이를 위탁자의 소유 또는 채권으로 보므로(상법 제103조), 위탁매매인이 위탁자로부터 물건 또는 유가증권을 받은 후 파산한 경우에는 위탁자는 구 파산법(2005. 3. 31. 법률 제7428호 채무자 회생 및 파산에 관한 법률 부칙 제2조로 폐지) 제79조에 의하여 위 물건 또는 유가증권을 환취할 권리가 있고, 위탁매매의 반대급부로 위탁매매인이 취득한 물건, 유가증권 또는 채권에 대하여는 구 파산법 제83조 제1항에 의하여 대상적 환취권(대체적 환취권)으로 그 이전을 구할 수 있다.

게 된 부금채권을 자신의 채권자인 丁에게 채권 담보를 위해 양도한 것이라면, 이 채권양도는 준위탁매매계약상 위탁자의 지위에 있는 甲 회사에 대하여는 효력이 없다(이 사건은 준위탁매매인에 관한 사건이나 법률관계는 위탁매매인의 그것과 다름이 없으므로 이곳에서 설명한다).

(2) 위탁매매인의 채권자라 함은 위탁매매인의 보통의 채권자를 말하고, 위탁매매인과 매매계약을 체결한 상대방인 채권자는 이에 포함되지 않는다. 위탁매매인과 그 상대방은 매매계약의 당사자로서의 지위를 잃는 것은 아니기 때문이다. 따라서 위탁매매인과 매매계약을 체결한 상대방의 입장에서는 위탁매매인이 위탁자로부터 받았거나 위탁매매로 인하여 취득한 물건, 유가증권 또는 채권은 위탁매매인의 것으로 보게 된다.

(3) 당연한 것이지만, 위탁자와 '위탁매매인의 채무자' 간의 관계에서는 본조의 적용이 없다.

4) 목적물

위탁매매인이 소지하고 있는 목적물 중 위탁매매로 인하여 취득한 '채권'이란 매매대금채권과 같이 매매행위 자체에서 발생하는 채권은 물론이고, 매매행위에 부수 또는 보조하여 발생하는 채권(운송계약 · 보험계약상의 채권 등) 및 이들 채권이 변형된 채권(손해배상채권 등) 등을 말한다. 이들 채권은 법률형식으로 보아서는 매매당사자인 위탁매매인에게 속하지만, 상법은 이를 위탁자의 채권으로 보도록 한 것이다.

2. 위탁매매인과 제3자의 관계

위탁매매인은 타인의 계산으로 한 매매로 인하여 상대방에게 직접 권리를 취득하고 의무를 부담한다. 즉, 위탁매매인은 자기명의로 거래를 한 것이므로 거래상대방이 계산관계를 알든 모르든 보통의 매매에 있어서와 같이 권리의무의 주체가 된다. 따라서 매매관계에 영향을 미치는 사유(사기 · 강박 · 착오 · 항변 · 상계의 주장 등)는 모두 위탁매매인과 상대방인 제3자 사이에 존재하는 사유만을 고려하면 된다. 따라서 위탁자와 위탁매매인 사이의 내부관계나 매매의 당사자가 위탁자에 대하여 갖는 관계는 매매의 효력에 영향을 미치지 않는다.

3. 위탁자와 제3자의 관계

위탁자와 제3자의 사이에는 아무런 직접적인 법률관계가 생기지 않는다. 따라서 위탁자와 위탁매매인 사이의 위탁행위에 하자가 있더라도 위탁매매인과 제3자 사이의 매매행위에는 영향을 미치지 않는다. 또 위탁자와 제3자 간에 존재하는 항변사유나 반대채권은 위탁매매인이나 제3자가 이를 원용하거나 상계할 수 없지만, 예컨대 위탁매매인이 위탁자의 지시에 의하여 계약을 체결한 때 등의 경우에는 민법 제116조 제2항을 유추적용하여 위탁자의 악의를 위탁매매인의 악의와 동일시할 수는 있을 것이다.[1)]

Ⅵ. 위탁매매계약의 종료

위탁매매계약은 위탁매매의 목적달성으로 인하여 종료함은 당연하고, 위탁매매계약은 위임계약이기 때문에 위임의 종료사유에 의하여 종료된다. 즉, 위탁자와 위탁매매인의 사망 또는 파산, 위탁매매인의 피성년후견인 선고 등에 의하여 종료된다. 그러나 위탁매매인의 영업점포의 상호변경이나 영업장소의 변경으로 당연히 해지되는 것은 아니다.[2)]

Ⅶ. 준위탁매매인

1) 준위탁매매인이란 자기명의로써 타인의 계산으로 '매매' 이외의 행위를 영업으로 하는 자를 말하며(제113조), 운송주선인은 제외된다. 주식위탁매매,[3)] 여객운송·출판·광고의 주선,[4)] 임대차의 주선 등이 그 대표적인 것이다.

2) 준위탁매매인에게는 위탁매매에 관한 규정을 준용한다(제113조).[5)] 다만 준위탁매매인의 주선의 목적물에는 거래소의 시세가 없을 것이므로 개입권에 관한 규정은 준용될 수 없다. 그 밖에 위탁물의 훼손·하자 등에 관한 통지·처분

1) 西原寬一, 「商行爲法」, 1960, 268면.
2) 대법원 1995. 12. 22. 95다16660.
3) 대법원 2007. 10. 25. 2005다15949; 동 2007. 5. 10. 2005다55299.
4) 대법원 2009. 7. 9. 2007두10389; 서울고등법원 2010. 9. 3. 2009나111601.
5) 대법원 2011. 7. 14. 2011다31645.

의무(제108조), 매수위탁의 경우 위탁물의 공탁 · 경매권(제109조), 매수위탁자가 상인인 경우의 특칙(제110조) 등은 그 성질상 매매를 전제로 한 규정이므로 준위탁매매인에게는 적용되지 않는다.

제 4 절 운송주선업

I. 총 설

1) 운송기관이 발달하여 복잡 · 다양해지고 상거래가 국제화 · 대형화 함에 따라 운송거리가 멀어짐으로써 송하인은 어떠한 운송방법에 의하여 어느 운송인에게 운송을 위탁하는 것이 가장 신속 · 확실하고, 운임이 저렴한가를 결정하기가 매우 어렵게 되었다. 그리하여 송하인을 위하여 적당한 운송인과 운송방법을 정하여 신속하고 확실하며 저렴하게 운송을 주선하는 운송주선인이 필요하게 되었다.

2) 운송주선업(Speditionsgeschäft, forwarding agency)의 기원은 위탁매매업이지만, 중세 이후 운송업이 크게 발달함에 따라 독립된 영업으로 발전하였다. 독일구상법에서는 운송주선업을 광의의 위탁매매업으로 규정하였으나(독구상 제360조), 신상법에서 이를 독립된 영업으로 규정하였고(독상 제407조~제415조), 프랑스에서는 이것을 Commissionnaire de Transporte라고 하여 운송업의 일종으로 보고 있다.

3) 운송주선업은 특별한 자력이나 시설을 요하지 않는 자유영업임이 원칙이나 주선업자는 운송인과 송하인 사이에서 운송질서를 좌우하는 지위에 있고, 송하인의 이익을 부당하게 침해할 가능성이 많으므로 운송주선업을 개시하기 위하여는 면허나 허가를 얻도록 하고, 그 활동에는 각종 규제와 감독이 뒤따른다. 따라서 운송영업을 겸하는 운송주선인에 대하여는 그 역할수행의 물적 보장을 위하여 여러 가지 법령에 의하여 시설기준 등을 정해놓고 있다(예: 철도소운송업법, 자동차운수사업법, 화물유통촉진법, 국유철도의 운영에 관한 특별법, 해운법, 항공법 등).

Ⅱ. 운송주선인의 의의

운송주선인(Spediteur, forwarding agent)이란 자기명의로 위탁자의 계산으로 물건운송의 주선(周旋)을 영업으로 하는 자를 말한다(제114조). 이를 분설하면 다음과 같다.

1) 주선행위

(1) 운송주선인은 자기명의로 타인의 계산으로 운송계약을 체결하는 자이다. 이 점에서 운송주선인은 위탁매매인이나 준위탁매매인과 같고 본인의 이름과 계산으로 법률행위를 하는 대리상 및 타인 사이의 법률행위의 성립을 위하여 중개라는 사실행위를 하는데 그치는 중개인과 다르다.

(2) 그러나 실제에 있어서는 운송주선인은 운송주선을 하면서 송하인이나 운송인의 대리인으로서 운송계약을 체결하기도 하고, 위탁자(송하인)의 이름으로 운송계약을 체결하는 일도 많다. 왜냐하면 화환어음 거래에서 은행의 신용을 얻기 위하여 위탁자를 송하인으로 하여 화물상환증이나 선하증권을 발행할 필요가 있기 때문이다. 위탁자의 이름으로 운송계약을 체결하는 경우에도 운송주선인임에는 변함이 없다.[1] 운송주선업자가 운송의뢰인으로부터 운송까지 의뢰받은 것인지 운송주선만을 의뢰받은 것인지 여부가 명확하지 않은 때에는 계약 체결 당시의 상황, 선하증권의 발행자 명의, 운임의 지급형태, 운송을 의뢰받은 회사가 실제로 수행한 업무 등 여러 가지 사정을 종합적으로 고려하여 판단하여야 한다.[2]

2) 주선의 목적

운송주선인은 물건의 운송을 주선한다. 이 점에서 물건 또는 유가증권의 매도나 매수를 주선하는 위탁매매인과 구별된다. 여기에서 물건은 운송의 객체가 될 수 있는 모든 물건을 말하나 부동산은 제외된다. 그리고 운송의 방법에는 제한이 없으므로 물건운송인 한 육상·해상·공중운송을 모두 포함한다. 참고로 운송주선인의 주선행위는 물건운송에 국한되므로 여객운송의 주선은 준위탁매매업이 된다.

---

1) 대법원 1987. 10. 13. 85다카1080; 동 2007. 4. 26. 2005다5058.
2) 대법원 2007. 4. 27. 2007다4943; 동 2012. 12. 27. 2011다103564; 동 2015. 5. 28. 2014다88215.

3) 주선행위의 범위

운송주선은 운송계약의 체결뿐만 아니라 운송의 실현을 위하여 필요한 행위, 즉 운송물의 검사·포장·계량·수령·보관·인도 기타 필요한 서류의 작성, 보험계약의 체결, 통관절차의 대행 등도 포함된다.

4) 상인성

운송주선인은 물건운송의 주선을 '영업'으로 하는 자이다. 운송주선인은 주선행위를 영업으로 함으로써 당연상인이 된다(제4조, 제46조 제12호).

그러나 운송주선업을 한다고 하여 다른 종류의 영업의 겸영을 금지하는 것은 아니다. 실제로도 운송주선인은 그 사업의 성질상 부수운송(철도 등의 대운송기관이 하는 운송에 선행 또는 후속하는 물건운송), 이용운송(대운송기관으로부터 하수형식으로 이용하여 물건운송을 인수하는 것) 등의 운송업 자체를 겸영하는 수가 많다.

Ⅲ. 운송주선인의 지위

1. 운송주선인의 의무

1) 일반적 의무

(1) 운송주선계약은 위임계약의 일종이므로[1] 위탁매매인에 관한 규정을 준용할 뿐만 아니라(제123조), 민법 및 상법의 위임에 관한 규정도 보충적으로 적용된다(제112조). 따라서 운송주선인은 선량한 관리자의 주의로써 운송의 주선을 하여야 한다(제123조·제112조, 민 제681조).

(2) 여기서 '운송의 주선'이란 운송계약을 체결하는 것에 한하는 것이 아니라, 이에 부수되는 업무로서 상관습상 그 임무에 속하는 사항, 주선계약에서 정한 사항 및 위탁자의 지시를 받은 업무 등을 포함한다(통설).[2] 상법 제115조의 "운송물의 수령·인도·보관, 운송인이나 다른 운송주선인의 선택 기타 운송에 관한 주의"도 바로 이를 표현한 것이다.

---

1) 대법원 1987. 10. 13. 85다카1080.
2) 정동윤(상) 284면; 최기원(상) 346면; 정찬형(상) 314~315면; 이기수(상) 333면; 손주찬(상) 322면.

2) 개별적 의무

운송주선인은 위탁매매인에 관한 규정의 준용에 의하여 다음과 같은 개별적 의무를 부담한다.

(1) 통지의무 · 계산서제출의무

운송주선인은 운송인과 사이에 물건운송계약을 체결하였을 때에는 위탁자에게 그 계약의 요령과 운송인의 주소 · 성명의 통지를 발송하여야 하고, 계산서를 제출하여야 한다(제123조 · 제104조).

(2) 지정운임준수의무

위탁자가 운송주선인에 대하여 운임을 지정한 때에는 이를 준수하여야 한다. 만일 운송주선인이 고가로 운송계약을 체결한 때에는 차액을 부담한 때에 한하여 그 운송계약은 위탁자에 대하여 효력이 있다(제123조 · 제106조).

(3) 부패가능운송물에 대한 통지 · 처분의무

운송주선인이 운송물을 인도받은 후에 그 물건이 부패할 염려가 있는 때에는 지체없이 그 통지를 발송하여야 하고, 위탁자의 지시를 받을 수 없거나 그 지시가 지연된 때에는 위탁자를 위하여 적당한 처분을 하여야 한다(제123조 · 제108조). 그러나 운송물의 훼손, 하자 또는 가격저락의 상황(商況) 등을 통지할 의무는 없다.

3) 손해배상책임

(1) 서 언

상법은 운송주선업의 특수성에 비추어 손해배상의무에 관한 특칙(민법의 위임에 대한)을 두고 있다. 즉, 운송주선인은 자기나 그 사용인이 운송물의 수령 · 인도 · 보관, 운송인이나 다른 운송주선인의 선택 기타 운송에 관하여 주의를 해태하지 아니하였음을 증명하지 아니하면, 운송물의 멸실 · 훼손 또는 연착으로 인한 손해를 배상할 책임을 면하지 못한다(제115조).

(2) 책임의 성질

운송주선인은 자기나 그 사용인이 주의를 해태하지 아니하였음을 증명하지 아니하면 손해를 배상할 책임을 면하지 못하므로 운송주선인측이 스스로 무과실을 증명하여야 책임을 면한다. 운송주선인측의 무과실의 증명책임으로 말미암아 이를 민법상 채무불이행으로 인한 손해배상책임(민 제390조)에 대한 예외규정으로 보는 견해도 있다.[1] 그러나 민법에서도 채무자가 이행보조자의 과실에 대하여도 책임을 부담할 뿐만 아니라(민 제391조), 채권자는 채무불이행의 사실만 증명하면 되고 무과실의 증명책임은 채무자가 져야 하는 것이므로 제115조의 규정은 과실책임주의를 취하고 있는 민법의 일반원칙을 주의적으로 규정한 것으로 본다.[2]

(3) 책임원인

(가) 운송주선인의 손해배상책임원인 중 채무불이행의 유형은 "운송주선인 자기 또는 그 사용인이 운송물의 수령 · 인도 · 보관, 운송인이나 다른 운송주선인의 선택 기타 운송에 관하여 주의를 게을리한 것"뿐만 아니라 그 밖에 선량한 관리자로서의 주의의무의 해태를 포함한다. 여기서 책임원인, 즉 "운송물의 수령 · 인도 · 보관, 운송인이나 다른 운송주선인의 선택 기타 운송에 관한 주의 해태"는 예시적인 것으로 본다(통설).[3] 또한 여기서 사용인은 운송주선인의 피용자 · 종업원 외에 널리 운송주선을 위하여 사용한 이행보조자가 포함된다.

(나) 또한 손해의 유형에 있어서도 "운송물의 멸실 · 훼손 · 연착으로 인한 손해"에 한하지 않고 그 밖의 손해를 포함한다는 것이 다수설이나, 이와는 달리 손해의 유형은 "운송물의 멸실 · 훼손 · 연착"으로 인한 손해에 한정된다는 견해도 있다.[4] 여기서 운송물의 멸실이란 물리적 멸실뿐만 아니라 도난 · 분실 · 무권리자에의 인도 등과 같은 인도할 수 없는 모든 경우를 포함하며, 훼손은 가격을 감소하게 하는 물질적 손상을 가리키고, 연착은 약정된 일시 또는 보통 도착한 일시보다 늦게 도착하는 경우를 말한다.

(4) 손해배상의 범위

(가) 원 칙

운송주선인은 손해배상액에 대하여는 고가물에 대한 특칙 이외에는 상법에

---

1) 김용태(상) 169면.
2) 강위두(총) 353면; 서돈각 · 정완용(상) 208면; 손주찬(상) 324면; 이병태(상) 284면; 최기원(상) 347면; 정동윤(상) 285면.
3) 운송주선인의 운송물의 인도에 관한 주의의무해태를 이유로 손해배상책임을 인정한 판결: 대법원 1988. 12. 13. 85다카1358; 동 1987. 5. 12. 85다카2232; 동 1984. 9. 11. 83다카1661. 반대로 운송주선인의 손해배상책임을 인정하지 아니한 판결: 동 2007. 4. 27. 2007다4943.
4) 정동윤(상) 285면.

특별한 규정이 없으므로 민법의 일반원칙(민 제393조)에 의한다. 따라서 운송주선인은 채무불이행과 상당인과관계에 있는 모든 손해를 배상하여야 한다(민 제393조 제1항). 다만 예외적으로 특별손해는 운송주선인이 알았거나 알 수 있었을 때에 한하여 배상할 책임을 진다(민 제393조 제2항).[1] 또 상법 제115조는 임의규정이므로 운송주선인의 고의의 경우를 제외하고(민 제2조 · 제103조 · 제104조 참조) 특약에 의하여 그 책임을 면제 또는 제한하여도 상관없을 것이다.

(나) 고가물에 대한 특칙

운송주선인의 손해배상책임에도 운송인의 경우의 고가물에 관한 특칙이 준용된다(제124조, 제136조). 따라서 화폐 · 유가증권 기타의 고가물에 대하여는 송하인이 운송을 위탁할 때에 그 종류와 가액을 명시한 경우에 한하여 운송주선인이 손해를 배상할 책임이 있다(제124조, 제136조). 상법이 이와 같은 고가물에 대한 특칙을 둔 이유는 위탁자가 고가물의 종류와 가액을 명시하지 않음으로써 운송주선인에게 그 운송물의 보관 기타의 처리에 대하여 특별한 주의를 기울일 기회를 박탈하였을 뿐만 아니라, 고가물의 종류와 가액을 명시하지 않음으로써 고가물에 부과될 고액의 수수료를 면하고자 하는 경우가 많으므로 이를 방지하기 위한 것이다.

(5) 책임의 소멸(단기소멸시효)

(가) 상행위로 인하여 생긴 채무는 원칙적으로 5년의 소멸시효가 적용되지만(제64조), 상법은 운송주선인의 책임에 관하여 특별한 규정을 두어 "운송주선인의 책임은 악의의 경우를 제외하고 수하인이 운송물을 수령한 날로부터 1년, 운송물이 전부멸실된 경우에는 운송물을 인도할 날로부터 1년의 시효로 인하여 소멸"하도록 하였다(제121조 제1항). 이와 같이 단기의 소멸시효를 정한 이유는 운송물의 멸실 · 훼손 · 연착 등에 의한 운송주선인의 책임은 그 성질상 증거가 인멸되기 쉽고, 또 수많은 운송물을 다루는 운송인으로서는 오랫동안 증거를 보전하기가 어렵기 때문이다. 따라서 1년의 단기소멸시효는 운송주선계약에 의하여 운송물이 멸실 · 훼손 또는 연착으로 인한 손해에 한한다(통설 · 판례).[2]

(나) 단기소멸시효는 운송주선인이나 그 사용인이 악의인 때에는 적용되지 않는다(제121조 제3항). 이때에는 일반상사소멸시효(제64조)에 따른다. 여기서 '악의'

---

1) 손해배상금에는 운송물의 가액 외에 이에 대한 부가가치세 상당액은 포함되지 않는다: 대법원 2008. 6. 12. 2008다19720.

2) 대법원 1991. 8. 27. 91다8012.

의 의미에 관하여는, 적극적으로 운송물의 멸실·훼손·연착을 초래하거나 은폐한 경우뿐만 아니라, 소극적으로 이를 알면서 수하인에게 알리지 않고 인도한 경우를 포함한다고 보는 견해도 있다(판례).[1] 그러나 고의로 운송물의 멸실·훼손·연착을 야기하여 손해를 발생시키거나 그러한 사실을 은폐한 경우를 의미한다고 보는 견해가 타당하다고 본다.[2] 왜냐하면 악의의 개념을 손해발생사실을 단순히 인식한다는 뜻으로 이해하면 전부멸실이나 연착의 사실은 운송인이 당연히 알 것이므로 이 경우에는 단기소멸시효를 적용할 일이 전무할 것이고, 따라서 전부멸실, 연착에 관한 한 단기소멸시효에 관한 규정은 무의미해지기 때문이다.[3]

✦ 대법원 1987. 6. 23. 86다카2107
운송주선인의 악의의 의미

☞ 구상법 제812조에 의하여 준용되는 같은 법 제121조 제3항에 규정된 운송인이나 그 사용인이 '악의인 경우'라 함은 운송인이나 그 사용인이 운송물에 훼손 또는 일부멸실이 있다는 것을 알면서 이를 수하인에게 알리지 않고 인도된 경우를 가리킨다 할 것이다.

(다) 1년의 시효기간은 원칙적으로 수하인이 운송물을 수령한 날로부터 기산하지만, 운송물이 전부멸실한 경우에는 그 운송물을 인도할 날로부터 기산한다. 여기서 '수하인'이란 반드시 운송계약상의 수하인을 가리키는 것이 아니고, 위탁자가 운송물의 수령인으로 지정한 자를 가리킨다.

(6) 불법행위책임과의 관계

운송주선인의 손해배상책임은 채무불이행으로 인한 책임이지만, 운송주선인이나 그 사용인의 고의나 과실로 인하여 운송물을 멸실·훼손한 때에는 불법행위로 인한 손해배상책임도 성립된다(민 제750조). 이 경우 위탁자는 운송주선인에 대하여 채무불이행과 불법행위를 이유로 하는 두 개의 청구권을 동시에 행사할 수 있는가에 대하여는, (i) 하나의 행위가 두 개의 법규에 저촉되는 외관을 나타내지만, 불법행위책임은 일반적인 손해배상책임으로서 계약관계가 있는 경우는 불법행위로서의 위법성이 조각(阻却)될 뿐만 아니라 계약법은 특별법으로서 일반법인 불법행위의 규정의 적용을 배제하므로 채무불이행으로 인한 손해배상

1) 정찬형(상) 319면; 정동윤(상) 286면; 대법원 1987. 6. 23. 86다카2107.
2) 손주찬(상) 325면; 최기원(상) 348면; 이철송(총) 525면.
3) 이철송(총) 525면.

책임만이 발생한다는 견해(법조경합설)[1]도 있다. 그러나 (ii) 계약책임과 불법행위책임은 그 요건과 효과를 달리하므로 두 개의 청구권은 별개의 청구권이며, 따라서 두 청구권 중 어느 하나를 선택할 수 있게 하는 것이 피해자인 위탁자를 한층 더 보호할 수 있으므로 청구권 경합을 인정하는 견해(청구권경합설: 통설 및 판례)가 원칙적으로 타당하다고 보나,[2] 고의 · 중과실의 경우 외에는 불법행위책임을 별도로 물을 수 없다고 본다.[3] (iii) 고가물에 대한 특칙이나 면책약관은 불법행위책임을 묻는 경우에도 적용되어야 한다고 본다. 그리고 면책약관은 선량한 풍습 기타 사회질서에 반하지 아니하는 한 유효하다고 본다(불법행위책임과의 관계, 면책약관, 고가물에 대한 특칙 등에 관하여는 운송인에 관한 부분 참조).

(7) 수하인에 대한 책임

(가) 운송주선계약의 당사자는 위탁자와 운송주선인이므로, 운송주선인과 수하인은 원칙적으로 아무런 관계가 없지만 운송물이 도착지에 도착한 때에는 운송주선계약에서 정하여진 수하인도 원칙적으로 위탁자와 동일한 권리를 취득한다(제124조, 제140조). 왜냐하면 수하인은 운송계약의 당사자는 아니지만 운송의 목적에서 볼 때 위탁자와 수하인을 일체로 인정하는 것이 타당하기 때문이다.

(나) 수하인은 위탁자와 같은 권리를 취득하는 반면에 운송주선인에 대하여 보수 기타의 비용을 지급할 의무를 부담한다(제124조, 제141조).

2. 운송주선인의 권리

1) 보수청구권

(1) 보수청구권의 발생

운송주선인은 상인이므로 당사자 간에 보수에 관한 특약이 없더라도 위탁자에 대하여 상당한 보수를 청구할 수 있다(제61조). 상법은 보수청구시기에 관하여 특칙을 두었으니, 즉 운송주선인은 운송물을 운송인에게 인도한 때에는 위임사무의 처리를 완료하였다고 할 수 있으므로 즉시 보수를 청구할 수 있다(제119조 제1항). 그러나 운송물을 운송인에게 인도하였더라도 운송계약이 아직 성립하지

---

1) 정희철(상) 207면.
2) 최기원(상) 381면; 정동윤(상) 287면; 이철송(총) 526면; 정찬형(상) 317면; 김정호(상) 305면; 대법원 1977. 12. 13. 75다107; 동 1996. 9. 6. 94다46404.
3) 대법원 1983. 3. 22. 82다카1533.

않은 때에는 보수를 청구할 수 없다. 다만 운송계약이 성립하였음에도 불구하고 위탁자의 귀책사유로 인하여 운송주선인이 운송인에게 운송물을 인도할 수 없었을 때에는 운송물의 인도없이도 보수를 청구할 수 있다.

(2) 보수청구권의 배제

(가) 확정운임운송주선계약(Spedition mit fixen Spesen)

(i) 운송주선인은 운송주선계약으로 운임을 정한 경우에는 다른 약정이 없으면 따로 보수를 청구할 수 없다(제119조 제2항). 왜냐하면 운송주선계약에서 운임을 확정하였다면 당사자가 그 운임속에 보수를 포함시켰다고 볼 수 있기 때문이다. 즉, 운송주선인은 확정운임과 그가 실제로 운송인에게 지급하는 운임과의 차액을 취득하게 된다. 운임확정의 합의는 운송인에게 운송물을 인도하기 전에 성립되어야 한다. 왜냐하면 운송인에게 운송물을 인도한 후에는 그 내용을 변경할 수 없기 때문이다.[1)]

(ii) 확정운임운송주선계약을 무엇으로 볼 것인가에 대하여는 ① 특별한 사정이 없으면 운송주선인이 개입권(제116조 제1항)을 행사한 것으로 보는 견해(개입설)와,[2)] ② 운송계약이 성립한 것으로 보아 당사자 간의 법률관계에는 운송의 규정을 적용하는 것이 옳다는 견해(운송계약설)[3)]가 대립하고 있다. 생각건대 개입권은 상법의 규정에 의하여 발생하고 또 그 권리는 형성권으로서 당사자 일방의 의사표시에 의하여 행사되는데 반하여, 확정운임운송주선계약은 당사자 간의 계약에 의하여 성립하므로 운송계약설의 입장이 타당하다고 본다.

(iii) 운송계약설의 입장에서는 운송주선인의 확정운임청구권은 운송물을 단순히 운송인에게 인도한 때가 아니라 운송을 완료한 때에 발생하는 것으로 보게 된다. 그리고 운송주선인이 선정한 운송인은 운송주선인의 이행보조자가 되므로 그의 고의 · 과실에 대하여도 운송주선인은 책임을 져야 한다(제135조).

(나) 혼재운송계약(Sammelladungsspedition)

운송주선인은 다수의 위탁자로부터 동일한 운송경로를 거치는 동종의 운송물을 일괄하여 자기의 계산으로 하나의 혼재운송계약을 체결할 수 있다. 이 경우에는 운임을 확정하지 않더라도 운송주선인은 운송인으로서의 권리와 의무의 주체가

1) 확정운임운송주선계약을 부정한 판례: 대법원 1987. 10. 13. 85다카1080.
2) 서돈각 · 정완용(상) 211면; 김용태(상) 171～172면.
3) 정동윤(상) 290면; 손주찬(상) 326면; 최기원(상) 350면; 이기수(상) 246면; 정찬형(상) 320면; 김정호(상) 309면.

되므로, 운송주선인은 운임 이외의 비용을 청구할 수 없다고 본다. 다만 이때의 운임은 각각의 운송물을 운송할 때의 운임을 초과하여서는 안될 것이다.[1)]

2) 비용상환청구권

운송주선인은 위탁자를 위하여 체결한 운송계약에 의하여 운송인에게 지급한 운임 기타 운송을 위하여 지출한 비용(운송물의 보관, 付保, 통관비용 등)에 관하여 위탁자에 대하여 그 상환을 청구할 수 있다(제123조 · 제112조, 민 제687조 · 제688조 참조).

3) 유치권

(1) 운송주선인은 운송물에 관한 운임 · 보수 기타 위탁자를 위한 체당금이나 선대금에 관하여서만 그 운송물을 유치할 수 있다(제120조).

(2) 운송주선인의 유치권은 일반상사유치권(제58조), 대리상의 유치권(제91조) 및 위탁매매인의 유치권(제111조, 제91조)과는 달리 피담보채권과 목적물 간에 견련(牽連)관계가 있어야 한다는 점에서 민사유치권(민 제320조) 및 육상 · 해상운송인의 유치권(제147조, 제807조 제2항)과 같다.

(3) 피담보채권은 운송물에 관한 운임 · 보수 기타 위탁자를 위한 체당금이나 선대금에 한한다. 이와 같이 상법이 피담보채권의 범위를 제한한 것은 위탁자와 운송주선인 사이에는 계속적 거래관계가 없거나 운송인과 수하인이 다른 경우가 많으므로 광범위한 유치권을 인정하면 수하인의 이익을 해칠 우려가 있기 때문이다.

(4) 운송주선인은 일반상사유치권과는 달리 유치목적물이 위탁자의 소유에 속하지 않더라도 유치할 수 있다. 운송주선인은 운송물을 직접점유하고 있는 경우는 물론 간접점유하고 있는 경우에도 유치권을 행사할 수 있다. 즉, 운송주선인은 자기명의로 운송계약을 체결하여 송하인으로서 운송인을 통하여 운송물을 간접점유하고 있으므로 운송물의 처분청구권에 의하여 유치권을 행사할 수 있다.[2)]

---

1) 독일상법 제413조 제2항 제2문 참조.
2) 정동윤(상) 288면; 손주찬(상) 327면; 최기원(상) 351면; 이기수(상) 247면; 정찬형(상) 322면.

4) 개입권

(1) 개입권의 의의

(가) 운송주선인은 다른 특약이 없으면 위탁사무처리를 위하여 운송인과 운송계약을 체결하지 않고 자기가 직접 운송할 수 있는데(제116조 제1항 제1문), 이 권리를 개입권(Selbsteintrittsrecht)이라 한다. 개입한 운송주선인은 운송인과 동일한 권리 의무가 있다(제116조 제1항 제2문).

(나) 한 가지 의문은 해상운송주선인의 경우 개입권을 행사하여 해상운송인과 동일한 권리의무를 가지게 되면 해상운송인의 채무에 관하여는 제척기간이 적용되어야 한다(제814조). 그러나 운송주선인의 책임의 시효에 관하여 상법 제121조에 명문의 규정이 있어서 제척기간이 적용되는지 소멸시효가 적용되는지에 관하여 의문이 있다. 사견으로는 운송주선인에 관하여 명문의 규정이 있는 부분은 그 부분이 우선 적용되어야 한다고 생각되므로 제121조를 적용하여 제척기간이 아닌 소멸시효가 적용되어야 할 것이다.

(다) 개입권의 법적 성질은 형성권으로서, 개입의 통지가 위탁자에게 도달하였을 때 그 효력이 발생한다고 보며, 운송주선인의 개입을 위탁자가 안 때에는 묵시적인 개입의 의사표시가 있었다고 보아야 할 것이다. 상법은 운송주선인이 위탁자의 청구에 의하여 화물상환증을 작성・교부한 경우에는 개입을 의제하고 있다(제116조 제2항).[1)]

(2) 개입권 행사의 요건

운송주선인이 개입권을 행사하려면 개입금지의 특약 또는 위탁자의 지시가 없어야 한다. 위탁매매인의 개입권과는 달리 운임에 관하여 시세가 없어도 운송주선인은 개입권을 행사할 수 있다.

(3) 개입의 방법・시기

(가) 개입권의 행사는 특약이 없는 한 위탁자에 대한 명시 또는 묵시의 의사표시로서 할 수 있다. 통지는 특별한 방식을 요하지 않는다. 다만 개입의 효력은 그 개입의 의사표시가 상대방에도 도달한 때에 생긴다고 본다(민 제111조 제1항). 운송주선인이 운송을 실행하면 묵시에 의한 개입의 의사표시가 있는 것으로 본다.[2)]

---

1) 운송주선인의 개입권을 부정한 판례: 대법원 1987. 10. 13. 85다카1080; 동 2007. 4. 26. 2005다5058.

2) 정찬형(상) 323면; 정동윤(상) 289면(혼재전세운송주선계약의 경우); 이기수(상) 248면;

(나) 개입권의 행사시기에 관하여는 아무런 제한이 없으므로 운송주선인은 운송인과 운송계약을 체결하기 전에는 물론이고 체결한 후에도 위탁자에게 통지할 때까지는 개입권을 행사할 수 있다. 다만 운송주선인은 위탁자에게 손해가 생기지 않도록 선량한 관리자로서의 주의를 다하여야 한다.

(4) 개입권 행사의 효과

(가) 운송주선인이 개입을 한 경우에는 운송인과 동일한 권리의무를 갖는다(제116조 제1항 제2문). 따라서 운송주선인과 위탁자 사이에 운송계약관계가 성립하고, 운송주선인은 운송인의 지위에 선다.

(나) 운송주선인의 개입은 운송주선계약을 이행하는 하나의 방법에 불과하므로 위탁자와의 위임관계가 소멸되는 것은 아니다. 따라서 운송주선인은 개입권의 행사에 의하여 운송주선인과 운송인의 지위를 겸하게 되어 운송주선인은 보수 · 비용 · 운임 등을 청구할 수 있다(제123조, 제107조 제2항).

(다) 운송주선인이 개입권을 행사하더라도 수임인으로서의 의무를 면하는 것은 아니다. 따라서 개입권의 행사가 부적절하여 위탁자를 위한 선량한 관리자로서의 주의의무에 반하는 것이 되는 경우에는 손해배상책임을 지게 된다.

(5) 개입의 의제

(가) 상법은 "운송주선인이 위탁자의 청구에 의하여 화물상환증을 작성한 때에는 직접 운송하는 것으로 본다"(제116조 제2항)고 규정하여,[1] 운송주선인이 위탁자에게 화물상환증을 작성 · 교부한 때에는 개입권을 행사한 것으로 의제하고 있다.

(나) 상법이 이와 같이 개입의 의제규정을 둔 이유는 화물상환증은 운송인이 발행할 수 있는 것이므로 송하인이 운송주선인에게 화물상환증의 발행을 청구한 것은 개입을 권유한 것으로 볼 수 있고, 이에 대하여 운송주선인이 화물상환증을 발행하는 것은 개입한다는 묵시의 의사표시가 있는 것으로 볼 수 있기 때문이다.[2]

김정호(상) 310면.

1) 대법원 2007. 4. 26. 2005다5058; 동 1987. 10. 13. 85다카1080.

2) 동지: 이철송(총) 567면; 정찬형(상) 323면; 이기수(상) 248면; 김정호(상) 311면.

5) 채권의 소멸시효

위탁자에 대한 운송주선인의 채권은 1년의 시효로 인하여 소멸한다(제122조). 그 기산점은 위탁자 또는 수하인에 대하여 채권을 행사할 수 있는 때부터이다. 이 단기시효는 운송주선인의 보수청구권과 비용상환청구권에 적용된다.

Ⅳ. 수하인 등과의 관계

1) 운송주선계약에서 수령인으로 정하여진 자, 즉 수하인 등은 운송주선계약의 당사자는 아니나, 운송물이 도착지에 도착한 때에는 위탁자와 동일한 권리자가 된다(제124조, 제140조). 그리고 수하인은 유보를 하지 아니하고 운송물을 수령하였을 때에는 운송주선인에 대하여 보수 기타 비용과 체당금을 지급할 의무를 부담한다(제124조, 제141조). 이때에는 수하인의 의무와 위탁자의 의무가 이른바 부진정연대채무로서 병존한다.

수하인에 대한 운송주선인의 채권도 1년의 시효로 인하여 소멸한다(제122조).

2) 위탁자와 운송주선인의 채권자와 같은 제3자와는 아무런 법률관계가 없다. 그러나 운송주선인에 관하여는 위탁매매에 관한 규정이 준용됨으로써(제123조), 운송주선인이 위탁자로부터 받은 위탁물이나 운송주선으로 취득한 권리는 '위탁자와 운송주선인' 또는 '위탁자와 운송주선인의 채권자'와의 사이에서는 이를 위탁자의 소유 또는 채권으로 보게 된다(제123조, 제103조). 따라서 운송주선인의 채권자는 위 물건 또는 채권을 압류하면 위탁자는 제3자 이의를 할 수 있고(민집 제48조), 운송주선인이 이를 제3자에게 양도하면 이를 취소할 수 있다(민 제406조). 여기서 말하는 제3자에는 운송주선인과 운송계약을 체결한 상대방인 운송인은 포함하지 않는다고 본다.

V. 순차운송주선

1. 순차운송주선의 의의

순차운송주선(aufeinanderfolgende Speditionsgeschäft)이란 수인의 운송주선인이 동일한 운송을 순차로 주선하는 경우를 말한다. 순차운송주선은 국제간의 교류가 활발하게 되면서 운송도 원거리에 걸치게 되어 동일한 운송물의 운송을 위하여 다수의 운송인이 필요함에 따라 더욱 활발하게 이용되었다.

2. 순차운송주선의 형태

순차운송주선에는 하수(下受)운송주선 · 부분운송주선 · 중간운송주선과 같은 여러 가지 형태가 있다.

1) 하수운송주선

최초의 운송주선인이 전구간의 운송의 주선을 인수하고 주선업무의 전부 또는 일부를 다른 운송주선인으로 하여금 수행하게 하는 운송주선을 하수운송주선이라 한다. 이때는 최초의 운송주선인만이 주선계약의 당사자이고, 다른 운송주선인은 최초의 운송주선인의 이행보조자에 불과하며, 위탁자에 대하여 직접적인 법률관계를 갖지 않는다. 최초의 운송주선인을 원수(元受)운송주선인이라고 하고, 기타 운송주선인을 하수운송주선인이라고 한다.

2) 부분운송주선

수인의 운송주선인이 각 구간별로 독립하여 위탁자로부터 운송주선의 위탁을 받는 경우를 부분운송주선이라 한다. 이때는 각 운송주선인과 위탁자 간에 개별적인 운송주선계약이 성립하므로, 각 운송주선인 상호 간에 아무런 법률관계도 발생하지 않는다.

3) 중간(중계)운송주선(협의의 순차운송주선)

(1) 중계운송을 요하는 운송물에 관하여 제1의 운송주선인(원수운송주선인)이

최초의 운송주선을 인수하고, 나머지 구간에 대하여는 제1운송주선인이 자기의 명의로 위탁자의 계산으로 제2의 운송주선인을 선임하는 경우를 중간(중계)운송주선 또는 협의의 순차운송주선이라 하고, 제2 이하의 운송주선인은 중간운송주선인이라 한다. 그러나 이러한 중간운송주선인은 송하인(위탁자)의 위탁이 아니라 제1운송주선인의 위탁을 받은 자이므로 특별한 사정이 없는 한 본래 의미의 운송주선인은 아니다.[1)]

(2) 상법 제117조에서 순차운송주선인이라 할 때에는 바로 이 중개운송주선인을 말하는 것이다. 하수운송주선인의 경우에는 그가 원수운송인의 이행보조자가 되므로 제117조가 없어도 당연히 원수운송주선인의 권리를 행사할 수 있고, 부분운송주선인의 경우에는 그와 제1의 운송주선인과의 사이에 아무런 법률관계가 없기 때문이다.

(3) 다만 제1의 운송주선인은 중간운송주선인의 선택에 있어 과실이 있는 때에만 책임을 지고, 중간운송주선인의 과실에 대하여는 책임을 지지 않는다(제115조). 이 점에서 하수운송주선과 다르고 순차운송형태 중 연대운송과도 다르다.

3. 순차운송주선의 법률관계

1) 전자의 권리를 행사할 의무

수인이 순차로 운송주선을 하는 경우에는 후순위 운송주선인은 전순위 운송주선인에 갈음하여 운송주선에 관한 보수청구권·유치권 등의 권리를 행사할 의무를 부담한다(제117조 제1항). 이 경우에 중간운송주선인과 전자인 운송주선인 사이의 관계는 위임이므로 중간운송주선인은 위탁자인 운송주선인에 대하여 선량한 관리자의 주의로써 위임사무를 처리하여야 한다(민 제681조). 이것은 원격지간의 운송이라는 공간적 성질을 고려하여 후자에게 전자를 위한 법정대리적인 지위를 인정한 것이다.[2)]

2) 전자의 권리의 취득

순차운송주선에서 후자가 전자에게 변제한 때에는 전자의 권리를 취득한다(제

1) 대법원 1987. 10. 13. 85다카1080.

2) 손주찬(상) 330면; 최기원(상) 356면; 이기수(상) 250면. 반대: 정동윤(상) 293면(중간운송인은 자기의 이름으로 권리를 행사하기 때문에 대리가 아니고 법률상 당연히 전자의 권리를 취득하고 의무를 이행한다고 한다).

117조 제2항). 여기서 전자라 함은 자기의 직접의 전자뿐만 아니라 그 이전 단계의 운송주선인까지 포함한다. 왜냐하면 전자의 청구금액이 명백하다면 후자의 변제는 전자에게 불이익이 되지 않기 때문이다. 이 점이 전자의 권리를 행사하는 전자의 범위와 다른 점이다.

그리고 변제는 반드시 현금으로 할 필요는 없으며, 대물변제 · 상계 기타 채권을 소멸하게 하는 모든 방법을 포함한다.

3) 운송인의 권리취득

후자인 운송주선인이 운송인에게 변제를 한 때에는 전자인 운송주선인에 대하여 운송인이 가졌던 권리를 취득한다(제118조). 여기에서 운송주선인이란 도착지운송주선인을 포함한 중간운송주선인을 말하며, 운송인이란 자기가 운송계약을 체결한 운송인이 아니라, 자기 이전 구간의 운송인을 말한다.[1] 왜냐하면 운송인과 운송계약을 체결한 운송주선인이 운송인에게 변제하는 것은 당연하고, 그가 변제로 운송인의 권리를 취득한다면 자기에 대한 권리를 취득하는 것이 되어 의미가 없기 때문이다.[2]

제5절 운 송 업

Ⅰ. 총 설

1) 상거래는 생산자와 소비자 간에 재화를 교환하는 행위를 중심으로 발전하여 왔는데, 재화를 교환하기 위하여는 이를 시간적 · 공간적으로 이동하는 것이 필요하다. 여기서 생산 · 유통 · 소비를 유기적으로 결합하여 이를 원활하게 하는 기업활동이 운송업이다. 기업활동의 범위가 확대됨에 따라 운송업의 범위도 재화 이외의 물건이나 사람(여객)의 운송으로 확대되었다. 이러한 운송업은 재화 및 사람의 공간적 차이를 극복하여 상품의 수요와 공급을 조절하게 함으로써 국민

---

1) 보통 중간운송주선인은 이전 구간의 운송인에게 운임 기타 비용을 지급하고 운송물을 인계받아 다시 다른 운송인에게 운송하게 한다.
2) 최기원(상) 356면; 이철송(총) 569~570면; 정찬형(상) 327면; 이기수(상) 251면.

생활에 중요한 역할을 수행하는 보조영업이다.

2) 운송업은 다양한 기준으로 분류될 수 있다. 운송의 목적물에 따라 물건운송, 여객운송, 통신운송 등으로 구분되며, 운송이 행하여지는 장소에 따라 육상운송, 해상운송, 항공운송 등으로 구분된다. 또 운송인이 송하인으로부터 개개의 물건의 운송을 인수하는 것을 개품운송이라 하고, 운송인이 송하인에게 그 사용인인 선장과 선원 등과 함께 운송수단인 차량이나 선박을 임대하여 운송에 임하게 하는 것을 전세운송(선박의 경우는 용선계약)이라 한다.[1)]

3) 상법은 총칙에서 육상운송을 규정하고 제5편에서 해상운송에 관하여 규정하고 있고, 항공운송에 관하여는 상법 제6편에 규정하고 있다. 육상운송과 해상운송에 관하여도 상법 외에 많은 특별법이 제정되어 있으며,[2)] 보통거래약관이 널리 이용되고 있다.

Ⅱ. 운송인의 의의

운송인(Frachtführer, transporteur, carrier)이란 육상 또는 호천·항만에서 물건 또는 여객의 운송을 영업으로 하는 자를 말한다(제125조). 육상운송인은 물건운송인과 여객운송인으로 나뉜다. 특히 물건운송은 거래상의 공간적 장애를 극복함으로써 재화의 가치를 크게 하는 것이니, 시간적 장애를 극복하는 창고업과도 밀접한 관계가 있다. 특히 화물상환증이나 창고증권이 발행된 경우에는 그 물권적 효력으로 인하여 물건 자체의 이동 없이도 물건의 소유권 이전을 가능케 한다는 점에서, 이들도 거래상의 공간적 장애를 극복하는 수단이 된다고 할 수 있다.

1) 상법 제125조에서 운송인은 육상운송인만을 말하므로, 해상과 공중에서 운송을 하는 자는 상법상의 운송인이 아니다. 육상이란 지면과 지하를 포함하며, 호천·항만의 범위는 평수구역(平水區域)에 의하고(상시규 제3조, 대령 제11485호), 평수구역은 선박안전법시행령에 구체적으로 열거되어 있다(선안시 제2조 제9호). 따라

1) 대법원 1963. 4. 18. 63다126: 일정한 시간 또는 일정한 장소 사이를 일정한 화주의 물품을 운송하기 위하여 자동차가 제공되고, 그에 대한 보수가 개개의 물품에 대하여 정하여지지 않고 일정한 장소 사이의 운행을 기준으로 정하여지는 전세계약도 운송계약이다.

2) 육상운송에 관한 특별법으로서는 철도법, 도시철도법, 철도소운송업법, 국유철도 운영에 관한 특례법, 화물자동차운수사업법, 여객자동차운수사업법 등이 있으며, 해상운송에 관한 특별법으로서는 해운업법, 해운산업육성법 등이 있다.

서 하천, 호수, 항만 기타 평수구역에서의 운송은 선박을 이용하더라도 육상운송에 속한다.

2) 운송인은 물건 또는 여객을 운송하여야 한다. 물건이란 운송이 가능한 모든 동산 등의 물체를 말하며, 거래의 목적물이 될 수 없는 것이라도 상관없다. 따라서 군용물자 또는 시체 등도 물건에 포함된다.

여객이란 운송의 목적이 되는 자연인을 말하며 여객 자신이 반드시 운송계약의 상대방이 될 필요는 없다. 따라서 부모에 딸린 유아나 영아도 여객이다.

3) 운송인은 운송을 하는 자이다. 운송이란 물건 또는 여객을 공간적으로 이동시키는 것을 말한다. 거리의 원근, 운송방법 및 운송수단 등에 대한 제한은 없다. 따라서 동일건물 내에서의 물건·여객의 이동, 운송수단을 사용하지 않고 인편으로 하는 물건·여객이동 등도 운송에 포함된다. 이러한 점에서 해상운송에서 반드시 선박이라는 운송수단을 사용하여야 하는 것과 구별된다.

4) 운송인은 운송의 인수를 영업으로 하는 자이다. 상법은 제125조에서 운송인을 '운송을 영업으로 하는 자'라고 규정하고 있으나, 운송 자체는 사실행위이므로 그로부터 운송인의 상인성이 발생하지 않으며, 운송의 인수를 영업으로 함으로써 상인이 된다(제46조 제13호). 운송의 실행행위는 반드시 본인이 스스로 할 필요는 없다.

Ⅲ. 운송계약의 법적 성질

1) 물건운송계약은 운송인이 자기의 보관하에 물건을 운송할 것을 인수하는 계약으로서 도급계약의 일종이다(민 제664조).[1] 계약당사자는 운송인과 운송의 위탁자, 즉 송하인이다.[2] 수하인은 계약당사자는 아니고, 다만 운송물이 도착지에 도착하였을 때에 송하인과 동일한 지위를 취득하는 데 그친다(제140조, 제141조).

2) 물건운송계약은 낙성·불요식의 계약이며, 대부분의 운송인은 운송약관을 작성하여 놓고 상대방의 부종(附從)을 요구하고 있다. 따라서 계약체결 후에 하

1) 대법원 1983. 4. 26. 82누92: 물품운송계약이란 당사자의 일방이 물품을 한 장소로부터 다른 장소로 이동할 것을 약속하고 상대방이 이에 대하여 일정한 보수를 지급할 것을 약속함으로써 성립하는 계약을 말하며, 이러한 운송계약은 운송이라는 일의 완성을 목적하는 것이므로 도급계약에 속한다.

2) 대법원 1995. 7. 25. 94다50878: 수출대행계약에 있어서 수출대행자가 실질적으로 물품의 수출과정에 관여하였다면 수출대행자를 운송계약의 직접당사자로 보아야 한다.

는 송하인의 화물명세서의 교부나 운송인의 화물상환증 발행은 계약의 성립요건이 아니다.

3) 여객운송계약은 운송인이 여객, 즉 자연인을 운송할 것을 인수하는 계약으로서, 운송의 객체가 다를 뿐 물건운송계약과 같다. 계약당사자는 운송인과 운송의 위탁자인데, 보통은 여객 자신이 위탁자이겠으나 반드시 여객과 운송 위탁자가 동일인일 필요는 없다.

Ⅳ. 물건운송인의 의무

1. 일반적 의무

운송계약이 성립하면 운송인은 그 계약에 따라 운송물을 수령 · 보관 · 운송한 다음 수하인에게 인도하여야 할 의무를 진다.[1] 따라서 운송인은 운송물을 수령해서 인도할 때까지 선량한 관리자의 주의의무를 다하여야 한다.

2. 화물상환증교부의무

운송인은 운송물을 수령한 때에는 송하인의 청구에 의하여 화물상환증을 교부하여야 한다(제128조). 이 의무는 운송이 장기간에 걸치게 되는 경우에 송하인으로 하여금 운송 중인 물건의 교환가치를 용이하게 활용할 수 있도록 하기 위한 것이다.

그러나 신속한 교통으로 인하여 요즘은 국내운송에서 화물상환증을 발행하는 사례가 거의 없다. 화물상환증의 상세에 관하여는 후술하기로 한다.

3. 운송물처분의무

1) 운송물처분의무의 의의

운송인은 송하인 또는 화물상환증소지인이 운송의 중지 · 운송물의 반환 기타의 처분을 청구한 때에는 그 처분지시에 따라야 한다(제139조 제1항 제1문). 이러한

1) 대법원 1981. 12. 22. 81다카665.

운송인의 의무를 처분의무라고 한다. 이렇게 운송인에게 처분의무를 인정한 것은 장기간의 운송도중 시장의 상황이나 매수인의 신용상태의 변동에 따라 송하인[荷主] 등으로 하여금 적절히 대처할 수 있도록 하기 위한 것이다. 이러한 운송인의 처분의무는 송하인 또는 화물상환증소지인의 입장에서는 처분청구권이 되는데, 이는 운송의 특수성을 감안하여 상법이 송하인 등에게 특별히 인정한 권리로서, 민법상의 도급(민 제673조)에 대한 특칙이다. 처분청구권은 형성권이다.

2) 처분권자

운송물의 처분권은 화물상환증이 발행된 경우에는 그 정당한 소지인이, 화물상환증이 발행되지 않은 경우에는 송하인이 가진다.

3) 처분의무의 내용

처분의무의 내용은 운송의 중지, 운송물의 반환, 기타의 처분이다. 처분권은 운송계약의 범위 내에서 행사하는 것이므로 운송인에게 새로운 의무를 부담시키거나, 불이익을 주어서는 안된다.

여기서 '운송의 중지'란 운송물을 현재지에서 더 이상 운송하지 아니함을 말하고, '운송물의 반환'은 발송지로의 반송을 의미하는 것이 아니라 현재지에서 인도하는 것을 말한다. '기타의 처분'도 운송인에게 부담을 주지 않는 범위 내에서 수하인의 변경, 운송노선의 변경, 적하방법의 변경 등 사실행위를 말하고, 노선연장, 추가운송, 포장의 개체 등 운송인에게 불이익을 주거나 새로운 부담을 주는 것 또는 운송물의 양도, 입질, 경매와 같은 법률상의 처분은 포함하지 않는다.

4) 운송인의 운임 등 청구권

운송인이 송하인의 지시에 따라 운송물의 처분을 한 때에는 이미 운송한 비율에 따른 운임·체당금·처분비용의 지급을 청구할 수 있다(제139조 제1항 후단). 처분비용이란 보관비, 환적비 등을 말한다.

5) 처분권의 소멸

운송물이 목적지에 도착한 후 수하인이 그 인도를 청구한 때에는 수하인의 권리가 송하인의 권리(처분권)에 우선한다(제140조 제2항). 그러나 운송물이 목적지에 도착하였더라도 수하인이 그 인도를 청구하지 않는 동안은 송하인의 처분권은 존속한다. 수하인이 인도청구를 한 후에도 운송물의 수령을 거부한 때에는 송하인의 처분권은 부활한다고 본다. 한편 송하인은 수하인이 파산하거나 회사회생절차에 들어간 경우에는 수하인이 운송물을 수령하기 전까지 환취권을 행사할 수 있다(채회 제408조·제71조).

4. 운송물인도의무

1) 서 언

운송인은 목적지에 운송물이 도착하면 운송물을 수하인 또는 화물상환증 소지인에게 인도할 의무를 진다. 운송인은 도착지에서 운송물을 인도함으로써 운송계약상의 의무가 완료된다. 이러한 운송인의 의무는 화물상환증이 발행되었는가의 여부에 따라 다르다.

2) 화물상환증이 발행된 경우

(1) 증권의 상환에 의한 인도

화물상환증은 운송물의 인도청구권을 표창하는 유가증권이므로, 화물상환증 소지인은 배타적으로 운송물인도청구권을 취득하게 된다. 화물상환증이 발행되면 운송물에 관한 처분은 그 증권으로써 하여야 한다(제132조). 따라서 화물상환증이 발행된 경우에는 증권과 상환하지 않으면 운송물의 인도를 청구할 수 없다(제129조). 만일 운송인이 화물상환증을 소지하지 않은 자에게 운송물을 인도한 경우에는 후에 화물상환증의 정당한 소지인에 대하여 채무불이행 또는 불법행위에 기한 손해배상책임을 부담하여야 한다.

(2) 보증도·가도

(가) 의 의

운송인은 수하인의 편의를 위하여 실제에 있어서는 화물상환증과 상환(相換)하지 않고서 운송물부터 인도하는 경우가 있으니, 운송물이 화물상환증보다 먼저 도착한 경우에 운송물의 변질과 보관비용의 증가를 방지하고 운송물을 신속히 처리하기 위하여 이와 같은 방식이 이용된다. 이때 운송인이 수하인으로부터 상당한 담보(예컨대, 거래은행의 보증장)를 받고 운송물을 인도하는 '보증도'와 아무런 담보도 없이 인도하는 '가인도'(假渡, 空渡)의 경우가 있다.[1)]

(나) 유효성

보증도가 유효한 것이냐에 관하여 다툼이 있으나, 이미 거래계의 상관습으로 정착되어 있으므로 이를 유효한 것으로 본다.

(다) 위법성

보증도가 비록 상관습으로서 일반적으로 유효한 행위로 인정된다고 하더라도 화물상환증의 정당한 소지인에 대한 책임이 면제되지는 아니한다.[2)] 즉, 보증도가 유효하다고 해서 화물상환증 소지인의 입장에서 볼 때 위법하지 않다고 할 수는 없다.

운송인이 화물상환증과 상환하지 않고 운송물을 인도한 경우에는, 정당한 화물상환증의 소지인으로부터 운송물 인도청구를 받은 때에는 물건을 인도할 수 없으므로 상법상 채무불이행으로 인한 손해배상책임을 지게 된다.

또한 운송인이 화물상환증과 상환하지 아니하고 운송물을 인도한 경우는 증권소지인의 권리를 위법하게 침해한 것으로서, 특별한 사정이 없는 한 그 권리의 침해의 결과를 인식한 것으로 보아야 하고, 만약 그 결과의 발생을 인식하지 못하였다면 그와 같이 인식하지 못하게 된 점에 운송인으로서의 주의의무를 현저하게 결여한 중대한 과실이 있다.[3)] 따라서 운송인은 화물상환증소지인에 대하여 민법상 불법행위로 인한 손해배상책임도 지게 된다.[4)] 운송인의 이 책임은 화물상환증을 양수한 정당한 소지인에 대하여도 꼭 같이 부담한다. 이는 증권의 소지인이 증권을 양수할 때 보증도 또는 가인도가 되었다는 사실을 알고 있었더라도 같다.[5)]

화물상환증 소지인에 대한 이와 같은 책임은 운송인이 부담하는 것이지만, 운송인은 보증을 한 은행에 보증책임을 물을 것이므로 결국은 보증을 해 준 수하인의 거래은행이 이 책임을 부담하게 된다. 이때의 손해액은 운송물의 멸실 당

---

1) 그러나 운송인이 화물상환증의 소지인의 지시에 의하여 운송물을 제3자에게 인도하는 경우에는 가인도(공도)에 해당하지 아니한다: 대법원 1997. 6. 24. 95다40953; 동 1974. 12. 10. 74다376.
2) 대법원 1991. 12. 10. 91다14123; 동 1992. 2. 14. 91다4249; 동 1992. 2. 25. 91다30026 등.
3) 대법원 1999. 4. 23. 98다13211; 동 1989. 3. 14. 87다카1791.
4) 대법원 1992. 2. 25. 91다30026.
5) 대법원 1991. 4. 26. 90다카8098.

시의 가액과 이에 대한 지연손해금이다.[1)]

(라) 소유권

화물상환증과 상환하지 않고 보증도, 가인도와 같은 방식으로 운송물의 인도를 받은 자는 화물상환증을 입수하지 못하는 한 운송물에 대한 소유권을 취득할 수 없다(제132조, 제133조). 보증도를 받은 수하인은 후일 화물상환증을 입수하게 되면 이를 운송인에게 교부하여야 하고, 그때 운송물의 소유권을 취득한다. 다만 이 자가 화물상환증 입수 전에 운송물을 제3자에게 인도한 때에는 제3자는 운송물의 소유권을 선의취득한다.

3) 화물상환증이 발행되지 않은 경우

화물상환증이 발행되지 않은 경우에는 운송물이 도착지에 도착하였을 때에 수하인은 운송계약에 의하여 생긴 송하인의 권리를 취득하게 되므로(제140조), 운송인은 수하인의 청구에 따라 운송물을 인도하여야 한다.[2)]

5. 손해배상책임

1) 책임의 완화

운송은 크고 작은 위험이 항상 내재되어 있는 위험사업인 반면에 운송인이 받는 요금은 저렴하다. 한편 오늘날 교통·통신의 발달이 사회와 문명의 발달에 지대한 영향을 끼치는 점에 비추어 운송인을 보호하여야 할 필요성은 매우 크다. 이에 상법은 운송인의 손해배상책임을 완화하는 방법으로 민법상의 채무불이행책임에 대한 특칙을 두어, (ⅰ) 운송인의 손해배상책임액을 정액으로 제한하고, (ⅱ) 송하인이 명시하지 않은 고가의 운송물에 대해서는 손해배상책임을 면제하는 한편, (ⅲ) 손해배상책임의 특별 소멸사유와 아울러 단기의 소멸시효를 두고 있다.

---

1) 대법원 1993. 10. 8. 92다12674.

2) 대법원 1966. 7. 26. 65다2308; 동 1993. 5. 27. 92다32180 운송인이 운송계약상의 의무에 위배하여 수하인이 아닌 수입상에게 직접 화물을 인도하여 손해가 발생하였다면 그에 대한 배상책임이 있다.

2) 손해배상책임원인

(1) 과실책임주의

(가) 상법 제135조는 과실책임주의에 입각하여 운송인의 손해배상책임원인을 규정하였다. 즉, 운송인과 이행보조자의 고의 또는 과실이 있어야 한다. 운송인은 자기 또는 운송주선인이나 사용인 그 밖에 운송을 위하여 사용한 자가 운송물의 수령, 인도, 보관 및 운송에 관하여 주의를 게을리하지 아니하였음을 증명하지 아니하면 운송물의 멸실, 훼손 또는 연착으로 인한 손해를 배상할 책임이 있다.

(나) 연혁적으로는 로마법상 운송인의 책임은 물건에 손해가 생겼을 경우 그것이 불가항력에 의한 것임을 증명하지 못하면 책임을 면할 수 없다는 이른바 레셉툼책임(Receptumhaftung)이었으나, 이것이 근대 상법에서는 운송인의 책임을 경감하는 방향으로 진행되어 과실책임주의로 되었다.

✦ 대법원 1975. 10. 7. 75다71
운송인에게 운송에 관한 주의의무 해태를 이유로 손해배상책임을 인정한 판례

☞ 철도편으로 탁송한 화물이 훼손된 경우에는 철도운송인에게 화물운송에 관하여 과실이 있다고 일응 추정되는 것이며, 운송인은 화물운송에 관하여 주의를 해태하지 아니하였음을 증명하지 아니하면 운송화물의 훼손으로 인한 손해배상책임을 면치 못한다. 본건에서 설사 한탄강의 범람을 예측할 수 없다 할지라도 침수에 대한 아무런 조치를 취한 흔적이나 또는 조치를 취할 수 없었던 사정을 엿볼 자료가 없으므로, 운송인은 운송에 관한 주의를 해태하였다고 볼 수 있다.

(2) 증명책임

무과실의 증명책임은 운송인에게 있으며, 이행보조자의 선임·감독에 과실이 없었음을 증명하는 것만으로는 책임을 면하지 못한다. 제135조의 규정도 운송주선업자에 관한 제115조의 경우와 마찬가지로 이것을 민법의 일반원칙에 대한 특별규정으로 볼 것인지, 단순한 주의적 규정으로 볼 것인지가 문제되는데, 운송주선업자의 경우와 마찬가지로 주의적 규정이라고 보아야 할 것이다(통설).[1] 민법상으로도 채무불이행의 경우 채무자측에서 무과실을 증명하여야 하기 때문이다.

---

1) 손주찬(상) 341면; 임홍근(총) 427면; 정동윤(상) 252면; 이철송(총) 516~517면; 정찬형(상) 339면.

(3) 손해의 원인과 유형

(가) 운송인은 '운송물의 멸실, 훼손 또는 연착으로 인한 손해'를 배상하여야 한다.

① '멸실'이란 물리적 멸실 외에 도난, 유실, 몰수, 무권리자에 대한 인도 등 운송물의 회수가 불가능하거나, 기타 운송물이 현존하지만 인도에 법률적 장애가 있어 사회통념상 수하인 또는 화물상환증소지인에게 운송물을 인도할 수 없는 모든 경우를 말한다. ② '일부멸실'이란 잔존부분이 독립된 경제적 가치를 가질 때를 뜻하고, 중요한 부분의 멸실로 인해 사회통념상 전부가 쓸모없이 된 경우에는 전부멸실에 해당한다. ③ '훼손'이란 물건이 부패・변질되거나 불가분물의 일부가 파괴되어 경제적 가치가 손상된 경우를 말하며, 손괴나 물건의 일부의 유실・도난도 이에 해당한다. 이는 물리적 성상에 변화가 온 경우만을 뜻하고 가격변동으로 인한 가치 감소는 포함되지 아니한다. ④ '연착'이란 인도할 날에 인도하지 못하고 그 이후의 날에 인도하는 것을 의미한다. 기일 내에 도착하였더라도 운송인측의 사정으로 인도할 날에 인도하지 못하였다면 이것도 연착에 해당한다. 반대로 인도할 날 이후에 도착하였더라도 수령권자가 그 이후에 인도를 청구하여 바로 인도한다면 연착이라 볼 수 없다.

(나) 이상의 책임원인도 운송주선업자의 책임에 있어서와 같이 예시적인 것으로 본다. 따라서 예컨대 제135조에는 열거되어 있지 않지만, 운송인이 송하인의 처분권을 무시한 결과 송하인에게 손해가 생긴 경우, 운송인은 손해배상책임을 부담한다.

(다) 이에 대하여 상법 제137조와의 관계를 고려하여 이외의 사유로 인한 손해에 대하여는 제135조가 적용되지 않는다는 견해도 있다.[1] 물론 제137조에서 멸실・훼손・연착에 대하여만 손해배상의 액을 정하고 있지만, 제135조의 책임원인과 제137조의 손해배상의 액을 반드시 연결하여 해석할 이유가 없다고 본다. 제137조는 멸실・훼손・연착의 경우에 관하여만 특칙을 두었을 뿐이니, 그 외의 사유로 인한 손해에 대하여는 민법의 일반원칙에 따라 배상액이 결정된다.

3) 손해배상책임의 범위

(1) 정액배상주의

민법의 일반원칙(민 제393조)에 따르면 운송인은 채무불이행으로 인하여 발

---

1) 정동윤(상) 251면.

생하는 모든 손해를 배상하여야 할 것이다. 그러나 상법은 대량의 운송물을 저렴한 요금으로 취급하는 운송기업의 특수성에 비추어, 보통의 손해를 본위로 하고 기대이익과 같은 특별한 손해를 제외한다는 방침 아래 배상액을 정형화(정액배상주의)하여 운송인의 보호와 법률관계의 획일적 처리를 도모하고 있다(제137조).

(가) 운송물이 전부 멸실된 경우에는 운송물을 인도할 날의 도착지의 가격(일반시장가격)에 의하여 손해배상액을 산정한다(제137조 제1항). 여기서 '인도할 날'이란 운송계약에 의하여 인도하기로 예정된 날 또는 화물상환증이 발행된 경우에는 화물상환증에 이와 같이 기재된 날을 뜻한다. 그리고 '도착지의 가격'은 도착지에서 형성되는 시장가격을 말한다. 거래소의 시세 있는 물건이라면 거래소의 가격에 따른다.

(나) 운송물의 일부가 멸실 또는 훼손된 경우에는 인도한 날의 도착지의 가격에 의하여 손해배상액을 산정한다(제137조 제2항).

(다) 운송물의 전부 또는 일부가 연착된 경우에는 인도할 날의 도착지 가격에 의하여 손해배상액을 산정한다(제137조 제1항).

(라) 운송물의 일부가 멸실 또는 훼손되었을 뿐만 아니라 연착되기도 한 경우에는 명문의 규정이 없으나, 연착의 경우에 포함시키는 것이 운송인보호의 취지에 맞을 것이다. 연착의 경우에는 인도할 날의 도착지 가격과 인도한 날의 도착지 가격의 차액을 배상하게 되므로 연착된 기간 중에 가격변동이 없는 경우 또는 가격이 오히려 상승한 경우에는 운송인은 아무런 책임이 없게 된다. 또 연착으로 인하여 수하인은 제3자에게 계약불이행책임을 지는 경우도 있게 되는데 이에 대한 배려가 없다. 따라서 입법론으로는 연착의 경우는 민법의 채무불이행의 일반원칙에 맡기는 것이 타당할 것이다.

(2) 이중이득의 금지

배상액 중에는 운임 기타 비용이 포함되는 것이 보통이므로, 운송물의 멸실·훼손으로 인하여 그 비용을 지급하지 않는 경우에는 이중이득을 방지하기 위하여 그 배상액 중에서 그 금액을 공제하여야 한다(제137조 제4항). 기타비용이란 운송에 필요한 일체의 비용으로서 관세 등을 포함한다. 연착의 경우에는 비용의 공제가 인정되지 아니한다.

(3) 정액배상주의의 배제

정액배상주의는 보통의 운송기업활동을 보호하려는 데 취지가 있는 것이므로, 운송인(이행보조자를 포함)에게 고의나 중대한 과실이 있는 때에는 일반원칙(민 제393조)에 따라 모든 손해(운송인이 예견할 수 있었던 특별사정으로 인하여 생긴 손해도 포함)를 배상하여야 한다(제137조 제3항). 이때의 고의·중과실의 거증책임은 손해배상을 청구하는 자가 진다.

4) 고가물에 대한 특칙

(1) 입법취지

(가) 화폐·유가증권 기타의 고가물에 대하여는 송하인이 운송을 위탁할 때에 그 종류와 가액을 명시하여야 하는데, 이를 명시하지 않았다가 운송물에 관하여 손해가 발생한 경우에는 운송인은 고가물로서의 책임뿐만 아니라 보통물로서의 배상책임도 지지 않는다(제136조).

고가물은 멸실·훼손될 위험이 크고 손해의 규모도 크므로 운송시 각별한 주의를 하여야 한다. 그러므로 송하인은 사전에 이를 명시함으로써 운송인이 적절한 주의를 할 수 있도록 하여야 한다. 따라서 송하인이 운송인에게 명시하지 않은 고가물에 대하여도 운송인으로 하여금 고가물로서의 책임을 부담하게 하는 것은 운송인에게 가혹하고, 상거래상 신의칙에도 어긋난다고 할 수 있다. 그리하여 상법은 운송인을 보호하고, 고가물의 운송시 사전에 고가물임을 명시하도록 하기 위하여 특별한 규정을 두고 있다.

(나) 여기서 고가물이란 그 용적·중량에 비하여 현저하게 고가인 물건을 말한다. 화폐·유가증권·귀금속·골동품 등이 이에 해당한다.

✦ 대법원 1963. 4. 18. 63다126
견직물은 고가물이라 볼 수 없다.

☞ 견직물은 오늘날 사회·경제 및 거래상태로 보아 상법 제136조 소정 고가물이라 볼 수 없으므로, 그 종류와 가격을 명시하지 아니하였다 하여도 운송인은 손해배상책임을 면할 수 없다. 그러나 직지제조용 조직기 중 흡입압착롤은 고가물이다: 대법원 1991. 1. 11. 90다8947.

(2) 명시의 요건

(가) 고가물에 관하여 송하인이 명시하여야 할 사항은 그 종류와 가액이다.

그 종류에 관하여는 운송인이 고가물임을 식별할 수 있을 정도로 고지하면 되고, 가액은 진정한 가액을 고지하여야 한다.

(나) 고가물임을 명시할 시기에 관하여는 계약성립 전에 하거나 늦어도 계약성립 후 운송물을 인도할 때까지 하여야 한다는 견해,[1] 계약청약시 또는 늦어도 계약성립시까지 하여야 한다는 견해[2] 등이 있다. 생각건대 운송인이 운송물을 위탁받을 때까지만 고가물임을 알 수 있으면 그에 상당한 주의를 할 수 있고, 또한 운임의 인상도 요구할 수 있으므로, 고가물의 의사표시는 운송인에게 운송물을 인도할 때까지 명시하면 충분하다고 본다.[3]

(3) 명시의 효과

고가물의 종류와 가액을 명시한 경우에는 송하인 등은 운송인에 대한 손해배상청구권을 보전하게 된다. 송하인이 고가물임을 명시한 경우에는 명시한 가액이 손해배상의 기준이 되지만, 손해배상액을 확정하는 효력은 없다. 즉, 실가가 명시가보다 낮은 때에는 운송인이 이것을 증명하여 실가의 범위 내에서 배상하면 되고, 실가가 명시가보다 높은 경우에는 운송인은 명시한 가액의 범위 내에서 책임을 진다. 왜냐하면 송하인이 명시가격보다 높은 가격의 배상을 요구하는 것은 신의칙에 반하기 때문이다.

✦ 대법원 1991. 8. 23. 91다15409
운송인의 보조자는 불법행위책임만을 부담하고, 고가물 불고지로 인한 면책규정인 상법 제136조는 운송인의 채무불이행으로 인한 손해배상책임에만 적용되므로 이행보조자에게 상법 제136조가 적용될 여지가 없다.

☞ 상법 제136조와 관련되는 고가물 불고지(不告知)로 인한 면책규정은 일반적으로 운송인의 운송계약상의 채무불이행으로 인한 청구에만 적용되고 불법행위로 인한 손해배상청구에는 그 적용이 없으므로, 운송인의 운송이행업무를 보조하는 자가 운송과 관련하여 고의 또는 과실로 송하인에게 손해를 가한 경우 동인(同人)은 운송계약의 당사자가 아니어서 운송계약상의 채무불이행으로 인한 책임은 부담하지 아니하나, 불법행위로 인한 손해배상책임을 부담하므로 위 면책규정은 적용될 여지가 없다. 동지: 대법원 1977. 12. 13. 75다107.

---

1) 최기원(상) 377면.
2) 임홍근(총) 432면; 이병태(상) 287면.
3) 동지: 정동윤(상) 240면.

(4) 불명시의 효과

(가) 송하인이 고가물임을 명시하지 않는 경우에는 그 고가물이 멸실·훼손되더라도 운송인은 고가물로서의 책임은 물론 보통물로서의 책임도 지지 않는다(통설). 왜냐하면 귀금속, 골동품 등 고가물은 보통물로서 가액을 정할 수 없고, 보통물도 그 가액이 여러 종류가 있어, 그 중 어느 것을 보통물로 정하기가 어려우며, 고가물 명시의무를 위반한 하주에게 제재를 가한다는 측면도 있다.

(나) 문제는 고가물의 명시를 하지 않았으나 운송인이 우연히 고가물임을 알게 된 경우에 어떻게 처리할 것인가 하는 점이다. 이에 관하여는,

① 무책임설: 고가물을 명시하지 않은 이상 운송인은 운송물에 발생한 손해로부터 면책되며, 운송인이 우연히 알게 되었다는 주관적 사유는 책임의 기준이 되지 않는다고 보는 견해이다.[1]

② 고가물책임설: 고가물임을 알게 된 이상 운송인은 고가물에 해당하는 주의를 기울여야 하고 만약 이를 해태하여 손해가 발생했다면 고가물로서의 책임을 진다고 보는 견해이다.[2]

③ 절충설: 운송인은 보통물로서의 주의를 기울여야 하고 만약 이를 해태한 때에는 고가물로서의 책임을 진다고 보는 견해이다.[3]

④ 사 견: 운송인이 우연히 고가물임을 알았다는 사실 자체는 아무런 문제가 되지 않는다. 또한 운송인이 보통 기울이는 주의를 다하여 운송을 한 경우에도 문제되지 않는다. 즉, 명시하지 아니한 고가물에 대하여는 운송인은 면책된다[아래 ①, ② 참조]. 문제는 운송인이 고가물임을 우연히 알았고, 이에 더하여 운송인이 고의·중과실로 보통물로서의 주의마저 해태하여 운송물이 멸실된 경우[아래 ③ 참조]만이 문제된다.

① 실무에서 고가물 운송의 경우 운송인이 "운송물의 가격을 명시하고 종가요금을 부담하여야 하며 만약 명시하지 아니한 경우 운송인은 면책된다"는 사실을 송하인에게 설명 또는 운송약관 등을 통하여 고지하고 있다. 그럼에도 송하인이 종가요금 등이 부담스럽기 때문에 고의로 보통물로 명시하는 경우가 흔히 있다. 이때에는 운송의 당사자 간에 고가물에 대하여 보통물로 운송하기로 합의한 것으로 볼 수 있다. 따라서 보통의 주의를 기울인 운송인은 보통물로서의 책임(명시한 가격)만 부담하면 된다. 이때 송하인이 고가물임을 주장하면 운송인은

---

1) 채이식(상) 299면.
2) 손주찬(상) 344면; 이철송(총) 523면.
3) 최기원(상) 378면; 임홍근(행) 433면; 정동윤(상) 254면; 정찬형(상) 343면.

아무런 책임도 부담하지 않는다(상법 제136조의 반대해석).

② 운송인이 위 ①에서와 같은 방법의 설명도 하지 않았고 송하인도 무심코 고가물임을 명시하지 아니한 경우, 운송인이 고가물임을 알았더라도 보통의 주의를 기울인 운송인은 보통물로서의 책임을 부담한다. 만약 송하인이 고가물임을 주장하면 운송인은 아무런 책임도 부담하지 않는다(상법 제136조의 반대해석).

③ 위 ①과 ②의 경우에 운송인이 고의·중과실로 보통의 주의마저 해태한 때[고가물임을 간파한 운송인이 고의·중과실로 운송물을 멸실시킨 경우 등]에는 보통물에 대한 책임이 아니라 고가물에 대한 책임을 부담하여야 할 것으로 생각한다. 고가물을 명시하지 아니한 송하인의 과실에 따른 책임보다 고의·중과실로 운송물을 멸실케 한 운송인의 책임이 더 무겁다고 보기 때문이다. 예컨대 보석과 같은 고가물의 경우, 운송인에게 어떤 책임을 지운다면 고가물로서의 책임을 지워야만 할 것이며, 보통물로서 책임을 지운다는 것은 모래 한 알, 조그만 돌맹이 하나의 값을 책임진다는 것이 되어 무의미하다. 이 경우에는 민법상의 불법행위책임과 형법상의 업무상 횡령죄, 배임죄, 재물손괴죄나 절도죄의 책임을 부담하는 경우도 있을 것이다. 다만 운송인의 고의·중과실은 이를 주장하는 송하인, 수하인 또는 하주가 이를 증명하여야 한다.

(다) 송하인이 고가물임을 명시하지 아니하였더라도 운송인의 불법행위를 원인으로 하여 손해배상책임을 묻는 경우에는 고가물 전액의 배상을 청구할 수 있다는 판례가 있으나,[1] 그 타당성은 의문이다.

5) 운송인의 계약책임과 불법행위책임의 관계

(1) 상법 제135조는 운송인의 채무불이행으로 인한 손해배상책임에 관하여 규정한 것이다. 그러나 운송물이 멸실 또는 훼손된 경우에는 운송물의 소유권에 대한 침해로서 불법행위(민 제750조·제756조)도 동시에 성립하는 경우가 있다. 이 때는 채무불이행으로 인한 손해배상청구권과 불법행위로 인한 손해배상청구권이 동시에 성립하게 되는데, 양청구권의 관계가 문제된다.

(2) 법조경합설에 의하면 운송계약이 존재할 때에는 계약법이 적용되고, 계약법은 불법행위법과의 관계에서는 특별법과 일반법의 관계에 있기 때문에 특별법에 의한 채무불이행으로 인한 손해배상책임이 성립하면 일반법에 의한 불법

1) 대법원 1991. 8. 23. 91다15409: 상법 제136조와 관련되는 고가물불고지로 인한 면책규정은 일반적으로 운송인의 운송계약상의 채무불이행으로 인한 청구에만 적용되고 불법행위로 인한 손해배상청구에는 그 적용이 없다.

행위책임은 운송인측의 고의가 있는 경우를 제외하고는 배제되므로, 채무불이행으로 인한 손해배상청구권만 성립한다고 한다.[1)]

(3) 이에 대하여 청구권경합설에 의하면 양청구권은 그 성립요건과 효과가 각각 다르기 때문에 별개의 것이며, 따라서 청구권의 경합이 생기므로 채권자는 그 중 하나를 선택하여 행사할 수 있다고 하며, 이것이 채권자(피해자)를 두터이 보호하는 것이라고 한다.

(4) 실제로 운송인의 운송계약상의 채무불이행책임은 물건운송인의 경우 ① 정액배상주의(제137조), ② 고가물에 관한 특칙(제136조), ③ 책임의 특별소멸사유(제146조)와 단기소멸시효(제147조, 제121조) 등의 적용과, ④ 운송약관에 면책조항을 삽입시킴으로써 크게 경감·완화되고 있으나, 운송인의 불법행위책임을 묻는다고 할 때에는 위의 책임경감사유의 적용이 없어 운송인에게 크게 불리하고 채권자에게 매우 유리하다. 따라서 양청구권의 경합이 인정되면 손해배상청구권자인 채권자는 당연히 운송인의 불법행위책임을 묻게 된다. 그러나 양청구권의 경합을 인정하면 운송계약상의 책임을 제한하는 상법 및 약관의 규정은 무의미해지므로, 불법행위로 인한 손해배상청구권은 배제시키려는 것이 법조경합설의 입장이다.

(5) 대체로 운송계약에 있어서는 과실에 의하여 운송물이 멸실·훼손될 수 있다는 것을 예상하는 것이 보통이며, 이때의 불법행위책임에 대하여는 송·수하인이 묵시적으로 면제하고 있다고 볼 수 있다. 다만 운송인의 고의 또는 중대한 과실로 인하여 운송물이 멸실 또는 훼손된 경우와 같이 그 손해가 운송계약에서 예상한 정도를 일탈한 경우에는 불법행위책임도 경합할 수 있다고 본다.[2)] 판례는 한결같이 청구권경합설을 지지하고 있다.[3)]

---

1) 김주수, 「채권총론」, 1984, 181면 이하 참조.

2) 청구권경합문제는 과거 해상법에서 크게 논의되었다. 그러나 1991. 12. 31. 개정상법은 이 문제를 입법적으로 해결하였다. 즉, ① 선박소유자의 책임과 관련하여서는 '청구원인의 여하에 불구하고' 그 책임이 제한된다고 정하고(제769조 본문), ② 해상운송인의 책임과 관련하여서도 상법 제5편 제4장의 '운송인의 책임'에 관한 규정은 운송인의 불법행위로 인한 손해배상책임에도 이를 적용한다고 정하여(제798조 제1항), 그 책임원인이 채무불이행이든 불법행위이든 그 법적 효과가 동일하도록 규정하였다. 또, ③ 운송인의 책임의 제척기간에 관하여도 '운송인의 채무는 청구원인의 여하에 불구하고' 1년 내에 재판상 청구가 없으면 소멸하되, 이 기간은 당사자의 합의에 의하여 연장할 수 있다고 정하여(제814조), 민법의 불법행위법상의 손해배상청구권의 소멸시효(3년 또는 10년: 민 제766조)를 수용할 여지를 없앴다. 그러므로 해상법에 관한 한 청구권경합론은 이제 그 논의의 실익이 크지 않다. 다만 계약불이행책임만 물을 경우 우리나라에 관할권이 없는 사건도 불법행위책임을 묻는 경우에는 우리나라가 가해행위지 또는 결과발생지에 해당하면 우리 법원에 관할권이 있으므로 이 점에서는 아직도 논의의 실익이 있다.

3) 청구권경합설에 따른 판결: 대법원 1962. 6. 21. 62다102; 동 1983. 3. 22. 82다카1533;

6) 면책약관

(1) 면책약관의 의의

운송계약상 운송인이 손해배상책임을 면제 또는 경감하는 특약조항을 면책약관이라 한다.

(2) 면책약관의 종류

면책약관의 종류는 다양하나, 실무에서는 다음 3종의 약관이 흔히 이용되고 있다.

(가) 과실약관(negligence clause)

운송인과 그 사용인의 과실에 대하여는 운송인이 책임을 지지 않기로 하는 약관이다.

(나) 배상액제한약관(valuation clause)

운송인이 부담할 손해배상액을 일정한 금액으로 제한하는 약관이다.

(다) 부지약관(unknown clause)

운송물의 종류 · 품질 · 무게 · 개수 · 가격 등의 내용에 대하여 확인이 없었다는 문언을 기재하여 그 문언에 따라 책임을 배제하기 위한 약관이다.

(3) 면책약관의 효력

면책약관은 선량한 풍속 기타 사회질서(민 제109조), 신의성실의 원칙(민 제2조) 등 민법의 일반규정이나 약관의 규제에 관한 법률 제6조 이하의 무효조항에 위반되지 아니하는 한 유효한 것으로 본다. 따라서 운송인의 고의에 의한 손해에 대하여도 책임이 없다는 특약 등은 무효로 보아야 할 것이다.

(4) 불법행위책임과 면책약관

(가) 청구권경합설에 의하면 면책약관은 운송인의 불법행위책임을 묻는 경우에는 적용이 없어서 운송인은 면책약관에 불구하고 손해액 전부를 배상하여야 한다.

(나) 대법원은 청구권경합설을 유지하면서도 면책약관은 불법행위책임을 묻는 경우에도 적용되고, 다만 운송인의 고의 또는 중대한 과실로 인한 불법

동 1999. 7. 13. 99다8711.

행위책임을 묻는 경우에는 면책약관의 적용이 없다고 판시한 바 있다.

✦ 대법원 1983. 3. 22. 82다카1533
운송인의 불법행위책임을 묻는 경우에도 면책약관은 적용되나, 다만 운송인의 고의 또는 중대한 과실로 인한 불법행위책임을 묻는 경우에는 면책약관의 적용이 없다.

☞ "운송계약상의 채무불이행 책임에 관하여 법률상 면책의 특칙이 있거나 또는 운송계약에 그와 같은 면책특약을 하였다고 하여도 일반적으로 이러한 특칙이나 특약은 이를 불법행위책임에도 적용하기로 하는 명시적 또는 묵시적 합의가 없는 한 당연히는 불법행위책임에 적용되지 않는 것이나, 운송물의 권리를 양수하여 선하증권을 교부받아 그 소지인이 된 자는 운송계약상의 권리를 취득함과 동시에 목적물의 점유를 인도받은 것이 되어 운송물의 소유권을 취득하여 운송인에 대하여 채무불이행책임과 불법행위 책임을 아울러 추궁할 수 있게 되는 점에 비추어 볼 때 운송인이 선하증권에 기재한 면책약관은 채무불이행 책임만을 대상으로 한 것이고 당사자 사이에 불법행위책임은 감수할 의도였다고 볼 수 없으므로 불법행위책임에 적용키로 하는 별도의 명시적·묵시적 합의가 없더라도 당연히 불법행위 책임에도 그 효력이 미친다. 다만 선하증권에 기재된 면책약관이라 할지라도 고의 또는 중대한 과실로 인한 재산권 침해에 대한 불법행위책임에는 적용되지 않는다. 동지: 대법원 1991. 8. 27. 91다8012.

(다) 근래 대법원은 다시 청구권경합설의 입장에서 운송계약상의 면책특약이나 상법상의 면책조항은 오로지 운송계약상의 채무불이행책임에만 적용될 뿐, 당사자 사이의 명시적 또는 묵시적 합의가 없는 한 불법행위로 인한 손해배상책임에는 적용되지 않는다고 함으로써, 일관성이 없는 판단을 하고 있다.

✦ 대법원 2004. 7. 22. 2001다58269
항공운송계약상의 면책특약은 불법행위책임에는 적용되지 아니한다.

☞ 항공운송계약상의 채무불이행책임과 불법행위로 인한 손해배상책임은 병존하고, 운송계약상의 면책특약은 일반적으로 이를 불법행위책임에도 적용하기로 하는 명시적 또는 묵시적 합의가 없는 한 당연히 불법행위책임에 적용되지 않는다. 동지: 대법원 1980. 11. 11. 80다1812; 동 1977. 12. 13. 75다107; 동 1987. 6. 9. 87다35·36.

7) 손해배상책임의 소멸

(1) 특별소멸사유

(가) 운송인의 책임은 수하인 또는 화물상환증소지인이 유보없이 운송물을 수령하고 운임 기타의 비용을 지급한 때에는 소멸한다(제146조 제1항).

(나) 운송물에 즉시 발견할 수 없는 훼손 또는 일부멸실이 있는 경우에 운송물을 수령한 날로부터 2주 내에 그 통지를 발송하면 운송인의 책임은 소멸하지 않는다(제146조 제1항 단서).

(다) 위의 어떤 경우든 운송인 또는 그 사용인에게 악의가 있는 경우, 즉 운송물의 일부멸실·훼손 등으로 인한 손해의 발생사실을 알고 있는 경우에는 운송인의 책임은 소멸하지 않는다(제146조 제2항).[1] 운송인 또는 그 사용인이 중대한 과실로 인하여 일부멸실·훼손의 사실을 알지 못하였더라도 면책되지 않는다.

(라) 전부멸실의 경우와 연착의 경우에는 본조의 적용이 없다.

(2) 단기소멸시효

(가) 운송인의 책임은 운송인이나 그 사용인에게 악의가 없는 한 수하인이 운송물을 수령한 날로부터, 전부멸실의 경우에는 운송물을 인도할 날로부터[2] 1년을 경과하면 그 소멸시효가 완성한다(제147조, 제121조).

(나) 운송인이나 그 사용인에게 악의가 있는 경우에는 일반상사시효(제64조)에 따른다. 여기서의 악의란 상법 제146조와는 달리 운송인이 고의로 운송물을 멸실·훼손·연착시키거나 그러한 사실을 은폐하고 인도한 경우를 말한다. 그렇지 않고 단지 운송인이 손해의 발생사실을 안다는 뜻으로 새기면 운송물의 전부멸실이나 연착의 사실은 운송인이 당연히 알 것이므로 그 한도 내에서 단기소멸시효를 적용하는 일이 없어 단기소멸시효제도를 특별히 마련한 법의 취지가 몰각될 것이기 때문이다.

(다) 운송물의 멸실·훼손 또는 연착 이외의 사유로 인한 운송인의 손해배상책임(예컨대 처분의무 위반) 등으로 인한 손해배상책임은 본조에 해당하지 않고 일반상사소멸시효(제64조)에 의한다는 견해가 있으나,[3] 운송인의 단기소멸시효는 모든 경우에 적용된다고 본다.

---

1) 대법원 1987. 6. 23. 86다카2107.
2) 대법원 1976. 9. 14. 74다1215: 운송물이 멸실된 경우 운송인의 손해배상책임은 그 물건을 '인도한 날'로부터 소멸시효가 진행한다.
3) 정동윤(상) 256면.

V. 물건운송인의 권리

1. 운송물인도청구권

운송인은 운송을 실행하기 위하여 송하인에게 운송물의 인도를 청구할 수 있다. 송하인이 적시에 운송물을 인도하지 아니하면 채권자지체가 된다(민 제400조~제403조 참조).

2. 화물명세서교부청구권

1) 의 의

운송인은 송하인에 대하여 법정사항을 기재한 화물명세서의 교부를 청구할 수 있다(제126조 제1항). 화물명세서는 보통 운송장(송장) 또는 출하안내서라고도 한다. 운송인은 화물명세서의 기재에 따라 운송의 준비 기타 운송의 이행에 필요한 행위를 하고, 또 수하인으로 하여금 운송물과 그 기재물과의 일치 여부를 검사하므로, 비용 및 운송물이 멸실·훼손된 때 손해배상액 산정의 기초가 된다. 또한 운송인은 화물명세서를 근거로 화물상환증을 발행하게 된다.

2) 법적 성질

화물명세서는 계약서도 유가증권도 아니며, 하나의 사서증서(私署證書)이다.

3) 기재사항

화물명세서에 기재할 사항은 법정되어 있다. 즉, 화물명세서에는 ① 운송물의 종류, 중량 또는 용적, 포장의 종별, 개수와 기호, ② 도착지, ③ 수하인과 운송인의 성명 또는 상호, 영업소 또는 주소, ④ 운임과 그 선급 또는 착급의 구별, ⑤ 화물명세서의 작성지와 작성연월일 등을 기재하고 송하인이 기명날인 또는 서명하여야 한다. 그러나 이와 같은 기재사항은 예시적인 것이므로 그 외의 사항을 기재하더라도 상관없다.

✦ 대법원 1988. 11. 8. 87다카1699
운송물의 가액을 고지하지 않은 것은 송하인의 과실상계사유가 아니다.

☞ 송하인이 운송인에게 기계의 운송을 위탁하면서 화물명세서에 기계의 종류·용적·중량 등을 고지하였고 다만 그 기계의 '가액'을 고지하지 아니하였다 하더라도 물건운송계약에 있어서 가격을 고지하지 아니한 사실만 가지고서는 송하인에게 어떤 과실이 있다고 보기 어렵다. 그럼에도, 원심이 화물의 가격·종류 및 용적 등을 운송인에게 고지하지 아니한 것이 이 사건 사고의 한 원인이 되었다고 판단하여 과실상계를 한 것은 위법이다.

4) 부실기재의 책임

만약 송하인이 고의 또는 과실로 부실기재를 함으로써 운송인에게 손해를 주었다면 그 배상책임을 져야 한다(제127조 제1항). 다만 운송인이 악의인 경우에는 손해배상책임이 없다(제127조 제2항). 부실기재에 있어 과실 여부는 묻지 않는다.

3. 운임청구권

운송계약은 도급계약의 일종이므로 운임은 특약이 없는 한[1] 후급이 원칙이다.[2] 따라서 운송인은 운송물을 인도한 때에는 특약이 없어도 당연히 운임을 청구할 수 있다(제61조). 이때에는 송하인과 수하인의 부진정연대채무가 된다(제141조, 민 제413조). 그러나 운송물이 멸실된 경우에 관하여는 다음과 같은 특칙이 있다.

1) 운송물의 전부 또는 일부가 송하인의 책임없는 사유로 인하여 멸실된 때에는, 운송인은 그 멸실된 부분의 운임을 청구할 수 없으며, 이미 운임의 전부 또는 일부를 받은 때에는 이를 반환하여야 한다(제134조 제1항). 이것은 운임에 관하여는 운송인이 위험을 부담하도록 하고, 운송물에 대하여는 송하인이 위험부담을 하도록 한 것이다. 그러나 운송물이 단순히 훼손 또는 연착된 경우에는 운송이 완료된 것으로 보는 것이 보통이다. 따라서 이러한 경우에는 운송인은 운임을 청구할 수 있다.

2) 운송물의 전부 또는 일부가 그 성질이나 하자 또는 송하인의 과실로 인하여 멸실된 때에는 운송인은 운임의 전액을 청구할 수 있다(제134조 제2항). 운송인의

---

1) 대법원 1972. 2. 22. 71다2500: 운송인과 송하인은 운임에 관하여 상법 제134조, 제815조의 규정에 불구하고 다른 특약을 할 수 있고, 선하증권에 기재된 운임에 관한 특약사항은 그 증권의 소지인에 대하여도 효력이 미친다.

2) 대법원 1993. 3. 12. 92다32906: 운임은 특약 또는 관습이 없는 한 상법이 인정하는 예외적인 경우를 제외하고는 운송을 완료함으로써 청구할 수 있는 것이고, 운송의 완료라 함은 운송물을 현실적으로 인도할 필요는 없으나 운송물을 인도할 수 있는 상태를 갖추면 충분하다.

보호를 위하여 민법 제538조 제1항의 규정에 의한 채권자의 귀책사유(송하인의 과실) 외에 운송물의 성질이나 하자로 인한 멸실에 대하여도 운임청구권을 인정한 것이다.

4. 비용상환청구권

운송인은 운송물에 관한 체당금 기타 비용의 상환과 그 체당일 이후의 법정이자의 지급을 청구할 수 있다(제141조, 제55조 제2항). 여기서 '비용'이란 통관비용·창고보관료·보험료 등과 같이 운임에 포함되지 않는 운송에 관한 비용을 말한다. '체당금(替當金)'이란 송하인 등을 위하여 운송인이 채무변제로서 금전을 지출하는 것을 말한다. 이러한 비용은 운임과 달리 운송물이 불가항력으로 멸실하거나 운송 중에 운송물을 처분한 때에도 청구할 수 있다(제139조 제1항).

5. 유치권

1) 운송인은 운임 기타 비용의 청구권을 확보하기 위하여 운송주선인의 경우와 같은 유치권을 행사할 수 있다(제147조, 제120조).

2) 운송인의 유치권의 피담보채권은 운임, 송하인을 위한 체당금 및 선대금에 관한 채권으로 제한된다. 따라서 운송인이 송하인에 대하여 위와 관련없는 다른 채권은 유치권에 의하여 담보되지 않는다. 운송인의 유치권의 목적물인 운송물은 채무자 소유임을 요하지 않는다는 점 및 피담보채권이 목적물과 한정된 의미에서 견련성이 있는 채권에 국한되는 점에서 민사유치권과 유사하고 일반상사유치권과 다르다.

✦ 대법원 1993. 3. 12. 92다32906
운송인의 유치권에 관한 규정의 취지 및 피담보채권과 목적물과 견련관계의 성부(成否)

☞ 상법 제147조, 제120조 소정의 운송인의 유치권에 관한 규정의 취지는, 운송실행에 의하여 생긴 운송인의 채권을 유치권의 행사를 통해 확보하도록 하는 동시에, 송하인과 수하인이 반드시 동일인은 아니므로 수하인이 수령할 운송물과 관계가 없는 운송물에 관하여 생긴 채권 기타 송하인에 대한 그 운송물과는 관계가 없는 채권을 담보하기 위하여 그 운송물이 유치됨으로써 수하인이 해를 입지 않도록 하기 위하여 피담보채권의 범위를 제한한 것이다. … 동일한 기회에 동일한 수하인에게 운송

하여 줄 것을 의뢰받은 운송인이 운송물의 일부를 유치한 경우, 운송물 전체에 대한 운임청구권은 동일한 법률관계에서 발생한 채권으로서 유치목적물과 견련관계가 인정되어 피담보채권의 범위에 속한다.

6. 공탁권 · 경매권

1) 공탁권 · 경매권의 인정 취지

운송인은 도착지에 수하인 또는 화물상환증 소지인에게 운송물을 인도하여야 운송계약상의 의무를 다한 것으로 인정된다. 그러나 수하인 등을 알 수 없거나, 수하인 등이 운송물을 수령하지 않은 경우 운송인은 운송물을 보관해야 하는 부담을 지게 된다. 이렇게 되면 운송인은 운송물을 신속하게 인도할 수 없게 되고, 결과적으로 운송인 자신의 영리실현에도 막대한 지장을 받게 된다. 그리하여 상법은 운송인으로 하여금 운송물의 인도를 신속하게 완료하는 동시에 운임의 취득을 확보하게 하기 위하여 운송물의 공탁 및 경매권을 인정하고 있다.

2) 공탁권

(1) 공탁권의 성립요건

운송인은 수하인을 알 수 없는 경우라든가 수하인이 운송물의 수령을 거부하거나 수령할 수 없는 경우에는 운송물을 공탁할 수 있다(제142조 제1항 · 제2항, 제143조). 여기서 '수하인'이란 송하인이 지정한 수하인만을 의미하는 것이 아니고 널리 운송물을 수령할 수 있는 권한이 있는 자를 의미한다. 따라서 화물상환증이 발행된 경우에는 화물상환증 소지인을 의미하고, 화물상환증이 발행되지도 않고 수하인도 별도로 지정되지 않은 경우에는 송하인을 의미한다.

'수하인을 알 수 없는 경우'란 수하인의 소재가 불분명한 경우 또는 화물상환증소지인을 알 수 없는 경우 등을 의미한다. '수령을 거부한 경우'란 수하인 등이 정당한 이유없이 수령을 거절한 경우를 말한다. 그리고 '수령할 수 없는 경우'란 수하인측의 주관적 · 객관적 사정 등으로 장기간 수령할 수 없는 경우를 말한다.

(2) 통 지

위와 같은 사유가 있어서 공탁을 한 때에는 운송인은 지체없이 송하인 또는 화물상환증 소지인에게 그 통지를 발송하여야 한다(제142조 제3항, 제143조).

3) 경매권

(1) 경매권의 성립요건

운송인은 수하인을 알 수 없는 경우라든가 수하인이 운송물의 수령을 거부하거나 수령할 수 없는 경우에는 운송물을 경매할 수 있다(제142조 제1항 · 제2항, 제143조). 경매의 요건은 다음과 같다.

(가) 수하인을 알 수 없는 경우에는 운송인이 송하인에 대하여 상당한 기간을 정하여 운송물의 처분에 대한 지시를 최고하여도 그 기간 내에 송하인이 지시를 하지 아니하였어야 한다.

(나) 수하인이 운송물의 수령을 거부하거나 수령할 수 없는 때에는 송하인에 대한 최고를 하기 전에 수하인에게 상당한 기간을 정하여 운송물의 수령을 최고하여야 한다(제143조 제2항).

(다) 송하인 · 화물상환증 소지인과 수하인 전부를 알 수 없는 경우에는 운송인은 소정의 공시최고절차를 거쳐야 하는데, 운송인은 권리자에 대하여 6월 이상의 기간을 정하여 그 기간 내에 권리를 주장할 것을 공고하여야 한다(제144조 제1항). 이 공고는 관보나 일간신문에 2회 이상 하여야 한다(제144조 제2항). 공시최고기간 내에 권리를 주장하는 자가 없는 때에는 운송물을 경매할 수 있다(제144조 제3항).

(라) 송하인 등에게 최고를 할 수 없거나 운송물이 멸실 또는 훼손될 염려가 있는 경우에는 운송인은 최고하지 않고도 그 운송물을 경매할 수 있다(제145조, 제67조 제2항).

(2) 통 지

운송인이 운송물을 경매한 때에는 지체없이 송하인 또는 수하인 등에게 통지를 발송하여야 한다(제142조 제3항, 제143조). 운송인이 경매의 통지의무를 게을리한 때에는 손해배상책임을 져야 한다.

(3) 비용충당 · 공탁

운송인은 운송물을 경매한 경우에는 경매대금에서 경매비용을 공제한 잔액을 공탁하여야 하나, 그 전부 또는 일부를 운임 · 체당금 기타의 비용에 충당하여도 상관없다(제145조, 제67조 제3항).

7. 채권의 소멸시효

운송인의 송하인 또는 수하인에 대한 채권은 1년간 행사하지 아니하면 소멸시효가 완성한다(제147조, 제122조).

Ⅵ. 수하인의 지위

1. 수하인의 의의

수하인이란 운송계약상 도착지에서 운송물의 인도를 받을 자를 말한다. 수하인은 운송계약의 당사자가 아니지만 운송인에 대해서 운송물인도청구를 할 수 있고, 운임 기타 비용을 지급할 의무를 부담한다.

2. 수하인의 발전적 지위

화물상환증이 발행되면 운송물에 관한 일체의 권리, 즉 운송물인도청구권과 운송물처분권을 증권소지인만이 행사할 수 있다(제129조, 제132조). 그러나 화물상환증이 발행되지 않은 경우에는 수하인의 지위는 불확정적이고 부동적(浮動的)이다. 즉, 다음과 같이 운송의 실현단계에 따라 수하인의 지위도 단계적으로 발전하여 간다.

1) 운송물이 도착지에 도착하기 전

이때에는 수하인은 운송인에 대해서 아무런 권리도 의무도 없다. 이 단계에서는 송하인만이 운송계약상의 권리의무의 주체이므로 운송물처리권을 가지고 있다(제139조 제1항). 따라서 운송 도중에 운송물이 멸실하여도 송하인만이 손해배상청구권을 취득하고, 수하인은 아무런 권리를 취득하지 못한다.

2) 운송물이 도착지에 도착한 때

이때에는 수하인은 송하인과 동일한 권리를 취득한다(제140조 제1항). 따라서 수하인은 운송인에 대하여 운송물인도청구 및 처분지시를 할 수 있고, 운송물의 멸실·훼손·연착에 의한 손해배상을 청구할 수 있다. 그러나 수하인이 권리를 취득한다고 하더라도 송하인의 권리가 소멸하지는 않는다(제140조 제2항). 즉, 수하인의 권리와 송하인의 권리는 경합적으로 존속한다. 다만 송하인이 운송물처분권을 행사하면 수하인은 운송물인도청구권을 행사하지 못하므로(제139조) 송하인의 권리가 우선하게 된다.

3) 운송물이 도착한 후 수하인이 운송물의 인도를 청구한 때

이때에는 수하인의 권리가 송하인의 운송물처분권에 우선한다(제140조 제2항). 이때에 비로소 수하인은 운송물에 대한 배타적인 권리를 취득하게 된다. 이때 송하인의 권리는 완전히 소멸하는 것이 아니라 수하인의 권리보다 후순위로 후퇴하여 잠재적인 상태에 놓이게 된다는 의미이다.

4) 수하인이 운송물을 수령한 때

이때에는 운송인에 대하여 운임 기타 운송에 관한 비용과 체당금을 지급할 의무를 부담한다(제141조). 그러나 수하인이 운임 등의 지급의무를 부담해도 송하인의 운임 등의 지급의무는 소멸하지 않으므로, 양자의 채무는 병존하게 된다. 따라서 송하인과 수하인은 운송인에 대하여 부진정연대채무를 부담하게 된다.

3. 수하인의 지위의 법적 성질

수하인이 송하인의 자격을 겸하는 경우도 있지만 대체로 수하인은 운송계약의 당사자인 운송인과 송하인 이외의 제3자이다. 이와 같이 제3자인 수하인이 운송인에 대하여 권리를 취득하고 의무를 부담하는 근거에 관하여 송하인대리설・사무관리설・권리이전설・제3자를 위한 계약설・특별규정설 등 학설이 나뉘어져 있다.[1] 그러나 수하인의 권리의무는 운송계약의 특수성을 고려하여 특별히 법률의 규정에 의해 발생되는 것이라고 하는 특별규정설이 타당하다고 본다.[2]

생각건대, 수하인은 자기의 명의로 자기를 위하여 권리를 행사하는 자이므로 송하인의 대리인이 아니며, 송하인의 사무관리자도 아니다. 또 수하인이 운송물의 인

1) 강위두(총) 403~404면; 이병태(상) 313면 참조.
2) 강위두(총) 405면; 손주찬(상) 339면; 이병태(상) 314면; 임홍근(총) 448면; 정동윤(상) 264면; 정찬형(상) 338면. 제3자를 위한 계약으로 보는 견해: 서돈각・정완용(상) 222면; 최기원(상) 363면; 채이식(상) 309면; 김정호(상) 269면.

도를 받고 운임 등 지급의무를 부담하더라도 송하인은 그 지급의무를 면하는 것이 아니므로 운송물에 관한 권리가 송하인으로부터 수하인에게 이전하는 것도 아니다. 그리고 제3자를 위한 계약의 경우에는 제3자의 권리가 발생하면 당사자가 이를 변경 또는 소멸시킬 수 없는데(민 제541조), 송하인은 운송물이 도착하여 수하인이 권리를 취득한 후 그것의 인도를 청구할 때까지는 여전히 운송물처분권을 행사할 수 있다는 점에서, 운송계약은 제3자를 위한 계약으로 보기도 어렵다.

Ⅶ. 순차운송

1. 순차운송의 의의

상거래의 범위가 확대되고 장거리운송의 분량도 증가됨에 따라서 운송인이 단독으로 전구간의 운송을 맡기는 어렵게 되었다. 그리하여 동일운송물에 관하여 수인의 운송인이 시간적·공간적으로 연관하여 순차로 운송할 경우가 생긴다. 이러한 경우를 통운송 또는 광의의 순차운송이라 한다. 통운송의 한 형태로서 후술하는 연대운송(공동운송)을 협의의 순차운송이라고 한다. 상법 제138조는 협의의 순차운송을 규정한다.

2. 통운송의 형태

수인의 운송인이 동일운송물의 운송에 참여하는 형태는 다음의 네 가지 형태를 생각할 수 있다.

1) 부분운송

부분운송이란 전운송구간의 각 부분에 대하여 수인의 운송인이 각자 독립하여 운송을 인수하는 것이다. 이 경우에는 각 운송구간마다 1개의 운송계약이 성립하므로 각 운송인 상호 간에는 아무런 법률관계가 발생하지 않는다.

2) 하수운송

하수(下受)운송이란 제1운송인이 전구간의 운송을 인수하고 제2운송인, 즉 하수운송인에게 일부 또는 전부의 운송을 맡기는 것이다. 이때에는 제2운송인은 제1운송인의 이행보조자에 불과하다. 따라서 제1운송인만이 송하인과의 계약당사자가 된다.

3) 동일운송

동일운송이란 수인의 운송인이 공동으로 전구간의 운송을 인수하고, 다만 내부적으로 구간별 운송을 분담하는 것이다. 동일운송에서는 1개의 운송계약이 성립하나, 수인의 운송인이 동시에 운송계약의 당사자가 되므로, 수인의 운송인은 전운송기간에 걸쳐 송하인에게 연대책임을 부담한다. 그런데 이러한 연대책임은 상법 제57조(다수채무자 간의 연대책임)에 의한 것이다.

4) 연대운송(공동운송; 순차운송)

(1) 연대운송이란 수인의 운송인이 서로 운송상의 연락관계를 가지되, 송하인으로서는 최초의 운송인에게 운송을 위탁함으로써 다른 운송인도 동시에 이용할 수 있는 운송형태이다. 즉, 제1의 운송인이 전구간의 운송을 인수하지만 일부구간만의 운송을 맡고 나머지 구간의 운송은 자기의 명의로 송하인의 계산으로 제2 이하의 운송인(중간운송인)에게 위탁하는 운송형태이다. 이를 협의의 순차운송이라고 한다. 연대운송은 운송계약이 송하인과 제1의 운송인 간에 하나뿐이라는 점에서 복수의 운송계약이 병존하는 부분운송과 다르고, 수인의 운송인이 모두 송하인과 계약관계에 있는 점에서 하수운송과 다르며, 또한 송하인과 제1의 운송인이 체결한 운송계약에 그 후의 운송인이 점차로 가입하는 점에서 동일운송과 다르다.

(2) 상법 제138조의 '수인이 순차로 운송할 경우'란 연대운송을 의미한다고 보는데(통설), 보통은 연대화물명세서에 의하여 각 운송인이 운송에 종사한다.

(3) 상법 제138조가 연대운송만을 가리킨다고 보는 이유는, 부분운송의 경우에는 각자가 운송구간에 대하여 독립적으로 책임을 지므로 제138조가 적용될 여지가 없다. 하수운송의 경우에도 제1운송인만이 계약의 당사자로서 전 구간에 대하여 혼자 책임을 지므로 역시 제138조를 적용할 여지가 없다. 동일운송의 경우에는 수하인이 하나의 공동행위로 운송을 인수하므로 제57조 제1항에 의하여 연대책임을 부담하며, 따라서 제138조를 적용할 필요가 없다.

(4) 순차운송의 대위에 관한 규정(제147조, 제117조)은 모든 통운송의 경우에 적용된다고 본다.

3. 순차운송인의 책임

1) 수인이 순차로 운송할 경우에는 각 운송인은 운송물의 멸실·훼손 또는 연착으로 인한 손해를 연대하여 배상할 책임이 있다(제138조 제1항). 상법이 이와 같은 규정을 둔 것은 순차운송에 있어서 수하인 등이 누구의 구간에서 손해가 발생하였는지 증명하기가 곤란하므로 증명책임을 면제하고, 또한 손해발생장소가 증명되었더라도 일부 순차운송인의 자력이 열등한 경우에 송하인 또는 수하인이 만족스러운 손해배상을 받게 하기 위한 것이다.

2) 한편 송하인 또는 수하인에 대하여 손해를 배상한 운송인은 손해의 원인이 된 행위를 한 운송인에 대하여 구상권을 행사할 수 있다(제138조 제2항). 이 경우에 손해의 원인이 된 행위를 한 운송인을 알 수 없는 때에는 특약이나 관습이 없는 한 각 운송인이 그 운임액의 비율에 따라 손해를 분담하여야 하며, 다만 그 손해가 자기의 운송구간 내에서 발생하지 아니하였음을 증명한 때에만 그 분담책임을 면할 수 있다(제138조 제3항).

4. 순차운송인의 대위

1) 수인이 순차로 운송을 하는 순차운송에서는 운송물을 다음 운송인에게 인도한 운송인은 운임 기타 채권을 행사하고자 하여도 운송물을 점유하고 있지 않으므로 유치권 등의 권리를 행사할 수 없다. 그리하여 후자인 운송인은 전자인 운송인에 갈음하여 그 권리를 행사할 의무를 부담한다(제147조, 제117조 제1항). 여기서의 권리는 유치권, 질권, 보수청구권 등을 가리킨다.

대위권의 행사는 후자의 의무이므로 이를 게을리한 때에는 전자에 대하여 손해배상책임을 진다. 그리고 후자가 전자에게 운임 기타 비용을 변제한 때에는 후자는 당연히 전자의 권리를 취득한다(제147조, 제117조 제2항). 이러한 순차운송인의 대위제도는 운송의 지리적 성질을 반영한 것이다.

2) 순차운송인의 대위가 인정되는 범위에 대하여는 연대(공동)운송 외에도 모든 순차운송에 대하여 적용하여야 한다는 견해(다수설)와[1] 연대운송에 대하여만 적용하여야 한다는 견해(소수설)가[2] 있다. 소수설의 입장에서는 상법 제138조(순

1) 서돈각·정완용(상) 232면; 손주찬(상) 355면; 정동윤(상) 281면; 최기원(상) 396면; 이기수(총) 478면.

2) 임홍근(총) 453면; 이철송(총) 549면(동일운송도 포함); 강위두(총) 414면; 정찬형(상)

차운송인의 연대책임)가 연대운송에 대해서만 적용되므로 대위에 관한 규정도 연대운송에 대해서만 적용하는 것이 바람직하다고 주장한다. 그러나 순차운송인의 대위는 운송인의 법적 책임만을 고려하여 인정된 것이 아니라, 앞의 운송인이 운송물의 점유를 잃고, 그 결과 뒤의 운송인이 이를 점유하고 있다는 사실을 고려하여 인정된 것이라 할 것이므로 다수설의 입장이 타당하다고 본다.

5. 순차운송인의 권리

순차운송의 경우에는 후자인 운송인은 전자인 운송인에 갈음하여 그 권리를 행사할 의무를 부담한다(제147조, 제117조 제1항). 그리고 후자가 전자에게 운임 기타 비용을 변제한 때에는 후자는 당연히 전자의 권리를 취득한다(제147조, 제117조 제2항).

6. 복합운송

통운송 중 두 종류 이상의 운송수단(예컨대 선박+트럭, 선박+항공기 등)에 의하여 운송이 실현되는 경우를 복합운송이라 한다. 오늘날 컨테이너의 사용으로 해외운송은 거의 복합운송이다. 1980 UNCITRAL의 국제화물복합운송협약(United Nations Convention on International Multimodal Transport of Goods, 1980)이 체결되었지만, 현재 발효되고 있지 않다. 2007년 개정상법은 해상운송과 관련된 복합운송인의 책임에 관하여 제6편 해상편에 1개의 조문(제816조)을 두고 있다.

Ⅷ. 화물상환증

1. 총 설

1) 화물상환증의 의의

화물상환증(carriage note, Ladeschein, bulletin de chargement)이란 운송물반환청구권을 표창하는 유가증권이다. 따라서 운송인은 화물상환증에 의하여 자기가

366면.

운송물을 수령한 것이 증명되고, 목적지에서 증권소지인에게 운송물을 인도할 의무를 부담하게 된다.

2) 화물상환증의 법적 성질

화물상환증은 불완전유가증권으로서 요식증권성(제128조 제2항) · 요인증권성(제128조 제1항) · 지시증권성(제130조) · 제시증권성(제129조) · 상환증권성(제129조) · 문언증권성(제131조 제2항) · 처분증권성(제132조) · 인도증권성(제133조)의 특성을 지니고 있다.

3) 화물상환증의 기능

송하인이 운송물을 운송하면 운송중에는 운송물의 가치를 활용할 수 없게 된다. 그러나 송하인이 화물상환증을 발행받아 이를 양도 · 입질 등의 방법으로 처분하면 운송물의 교환가치를 활용할 수 있게 된다.

이러한 화물상환증은 해상운송에서 일찍부터 사용되어 왔던 선하증권제도를 육상운송에 응용하여 도입한 것이다. 그러나 육상운송은 운송기간이 비교적 짧고 운송량 · 운송기관의 규모가 별로 크지 않기 때문에 해상운송과는 달리 오늘날 거의 이용되지 않고 있는 실정이다.

2. 화물상환증의 발행

1) 화물상환증은 송하인의 청구에 의하여 운송인이 작성 · 교부하여야 한다(제128조 제1항). 화물상환증은 운송물의 수령도 증명하는 것이므로 그 발행시기는 운송인이 운송물을 수령한 후이다.[1)]

2) 화물상환증은 요식증권이므로 법정사항을 기재하고 운송인이 기명날인 또는 서명하여야 한다(제128조 제2항). 화물상환증에 기재하여야 할 법정기재사항은 ① 운송물의 종류 · 중량 또는 용적, 포장의 종별, 개수와 기호, ② 도착지, ③ 수하인과 운송인의 성명 또는 상호, 영업소 또는 주소, ④ 송하인의 성명 또는 상호, 영업소 또는 주소, ⑤ 운임 기타 운송물에 관한 비용과 그 선급 또는 착급의 구별, ⑥ 화물상환증의 작성지와 작성연월일 등이다.

3) 법정기재사항 중 기재의 흠결이 있는 경우에는 그 증권의 효력에 의문이

---

1) 강위두(총) 418면; 서돈각 · 정완용(상) 229면; 손주찬(상) 356면; 정찬형(상) 354면; 최기원(상) 397면; 정동윤(상) 265면.

생기나, 이 경우에는 어음법 제2조, 수표법 제2조와 같은 무효로 된다는 명문의 규정이 없으므로 그 기재의 흠결이 화물상환증의 본질을 해하지 않는 한 무효로 되지 않는다고 본다.[1] 그리고 법정기재사항 외의 임의적 기재사항에 대하여는 어음·수표와 같은 제한이 없으므로, 강행법규나 화물상환증의 본질에 반하지 않는 한 어떠한 사항이라도 기재할 수 있으나, 실제로는 운송약관 중 중요한 사항이 인쇄되어 사용되고 있다.

3. 화물상환증의 양도

1) 화물상환증은 법률상 당연한 지시증권이므로 기명식으로 발행한 경우에도 배서에 의하여 양도할 수 있다(제130조 본문). 이 배서에는 권리이전적 효력과 자격수여적 효력이 있으나(제65조, 민 제508조·제513조), 담보적 효력은 없다.

2) 화물상환증에 배서금지의 뜻을 기재한 경우에는 기명증권이 되어 기명채권양도방법(민 제450조)에 의하여만 양도할 수 있다(제130조 단서). 즉, 당사자간에 양도의 합의를 하고, 대항요건으로서 양도인이 운송인에게 양도의 통지를 하거나 운송인으로부터 양도의 승낙을 받아야 하며, 증권을 인도하여야 한다(제129조).

3) 화물상환증을 무기명식 또는 선택무기명식으로 발행한 경우에는 증권의 교부에 의하여 양도할 수 있음은 물론이다(제65조, 민 제523조·제525조).

4. 화물상환증의 효력

화물상환증의 효력은 증권소지인과 운송인 사이에서 포착한 채권적 효력과 증권소지인과 그로부터 양수한 양수인 사이에서 포착한 물권적 효력으로 나누어 볼 수 있다.

1) 채권적 효력(운송관계)

(1) 의 의

화물상환증의 채권적 효력이란 증권소지인과 운송인간의 채권관계를 의미하는 것이니, 즉 증권소지인이 운송인에 대해서 운송계약상의 채무의 이행을 청구

1) 강위두(총) 418면; 서돈각·정완용(상) 229면; 손주찬(상) 357면; 정찬형(상) 354면; 최기원(상) 397면.

하고 그 불이행의 경우에는 손해배상청구를 할 수 있는 법적 지위를 말한다.

(2) 요인증권성과 문언증권성의 관계

(가) 화물상환증은 운송계약에 의한 운송물의 수령을 원인으로 하여 발행된 증권(요인증권)이므로 그 원인관계에 의해서 화물상환증이 표창하는 운송물반환청구권은 영향을 받는다. 한편 화물상환증은 문언증권이므로 "운송에 관한 사항은 운송인과 증권소지인간에 있어서는 화물상환증에 기재된 바에 의하여" 결정되고, 운송인과 송하인간의 운송계약의 내용 여하와는 상관이 없다.[1] 그러므로 운송물을 수령하지 않고 화물상환증을 발행하거나[공권(空券)의 발행], 사실상 수령한 운송물과 증권에 기재된 것이 다른 경우에는 어려운 문제가 생긴다. 이에 관해서는 요인증권성을 중시하는 견해와 문언증권성을 중시하는 견해가 대립되고 있다.

(나) 요인증권성을 중요시하는 학설에 의하면 문언성은 운송계약의 존재라는 제약을 받고, 문언증권성에 지배되는 '운송에 관한 사항'이라는 것은 운임의 기재와 같은 비교적 경미한 사항에 한한다고 한다. 따라서 공권의 경우에는 원인관계의 흠결로 인해 화물상환증은 무효로 되고(후에 운송물을 수령하더라도 무효), 운송인은 무효의 증권을 발행한 데 대하여 고의·과실이 있으면 불법행위책임을 부담한다. 불법행위책임을 부담하는 경우에도, 증권소지인이 무효의 증권을 취득한 데 과실이 있다면 손해배상액을 산정함에 있어서 이를 참작하여야 한다(민 제763조·제396조). 또 사실상 수령한 운송물과 증권에 기재된 것이 다른 경우에는 사실상 수령한 물건만 반환하면 된다고 한다.[2] 이 학설은 운송인에게 유리한 것이다(요인증권성설).

(다) 요인증권성보다 문언증권성을 강조하는 학설은 요인증권성을 극단적으로 형식화하여, 요인증권성이란 증권의 문언에 원인의 기재를 필요로 한다는 의미에 불과한 것이라고 해석한다. 따라서 공권이 발행된 경우나 실제로 수령한 물건이 다른 경우에도 증권의 발행행위가 적법한 이상 그 증권은 유효하므로 운송인은 증권기재사항에 따라 채무를 이행하여야 하나, 기재된 운송물을 반환할 수 없기 때문에 채무불이행책임을 져야 한다고 한다.[3] 이 학설은 화물상환증의 유통성 보호에 치중하는 것이다. 이 학설은 증권소지인에게 유리하다(문언증권성설).

---

1) 대법원 1972. 2. 22. 71다2500.
2) 松本烝治, 「商行爲法」, 1930, 241면. 공권인 선하증권에 관하여 불법행위설을 취한 판례: 대법원 1982. 9. 14. 80다1325 참조.
3) 서돈각·정완용(상) 235면; 손주찬(상) 360면; 최기원(상) 400면.

(라) 이에 대하여 화물상환증 발행당시에는 화물상환증은 실질적 운송계약의 존재를 전제로 하고 그 제약을 받는 요인증권이므로, 공권은 원인행위의 흠결로 당연 무효일 것이다(요인증권성). 다만 유통의 단계에서는 증권의 선의취득자의 보호문제를 고려하지 않을 수 없고, 증권작성자로서는 선의의 제3자에 대해서 완전한 증권기재의 외관에 따라 책임을 지고 스스로 그 무효를 주장할 수 없다(문언증권성)고 보는 절충적 견해도 있다(절충설).[1)]

(마) 상법은 화물상환증 기재의 효력에 관하여, "제128조에 따라 화물상환증이 발행된 경우에는 운송인과 송하인 사이에 화물상환증에 적힌 대로 운송계약이 체결되고 운송물을 수령한 것으로 추정한다"고 규정하고(제131조 제1항), 이어서 "화물상환증을 선의로 취득한 소지인에 대하여 운송인은 화물상환증에 적힌 대로 운송물을 수령한 것으로 보고 화물상환증에 적힌 바에 따라 운송인으로서 책임을 진다"고 규정한다(제131조 제2항). 화물상환증이 발행된 경우에는 운송인이 그 증권에 적힌 대로 운송계약이 체결되고 운송물을 수령한 것으로 추정되므로, 증권에 기재된 물건과 실제로 수령한 물건이 상위한 경우에는 운송인은 증권에 기재된 물건을 수령한 것으로 추정되므로 반증이 없는 한 운송인은 증권에 기재된 물건을 인도하여야 하고, 이를 인도하지 못하는 경우에는 채무불이행책임을 져야 한다(제131조 제1항). 다만, 화물상환증의 선의취득자에 대하여는 위와 같은 반증이 있다고 하더라도 이를 주장하는 것은 허용되지 아니한다. 즉, 화물상환증에 기재된 운송물을 수령한 것으로 간주되어 화물상환증에 적힌 바에 따라 운송물을 인도하여야 하고, 이를 인도하지 못하면 채무불이행책임을 져야 한다(제131조 제2항). 그러나 화물상환증의 소지인이 원래의 운송계약과 운송물을 증명하여 권리를 행사하는 것은 상관없다.

요컨대 상법은 화물상환증 기재의 효력을 ① 운송인과 화물상환증 선의취득자 사이에서는 운송인이 책임을 지고(제131조 제2항), ② 운송인과 선의취득자 이외의 자(악의취득자)에 대하여는 반증을 허용하는 추정적 효력을 인정하고 있다(제131조 제1항). 결국 상법은 운송인과 선의의 소지인 사이에서만 문언성을 인정하는 절충적 입장을 취하고 있다.

(3) 채권적 효력의 한계

(가) 운송인과 송하인의 관계는 화물상환증이 발행된 경우라도 결국 운송계약에 따라서 결정되게 마련이다.

---

1) 동지: 강위두(총) 425면; 정찬형(상) 357면; 채이식(상) 290면; 김정호(상) 275면.

(나) 운송인과 선의의 화물상환증소지인(송하인이 아닌 제3자)과의 사이에서는 운송에 관한 채권관계가 화물상환증에 기재된 바에 의해서 결정되며(제131조 제2항)(증권적 효력), 만약 운송인이 증권에 기재된 바대로 이행하지 못할 경우 운송인은 불법행위책임을 진다. 다만 소지인이 증권취득시에 증권의 기재가 사실과 다르다는 것을 알았을 때에는 그 증권적 효력은 인정되지 않는다.

(다) 증권적 효력은 증권소지인을 '위하여' 운송인에 '대해서' 인정된 것이므로, 운송인이 증권소지인에 대해서 자기에게 유리하게 증권의 기재를 원용할 수는 없다. 예컨대 피아노를 받고 화물상환증에 풍금이라고 기재한 경우, 운송인은 자신이 허위기재한 바에 따라 풍금의 멸실에 대한 손해배상을 주장할 수는 없다. 그러나 소지인이 증권의 기재에 대해서 반대증명을 하여 피아노의 멸실에 대한 손해배상을 구하는 것은 상관없다.

(라) 운송인이 증권상에 운송물의 '내용불명' 또는 '계량미제(計量未濟)' 등 부지약관(不知約款)을 둔 경우에는 문언에 구속되지 않고 운송계약의 내용에 따라 인도할 수 있다.

(마) 화물상환증의 문언적(증권적) 효력은 운송에 관한 사항, 즉 운송계약의 계약조항에 관한 것이다. 따라서 운송인은 증권소지인에 대하여 증권작성행위에 관한 하자(오기 · 강박 · 착오), 증권의 성질로부터 생기는 사유(불가항력으로 인한 운송물의 멸실 · 훼손, 시효에 의한 운송채권의 소멸), 직접 대항할 수 있는 사유(인적항변)에 관해서는 항변권을 행사할 수 있다.

(4) 운송물의 인도청구

화물상환증이 발행된 경우에는 이것과 상환하지 아니하면 운송물의 인도를 청구할 수 없다(제129조)(상환증권성). 그러나 실제에 있어서는 증권과 상환하지 않고 보증장에 의해서 운송물을 인도하는 보증도 또는 가도(공도)를 하기도 한다.

2) 물권적 효력(운송물의 처분관계)

(1) 의 의

화물상환증의 물권적 효력이란 운송물상의 물권의 설정 · 이전에 관하여 화물상환증이 어떠한 효력을 갖느냐 하는 문제이다. 즉, 화물상환증에 의하여 운송물을 받을 수 있는 자(화물상환증의 적법한 소지인)에게 화물상환증을 교부한 때에는 그 교부는 운송물 위에 행사하는 권리(소유권 · 질권)의 취득에 관하여 운송물을 인도한 것과 동일한 효력을 갖는데(제133조)(인도증권성), 이것이 화물상환증의 물권적 효력이다. 민법의 일반원칙에 의하면 운송 중의 물건은 운송인의 점유하에 있으므로 그 소유자가 소유권을 양도하거나 물건에 질권을 설정할 수 없기 때문에, 화물상환증의 교부만으로도 운송물에 대한 물권적 처분을 할 수 있도록 한 것이다.

(2) 발생요건

(가) 화물상환증의 물권적 효력이 발생하기 위하여는 운송인이 운송물을 수령하였어야 한다. 따라서 공권의 경우에는 물권적 효력이 발생할 여지가 없다. 그러나 운송물이 반드시 운송인의 직접점유 하에 있어야 할 필요는 없다.

(나) 화물상환증 교부시에 운송물이 실제로 존재하여야 한다. 따라서 운송물이 멸실된 경우에도 물권적 효력이 발생할 여지가 없다. 운송물이 제3자에 의하여 선의취득된 경우에도 멸실된 경우와 같이 보아야 할 것이다.[1]

(다) 화물상환증에 의하여 '운송물을 받을 수 있는 자'에게 화물상환증이 교부되었어야 한다. 운송물을 받을 수 있는 자란 화물상환증의 정당한 소지인으로서 무기명증권의 소지인이나 지시증권의 연속된 배서의 최후의 피배서인과 같은 형식적 자격자를 말한다.[2] 다만, 예외적으로 상속, 합병 등과 같이 법률에 의하여 실질적인 권리가 부여된 경우에는 형식적 자격이 없다고 하더라도 정당한 소지인으로 보아야 한다.

(3) 법률적 이론구성

상법은 민법상 지명채권의 양도에 관한 규정의 예외를 인정하여, 화물상환증의 교부가 운송물의 인도와 동일한 효력을 인정하고 있다. 그런데 그 이론적 근거를 설명하기 위하여 종래에는 절대설과 상대설 및 절충설로 학설이 대립되어 왔고, 상대설은 다시 엄정상대설과 대표설로 나누어졌다. 또 물권적 효력을 부정하는 견해도 있다. 사견으로는 대표설이 타당하다고 보는데, 이러한 견해는 목적물반환청구권의 양도를 동산의 인도로 의제하는 민법 제190조에서 그 법적 근거를 찾을 수 있을 것이다.

---

1) 동지: 손주찬(상) 363면; 최기원(상) 402면; 채이식(상) 333면. 반대: 정찬형(상) 359면(운송물이 존재하므로 물권적 효력을 인정하나, 운송물의 선의취득자가 화물상환증소지인보다 우선하므로 물권적 효력을 인정할 실익이 없다고 한다).

2) 동지: 정동윤(상) 270면. 그러나 이에 관하여는 학설이 나뉘어져 형식적 자격과 실질적 자격을 모두 갖춘 자로 보아야 한다는 견해와[손주찬(상) 363면; 정찬형(상) 359면], 실질적 자격자만으로 보아야 한다는 견해[임홍근(총) 465면]도 있다.

〈절대설과 상대설의 차이〉

<table>
<tr><th colspan="2"></th><th>운송물의 직접점유여부</th><th>점유이전방법</th><th>효과</th></tr>
<tr><td colspan="2">절대설</td><td>운송인이 운송물을
직접점유하는지 불문</td><td>증권의 이전</td><td>운송물의
직접점유이전</td></tr>
<tr><td rowspan="2">상대설</td><td>엄정상대설</td><td rowspan="2">운송인이 운송물을
직접점유</td><td>증권의 이전
+ 지시</td><td rowspan="2">운송물의
간접점유이전</td></tr>
<tr><td>대표설</td><td>증권의 이전</td></tr>
</table>

각 학설의 내용과 그에 대한 비판

(i) 절대설(die absolute Theorie)은 증권소지인의 지위를 강화하고 증권의 유통성을 보호하기 위하여 주장되고 있다. 즉, 화물상환증의 인도는 운송인의 운송물에 대한 점유와는 관계없이(운송인이 목적물을 점유하고 있든 없든 상관 없이) 운송물의 점유를 이전시키는 효력이 있으며, 증권의 인도로 운송물의 인도가 이루어진다는 상법 제133조의 규정은 상법이 인정한 독특한 점유이전원인으로서 민법상 점유권의 양도는 점유물의 인도로서 그 효력이 있다는 점유이전의 규정(민 제196조)에 대한 특칙이라고 한다.[1] 그러나 운송물의 존재는 반드시 필요하다고 하여, 공권이 발행된 경우나 운송물이 멸실되거나 제3자에 의하여 선의취득된 경우에는 결국 증권양수인의 물권적 구제는 불가능하게 된다. 따라서 이들 경우에는 화물상환증이 교부되더라도 물권적 효력은 생기지 않는다고 한다.

(ii) 상대설(die relative Theorie)은 운송물의 직접점유는 운송인이 하고 운송물의 간접점유만이 증권의 인도에 의하여 이전한다는 것이다. 상대설은 다시 엄정상대설과 대표설로 나뉜다. 엄정상대설(die strenge relative Theorie)은 상법 제133조의 규정은 목적물반환청구권의 양도에 의한 간접점유의 이전을 규정한 민법 제190조와 다른 특별규정이 아니라 그것의 한 예시에 불과하다고 보고, 간접점유를 이전하는 데는 증권의 인도 이후에 따로 지시에 의한 점유이전절차(구민 제184조: 현행민법 제190조와 제450조의 결합)를 밟아야 한다고 한다. 그러나 엄정상대설에 의하면 증권에 의한 간이한 양도를 부정하고 별도의 '지시'를 요구하게 되므로 상법 제133조를 空文化시키고 만다(오늘날에는 이 학설을 취하는 사람은 없다).

(iii) 대표설(die Repräsentationstheorie)은 증권은 운송물을 대표하는 것이므로 증권의 인도는 곧 운송물의 간접점유를 이전하는 것이라고 한다.[2] 운송인은 운송물을 직접 점유하여야 하나, 운송인이 일시 점유를 상실한 경우에도 점유회수청구권(민 제204조)이 인정되는 한 물권적 효력에 영향이 없다고 본다.[3]

(iv) 절충설(유가증권적 효력설)은 제133조는 민법 제190조의 목적물반환청구권의 양도는 아니고, 화물상환증에 체화한 운송물인도청구권을 유가증권법과 물권법

1) 이병태(상) 328면.

2) 강위두(총) 430면; 서돈각·정완용(상) 237면; 손주찬(상) 365면; 정찬형(상) 361면; 최기원(상) 403~404면; 임홍근(총) 467면.

3) 손주찬(상) 366~367면은 운송인이 일시 점유를 상실한 경우에는 물권적 효력이 발생하지 않게 되어 부당하다고 한다.

의 원리에 의하여 양도하는 특별한 방식을 규정한 것이라고 한다. 이 점에서 절대설이 물권법적 시각에서 접근하는 것과 다르다고 한다. 절충설에 의하면 운송인이 운송물을 직접점유하여야 하나 타주점유(증권소지인을 위하여 점유하는 것)일 것을 요하지는 않는다. 이 점이 상대설과 다르다고 한다. 따라서 운송인이 운송물을 횡령한 경우에도 물권적 효력이 인정된다고 한다.[1]

(ⅴ) 물권적 효력부정설은 제133조는 당연한 원리를 선언한 규정으로서 화물상환증의 교부는 화물상환증의 양도를 의미하는데 불과하다고 하여 물권적 효력을 부정하거나 물권적 효력은 채권적 효력의 반사적 효력에 불과하다고 한다. 따라서 물권적 효력을 인정하지 않아도 운송물의 소유권은 이전하며, 증권의 교부로써 점유이전적 효과를 인정할 필요가 없다고 한다.[2]

(ⅵ) 사 견: 엄정상대설은 상법 제133조를 공문화(空文化)시킬 뿐 아니라, 화물상환증의 유통성을 크게 저해하므로 타당하지 못하다. 한편 절대설에 의하면 화물상환증의 유통성이 크게 조장되는 듯 하지만, 공권이 발행되거나 운송물이 멸실된 경우 또는 제3자에 의하여 선의취득된 경우에는 물권적 효력이 부정되므로 유통성 보호에 한계가 있고, 이 점에서 대표설과 큰 차이가 없다. 물권적 효력부정설은 제133조의 존재의의를 부정하는 것이 되며, 물권변동에 관하여 형식주의를 취하는 우리나라에서는 타당하지 못하다. 절충설은 제133조가 유가증권법과 물권법의 원리에 따라 특별한 양도방식을 규정하였다고 하는데, 이러한 설명은 기존의 이론으로 설명되지 않는다는 것을 확인하는 것일 뿐, 특별하다는 것만으로는 새로운 내용이 없다. 또한 자주점유이든 타주점유이든 이는 운송인의 내심의 의사를 의미하는 것이므로 실제에 있어서는 크게 중요하지 않다.

생각건대, 운송물반환청구권을 표창하는 것이 화물상환증이므로, 화물상환증 없이는 그 처분도 반환청구도 할 수 없다면, 화물상환증의 인도를 곧 운송물의 인도로 의제할 수 있을 것이다. 그리고 이러한 의제를 인정한다면 증권이 운송물을 대표한다고 보아도 무방할 것이므로 대표설에 찬성한다.

(4) 운송물의 처분과 물권적 효력

(가) 화물상환증소지인이 화물상환증에 의하여 운송물을 처분하더라도 운송물매매당사자 간에 특약 또는 관습이 없는 한 매도인의 급부의무가 완전히 면제되는 것은 아니다. 왜냐하면 화물상환증의 물권적 효력은 화물상환증을 취득함으로써 운송물 위에 행사하는 권리를 취득하고, 또 이것을 제3자에게 대항할 수 있다는 것뿐이지, 아직 현실적으로 운송물이 인도된 것이 아니므로 종국적으로 증권소지인이 운송물의 인도를 받게 될지는 불확실한 것이기 때문이다.

(나) '운송물 위에 행사하는 권리'는 증권수수자 간의 계약내용에 따라서 결정될 것이므로, 소유권 이외에 질권·유치권·위탁매매인의 처분권 등이 될 수

1) 정동윤(상) 273면; 김정호(상) 280면. 독일에서의 최근의 유력설이다.
2) 채이식(상) 332면.

도 있다.

(다) 화물상환증이 발행된 경우에는 운송물의 물권적 처분(제132조)과 운송인에 대한 처분권행사(제139조)는 화물상환증에 의해서만 할 수 있다(처분증권성). 그러나 운송물이 실물로서 처분되어 양수인이 동산의 선의취득요건을 구비하였다면, 화물상환증의 물권적 효력이 그 운송물 자체의 선의취득에는 영향을 미치지 못한다고 보는 것이 통설이다.[1] 왜냐하면 증권의 유통질서보다는 실물 자체의 유통질서가 우선적으로 보호되어야 하기 때문이라는 것이다. 그러나 사견(私見)으로는 화물상환증은 운송물반환청구권을 표창하므로 화물상환증을 선의취득한 자가 실물의 선의취득자보다 우선 보호받아야 한다고 본다.

Ⅸ. 여객운송

1. 여객운송의 의의

1) 여객운송이란 자동차 · 선박 · 항공기 등에 의하여 운송인이 여객, 즉 자연인을 일정한 장소에서 다른 장소로 운반하는 것을 말한다. 상법 제148조에서 규정하는 여객운송은 육상의 물건운송에 대응하는 의미에서의 여객운송, 즉 육상 또는 호천, 항만에서 여객을 장소적으로 이동시키는 행위를 의미한다.

2) 여객운송은 여객운송계약에 의하여 이루어지는데, 상법은 여객운송에 관하여 세 개의 조문밖에 두고 있지 않다. 따라서 여객운송은 민 · 상법의 일반원칙과 철도법 · 자동차운수사업법 등과 같은 특별법의 적용을 받는다.

2. 여객운송계약의 체결

1) 여객운송계약의 당사자

여객운송계약은 자연인의 운송을 목적으로 하는 계약으로서, 운송의 위탁자와 운송을 인수하는 운송인 사이에서 체결된다. 여객 자신이 운송의 위탁자가 되는 것이 보통이나 반드시 그러한 것은 아니다(예컨대, 부모가 자녀의 운송을 위탁하는 경우).

---

1) 서돈각 · 정완용(상) 238면; 정찬형(상) 362면; 임홍근(총) 467면; 김정호(상) 281면.

2) 여객운송계약의 법적 성질

여객운송계약은 그 청약과 승낙에 의하여 성립하는 낙성계약이며, 그 성립에 특별한 방식을 요하지 않는 불요식의 계약이다. 다만 오늘날 여객운송은 수많은 불특정 다수인을 상대로 하여 대량·반복적으로 행하여지므로 실제로는 승차권이 주로 이용된다. 보통은 승차권 발매시에 계약이 성립하는 것이나, 승차 후에 승차권을 사는 경우에는 승차시에 계약이 성립한 것이라고 본다.

3) 승차권의 법적 성질

(1) 승차권은 운송채권을 표창하는 유가증권이다.[1]

(2) 무기명승차권은 양도성이 있으나, 개찰을 하면 운송인은 특정인에 대해서만 운송채무를 지므로 양도성을 잃을 뿐, 여전히 유가증권이다.[2] 이에 대하여 개찰 후에는 여객운송계약의 성립과 운임의 지급을 증명하는 증거증권으로 변질된다는 견해가 있다.[3]

(3) 승차 후에 발행한 승차권은 개찰 후의 승차권과 같다. 정기권은 포괄적 운송채권을 표창하는 유가증권이나,[4] 특정인을 위하여 발행한 것이므로 양도성은 없다.

(4) 회수승차권은 승차구간, 통용기간, 금액, 승차등급 등이 미리 정해져 일정한 회수를 반복하여 승차할 수 있도록 한 승차권으로서, 역시 유가증권이다.[5] 이에 대하여 운임의 선급을 증명하는 단순한 표권(票券)이지 유가증권은 아니라는 견해가 있다.[6]

3. 여객운송인의 의무

1) 서 언

여객운송인은 선량한 관리자의 주의로써 여객을 안전하게 또 지체없이 도착

---

1) 강위두(총) 434면; 서돈각·정완용(상) 239면; 손주찬(상) 368면; 정찬형(상) 367면; 김정호(상) 299면.
2) 서돈각·정완용(상) 239면; 정동윤(상) 275면; 정찬형(상) 368면.
3) 강위두(총) 435면; 손주찬(상) 368면; 이병태(상) 330면; 최기원(상) 411면; 김정호(상) 299면.
4) 임홍근(총) 469면; 정동윤(상) 275면; 강위두(총) 435면; 서돈각·정완용(상) 239면; 손주찬(상) 369면.
5) 강위두(총) 437면; 이병태(상) 331면; 임홍근(총) 469면; 정동윤(상) 275면.
6) 손주찬(상) 369면; 최기원(상) 411면.

지에 운송할 의무가 있다. 이를 위반하면 손해배상책임을 지게 되는데, 상법은 다음과 같은 특칙을 두고 있다.

2) 여객의 손해에 대한 책임

(1) 책임원인

(가) 여객운송인은 자기 또는 사용인이 운송에 관한 주의를 해태하지 아니하였음을 증명하지 아니하면 여객이 운송으로 인하여 받은 손해를 배상할 책임을 면하지 못한다(제148조 제1항). 이것은 물건운송인의 경우와 같이 채무불이행으로 인한 손해배상책임을 인정한 것이며, 민법의 일반원칙을 구체화한 것이다.

여객운송인의 손해배상책임을 인정한 사례

(i) 대법원 1970. 9. 22. 70다1850(철도를 경영하는 자는 그가 운행하는 열차에 승차하였다가 탈선사고로 인하여 중상을 입은 자들에게 상법 제148조 소정의 면책사유에 관하여 주장·증명을 하지 못하는 이상, 그 손해를 배상할 책임을 진다. 동 1971. 6. 22. 71다846); 동 1971. 1. 29. 70다2770(차량의 초만원으로 데크에 매달려 가던 승객이 전신주의 전선에 접촉되어 추락·부상한 사례. 동 1970. 5. 12. 69다378; 동 1978. 5. 23. 78다393; 동 1977. 9. 28. 77다982); 동 1973. 2. 28. 72다2404(차내에서 흡연하는 승객의 과실로 폭발사고가 발생한 사례).

(ii) 열차사고의 경우에는 승강구 추락사고가 압도적으로 많은데, 주요 사건은 다음과 같다: 대법원 1974. 11. 12. 74다997; 동 1974. 12. 10. 74다1490; 동 1975. 11. 11. 75다1879; 동 1979. 5. 8. 79다365; 동 1979. 5. 15. 79다336; 동 1979. 5. 29. 79다679; 동 1979. 8. 14. 79다1070; 동 1979. 10. 30. 79다1604; 동 1980. 1. 15. 79다1966·1967; 동 1991. 7. 23. 91다12165.

(iii) 대법원 1979. 11. 27. 79다628: 운행하던 열차의 열려진 창문의 틈 사이로 유리조각이 날아 들어와서 승객이 상해를 입은 경우, 그 유리조각이 제3자의 투척 등의 행위에 기인한 것이 아니고 열차진행에 수반해서 통상적으로 날아 들어온 것이라면, 운송인은 이에 대한 손해배상책임이 있다.

(나) 여객이 운송으로 인하여 받은 손해이므로 운송인이나 그 사용인의 운송에 관한 주의의무의 범위 내에 속하는 사항으로 인하여 사고가 발생하였으면 손해배상책임을 지는 것이며, 여객이 피해를 입기만 하면 그 원인을 묻지 않고 그 책임을 지우는 취지는 아니다. 따라서 여객이 입은 손해라도 그것이 운송인 또는 그 사용인의 운송에 관한 주의의무의 범위에 속하지 아니하는 한 운송인은 그로 인한 손해를 배상할 책임이 없다.

여객운송인의 손해배상책임을 부정한 사례

대법원 1990. 5. 25. 89다카9200(열차출발 후 갑자기 승객이 뛰어서 승강대에 올라 타려다 사고가 발생한 사례); 동 1969. 7. 29. 69다832(열차의 승객이 그 열차의 창문으로 날아들어 온, 어떤 사람이 한강 연변에서 던진 돌에 얼굴을 맞아 상해를 입은 사례); 동 1987. 10. 28. 87다카1191(여객선이 출항한지 8일 후에 승선권을 소지한 여객이 익사체로 발견된 사례); 동 1992. 3. 26. 92다46684(잠결에 하차하지 못한 피해자가 열차가 출발할 무렵 잠에서 깨어나 서서히 진행중인 열차에서 뛰어내리다 추락한 사고에 대하여 운송인의 책임을 부정한 사례).

(2) 손해의 범위

(가) 배상할 손해의 범위는 여객이 받은 모든 손해이다. 즉, 생명 · 신체에 대한 손해는 물론, 의복에 대한 손해, 연착으로 인한 손해도 포함된다. 적극적 손해는 물론 얻을 수 있는 이익의 상실과 같은 소극적 손해도 포함한다.

(나) 손해배상액을 산정함에 있어서 법원은 피해자와 그 가족의 정상(피해자의 연령 · 수입 · 가족수 · 가족의 생활상태 따위)을 참작해야 한다(제148조 제2항).[1] 이것은 배상액의 개성화 방침을 채택한 것으로서, 첫째로 물건운송에 있어서의 정액배상주의(배상액의 정형화)에 대한 특칙이며, 둘째로 특별손해에 대한 운송인의 예견 여부를 불문하고 법원이 참작한다는 점에서 민법의 일반원칙(민 제393조 제2항)에 대한 예외이다.

(다) 판례는 채무불이행으로 인한 정신적 손해를 특별손해로 보고 채무불이행에 따른 재산적 손해배상으로 회복되지 않는 손해가 발생한 경우, 그리고 그러한 손해에 대한 예견가능성이 있는 경우에만 그 배상을 인정하고 있다.[2] 이러한 제한으로 인하여 지금까지 채무불이행으로 인한 정신적 손해배상을 인정한 대법원 판례는 찾아볼 수 없고, 다만 이를 인정하는 몇 건의 하급심의 판례가 나와 있다. 판례는 여객이 사망한 경우 사자(死者)는 권리의무의 주체가 될 수 없으므로 위자료청구권을 취득할 수 없고, 그 상속인도 운송계약의 당사자가 아니므로 운송인의 채무불이행에 기한 위자료청구권을 행사할 수 없다고 한다.[3] 이는 채무불이행을 원인으로 한 손해배상청구의 경우에는 위자료 청구를 불허하는 우리 법원의 원칙적 입장을 반영한 것이다. 그러나 판례에 의하더라도 전술한 청구권경합설의

---

1) 여기서의 손해는 성질상 여객의 생명 · 신체에 대한 손해만을 의미한다고 보아야 한다. 동지: 서돈각 · 정완용(상) 240면; 정찬형(상) 368면.

2) 대법원 1994. 12. 13. 93다59779; 동 1996. 12. 10. 96다36289; 동 1997. 2. 25. 96다45436; 동 2007. 12. 13. 2007다18959; 동 2007. 1. 11. 2005다67971.

3) 대법원 1982. 7. 13. 82다카278.

전제 아래 운송인의 행위가 불법행위를 구성할 때에는 그 가족이 입은 정신적 손해에 대해서도 이를 청구할 수 있다.

(라) 특별사정을 참작하는 것은 여객의 생명 · 신체에 관한 손해의 경우이지 연착의 경우에는 적용되지 않는다.

(3) 배상청구권의 상속성

여객의 손해배상청구권은 피해자가 사망한 때에는 상속인이 이를 승계한다. 위자료청구권도 피해자가 특히 포기의 의사를 밝히지 않는 한 상속성이 인정된다고 본다.

(4) 비여객이 입은 손해

여객이 아닌 사람이 입은 손해에 대하여는 본조가 적용되지 않는다. 따라서 입장권을 소지한 사람이 진행중인 열차에서 뛰어내리다 사고를 당한 경우 입장권의 발매만으로는 여객운송계약이 체결되었다고 볼 수 없어, 운송인은 손해배상책임이 없다.[1)]

3) 수하물에 대한 책임

(1) 탁송수하물

(가) 운송인은 여객으로부터 인도를 받은 수하물에 관하여는 운임을 받지 아니한 경우에도 물건운송인과 동일한 책임을 진다(제149조 제1항). 따라서 운송인이 무과실에 대한 증명책임을 부담하고, 손해배상액은 정액배상주의에 의하며(제135조, 제137조), 고가물에 대한 특칙(제136조)도 적용된다.

(나) 수하물이 도착지에 도착한 날로부터 10일 내에 여객이 그 인도를 청구하지 않는 경우에는 상인 간의 매매의 경우에 준하여 수하물을 공탁 또는 경매를 할 수 있다(제149조 제2항 본문). 이 경우에도 주소나 거소를 알지 못하는 여객에 대해서는 최고와 통지를 할 필요가 없다(제149조 제2항 단서).

(2) 휴대수하물

운송인은 여객으로부터 인도를 받지 않은 수하물의 멸실 또는 훼손에 대하여는 자기 또는 사용인의 과실이 없으면 손해를 배상할 책임이 없다(제150조). 이때는 수하물을 여객이 보관하는 것이므로 과실의 증명책임은 여객이 진다. 배상액의

---

1) 대법원 1991. 11. 8. 91다20623.

산정에 있어서는 탁송수하물의 경우와 같다.

4) 순차여객운송인의 연대책임

순차여객운송인은 따로따로 손해배상책임을 지는 것이 원칙이겠으나, 연락승차권의 발행인이 후자의 대리인으로서 공동으로 전구간의 운송을 인수한 경우에는 상행위법의 일반원칙에 의하여 연대책임을 진다고 보아야 할 것이다(제57조). 또 그 밖의 경우에도 각 운송인의 과실이 경합하여 손해의 발생원인이 불명한 경우에는 각자 연대책임을 져야 할 것이다.

5) 책임의 소멸시효

여객에 대한 운송인의 손해배상책임의 소멸에 관하여는 물건운송인의 경우와는 달리 특별규정이 없으므로 그 청구권은 5년의 상사시효에 의하여 소멸한다(제64조).

4. 여객운송인의 권리

1) 운임청구권

여객운송인은 상인이므로, 당사자 간에 보수에 관한 약정이 없더라도 여객에 대하여 운임의 지급을 청구할 수 있다(제61조). 여객운송계약도 도급계약의 일종이므로 운송이 종료한 뒤에 운송인은 운임의 지급을 청구할 수 있다(민 제665조). 그러나 실제에 있어서는 약관 또는 상관습에 의하여 승차시 또는 승차 후 운송종료 전에, 보통 승차권과 상환으로 운임을 지급한다.

2) 유치권

여객운송인은 수하물과 여객의 운임에 대하여 유치권을 행사할 수 있다는 명문의 규정은 없으나, 물건운송인의 유치권에 관한 규정을 적용할 수 있다고 본다.[1)]

---

1) 손주찬(상) 373~374면; 최기원(상) 417면; 정동윤(상) 278면; 정찬형(상) 374면. 이에 대하여 특별상사유치권을 인정하지 않고 민사유치권(민 제320조)만을 인정하면 된다는 견해도 있다[임홍근(총) 474면].

제 6 절 공중접객업

Ⅰ. 총 설

극장 · 여관 · 음식점, 목욕탕, 볼링장, 골프장, 이발소 등 공중이 이용하는 시설을 제공 · 이용시키는 영업을 공중접객업이라 한다. 공중접객업은 그 내용은 다양하지만 많은 사람을 상대로 시설을 이용시키므로, 공안상 · 위생상의 감독 내지 단속법규(공연법, 공중위생법, 식품위생법 등)가 많이 있다. 본래 공중접객업자의 임치물에 대한 책임은 로마법상의 수령책임(Receptumhaftung)으로서 불가항력으로 인한 멸실 또는 훼손임을 증명하지 못하면 책임을 져야 하는 엄격한 책임이지만, 현대에 와서는 그 책임이 상당히 완화되어 운송인이나 창고업자 등 타인의 물건을 보관하는 다른 영업자와 같은 정도의 책임만 부담한다.

Ⅱ. 공중접객업자의 의의

1) 공중접객업자란 공중이 이용하는 시설에 의한 거래를 영업으로 하는 자를 말한다(제151조).

2) 공중이 이용하는 시설은 상법이 예시한 극장 · 여관 · 음식점 외에도 목욕탕, 볼링장, 골프장, 이발소 등 그 종류가 매우 많다. 공중접객업자는 이러한 시설을 소유한 자가 아니라 이를 객에게 이용시키는 행위를 영업으로 하는 자를 말한다. 공중접객업은 다른 상행위와 달리 거래행위의 특성에 따라 정의되지 않고 그 거래행위가 이루어지는 시설에 의하여 정의되어 있기 때문에 거래행위의 내용, 즉 공중접객업자와 객과의 계약은 영업의 종류에 따라 다르다(예컨대, 여관업은 임대차, 음식점업은 매매, 이용업은 도급).

3) 위의 거래를 영업으로 하여야 한다. 공중이 이용하는 시설에 의한 거래는 기본적 상행위의 하나이므로 공중접객업자는 당연상인이 된다(제46조 제9호, 제4조).

4) 숙박업자 등 공중접객업자의 투숙객에 대한 보호의무 등에 관하여는 공법적인 규제 내지 민법에 의하여 해결되고 있고,[1] 상법은 다음과 같이 공중접객업

1) 대법원 1994. 1. 28. 93다43590(숙박업자의 투숙객에 대한 보호의무의 내용과 이를 위반

자가 객으로부터 임치를 받거나 임치를 받지 아니한 물건에 대한 책임만을 규정하고 있다.

Ⅲ. 공중접객업자의 책임

1. 임치를 받은 물건에 대한 책임

1) 의 의

공중접객업자는 자기 또는 그 사용인이 고객으로부터 임치(任置)받은 물건의 보관에 관하여 주의를 게을리하지 아니하였음을 증명하지 아니하면 그 물건의 멸실 또는 훼손으로 인한 손해를 배상할 책임이 있다(제152조 제1항). 공중접객업자의 이러한 책임은 고객의 보호를 위하여 상법이 인정한 특별책임이다.

전통적으로 공중접객업자의 책임은 고객을 보호하기 위하여 물건을 받았다는 사실만으로 그 손해에 대하여 책임을 지는 로마법의 레셉툼(수령)책임(Receptum-haftung)을 져야 하였던 것이지만,[1] 현대에 와서 공중접객업자에 대하여서만 이와 같은 엄격책임을 묻는 것은 다른 사업자와 형평에 맞지 않고 현실성도 없다. 따라서 2010년 개정상법은 공중접객업자의 책임을 일반 사업자의 책임 수준인 과실책임으로 완화하였다.

2) 책임요건

(ⅰ) 물건의 임치를 받았어야 한다. 임치받지 아니한 물건에 대하여는 과실책임만을 부담한다(제152조 제2항). 공중접객업자의 책임이 인정되기 위하여는 공중접객업자와 고객 사이에 물건에 관한 명시적 또는 묵시적 임치계약이 성립하여야 한다. 따라서 실무에서는 임치의 유무가 중요한 쟁점이 된다.

✦ 대법원 1992. 2. 11. 91다21800
임치의 성립을 부정한 사례

한 경우의 책임); 동 1997. 10. 10. 96다47302; 동 2000. 11. 24. 2000다38718 · 38725.
1) 대법원 1954. 8. 31. 4287민상68.

〈사 실〉

A는 Y가 경영하는 국화장여관에 투숙하면서 위 여관 건물 정면 길(노폭 6미터) 건너편에 위치한 Y가 위 여관의 부대시설의 하나로 설치한 주차장에 자기 소유의 승용차를 주차시켜 놓았다가 도난당하였다. 그런데 A는 투숙할 때에 여관 종업원에게 주차사실을 고지하지 않았고, 위 주차장은 그 출입구가 위 여관의 계산대에서 마주볼 수 있는 위치에 있기는 하나, 시정장치가 부착된 출입문을 설치하거나 도난방지를 위한 특별한 시설을 하지 아니한 채 그 입구에 여관 주차장이라는 간판을 세우고 그 외곽은 천으로 된 망을 쳐 놓고 차를 세울 부분에 비와 눈에 대비한 지붕을 설치하여 만든 것에 불과한 것이고, 위 주차장에 주차된 차량을 경비하는 일을 하는 종업원이 따로 있지도 아니하였다. 이에 A는 보험회사인 X로부터 도난차량에 대한 보험금을 지급받고, X가 Y에 대하여 상법 제152조 제1항에 의한 공중접객업자의 책임을 물어 구상권을 행사한 것이다.

원심은 공중접객업자인 Y의 손해배상책임을 인정하였으므로 Y가 상고한 것이다.

〈판결요지〉

(ⅰ) 상법 제152조 제1항의 규정에 의한 任置가 성립하려면 우선 공중접객업자와 객 사이에 공중접객업자가 자기의 지배영역 내에서 목적물 보관의 채무를 부담하기로 하는 명시적 또는 묵시적 합의가 있음을 필요로 한다.

(ⅱ) 여관부설 주차장에 시정장치가 된 출입문이 설치되어 있거나 출입을 통제하는 관리인이 배치되어 있거나 기타 여관측에서 그 주차장에의 출입과 주차시설을 통제하거나 확인할 수 있는 조치가 되어 있다면, 그러한 주차장에 여관 투숙객이 주차한 차량에 관하여는 명시적인 위탁의 의사표시가 없어도 여관업자와 투숙객 사이에 任置의 합의가 있은 것으로 볼 수 있으나, 본건과 같은 주차장 출입과 주차시설을 통제하거나 확인하는 시설이나 조치가 되어 있지 않은 채 단지 주차의 장소만을 제공하는 데에 불과하여 그 주차장 출입과 주차시설을 여관측에서 통제하거나 확인하지 않고 있는 상황이라면, 부설주차장 관리자로서의 주의의무 위배 여부는 별론으로 하고 그러한 주차장에 주차한 것만으로 여관업자와 투숙객 사이에 任置의 합의가 있는 것으로 볼 수 없고, 투숙객이 여관측에 주차사실을 고지하거나 차량열쇠를 맡겨 차량의 보관을 위탁한 경우에만 任置의 성립을 인정할 수 있다. 따라서 본건의 경우 A와 Y사이에 주차차량에 관한 任置의 합의가 있었던 것으로 보기 어렵다. 그럼에도 불구하고 원심이 Y와 A사이에 주차차량에 관한 任置가 성립된 것으로 판단하였음은 상법 제152조 제1항 소정의 任置 성립에 관한 법리를 오해하여 판결에 영향을 미친 위법을 저지른 것으로서, 이 점에 관한 논지는 이유있다.

✦ 대법원 1998. 12. 8. 98다37507
공중접객업자의 주차차량 관리책임을 부정한 사례

☞ 공중접객업자가 이용객들의 차량을 주차할 수 있는 주차장을 설치하면서 그 주차장에 차량출입을 통제할 시설이나 인원을 따로 두지 않았다면, 그 주차장은 단지 이용객의 편의를 위한 주차장소로 제공된 것에 불과하고, 공중접객업자와 이용객 사이에 통상 그 주차차량에 대한 관리를 공중접객업자에게 맡긴다는 의사까지는 없다고 봄이 상당하므로, 공중접객업자에게 차량시동열쇠를 보관시키는 등의 명시적이거나

묵시적인 방법으로 주차차량의 관리를 맡겼다는 등의 특수한 사정이 없는 한, 공중접객업자에게 선량한 관리자의 주의로써 주차차량을 관리할 책임이 있다고 할 수 없다.

(ii) 고객으로부터 임치를 받아야 한다. 여기서 '고객'이란 공중접객업자의 시설을 이용하는 자(이용을 위하여 대기중인 자 포함)로서, 반드시 이용계약이 성립되어야 하는 것은 아니고 실질적으로 이용하는 자도 포함한다.

(iii) 물건의 멸실 또는 훼손으로 인하여 손해가 발생하여야 한다. 고객의 신체사상에 대하여는 본조의 적용이 없다.

3) 과실의 추정

임치받은 물건이 멸실 또는 훼손된 경우, 공중접객업자의 과실이 추정된다. 따라서 공중접객업자는 자기 또는 그 사용인이 주의를 게을리하지 아니하였음을 증명하지 아니하면 그 물건의 멸실 또는 훼손으로 인한 손해를 배상할 책임이 있다.

2. 임치를 받지 아니한 물건에 대한 책임

1) 의 의

공중접객업자는 고객으로부터 임치받지 아니한 경우에도, 그 시설 내에 휴대한 물건이 자기 또는 그 사용인의 과실로 인하여 멸실 또는 훼손되었을 때에는 그 손해를 배상할 책임이 있다(제152조 제2항). 이러한 공중접객업자의 책임도 고객의 보호를 위하여 상법이 인정한 특별책임이다.

2) 책임요건

(i) 고객이 그 시설 내에 휴대한 물건이어야 한다.

(ii) 자기 또는 그 사용인의 과실로 인한 사고이어야 한다. 여기서 공중접객업자 또는 사용인의 과실이란 선량한 관리자의 주의의무를 다하지 못한 것을 말하며, 사용인은 피용인에 한정되지 아니한다. 이 경우에는 임치를 받은 경우와는 달리 과실에 대한 증명책임은 고객에게 있다.

(iii) 물건의 멸실 또는 훼손으로 인하여 손해가 발생하여야 한다.

3. 책임의 감면과 면책의 게시

공중접객업자의 책임에 관한 규정은 임의법규이므로 당사자 간의 특약으로 감면할 수는 있다. 그러나 공중접객업자가 일방적으로 고객의 휴대물에 대하여 책임이 없음을 알린 것만으로는 면책의 특약이 있는 것으로 인정될 수 없으므로 위의 책임을 면하지 못한다(제152조 제3항).

✦ 서울민사지방법원 1991. 3. 20. 90나24290[확정]
대중골프장 이용객이 골프가방을 도난당한 경우 골프장 경영자의 손해배상 책임을 인정한 사례

☞ 골프장이 많은 이용객으로 항시 붐비는 상태인데도 이용객의 소지품 도난을 방지하기 위하여 경비원 수를 늘리거나 현관에 있는 골프가방거치대에 시정장치를 하지 아니한 잘못으로 이용객이 위 거치대에 놓아 둔 골프가방을 도난당하였다면, 위 골프장이 대중골프장(퍼블릭 코스)으로서 일반골프장과 달리 이용객이 보조자(캐디) 없이 스스로 운반용 카트를 골프가방을 싣고 다니도록 되어 있고 그 사용요금도 현저히 저렴하며 위 골프장의 현관 등에 골프가방의 보관, 관리는 본인이 하여야 하고 분실시 책임지지 않는다는 안내문을 게시하였다 하더라도, 위 골프장 경영자는 상법 제152조 제2항 · 제3항에 따라 위 이용객이 위 골프가방을 도난당함으로써 입게 된 손해를 배상할 책임이 있다. 동지: 대구고등법원 1977. 4. 22. 76나665[상고](대중목욕탕에서 옷장의 시정장치를 완벽하게 갖추지 못하였고 종업원들이 옷장 감시업무를 철저히 하지 아니하여 욕객의 소지품분실사고가 발생하였다면 영업주는 종업원들의 사용자로서 욕객이 입은 제반손해를 배상할 책임이 있다).

4. 고가물에 대한 특칙

1) 화폐 · 유가증권 그 밖의 고가물에 대하여는 고객이 그 종류와 가액을 명시하여 임치하지 아니하면, 공중접객업자는 그 물건의 멸실 또는 훼손으로 인한 손해를 배상할 책임이 없다(제153조). 이것은 운송주선인(제124조) 및 운송인(제136조)의 고가물에 대한 손해배상책임과 같은 취지이다.

✦ 대법원 1977. 2. 8. 75다1732
공중접객업자에 대하여 고가물에 대한 책임을 부정한 사례

☞ 결혼식장에서 선물로 교환된 물건(고급시계 · 다이아반지 · 다이아목걸이 등)을 여관에 신고를 하지 않고 그 여관에 들어 자고 있던 중 분실한 사건에서, 결혼식장에서 선물로 교환된 물건이라도 반드시 가격을 밝힐 수 없다고 할 수 없고, 본건에서 원고가 분실한 문제의 물건들은 고가물로 인정된다. 그러므로 원고가 그 물건의

종류와 가액을 밝혀 피고에게 맡긴 바 없다면 피고는 상법 제153조에 의하여 그 물건에 대한 손해배상책임이 없다. 광주고등법원 1989. 2. 15. 88나3986: 상법 제153조 소정의 고가물이라 함은 그 용적이나 중량에 비하여 그 성질 또는 가공정도 때문에 고가인 물건을 뜻하는 것이고 승용차는 이에 해당하지 아니한다.

2) 공중접객업자 또는 그 사용인이 우연히 고가물임을 안 경우에는 보통물로서의 주의의무마저 게을리한 경우에 한하여 고가물의 손해배상책임을 지며, 고의로 물건을 멸실 또는 훼손한 경우에는 고가물에 관한 명시가 없더라도 공중접객업자는 고가물로서의 일체의 손해를 배상하여야 한다.

5. 채무불이행책임과 불법행위책임의 관계

'운송인의 계약책임과 불법행위책임의 관계'에서 언급한 바와 같이 공중접객업자의 행위가 채무불이행책임의 요건을 충족하면서 동시에 민법상의 불법행위책임의 요건도 충족하는 경우가 있다. 이 경우 두 가지 책임에 기한 두 개의 손해배상청구권이 병존할 수 있는지에 관하여 법조경합설과 청구권경합설 등으로 학설이 나뉘어져 있으나, 상세한 논거는 전술한 '운송인의 계약책임과 불법행위책임의 관계' 부분을 참조하기 바란다.

6. 책임의 소멸시효

(i) 공중접객업자의 책임은 공중접객업자나 그 사용인이 악의인 경우를 제외하고는 임치물을 반환하거나 고객이 휴대물을 가져간 후 6개월이, 또는 물건이 전부 멸실한 경우에는 고객이 그 시설을 퇴거한 날로부터 6개월이 지나면 소멸시효가 완성한다(제154조). 악의인 경우에는 일반상사소멸시효(제64조)에 따라 5년의 시효에 걸린다.

(ii) 여기서 '악의'란 영업자나 사용인이 고의로 고객의 물건을 멸실·훼손하게 하는 것을 말하며, 단지 멸실 또는 훼손을 알고 있었던 것은 포함되지 않는다(통설). 이에 대하여 소수설은 여기서 악의는 공중접객업자 또는 그 사용인의 고의에 의한 멸실 또는 훼손뿐만 아니라 멸실 또는 훼손을 알고 있었으면 충분하다고 한다.[1]

---

1) 정동윤(상) 309면.

제 7 절 창 고 업

I. 총 설

1) 상품이 대량으로 거래되는 경우에는 일정한 기간 그 상품을 보관할 필요가 많아짐에 따라 운송업과 더불어 창고업이 매우 중요하게 된다. 운송업이 공간적으로 상품을 이송시킴으로써 동적으로 상품거래에 기여하는 반면에, 창고업은 일정한 기간동안 상품을 보관하여 상품의 가치를 보존함으로써 시간적 측면에서 정적으로 상품거래에 기여한다. 구체적으로 상인은 창고업을 이용함으로써 자기의 시설에 보관하는 경우보다 비용을 절감할 수 있고, 보관에 따르는 위험을 회피할 수 있다. 또한 위탁자는 상품이 창고업자에게 보관되고 있는 중에도 물건을 직접인도하지 않고 창고증권을 이용하여 보관중인 상품을 처분할 수 있고, 담보로 제공하여 금융의 편의를 받을 수 있다.

2) 창고업은 본래 중세 유럽의 항구도시에서의 보세창고에서 비롯된 것인데, 이것은 19세기 이후 국제무역의 발달과 함께 성행하였으며, 특히 영국의 항구에 있던 창고영업(dock)이 창고업의 선구가 되었다.

3) 창고업은 이와 같이 많은 경제적 기능을 수행하므로 세계 각국은 창고업을 적극 보호·육성하고 있다. 그러나 다른 한편으로 창고업은 상품의 시장시세를 교란하는 수단으로 악용하는 경우도 많으며, 창고업자가 발행하는 창고증권은 유가증권으로서 상품의 유통과 밀접한 관련이 있으므로, 각국은 창고업의 영위에 대하여 규제를 하고 있다.

우리나라는 창고업에 관하여 화물유통촉진법, 농업창고업법, 관세법 등에서 규율하고 있다.

II. 창고업자의 의의

창고업자(Lagerhalter, exploitant de magasin, warehouseman)란 타인을 위하여 창고에 물건을 보관함을 영업으로 하는 자를 말한다(제155조). 이를 분설하면 다음과 같다.

1) 창고업자는 타인을 위하여 물건을 창고에 보관할 것을 인수하고, 이것을 '영업'으로 하는 자이다. 그러나 임치의 인수는 상인이 반드시 주업으로 할 필요는 없으며 부업으로 할 수도 있다. 따라서 운송인 또는 운송주선인이 영업의 편의를 위하여 그 영업에 부수되는 행위로서 운송물을 일시 보관한다고 하여 창고업자라고 할 수 없으나, 이들이 임치의 인수도 영업으로 하는 경우에는 창고업자의 지위도 겸하게 된다.

2) '창고'란 물건의 보관에 이용할 수 있는 설비이면 무엇이든 상관없다. 따라서 반드시 건물일 필요가 없으며, 목재 또는 석탄을 적치하는 공지도 창고로서 사용할 수 있다. 또한 창고업자는 반드시 자기소유의 창고가 있어야 하는 것은 아니므로, 타인의 창고를 임차하여 사용할 수 있다.

3) '보관'이란 물건을 창고에 장치하여 그 멸실·훼손을 방지하는 것이다. 자기의 점유하에 물건을 장치(藏置)하고 그 물건의 현상을 보존하여야 한다. 단순히 창고의 공간을 임대하는 행위는 임대업에 속할 뿐 창고업이 아니다. 그리고 수치인이 일단 임치물의 소유권을 취득하고 후일에 동질·동량의 물건을 반환하기로 하는 이른바 소비임치(불규칙임치, 수량창고임치)(민 제702조)의 인수를 영업으로 하는 것은 창고업이 아니나, 곡물·유류 등 대체성 있는 임치물을 혼합하여 보관하는 혼합임치(混藏任置)의 인수를 영업으로 하는 것은 창고업에 속한다.

4) 보관하는 물건에는 제한이 없으나 부동산은 제외되고, 화폐·유가증권은 일정량의 물체로서는 창고업의 목적물이 될 것이지만, 일정한 가치의 표상물로서는 은행업자의 업무에 속할 뿐 창고업의 목적물이 되지 않는다. 또 창고업자 자신의 물건도 그 목적물이 되지 않는다.

5) '영업으로' 물건을 창고에 보관하는 자이다. 임치의 인수를 함으로써 당연 상인이 된다(제46조 제14호, 제4조). 농민단체나 농업협동조합 등에서 농업창고를 운영하는 것은 영업으로 하는 것이 아니어서 창고업이 아니다.

Ⅲ. 창고업자의 의무

창고임치계약은 민법상의 임치계약(민 제693조)이다. 따라서 불요식의 낙성계약이며, 유상·쌍무계약이다. 창고업자에 관한 상법규정 외에 민법상의 임치에 관한 규정(민 제693조 이하)이 보충적으로 적용된다. 낙성계약이므로 물건의 인도는 계약의 요소가 아니다.

창고업자와 임치인 간에 임치계약이 체결되면 창고업자는 임치인에 대하여 다음과 같은 특수한 의무를 부담하게 된다.

1. 임치물보관의무

1) 창고업자는 선량한 관리자의 주의로써 임치물을 보관하고(제62조), 보관기간이 경과한 후에는 임치인이나 창고증권소지인에게 반환하여야 한다.[1] 이때의 주의의무는 전문지식이 있는 창고업자가 할 수 있는 주의로서 임치물의 멸실·훼손을 방지하기 위하여 필요한 조치를 강구하는 것이다. 창고업자는 물건보관에 전문지식이 있는 자이므로 민법상의 임치인보다 높은 수준의 의무를 진다고 본다.

2) 임치기간에 관한 특약이 없는 경우에는 창고업자는 임치물을 받은 날로부터 6월이 경과하면 언제든지 이를 반환할 수 있는데(제163조 제1항), 임치물을 반환하고자 할 때에는 부득이한 경우를 제외하고는(제164조) 2주 전에 예고를 하여야 한다(제163조 제2항). 2주전의 예고를 요구한 것은 창고업자가 불시에 해지한다면 임치인에게 예측하지 못한 손해를 줄 수 있기 때문이다. 부득이한 경우에는 언제든지 반환할 수 있다. '부득이한 경우'란 임치물이 부패하거나 미납보관료를 상환하기에 부족하거나, 임치물의 보관이 법령에 위반하는 경우, 창고의 대수선을 하여야 할 경우 등이 그것이다. 그러나 임치인은 임치기간에 관계없이 언제든지 임치물의 반환을 청구할 수 있다(민 제698조).

2. 창고증권교부의무

창고업자는 임치인의 청구에 의하여 창고증권을 교부하여야 한다(제156조). 창고증권에 관하여는 후술한다.

3. 임치물의 검사·견품적취·보존행위에 응할 의무

1) 임치인 또는 창고증권소지인은 영업시간 내에는 언제든지 창고업자에 대하여 임치물의 검사 또는 견품의 적취를 요구하거나 그 보관에 필요한 처분을 할

---

1) 대법원 1994. 4. 26. 93다62539·62546.

수 있으므로(제161조), 이러한 요구가 있을 때에는 창고업자는 이에 응하여야 하며, 경우에 따라서는 협력을 하여야 한다.

2) '임치물의 검사'란 임치물의 존부 · 품질 · 수량 등을 확인하거나, 임치물의 양도나 입질을 위하여 금융업자와 함께 임치물의 상태를 점검하는 것이다. 어느 정도로 점검할 수 있는가는 창고의 상황과 소재지 및 상관습을 참작하여 결정하여야 한다.

3) '견품의 적취'란 임치인이 임치물의 양도 · 입질 등을 위하여 견품을 가져가는 것을 말한다. 적취 정도에 따라서 임치물의 수량에 변화가 생길 수 있으므로, 창고업자는 자기의 책임을 면하기 위하여 적취 수량에 관한 증명서의 교부, 또는 상당한 담보제공을 요구할 수 있다.[1)]

4) '보존에 필요한 처분'이란 임치물의 멸실 · 훼손 등을 방지하기 위한 행위로서, 이러한 처분행위는 임치물의 현상을 유지하기 위한 행위에 그쳐야 한다. 따라서 특약이 없는 한 목적물을 가공하거나 수선하는 행위는 할 수 없다.

5) 위의 각 의무는 특약에 의하여 제한할 수는 있으나 전면적으로 배제할 수는 없다고 본다.

4. 임치물의 하자통지의무

창고업자는 임치물을 받은 후에 그 물건의 훼손 또는 하자를 발견하거나 그 물건이 부패할 염려가 있는 때에는 지체없이 임치인에게 그 통지를 발송하여야 한다. 이는 위탁판매업에 관한 상법 제108조를 창고업에 준용한 결과이다(제168조). 그러나 제108조를 창고업에 준용하더라도 창고업자에게 '가격저락(價格低落)의 상황(商況)'에 관하여는 그 통지를 발송하여야 할 의무는 없다고 본다.[2)] 창고업자는 매매의 주선을 영업으로 하는 위탁판매업자와는 달리 물건의 보관을 영업으로 하는 자이기 때문이다. 창고업자가 임치물의 훼손 · 하자 등에 관하여 통지를 하였으나 임치인의 지시가 없거나 그 지시가 지연되는 때에는 창고업자는 임치인의 이익을 위하여 (위탁매매인의 경우와 같이) 적당한 처분을 할 수 있다(제168조, 제108조).

1) 정동윤(상) 297면; 정찬형(상) 384면.
2) 동지: 손주찬(상) 391면; 임홍근(총) 488면; 최기원(상) 432면; 정동윤(상) 297면; 정찬형(상) 385면; 김정호(상) 314면. 반대: 서돈각 · 정완용(상) 249면; 채이식(상) 242면.

5. 임치물 반환의무

임치인의 청구가 있는 경우 창고업자는 임치기간의 약정 유무에 불구하고 임치물을 반환하여야 한다(제163조, 제164조).[1] 창고증권이 발행된 경우에는 그 소지인의 청구에 대하여만 임치물을 반환할 의무를 부담하는데, 창고증권과 상환하지 아니하면 반환할 필요가 없다(제157조, 제129조). 그러나 이때에도 화물상환증의 경우와 같이 보증도 또는 가인도[空渡]가 있을 수 있다.

6. 손해배상책임

1) 책임원인

(1) 창고업자는 자기나 사용인이 임치물의 보관에 관하여 주의를 해태하지 아니하였음을 증명하지 아니하면, 임치물의 멸실 또는 훼손으로 인한 손해의 배상책임을 면하지 못한다(제160조). 이것은 창고업자에 대하여 과실책임주의를 채택하면서 그 증명책임을 전환한 것이다.

(2) 여기서 '임치물의 멸실'에는 물리적으로 멸실된 경우뿐만 아니라,[2] 임치물을 반환받을 정당한 권리자가 아닌 자에게 인도함으로써 정당한 권리자가 반환받지 못하게 된 경우도 포함된다.[3]

(3) 임치인이 수령지체에 빠진 상태에서 임치물이 멸실 또는 훼손된 경우에는 창고업자에게 고의 또는 중대한 과실이 없는 한 손해배상책임이 없다.[4]

✦ 대법원 1975. 4. 8. 74다1213
창고업자의 책임을 부정한 사례

☞ 장마로 인한 침수가 65년전 또는 그보다도 오랜 햇수 이래의 최대강우에 인한 것

---

1) 대법원 1967. 4. 25. 67다2: 수취인이 반환할 목적물은 특약이 없는 한 수취물 그 자체이고 전부 멸실한 때는 임치물반환의무는 이행불능이 되며 대체물임치라도 동종 회량의 물건을 인도할 의무는 없다.

2) 대법원 1968. 9. 17. 68다1402: 창고업자가 실화로 인하여 임치물을 소실한 경우에, 실화책임에 관한 법률은 불법행위로 인한 손해배상책임을 묻는 경우에만 적용되므로 창고업자는 본조에 의한 책임을 면하지 못한다. 동 1967. 10. 23. 67다1919.

3) 대법원 1978. 9. 26. 78다1376; 동 1981. 12. 22. 80다1609: 상법 제166조 제1항에서 말하는 '멸실'은 물리적 멸실뿐만 아니라, 수치인이 임치물을 권한없는 자에게 무단 출고함으로써 임치인에게 이를 반환할 수 없게 된 경우를 포함한다.

4) 대법원 1983. 11. 8. 83다카1476.

으로서 그동안 보관장소가 침수된 일이 없었다면 장마가 시작되었다는 사실만 가지고서 창고업자가 보관물을 이적하는 등 미리 구출준비를 하여야 할 것이라고 기대하기 어렵다. … 보관장소가 침수되었다는 사실이 방송과 신문에 보도되어 보관의뢰자가 이를 알고 있었다면 창고업자가 보관물품이 완전 침수된 후에 위 보관의뢰자에게 통지하였다 하여 보관자로서의 주의의무를 해태하였다고 할 수 없다. 창고업자의 책임을 부정한 사례: 대법원 1997. 10. 14. 97다29943. 창고업자의 책임을 인정한 사례: 동 1972. 1. 31. 71다2651 · 2652.

2) 손해배상의 범위

손해배상액과 관련하여 창고업자에 대하여는 고가물의 임치나 손해배상액의 기준에 관한 규정이 없으므로, 창고업자에게 손해배상액에 관한 특칙(제137조), 고가물에 관한 특칙(제124조, 제136조, 제153조)에 관한 규정을 유추적용할 수 있는가에 관하여는 창고업자에 대하여는 이러한 규정을 유추적용할 수 있다는 견해도 있으나,[1] 손해배상액에 관하여는 특칙이 없으므로 민법상의 일반원칙에 의하여 상당인과관계에 있는 모든 손해를 배상하여야 한다고 본다(통설).[2]

3) 면책약관

창고업자의 책임은 당사자 간의 특약에 의하여 공서양속과 신의성실의 원칙에 반하지 않는 범위 내에서 이를 면제 또는 경감할 수 있다고 본다.

4) 불법행위책임과의 관계

임치물의 멸실 · 훼손이 동시에 임치물에 대한 소유권의 침해로서 불법행위를 구성하는 때에는 채무불이행으로 인한 손해배상책임과 불법행위로 인한 손해배상책임이 경합하여 인정된다.

5) 책임의 소멸

(1) 특별소멸사유

창고업자의 책임에 관하여는 물건운송인의 경우와 같은 특별소멸사유가 인정된다(제168조, 제146조). 즉, 창고업자의 책임은 임치인 또는 창고증권소지인이 임

1) 최기원(상) 433면.
2) 손주찬(상) 392면; 정찬형(상) 386면; 정동윤(상) 298면; 이기수(총) 523면; 채이식(상) 343면. 대법원 1976. 11. 9. 76다1932; 동 1993. 9. 28. 93다26892 · 26908.

치물을 유보없이 수령하고 또 보관료 기타의 비용을 지급한 때에 소멸한다. 그러나 임치물에 즉시 발견할 수 없는 훼손 또는 일부 멸실이 있는 경우에 임치인이 임치물을 수령한 날로부터 2주 내에 창고업자에게 통지를 발송한 때, 창고업자 또는 그 사용인이 악의인 때에는 소멸하지 않는다(제168조, 제146조). 이때의 악의는 단순히 임치물의 훼손 또는 일부멸실을 알고 있는 경우와[1] 임치물을 인도받을 자가 정당한 권리자가 아님을 알면서 인도한 경우[2]도 포함한다.

(2) 단기시효

창고업자 또는 그 사용인에게 악의가 있는 경우(예컨대, 창고업자나 그 사용인이 고의로 임치물을 멸실·훼손케 하거나 일부멸실 또는 훼손 사실을 은폐하고 인도한 경우)를 제외하고는, 그 물건을 출고한 날로부터 1년이 경과하거나, 임치물을 전부 멸실한 경우에는 임치인과 알고 있는 창고증권소지인에게 그 멸실통지를 발송한 날로부터 1년이 경과하면 책임의 소멸시효가 완성한다(제166조).[3]

✦ 대법원 1978. 9. 26. 78다1376
창고업자에게 상법 제166조 제3항의 악의를 인정한 사례

☞ 상법 제166조의 멸실이라 함은 임치물을 반환받을 정당한 권리자가 아닌 자에게 인도함으로써 정당한 권리자가 그의 반환을 못하게 된 경우도 이에 해당한다 할 것이고, 창고업자인 창고담당직원이 임치물에 대한 당초의 임치자의 요청에 의하여 임치자명의를 다른 사람의 명의로 변경하고서도 그 후 그 임치물을 명의자 아닌 제3자에게 전량 출고한 경우에는 다른 반증이 없는 한 창고업자 또는 그 사용인이 임치물의 멸실에 있어 악의인 경우라고 보아야 할 것이다.

Ⅳ. 창고업자의 권리

1. 임치물인도청구권

창고임치계약이 성립하면 창고업자는 임치인에 대하여 임치물의 인도를 청구

1) 대법원 1987. 6. 23. 86다카2107.
2) 대법원 1978. 9. 26. 78다1376; 동 1981. 12. 22. 80다1609.
3) 대법원 2004. 2. 13. 선고 2001다75318: 상법 제166조 소정의 창고업자의 책임에 관한 단기소멸시효는 창고업자의 계약상대방인 임치인의 청구에만 적용되며 임치물이 타인 소유의 물건인 경우에 소유권자인 타인의 청구에는 적용되지 아니한다.

할 수 있다.

2. 보관료와 비용상환청구권

1) 민법상 임치계약은 무상이 원칙인데 비하여(민 제693조), 창고업자는 보관료(보수)에 관한 특약이 없는 경우에도 이를 청구할 수 있으며(제61조), 임치물에 관한 보험료·수입세·하역료 등의 비용이나 체당금을 지출한 때에는 그 상환을 청구할 수 있다(제162조 제1항 본문). 보관료의 지급채무자는 임치인이지만, 창고증권이 발행된 때에는 그 소지인이다.[1]

2) 보관료와 체당금 등의 청구시기는 출고할 때이나, 보관기간 경과 후에는 출고 전이라도 청구할 수 있다(제162조 제1항 단서). 일부출고의 경우에는 그 비율에 따른 보관료 기타의 비용과 체당금의 지급을 청구할 수 있다(제162조 제2항).

3. 유치권

창고업자는 보관료와 비용상환청구권에 관하여 임치물 위에 민법상의 유치권(민 제320조)을, 임치인이 상인인 경우에는 상인 간의 유치권(제58조)을 행사할 수 있다.[2]

4. 공탁권과 경매권

임치인 또는 창고증권소지인이 임치물의 수령을 거부하거나 수령할 수 없는 경우에는, 창고업자는 상인 간의 매매에 있어서의 매도인과 같이 임치물을 공탁하거나 상당한 기간을 정하여 최고한 후 경매할 수 있으며, 이 경우 지체 없이 임치인 등에 대하여 그 통지를 발송하여야 한다(제165조, 제67조 제1항). 임치인 등에 대하여 최고를 할 수 없거나 임치물이 멸실 또는 훼손될 염려가 있는 때에는 최고없이 그 임치물을 경매할 수 있다(제165조, 제67조 제2항).

---

1) 대법원 1963. 5. 30. 63다188.

2) 대법원 2009. 12. 10. 2009다61803: 창고업자의 유치권 행사를 상당한 이유 없이 배제하는 약관 조항은 공정을 잃은 약관조항으로 무효이다.

5. 손해배상청구권

창고업자는 임치물의 성질 또는 하자로 인하여 생긴 손해가 있는 때에는 이를 알고 있었던 경우를 제외하고 임치인에 대하여 그 배상을 청구할 수 있다(민 제697조).

6. 채권의 소멸시효

임치인 또는 창고증권발행인에 대한 창고업자의 채권은 임치물을 출고한 날로부터 1년간 행사하지 아니하면 소멸시효가 완성한다(제167조).

V. 창고증권

1. 창고증권의 의의

1) 창고증권(Lagerschein, récépissé warrant, warehouse receipt)이란 임치물반환청구권을 표창하는 유가증권이다. 창고증권은 화물상환증과 같은 물품증권이므로 그 특성은 화물상환증과 꼭 같다.

2) 실무에서는 창고증권 외에 하도지시서(荷渡指示書, delivery order) 또는 입고증(入庫證)이 이용되고 있다. 이것은 임치인이 창고업자에 대하여 임치물의 전부 또는 일부를 그 소지인에게 인도하는 것을 위탁하는 지시서이다. 하도지시서로서 임치인이 발행하고 창고업자가 기명날인 한 것은 창고업자에 대한 임치물반환청구권을 표창하는 유가증권으로 볼 수 있으나, 임치인이 창고업자에게 물건의 인도를 일방적으로 지시하는 것은 창고업자가 증권의 소지인에게 물건을 인도하면 면책되는 면책증권에 불과하다.

2. 창고증권에 관한 입법주의

창고증권에 관한 입법주의는 다음 3가지가 있다.

1) 단권주의(독일 · 스위스 · 스페인 · 미국)는 질권설정이나 소유권이전을 1매의

창고증권에 의하도록 하는 것이다. 의용상법은 병용주의를 채택하여, 예치증권과 질입증권(質入證券) 또는 창하증권(倉荷證券)을 발행할 수 있도록 하였으나, 실제로 은행융자의 실무에서는 복권을 단권과 같이 이용하고 있었다. 현행상법은 단권주의로 바꾸어 '창고증권' 하나만을 인정하고 있다.

2) 복권주의(프랑스 · 벨기에 · 이탈리아 · 오스트리아)는 예치증권과 질입증권의 2매를 1조로 발행하되 예치증권은 임치물반환청구권 또는 소유권의 이전에 쓰고 질입증권은 질권설정에 쓰게 한다. 복권주의는 금융의 편의를 보면서 유리한 매매를 할 수 있으나, 그 법률관계가 복잡하다.

3) 병용주의(영국 · 帝政 러시아 · 일본)는 단권 · 복권을 병용하여 어느 것이든 선택하여 발행할 수 있도록 한다.

3. 창고증권의 성질

창고증권은 화물상환증과 동일한 효력이 있으므로 화물상환증에 관한 규정이 준용된다(제157조). 따라서 화물상환증은 상환증권성(제129조), 법률상 당연한 지시증권성(제130조), 문언증권성(제131조 제2항), 처분증권성(제132조), 인도증권성(제133조), 요인증권성(제156조 제1항, 제2항)을 가진다.

4. 창고증권의 발행

1) 창고업자는 임치인의 청구에 의하여 창고증권을 작성 · 교부하여야 한다(제156조 제1항). 창고증권은 요식증권이므로 창고업자는 ① 임치물의 종류 · 품질 · 수량, 포장의 종류, 개수와 기호, ② 임치인의 성명 또는 상호, 영업소 또는 주소, ③ 보관장소, ④ 보관료, ⑤ 보관기간을 정한 때에는 그 기간, ⑥ 임치물을 보험에 붙인 때에는 보험금액, 보험기간과 보험자의 성명 또는 상호, ⑦ 창고증권의 작성지와 작성연월일 등을 기재하고, 기명날인 또는 서명하여야 한다(제156조 제2항).

2) 창고증권은 엄격한 요식증권이 아니므로 본질적이지 아니한 사항(예컨대, ④ 내지 ⑦의 사항)은 기재하지 아니하여도 무방하다. 또 창고증권의 소지인은 창고업자에 대하여 (구)증권을 반환하고 임치물을 분할하여 각 부분에 대한 창고증권의 교부를 청구할 수 있는데(제158조 제1항), 그 비용은 증권소지인이 부담하여야 한다(제158조 제2항).

5. 창고증권의 유통

1) 창고증권은 화물상환증과 같이 법률상 당연한 지시증권이므로 배서에 의한 양도방법 및 그 효력 등 화물상환증의 경우와 꼭 같다. 즉, 창고증권이 작성된 경우에는 임치물반환청구권은 이 증권에 표창되어, 이 증권과 상환하지 않으면 운송물의 인도를 청구할 수 없다. 그러나 무기명식 창고증권이 발행된 경우에는 단순한 교부로써 양도할 수 있다(제65조, 민 제523조).

2) 임치에 관한 사항은 창고업자와 증권소지인 간에 있어서는 창고증권의 기재를 기준으로 하며, 창고증권에 의하여 임치물을 받을 수 있는 자에게 증권을 교부한 때에는 임치물 위에 행사하는 권리취득에 관하여 임치물을 인도한 것과 동일한 효력이 있다. 그리고 창고증권이 발행된 경우에는 이것만으로 임치물을 처분할 수 있다.

3) 창고증권에 의하여 임치물을 입질할 경우에는 질권설정계약과 동시에 창고증권을 질권자에게 인도하여야 한다(제157조, 제133조, 민 제330조). 창고증권으로 임치물을 입질한 경우에도 질권자의 승낙이 있으면 임치인은 채권의 변제기 전이라도 임치물의 일부반환을 청구할 수 있다. 이 경우에는 창고업자는 반환한 임치물의 종류, 품질과 수량을 창고증권에 기재하여야 한다(제159조).

6. 창고증권의 효력

1) 창고증권의 효력은 채권적 효력과 물권적 효력으로 나누어 볼 수 있는데, 그 내용과 문제점 등은 화물상환증의 경우와 꼭 같다(제157조, 제129조, 제131조~제133조). 임치물을 받을 자에게 창고증권을 교부한 때에는 임치물을 인도한 것과 동일한 효력이 있다.[1)]

2) 창고증권에 부지약관을 기재한 경우에는 그에 따라 운송인은 책임을 면한다.

3) 창고증권소지인은 채권적 효력과 관련하여 보관료·기타 비용과 체당금을 지급할 의무가 있는가에 관한 규정이 없으나 창고증권이 발행된 경우에는 임치계약상의 임치인의 지위를 증권소지인이 갖게 되므로 보관료·기타 비용과 체당금을 지급하여야 한다고 본다(통설).

---

1) 대법원 1970. 10. 23. 70다1985.

7. 창고증권에 의한 입질과 일부출고

창고증권소지인이 임치물을 입질하는 경우에는 질권설정의 계약을 체결함과 동시에 창고증권을 채권자에게 교부하여야 한다(제157조, 제133조, 민 제330조). 따라서 채무의 변제 전에는 임치물의 일부라도 반환을 청구할 수 없게 되어 매우 불편하다. 이에 상법은 질권자의 승낙이 있으면 피담보채권의 변제기 전이라도 임치인은 창고업자에 대하여 임치물의 일부반환을 청구할 수 있게 하였는데, 이 경우에는 창고업자는 반환한 임치물의 종류・품질과 수량을 창고증권에 기재하여야 한다(제159조). 이것은 구증권을 회수하고 신증권을 발행하는 번잡을 피할 수 있어 편리하다.

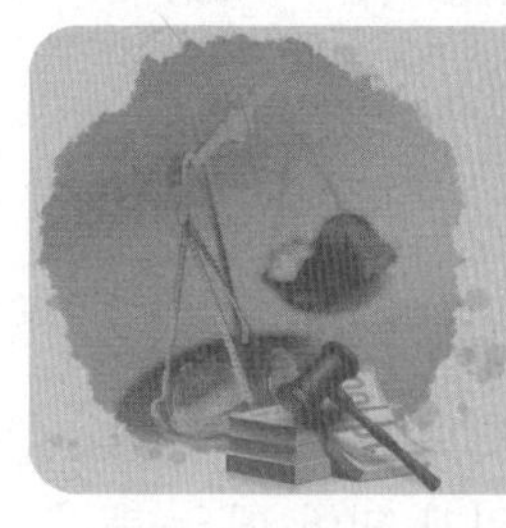

제3장 새로운 상행위

제1절 총 설

현대의 경제생활이 급속히 변천함에 따라 새로운 유형의 상거래가 속속 출현하고 있다. 그 대표적인 것이 금융리스(finance lease), 팩토링(factoring) 및 프랜차이즈(franchise)이다. 이와 같은 유형의 거래 중 리스에 관하여는 행정법규인 여신전문금융업법이 있으나, 다른 유형의 거래에 관하여는 약관으로 규율되고 있었다. 1995년 개정상법은 이러한 새로운 유형의 상거래를 기본적 상행위에 포함시켜 상법의 규율 대상으로 삼았고, 2010년 개정상법은 그 내용을 직접 규율하여 사법적 법률관계를 정비하였다.

제2절 금융리스업

Ⅰ. 리스의 개념

(1) 상법 제46조 제19호는 '기계, 시설 그 밖의 재산의 금융리스에 관한 행위', 즉 금융리스를 기본적 상행위의 하나로 규정한다. 여신전문금융업법은 이를 '시설대여'라고 하는데, 동법은 시설대여를, 리스업자(lessor)가 "대통령령으로 정하는 물건(리스 물건)을 공급자(supplier)로부터 새로 취득하거나 대여받아 거래상대방(lessee, 리스이용자)에게 대통령령으로 정하는 일정 기간(리스기간) 이상 사용

하게 하고, 그 사용 기간 동안 일정한 대가(리스료)를 정기적으로 나누어 지급받으며, 그 사용 기간이 끝난 후의 물건의 처분에 관하여는 당사자 간의 약정으로 정하는 방식의 금융을 말한다"고 규정한다(여신전문금융업법 제2조 제10호 참조).

(2) 현재 리스에 대한 법규로는 리스영업에 관한 행정적 규율을 목적으로 하는 여신전문금융업법이 있고, 사법적 법률관계에 관하여는 1995년 개정상법에서 이를 '기계, 시설 기타 재산의 물융(物融: 물적 금융)에 관한 행위'라 하여 기본적 상행위에 포함시켰었다. 2010년 개정상법은 금융리스에 관하여만 규정하여, '기계, 시설 그 밖의 재산의 금융리스에 관한 행위'를 기본적 상행위의 하나로 규정하였다(제46조 제19호).

(3) 우리나라에서 리스가 처음으로 출현한 것은 1972년 12월 한국산업리스(주)가 한국산업은행의 출자로 설립된 때로부터이다. 이후 1978년 9월에는 종합금융회사에도 리스업무가 인가되었다. 1991년 12월에는 종래의 시설대여산업육성법을 시설대여업법으로 개편하였으며, 동법은 다시 1997년 8월 여신전문금융업법으로 개편되었다.

구별개념

리스는 물건을 대여하는 점에서 렌탈(rental), 할부판매 및 임대차와 유사하다. 그러나 렌탈은 렌탈회사가 단기간에 걸쳐 불특정다수의 이용자에게 한정된 종류의 범용성 있는 물건(예컨대 자동차, 건설기계, 컴퓨터, 복사기 등)을 대여하는 것이나, 리스는 특정이용자가 선정한 물건을 리스회사가 장기간에 걸쳐 대여하는 것이다. 할부판매에서는 물건의 소유권이 매도인에게서 매수인에게 이전되나, 리스에서는 리스 물건의 소유권이 리스이용자에게 이전되지 아니하고, 또 리스의 본질을 임대차가 아니라고 보면 하자담보책임의 유무, 수리책임의 유무, 물건의 일부멸실의 경우 리스료 감액의 가부, 해지권보유의 유무 등의 면에서 양자는 다르다.

〈임대차계약과 리스계약의 차이〉

항 목	임대차계약	리스계약
임대인의 유지·관리책임	있다	없다
임대인의 하자담보책임	있다	없다
임대인의 위험부담	있다	없다
물건일부 멸실의 경우 감액청구권	있다	없다
임차인의 계약해지권	있다	없다

(4) 리스는 특정물건의 매수자금을 조달하게 하고, 소유하지 않고서도 물건을 이용할 수 있으며, 절세기능이 있고, cross over lease의 경우 국제금융을 이용

할 수 있는 이점이 있다. 그러나 일반적으로 리스료가 금전차입의 경우의 이자보다 비싸고, 물건의 소유권이 리스회사에 귀속하므로 리스이용자는 소유에 의한 만족감을 얻을 수 없다는 단점이 있고, 이용자가 경영부진으로 리스료의 지급능력을 상실한 때에는 리스회사가 물건을 회수해 간다는 위험도 따르게 된다.

Ⅱ. 리스의 종류와 형태

1. 금융리스와 운용리스

(1) 리스는 그 기능에 따라 금융리스와 운용리스로 나눌 수 있다. 리스이용자의 목적이 금융에 있으면 금융리스이고, 물건자체의 사용에 있으면 운용리스이다.

(2) 금융리스(finance lease)는 리스회사가 이용자에게 기계, 설비 등의 리스 물건의 구입자금을 융자해 주는 대신에 리스 물건을 구입하여 대여해 주는 리스이다. 이는 형식적으로는 물건의 임대차이나 실질적으로는 자금의 대여이므로 금융리스라 한다. 금융리스를 협의의 리스라고도 하고, 보통 리스라고 할 때에는 바로 이 금융리스를 말한다.

(3) 운용리스(operating lease)는 금융리스 외의 리스를 총칭하는 것이다. 이는 물건의 사용이 주목적이므로 그 법적 성질은 임대차와 유사하다.

(4) 금융리스는 리스기간이 보통 리스 물건의 사용가능연수로서 장기이고, 리스기간 중에 리스이용자의 중도해지가 허용되지 아니하고, 리스 물건의 유지·관리의무, 납세의 의무 및 리스 물건의 멸실이나 악화에 따른 위험은 리스이용자가 부담한다.

그러나 운용리스는 리스기간이 보통 리스 물건의 사용가능연수의 일부로서 단기이고, 리스기간 중에 이용자의 중도해지가 허용되고, 리스 물건의 유지, 관리 및 납세의 의무는 리스회사가 부담한다.

2. 기타의 종류

1) 단기리스와 장기리스

리스 기간에 따라 단기리스와 장기리스로 나뉜다. 보통 금융리스는 장기리스이고, 운용리스는 단기리스이다.

2) 순리스와 총리스

순리스(net lease)는 리스 물건의 유지·관리비, 보험료, 세금 등의 부대비용을 리스이용자가 부담하는 리스이고, 총리스(gross lease)는 그 부대비용을 리스회사가 부담하는 리스이다.

3) 완결리스와 미완결리스

완결리스(full payout lease)는 리스회사가 리스기간 중에 리스 물건의 구입가격의 전부를 회수하는 리스이고, 미완결리스(non-full payout lease)는 그 일부만 회수하는 리스이다.

4) 서비스부 리스와 비서비스부 리스

서비스부 리스(lease with service)는 리스회사가 리스 물건의 유지, 보수, 정비 등의 서비스를 제공하는 리스이고, 비서비스부 리스(lease without service)는 이러한 서비스를 제공하지 않는 리스이다. 서비스부 리스는 주로 운용리스이고, 자동차, 컴퓨터, 포크레인, 불도저 등의 리스에 이용된다.

3. 리스의 형태

1) 단순리스

단순리스는 리스회사가 공급자로부터 리스 물건을 매입 또는 임대하여 리스이용자에게 리스하는 것으로서 가장 전형적인 리스형태이다.

2) 전대리스

전대리스(sublease)는 리스회사가 공급자로부터 매입 또는 임대한 물건을 리스이용자에게 리스하고, 리스이용자가 이를 다시 제3자에게 전대(轉貸)하는 리스형태이다.

3) 판매재취리스

판매재취리스(sale and lease back)는 공급자가 리스 물건을 리스회사에 매각하고 이를 리스회사로부터 대여받는 리스형태이다. 예컨대 기업이 영업용 빌딩이나 공장을 매각하였다가 리스에 의하여 대여받는 것이다.

Ⅲ. 리스의 구조

1. 당사자

리스계약의 당사자는 리스회사(lessor)와 리스이용자(lessee)이고, 공급자(supplier)는 물건을 공급하는 자이다.

리스회사는 금융위원회에 등록하여야 하고(여신전문금융업법 제3조 제2항), 납입자본이 200억원 이상이여야 한다(동법 제5조 제1항).

2. 리스거래의 과정

리스계약의 체결과 이행은 다음과 같은 과정으로 이루어지고 있다.

1) 리스이용자는 자신이 필요로 하는 기계·설비 등의 제조자 기타 공급자와 상담을 벌여, 특정물건(리스 물건)을 선정하여 가격·인도시기 등에 관해 실질적인 합의를 한다(①).

2) 이용자는 ①에서 합의한 내용을 토대로 리스회사에 리스를 신청하면, 리스회사가 리스이용자의 신용상태를 조사한 후 그 승낙여부를 결정하고 리스회사가 이를 승낙하는 때에는 리스이용자와 리스계약을 체결한다(②). 여기서 리스기간, 리스료, 유지·관리책임 등이 모두 약관에 따라 결정된다.

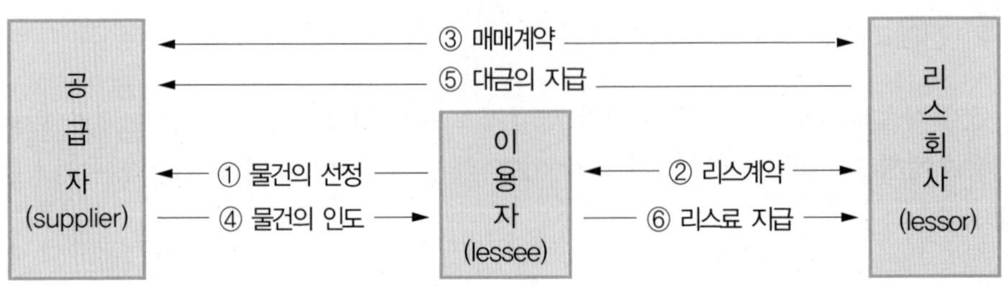

3) ②의 리스계약의 이행으로서 리스회사는 ①의 공급자와 이용자가 합의한 내용대로 매매계약을 체결한다(③). 여기서 공급자는 이용자에게 직접 이행하기로 합의한다.

4) ③에서 정한 바에 따라 공급자는 이용자에게 리스 물건을 인도하고(④), 리스이용자는 리스 물건수령증을 발급한다. 리스기간은 리스이용자가 이 수령증을 리스회사에 교부한 날부터 개시한다. 리스회사는 공급자에게 대금을 지급하며(⑤), 리스이용자는 리스회사에 정기적으로 리스료를 지급한다(⑥).

3. 금융리스계약의 법적 성질

운용리스계약의 법적 성질이 임대차계약이라는데 대하여는 다른 설이 없다. 그러나 금융리스계약은 형식상으로는 임대차계약이나 실질상으로는 융자계약이므로, 이 중 어느 것을 중시하느냐에 따라 그 법적 성질에 관하여 (특수)임대차계약설과 무명계약설이 대립한다.

1) 특수임대차계약설

오늘날 금융리스를 순수한 임대차로 보는 견해는 찾아보기 어렵다. 그러나 금융리스계약을 임대인이 특정한 임차인에 대하여 특정한 물건을 일정기간 유상으로 사용시킬 목적으로 그 물건의 점유를 임차인에게 점유시키는 특별한 임대차계약으로 보는 견해가 있다. 이는 금융리스계약의 법형식면을 중시하여 그 법적 성질을 임대차로 구성하면서, 임대차의 성질에 맞지 아니하는 부분은 그 특성의 유효성 문제로 보고 각론적으로 대처한다는 입장이다. 즉, 우리 민법 중 임대차에 관한 규정은 민법 제652조에서 강행규정으로 규정한 것을 제외하고는 원칙적으로 임의규정이므로 임대차계약당사자들은 자유로이 그 조건을 약정할 수 있으므로, 금융리스계약은 임대차의 조건을 특수하게 변형시킨 특수 임대차에 불과하다고 한다. 이 이론에 따르면 금융리스계약 중에 임차인의 보호를 위한 강행규정에 위반되는 약정이 있는 경우 그 효력을 인정할 수 없게 된다.

2) 무명계약설

무명계약설은 금융리스계약의 법적 성질이 우리 민법상 전형계약 어디에도 속하지 아니하는 점에 착안하여, 임대차, 소비대차, 매매 등의 요소가 혼합된 특수한 내용의 무명계약이라는 견해이다.[1] 이 견해는 금융리스계약의 실질을 중요시하고 또 금융리스료가 리스 물건의 사용대가가 아니고 물건의 대금과 그 이자의 분할상환이라는 점을 중요시한다.

3) 특수한 소비대차계약설

이 학설은 금융리스계약의 본질은 소비대차계약이라고 한다. 이 학설은 금융리스이용자가 물건공급자로부터 물건을 공급받고 이에 대하여 금융리스업자가 융자를 해 주면서 그 물건에 대한 소유권을 담보의 목적으로 유보하는 형태의 계약이라고 본다.

4) 판례의 태도

판례는 "리스는 시설대여회사가 대여시설이용자가 선정한 특정물건을 새로이 취득하거나 대여받아 그 물건에 대한 직접적인 유지·관리책임을 지지 않으면서 대여시설 이용자에게 일정기간 사용하게 하고, 그 기간 종료 후의 물건의 처분에 관하여는 당사자 간의 약정으로 정하는 계약으로서, 형식에 있어서는 임대차계약과 유사하나 그 실질은 물적 금융이며 이에 대하여는 민법상의 임대차에 관한 규정이 바로 적용되지 않는다"라고 판시하여 무명계약설을 취하였고, 이것이 대법원의 일관된 태도이다.[2]

5) 사 견

필자의 견해로는 운용리스계약이 아닌 금융리스계약에 관하여는 특수한 소비대차설이 옳다고 본다.

판례가 금융리스계약을 단순히 무명계약이라고 하는 것은 편의적인 것에 불과하며, 임대차계약과는 거리가 멀다. 여신전문금융업법상 '시설대여'를 "… 당사자 간의 약정으로 정하는 방식의 금융을 말한다."고 규정한 것(여신전문금융업법 제2조 제10호 참조) 자체가 소비대차계약을 지칭하고 있기도 하다.

---

1) 정동윤(상) 315면; 정찬형(상) 394면.
2) 대법원 1986. 8. 19. 84다카503·504; 동 1994. 11. 8. 94다23388; 동 1997. 10. 24. 97다27107; 동 1997. 11. 28. 97다26098; 동 1999. 9. 3. 99다23055; 동 2001. 2. 9. 2000다52929.

이 학설에 대한 비판으로서, 물건매매계약은 금융리스업자와 공급자가 직접 체결하기 때문에 금융리스 이용자가 직접 공급자에게 하자담보책임 등을 물을 수 없다는 문제가 생긴다는 것이다. 그러나 이 문제는 매매의 실체는 금융리스 이용자이므로 금융리스 이용자가 공급자에게 직접 또는 금융리스업자를 통하여 간접적으로 행사할 수 있다고 본다. 실제로 우리 생활에서 물건을 점유하고 있거나 사용·수익하고 있는 자가 그 물건의 제조·판매업자에게 물건의 하자담보책임을 요구하는 경우가 허다하다. 한편 이 문제는 어느 학설에 의하여도 해결되지 아니하는 문제이므로 특수한 소비대차설만의 문제는 아니다.

4. 금융리스계약의 법률관계

금융리스계약의 주체는 어디까지나 금융리스업자(회사)와 금융리스 이용자이다. 따라서 이들을 중심으로 그 법률관계를 살펴본다.

1) 금융리스 이용자의 권리·의무

(1) 금융리스 이용자의 권리

(가) 금융리스 물건의 사용·수익권

금융리스 이용자는 리스기간 동안 리스 물건을 점유하여 사용·수익할 수 있다. 이는 금융리스계약상의 본질적인 권리이다. 사용장소는 미리 약정된 곳이라야 하며 금융리스업자의 동의없이 이동하지 못한다. 금융리스 이용자는 리스 물건을 선량한 관리자의 주의로 사용하여야 한다(민 제374조).

(나) 재리스계약 또는 구매 청약권

금융리스 이용자가 리스기간의 종료 후에 리스 물건을 계속 사용하고자 하는 경우에는 금융리스업자에게 통지하여 재리스계약을 체결하거나 리스 물건의 구매계약을 체결할 수 있다. 금융리스업자는 금융리스 이용자의 재리스계약 또는 리스 물건의 구매의 통지가 있는 때에는 이에 응하여야 한다. 재리스계약의 조건은 종전의 그것과 동일한 것이 일반이다.

(2) 금융리스 이용자의 의무

(가) 금융리스 물건의 수령, 수령증교부의무

금융리스 이용자는 공급자가 공급하는 리스 물건을 인수하고 소정의 장소에 설치한 후 소정기간 내에 검사를 마치고 금융리스업자에게 수령증(리스 물건 인도인수확인서)을 교부하여야 한다. 리스기간은 금융리스 이용자가 수령증을 금융리스업자에 교부한 날부터 개시하고 금융리스료 지급의무도 이때부터 발생하며, 이는 리스 물건 인도 전에 물건 수령증서를 발급한 경우에도 같다.[1] 금융리스 물건 수령증을 발급한 경우에는 금융리스계약 당사자 사이에 적합한 금융리스 물건이 수령된 것으로 추정한다(제168조의 3 제3항). 이 추정규정으로 말미암아 물건의 계약부적합에 대한 증명책임이 금융리스 이용자에게로 전환되며, 금융리스 이용자의 반증이 없는 한 리스 물건에 대한 금융리스업자의 담보책임이 면제된다.

(나) 금융리스료 지급의무

금융리스 이용자는 리스 물건을 수령함과 동시에 금융리스료를 지급하여야 한다(제168조의 3 제2항). 금융리스료는 리스 물건의 사용·수익에 대한 대가가 아니고 금융리스회사가 제공한 금융에 대한 대가이다.[2] 따라서 반드시 물건을 수령하여야만 리스료 지급의무가 발생하는 것은 아니다. 또한 이 규정은 임의규정이다. 실제로 선박이나 항공기의 경우 이들 물건의 완성 전부터 수차례에 나누어 금융리스료를 지급하기도 한다.

금융리스료는 리스기간에 비례하여 정하기도 하나 그렇지 않은 경우도 있다. 또 매기(每期) 정액으로 하는 경우가 있으나, 그렇지 않은 경우도 있다. 지급방법도 제한이 없으므로 매기로 나누어 분할지급하거나 선급하는 등 약정하는 바에 따르면 된다. 금융리스료의 불지급은 기한의 이익의 상실 또는 계약해지사유가 된다.

(다) 리스 물건 유지관리의무

금융리스 이용자는 금융리스 물건을 수령한 이후에는 선량한 관리자의 주의로 금융리스 물건을 유지 및 관리하여야 한다(제168조의 3 제4항). 민법상의 임대차계약에서는 임대인이 물건의 사용·수익에 필요한 수선의무를 부담하나(민 제623조), 금융리스계약에서는 금융리스 이용자가 이 의무를 부담한다. 이는 금융리스업자가 리스 물건에 관하여 전문지식을 가지고 있지 아니하여 기술적으로 이를 수선하기가 곤란하고, 또 금융리스료에는 리스 물건의 유지·보전·수선비가 포

1) 대법원 1995. 7. 14. 94다10511; 동 1995. 9. 29. 93다3417 등; 동 2001. 11. 27. 99다61736(리스 물건 이용자가 정당한 이유 없이 리스 목적물의 검수 및 인수를 거절하고 물건 수령증을 발급하지 아니한 경우에는 리스 물건 공급자는 리스회사에 대한 자신의 의무를 모두 이행한 것으로 봄이 상당하다).

2) 따라서 금융리스계약에서의 리스료를 금융채권과 같이 일률적으로 원금과 이자로 나누는 것은 타당하지 않으며(대법원 2004. 9. 13. 2003다57208), 리스료 채권은 단기 소멸시효에 걸리지 않는다(대법원 2001. 6. 12. 99다1949).

함되어 있지 않기 때문이다. 이를 반영하여 실무에 널리 이용되는 금융리스약관에서 금융리스 이용자가 리스 물건의 유지 · 보수 · 관리 등을 부담하여 왔는데, 이 규정은 이와 같은 약관의 내용을 반영한 것이다.

금융리스 이용자는 목적물의 보관에 관하여 매도인 또는 제조자의 지시를 따라야 하며, 물건의 설치 · 보관에 관하여 제3자가 손해를 입은 때에는 이를 배상하여야 한다.

금융리스 이용자는 약관에 따라서 리스 물건의 기능의 정상을 유지시키기 위하여 자기의 비용부담으로 그 보수에 관한 계약을 공급자와 체결하여야 한다.

(라) 부보(付保)의무

금융리스 이용자는 리스 물건의 멸실 · 훼손위험에 대비하여 약관이 정하는 바에 따라서 보험자와 손해보험계약을 체결할 의무를 진다. 이 경우 피보험자는 금융리스업자가 되나, 금융리스 이용자와 공동피보험자가 되는 수도 있다.

(마) 담보제공의무

금융리스 이용자는 약관에 의하여 금융리스업자가 정하는 방법으로 채무이행을 보증하는 담보를 제공하여야 한다. 이 밖에도 금융리스계약서에 연대보증인이 연서하는 것이 보통이므로 이중담보가 되는 셈이다.

(바) 표식부착의무

금융리스 이용자가 목적물을 인도받은 때에는 지체없이 그 물건에 금융리스업자의 소유임을 명시하는 표지를 부착하여야 한다. 이것은 당해 물건과 다른 자의 소유물과의 구별을 하기 위한 것이며, 특히 금융리스 이용자의 재산에 대한 강제이행의 경우에 금융리스업자가 제3자의 이의의 소를 제기하는 경우에도 필요하다.

(사) 목적물 불양도의무

금융리스 이용자는 리스 물건을 타인에 양도하거나 타인으로 하여금 사용 · 수익하게 하지 못한다. 그 소유권이 금융리스업자에게 있기 때문이다.

(아) 목적물 반환의무

금융리스 이용자는 리스기간이 종료한 때에는 재리스계약이 성립되지 않는 한 금융리스회사에 리스 물건을 반환하여야 한다. 리스 물건을 반환하지 않는 때에는 금융리스계약이 존속하는 것으로 보아, 금융리스 이용자는 금융리스료를 지급하여야 한다.

리스 물건의 반환장소는 약관에 따라서 금융리스업자가 지정하도록 되어 있으며 반환비용은 약관상 금융리스 이용자가 부담하는 경우가 있다.

2) 금융리스업자의 권리 · 의무

(1) 금융리스업자의 권리

(가) 금융리스료 지급청구권

금융리스회사는 금융리스 이용자에 대하여 리스 물건의 멸실이나 하자 또는 금융리스계약의 해지 여부를 불문하고 금융리스료의 지급을 청구할 수 있다.

(나) 목적물반환청구권

금융리스회사는 리스기간이 만료한 때 리스 물건반환청구권이 있다.

(2) 금융리스업자의 의무

상법이 규정한 금융리스업자의 의무로는 금융리스업자는 금융리스 이용자가 금융리스계약에서 정한 시기에 금융리스계약에 적합한 금융리스 물건을 수령할 수 있도록 하여야 하고(제168조의 3 제1항: 목적물조달의무), 금융리스 이용자가 공급자에 대한 직접적인 손해배상청구권을 행사하는 데 필요한 협력을 하여야 한다(제168조의 4 제3항: 협력의무). 이 밖에 상법에 규정은 없으나 당연한 것으로서 금융리스 이용자가 리스 물건을 수령한 때에는 공급자에게 대금을 지급하여야 한다.

(가) 목적물 조달의무

금융리스계약이 성립하면 금융리스업자는 금융리스 이용자가 지정한 목적물을 공급자로부터 구입하여 이용자에게 인도하거나 또는 이용자가 지정하는 장소에 설치하도록 하여야 한다. 목적물의 인도는 공급자가 이용자에게 직접 하므로 금융리스업자가 공급자와 그러한 내용의 계약을 체결한다. 실제에 있어서는 약관에 의하여 금융리스업자의 명의로 금융리스 이용자가 자기의 책임하에 공급자와 직접 공급계약을 체결하는 경우가 있으며, 이 경우에도 금융리스업자가 매수인이 된다.

그런데 민법상으로는 임대차계약에서 임대인은 목적물을 임차인에게 인도하고 계약존속 중 사용 · 수익에 필요한 상태를 유지하게 하기 위한 의무가 있으나 금융리스계약에서는 목적물의 인도가 지연되거나 하자가 있는 경우에도 약관에 의하여 금융리스업자는 책임이 없다고 정하는 것이 보통이다. 목적물은 금융리스업자가 공급하는 것이 아니기 때문이다. 따라서 목적물 조달의무를 규정한 제168조의 3 제1항의 취지는 금융리스업자가 계약당사자로서 계약의 내용(물건 인도)이 잘 이행되도록 노력하여야 한다는 의미이다.[1] 금융리스계약의 법적 성격에 비추어 보면, 금융리스계약 당사자 사이에 금융리스업자가 직접 물건의 공급을

1) 강정혜, “금융리스에 대한 개정 상법안의 쟁점”, 상사법연구 제28권 제2호, 2009, 47면.

담보하기로 약정하는 등의 특별한 사정이 없는 한, 금융리스업자는 금융리스이용자가 공급자로부터 상법 제168조의3 제1항에 따라 적합한 금융리스물건을 수령할 수 있도록 협력할 의무를 부담할 뿐이고, 이와 별도로 독자적인 금융리스물건 인도의무 또는 검사·확인의무를 부담한다고 볼 수는 없다.[1]

(나) 협력의무

금융리스 물건이 공급계약에서 정한 시기와 내용에 따라 공급되지 아니한 경우 금융리스 이용자는 공급자에게 직접 손해배상을 청구하거나 공급계약의 내용에 적합한 금융리스 물건의 인도를 청구할 수 있다. 금융리스 이용자가 이와 같은 권리를 행사하는 데 있어 금융리스업자는 필요한 협력을 하여야 한다(제168조의 4 제3항).

(다) 목적물의 인도지연책임·하자담보책임의 제한

대부분의 금융리스약관 또는 금융리스계약서에는 목적물의 인도가 지연되더라도 금융리스업자는 책임을 지지 않는다고 규정하고 있다. 또한 리스 물건에 하자가 있더라도 금융리스업자는 금융리스 이용자에 대하여 하자담보책임을 지지 않는다(산업리스약관 제11조 제3항). 즉, 금융리스업자가 물건의 인도시 물건의 성능 내지 상태가 정상임을 담보하고, 금융리스 이용자가 물건수령증을 발급하면 물건의 성능 내지 상태가 정상임을 확인한 것으로 의제하고, 물건 수령 이후에는 금융리스 이용자가 사용, 보관, 유지책임을 지고 멸실이나 훼손에 대한 위험부담을 진다고 되어 있다. 대법원은 이와 같은 하자담보책임의 제한의 유효성을 인정한다.

✦ 대법원 1996. 8. 23. 95다51915
시설대여회사의 하자담보의무 충족 간주약정의 유효성을 인정한 사례

☞ 시설대여계약서상 시설대여 회사가 물건 인도시 물건이 정상적인 성능을 갖추고 있는 것을 담보하도록 되어 있으나, 다만 대여시설 이용자가 물건 인도인수확인서를 발급하였을 때는 물건의 상태 및 성능이 정상적인 것을 확인한 것으로 간주한다고 되어 있는 경우, 시설대여계약은 그 실질이 대여시설의 취득자금에 관한 금융의 편의 제공에 있음에 비추어 시설대여 회사의 담보책임은 대여시설이 공급자로부터 이용자에게 인도될 당시에서의 대여 시설의 성능이 정상적임을 담보하되, 이용자가 별다른 이의 없이 리스 물건 인도인수확인서를 발급하면 시설대여 회사의 하자담보의무는 충족된 것으로 보는 범위 내에서의 책임이라고 봄이 상당하다.

---

1) 대법원 2019. 2. 14. 2016다245418·245425·245432; 동 2021. 1. 14. 2019다301128; 동 2021. 1. 14. 2019다301135.

(라) 위험부담의 전환

민법상의 임대차계약에서는 채무자위험부담의 원칙(민 제537조)에 따라 임대인이 그 위험을 부담하나 금융리스계약에서는 금융리스업자가 이를 부담하지 않고 금융리스 이용자가 부담한다. 천재지변 기타 금융리스 이용자의 책임없는 사고로 리스 물건이 멸실·훼손된 경우에 금융리스 이용자는 금융리스회사에 대하여 일정한 손해금을 지급하여야 한다(산업리스약관 제19조). 이는 금융리스가 실질적으로는 금융리스업자가 금융리스 이용자에게 물건매입대금을 융자해 준 것이고 리스 물건의 멸실이 융자대금반환의 면책사유가 될 수 없기 때문이다.

Ⅳ. 외부관계

1. 공급자의 금융리스업자에 대한 권리

금융리스업자는 금융리스 이용자가 지정하는 물건을 공급자에게 발주하게 된다. 이때 공급자는 금융리스계약의 당사자는 아니나, 금융리스회사와의 리스 물건 매매계약의 당사자이므로 금융리스 물건의 수령증을 교부받은 때에는 금융리스회사에 대하여 대금지급청구권을 가진다. 금융리스 이용자가 정당한 이유없이 공급자에게 리스 물건의 수령증을 교부하지 않은 경우 이를 알고 있는 금융리스회사는 수령증의 미교부를 이유로 대금지급을 거절할 수 없다.[1)]

2. 공급자와 금융리스 이용자 간의 관계

1) 공급자의 금융리스 물건 인도의무

금융리스 물건의 공급자는 공급계약에서 정한 시기에 그 물건을 금융리스 이용자에게 인도하여야 한다(제168조의 4 제1항). 리스 물건의 인도는 이용자가 지정하는 장소에 설치하는 것을 포함한다.

2) 금융리스 이용자의 직접적 손해배상청구권

금융리스 물건이 공급계약에서 정한 시기와 내용에 따라 공급되지 아니한 경

1) 대법원 1998. 4. 14. 98다6565.

우 금융리스 이용자는 공급자에게 직접 손해배상을 청구하거나 공급계약의 내용에 적합한 금융리스 물건의 인도를 청구할 수 있다(제168조의 4 제2항). 금융리스 이용자와 공급자 간에 직접적인 계약관계는 없으나 금융리스 이용자를 보호하기 위하여 금융리스 이용자에게 특별히 손해배상청구권을 인정하였다.

3) 금융리스 이용자의 금융리스 물건 직접적 인도청구권

금융리스 물건이 공급계약에서 정한 시기와 내용에 따라 공급되지 아니한 경우 금융리스 이용자는 공급자에게 직접 공급계약의 내용에 적합한 금융리스 물건의 인도를 청구할 수 있다(제168조의 4 제2항). 이러한 권리를 인정한 취지는 금융리스 이용자의 직접적 손해배상청구권을 인정한 것이다.

4) 한편 금융리스업자는 금융리스 이용자가 손해배상청구나 계약에 적합한 금융리스 물건의 인도를 청구함에 있어 필요한 협력을 하여야 한다(제168조의 4 제3항).

3. 제3자에 대한 관계(소유권에 기한 책임의 배제)

리스 물건으로 인하여 제3자가 손해를 입은 경우, 그 소유자인 금융리스업자의 손해배상책임은 경우에 따라 각각 다르다.

1) 리스 물건인 자동차에 의하여 교통사고가 생긴 경우에, 금융리스업자는 자동차의 운행에 대한 지배를 하지 아니하므로 운행제공자로서의 책임이 없다. 여신전문금융업법에서는 건설기계나 차량 등의 리스 물건에 의하여 사고가 생긴 경우에 리스회사에 책임이 없다고 규정한다(동법 제35조).

2) 리스 물건이 특허권 침해품인 경우에는 그 리스 물건을 제조한 공급자, 이를 대여한 금융리스업자 및 이를 사용한 금융리스 이용자 모두가 특허권의 침해자로서 특허권자에 대하여 책임을 져야 한다.

3) 공작물의 설치 또는 보존의 하자로 타인에게 손해를 가한 경우, 민법상으로는 1차적으로 공작물 점유자가 손해배상을 지고 공작물점유자가 손해의 방지에 필요한 주의를 해태하지 않은 때에는 2차적으로 그 소유자가 책임을 지나(민 제758조 제1항), 금융리스계약에 있어서 금융리스업자는 리스 물건의 설치, 보존 또는 관리에 관여하지 아니하므로 공작물점유자의 책임을 지지 않는다.

V. 금융리스계약의 해지

1. 금융리스 이용자의 해지권

1) 실무에서는 금융리스약관에 의하여 금융리스 이용자는 리스기간 중에 원칙적으로 금융리스계약을 해지할 수 없다고 규정하고 있다(산업리스약관 제5조). 보통 금융리스 물건은 금융리스 이용자의 특수한 요구에 따라 구입·제작된 것이므로, 금융리스계약을 해지하고 리스물을 반환하면 금융리스업자가 그 물건을 동일한 조건으로 타인에게 재리스하기 어렵기 때문이다.

2) 그러나 금융리스 이용자는 중대한 사정변경으로 인하여 금융리스 물건을 계속 사용할 수 없는 경우에는 3개월 전에 예고하고 금융리스계약을 해지할 수 있다(제168조의 5 제3항 제1문). 이와 같은 상법의 규정은 강행규정으로서[1] 이를 위반한 약관의 규정은 무효로 보아야 할 것이다. 이 경우 금융리스 이용자는 계약의 해지로 인하여 금융리스업자에게 발생한 손해를 배상하여야 한다(제168조의 5 제3항 제2문).

2. 금융리스업자의 해지권

1) 한편 금융리스업자도 금융리스계약을 중도해지할 수 없는 것이 원칙이다. 그러나 금융리스 이용자가 금융리스료를 지급하지 않거나 파산, 금융리스 이용자에 대한 강제집행 등의 절차의 개시, 은행거래정지처분, 회사해산 등으로 금융리스계약의 존속을 기대할 수 없는 경우에는 금융리스계약을 해지하고 리스 물건의 반환과 잔여리스료의 지급 또는 손해금의 지급을 청구할 수 있다.

2) 이와 같이 금융리스 이용자의 책임 있는 사유로 금융리스계약을 해지하는 경우에는 금융리스업자는 잔존 금융리스료(또는 규정손실금) 상당액의 일시 지급 또는 금융리스 물건의 반환을 청구할 수 있다(제168조의 5 제1항). 법문은 "잔존 금융리스료 상당액의 일시 지급" 또는 "금융리스 물건의 반환"을 청구할 수 있다고 되어 있으나, 양자를 동시에 청구할 수도 있다고 본다. 잔존 금융리스료 상당액의 일시 지급 또는 금융리스 물건의 반환을 청구할 경우에도 금융리스업자의 금융리스 이용자에 대한 손해배상청구에는 영향을 미치지 아니한다(제168조의 5 제2항).

---

1) 강정혜, 전게논문, 55면.

3) 금융리스계약의 해지로 인한 금융리스업자(회사)의 손실을 전보하는 방법으로서 ① 회사가 잔여리스료 전액을 청구하는 방법과 ② 규정손실금(stipulated loss value)을 청구하는 방법이 있다.[1] 잔여리스료 전액을 청구하면서 동시에 리스 물건까지 반환받으면 금융리스회사에 과다한 이익이 발생하므로 이 경우에는 공평의 원칙에 비추어 리스 물건의 회수에 의한 이익을 청산할 의무가 있다.[2] 그리고 규정손실금은 일종의 손해배상예정인데,[3] 이것이 과다하게 책정되어 있는 경우에는 감액청구가 가능하다.[4]

제3절 가 맹 업

I. 가맹업의 개념

1) 자신의 상호·상표 등(상호 등)을 제공하는 것을 영업으로 하는 자(가맹업자: 加盟業者)로부터 그의 상호 등(영업표지: 영업표지)을 사용할 것을 허락받아 가맹업자가 지정하는 품질기준이나 영업방식에 따라 영업을 하는 자를 가맹상(加盟商)이라 한다(제168조의 6). 상인이 자기의 영업분야에서 개발한 독자적인 상호나 상표 등의 영업표지와 독특한 영업운영방식은 재산적 가치가 있다. 가맹계약(franchise agreement)은 이와 같은 재산적 가치를 타인에게 이용할 수 있게 함으로써 보다 많은 사람에게 고용의 기회를 제공하며, 나아가 상품이나 서비스의 품질을 규격화·고급화시키는 유통계약이다. 1995년 개정상법은 가맹계약을 '상호·상표 등의 사용허락에 의한 영업에 관한 행위'로 표현하여 기본적 상행위에

---

1) 대법원 2012. 3. 29. 2010다16199: 리스회사인 갑 주식회사가 고가의 의료기기를 리스물건으로 공급한 의료기기 판매업자 을과 리스 물건 재매입약정을 체결하면서 '갑 회사와 리스이용자 병 사이에 체결된 리스계약에서 정한 계약해지사유가 발생하면 갑 회사의 요청에 따라 을이 리스 물건의 상태 및 존재 유무에 상관없이 리스계약에서 정한 규정손해금을 매입대금으로 하여 무조건 리스 물건을 매수하여야 한다'는 내용의 조항을 둔 사안에서, 위 조항이 구 약관의 규제에 관한 법률에 따라 무효라고 보기 어렵다.

2) 대법원 1992. 7. 14. 91다25598; 동 1995. 9. 29. 94다60219; 동 1999. 9. 3. 98다22260.

3) 대법원 1992. 12. 24. 92다35226 참조; 동 2004. 7. 22. 2003두5624(규정손실금을 잔여리스기간에 걸쳐 균등하게 익금산입한 것은 적법하다).

4) 서울민사지방법원 1982. 4. 20. 81가합2642.

포함시켰다(제46조 제20호).

2) 넓은 의미의 '프랜차이즈'(franchise)란 자유(freedom, liberty)와 동의어이며, 흔히 권리, 권한, 면책 등과 같은 의미로 사용된다. 그러나 법적인 의미의 '프랜차이즈'는 법에 의하여 부여된 권리 또는 특권을 의미하는 것이니, 프랜차이즈란 프랜차이즈 제공자(가맹업자: franchisor)가 프랜차이즈 이용자(가맹상: franchisee)에 대하여 자기의 상호·상표·서비스표·로고·기타 영업표지 등을 사용하여 자기의 지시와 통제 하에 영업할 것을 약정하고, 이에 대하여 가맹상은 가맹업자에 대하여 일정한 사용료(프랜차이즈 사용료)를 지급하기로 하는 계속적인 채권계약관계를 말한다.[1)]

3) 프랜차이즈 시스템이 본격적으로 오늘날과 같은 발전을 보게 된 것은 1930년대 미국에서부터 비롯되었다는 것이 정설이나, 1950년대 이후에는 차량대여업, 의류, 신발류, 화장품, 의약품, 고용서비스, 가구류, 세탁, 병원, 호텔 등의 숙박업, 인쇄, 부동산, 레크레이션, 여행사 등 새로운 분야를 계속 개척하여 발전하여 왔으며, 현재는 업종에 관계없이 영업운영방법의 시스템화가 가능한 거의 모든 분야로 그 이용이 확대되고 있다.

Ⅱ. 가맹계약의 당사자

가맹계약의 당사자는 가맹업자(프랜차이즈제공자: franchisor)와 가맹상(프랜차이즈이용자: franchisee)이다.

가맹업자는 상호나 상표 등을 제공하는 주는 본부 또는 본점을 말하며, 가맹상은 타인의 지도·통제 하에 그의 영업표지를 사용하여 자기의 영업에 종사하는 자를 말한다.

Ⅲ. 가맹업의 경제적 기능

1) 가맹상이 가맹업을 이용하면, ① 영업상 필요한 전문지식이나 경험을 가맹업자로부터 전수받을 수 있고, ② 유명한 상호나 상표를 이용하여 업계에 쉽게

1) 대법원 1996. 2. 23. 95도2608; 정동윤(상) 318면.

등장할 수 있으며, ③ 비교적 적은 자본으로 영업을 개시할 수 있고, ④ 대규모 광고나 대량구매력에 따르는 부수적 이익을 누릴 수 있으며, ⑤ 가맹업자가 제공하는 비밀공정이나 노하우, 기타 시장정보 등을 이용할 수 있기 때문에 사업에 실패할 위험이 적다.

가맹업자로서도, ① 소규모의 중앙조직만으로 커다란 위험부담 없이 이윤을 획득할 수 있고, ② 프랜차이즈이용자의 자금으로 판매창구가 개설되기 때문에 대자본을 투입하지 않고도 신속히 사업을 확장할 수 있으며, ③ 지점이나 지사의 운영에 따르는 판매창구에서의 사원관리문제를 벗어날 수 있고, ④ 지역사정에 밝은 프랜차이즈이용자가 열성적으로 점포를 운영하기 때문에 영업성과가 더 커지게 된다.

2) 그러나 가맹업의 단점은 가맹상의 경우, ① 가맹업자로부터의 통제가 불가피하고, ② 가맹업자의 서비스나 사업계획에 대한 사용료(프랜차이즈 사용료)를 지급해야 하며, ③ 가맹업자의 능력과 자질을 평가하기 어렵고, ④ 가맹업화된 사업의 판매나 양도가 제한될 수 있으며, ⑤ 지나치게 가맹업자에게 의존적일 수 있고, ⑥ 가맹업자의 사업정책이 이용자의 이윤율에 영향을 줄 수 있으며, ⑦ 가맹상의 행위와 무관하게 그 상호나 상표의 이미지가 나빠질 수 있다는 점 등이다.

3) 한편 가맹업자의 경우에도, ① 중요한 영업비밀이나 노하우를 제공함으로써 장차 자기와 경쟁관계에 있을 수도 있는 자를 지도하는 우를 범할 수 있으며, ② 사업능력이나 감각이 뒤지는 자가 모집되어 자기의 명성에 오히려 해를 끼칠 수도 있고, ③ 가맹상은 독립한 상인이기 때문에 일사불란한 지휘체계 및 의사전달과정이 확립되기 어려우며, ④ 품질관리 및 운영교범의 준수여부를 감독하여야 하고, ⑤ 로열티 산정에 따르는 가맹상의 속임을 감시하여야 한다는 어려운 점이 있다.

Ⅳ. 가맹업의 종류

가맹업은 여러 가지 기준에 따라 다음과 같이 분류할 수 있다.

1) 발생시점에 따라, 제1세대 가맹계약(제조자가맹업 또는 상품가맹업)은 생산자(제조자)가 그의 제품의 유통을 보장하기 위한 수단으로 이용하는 것이고, 제2세대 가맹계약(사업형식가맹업)은 가맹업자가 가맹상에게 자기가 개발한 노하우나

판매전략 등을 이용하여 사업을 경영하도록 지도하는 것을 말한다.

2) 대상사업에 따라, 상품 판매에 관한 상품가맹계약과, 용역 제공에 관한 용역가맹계약이 있다.

3) 당사자에 따라, ① 생산자와 도매상 간의 가맹계약, ② 도매상과 소매상 간의 가맹계약, ③ 소매상과 생산자 간의 가맹계약, ④ 소매상과 소매상 간의 가맹계약이 있다.

유사개념과의 구별

(i) 대리상과의 구별

대리상은 일정한 상인을 위하여 사업사용인이 아니면서 상시 그 영업부류에 속하는 거래의 대리 또는 중개를 영업으로 하는 자이다(제87조). 대리상도 독립된 상인이라는 점에서는 가맹상과 유사하지만, 전자가 일정한 상인의 영업부류에 속하는 거래의 대리 또는 중개를 영업으로 한다는 점에서, 후자가 직접 자기명의로 거래하고 그 법률효과의 귀속주체가 된다는 점과 구별된다.

(ii) 위탁매매인과의 구별

위탁매매인은 자기의 명의로 타인의 계산으로 물건 또는 유가증권의 매매를 영업으로 하는 자이다(제101조). 자기의 명의로 영업한다는 점에서 가맹상과 유사하나, 전자가 타인의 계산으로 하는데 반하여 후자는 자기의 계산으로 하는 점이 다르다. 그러나 실제로는 가맹상계약을 가장한, 또는 그와 병행하는 위탁매매가 흔히 이용된다.

(iii) 라이센스계약과의 구별

라이센스계약도 상표 등의 실시권자가 타인의 영업표지를 자기의 영업에 사용할 권리를 가진다는 점에서 가맹상과 유사하다. 그러나 실시권자는 그 이상의 영업지도나 통제 등을 받지 않는 것이 원칙이므로, 영업표지의 단순한 실시권 이외에 또 다른 지도·통제를 필수적 요소로 하는 가맹계약과는 구별해야 한다. 다만 상표 등의 실시권자가 라이센스계약 하에 그 실시권을 획득하면서 상표권 등의 소유자로부터 일정한 지시·통제를 받을 것을 아울러 약정하였다면, 그 경우에는 가맹상으로서의 지위에 해당될 수 있다. 라이센스계약은 가맹계약의 1요소에 불과하다.

(iv) 특약점(distributorship)과의 구별

특약점(distributorship)은 종종 가맹계약 아래 특정지역에서 설정자의 제품을 공급하는 가맹상인 경우가 있다. 그러나 공급자(supplier)와 특약점 사이의 관계에 따라 그 특약점이 피용자이거나 수탁자(consignee) 또는 독립한 소매상일 수도 있으며, 공급자가 그의 경영방법에 대해 광범위한 통제력을 행사할 경우에는 피용자(employee)로 볼 수도 있다.

(v) 체인점·연쇄점(chain store)

체인점(연쇄점)이란 같은 형태의 다수의 영업점을 중앙에서 소유하고, 경영의 관리도 어느 정도까지는 중앙집권적으로 행하는 것을 말한다. 같은 형태의 영업점이 같은 이미지로 같은 영업방법을 사용하고 있다는 점에서는 체인점(연쇄점)이나 가맹상의 영업장은 유사하다. 그러나 체인시스템은 영업점의 소유를 동일한 주체가 하는데 비하여 가맹업 시스템에서는 소유주체가 서로 다르다. 영업점의 경영은 체인시

스템에서는 동일법인의 내부관계인데 반하여, 가맹업 시스템에서는 별개의 독립법인과의 거래관계이다.

V. 가맹계약의 성립요건

가맹계약의 성립요건은, ① 상호 · 상표 등의 사용허가, ② 가맹업자의 통제 · 조력, ③ 가맹상의 독립적 지위, ④ 사용료(프랜차이즈 사용료)의 지급 등을 드는 것이 보통이다.

1. 상호 · 상표 등의 사용허락

가맹업자가 그의 상호 · 상표 등을 가맹상에게 사용할 것을 허락하여야 한다. 이때 양자의 영업은 실질적인 관련성이 있어야 한다. 상호 · 상표 등이라 함은 상호, 상표, 서비스표, 로고, 간판이나 광고탑, 광고와 기타 의장, 디자인, 조명, 색상 등 널리 가맹업자의 동일성을 표시하는 모든 표현물이나 표현방법을 포함한다. 가맹상과 가맹업자가 공통의 상호 · 상표 등 아래 영업활동을 하기 때문에 일반소비자에게는 양자가 외관상 동일한 기업으로 나타난다.

2. 가맹업자의 통제 · 조력

가맹업자는 가맹상에 대하여 일정한 지시 · 통제를 가하고 아울러 가맹상의 영업활동을 도와주는 관계가 설정되어야 한다. 이 경우 지시 · 통제는 가맹상의 영업의 주된 부분에 관련된 것이어야 하기 때문에 부수적 서비스나 다른 상품의 판매제한에 관한 조항 등은 그 자체만으로 지시 · 통제라고 할 수는 없다.

지시 · 통제의 내용은 점포의 입지, 상호의 사용, 광고, 각종 표지물, 판매대, 상품의 공급원 등에 대한 가맹업자의 허가 및 가맹점포의 시설이나 비품, 장비의 외관, 직원의 제복, 영업시간, 점포의 관리, 기타 장비의 사용 등에 관한 것이다.

3. 가맹상의 독립적 지위

가맹업자는 가맹상과는 독립적인 관계에 있다. 즉, 가맹상의 영업의 결과는 직접 자기에게 귀속된다. 따라서 가맹상의 제3자에 대한 행위에 대하여 가맹업자에게는 책임이 없는 것이 원칙이다. 다만 제3자의 신뢰보호를 위하여 이러한 원칙이 일부 수정되는 경우가 있다.

4. 사용료의 지급

가맹계약은 상사계약으로서 유상계약이다. 따라서 가맹상은 가맹업자에 대하여 사용료(프랜차이즈 사용료)를 지급하여야 한다. 이러한 성질의 요금 내지 부담금인 한 그 명칭이나 형태는 묻지 아니한다. 종래에 사용료로 인정된 것으로는 이행보증금, 예치금, 공탁금, 가입비, 개설비, 광고비, 훈련비, 강습비 등이 있다.

Ⅵ. 가맹계약의 법적 성질

가맹계약의 법적 성질에 관하여는 특약점관계유사설, 상품매매 또는 권리용익임대차설, 신종계약설 등이 주장되고 있으나, 가맹계약은 상호, 상표 등의 영업표지에 대한 사용권의 설정과 더불어 영업상의 통제와 조력을 내용으로 하는 새로운 유형의 비전형계약이라고 보는 신종계약설이 통설이다.[1] 주요 특징을 보면 다음과 같다.

1) 가맹계약은 상사계약이다. 가맹업자는 이미 상호·상표 등의 영업표지를 소유하고 있으므로 상인이다. 가맹상은 아직 상인의 지위를 보유하지 못한 경우가 있겠으나 이때에도 가맹계약을 체결하는 것 자체가 부속적(보조적) 상행위에 해당하는 개업준비행위가 된다. 그러므로 양 당사자 간에 체결되는 가맹계약은 상사계약이다.

2) 가맹계약은 유상·쌍무계약이다. 가맹업자가 영업표지의 사용을 허가하고 가맹상의 영업에 대하여 각종 통제와 조력을 해야 할 의무가 있고 가맹상은 가맹업자에게 사용료를 지급하여야 할 의무가 있으며, 이들 의무는 상호 대가관계에 있으므로 가맹계약은 유상·쌍무계약이다.

3) 가맹계약은 계속적 계약이다. 가맹계약당사자의 권리·의무관계는 일정기간 계속적인 이행이 필요하다.

1) 임홍근(총) 527면; 정동윤(상) 320~321면; 이기수(총) 658면; 정찬형(상) 407면.

4) 가맹계약은 복합(혼합)계약이다. 가맹계약은 영업표지의 사용허가계약과 상품이나 서비스의 공급계약 그리고 영업을 지도・통제할 것을 내용으로 하는 계약 등 여러 가지 계약이 복합적으로 일체를 이루는 복합(혼합)계약이다. 그 내용은 가맹업의 종류에 따라 다른데, 상품가맹업의 경우에는 매매계약의 요소가 강하나, 사업형식가맹업의 경우에는 노무제공계약의 요소가 강하다.

Ⅶ. 가맹업거래의 법률관계

가맹업거래의 법률관계는 가맹업자와 가맹상과의 관계(내부관계), 가맹업자와 제3자와의 관계(외부관계) 및 가맹상과 제3자와의 관계가 있다. 이 중 가맹상과 제3자의 관계는 상인과 일반 고객의 관계로서 특별히 논의할 실익이 없다.

1. 내부관계

가맹업자와 가맹상 간의 내부관계는 가맹계약에 의하여 정하여진다. 이는 보통 가맹업자가 작성한 약관에 의하여 결정된다. 따라서 내부관계에서의 법률문제는 당사자 쌍방 간의 이해관계를 어떻게 조정할 것인가(특히 가맹상의 보호문제)가 문제이다. 왜냐하면 가맹상은 가맹업자에 비하여 조직이나 정보・자원 등 여러 면에서 상대적으로 열세에 있기 때문에 양 당사자의 교섭력이 동등하다고는 할 수 없기 때문이다.

1) 가맹업자의 의무

(1) 영업표지의 제공의무

가맹업자는 가맹상의 영업을 위하여 필요한 지원을 하여야 한다(제168조의 7 제1항). 가맹업자는 가맹상에 대하여 자기의 상호・상표・서비스표・로고 등의 영업표지를 사용하여 독자적으로 가맹점포를 운영할 수 있는 권리를 부여하여야 한다. 이러한 영업표지사용권은 보통 일정한 기간과 지역으로 제한을 받으며, 그 사용방법상의 제한을 받기도 한다. 가맹상은 가맹업자와 동일한 영업표지를 사용함으로써 단일의 기업으로 오인되어 가맹업자가 가맹상의 영업행위에 대하여 법적 책임을 부담하게 될 위험이 있다. 이러한 위험을 피하기 위하여 가맹상이 영업표지를 사용함에 있어서 가맹업자에게 책임이 귀속될 위험이 있는 일체의 표현을 사용하지 못하게 하는 것이 일반적이다.

또한 가맹업자는 가맹상에 대하여 그가 독립한 상인으로서 자신의 점포를 독자적으로 운영할 수 있도록 각종 서비스를 제공할 의무가 있다. 이러한 서비스 제공의무에는 연수교육의 실시의무, 개업준비행위 지원의무, 원료나 제품의 공급의무, 각종 정보 및 새로운 노하우의 전수의무 등이 포함된다. 그 밖에도 가맹업자는 가맹상에게 자신의 영업시스템에 관한 내용이 상세하게 수록되어 있는 운영교범(operating manual)을 교부하여야 하고, 영업현장에서 가맹상의 영업상 미흡한 점이나 잘못된 점을 지도·시정하여야 한다.[1)]

(2) 경업 및 중복계약체결의 금지

가맹업자는 다른 약정이 없으면 가맹상의 영업지역 내에서 동일 또는 유사한 업종의 영업을 하거나, 동일 또는 유사한 업종의 가맹계약을 체결할 수 없다(제168조의 7 제2항). 가맹업자가 이 의무를 위반하여 가맹상에게 손해를 가한 때에는 그 손해를 배상할 책임이 있다.

2) 가맹상의 의무

(1) 가맹업자의 영업상의 권리 보호의무

가맹상은 가맹업자의 영업에 관한 권리가 침해되지 않도록 하여야 한다(제168조의 8 제1항).

(2) 비밀준수의무

가맹상은 계약이 종료한 후에도 가맹계약과 관련하여 알게 된 가맹업자의 영업상의 비밀을 준수하여야 한다(제168조의 8 제2항).

(3) 영업불양도의무

가맹상은 가맹업자의 동의를 받아 그 영업을 양도할 수 있다(제168조의 9 제1항). 가맹업자는 특별한 사유가 없으면 제1항의 영업양도에 동의하여야 한다(제168조의 9 제2항). 여기서 특별한 사유란 예컨대 영업을 양수하려는 자가 해당 영업에

1) 대전지방법원 2002. 8. 14. 2001가합9179(프랜차이즈 가맹점 본부의 가맹점주에 대한 신의칙상 보호의무 위반을 인정한 사례); 수원지방법원 성남지원 2002. 12. 24. 2002가단13668(프랜차이즈 가맹계약이 합의해지된 경우 가맹점 본부는 가맹점에게 합의해지 후 잔여기간에 해당하는 부분의 가맹금의 일부를 반환해야 한다).

필요한 교육 · 훈련을 이수할 수 없거나 가맹업자의 명성을 저해할 우려가 있는 경우, 기타 법규상의 자격요건을 구비하지 못한 경우 등이다.[1)]

(4) 기타의 의무

그 밖에 가맹상은 가맹점 운영의무, 사용료 지급의무, 지시 · 통제에 순응하여야 할 의무 등이 있다.

2. 외부관계

가맹상은 가맹업자와는 독립된 상인이므로, 가맹상이 제3자와 거래를 하거나 또는 제3자에 대하여 불법행위를 한 경우에 가맹업자는 이에 대하여 책임을 지지 않는 것이 원칙이다.

이에 대하여 가맹업상은 가맹업자로부터 실질적인 통제를 받는 점을 중시하여, 대리관계에 있어서 본인이 대리인의 행위에 대하여 책임을 지는 것과 마찬가지로 가맹상이 가맹업자의 사실상 대리인, 피용자 또는 명의대여자의 지위를 갖는 경우에는 각각 해당 법리에 의하여 가맹업자도 가맹상의 행위에 대하여 책임을 져야 한다는 견해가 있다[대위(代位)책임설].[2)] 그러나 가맹상은 가맹업자와는 독립된 상인이므로 가맹업자에게 명의대여자의 책임을 지우기는 어려울 것으로 본다.[3)]

가맹업자가 상품의 제조자인 경우에는 제조물책임의 법리에 의하여 가맹업자는 제3자에 대하여 책임을 지는 경우가 있다.

Ⅷ. 가맹업계약의 해지

가맹계약상 존속기간에 대한 약정의 유무와 관계없이 부득이한 사정이 있으면 각 당사자는 상당한 기간을 정하여 예고한 후 가맹계약을 해지할 수 있다(제168조의 10). 이 규정은 대리상 계약의 해지(제92조 제2항)와 유사한 것이지만, 가맹계약의 경우 대리상의 경우보다 더한 "신뢰관계가 지속적으로 구축되는 관계"이므로 이와 같은 규정은 부당하다는 지적이 있다.[4)]

1) 최영홍, "프랜차이즈 관련 상법 개정안의 고찰", 상사법연구 제28권 제2호, 2009, 87면.
2) 정동윤(상) 323면; 정찬형(상) 413면.
3) 최영홍, 전게논문, 96면.
4) 최영홍, 전게논문, 90면.

제 4 절 채권매입업

Ⅰ. 채권매입업의 개념

1) 타인이 물건 · 유가증권의 판매, 용역의 제공 등에 의하여 취득하였거나 취득할 영업상의 채권(영업채권)을 매입하여 회수하는 것을 영업으로 하는 자를 채권매입업자라 한다(제168조의 11). 채권매입업은 팩토링(factoring)이라 한다.

2) 팩토링은 채권매입업자(팩토링회사: factor)가 채권매입계약의 채무자(거래기업: client)로부터 그 영업에서 생긴 현재 및 장래의 외상매출채권을 일괄매수하고 거래기업에 갈음하여 그 영업채권의 채무자(제3채무자: customer)로부터 매출채권을 추심하는 동시에 그 기업에 대하여 금융의 제공, 회계관리, 경영정보의 제공 등을 인수하는 것을 말한다. 이와 같이 팩토링거래는 팩토링회사(factor)와 거래기업(client), 그 기업의 고객(customer) 3당사자 간의 법률관계이다. 3당사자관계 중에서도 factor와 client와의 관계, 즉 양당사자 간의 매출채권의 양도의 기본계약인 팩토링거래계약과 이 계약에 의거 개개의 매출채권을 양도하게 되는 채권양도행위가 중요하다.

3) 채권매입업에서는 영업상의 채권을 어음과 같이 유가증권에 표창하지 아니하고 계속하여 양도할 수 있는 새로운 금융제도이다. 어음의 경우는 흔히 부도가 나므로 어음폐지론이 자주 주장되고 있는 현실에서, 채권매입업은 어음에 갈음할 수 있는 새로운 신용제도라 할 수 있다.

Ⅱ. 채권매입업의 기능과 종류

1. 채권매입업의 기능

1) 신용보증기능

채권매입업은 채무자의 지급능력을 보증하는 기능이 있다. 채권매입업자(factor)가 채권매입계약의 채무자(client)에 대하여 상환청구를 하지 않는 조건으로 거래기업의 매출채권을 매입하는 경우(진정팩토링)에는 factor가 client의 신용을 보증하는 기능을 하게 된다.

2) 서비스제공기능

Factor는 client의 장부상의 채권을 매수하므로 그 채권은 factor의 재산이 되어 그 채권을 관리한다. 따라서 client는 수 많은 customer에 대한 계정을 마련할 필요가 없고 factor만을 관리하면 된다.

Factor는 client의 장부처리량이 많기 때문에 최신의 장부기록장치를 이용하여 지급독촉장을 작성・발송하고 수금상황이나 세금계산 등을 처리한다. 그리고 지급상황이 나쁜 customer에 대하여는 처음부터 상품을 공급하지 않도록 하거나 그 공급을 중단하도록 조언한다.

3) 금융기능

Factor가 매수채권에 대한 대금을 client에게 변제기 전에 지급함으로써 client가 필요한 자금을 공여하는 신용제공기능(금융기능)이 있다. 이 경우 client는 고객에 대한 채권으로 고정되어 있는 영업자금을 만기일 이전에 회수하는 것이 된다.

2. 채권매입업의 종류

(1) 채권매입업(factoring)은 당사자 간의 계약에 따라 거래기업이 그 매출채권을 factor에 양도할 때 양도통지를 하는 경우(통지식 채권매입업: notification factoring)도 있고 이를 하지 않는 경우(비통지식 채권매입업: non-notification factoring)도 있다.

(2) customer가 지급불능인 경우 client에 대하여 상환청구를 할 수 없는 경우(진정채권매입업: factoring without recourse)도 있고 이를 할 수 있는 경우(부진정채권매입업: factoring with recourse)도 있다.[1] 전자는 채권매입업자가 거래기업의 매출채권을 매입함에 있어 채무자의 신용위험을 인수하는 것을 말하는 것인데, 채무자로부터 채권을 추심하지 못한 경우에도 거래기업에 대하여 상환청구를

---

1) 진정팩토링은 팩토링의 기능의 전부를 포괄하는 것을 말하고, 부진정팩토링은 채무자의 지급능력을 보증하지 않는 것을 의미하기도 한다.

할 수 없는 것을 말한다. 상법은 당사자 사이에 특약이 없는 한 채권매입업자는 영업채권의 채무자에게 상환청구권을 가지는 것으로 규정하여(제168조의 12) 부진정채권매입업을 원칙으로 하고 있다.

(3) Factor가 client에게 매출채권의 변제기 전에 이를 선급하는 경우(advance factoring)도 있고 변제기에만 이를 지급하는 경우(이를 만기팩토링, maturity factoring이라 하고, 금융기능이 없다)도 있다.

(4) 그 밖에 채무자의 업종에 따라 도매채권매입업과 소매채권매입업, 영업지역에 따라 국내채권매입업과 국제채권매입업, 특수형태로서 은행제휴채권매입업과 생산자직송채권매입업 등이 있다.[1)]

현재 우리나라의 전형적인 factoring은 부진정팩토링으로서 client에게 매출채권의 변제기 전에 이를 선급하고, 채권양도통지를 하지 않는 형태이다.

Ⅲ. 채권매입업의 구조

(채권매입업의 개념도)

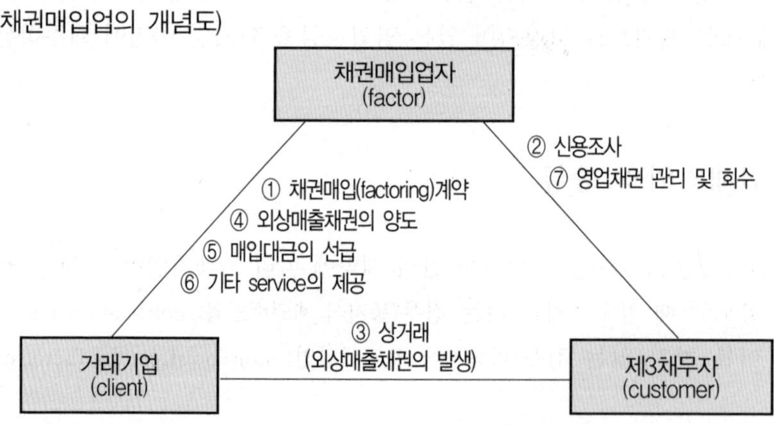

① Factor(채권매입업자)와 Client(거래기업)는 채권매입(factoring)계약을 체결한다.

② Factor는 신용위험을 피하기 위하여 client의 채무자(customer)에 대한 신용조사를 하여 client에 통지한다.

③ Client는 factor로부터 통지받은 customer의 신용을 감안하여 customer와

---

1) 정동윤(상) 325면.

외상 상품거래를 한다.

④ Client는 채권매입계약에서 정한 바에 따라 외상매출채권의 변제기 전에 채권대금을 선급한다.

⑤ Factor는 client의 요청이 있으면 매출채권의 변제기 전에 채권대금을 선급한다.

⑥ Factor는 customer로부터 변제기에 외상매출채권을 지급받는다.

⑦ Factor는 외상매출채권의 회수와 관련하여 client를 위하여 회계 · 장부정리 및 기타 서비스를 제공한다.

Ⅳ. 채권매입(factoring)의 법적 성질

영업채권의 채무자(제3채무자: customer)가 그 채무를 이행하지 아니하는 경우 채권매입업자는 채권매입계약의 채무자에게 그 영업채권액의 상환을 청구할 수 있다(제168조의 12 본문). 다만, 채권매입계약에서 다르게 정한 경우에는 그러하지 아니하다(제168조의 12 단서). 따라서 채권매입계약은 상환청구권이 있는 경우와 없는 경우가 있다.

1) 상환청구권이 없는 채권매입의 경우

이 경우에는 제3채무자(customer)가 무자력인 때에도 채권매입업자(factor)가 신용위험을 부담하며 client는 선급금융을 받아 사용하고, customer의 무자력으로 인한 지급불능의 경우에도 상환의무를 부담하지 않게 된다. Factor는 채권의 가치를 사전에 충분히 조사하여 매입하는 것이므로 그 대가로서 지급한 선급금융은 client에게 완전히 귀속되며 채권채무관계를 남기지 않는다. 이 경우는 채권의 매매로 본다.

2) 상환청구권이 있는 채권매입의 경우

이 경우에는 customer가 채권의 기일에 변제를 하지 못할 경우에 factor는 client에 대하여 상환청구권을 행사할 수 있는데, 이 경우 채권매입(factoring)의 법적 성질에 대하여는 학설의 대립이 있다.

(1) 채권매매설

채권매매설은 상환청구권이 있든 없든 채권매입에 의한 채권양도는 채권매매의 이행행위라고 한다.[1] 제1차적 채무자는 client가 아니라 양도된 채권의 채무자인 customer이다. client에 대한 상환청구권은 매매의 목적이 실현되지 않는 경우에만 발생하는 것으로 무가치한 채권의 반환이라고 볼 수 있다는 것이다.

(2) 소비대차설

소비대차설은 상환청구권이 있는 채권매입의 경우 factor는 선급금융의 형태로 비전형적인 소비대차계약을 맺어 금융을 제공한다고 한다.[2]

(3) 사견(私見)

사견으로는 채권매입계약은 ① 현재 및 장래의 채권을 일괄매매하는 계약이므로 채권매매이고, ② 채권의 매수대금을 추심 전에 지급하는 계약이므로 소비대차이며, ③ 채권양도인의 채권을 관리하고 판매와 생산에 관한 업무를 대행하므로 계속적인 사무처리계약이다. 그러므로 채권매입에 있어서 각 부분계약은 각각 유기적으로 결합하여 전체로서 하나의 통일적인 계약관계를 이루는 것이므로 채권매입계약을 혼합계약이라고 보아야 한다.[3]

V. 채권매입의 법률관계

1. 장래의 채권의 양도

채권매입계약으로 인하여 client의 불특정 다수의 이미 존재하는 채권과 장래에 성립할 채권이 전부 factor에게 양도된다. 장래에 성립할 채권의 양도가 가능한지에 관하여 논란이 있으나, 이는 customer의 범위와 채권발생원인이 이미 확정되어 있으므로 채권의 특정가능성은 구비하고 있기 때문에 문제가 없다고 본다. 장래에 성립할 채권의 양도는 현재에는 존재하지 아니하지만 장래에는 현실로 발생하는 채권을 그 발생 전에 미리 양도하는 것을 말하고(채권의 사전양도),

1) 정찬형(상) 418면.
2) 임홍근(총) 551면; 최기원(상) 453면; 정동윤(상) 326면.
3) 이철송(총) 628면.

장래의 채권이 현실로 발생한 때에는 client에게 먼저 귀속하였다가 아무런 양도절차 없이 즉시 factor에게 이전하는 것이다(이전설).

2. 채권양도의 통지

지명채권의 양도는 양도인이 채무자에게 통지하거나 채무자가 승낙하지 아니하면 채무자, 기타 제3자에게 대항하지 못한다(민 제450조 제1항). 그러므로 채권매입에 있어서도 채권양도인(client)은 제3채무자(customer)에 대하여 채권매입자(factor)에 대한 채권양도를 통지하여야 한다. 그 통지의 방법은 민법과는 달리 채권양도인(client)이 customer에게 발행하는 계산서에 채권매입계약이 존재하는 사실과 대금은 factor에게 직접 지급하도록 하는 것이다. 그리고 factor가 채권매입계약을 체결할 때에 client로부터 채권양도통지의 백지위임장을 받아 두는 경우가 대부분이다.

Customer가 이의 없이 채권양도를 승낙한 경우에는 customer는 client에 대하여 대항할 수 있는 사유로써 factor에 대항하지 못한다(민 제451조 제1항 본문). 또한 이의를 보류하지 아니하고 채권양도를 승낙한 경우에는 customer는 client에 대한 채권(자동채권)으로써 매출채권을 수동채권으로 하여 factor에 대하여 상계로써 대항할 수 없다(민 제451조 제1항 본문). 채권의 양도 이후에 성립한 client에 대한 채권도 같다.

Client는 factor에 대하여 매출채권이 유효하게 성립한 점 및 상품위험을 담보한다. 따라서 factor는 customer로부터 이에 대한 항변을 받지 않는다.

3. 채권매입업자의 상환청구

영업채권의 채무자(제3채무자: customer)가 그 채무를 이행하지 아니하는 경우 채권매입업자는 채권매입계약의 채무자에게 그 영업채권액의 상환을 청구할 수 있다(제168조의 12 본문). 다만, 채권매입계약에서 다르게 정한 경우에는 그러하지 아니하다(제168조의 12 단서).

판례색인

조문색인

사항색인

최 준 선

성균관대학교 법과대학 졸업
성균관대학교 대학원 수료(법학박사)
Stipendiat der Alexander von Humboldt-Stiftung
법무부 해상법 개정 특별위원회 위원장
법무부 회사법 개정 특별위원회 위원장
사법시험·행정고등고시 시험위원
변호사시험 출제위원
현, 성균관대학교 법학전문대학원 명예교수

저자와의
협의하에
인지생략

상법총칙·상행위법 [제13판]

2005년 4월 30일 1판 1쇄 발행
2006년 2월 20일 2판 1쇄 발행
2007년 2월 10일 3판 1쇄 발행
2008년 1월 30일 4판 1쇄 발행
2009년 3월 2일 5판 1쇄 발행
2010년 8월 30일 6판 1쇄 발행
2011년 8월 20일 7판 1쇄 발행
2013년 2월 15일 8판 1쇄 발행
2015년 2월 24일 9판 1쇄 발행
2016년 8월 23일 10판 1쇄 발행
2018년 8월 20일 11판 1쇄 발행
2021년 1월 30일 12판 1쇄 발행
2025년 2월 5일 13판 1쇄 인쇄
2025년 2월 17일 13판 1쇄 발행

저 자 최 준 선
발행인 고 성 익
조 판 해 인 기 획

05027
발행처 서울특별시 광진구 아차산로 335 삼영빌딩
도서출판 三 英 社
등 록 1972년 4월 27일 제2013-21호
전 화 737-1052·734-8979 FAX 739-2386

정가 31,000 원

ISBN 978-89-445-0588-1-93360